都立戸山高等学校

〈収録内容〉

【都立共通】

便利な DL コンテンツは右の QR コードから ⇒

解答用紙　過去年度　リスニング

※データのダウンロードは 2025 年 3 月末日まで。
※データへのアクセスには、右記のパスワードの入力が必要となります。 ⇒ 516592

本書の特長

実戦力がつく入試過去問題集

▶ 問題 …………… 実際の入試問題を見やすく再編集。
▶ 解答用紙 …… 実戦対応仕様で収録。
▶ 解答解説 …… 詳しくわかりやすい解説には、難易度の目安がわかる「基本・重要・やや難」の分類マークつき（下記参照）。各科末尾には合格へと導く「ワンポイントアドバイス」を配置。採点に便利な配点つき。

入試に役立つ分類マーク

基本 確実な得点源！
受験生の 90％以上が正解できるような基礎的、かつ平易な問題。
何度もくり返して学習し、ケアレスミスも防げるようにしておこう。

重要 受験生なら何としても正解したい！
入試では典型的な問題で、長年にわたり、多くの学校でよく出題される問題。
各単元の内容理解を深めるのにも役立てよう。

やや難 これが解ければ合格に近づく！
受験生にとっては、かなり手ごたえのある問題。
合格者の正解率が低い場合もあるので、あきらめずにじっくりと取り組んでみよう。

合格への対策、実力錬成のための内容が充実

▶ 各科目の出題傾向の分析、合否を分けた問題の確認で、入試対策を強化！
▶ その他、学校紹介、過去問の効果的な使い方など、学習意欲を高める要素が満載！

解答用紙ダウンロード 解答用紙はプリントアウトしてご利用いただけます。弊社ＨＰの商品詳細ページよりダウンロードしてください。トビラのＱＲコードからアクセス可。

UD FONT 見やすく読みまちがえにくいユニバーサルデザインフォントを採用しています。

次のページもご覧ください ▶▶▶

都立 戸《と》山《やま》 高等学校

https://www.metro.ed.jp/toyama-h/

〒162-0052　新宿区戸山3-19-1
☎03-3202-4301
交通　東京メトロ西早稲田駅　徒歩１分、
　　　ＪＲ山手線・西武線・東京メトロ高田馬場駅　徒歩12分、
　　　都営地下鉄東新宿駅　徒歩13分

普通科

制　服　なし

[カリキュラム] ◇三学期制◇

・月～金曜日は50分授業を６時間、**土曜日**は４時間授業（年間20回）を行う。
・１・２年次は、芸術科目を除いて全員が同じ科目を履修し、文理分けしない。また、英語・数学で少人数習熟度別授業を実施。
・３年次では、大幅な**科目選択制**となり、進路に応じた科目を選択する。
・正規の授業のほかに、100講座以上に及ぶ**夏期講習**や**放課後の講習**なども充実している。また、**自習室**は夜８時まで開放。

[部活動]

部活動加入率は124％。ほぼ全員が加入。運動部では近年、**水泳部・陸上競技部**が全国大会、**ソフトテニス部**が関東大会に出場。他に、**アメリカンフットボール部・女子サッカー部・剣道部**などが都大会で活躍。文化系では**囲碁将棋部**が全国大会の常連で、27・28年度は全国優勝。**写真部**は令和元年の全国総文化祭に参加。他に、**新聞部・地理歴史部**などが実績をあげている。

★設置部（※は同好会）
剣道、バドミントン、卓球、バスケットボール（男女）、バレーボール（男女）、硬式野球、サッカー（男女）、アメリカンフットボール、陸上競技、硬式テニス、ソフトテニス、水泳、山岳、空手道、文学、化学、生物、天文気象、管弦楽、ブラスバンド、軽音楽、合唱、美術、演劇、漫画研究、写真、囲碁将棋、地理歴史、新聞、放送、※ダンス、※パソコン、※クイズ、※競技かるた

[行　事]

毎年６月に実施される**新宿戦**は、運動部を中心とする都立新宿高校との学校対抗戦で、伝統行事となっている。

5月　運動会
6月　新宿戸山対抗戦
9月　ホームルーム合宿（１年）、戸山祭（文化祭）
10月　クラスマッチ（２・３年）
3月　修学旅行（２年）、クラスマッチ（１年）

[進　路] （令和５年３月）

１、２年次より多数の**受験対策講座**を開講。３年次には**センター試験対策**や**国公立記述式対策**の講座も開かれる。学習意欲を刺激するため、校外模試に加え、実力テストも適宜実施。

★卒業生の進路状況
＜卒業生312名＞
大学218名、短大１名、専門学校０名、就職０名、その他93名

★卒業生の主な合格実績
東京大、京都大、北海道大、東北大、神戸大、名古屋大、大阪大、お茶の水女子大、千葉大、筑波大、東京医科歯科大、東京外国語大、東京学芸大、東京工業大、東京農工大、一橋大、横浜国立大、早稲田大、慶應義塾大、上智大、東京理科大

♣指定校推薦枠のある大学・短大など♣
東京都立大、青山学院大、学習院大、北里大、慶應義塾大、中央大、津田塾大、東京女子大、東京薬科大、東京理科大、明治大、早稲田大　他

[トピックス]

・**国際社会に貢献するトップリーダーの育成**が本校のミッション。「**幅広い教養**」「**自主自立**」を教育の柱とし、進学指導のみでなく、高校時代を通じての人間形成を大切にしている。
・明治21年創立の伝統校。平成13年度に都の「**進学指導重点校**」に指定された。東京大合格９名をはじめ、毎年最難関国立大への合格を数多く出している。
・平成28年度より、国公立大学医学部進学希望者のためのプログラムである**チームメディカル**を実施。令和５年度には現役で国公立医学部８名、私立大医学部７名の合格者を出した。
・普通教室は**冷暖房完備**。350名収容の講堂、３つの階段教室、天文台を備える。また、校外施設として**那須寮**がある。
・平成16年度から文部科学省より科学技術や理数教育を重点的に行う学校として、**スーパーサイエンスハイスクール（ＳＳＨ）**に指定されている（26年度に新たに５年指定）。希望者を対象とした**SSH海外研修**も実施。また、SSHの成果は、学内の発表会に加え、全国約200校のSSH指定校が一堂に会する**SSH生徒研究発表会全国大会**や、**SSH関東近県合同発表会**などでも行われている。
・平成27年度**SSH生徒研究発表会**全国大会にて日本科学技術振興機構理事長賞受賞。また、バイオサミットにて山形県知事賞同28年度審査員特別賞を受賞した。28年度には神奈川大学全国高校生科学論文大賞受賞。
・令和４年度「リカジョ育成賞」で準グランプリを獲得した。

[学校見学] （令和５年度実施内容）

★学校説明会　10・11月各１回
★生徒による学校説明会　11月１回
★自校作成問題解説動画　10月配信
★戸山祭　9月
★学校見学会　７・８月に10回の見学会を実施（要予約）。都外および海外在住の方については要相談。

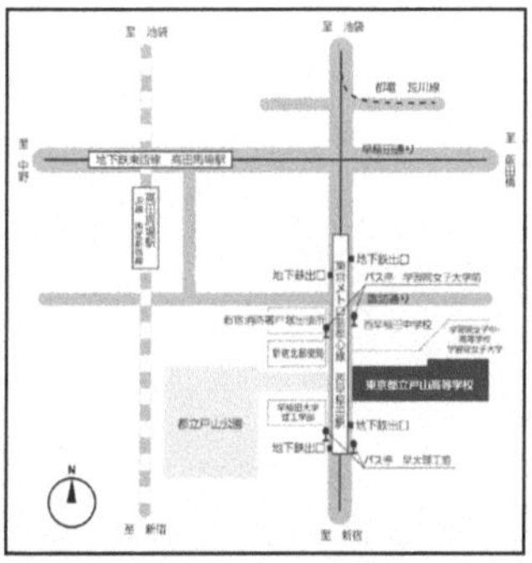

入試!インフォメーション

※本欄の内容はすべて令和6年度入試のものです。

受検状況

科名・コース名	募集人員	推薦に基づく入試				第一次募集・分割前期募集			
		募集人員	応募人員	応募倍率	合格人員	募集人員	受検人員	受検倍率	合格人員
普通	316	64	214	3.34	64	252	401	1.59	258

入学者選抜実施方法

	科名・コース名	推薦枠		調査書の活用		満点					備考
		割合(%)	特別推薦の有無	観点別学習状況の評価	評定	調査書点	集団討論・個人面接	小論文	作文	実技検査	
推薦	普通	20	−	−	○	450	150	300*	−	−	*異なる分野の課題を2題出題する。

	科名・コース名	分割募集	男女枠緩和	学力検査		調査書		学力検査:調査書	満点					備考
						教科の評定の扱い								
				教科	学校指定による傾斜配点	学力検査を実施する教科	学力検査を実施しない教科		学力検査	調査書点	面接	小論文・作文	実技検査	
第一次・分割前期	普通	−	○	5*		1倍	2倍	7:3	700	300	−	−	−	*国数英は自校作成。

〈本校の期待する生徒の姿〉

東京都立戸山高校では、以下に該当する生徒を募集します。

1　文系・理系を問わず幅広い興味・関心をもち、豊かな知識・教養と、未知の状況にも対応できる思考力・判断力・表現力・創造力を併せもつ生徒

2　集団の中で、他者と協働し高め合い、自らの責任で主体性をもって行動し、社会に貢献しようとする強い意志と高い志をもつ生徒

3　本校の特色をよく理解し、社会生活を送るために必要なマナーが身に付いており、充実した高校生活を創造し、自己の目的達成の場として本校を強く志望する生徒

※　特に推薦選抜においては、リーダーとして活躍した経験があり、将来にわたり、リーダーとしての資質を伸ばそうとする生徒が望ましい。

難易度（偏差値）	ＡＡ（72－70）

併願校選択例	城北、順天、慶應義塾女子、東京学芸大附属、明治大付属明治

過去問の効果的な使い方

① **はじめに**　入学試験対策に的を絞った学習をする場合に効果的に活用したいのが「過去問」です。なぜならば，志望校別の出題傾向や出題構成，出題数などを知ることによって学習計画が立てやすくなるからです。入学試験に合格するという目的を達成するためには，各教科ともに「何を」「いつまでに」やるかを決めて計画的に学習することが必要です。目標を定めて効率よく学習を進めるために過去問を大いに活用してください。また，塾に通われていたり，家庭教師のもとで学習されていたりする場合は，それぞれのカリキュラムによって，どの段階で，どのように過去問を活用するのかが異なるので，その先生方の指示にしたがって「過去問」を活用してください。

② **目的**　過去問学習の目的は，言うまでもなく，志望校に合格することです。どのような分野の問題が出題されているか，どのレベルか，出題の数は多めか，といった概要をまず把握し，それを基に学習計画を立ててください。また，近年の出題傾向を把握することによって，入学試験に対する自分なりの感触をつかむこともできます。

過去問に取り組むことで，実際の試験をイメージすることもできます。制限時間内にどの程度までできるか，今の段階でどのくらいの得点を得られるかということも確かめられます。それによって必要な学習量も見えてきますし，過去問に取り組む体験は試験当日の緊張を和らげることにも役立つでしょう。

③ **開始時期**　過去問への取り組みは，全分野の学習に目安のつく時期，つまり，9月以降に始めるのが一般的です。しかし，全体的な傾向をつかみたい場合や，学習進度が早くて，夏前におおよその学習を終えている場合には，7月，8月頃から始めてもかまいません。もちろん，受験間際に模擬テストのつもりでやってみるのもよいでしょう。ただ，どの時期に行うにせよ，取り組むときには，集中的に徹底して取り組むようにしましょう。

④ **活用法**　各年度の入試問題を全問マスターしようと思う必要はありません。できる限り多くの問題にあたって自信をつけることは必要ですが，重要なのは，志望校に合格するためには，どの問題が解けなければいけないのかを知ることです。問題を制限時間内にやってみる。解答で答え合わせをしてみる。間違えたりできなかったりしたところについては，解説をじっくり読んでみる。そうすることによって，本校の入試問題に取り組むことが今の自分にとって適当かどうかが，はっきりします。出題傾向を研究し，合否のポイントとなる重要な部分を見極めて，入学試験に必要な力を効率よく身につけてください。

数学

各都道府県の公立高校の入学試験問題は，中学数学のすべての分野から幅広く出題されます。内容的にも，基本的・典型的なものから思考力・応用力を必要とするものまでバランスよく構成されています。私立・国立高校では，中学数学のすべての分野から出題されることには変わりはありませんが，出題形式，難易度などに差があり，また，年度によっての出題分野の偏りもあります。公立高校を含め，ほとんどの学校で，前半は広い範囲からの基本的な小問群，後半はあるテーマに沿っての数問の小問を集めた大問という形での出題となっています。

まずは，単年度の問題を制限時間内にやってみてください。その後で，解答の答え合わせ，解説での研究に時間をかけて取り組んでください。前半の小問群，後半の大問の一部を合わせて50%以上の正解が得られそうなら多年度のものにも順次挑戦してみるとよいでしょう。

英語

英語の志望校対策としては，まず志望校の出題形式をしっかり把握しておくことが重要です。英語の問題は，大きく分けて，リスニング，発音・アクセント，文法，読解，英作文の5種類に分けられます。リスニング問題の有無(出題されるならば，どのような形式で出題されるか)，発音・アクセント問題の形式，文法問題の形式(語句補充，語句整序，正誤問題など)，英作文の有無(出題されるならば，和文英訳か，条件作文か，自由作文か）など，細かく具体的につかみましょう。読解問題では，物語文，エッセイ，論理的な文章，会話文などのジャンルのほかに，文章の長さも知っておきましょう。また，読解問題でも，文法を問う問題が多いか，内容を問う問題が多く出題されるか，といった傾向をおさえておくことも重要です。志望校で出題される問題の形式に慣れておけば，本番ですんなり問題に対応することができますし，読解問題で出題される文章の内容や量をつかんでおけば，読解問題対策の勉強として，どのような読解問題を多くこなせばよいかの指針になります。

最後に，英語の入試問題では，なんと言っても読解問題でどれだけ得点できるかが最大のポイントとなります。初めて見る長い文章をすらすらと読み解くのはたいへんなことですが，そのような力を身につけるには，リスニングも含めて，総合的に英語に慣れていくことが必要です。「急がば回れ」ということわざの通り，志望校対策を進める一方で，英語という言語の基本的な学習を地道に続けることも忘れないでください。

国語

国語は，出題文の種類，解答形式をまず確認しましょう。論理的な文章と文学的な文章のどちらが中心となっているか，あるいは，どちらも同じ比重で出題されているか，韻文(和歌・短歌・俳句・詩・漢詩)は出題されているか，独立問題として古文の出題はあるか，といった，文章の種類を確認し，学習の方向性を決めましょう。また，解答形式は，記号選択のみか，記述解答はどの程度あるか，記述は書き抜き程度か，要約や説明はあるか，といった点を確認し，記述力重視の傾向にある場合は，文章力に磨きをかけることを意識するとよいでしょう。さらに，知識問題はどの程度出題されているか，語句(ことわざ・慣用句など)，文法，文学史など，特に出題頻度の高い分野はないか，といったことを確認しましょう。出題頻度の高い分野については，集中的に学習することが必要です。読解問題の出題傾向については，脱語補充問題が多い，書き抜きで解答する言い換えの問題が多い，自分の言葉で説明する問題が多い，選択肢がよく練られている，といった傾向を把握したうえで，これらを意識して取り組むと解答力を高めることができます。「漢字」「語句・文法」「文学史」「現代文の読解問題」「古文」「韻文」と，出題ジャンルを分類して取り組むとよいでしょう。毎年出題されているジャンルがあるとわかった場合は，必ず正解できる力をつけられるよう意識して取り組み，得点力を高めましょう。

数学 出題傾向の分析と合格への対策

▼年度別出題内容分類表……

出題内容			2020年	2021年	2022年	2023年	2024年
数と式		数の性質	○				○
		数・式の計算	○	○	○	○	
		因数分解					
		平方根	○	○	○	○	○
方程式・不等式		一次方程式	○	○	○	○	○
		二次方程式	○	○	○	○	○
		不等式					
		方程式・不等式の応用	○	○	○		
関数		一次関数	○	○	○	○	
		二乗に比例する関数	○	○	○	○	○
		比例関数			○		
		関数とグラフ	○	○	○	○	○
		グラフの作成	○				
図形	平面図形	角度	○		○	○	
		合同・相似	○	○	○	○	○
		三平方の定理	○		○	○	○
		円の性質	○		○	○	○
	空間図形	合同・相似					○
		三平方の定理				○	○
		切断			○	○	
	計量	長さ	○	○	○	○	○
		面積	○	○	○	○	○
		体積	○	○	○	○	○
		証明	○	○	○	○	○
		作図	○	○	○	○	○
		動点	○	○	○	○	
統計		場合の数					
		確率	○	○	○	○	○
		統計・標本調査					
融合問題		図形と関数・グラフ	○	○	○	○	○
		図形と確率					
		関数・グラフと確率					
		その他					
その他							

都立戸山高等学校

――出題傾向とその内容――

本年度の出題数は例年と同じく大問4題，小問数にして14問であった。自校作成問題出題校の特徴である「数学的な見方や考え方，表現・処理に関する能力をみる」というねらいは同じである。そのため，解答に至る途中式や計算，推論の過程を記述する問題が[1]以外において出題された。[1]は中学数学全分野からの標準～応用の小問群で，作図を含む。[2]は図形と関数・グラフの融合問題で，関数や図形の性質を理解し，問題を総合的にとらえて，論理的に考える力が試されている。[3]は平面図形の総合問題で，図形の記述式証明と相似や円の性質を利用して線分の長さを計量させる問題であった。[4]は空間図形の総合問題で，最大や最小を求めさせる応用的な思考力を問うものであった。

――来年度の予想と対策――

学習のポイント★★★

来年度も問題の量，レベル，形式に大きな変化はないだろう。本年度と同様，数量・図形に関する知識と理解度を試す問題が出題されるだろう。また，数学的な考え方がどの程度養われているかをみるために，途中式や計算を交えて，適切な表現力や数学的な発想・処理能力を問われる問題が出題されるであろう。また，融合問題の出題が目立っているので，図形と関数・グラフの標準的なものはもちろん，確率と他の分野との融合問題にも慣れておく必要がある。実戦力を高めるためには，まず早期に教科書の内容を完璧にマスターすること。次に，標準より難易度の高い問題が解けるように数学的な思考能力を身につけることが必要である。他の自校作成問題出題校の問題や記述問題を多めに練習し，解答解説を読んで，理解するだけでなく，自ら考え，答えまでたどりつけるように練習しておこう。

英語 出題傾向の分析と合格への対策

▼年度別出題内容分類表……

出題内容		2020年	2021年	2022年	2023年	2024年
話し方・聞き方	単語の発音					
	アクセント					
	くぎり・強勢・抑揚					
	聞き取り・書き取り	○	○	○	○	○
語い	単語・熟語・慣用句					○
	同意語・反意語					
	同音異義語					
読解	英文和訳(記述・選択)					
	内容吟味	○	○	○	○	○
	要旨把握	○	○	○	○	○
	語句解釈	○	○	○	○	○
	語句補充・選択	○	○	○	○	○
	段落・文整序	○	○	○	○	○
	指示語					
	会話文	○	○		○	
文法・作文	和文英訳					
	語句補充・選択					
	語句整序	○	○	○	○	○
	正誤問題					
	言い換え・書き換え					
	英問英答					
	自由・条件英作文	○	○	○	○	○
文法事項	間接疑問文		○		○	○
	進行形	○	○	○	○	○
	助動詞	○	○	○	○	○
	付加疑問文					
	感嘆文					
	不定詞	○	○	○	○	○
	分詞・動名詞	○	○	○	○	○
	比較	○	○	○	○	○
	受動態	○	○	○	○	○
	現在完了	○	○	○	○	○
	前置詞	○	○	○	○	○
	接続詞	○	○		○	○
	関係代名詞	○		○	○	○

都立戸山高等学校

——出題傾向とその内容——

本年度は，リスニングテスト1題，会話文問題1題，長文読解問題1題の計3題の出題であった。リスニングテストは東京都共通のものである。

会話問題は，内容把握を問う文・語句補充，語句整序，語句解釈および内容一致問題，カードの完成などの出題であった。

長文読解問題は，宇宙望遠鏡に関する論説文だった。これに続く条件英作文は40語以上50語程度と語数指示があった。昨年度と比べて出題傾向に大きな変化はない。

——来年度の予想と対策——

学習のポイント★★★

来年度も読解と条件英作文は難度の高い設問になると予想される。

対策としては，基礎的な文法事項の確認や語いの習得を早い時期にすませ，応用力養成に時間をかけることが重要である。様々な形式の文を読み，問題を解く。さらに自由・条件英作文の対策として内容についての考えや感想を英語で表現する練習をしておこう。書いたものが文として正確かどうか先生に見てもらうとよい。教科書や公立高の過去問題にとどまらず，広い範囲で様々な種類の長文に触れておこう。特に論説文・会話文の練習は必須である。論理展開をおさえて内容を正確に理解できるようにしておきたい。速読の練習も重要である。大量の英文に対する情報処理能力が求められる。語い力は欠かせない。

国語　出題傾向の分析と合格への対策

▼年度別出題内容分類表……

出題内容			2020年	2021年	2022年	2023年	2024年
内容の分類	読解	主題・表題					
		大意・要旨	○	○	○	○	○
		情景・心情	○	○	○	○	○
		内容吟味	○	○	○	○	○
		文脈把握	○	○	○	○	○
		段落・文章構成	○	○			
		指示語の問題		○			
		接続語の問題					
		脱文・脱語補充	○	○	○		
	漢字・語句	漢字の読み書き	○	○	○	○	○
		筆順・画数・部首					
		語句の意味	○	○	○		○
		同義語・対義語					
		熟語					
		ことわざ・慣用句					
	表現	短文作成					
		作文(自由・課題)	○	○	○	○	○
		その他					
	文法	文と文節					
		品詞・用法					
		仮名遣い					
		敬語・その他					
	古文の口語訳						
	表現技法		○	○	○	○	○
	文学史						
問題文の種類	散文	論説文・説明文	○	○	○	○	○
		記録文・報告文					
		小説・物語・伝記	○	○	○	○	○
		随筆・紀行・日記					
	韻文	詩					
		和歌(短歌)	○		○	○	○
		俳句・川柳				○	
	古文						
	漢文・漢詩						

都立戸山高等学校

――出題傾向とその内容――

本年度は独立した漢字の読み・書きの問題，読解問題3題の，5つの大問で構成されていた。

漢字の読み・書きはやや難しいものも含まれ，語い(四字熟語を含む)を増やすために一歩踏み込んだ学習が必要である。

読解問題は小説文と論説文2題という内容。小説では心情や登場人物の様子を問うものが多い。また，表現技法を問うものもあった。論説文では，比較的難解な文であることに加え，筆者の主張を踏まえた上で自分の考えを述べる200字以内の作文が課せられている。和歌の内容も含む論説文では，文章の内容を問う問題が主であった。

質的にも量的にも，50分という試験時間で現代文3題と記述問題，200字以内の課題作文をこなすのは容易ではない。

――来年度の予想と対策――

学習のポイント★★★

来年度へ向けては，次のような準備をしておくとよいだろう。

漢字の読み書きは，まずは教科書で習う漢字を確実に身につけ，加えて中級以上のレベルの漢字の問題集などで語いを増やしておこう。四字熟語も大切だ。

読解問題は，小説では登場人物の心情変化とその原因を文章にもどり確認すること。論説文では指示語に注意し，問われていることを丁寧に文章にもどって確認することが大切。

課題作文の対策としては，過去に出題された論説文の要旨を50字程度でまとめ，それに対する自分の意見を自分の体験，見聞を含めて150字程度で述べる練習をするとよい。

古典を含む問題は，現代語訳が付くため，それを参考にすれば問題ないだろう。

全体として，50分でこなすのは難しい。過去問を解き，自分にとってのベストな時間配分をあらかじめ考えておくことが不可欠であろう。

理科 出題傾向の分析と合格への対策

出題傾向とその内容

〈最新年度の出題状況〉

大問1は，全領域からの小問で，大問2の生徒研究ではクジャク石に含まれる銅の割合の計算，光の屈折の作図などの出題があった。大問3の地学は，透明半球での太陽の日周経路の観察，北極側から見た地球の自転，緯度の高低と夜の長さの考察であった。大問4の生物は，光合成の対照実験では顕微鏡操作と光合成の条件，光の明るさと光合成量・呼吸量の関係の考察であった。大問5の化学は，電解質と非電解質，溶解度曲線の温度と水溶液の濃度の変化のグラフの考察と溶質を全て取り出すための計算問題があった。大問6の物理は，斜面上での台車の運動と斜面上の台車の力の分解，作用・反作用の法則，位置／運動エネルギー，仕事とエネルギーの考察があった。探究の過程重視で，実験データや資料の読解力，分析力，判断力，科学的思考力等が試され，地学と化学で文章記述があった。

〈出題傾向〉

毎年，各学年の教科書の第一分野・第二分野からバランスよく出題される。大問1は各分野の基礎的問題で，大問2は資料や実験データの読みとり，計算，作図など科学の方法の基本的問題である。大問3から大問6は，各領域ごとに，一つのテーマについて，実験や観察から調べていきデータ(資料)をもとに考察し，総合的に活用して解く問題であり，論理的な問題解決能力が要求される。出題内容は，実験操作，モデル化，化学反応式，計算，グラフ化，データや資料の読みとりなどである。

物理的領域　大問は，6年は斜面上の台車の運動と力の分解，作用・反作用，位置／運動エネルギー，仕事，5年は電圧と電流と抵抗，電力の実験とグラフ，電力量，4年は斜面を下る小球の運動，力学的エネルギー，3年はフレミングの左手の法則，電磁誘導，右ねじの法則，回路の抵抗であった。

化学的領域　大問は，6年は電解／非電解質，溶解度曲線の温度と水溶液の濃度・溶質の取り出し，5年はイオンの粒子モデルと塩化銅／水の電気分解，4年は電池の電極での化学変化，水の電気分解，中和実験でのイオン数，3年は熱分解のモデル・実験方法・pH，質量変化の規則性であった。

生物的領域　大問は，6年は光合成の対照実験・顕微鏡操作，光の明るさと光合成量・呼吸量の関係，5年は消化の対照実験・柔毛での吸収・血液の循環・細胞の呼吸，4年は花のつくりと生殖，メンデルの実験の応用，3年は光合成の対照実験，光の明るさと光合成量・呼吸量の関係であった。

地学的領域　大問は，6年は透明半球の太陽の日周経路，北極側からの地球の自転，緯度の高低と夜の長さ，5年は露点の測定実験と湿度，雲の発生実験と寒冷前線，4年は火成岩と堆積岩，地質年代の示準化石や脊椎動物，柱状図，3年は空気中の水蒸気量，寒冷前線，季節と気圧配置であった。

来年度の予想と対策

実験・観察を扱った問題を中心に，基礎的理解力と並んで，後半の大問4題では，複数の実験や観察について考察しながら教科書の発展応用問題を解くといった総合的な問題解決能力を試す出題が予想される。グラフや作図，化学反応式など自ら発想して解答を得るなど，探究の過程重視と思われる。

教科書を丁寧に復習し，基礎的な用語は正しく理解し押さえておこう。日頃の授業では，仮説，目的，方法，結果，考察等の探究の過程を意識して，実験や観察に積極的に参加しよう。実験装置は図を描き，実験・観察結果は図や表，グラフ化など分かり易く表現し，記録しよう。考察は結果に基づいて自分で文章を書く習慣を身につけよう。資料から情報を読み取る学習においても，身近に発生している現象と重ねあわせて考察し，生じた疑問をさらに調べるといった自ら学ぶ姿勢を身につけたい。

⇨学習のポイント

・教科書の「実験・観察すべて」が基礎・基本。用語，図表，応用発展，資料がすべてテスト範囲。
・過去問題を多く解き，応用問題にも挑戦しよう。日常生活や社会にかかわる探究活動も大切!!

年度別出題内容の分析表　理科

※★印は大問の中心となった単元／　　は出題範囲縮小の影響がみられた内容

		出題内容	27年	28年	29年	30年	2019年	2020年	2021年	2022年	2023年	2024年
第一分野	第1学年	身のまわりの物質とその性質	○	○	○			★			○	
		気体の発生とその性質	○	○	○	○	○	○		○	○	
		水溶液		○		○	○	○		○	○	★
		状態変化	○	○	○		○	○		○		
		力のはたらき（2力のつり合いを含む）		○			○		○	○		
		光と音	○	○	○	○	○	○	○	○	○	○
	第2学年	物質の成り立ち	○	○	★	○	○	○	○	○	○	○
		化学変化，酸化と還元，発熱・吸熱反応	○	○	○	○	○	○		○		○
		化学変化と物質の質量	★				★		★			○
		電流（電力，熱量，静電気，放電，放射線を含む）	○	★	○	○	○	★	○	○	★	○
		電流と磁界			○	★	○		★			
	第3学年	水溶液とイオン，原子の成り立ちとイオン	○		○	○		○	○	○	★	○
		酸・アルカリとイオン，中和と塩	○	★	○		○		○	○		
		化学変化と電池，金属イオン				★				★		
		力のつり合いと合成・分解（水圧，浮力を含む）		○	○					○	○	○
		力と物体の運動（慣性の法則を含む）	○		★	○	○		○	★	○	★
		力学的エネルギー，仕事とエネルギー	★		○	○	★	○		○		○
		エネルギーとその変換，エネルギー資源		○		○		○				
第二分野	第1学年	生物の観察と分類のしかた										
		植物の特徴と分類	○							○		
		動物の特徴と分類	○		○			○	○			○
		身近な地形や地層，岩石の観察	○		○	○		○		○		○
		火山活動と火成岩		○	○	○		○		○	○	
		地震と地球内部のはたらき		○			★		○			
		地層の重なりと過去の様子	★		○	★	○			★		○
	第2学年	生物と細胞（顕微鏡観察のしかたを含む）										○
		植物の体のつくりとはたらき	★	○		★	○		★	○	○	★
		動物の体のつくりとはたらき	○	○	★	○	○	★	○	○	★	○
		気象要素の観測，大気圧と圧力	○		○				○		★	○
		天気の変化	○	○	★	○	○	○	★	○	○	
		日本の気象							○			
	第3学年	生物の成長と生殖		○		○		○		○	○	
		遺伝の規則性と遺伝子		★	○		★		○	★		
		生物の種類の多様性と進化			○					○		
		天体の動きと地球の自転・公転		○			○		○		○	★
		太陽系と恒星，月や金星の運動と見え方	○	★	○	○		★		○		
		自然界のつり合い		○		○	○				○	○
自然の環境調査と環境保全，自然災害							○	○				
科学技術の発展，様々な物質とその利用					○	○		○	○			
探究の過程を重視した出題			○	○	○	○	○	○	○	○	○	○

社会 出題傾向の分析と合格への対策

出題傾向とその内容

〈最新年度の出題状況〉

本年度の出題数は，例年同様，大問6題，小問20題である。解答形式は，マークシートの記号選択式が17題で，記述問題は各分野1題ずつ計3題であった。大問は，日本地理1題，世界地理1題，歴史2題，公民1題，地理分野・歴史分野・公民分野の各出題で構成された大問が1題である。基礎・基本の定着と，資料を読みとり，考察する力を試す総合的な問題が出題の中心となっている。

地理的分野では，略地図を中心に，表・グラフといった統計資料を用いて，諸地域の特色・産業・貿易・気候・人々のくらしなどが問われている。歴史的分野では，説明文・略年表などをもとに，日本の歴史が総合的に問われている。公民的分野では，基本的人権・財政・国際問題等の中から基礎的な知識が問われている。

〈出題傾向〉

全体として，3分野について基礎的な知識をみるとともに，資料を活用して社会的事象を考察し，適切に表現する能力をみる出題である。

地理的分野では，地形図・略地図・表・グラフ・雨温図などを読みとらせることで，知識の活用が行えるかを確認している。出題の形式がやや複雑なので，応用力を重要視していると言えるだろう。

歴史的分野では，テーマ別の通史という形で出題することにより，歴史の流れを理解しているかを確認している。即ち，歴史全体を大きくつかむ力を重要視していると言えるだろう。

公民的分野では，現代の日本の状況をきちんと分析する力を重要視していると言えるだろう。

なお，問題の大部分がマークシートでの解答となっていることに留意して，練習を重ねておこう。

来年度の予想と対策

来年度も，形式・内容ともに，大きな変化はないものと思われる。したがって，対策としては，まず，教科書を十分に読んで基礎力をつけることが必要である。基礎をしっかり固めて，入試過去問題集のとりくみをくり返せば，高得点も不可能ではない。

具体的には，地理では，地図帳や資料集を活用し，地図や統計，各種資料などを読み取る力を養う必要がある。歴史では，各時代のキーワードとなる語句を整理し，政治・外交・社会・文化などの特色や流れを総合的につかむようにしよう。その際，世界史の流れと関連づけて把握すると，理解が深まるであろう。公民では，当然知っておくべき知識を簡潔に整理すると同時に，新聞やテレビのニュースなどで世の中の動きにも目を向ける必要があると言えるだろう。

なお，例年出題されている記述問題の対策として，複数の資料からそれぞれ読みとれることを記した上で，文章にまとめる練習を十分にしておきたい。

⇨学習のポイント

- ・地理では，地形図や各種の地図に慣れ，世界各国・日本各地の特徴をつかもう！
- ・歴史では，略年表に慣れて，時代の流れをつかもう！　また世界史も視野に置こう！
- ・公民では，政治・経済の基礎を幅広く理解し，地方自治・国際社会等の問題にも目を配ろう！

年度別出題内容の分析表 社会

※ は出題範囲縮小の影響がみられた内容

分野		出題内容	27年	28年	29年	30年	2019年	2020年	2021年	2022年	2023年	2024年
地理的分野	日本	地形図の見方	○	○	○	○	○	○	○	○	○	○
		日本の国土・地形・気候	○			○			○	○		○
		人口・都市	○	○	○		○	○	○		○	
		農林水産業	○	○		○	○		○		○	○
		工業	○	○			○	○	○	○	○	○
		交通・通信						○	○	○	○	○
		資源・エネルギー			○							
		貿易			○						○	
	世界	人々のくらし・宗教									○	○
		地形・気候	○	○	○	○	○	○	○	○	○	○
		人口・都市		○				○	○	○	○	
		産業	○	○	○	○	○	○	○	○	○	○
		交通・貿易	○		○	○	○	○	○	○		○
		資源・エネルギー										
	地理総合				○		○	○				
歴史的分野	日本史―時代別	旧石器時代から弥生時代	○	○								
		古墳時代から平安時代	○	○	○	○	○	○	○	○	○	○
		鎌倉・室町時代	○	○		○	○	○	○	○	○	○
		安土桃山・江戸時代	○	○	○	○	○	○	○	○	○	○
		明治時代から現代	○	○	○	○	○	○	○	○	○	○
	日本史―テーマ別	政治・法律	○	○	○	○	○	○	○	○	○	○
		経済・社会・技術	○	○	○	○	○	○	○	○	○	○
		文化・宗教・教育	○	○	○	○	○	○	○	○	○	○
		外交	○	○			○					○
	世界史	政治・社会・経済史					○	○	○	○	○	○
		文化史				○						
		世界史総合										
	歴史総合											
公民的分野	憲法・基本的人権			○	○	○	○			○	○	○
	国の政治の仕組み・裁判			○	○		○	○	○	○		○
	民主主義											○
	地方自治		○			○			○			
	国民生活・社会保障			○			○					
	経済一般		○	○	○	○	○	○	○	○	○	
	財政・消費生活		○	○	○	○	○	○	○	○	○	○
	公害・環境問題			○		○					○	
	国際社会との関わり		○		○	○	○	○			○	○
時事問題												
その他												

― 東京都公立高校 ―

2024年度　合否の鍵はこの問題だ!!

都立戸山高等学校

数　学　2〔問2〕(2)，3〔問2〕(2)，4〔問2〕

2〔問2〕(2)

△OABと△OCDの面積を具体的に計算することもできるが，2点AとBの距離をh_1，2点CとDの距離をh_2とすると，$h_1=h_2$だから，解説のようにy軸と線分AB，CDの交点をそれぞれE，Fとすると，△OAB：△OCD$=h_1\times \mathrm{OE}\times\frac{1}{2}:h_2\times \mathrm{OF}\times\frac{1}{2}=\mathrm{OE}:\mathrm{OF}$となる。このように面積の比は線分の比に置き換えると容易に求めることができる。

3〔問2〕(2)

△DAHが二等辺三角形だからBHの中点Mをとれば，DM⊥BCとなる直角ができる。結果的にDMは垂線になる。このように二等辺三角形は垂線を引くことで，直角三角形の相似や三平方の定理が使える。

4〔問2〕

△GDEの底辺をEDとしたときの高さは解説のGHである。そこでEDの長さは一定だから，GHの長さを最大にすればよい。さらに△GIHで三平方の定理より，IHの長さは一定だから，GIの長さを最大にすればよい。つまり△GDEの面積を最大にするには，GIの長さが最大ならばよい。そこで点Gは円Pの周上，点Iは線分CA上の点だから，GIが円の中心Pを通るときその長さは最大になる。

英 語　2〔問7〕，3〔問6〕

2の〔問7〕と大問3の〔問6〕を取り上げることにする。合計で20点と配点が少なくないので，注意が必要である。

2の〔問7〕は手紙形式ではあるが，実質は，ほぼ本文の要旨文となっており，その空所に適語を補充して完成させる記述問題である。一方，3の〔問6〕は英語の指示に従って40語以上50語程度の英語でまとめる自由・条件作文となっている。

要旨を完成させる問題では，本文の理解したうえで，空所に当てはまる適語を，文脈上，文法上の視点から考えて，挿入することになる。

自由・条件作文では，指示文で設定された数少ない制約を守ったうえで，テーマに沿って自由に英文をまとめることになる。

いずれにしても，基礎的語い力，文法力は必須で，要約文の空所補充に関しては，読解力も求められているが，記述式の設問ということで，発信型の「書く」英語力の養成にも留意して，日頃の勉強に取り組むことが大切である。

国 語　4〔問7〕

インターネット上では，自分と同じ意見を見つけやすく，居心地よく感じるかも知れない。しかし，本文を読んだ後なら，その安心感に甘んじることが，いかに危険かがわかるであろう。したがって，自分の意見に固執することで生じる問題や困難を考え，明確に書き示そう。他者と共存しなければならないのに，他者を受け入れることができなかったら，共同体が成立しない。まさに，現実世界はそういった危機に直面している。それを把握していることをアピールすることが大切だ。段落の指定はないが，ここまでの内容で一段落を構成するとよいだろう。字数はだいたい半分弱におさえたい。そして第二段落をつくり，挙げた問題の解決方法を具体的に示し，自分自身の考えをまとめていきたい。考えに固執し人が孤立していくという弊害を取り除くためには，幅広くさまざまな意見を取り入れるための工夫が欠かせない。インターネット以外にどのようなメディアを用いるとよいか，また，発信する側の取り組みなどに言及してもおもしろいかもしれない。まさに自分自身にも関わる問題である。限られた時間内ではあるが，丁寧な考察が求められている。

MEMO

大切なことはメモしておこうネ！

スピーキングテスト

★★★★★★★★★★★★★★★★★★★★★★★★★★★★★★★★★★★

練 習 問 題

スピーキングテスト(ESAT−J)は,
PartA,PartB,PartC,PartDの
4つのパートに分かれています。

【PartA】
英文を声に出して読むパートです。
2問の出題が予想されます。

【PartB】
図,表,イラストなどの与えられた情報をもとに
質問に答える問題と,あなたから問いかける問題です。
5問の出題が予想されます。

【PartC】
4コマイラストについて,ストーリーを英語で話す問題です。
1問の出題が予想されます。

【PartD】
質問に対して,自分の考えと理由を英語で述べる問題です。
1問の出題が予想されます。

本書では,各パート1問ずつの練習問題を収録しています。
アプリではさらに多くの練習ができます。
詳しくは巻頭「収録内容」ページの下部QRコードから
アクセスしてご確認ください。

東京都中学校英語スピーキングテスト(ＥＳＡＴ－Ｊ)について

東京都立高等学校入学者選抜では，東京都中学校英語スピーキングテスト(ＥＳＡＴ－Ｊ)の結果を令和5年度入学者選抜(令和4年度実施)から活用しました。

1　実施方法について

中学校英語スピーキングテストのために用意されたタブレットとヘッドセット(マイク付きヘッドフォン)を使います。

タブレット(タブレットのサイズ　幅197.97×奥行119.82×高さ8.95mm　重さ約320g)

- バックアップのための音声が録音されます。
- 録音の状況を、「見て」確認できます。
- 画面上で文字の大きさを選択できます。
- 指示文にはルビが付いています。
- 問題のイラストを白黒で見やすいように表示します。

ヘッドセット(装着時にマイクは左側にきます。)

- 耳をしっかり覆い、集中できるように設計されています。

2　問題の構成と評価の観点について

Part	出題形式	出題数	評価の観点		
			コミュニケーション達成度	言語使用	音声
A	英文を読み上げる	2			○
B	質問を聞いて応答する／意図を伝える	5	○		
C	ストーリーを英語で話す	1	○	○	○
D	自分の意見を述べる	1	○	○	○

3　令和６年度の実施ついて(予定)

実施日　令和６年１１月２４日(日)　予備日：令和６年１２月１５日(日)

<スピーキングテスト　練習問題>

【Part A】

聞いている人に，意味や内容が伝わるように，英文を声に出して読んでください。はじめに準備時間が30秒あります。録音開始の音が鳴ってから解答を始めてください。解答時間は30秒です。

英語部員のあなたは，他の部員に向けて，祖母の家に遊びに行った思い出について短いスピーチをすることになりました。次の英文を声に出して読んでください。

(準備時間30秒／解答時間30秒)

I have a grandmother in Aomori. Last fall, my family and I stayed at her house for two days. She has a large apple field there. My grandmother made an apple cake for us. It looked interesting for me to make it, so I helped her then. The cake was delicious.

【Part B】

画面上の情報を見て，英語で話してください。準備時間は10秒です。録音開始の音が鳴ってから解答を始めてください。解答時間は10秒です。

あなたは地域のお祭りに友だちと一緒に参加しようとしていて，そのチラシを見ながら，友だちと話しています。友だちからの質問に対して，画面上のチラシをもとに，英語で答えてください。

(準備時間10秒／解答時間10秒)

Question: What time should you get to the hall if you want to join the City Festival?

City Festival

Date : May 3　　Place : City Hall　　Time : From 1:00 p.m.

◆You need to come to the hall 15 minutes before the starting time.

(4)　スピーキングテスト　練習問題　　　　　**東京都**

【Part C】

これから画面に表示される１コマめから４コマめのすべてのイラストについて，ストーリーを英語で話してください。はじめに準備時間が30秒あります。録音開始の音が鳴ってから解答を始めてください。解答時間は40秒です。

あなたは，昨日あなたに起こった出来事を留学生の友だちに話すことになりました。イラストに登場する人物になったつもりで，相手に伝わるように英語で話してください。
(準備時間30秒／解答時間40秒)

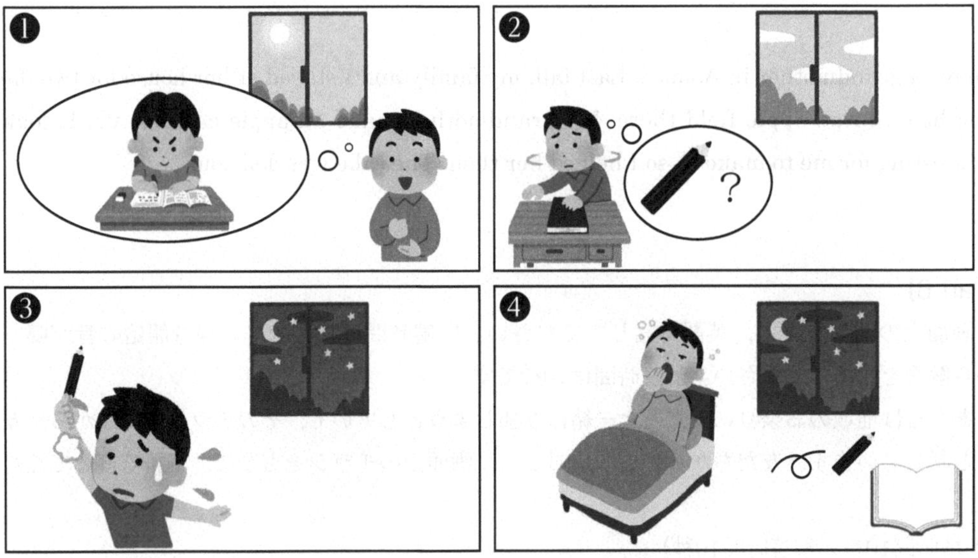

【Part D】

質問に対して，自分の考えとそう考える理由を英語で述べる問題です。はじめに準備時間が１分あります。解答時間は40秒です。録音開始の音が鳴ってから解答を始めてください。

あなたは友人と高校入学後の学校生活について話をしています。次の質問について自分の考えを述べ，その理由を説明してください。
(準備時間１分／解答時間40秒)

Question: Do you want to join a club in high school? Answer the question and explain why you think so.

スピーキングテスト　練習問題

解　答　例　と　解　説

＜解 答 例＞

【Part A】 解説参照

【Part B】 We should get to the hall at 12:45 pm.

【Part C】 One day, I decided to study. I needed my pencil, so I looked for it on the desk, but I couldn' t find it. It was night when I found it. I was tired and sleepy and went to bed.

【Part D】 I want to belong to a club. Playing baseball is very fun for me. Also, I want to make a lot of friends. This is my idea.

＜解 説＞

【Part A】

≪問題文訳≫

私には青森に祖母がいます。この間の秋，家族と私で2日間彼女の家に泊まりました。彼女はそこに大きなリンゴ農園を持っています。祖母は私たちにリンゴケーキを作ってくれました。それを作るのが私には面白そうに見えたので彼女を手伝いました。ケーキは美味しかったです。

≪解説≫

発音は概ね正しく，強勢，リズムや抑揚が，聞き手の理解の支障とならないことを目指そう。言葉や言い回しを考えたり，言い直したりするために，間《ま》を取っても良いが，発話中の間は，不自然に長くならないようにする。

全体を通して発音の誤りが生じていたり，抑揚がほとんどなかったり，言いよどみが多かったり，聞き手が話についていくのが難しいほど沈黙が長かったりすると減点となるので注意する。

【Part B】

≪図の訳≫

都　市　祭　り

日時：5月3日　　場所：シティホール　　時間：午後 1:00 から

◆開始時刻の 15 分前までにホールへ来る必要があります。

≪質問文訳≫

もし，都市祭りに参加したいのであれば，あなたは何時にそのホールへ着くべきですか？

≪解答例訳≫

私たちは午後12時45分にはホールに着くべきです。

≪解説≫

設問の問いかけに対して適切な内容を答えるようにしよう。

時間は午後1：00からとあり，下部に「開始時刻の15分前までにホールへ来る必要があります。」と記載されている。よって，午後12時45分にはホールに着くべきと答える。

【Part C】

≪解答例訳≫

ある日，私は勉強をすることにしました。鉛筆が必要だったので，机の上を探したのですが，見つかりませんでした。見つけたとき，夜でした。私は疲れて眠くなり，ベッドに入りました。

≪解説≫

各コマのイラストから読み取れる事実を伝えるようにしよう。語彙や文構造，文法の使い方の誤りは減点となるので注意する。

【Part D】

≪質問文訳≫

あなたは高校で部活動に加入したいと思いますか？質問に答えて，なぜそう考えるのか説明してください。

≪解答例訳≫

私は部活動に加入したいです。私にとって野球をすることはとても楽しいです。また，私は多くの友達を作りたいです。これが私の考えです。

≪解説≫

自分の考えを伝え，それをサポートする理由を伝えよう。幅広い語彙・表現や文法を柔軟に使用して答えると良い。質問に対する答えになっていなかったり，理由が不明瞭であったりすると減点となるので注意する。

都立戸山高等学校

2024年度

★★★★★★★★★★★★★★★★★★★★★★★★

入　試　問　題

2024
年
度

●くわしい解説……31ページ

＜数学＞

時間　50分　　満点　100点

【注意】答えに根号が含まれるときは，**根号を付けたまま，分母に根号を含まない形で表しなさい。**
また，**根号の中を最も小さい自然数にしなさい。**

1　次の各問に答えよ。

〔問１〕　$\sqrt{2}(\sqrt{3}+\sqrt{18})-\dfrac{2\sqrt{3}-6}{\sqrt{2}}$　を計算せよ。

〔問２〕　2次方程式　$(2x+1)(x-3)=x(x+1)$　を解け。

〔問３〕　連立方程式 $\begin{cases} \dfrac{x+2y}{2}=\dfrac{x}{3}+4 \\ \dfrac{x-2y}{4}=x \end{cases}$　を解け。

〔問４〕　1から6までの目が出る大小1つずつのさいころを同時に投げる。
　大きいさいころの出た目の数をa，小さいさいころの出た目の数をbとするとき，$10a+b$が3の倍数であるが，4の倍数でない数となる確率を求めよ。
　ただし，大小2つのさいころはともに，1から6までのどの目が出ることも同様に確からしいものとする。

〔問５〕　右の図で，△ABCは，∠BAC＝20°，∠BCA＝60°の三角形である。
　解答欄に示した図をもとにして，辺AC上にあり∠ABP＝25°となる点Pを，定規とコンパスを用いて作図によって求め，点Pの位置を示す文字Pも書け。
　ただし，作図に用いた線は消さないでおくこと。

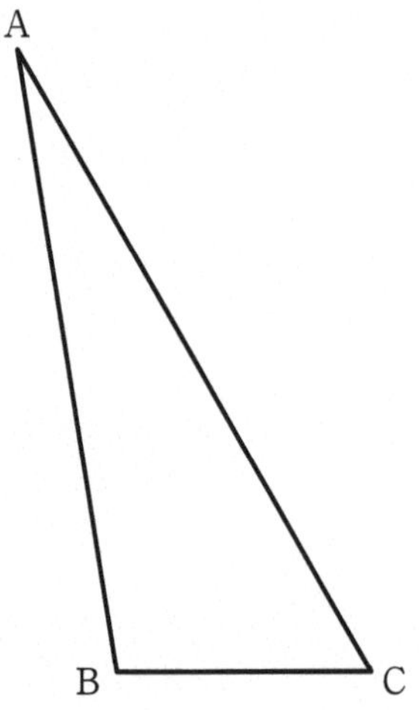

2　右の図で，点Oは原点，曲線fは関数$y=ax^2$ $(a>0)$のグラフ，曲線gは関数$y=\dfrac{b}{x}$ $(b<0)$のグラフを表している。

点Aは，曲線fと曲線gとの交点で，x座標は-4である。

点Bは，曲線f上にあり，x座標は2である。

点Cは，曲線g上にあり，x座標は2である。

次の各問に答えよ。

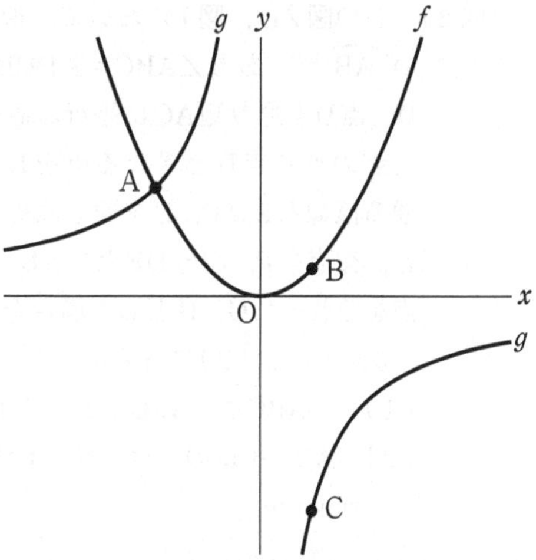

〔問１〕　点Bのy座標が$\dfrac{1}{3}$のとき，bの値を求めよ。

〔問２〕　x座標，y座標がともに負の数である点をDとし，点Aと点B，点Bと点C，点Cと点D，点Dと点Aをそれぞれ結び，四角形ABCDが平行四辺形となる場合を考える。

原点から点(1，0)までの距離，および原点から点(0，1)までの距離をそれぞれ1cmとして，次の(１)，(２)に答えよ。

(１)　四角形ABCDの面積が12cm^2のとき，点Dの座標を求めよ。

ただし，答えだけでなく，答えを求める過程が分かるように，途中の式や計算なども書け。

(２)　点Oと点A，点Oと点B，点Oと点C，点Oと点Dをそれぞれ結んだ場合を考える。

$a=\dfrac{1}{4}$のとき，△OABの面積と△OCDの面積の比を最も簡単な整数の比で表せ。

3　右の**図1**で，点Oは，AB＞AC，BC＝10cmである△ABCの3つの頂点を通る円の中心で，辺BC上にある。

次の各問に答えよ。

図1

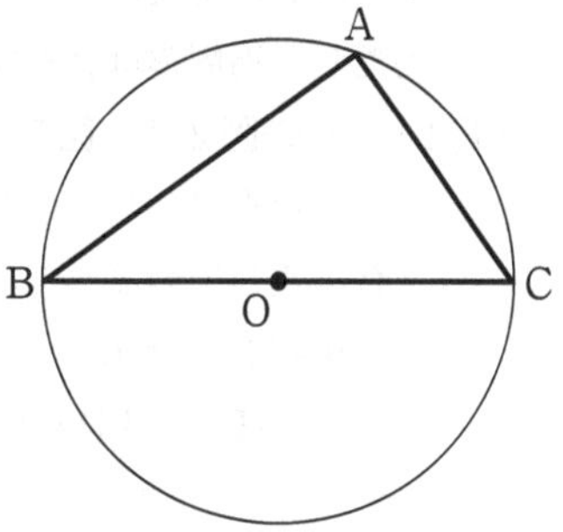

〔問１〕　AB：AC＝3：1のとき，△ABCの面積は何cm^2か。

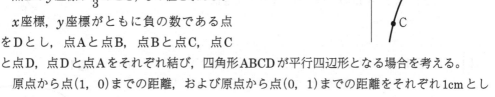

〔問２〕　右の**図２**は，**図１**において，頂点Cを含まない$\overset{\frown}{AB}$上にあり∠ABC＝∠DCBとなる点をD，点Dを通り辺ACに平行な直線と円Oとの交点のうち点Dと異なる点をE，２点A，Bを通る直線と２点C，Eを通る直線をそれぞれ引き，交点をF，線分DEと辺AB，辺BCとの交点をそれぞれG，Hとした場合を表している。

次の(１)，(２)に答えよ。

(１)　△ABC≡△AFCであることを証明せよ。

(２)　AC＝6cmのとき，線分BHの長さは何cmか。

図２

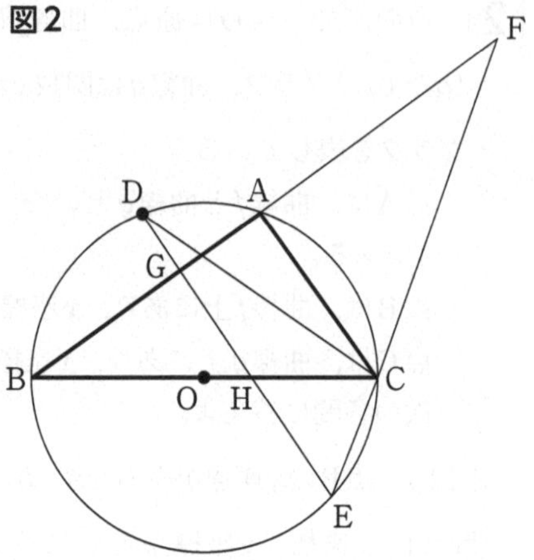

4　右の**図１**に示した立体は，底面が半径6cmの円，高さが$h$cm ($h>0$)の円柱で，底面の２つの円の中心をそれぞれP，Qとし，点Pと点Qを結んでできる線分は２つの底面に垂直である。

線分ABは円Pの直径，点Cは円Pの周上の点で，点A，点Bのいずれにも一致しない。

点Aを通り線分PQに平行な直線を引き，円Qとの交点をD，点Cを通り線分PQに平行な直線を引き，円Qとの交点をEとする。

点Pと点C，点Dと点Eをそれぞれ結ぶ。

円Pにおいて，点Bを含まない$\overset{\frown}{AC}$に対する中心角をa° ($0<a<180$)とする。

次の各問に答えよ。

ただし，円周率はπとする。

図１

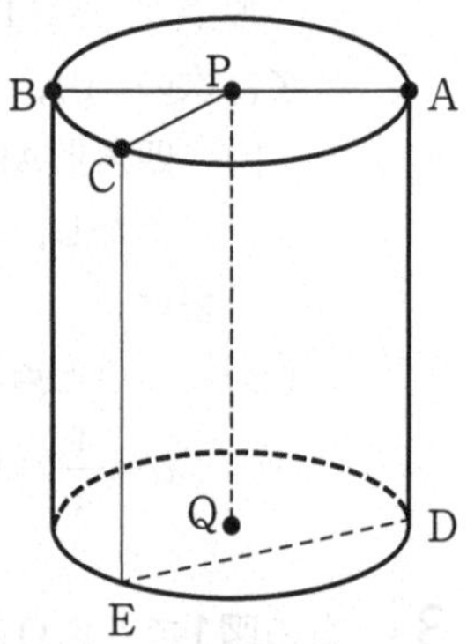

〔問１〕　右の**図２**は，**図１**において，線分AD上にありAF＜DFとなる点をFとし，点Pと点F，点Eと点Fをそれぞれ結んだ場合を表している。

$h=15$，$a=60$とする。

△PAF∽△FDEのとき，線分AFの長さは何cmか。

図２

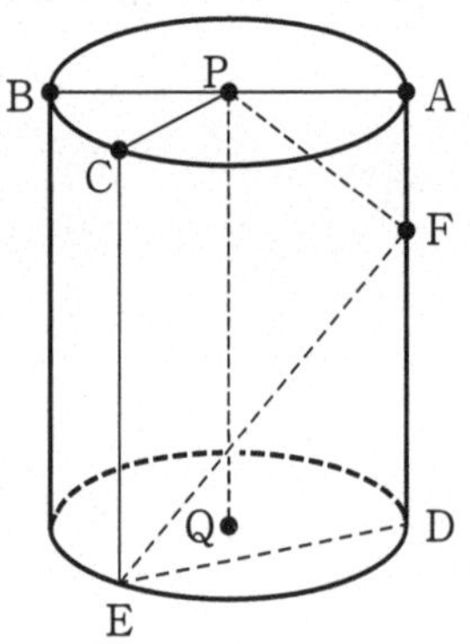

〔問2〕　右の**図3**は，**図1**において，点Bを含む$\overset{\frown}{\mathrm{AC}}$上にある点をGとし，点Gと点D，点Gと点Eをそれぞれ結んだ場合を表している。

$h=13$，$a=120$とする。

△GDEの面積が最も大きくなるとき，△GDEの面積は何cm^2か。

図3

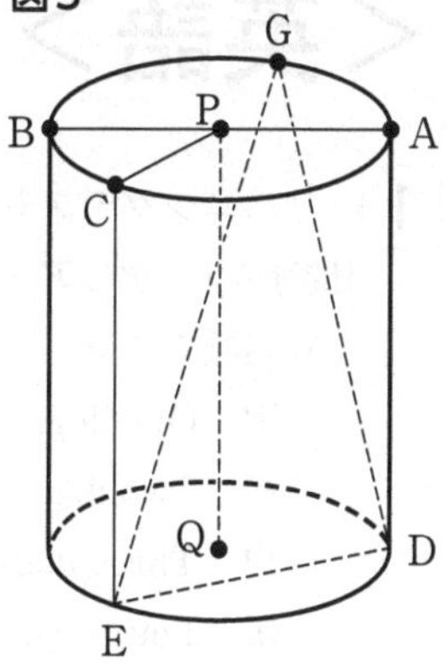

〔問3〕　右の**図4**は，**図1**において，点Bを通り線分PQに平行な直線を引き，円Qとの交点をHとし，円柱の側面上を，線分BHと交わるように，点Aと点Eを線ℓで結んだ場合を表している。

$h=b\pi$，$a=120$のときの線ℓの最短の長さを$c\pi$ cm $(0<b<c)$とする。

b，cがともに自然数となるようなb，cの値の組を全て求め，$(b,\ c)$の形で表せ。

ただし，答えだけでなく，答えを求める過程が分かるように，途中の式や計算なども書け。

図4

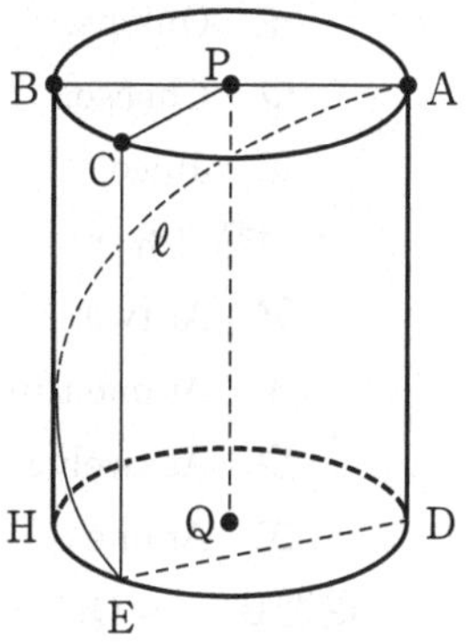

＜英語＞　時間　50分　　満点　100点

1　リスニングテスト(**放送**による**指示**に従って答えなさい。)

〔**問題A**〕　次の**ア**～**エ**の中から適するものをそれぞれ**一つずつ**選びなさい。

＜対話文1＞

ア　One dog.

イ　Two dogs.

ウ　Three dogs.

エ　Four dogs.

＜対話文2＞

ア　Tomatoes.

イ　Onions.

ウ　Cheese.

エ　Juice.

＜対話文3＞

ア　At two.

イ　At one thirty.

ウ　At twelve.

エ　At one.

〔**問題B**〕　＜Question 1＞では，下の**ア**～**エ**の中から適するものを**一つ**選びなさい。
＜Question 2＞では，質問に対する答えを英語で書きなさい。

＜Question 1＞

ア　Two months old.

イ　One week old.

ウ　Eleven months old.

エ　One year old.

＜Question 2＞

(15秒程度，答えを書く時間があります。)

2　次の対話文を読んで，あとの各問に答えなさい。
(＊印の付いている単語・語句には，本文のあとに〔**注**〕がある。)

Mari is a junior high school student who lives in Tokyo. Emily is a high school student from the UK. She came to Japan a month ago, and has stayed with Mari's family since then. Takeshi is Mari's brother. He is a high school student. One evening, Mari, Emily, and Takeshi are talking in the living room.

Mari　：Is everything all right at school, Emily?

Emily　：[　(1)-a　] I enjoy the classes and I'm glad all my classmates are so friendly to me.

Mari　: I'm happy to hear that. But if you need any help, we'll be ready to help you at any time.

Emily　: Oh, thanks. Actually, there's one thing I want you to teach me.

Takeshi : What is it?

Emily　: Wait a minute. I'll go and get it from my room.

Emily comes back with a book.

Emily　: I bought this book yesterday. It's a book about origami. I read it and tried making some by myself, but it was too difficult for me. Will you help me?

Mari　: Sure. I'm good at origami.

Emily　: Great!

Takeshi : What do you want to make? You can make many kinds of things, such as animals, birds, flowers, fish, and boxes.

Emily　: I want to make a flower and send it to my mother.

Mari　: [(1)-b] How about this flower?

Emily　: It looks pretty. I want to try it. By the way, what does this line mean?

Takeshi : It means "*valley fold." You fold the paper along the line, and it'll look like the letter "V."

Mari　: And this different type of line means "mountain fold." It's the *opposite of "valley fold."

Takeshi : Each symbol has its own meaning. If you learn the meaning, you'll be able to make origami easily.

Emily　: Interesting! They're just like *musical notation. If you know the meaning of the symbols, you can play any piece of music you like.

Takeshi : That's right.

Mari　: Now, let's make the flower.

They finish making the origami flower.

Emily　: Wow, it's so beautiful. Origami is fun!

Takeshi : A few days ago, I read in the newspaper that there's an origami *exhibition at the art museum this month. Shall we go there this weekend?

Emily　: Sounds good! I'll be free this Sunday. How about you, Mari?

Mari　: I'll be free, too.

Takeshi : OK, then let's go there together.

On Sunday, they go to the museum. Mr. Ito, the manager of the exhibition, welcomes them.

Mr. Ito : Good morning. Welcome to our exhibition. Is this your first visit here?

Takeshi : Yes, it is.

Mr. Ito : I can show you the exhibition if you like.

Emily : Oh, thank you. That's very kind of you.

Mr. Ito : All right. Then, please come this way. In this room you can learn about the history of origami. Do you know where paper was first invented?

Mari : In Japan?

Mr. Ito : No. People say it was invented in China and was brought to Japan. According to some researchers, paper was first used in Japan for writing. They say people began to fold it or cut it into different shapes, and used it for other things, such as *decorations for *wedding ceremonies. More and more paper was needed, so paper began to be produced all over Japan. The paper, or *washi*, was thin and strong, so various origami works were created. Look at this book.

Emily : What is it?

Mr. Ito : This is the oldest origami textbook that *exists in Japan. It was printed around 1800. It shows how to make paper cranes.

Takeshi : Around 1800! That means paper cranes have been around for about 200 years.

Mr. Ito : [(1)-c] Look at this *sword. You can see some origami cranes *carved on the *hilt. This sword was used around 1600. That means paper cranes already existed more than 400 years ago.

Mari : That's surprising.

Mr. Ito : Yes. They have a long history. Let's go to the next room. You can enjoy some of the works created by origami artists of the 21st century.

Takeshi : I like this origami bee. It looks [(2)-a].

Mari : I like this origami horse. It's so cool.

Mr. Ito : Yes. This artist makes good origami animals. I like his works, too.

Emily : This artist is from the US, and this artist is from Spain. Oh, this artist is from the UK, my home country!

Mr. Ito : There are origami artists all over the world. Many of them belong to an origami group in their own country and work with other origami artists there.

Takeshi : [(3)]

Mr. Ito : Origami is popular not only in Japan but also in foreign countries. Now, let's go to the next room. Have you ever thought about how origami is related to our health?

Mari : No. How are they related?

Mr. Ito : Many doctors say that origami is good for our health because our brain becomes active through the activity. When you *work on origami, you use your *imagination, and choose the best color of paper for your idea. You read the instructions in your origami books, and have to *figure out how to fold the paper. Then you move your fingers and try hard to fold the paper carefully. Sometimes you may enjoy chatting with other people while folding the paper. All of these make your brain active. Look at this picture. It shows which area of the brain becomes active when you work on origami.

Emily : It's amazing! Origami has such a good *effect on our health.

Mr. Ito : It has a good effect on children. It also helps adults to stay healthy.

Emily : I'll tell my parents about this!

Mr. Ito : Let's go to the next room. Come this way. Look at this boat. This type of boat is called a kayak.

Mari : Is this an origami kayak?

Mr. Ito : No, it isn't. It is a real kayak. You can ride in it if you want to.

Takeshi : Then, why is it in this exhibition?

Mr. Ito : Because it is related to origami in some way. Can you guess how?

Takeshi : [(1)-d]

Mr. Ito : Look at it carefully. Do you see the lines? If you fold it along the lines, the kayak gets smaller and smaller, and finally it becomes as small as a suitcase. Shall we try?

They fold the kayak.

Takeshi : Wow! It's smaller now.

Emily : I can't believe it!

Mr. Ito : You can put it in your house when you aren't using it. Also, you can carry it to a river easily when you want to use it. This kayak was created by a man who loves riding in a kayak. When he moved to a new house, there was not enough space to put his kayak. Then he read an article about an origami artist, and got the idea of creating a *foldable kayak. He kept making different *models using paper, and finally he was [(2)-b] in making the right model. Then he made a real kayak based on the model, and this is the one he made.

Takeshi : He must be a creative man.

Mr. Ito : He sure is. Just like the man who created this kayak, some *experts are trying to use the *technique of folding and *unfolding in their own fields. (4)For example, one university in the US is trying 【 ① and　② a tiny robot　③ be　④ can　⑤ create　⑥ folded　⑦ sent　⑧ that　⑨ to 】 into the body to carry medicine. If they can make one, they may be able to *cure the injured part of the body more easily. Origami is giving ideas for new technology.

Emily : Wow! How interesting!

Mr. Ito : Well, this is the end of the tour. I hope you enjoyed the exhibition.

Takeshi : Thank you for showing us around. We learned a lot of new things about origami.

They leave the museum.

Mari ：I learned that (5)origami is both old and new. It's part of our tradition, but it's still very helpful now.

Takeshi ：I was especially [(2)-c] about the foldable kayak. Maybe we can make some other foldable things like the kayak.

Emily ：It'll be fun to think about it!

〔注〕 valley 谷
exhibition 展覧会
exist 存在する
hilt 刀の柄(手で握る部分)
figure out ～ ～を理解する
model 模型
unfold (折りたたんだものを)開く
opposite 正反対のもの
decoration 飾りつけ
sword 刀
work on ～ ～に取り組む
effect 効果，影響
expert 専門家
cure 治療する
musical notation 楽譜
wedding ceremony 婚礼
carve 彫る
imagination 想像力
foldable 折りたたむことができる
technique 専門技術

〔問1〕 本文の流れに合うように，[(1)-a]～[(1)-d]の中に英語を入れるとき，最も適切なものを次の**ア**～**ク**の中からそれぞれ一つずつ選びなさい。ただし，同じものは二度使えません。

ア I agree with you.
イ I have no idea.
ウ I think so.
エ I wonder how much it is.
オ Yes, I do.
カ No, I don't like it.
キ Longer than that.
ク That's a nice idea.

〔問2〕 本文の流れに合うように，[(2)-a]～[(2)-c]の中に英語を入れるとき，その組み合わせとして最も適切なものは，次の**ア**～**ク**の中ではどれか。

	(2)-a	(2)-b	(2)-c
ア	real	possible	exciting
イ	real	successful	exciting
ウ	really	possible	exciting
エ	really	successful	exciting
オ	real	possible	excited
カ	real	successful	excited
キ	really	possible	excited
ク	really	successful	excited

〔問3〕 本文の流れに合うように，[(3)]に英語を入れるとき，最も適切なものは，次の中ではどれか。

ア I didn't know that origami is enjoyed by so many people around the world.

イ　I didn't know that these origami artists are so famous in Japan.

ウ　I didn't know that there are so many origami groups in Japan.

エ　I didn't know that many origami artists belong to origami groups to stay healthy.

〔問４〕 (4)For example, one university in the US is trying【 ① and　② a tiny robot　③ be　④ can　⑤ create　⑥ folded　⑦ sent　⑧ that　⑨ to 】into the body to carry medicine. とあるが，本文の流れに合うように，【　　　　　】内の単語・語句を正しく並べかえたとき，【　　　　　】内で**３番目**と**６番目**と**９番目**にくるものの組み合わせとして最も適切なものは，次の**ア**～**カ**の中ではどれか。

	３番目	６番目	９番目
ア	①	④	②
イ	①	⑧	⑥
ウ	②	③	⑦
エ	②	⑦	⑥
オ	⑧	⑥	⑦
カ	⑧	⑦	②

〔問５〕 (5)origami is both old and new とあるが，この内容を最もよく表しているものは，次の中ではどれか。

ア　Origami is enjoyed not only by children but also by adults.

イ　Some old origami works are kept in a good condition thanks to modern technology.

ウ　Origami works from a long time ago and a modern origami textbook are shown at the exhibition.

エ　People have enjoyed origami since a long time ago, and we still get new ideas from it today.

〔問６〕 本文の内容と合っているものを，次の**ア**～**ク**の中から**二つ**選びなさい。

ア　Emily wanted to know the meaning of a symbol shown in an origami book.

イ　Symbols used in music are also used in origami instruction books.

ウ　Takeshi learned from the newspaper that an origami exhibition was going to start next month.

エ　*Washi* was too soft for origami, so new types of paper began to be produced all over Japan.

オ　Paper cranes were first created around 1800.

カ　Mr. Ito showed works created by origami artists before he explained the history of paper.

キ　Mr. Ito showed a picture of a brain to explain how origami is related to people's health.

ク　The man who created the foldable kayak was inspired by origami works he saw in an exhibition.

〔問7〕 次の英文は，Emilyが母親に送ったカードの内容である。(a)～(d)に入る適切な**英語1語**を答えなさい。なお，**同じ記号の空所には同じ単語**が入る。

Dear Mom,

Happy birthday! I am sending you a small birthday present. It's an origami flower. Have you heard of origami? It's the Japanese art of (a) paper. You can make various things just by (a) a piece of paper. I think it's amazing. I know you love flowers, so I made one for you. It wasn't easy for me to make it by myself, but (b) to Mari and Takeshi's help, I was able to make it. I hope you like it!

Today, I went to see an origami exhibition with Mari and Takeshi. I learned that origami has a good effect on our health. It (c) our brain active and, as a result, helps us stay in good health. I want you to be healthy, so I will teach you how to make origami flowers when I return to the UK.

How is Dad? I hope he is well. Please (d) him that I am doing well in Japan.

Love,

Emily

3 次の文章を読んで，あとの各問に答えなさい。
(＊印の付いている単語・語句には，本文のあとに〔注〕がある。)

Humans have long wondered, "How did the *Universe begin?" or "Are there any other planets with signs of life?" We have developed a lot of *telescopes and researchers have used them to try to explain these great mysteries.

Trying to solve these mysteries are some of the goals of *the James Webb Space Telescope. It was sent into space in 2021 and started to work the next year. It is the largest and most powerful space telescope ever built. Scientists believe [(1)-a] look at stars billions of *light-years away. A light-year is the *distance that light travels in one year. When we look at stars, for example, 100 light-years away in space, we are actually looking at the stars as they were 100 years ago. Scientists say that the Universe is about 13,800,000,000 years old, and the James Webb Space Telescope may be able to show us some of the first stars in the Universe.

Why is the James Webb Space Telescope able to take pictures of stars so far away? Let's look at some facts about this telescope.

As you can imagine from its name, [(1)-b]. Of course, we have some excellent telescopes on the Earth, but putting telescopes into space is a good way of getting a clearer view of the planets and stars. The main reason is that some of the light from space doesn't reach the Earth. The air on the Earth keeps it away.

Telescopes catch *signals from stars by using mirrors to collect the light from them. If the mirror is bigger, the telescope can catch more signals.

(2)

Another important fact is that the James Webb Space Telescope takes pictures of the Universe by using special cameras. These cameras can catch *infrared radiation. Infrared radiation is a type of *electromagnetic wave and it cannot be seen by the human eye. As you can see in Picture 1, electromagnetic waves are called by different names such as *microwaves, infrared radiation, and *X-rays, according to the *length of each *wave. Light that the human eye can see is called *visible light and is also a type of electromagnetic wave. Infrared radiation cannot be seen by the human eye, but it is still used in our daily lives. For example, you may use a *remote control when you want to turn off the air conditioner. It sends a signal to the air conditioner by using infrared radiation.

＜picture 1＞

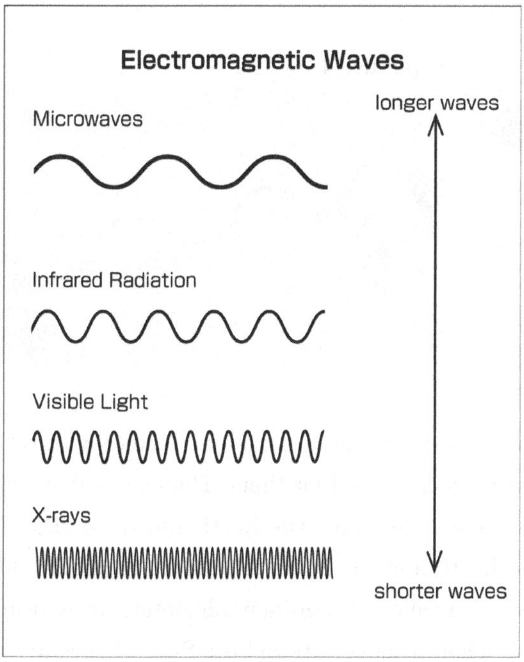

＜picture 2＞

「新・天文学入門」(岩波ジュニア新書)より

So why does the James Webb Space Telescope use cameras that can catch infrared radiation? One reason is that infrared radiation can be used to see through *dust in the Universe. We cannot see things behind or inside of dust clouds in space by using visible light. On the other hand, infrared radiation can pass through them more easily. Scientists believe that stars and planets are born inside these dust clouds, so they believe that looking inside with these cameras may help them discover new things.

Another important reason is that it is necessary to use infrared radiation to be able to catch the signals from early stars because the Universe is becoming larger. Almost 100 years ago, a scientist noticed that other groups of stars were moving away from us. That wasn't all. He also discovered that the *farthest groups of stars were moving away from us faster than the ones close to us. Look at Picture 2. This shows the way this happens. When the *balloon becomes bigger, the distance between the groups of stars on the balloon becomes larger.

Light which left stars far away from us can take billions of years to reach our planet. While it is traveling, the length of the light wave increases because the Universe is becoming bigger. (3)This means that visible light waves 【 ① get ② from ③ into ④ coming ⑤ waves ⑥ longer ⑦ stretched ⑧ those stars 】 and become infrared radiation.

Let's see how it happens. Look at Picture 3. In the picture, a pen is used to draw a wave on a piece of *elastic. The elastic is then stretched, as you can see in Picture 4. It shows how an electromagnetic wave is stretched when the distance it travels increases. The James Webb Space Telescope is trying to take pictures of the farthest stars. They are so far away [(4)].

<picture 3>

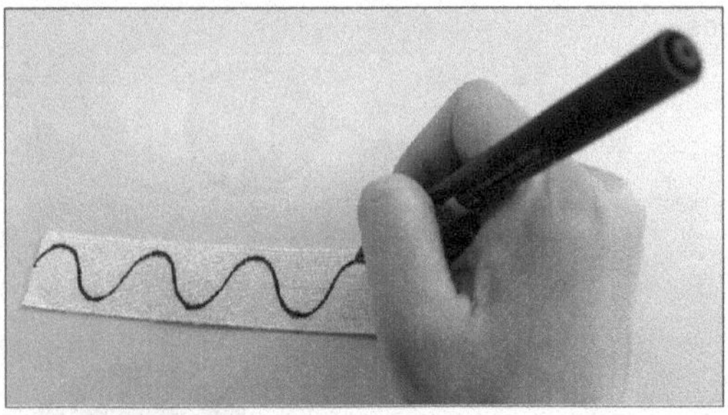

<picture 4>

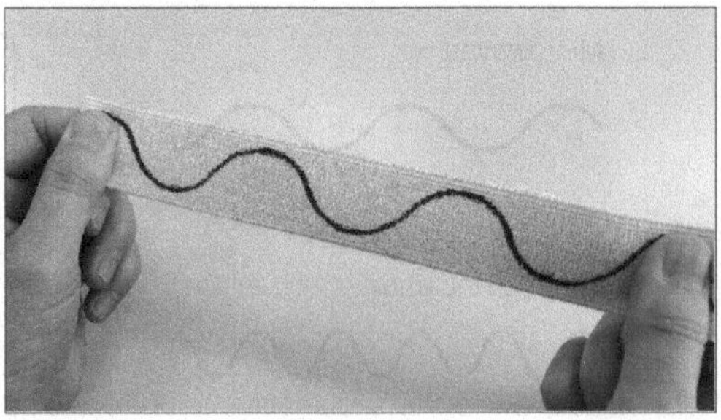

The cameras of telescopes which use infrared radiation are easily affected by *heat. The temperature is very low in space, so being in space is good for them. The James Webb Space Telescope is very far from the Earth. The distance between the Earth and the James Webb Space Telescope is longer than that of the Earth and the Moon. The Moon is about 380,000 kilometers away from the Earth. The telescope is about 1.5 million kilometers away from the Earth and stays in the *shade of the Earth when it moves around the Sun. This reduces the amount of light and heat that the telescope receives from the Sun. The telescope also has a large shade against the Sun. It is bigger than the big telescope itself, as large as a tennis court, and protects the important parts of the telescope from the Sun. The hot side of the shade facing the Sun is about 85℃ but the other side is about -233℃ .

Since the James Webb Space Telescope started to work, it has been surprising us with the very clear pictures [(1)-c]. They are clearer than those taken by telescopes before the James Webb Space Telescope. In developing this telescope, thousands of researchers and engineers from all over the world worked together. We have seen how researchers are trying to discover early stars in space, but this is just one of the goals of the James Webb Space Telescope. There are some other important ones. Research into space by using [(1)-d] scientists from countries which have paid money for the telescope. It is also open to any researchers in the world who want to answer questions like “How did the Universe begin?”, “Where do we come from?”, or “Are we alone in the Universe?”.

〔注〕

Universe　宇宙	telescope　望遠鏡	
the James Webb Space Telescope	ジェイムズ・ウェッブ宇宙望遠鏡	light-year　光年
distance　距離	signal　信号	infrared radiation　赤外線
electromagnetic wave　電磁波	microwave　マイクロ波	X-ray　エックス線
length　長さ	wave　波	visible　目に見える
remote control　リモコン	dust　ちり	farthest　最も遠い
balloon　風船	elastic　ゴムひも	heat　熱
shade　陰・日よけ		

〔問1〕　本文の流れに合うように，[(1)-a]～[(1)-d]の中に英語を入れるとき，最も適切なものを次の**ア**～**カ**の中からそれぞれ一つずつ選びなさい。ただし，同じものは二度使えません。

ア　it is in space
イ　it is not just for
ウ　it is impossible to
エ　it gave us a message
オ　it will allow them to
カ　it sends back to the Earth

〔問2〕　[(2)]の中には，次の**A**～**D**の文が入る。本文の流れに合うように，正しく並べかえたとき，その組み合わせとして最も適切なものは，下の**ア**～**カ**の中ではどれか。

A　The mirrors were folded and carried into space.
B　Scientists want a telescope with a big mirror in space, but it’s very difficult to send a giant, heavy mirror into space.
C　When it arrived in space, the mirrors were carefully spread out to make a big mirror.
D　So, engineers gave the James Webb Space Telescope 18 smaller mirrors that are connected to each other.

ア　A→C→B→D　　**イ**　A→C→D→B　　**ウ**　B→D→A→C
エ　B→D→C→A　　**オ**　D→B→A→C　　**カ**　D→B→C→A

〔問3〕　(3)This means that visible light waves【① get　② from　③ into　④ coming　⑤ waves　⑥ longer　⑦ stretched　⑧ those stars】and become infrared radiation. とあるが，本文の流れに合うように，【　　　　　　】内の単語・語句を正しく並べかえたとき，**2番目**と**5番目**と**8番目**にくるものの組み合わせとして最も適切なものは，次の**ア**～**カ**の中ではどれか。

	2番目	5番目	8番目
ア	②	③	⑥
イ	②	③	⑦
ウ	②	⑦	⑤
エ	⑦	④	⑤
オ	⑦	⑤	⑧
カ	⑦	⑧	⑤

〔問4〕 本文の流れに合うように，［ (4) ］に英語を入れるとき，最も適切なものは，次の中ではどれか。

ア that infrared radiation from the stars has become weaker

イ that the stretching of the Universe has made the visible light into infrared radiation

ウ that it is almost impossible to change the visible light into infrared radiation

エ that the James Webb Space Telescope can't use infrared radiation

〔問5〕 本文の内容と合っているものを，次の**ア～キ**の中から**二つ**選びなさい。

ア The James Webb Space Telescope will be seen from stars that were born about 13,800,000,000 years ago.

イ Some telescopes on the Earth are excellent because they are under the air that surrounds the Earth.

ウ Electromagnetic waves cannot be seen by the human eye.

エ Scientists are using cameras that can catch infrared radiation to find something new inside of dust clouds in space.

オ With the help of the James Webb Space Telescope, one scientist found that groups of stars were becoming larger.

カ The distance between the Earth and the James Webb Space Telescope is over one million kilometers longer than the distance between the Earth and the Moon.

キ The James Webb Space Telescope is between the shade and the Sun.

〔問6〕 次の質問に対するあなたの考えを，**40語以上 50語程度の英語**で答えなさい。「．」「，」「！」「？」などは語数に含めません。これらの符号は解答用紙の下線部と下線部の間に書きなさい。

Imagine that you have a special telescope. By using this telescope, you can see anything in the Universe or any place on the Earth. What do you want to see? Why do you want to see it?

ね。それだから、他国の文化を受け入れるという力がつちかわれていて、中国文化から学んで日本文化を発展させることができたということをここでは述べているんだと思うよ。

イ　日本人は、万葉の時代から竹に満ちあふれる力を見いだしてきたんだね。それで、神仙と密接に関わる存在だという、中国における竹のイメージを受け入れることができたということをここでは述べているんだと思うよ。

ウ　日本人は、長岡京にも見られるように、昔から竹を身近なものとして生活空間の中で用いていたよね。それは、中国から来た竹のイメージを日本文化に取り入れることができたからだということをここでは述べているんだと思うよ。

エ　日本人は、平安時代、竹を題材とする和歌を作っていて、竹を文学に取り入れることができていたんだね。それゆえ、中国文学における竹の扱い方をすぐに理解することができたということをここでは述べているんだと思うよ。

平安期の和歌において「竹」は、人生を嘆く人間を見放す世間の象徴としてしか扱われていなかったということ。

ウ　日本人は竹の満ちあふれる力に自覚的であったにもかかわらず、平安期の和歌において「竹」は、竹自体の形質的な特性による価値しか見いだされていなかったということ。

エ　日本人は古くから竹に親しんできたにもかかわらず、平安期の和歌において「竹」は、関連の深い語の音を用いた修辞にばかり使われるだけの存在であったということ。

〔問2〕(2)これに対し、『竹取物語』の作者層に属する平安前期の漢詩人たちの作例は、中国詩文のそれを規範として模倣する。とあるが、どのようなことか。次のうちから最も適切なものを選べ。

ア　平安前期の漢詩人たちの「竹」を題材とする作品には、中国における竹に関連した小話や故事などに基づいた「竹」のイメージが取り入れられたということ。

イ　平安前期の漢詩人たちの「竹」を題材とする作品には、中国の「千古なお隣あり」という批評などに基づいた「竹」のイメージが流用されたということ。

ウ　平安前期の漢詩人たちの「竹」を題材とする作品には、「松」や「菊」より高尚だという中国の通俗的な伝承などに基づいた「竹」のイメージが援用されたということ。

エ　平安前期の漢詩人たちの「竹」を題材とする作品には、中国渡来の神仙小説類を愛読する知識人の世界観などに基づいた「竹」のイメージが写しとられたということ。

〔問3〕(3)服用とあるがこの意味の「服」が用いられている言葉として最も適切なものを、次のうちから選べ。

ア　衣服

イ　感服

ウ　内服

エ　征服

〔問4〕(4)『竹取物語』冒頭のかぐや姫の竹中誕生の部分は、いかにもおとぎ話の一コマとして古代伝承の残存と見られやすいが、不思議なことに、作品中、この冒頭場面以外に竹が再び登場することはないし、竹が物語を推進するモチーフとして機能することもない。とあるが、『竹取物語』において「竹」が果たした役割の説明として最も適切なものを、次のうちから選べ。

ア　かぐや姫という現世と隔絶した仙界の女性の存在を身近で日常的なものにしている。

イ　かぐや姫という現世と隔絶した仙界の女性の誕生の場面を鮮やかに写実的なものにしている。

ウ　かぐや姫という現世と隔絶した仙界の女性が随所で竹の力に頼る状況を現実的なものにしている。

エ　かぐや姫という現世と隔絶した仙界の女性が誕生したことを印象的なものにしている。

〔問5〕次の発言は(5)受け手側に受け入れる素地（の自覚）があって初めて、摂取・受容されるのである。について生徒たちが意見を出し合ったものである。本文の内容を正しく踏まえての発言として最も適切なものを、次のうちから選べ。

ア　日本人は、白居易の竹を題材とした詩などを読んでいたよにありふれたものとして存在していた「竹」は、神仙小説類を耽読《たんどく》する知識人により、その日常的な風貌《ふうぼう》を一新して、神仙世界と密接に関わるイメージに転換・更新されて登場してきたというのが実情であろう。むろんそこには、漢語「竹」の訓《よみ》である、和名「タケ」の呼称の由来であった呪力・霊力を古来より保存していたことが、新来の神仙世界の「竹」のイメージを重ねやすかったこともあろう。

言い方をかえれば、古来必ずしも明示的には現れにくかった竹の霊性は、新たな神仙＊譚《たん》の乗り物を得て、あらためてより強力《パワフル》な呪性を発見的に付与されたということなのであろう。文化の移入・摂取は、常に習合的なものである。(5)受け手側に受け入れる素地（の自覚）があって初めて、摂取・受容されるのである。

（渡辺秀夫「かぐや姫と浦島」による）

〔注〕大宮人《おおみやびと》—宮中に仕える人。
長岡京《ながおかきょう》—七八四年から十年間、現在の京都府に置かれた都。
マダケ—竹の種類。
歌語—和歌などを詠《よ》む時に用いられる言葉や表現。
古今集—古今和歌集。
縁語—修辞法の一つ。和歌などで、一つの言葉に意味上縁のある言葉を使って表現におもしろみをだすこと。また、その言葉。
島田忠臣《しまだのただおみ》—平安時代前期の貴族。詩人。
王子猷《おうしゆう》（徽之《きし》）—中国の文人。
続日本後紀《しょくにほんこうき》—平安時代前期の歴史書。
藤原吉野《ふじわらのよしの》—平安時代前期の貴族。
竹林七賢人—三世紀ごろ中国において、世俗を離れて哲学論議を楽しんだ七人の知識人。
費長房—中国の仏教学者。
詩序—漢詩や漢詩集につける、その書に関したことを書く文章。
羅《あやぎぬ》—美しい織り物。
碧玉《へきぎょく》—宝石の一種。
白居易—中国の詩人。
壺中《こちゅう》・象外—「壺中」も「象外」も「仙境」と同じ意味の語。中国の故事による表現。
承和期—八三四年から八四八年。
杭州《こうしゅう》—中国の都市。
西湖《さいこ》—杭州にある湖。
孤山—西湖の中にある島。
道教—中国固有の宗教。
崑崙山《こんろんさん》—中国の西方にあると考えられた霊山。不死の仙女西王母の住む所とされた。
ハチク・クレタケ—それぞれ竹の種類。
譚《たん》—話。物語。

〔問1〕(1)しかしまた、その一方で、〈竹取説話〉が貧弱であったように、古典文学における竹の文学的映像は意外なほど希薄である。とあるが、どのようなことか。次のうちから最も適切なものを選べ。

ア　日本人は生活に根付いたものとして竹を活用してきたにもかかわらず、平安期の和歌において「竹」は、霊性や呪性という虚構を構築するためだけのものであったということ。

イ　日本人は神聖な祭具として竹を用いていたにもかかわらず、

そして、道真の「竹」詩には、竹の杖《つえ》が龍《りゅう》となった＊費長房や、竹の実を食《く》らう鳳凰《ほうおう》とともに、竹のように常に変わらぬ貞堅なこころざしが詠み込まれる（『菅家文草』巻五）。

平安中期の文人学者もまた、「修竹（長い竹）は冬にも青し」と題する＊詩序の中で、「そもそも竹というものは、＊羅《あやぎぬ》を切り揃《そろ》えたような青く美しい葉、＊碧玉《へきぎょく》にも似た幹ゆえに、かの晋《しん》の王子猷も、特に植えて《この君》と讃《たた》えたし、唐の＊白居易もことさらに愛でて《我が友》とした……竹の生い茂るこの庭はまるで仙境（「＊壺中《こちゅう》・象外」）のような楽しみに満ち、この理想郷の竹に負けない忠節な志を誓おう」という（『本朝文粋』巻一一）。

白居易の詩文集（『白氏文集』）は、＊承和期に移入されて以来、平安びとの絶大な支持のもと、作詩・作文の手本となったばかりでなく、広く彼らの気のきいた言語生活上の愛玩物《あいがん》ともなっていた。

右の詩序は、当時の王朝漢詩文のほとんどがそうであったように、白居易の数多くの「竹」を題材とする作品中の語句を利用しての作のひとつ。しかもその白居易は、「松」や「菊」よりも「竹」をこそ最も愛好するとまでいう。「西省の松を憶《おも》わず、南宮の菊をも憶わず。唯《た》だ憶うは新昌堂《しんしょうどう》の、蕭蕭《しょうしょう》たる北窓の竹のみ」（「思竹窓」『白氏文集』巻八）と。

白居易にとって、竹は特別なものであった。長慶《ちょうけい》二年（八二二）、彼が五十一歳、＊杭州《こうしゅう》の刺史《しし》（州の長官）の時、＊西湖《さいこ》の＊孤山の傍《かたわ》らに多くの竹を植えた小閣にしばしば休息したが、その折の感興を次のように表す。「夕べに竹の繁《しげ》る宿に眠れば、清虚なること仙薬を(3)服用したかのよう、一人静かなること隠居の如《ごと》く、修道せずとも悟りの境地に至るようだ」と（「宿竹閣」『白氏文集』巻二〇）。

なお、竹林は、＊道教徒のみならず仏教徒にも宗教的な霊的空間として特別視されたというから、竹・竹林は、いずれも現世を隔絶した特殊な雰囲気をもつものと知られる。わが国で「竹を詠む」詩は、九世紀後半期の島田忠臣、菅原道真からはじまるという。

以上みてきたように、漢文世界、とりわけて神仙世界に関わって「竹」を特別のものとする記述の多いことが注目される。

(4)『竹取物語』冒頭のかぐや姫の竹中誕生の部分は、いかにもおとぎ話の一コマとして古代伝承の残存と見られやすいが、不思議なことに、作品中、この冒頭場面以外に竹が再び登場することはないし、竹が物語を推進するモチーフとして機能することもない。しかも「竹」に関する平安文学の世界でのイメージは決して豊富なものではなく、むしろわれわれの期待を裏切るほどに希薄でさえある。このようにみると、竹中出現を主人公誕生の重要なモチーフとして採用するには、より大きな別のインパクトがあったと考えなければならない。

当時の第一級の知識人である作者の価値観からすれば、野卑で通俗的な古来の伝承をそのまま記録するはずはない（現代の民話学のように、原話を忠実に録音するように採取することに価値観を抱くことはなかった）。そこには、より積極的な新たな意味合いを見出《みいだ》してのこと、すなわち、中国渡来の神仙小説類から触発された「竹」のもつ強力な価値（イメージ）を抜きにしては考えにくいのではなかろうか。「竹」といえば仙境・仙人・＊崑崙《こんろん》山等が直接イメージされるものであったから、仙女の誕生を竹の中からとするのはまことに適切な選択であった。

わが国在来の＊ハチク・クレタケ等を中心に、実用性に富み、身近通し神事に用いられる祭具「たかたま」（『万葉集』巻三—三七九／巻九—一七九〇）や、枕詞《まくらことば》「さす竹の」がタケの旺盛な生育力から、皇子・*大《おお》宮人《みやびと》などの長寿・繁栄の祝意を表す（同巻二—一六七／巻六—九五五）のは、こうした竹の呪性・霊性を示す一例であろう。

「竹」の万葉仮名表記を「多気乃波也之爾（竹の林に）」（同巻五—八二四）のように「多気」とするのは中国文化になじんだ知識人の漢字の遊びでもあるが、満ちあふれる「気（天地宇宙の根源をなすパワー）」を竹の特性とみたからでもあろうか。

竹を用いた豊富な民具や、*長岡京《ながおかきょう》の排水施設にも使用された*マダケの筒管など、古来、人々の日常の生活空間は、身近な竹細工にあふれていたことがわかる。(1)しかしまた、その一方で、〈竹取説話〉が貧弱であったように、古典文学における竹の文学的映像は意外なほど希薄である。中国文学の中で「竹」は重視されるものの一つなのに対し、やまとことばのエッセンスを育んできた*歌語（うたことば）としての竹の形象、和歌的イメージは、むしろ貧弱でさえある。

平安朝の和歌が竹を題材とする場合《ばあい》、「なよ竹の夜長きうへに初霜の」（『*古今集』巻一八—雑下・九九三）、「呉竹《くれたけ》の世世にも絶えず」（同巻一九—雑体・一〇〇二）のように「よ（節と節の間の円筒状の部分）」を「夜・世」、あるいは、以下のように「節《ふし》」を「時節《ふし》・伏し」の*縁語・掛詞《かけことば》とする音通上の利用が大半をなす。『竹取物語』と同時代の『古今集』をのぞいてみよう。

今さらになに生《お》ひ出《い》づらん竹の子の　憂《う》きふししげきよとはしら
ずや
（『古今集』巻一八—雑下・九五七）

（いまさらまたどうしてこんなに生え育っているのか。竹の
子はこの世がつらい折節《こと》ばかりだと知らないのだろうか）

よにふればことの葉しげき呉竹の　憂きふしごとに鶯《うぐいす》ぞなく
（同・九五八）

（この世に生きていると、非難や中傷にさらされて辛《つら》い目に遭
うことが多く、その度にいやになって泣き嘆くことばかり）

木にもあらず草にもあらぬ竹のよの　はしにわが身はなりぬべら
なり
（同・九五九）

（私は世間からはものの数にも入らぬ疎外された身の上に
なったようだ）

これらの『古今集』雑下の巻中で連続する「竹」を題材とする三首は、いずれも人生の不如意《ふにょい》を詠《よ》むもので占められる。

(2)これに対し、『竹取物語』の作者層に属する平安前期の漢詩人たちの作例は、中国詩文のそれを規範として模倣する。この時期を代表する菅原道真《すがわらのみちざね》や*島田忠臣《しまだのただおみ》の詩には多くの「竹」を題材とする作品があるが、*王子猷《おうしゆう》（徽之《きし》）が竹を自宅の庭に植えて「此《こ》の君」と称して愛《め》でた小話（『世説新語』）——『*続日本後紀《しょくにほんこうき》』には、自宅の庭に好んで植樹する*藤原吉野《ふじわらのよしの》の趣味に関連して、かの王子猷が自邸に竹を植えて暮らしていた理由を尋ねられて「何ぞ一日も此の君無からんや（この君（竹）なしには生きられない）」と答えた故事を引用し、「千古なお隣ありと言うべし（昔も今も同好の士はいるものだ）」という批評文がみえる——や、*竹林七賢人（隠遁《いんとん》）の故事、あるいは寒気きびしい冬（逆境）にも負けず青々と茂る竹の葉に「貞潔な節操」のイメージを重ねるものを基調とする。

イ　自己の尊厳ばかりを保持したまま他者との友愛の関係を結ぶことは、他者との身体的な接触の機会が減少する状況において困難を極めるものになってしまうということ。

ウ　他者への理解が不充分な状態のまま寄り添うべき他者の数が増加することは、共同体の構築が不可能であるというむなしさを感じさせるものになってしまうということ。

エ　自己のアイデンティティを確立できないまま思いやりをもたずに多くの他者と対話を行うことは、自己の存在証明の機会を一層奪うものになってしまうということ。

〔問5〕(5)それゆえ、インターネットの開発者たちはマクルーハンの警告にもかかわらず「グローバル・ヴィレッジ」をユートピア的に理解していた。とあるが、「インターネットの開発者たち」は「グローバル・ヴィレッジ」をどのように理解していたということか。次のうちから最も適切なものを選べ。

ア　あらゆる考え方や価値観の相違がなくなることによって、個人間の対話が促進されるようになるため、世界中の人類が一定の価値を共有することができる。

イ　平等に同じ内容の情報を享受できるようになり、あらゆる人々が相互に関係を結ぶようになることで、人類が世界規模で同じ価値観をもつことができる。

ウ　空間的に近接している他者との関係に煩うことなく、趣向を共有する者同士が関係を深められるようになることで、世界規模で多様な価値観を保障することができる。

エ　大量の情報処理が技術的に可能となることによって、物質的制約から解放されるようになるため、世界中のあらゆる個人が仮想空間に自分の居場所を求めることができる。

〔問6〕(6)〈人間の野蛮化〉の具体例として最も適切なものは、次のうちではどれか。

ア　展覧会で見た絵の解釈について弟と意見が合わなかったので、解釈の一致をはかるために激しく意見を戦わせた。

イ　部活の大会でミスをした友人が同じ失敗によってつらい思いをしないで済むように、強い口調で改善点を指摘した。

ウ　環境問題には人一倍真剣に取り組んできた自負があるため、ゴミの分別ができていない人を見ると厳しく非難せずにはいられない。

エ　周囲のみんなから真面目な人だと認識されたくて、自治会のルールを逸脱したメンバーをみんなの前で問いただした。

〔問7〕インターネット上では自らと同じ考えを持ち、自らを安心させてくれる者をいつでも容易に見つけることができる。とあるが、このことによる弊害を述べた上で、その解決のためにどうしていくべきか、あなたの考えを**二百字以内**で書け。なお、書き出しや改行の際の空欄や、や。や「などもそれぞれ字数に数えよ。

5　次の文章を読んで、あとの各問に答えよ。(*印の付いている言葉には、本文のあとに〔**注**〕がある。)

竹は一晩で最大一二〇センチ伸びた記録があるというように、「竹」の和語「タケ」の語源は、「高《たけ》・長《たけ》・猛《たけ》・武《たけ》」など、その成長力の著しさの神秘性に由来するとされる。細い竹を短く切り玉のように紐《ひも》に

〔注〕 スティグレール ― フランスの哲学者（一九五二年―二〇二〇年）。
マクルーハン ― カナダの批評家（一九一一年―一九八〇年）。
グローバル・ヴィレッジ ― 電子的なメディアによって、世界規模での交流を行うことができるようになることを「世界村」として比喩的に表現したもの。

〔問1〕 (1)数あるコンテンツは次第に画一化されていっており とあるが、「数あるコンテンツ」が「次第に画一化されて」しまうのはなぜか。**八十字以上百字以内**で説明せよ。

〔問2〕 (2)それゆえ人々は、本来ならばインターネット世界にはそれ以前の世界よりもはるかに多くの選択肢があるにもかかわらず、画一化あるいは類型化されたコンテンツを自ら選択するようになるのである。 とはどういうことか。次のうちから最も適切なものを選べ。

ア インターネット上では、通時的に蓄積したコンテンツから自身に最適なものを探し出すのは難しく、利用者はテクノロジーの力を借り、必要なものだけにアクセスするようになっていくということ。

イ インターネット空間において、利用者は自分の趣向に合わないコンテンツを拒絶することで、大衆的評価が確立したものか、自身の経験に則したものだけを利用するようになっていくということ。

ウ テクノロジーの発展により、利用者は大衆の評価が高いものや、自身がかつて消費したものに似たコンテンツを消費するよう誘導され、限られたものだけを享受するようになっていくということ。

エ テクノロジーの発展によって、利用者は多くの他者と共時的に関わっていくことが求められ、自身のこれまでの経験だけに縛られない、大衆的なコンテンツを積極的に選ぶようになっていくということ。

〔問3〕 (3)同時にこうした事態は、様々な経験を通して形成されてくる人間の自己のあり方にも大きな影響を及ぼすことになる。とあるが、「人間の自己のあり方」がどうなっていくということか。次のうちから最も適切なものを選べ。

ア 他者への働きかけなくして、自分一人で容易に自己の独創性を発信するようになっていくということ。

イ 他者との協力を通してしか、共同体構築のために不可欠な自己愛を認知できなくなっていくということ。

ウ 他者とは異なっており、特別な存在として認識されるべき自己が確立し得なくなっていくということ。

エ 他者へ愛を表明することで、自己の特異性を獲得することに恥じらいを感じるようになっていくということ。

〔問4〕 (4)しかし現代の人間が他者を愛することをできなくなっているのであれば、そうした急激な距離の縮減はかえって人間の心のうちに煩わしさと憎しみを生むものになってしまう。とはどういうことか。次のうちから最も適切なものを選べ。

ア 他者への配慮を欠いたまま多くの他者と関わりをもつことは、自己のアイデンティティを確立するための暴力性発揮の可能性を高めるものになってしまうということ。

ことによって、世界中のあらゆる他者が身近に存在し、彼らと相互的な関係を結ぶことが可能になる。(4)しかし現代の人間が他者を愛することをできなくなっているのであれば、そうした急激な距離の縮減はかえって人間の心のうちに煩わしさと憎しみを生むものになってしまう。

　晩年のマクルーハンは世界の急速な「グローバル・ヴィレッジ」化の危険性を予見していた。新しいテクノロジーは我々を、今までのやり方が通用しないフロンティアに置く。彼はテレビでのインタヴューで次のように語っている。「フロンティアを生き抜くとき、あなたにアイデンティティはありません。……あなたは何者でもありません。……自分が特別な存在であると、力で証明する必要があるのです。だから暴力的になるのです」。この暴力性のゆえに人々の間にはある程度の距離が必要となってくる、とマクルーハンは警告している。

　一般に人間の間の対立は、互いが持っている情報、考え方、価値観の相違によって生じるものと考えられている。(5)それゆえ、インターネットの開発者たちはマクルーハンの警告にもかかわらず「グローバル・ヴィレッジ」をユートピア的に理解していた。インターネットによって、技術的には世界中の人間が同様の情報を受け取ることが可能となる。同じ情報に基づいて考え、物理的な距離を越えて対話することで同じ価値を共有できるようになることが期待されたのである。しかしそうしたユートピアは、少なくとも今のところは実現していない。むしろ、新しいメディアを通して〈経験の貧困〉が深刻なものとなり、人間がそれまでのように自己を確立することができなくなったことで、(6)〈人間の野蛮化〉が生じてしまったのである。

　インターネットを通して人間に与えられたのは、膨大な情報量がもたらす過負荷とグローバルな規模の接続性である。それまでの人間は限られた情報を基に考え、空間的に接近している他の人間と共同体を構築し、その中での対話を通して一定の価値を共有してきた。そこでは、あらかじめ考えの異なった者同士でも近い距離にいるのであれば、共存していくために考えをすり合わせ、共有可能な価値を生み出していかなければならなかったはずである。もちろん歴史的には、それが対等な対話に基づかなかった例も無数にあったことだろう。一部の人々の考え方が支配的となって他の人々の考え方を抑圧したこともあっただろうし、一部の人々が共同体から排除されたこともあっただろう。それでも共同体が構築され存続しえたところでは、そこで共有されうる何らかの価値を見出《みいだ》そうと努めなければならなかったはずである。そうした時代には、人々の空間的な近さは彼らの共存と価値共有への要求につながっていた。

　それに対して、現在の人間はメディアの劇的な転換によって、前触れもなく唐突に情報の大波に飲み込まれてしまっている。人間は膨大な情報の渦の中で、それまでのように空間的に近くにいる人々との間で苦労して共同体を構築していこうとは思わなくなる。インターネット上では自らと同じ考えを持ち、自らを安心させてくれる者をいつでも容易に見つけることができる。その中では同時に、自らと異なる考えの持ち主を強く拒絶することも容易になる。そうした者との対話に努めなくとも、価値を共有できる仲間は十分にいるのだから。

（濱良祐「曲がり角の向こう」による）

ある。インターネットの利用者は基本的に検索システムで上位に挙げられるコンテンツや情報にのみアクセスする。検索の上位に挙げられてくるものは、より多くの者からのアクセスを受けたコンテンツか、その利用者が以前にアクセスしたものに似たコンテンツである。それゆえ、利用者である個人は、多くの他者と同一の経験をするか、以前の自分と同様の経験を繰り返すことになる。そこでは個人の経験は、当のコンテンツの再生回数の多さによってか、あるいはビッグ・データに基づくマーケティングシステムによってそれぞれの視聴者が該当すると判定された類型によって規定されることになる。(2)それゆえ人々は、本来ならばインターネット世界にはそれ以前の世界よりもはるかに多くの選択肢があるにもかかわらず、画一化あるいは類型化されたコンテンツを自ら選択するようになるのである。

かくして現代のインターネット世界では、テクノロジーの発展とメディアの転換によって、人間の経験はより豊かなものになるどころか、かえって画一的な貧しいものになってしまう。こうした〈経験の貧困〉が世界の至るところで生じている。(3)同時にこうした事態は、様々な経験を通して形成されてくる人間の自己のあり方にも大きな影響を及ぼすことになる。

インターネットの登場以前から、テレビなどの聴覚的・触覚的メディアはマーケティングの手法によって、各人の感性や欲望の特異性を減衰させ、経験を画一化させてしまった。＊スティグレールは、そのことが〈特異的な存在〉あるいは「唯一の存在としての自己」への愛を失わせてしまっていると指摘している。彼の指摘に従えば、現代の新しいメディアにおける〈経験の貧困〉は、自己の喪失を生んでいる（これをスティグレールは「象徴の貧困」と呼ぶ）。さらにスティグレールは、この自己への愛は人間が他者と友愛を結び、社会を構築する上で不可欠なものであるとしている。なぜなら、特異性に基づく自己への愛は、その自己をして、自らと異なる者を外部に置き、自己と共通性を持つ者（友人）たちとともに一なる共同体を構成させるものだからである。自他が相互に結びつき、社会を構築していくためには、まずは自己への愛とそれに基づく他者（友人）への愛が必要である。しかし、〈経験の貧困〉によって自己への愛は生じなくなり、共同体における政治が根本的に不可能となってしまった。経験の画一化によって共同体を持つことのできない現在の我々は、ある種の「戦争状態」にあり、「あらゆる理由において人間であることを恥ずかしく思っている」とスティグレールは嘆いている。

このような自己の喪失とそれに伴う友愛の不可能性という問題は、現代の主要メディアであるインターネットにおいていっそうはっきりと現れているように見える。コミュニケーションの基礎となる自己を形成し愛することができない人々は、他者を愛し他者に配慮することもできず、他者を理解しようとすることもなく、時には〈フェイクニュース〉によって他者を欺き傷つけることを厭《いと》わなくなってしまっている。

このような他者への暴力性は、自己を喪失してしまった人間がインターネットによって、それまでよりもはるかに多くの他者と、はるかに近い距離で生きるようになったことでいっそう顕著になっている。インターネットは＊マクルーハンの時代よりもいっそう容易に「＊グローバル・ヴィレッジ」を形成させる。確かにインターネットを通す

て豊かな感受性を育んだ作者の幼少期が鮮明に描かれている。

ウ　「電車ごっこ」のような子供じみた言葉を用いる一方で「享楽」など子供にはなじみの薄い言葉を用いることで、幼いながらも思慮深かった作者の幼少期が印象的に描かれている。

エ　「少しはこわいところもある――それを子供はよく知っている」のように「――」という記号をいたるところで使用することで、現在と過去の時間軸が巧みに混じり合う世界観が象徴的に描かれている。

4

次の文章を読んで、あとの各問に答えよ。（＊印の付いている言葉には、本文のあとに〔注〕がある。）

ICTの発展によって、映像や音楽などのコンテンツの制作も以前に比べてはるかに容易になった。今や専用のスタジオに行くことなしに、自宅のPCで十分な質のものを個人で制作・編集することができる。制作のためのソフトウェアも発達しており、専門的な知識がなくとも様々なものを作ることができる。また、そうして制作されたコンテンツを個人が発信することも非常に容易になっている。個人のPCやスマホから動画共有サイトやSNSなどを通して、動画・音楽・写真などのコンテンツを一瞬で世界中の人間がアクセス可能な状態にすることができる。かつてのように、テープやCD―ROMなどを制作・販売することももはや必要ではない。

こうしたメディア環境が実現されていれば、それまでよりもはるかに多様なコンテンツが次々に発信され、技術のさらなる発展とともに芸術や文化もさぞや発展しているものと期待したいところである。しかし、現在のところインターネット世界はそれほど創造的で多様なコンテンツに溢《あふ》れ返っているわけではないように見える。それどころかむしろ、(1)数あるコンテンツは次第に画一化されていっており、それらを視聴する側の人々もそのことを望んでいるようにさえ見える。

インターネット世界におけるコンテンツが画一化されていく背景には、資本主義の原理が働いている。資本主義システムのもとでは芸術や文化などの自己表現も商品として扱われる。そこでは本当の意味での自由な制作は可能ではなく、売ることのできるもの、商品価値が高いものが優先して作られる。インターネット世界では映像や音楽などが無料で配信されることも多いが、それでも資本主義の原理から逃れられるわけではない。なぜなら、そうした配信サイトやSNSには広告がつけられているからである。つまり、どれだけ多くの視聴者に広告を見せることができるか、ということがインターネット世界における主要な価値基準なのである。現在のコンテンツの制作においてこうした価値基準を無視することは難しい。より多くの視聴者やフォロワーを獲得できるもの、言い換えればできるだけ多くの人の興味を引くものが、価値の高いコンテンツと見なされる。伝統的な価値のポストモダン的な無力化は、マーケティングの手法を通して、価値の大衆化へとつながっている。またそうした中で、自らが手っ取り早く視聴者を獲得するために、すでに多くの視聴者を獲得している別のコンテンツを模倣することが有効であると一たび気づかれると、コンテンツの画一化は進行の度合いを増していく。

こうした状況がいっそう深刻なのは、インターネットのテクノロジーが画一的なコンテンツを望むように個人を導いているという点でいう設定においてこわがる弟を励ますうちに、自分も実際に虎に襲われている気分になってしまって弟と一緒に震えている様子。

ウ　雨の日のいつもとは違う薄暗さに対する違和感を更に強めるために屛風などを持ちだして遊んでいるうちに、本気になってしまった虎役の弟に対して、もう十分だとたしなめている様子。

エ　雨の日の薄暗さが子供心にこわいと感じながらも楽しい気持ちになり、屛風などを持ちだして虎のいる洞の近くに我々がいるという状況を設定して、弟とこわさを味わいながら遊んでいる様子。

〔問3〕 (3)余り降られると、子供等《ら》の心にも湿っぽさが沁《し》みて来る。とあるが、このときの「子供等」の様子を表したものとして最も適切なのは、次のうちではどれか。

ア　雨への興味も薄くなり、雨に打たれて頼りない様子の柿の花をしみじみと観察するようになり、自分たちの不明瞭な先行きを思って閉塞的な感情になりやすくなっている様子。

イ　雨の楽しみにも飽き始め、柿の花が散る梅雨の時期特有の重苦しい景色をぼんやりと眺めるようになり、晴れ間のない日々を恨んで悲観的な思考に陥りやすくなっている様子。

ウ　雨の刺激にもすっかり慣れ、雨に降られている柿の花の様子を落ちついて見入るようになり、自分や自分たちをとりまく自然を巡って観念的な思索に入りやすくなっている様子。

エ　雨の日の興奮も収まり、上から落ちる雨粒によって水平に広がる波紋を冷静に見るようになり、横に並ぶ弟たちの大切さを感じて感傷的な気持ちになりやすくなっている様子。

〔問4〕 (4)そこのがらんとした寂しい地面の有様《ありさま》が子供の心をつよく動かした。とあるが、このときの「子供」の気持ちを**三十五字以上四十五字以内**で説明せよ。

〔問5〕 (5)自分も一本草のように戦《おのの》きながらそれ等を聴き感じ子供は久しく立っていた。とあるが、この理由として最も適切なのは、次のうちではどれか。

ア　強い雨で流されそうになる青紫蘇の世話を懸命にしていたが、もはやなすすべもなく、自らの非力さを痛感したから。

イ　強い雨の中、必死に花壇の補修をしていたが、震える青紫蘇を見て子供の頃の雨の日を思い出してなつかしく感じたから。

ウ　強い雨の中、自分が青紫蘇の花壇を補修する一方で、家の中ではしゃぐ弟の無神経さにやり場のない怒りを覚えたから。

エ　強い雨で流されそうになる青紫蘇と違って、一人でもしっかり根を張って自立する存在であろうと、覚悟を決めたから。

〔問6〕 本文の表現について述べた説明として最も適切なのは、次のうちではどれか。

ア　「ザワザワ」や「わくわく」、「ひょろひょろ」という擬音語、擬態語を使うことで、人為とは無関係に変化する自然に楽しみや恐れを敏感に感じとる作者の幼少期が繊細に描かれている。

イ　「馬酔木」や「榧」、「木賊」など具体的な植物名を一つ一つ詳しく列挙することで、自然が身近にある環境で自然に対し空地も、その花も咲かないひょろひょろした花壇を貰《もら》って嬉しがっているようであった。

ところが二日ばかりすると、雨の日になった。きつい雨で、見ていると大事な空地の花壇の青紫蘇がぴしぴし雨脚に打たれて撓《しな》う。そればかりか、力ある波紋を描きつつはけ道のない雨水が遂《つい》にその空地全体を池のようにしてしまった。こんもり高くして置いた青紫蘇の根元の土でさえ次第に流され、これは今にも倒れそうに傾きかけるものさえ出て来た。――

私は小さい番傘をさし、裸足《はだし》でザブザブ水を渉《わた》り花壇へ行って見た。*保修工事が焦眉《しょうび》の問題であった。私は苦心して手頃な石ころを一杯拾って来た。傘は夙《つと》に放《ほっ》ぽり出し、土の流れを防ごうとして、一本一本根の囲《まわ》りをこの小石で取繞《とりかこ》んだ。が、瞬《また》く間に情なしの広い空地の水は石をも越した。石ころも、根も水づかりだ。葉は益々《ますます》悲しげに震える。心配ではち切れそうになった子供は、両手で番傘の柄を握り、哀れな彼等の上にそれをさしかけた。しっきりなく傘を打って降る雨の音、自分がずぶ濡《ぬ》れになる気持《きもち》、部屋の中で小さい弟が駈《か》け廻るドタドタいうこもった音。(5)自分も一本草のように戦《おのの》きながらそれ等を聴き感じ子供は久しく立っていた。

（宮本百合子「雨と子供」による）

〔注〕亢奮《こうふん》――「興奮」に同じ。
長火鉢――長方形の箱型をした火鉢。
翼――建物《たてもの》などの左右に張り出した部分。
馬酔木《あせび》――ツツジ科の常緑の大形低木。
榧《かや》――イチイ科の常緑針葉樹。
木賊《とくさ》――トクサ科の常緑性シダ植物。
鉄砲虫――カミキリムシの幼虫。
青桐《あおぎり》――アオギリ科の落葉高木。
保修――「補修」に同じ。

〔問1〕(1)凝《じ》っと机について知らぬ振《ふり》などしていられない。とあるが、このときの「私」の様子として最も適切なのは、次のうちではどれか。

ア　子供だった頃に味わった荒天の日のおどろきとこわさを思い出そうと、じれったく思う様子。

イ　外界の風雨が強くなるにつれて大きくなってきた恐怖で、早く逃げ出したくなっている様子。

ウ　荒れ模様の空によって生じた不可解な感情を気にしまいと、平静さを保とうとしている様子。

エ　悪天候時の自然の荒々しさを一身に感じたいという気持ちがわきあがり、落ち着かない様子。

〔問2〕(2)私は段々本気になり、抱いている子に「大丈夫よ、大丈夫よ」と囁《ささや》く。とあるが、このときの「私」の様子として最も適切なのは、次のうちではどれか。

ア　雨による薄暗さやそのこわさを使って、虎に狙われながら洞にいるという状況を想像して遊んでいるうちに興に乗り、一人の母親として子を慰めるという役になりきって楽しんでいる様子。

イ　雨による薄暗さを利用して作りだした、虎に狙われているとそんな大きい声を出してはいけない、この山には虎がいるのだ。虎がきくではないか。ほら、もう唸《うな》り声がする。洞のつい入口まで来た。ウオー、ウオー、美味《うま》そうな子を入口の幅が狭いため食えないのを怒って彼は盛《さかん》に唸りつつ嗅《か》ぎ廻《まわ》る。(2)私は段々本気になり、抱いている子に「大丈夫よ、大丈夫よ」と囁《ささや》く。太ったもう一人の弟は被《かぶ》った羽織《はおり》の下で四足で這《は》いながら自分が本当の虎になったような威力に快く酔う。

そんなことをして遊ぶ部屋の端が、一畳板敷《いたじき》になっていた。三尺の窓が低く明いている。壁によせて*長火鉢が置いてあるが、小さい子が三人並ぶゆとりはたっぷりある。柿の花が散る頃だ。雨は屢々《しばしば》降ったと思う。(3)余り降られると、子供等《ら》の心にも湿っぽさが沁《し》みて来る。ぼんやり格子《こうし》に額を押しつけて、雨水に浮く柿の花を見ている。いつまでも雨が降り、いつまでも沢山の壷《つぼ》のような柿の花が漂っているから、子供達《たち》もいつまでもそれを見ている。風がパラパラパラと雨を葉に散らす。浅い池のような水の面に一つ、二つ、あとつづけてまた柿の花がこぼれる。一つの花からスーと波紋がひろがる。こちらの花からもスーと。二つの波紋がひょっと触り合って、とけ合って、一緒に前より大きくひろがって行く。水の独楽《こま》、音のしない独楽。一心に眺め入っている子供の心はひき込まれ、波紋と一緒にぼうっとひろがる。何処《どこ》かわからないところへいい気持ちにひろがって行ってしまう。——水だって子供だって何処へひろがるのか、何のためにひろがるか知りはしない。子供はそのままいつか眠る。

窓のあるその部屋と、台所の方は——客間や玄関を引《ひっ》くるめて——別々の*翼であった。二つの翼は廊下でつながれている。間に、長方形の空地《あきち》があった。その空地は、家々が茅屋根《かややね》をいただいていた時分でなければないような種類の空地であった。三方建物の羽目でふさがれ、一方だけ、裏庭につづいている。裏庭と畑とは木戸と竹垣で仕切られている。

その時分、うちは樹木が多く、鄙《ひな》びていた。客間の庭には松や梅、美しい*馬酔木《あせび》、*榧《かや》、*木賊《とくさ》など茂って、飛石《とびいし》のところには羊歯《しだ》が生えていた。子供の遊ぶ部屋の前には大きい半分埋まった石、その石をかくすように穂を出した薄《すすき》、よく*鉄砲虫退治に泥をこねたような薬をつけられていた沢山の楓《かえで》、幾本もの椿《つばき》、また山桜、*青桐《あおぎり》が王のように聳《そび》えている。畑にだって台所の傍《かたわら》にだって木のないところなど一つもなかった。木が生えていなければ、きっと青々草が生えて地面を被《おお》うている。それだのに、たった一箇所、雑草も生えていなければ木もなくむき出しのところがあった。それは例の、三方羽目に塞がれた空地だ。(4)そこのがらんとした寂しい地面の有様《ありさま》が子供の心をつよく動かした。何故ここだけこんな何もないのだろう。——或《あ》る日、子供は畑から青紫蘇《あおじそ》の芽生えに違いないと鑑定をつけた草を十二本抜いて来た。それから、その空地のちょうど真中《まんなか》ほどの場所を選んで十二の穴を掘った。十二の穴がちゃんと同じような間を置いて、縦に三つ、横に四側《よかわ》並ぶようにと、どんなに熱心に竹の棒で泥をほじくり廻したろう！　根が入る位の大きさに穴が出来ると、一本ずつ青紫蘇に違いない木を植え込んだ。さあ、これで花壇が出来上《あが》った。——得意なのは子供ばかりではなかった。誰からも忘れられていたような

〈国語〉

時間　五〇分　満点　一〇〇点

【注意】　答えは**特別の指示**のあるもののほかは、各問の**ア・イ・ウ・エ**のうちから、最も適切なものをそれぞれ**一つずつ**選んで、その記号を書きなさい。また、答えに字数制限がある場合には、**、や。や「などもそれぞれ一字と数えなさい。**

1　次の各文の――を付けた漢字の読みがなを書け。

(1)　潮が干ると暗礁が見える。

(2)　彼は崇高な精神の持ち主だ。

(3)　腰の鈍痛が治った。

(4)　大臣が更迭される。

(5)　いつでも率先垂範をこころがける。

2　次の各文の――を付けたかたかなの部分に当たる漢字を楷書で書け。

(1)　初日の出をオガむ。

(2)　工場のソウギョウ時間を短縮した。

(3)　歴史の学習のために城下町をタンボウした。

(4)　彼はカタイジなところがある。

(5)　たくさんの人から助言をもらいタキボウヨウになってしまう。

3　次の文章は、大正、昭和の作家、宮本百合子《みやもとゆりこ》が自身の幼少期を回想して書いた文章である。これを読んで、あとの各問に答えよ。（＊印の付いている言葉には、本文のあとに〔注〕がある。）

空が荒《あれ》模様になり、不機嫌な風がザワザワ葉を鳴らし出すと、私の内にある未開な原始的な何ものかが不可抗の力で呼びさまされる。(1)凝《じ》っと机について知らぬ振《ふり》などしていられない。私はきっと梢《こずえ》の見えるところまで出かけ、空を眺め、風に吹かれ、痛快なおどろきとこわさを一心に吸い込もうとする。今日も、椽側《えんがわ》の硝子《がらす》をすかし、眼《め》を細くして外界の荒れを見物しているうちに、ふと、子供の時のことを思い出した。

子供というものはいつも珍しいことが好きなものだ。晴れた日が続く、一日、目がさめて雨が降っているのを知ると、どんなにそれが珍しく、嬉《うれ》しく素敵なことか！

「ああ雨が降ってる！」

と心に叫ぶ時のわくわくする＊亢奮《こうふん》を、今も尚鮮《なおあざや》かに思い出せるが――然《しか》し、子供の時分雨が降ると何故《なぜ》あんなに家じゅう薄暗くなっただろう。部屋の中で座布団《ざぶとん》をぶつけ合って騒ぐ。或《あるい》はもう少しおとなしい子供らしく静かに電車ごっこでもする。遊びはいつもの遊びなのだが何だか部屋の隅々《すみずみ》が暗く、物の陰翳《いんえい》が深く、様子が違う。その何だか違う感じが小さい子の感情を限りなく魅する。ちょっぴりこわいようでもある。珍しいものはいつだって少しはこわいところもある――それを子供はよく知っている。その感じを更に強め享楽するために、私は机だの小屏風《こびょうぶ》だのを持ち出して、薄暗い隅に一層暗い囲いを拵《こしら》えた。すっかり囲って狭い一方だけが開いている。そこが洞の出入口《でいりぐち》だ。私は一人の母で小さい息子とそこに隠れている。何から？――シッ！

2024 年 度

解 答 と 解 説

《2024年度の配点は解答欄に掲載してあります。》

＜数学解答＞

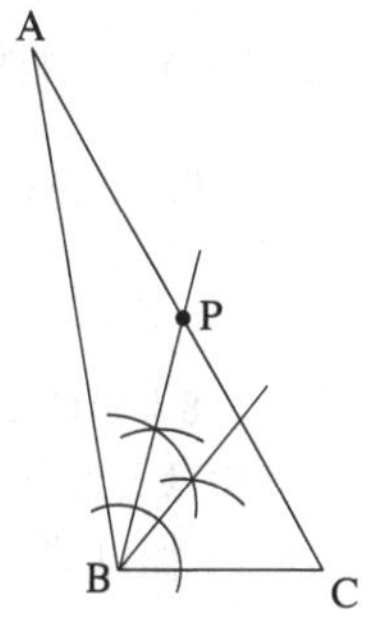

[1] 〔問1〕 $6+3\sqrt{2}$　〔問2〕 $3\pm2\sqrt{3}$

〔問3〕 $x=-3$, $y=\frac{9}{2}$　〔問4〕 $\frac{1}{4}$　〔問5〕 右図参照

[2] 〔問1〕 $-\frac{16}{3}$　〔問2〕 (1) $D\left(-4,\ -\frac{10}{9}\right)$

(2) $\triangle OAB : \triangle OCD = 2 : 7$

[3] 〔問1〕 $15(cm^2)$　〔問2〕 (1) 解説参照　(2) $\frac{36}{5}$(cm)

[4] 〔問1〕 3(cm)　〔問2〕 $15\sqrt{30}(cm^2)$

〔問3〕 (15, 17), (6, 10)

○配点○

[1] 各5点×5　[2] 〔問1〕 6点　〔問2〕 (1) 12点　(2) 7点

[3] 〔問1〕 6点　〔問2〕 (1) 12点　(2) 7点

[4] 〔問1〕 6点　〔問2〕 7点　〔問3〕 12点　計100点

＜数学解説＞

[1] (平方根の計算，二次方程式，連立方程式，確率，作図)

基本 〔問1〕 $\sqrt{2}(\sqrt{3}+\sqrt{18})-\frac{2\sqrt{3}-6}{\sqrt{2}}=(\sqrt{6}+6)-(\sqrt{6}-3\sqrt{2})=6+3\sqrt{2}$

基本 〔問2〕 $2x^2-5x-3=x^2+x$, $x^2-6x-3=0$, $(x-3)^2=12$, $x-3=\pm2\sqrt{3}$, $x=3\pm2\sqrt{3}$

基本 〔問3〕 連立方程式$\begin{cases}\frac{1}{3}x+2y=8\cdots① \\ 3x+2y=0\cdots②\end{cases}$ ①−②より，$-\frac{8}{3}x=8$, $x=-3$ ②に代入し，$3\times(-3)+2y=0$, $2y=9$, $y=\frac{9}{2}$

〔問4〕 15, 21, 33, 42, 45, 51, 54, 63, 66の9通り　大小2つのさいころの目の出かたは6×6だから，$\frac{9}{6\times6}=\frac{1}{4}$

〔問5〕 (着眼点)　∠ABC＝100° だから，∠ABCの角の二等分線を引き50° さらに角の二等分線を引くことで点Pをとる。

[2] (放物線や双曲線の式，座標平面上の平行四辺形や三角形の面積と面積比)

基本 〔問1〕 点$B\left(2,\ \frac{1}{3}\right)$は曲線$y=ax^2$上にあるから，$\frac{1}{3}=2^2\times a$, $a=\frac{1}{12}$　点Aは曲線$y=\frac{1}{12}x^2$上の点でx座標は−4だから，$y=\frac{1}{12}\times(-4)^2=\frac{4}{3}$　また点Aは曲線$y=\frac{b}{x}$上の点でもあるから，$\frac{4}{3}=\frac{b}{-4}$,

$b=-\frac{16}{3}$

〔問2〕 (1) (途中の式や計算)(例) 曲線f上の点$(-4,\ 16a)$，曲線g上の点A$\left(-4,\ -\frac{b}{4}\right)$において，$y$座標が等しいから，$16a=-\frac{b}{4}$…① また，B$(2,\ 4a)$，C$\left(2,\ \frac{b}{2}\right)$であるから，四角形ABCDの面積について，$\left(4a-\frac{b}{2}\right)\times 6=12$…② ①，②より，$a=\frac{1}{18}$，$b=-\frac{32}{9}$ このとき，A$\left(-4,\ \frac{8}{9}\right)$ AD＝BC＝$4a-\frac{b}{2}=2$であるから，点Dのy座標は，$\frac{8}{9}-2=-\frac{10}{9}$ よって，D$\left(-4,\ -\frac{10}{9}\right)$

重要 (2) 点A，Bは曲線$y=\frac{1}{4}x^2$上の点だから，A$(-4,\ 4)$，B$(2,\ 1)$ 点Aは曲線g上の点でもあるから，$4=\frac{b}{-4}$，$b=-16$ 点Cは曲線g上にあってx座標は2だから，$y=\frac{-16}{2}=-8$よりC$(2,\ -8)$ 平行四辺形ABCDで点Dのx，y座標はとも負の数だから，AD∥BCだから，点Aと点Dのx座標は等しく$x=-4$ またAB∥DCであり，点Aと点Bのy座標の差は$4-1=3$だから，点Dのy座標は$-8+3=-5$，よってD$(-4,\ -5)$ y軸と線分AB，DCの交点をそれぞれE，Fとすると，直線ABの式は$y=-\frac{1}{2}x+2$だから，E$(0,\ 2)$ 直線DCの式は$y=-\frac{1}{2}x-7$だから，F$(0,\ -7)$ 点Aと点B，点Cと点Dのx座標の差がそれぞれ等しいから，△OAB：△OCD＝EO：FO＝2：7

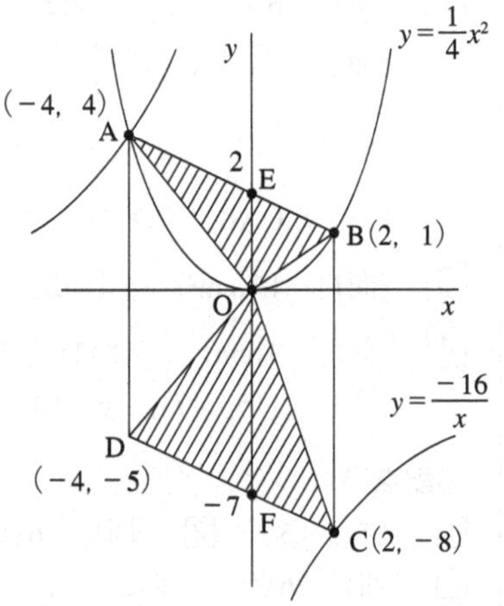

3 (直径を斜辺とする直角三角形，三角形の合同の証明，直角三角形の相似，三平方の定理)

重要 〔問1〕 辺BCは円の直径であり，半円の弧に対する円周角は90°だから，△ABCは直角三角形 AB＝$3x$，AC＝xとして三平方の定理より，$(3x)^2+x^2=100$，$x^2=10$ △ABC＝$\frac{1}{2}\times 3x\times x=\frac{3}{2}x^2$ よって，$\frac{3}{2}\times 10=15(\mathrm{cm}^2)$

〔問2〕 (1) (証明)(例) △ABCと△AFCにおいて，辺ACは共通…① 辺BCは円Oの直径であるから，∠CAB＝90° よって，∠CAB＝∠CAF＝90° …② 頂点Bと頂点Dを結ぶ。仮定より，∠ABC＝∠DCB $\overset{\frown}{\mathrm{AD}}$に対する円周角の定理より，∠ABD＝∠ACD よって，∠ABC＋∠ABD＝∠DCB＋∠ACD すなわち，∠DBC＝∠ACB…③ 平行線の同位角は等しいから，AC∥DEより，∠ACF＝∠DEC $\overset{\frown}{\mathrm{CD}}$に対する円周角の定理より，∠DEC＝∠DBC よって，∠ACF＝∠DBC…④ ③，④より，∠ACB＝∠ACF…⑤ ①，②，⑤より，1組の辺とその両端の角がそれぞれ等しいから，△ABC≡△AFC

やや難　(2)　△DBCと△ACBにおいて，半円の弧に対する円周角は等しいので，∠BDC＝∠BAC…⑥　仮定より，∠ABC＝∠DCB，$\overset{\frown}{\mathrm{AD}}$に対する円周角の定理より，∠DBA＝∠ACD　これより∠DBC＝∠ACB…⑦　共通な辺だからBC＝CB…⑧　⑥，⑦，⑧より，直角三角形において斜辺と1つの鋭角がそれぞれ等しいから，△DBC≡△ACB　合同な三角形の対応する辺の長さは等しいので，DB＝AC＝6　またAC∥DEだから，平行線の同位角は等しく∠ACB＝∠DHB…⑨　⑦，⑨より，∠DHB＝∠DBHだから，△DBHは二等辺三角形　よって線分BHの中点をMとすればDM⊥BH　∠DBMは共通だから，△DBM∽△CBD　対応する辺の比から，DB：CB＝BM：BD，6：10＝BM：6，10BM＝36，BM＝$\frac{18}{5}$　BH＝2BM＝$\frac{18}{5}\times2=\frac{36}{5}$(cm)

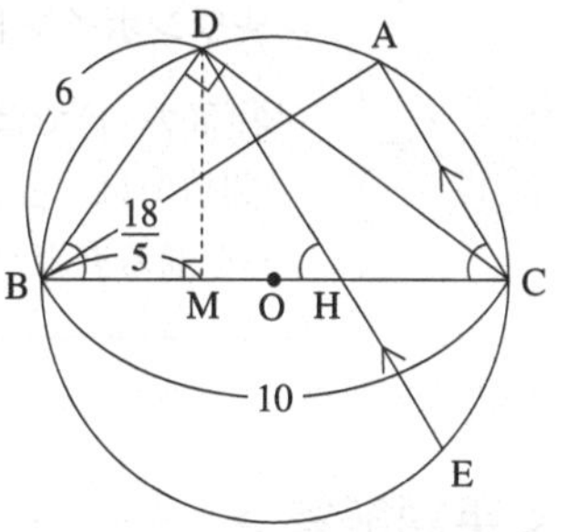

4　(三平方の定理，直角三角形の相似，三角形の面積の最大値，展開図上の最短距離)

〔問1〕　∠APC＝60°だから，△APCは正三角形であり，AC＝ED＝6　△PAF∽△FDEだから，PA：FD＝AF：DE　AF＝xとするとFD＝$15-x$　よって，$6:x=(15-x):6$，$x^2-15x+36=0$，$(x-12)(x-3)=0$，AF＜DFだから，$x=3$　AF＝3(cm)

やや難　〔問2〕　∠ADE＝90°より，四角形ACEDは長方形でありAC＝DE　EDの中点をMとすると，QM⊥ED　∠DQE＝∠APC＝120°だから，∠DQM＝60°　DQ＝6だから，DM＝$6\times\frac{\sqrt{3}}{2}=3\sqrt{3}$　よって，ED＝2DM＝$6\sqrt{3}$　円Qの周上に点G′を，GG′∥ADとなるようにとる　点G′から直線EDへ，点Gから直線CAへ垂線をひき，交点をそれぞれH，Iとすると，四角形GG′HIは長方形　このことからGH⊥ED　このことから，△GDE＝ED×GH×$\frac{1}{2}=6\sqrt{3}$×GH×$\frac{1}{2}$　四角形PQHIは長方形だからIH＝PQ＝13　△GIHで三平方の定理より，GH＝$\sqrt{\mathrm{GI}^2+\mathrm{IH}^2}=\sqrt{\mathrm{GI}^2+13^2}$　つまりGIの長さが最大になればよく，このとき右図2のようにGIは円の中心Pを通るから，Iは線分CAの中点　GI＝GP＋PI＝6＋3＝9　よって，GH＝$\sqrt{9^2+13^2}=5\sqrt{10}$　△GDE＝ED×GH×$\frac{1}{2}$＝$6\sqrt{3}\times5\sqrt{10}\times\frac{1}{2}=15\sqrt{30}$(cm²)

図1

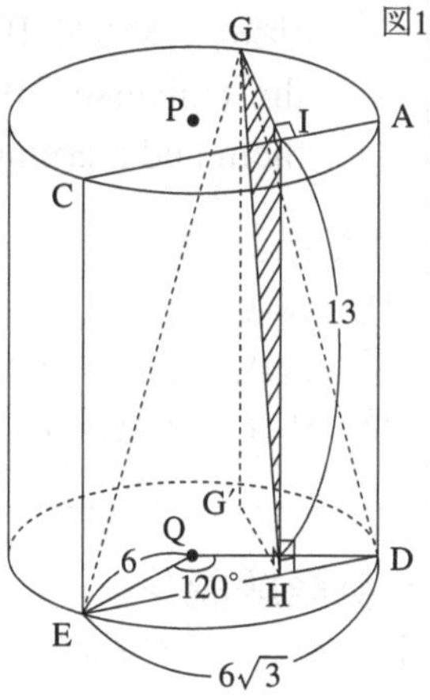

図2

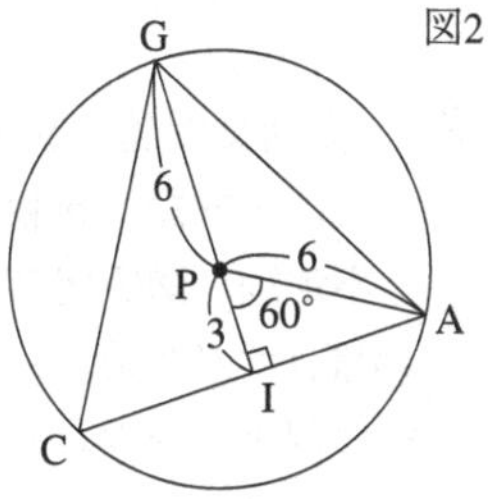

やや難　〔問3〕　(途中の計算や式など)(例)線ℓの長さが最短のとき側面の展開図をつくると，∠ADE＝90°の△ADEにおいて，斜辺AEの長さが$c\pi$ cmになる　AD＝$b\pi$，DE＝$2\pi\times6\times\frac{240}{360}=8\pi$であるから，三平方の定理により，$(b\pi)^2+(8\pi)^2=(c\pi)^2$　両辺をπ^2で割ると，$b^2+64=c^2$，$c^2-b^2=64$…①，$(c+b)(c-b)=64$　また，$c+b>c-b>0$…②　①，②を満たす自然数$(c+b,\ c-b)$の組は，$(c+b,\ c-b)=(64,\ 1)$，$(32,\ 2)$，$(16,\ 4)$　このうち，b，cがともに自然数となるのは，$(c+b,\ c-b)=(32,\ 2)$，$(16,\ 4)$のときで，$(b,\ c)=(15,\ 17)$，$(6,\ 10)$

〔参考図〕

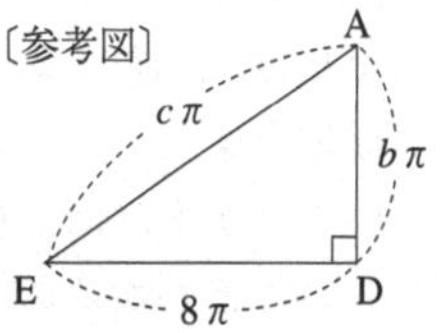

★ワンポイントアドバイス★

2〔問2〕(1)では，分かっていない座標は文字のままで面積の立式をしてみよう。3〔問1〕では，長さを文字でおいたまま計算すれば打開できる。4〔問2〕では，円の中心を通る直線が長さが最大になることに着目しよう。

＜英語解答＞

1　〔問題A〕　＜対話文1＞　イ　　＜対話文2＞　ウ　　＜対話文3＞　エ
〔問題B〕　＜Question 1＞　ア　　＜Question 2＞　To give it a name.

2　〔問1〕　(1)-a　ウ　　(1)-b　ク　　(1)-c　キ　　(1)-d　イ　　〔問2〕　カ
〔問3〕　ア　　〔問4〕　ウ　　〔問5〕　エ　　〔問6〕　ア，キ
〔問7〕　a　folding　　b　thanks　　c　makes　　d　tell

3　〔問1〕　(1)-a　オ　　(1)-b　ア　　(1)-c　カ　　(1)-d　イ　　〔問2〕　ウ
〔問3〕　ウ　　〔問4〕　イ　　〔問5〕　エ，カ
〔問6〕　(解答例)If I had this special telescope, I would use it to learn about life in the Universe. If we discovered life on other planets, we could start speaking to them and learning about new technologies we could use to make our lives better.

○配点○

1　各4点×5
2　〔問1〕・〔問7〕　各2点×8　　〔問6〕　8点　　他　各4点×4
3　〔問1〕　各2点×4　　〔問5〕　8点　〔問6〕　12点　　他　各4点×3　　計100点

＜英語解説＞

1　(リスニングテスト)

放送台本の和訳は，2024年度都立共通問題38ページに掲載。

2　(会話文問題：文の挿入，語句補充・選択・記述，語句整序，語句解釈，内容吟味，要旨把握，語い・熟語，比較，現在完了，分詞・動名詞，受動態，助動詞，間接疑問文，前置詞，進行形，不定詞，関係代名詞)

(全訳)*マリは東京に住む高校生だ。エミリは英国から来た高校生である。彼女はひと月前に来て，それ以来，マリの家族のもとに滞在している。タケシはマリの兄だ。彼は高校生である。ある晩に，マリ，エミリ，タケシが居間で話をしている。*

マリ(以下M)：エミリ，学校ではすべて順調かしら？／エミリ(以下E)：(1)-aウそう思うわ。私は授業を楽しみ，級友はみんなとても親切にしてくれるわ。／M：良かった。でも，手伝って欲しいことがあれば，私達はいつでも喜んで手助けするわ。／E：ああ，ありがとう。実は，教えて欲しいことがあるの。／タケシ(以下T)：何かな？／E：ちょっと待って。私の部屋に行って持ってくるわ。

エミリが一冊の本を持って戻ってくる。

E：昨日，この本を買ったの。折り紙に関する本よ。読んで，自分でちょっと作ってみたけれど，

私には難しすぎたわ。助けてくれるかしら。／M：もちろん。私は折り紙が得意なの。／E：良かった！／T：何を作りたいのかな？　動物，鳥，魚，そして，箱など，多くの種類のものを作ることができるよ。／E：花を作って，お母さんに送りたいわ。／M：(1)-bクそれは良い考えだわ。この花はどうかしら。／E：かわいらしいわね。作ってみたいわ。ところで，この線は何を意味しているの？／T：“谷折り”を意味しているんだ。この線に沿って紙を折れば，文字のVのように見えるよ。／M：そして，この違う種類の線は“山折り”を意味しているの。“谷折り”とは逆よ。／T：各記号はそれ独自の意味をもっているんだ。その意味を知れば，簡単に折り紙をつくることができるよ。／E：興味深いわ。ちょうど音楽の譜面みたいね。符号の意味が分かれば，好きな音楽をなんでも演奏できるわよね。／T：そのとおり。／M：さあ，花を作りましょう。

彼らは折り紙の花を作り終えた。

E：うわあ，とても美しいわね。折り紙は楽しいわ！／T：今月，美術館で折り紙の展覧会が開催されるということを，数日前に新聞で読んだんだ。今週末にそこに行かないか？／E：良いわね！今度の日曜日なら，ひまよ。マリ，あなたはどうかしら。／M：私もあいているわ。／T：よし，じゃあ，一緒にそこへ行こう。

日曜日に彼らは美術館へ行く。美術館の責任者イトウ氏が彼らを出迎える。

イトウ氏(以下I)：おはようございます。私達の美術館へようこそ。今回が初めての来館でしょうか？／T：はい，初めてです。／I：もしよろしければ，美術館を案内いたしましょう。／E：ご親切に，ありがとうございます。／I：それでは，こちらに来てください。この部屋では，折り紙の歴史について学べます。紙がどこで最初に発明されたかご存じですか？／M：日本ですか？／I：いいえ。中国で発明されて，日本にもたらされた，と言われています。研究者によると，日本では，紙は最初に筆記用に使われたそうです。人々が紙を折りたたみ，異なった形へと切り始めて，婚礼や飾りつけのような他のことに用いたとされています。より多くの紙が必要となり，日本中で紙が生産され始めました。紙，和紙のことですが，薄くて，丈夫なので，様々な折り紙の作品が生まれました。この本を見てください。／E：何ですか？／これは日本に存在する最古の折り紙の教本です。1800年頃に出版されました。紙の鶴の作り方が示されています。／T：1800年頃ですか！折り紙の鶴は約200年に存在していることなるのですね。／I：(1)-cキそれよりも長いのです。この刀を見てください。柄にいくつかの折り紙の鶴が彫られているのがご覧いただけます。この刀は1600年頃に使われていました。ということは，紙の鶴は400年以上前に既に存在していたことになります。／M：それはびっくりだわ。／I：ええ，長い歴史があるのです。次の部屋へ行きましょう。21世紀の折り紙作家によって作られた作品をご覧いただけます。／T：僕はこの折り紙の蜂が気に入ったよ。(2)-a本物に見えるね。／M：私はこの馬の折り紙よ。素敵だわ。／I：ええ。この作家は優れた折り紙の動物を創作します。私も彼の作品が好きです。／E：この芸術家はアメリカ出身で，こちらはスペイン人。あっ，この芸術家は私の祖国，イギリス出身だわ。／I：折り紙作家は世界中にいます。彼らの多くが祖国の折り紙の集団に属して，そこで他の折り紙作家と共に創作活動をしています。／T：(3)ア折り紙が世界中でそれほど多くの人々によって楽しまれていることを知りませんでした。／I：折り紙は日本だけではなく，外国の国々でも人気があります。さて，次の部屋に行きましょう。折り紙がいかに私達の健康に関連があるか，今までに考えたことがありますか。／M：いいえ。どのように関係があるのですか。／I：その活動を通じて私達の脳が活性化するので，多くの医師が折り紙は私達の健康に良いと言っています。折り紙に取り組んでいると，想像力を使い，思いつきに対して一番適した色の紙を選びます。折り紙の本の指示を読み，どのように紙を折るかを理解しなければなりません。そして，指を動かして，熱心に注意深く紙を折ろうとします。時には，紙を折りながら，他の人達とおしゃべりを楽しむかもしれません。これらすべてが脳を活発にします。この図を見てください。折り紙に取り組んでいる際に，脳のどの領域が活動的になるかを示しています。／E：驚きますね。折り紙は私達の健康にそのような好影響を与えているのですね。／I：折り紙は子供達に良い影響を与えています。また，大人の健康維持にも役立っています。／E：このことは私の両親に話そうと思います。／I：次の部屋に移動しましょう。こちらに来てください。このボートを見てください。この種類のボートはカヤックと呼ばれています。／M：これは折り紙のカヤックですか？／I：いいえ，違います。これは本物のカヤックです。望めば，乗ることができます。／T：それでは，なぜこの美術館にあるのですか。／I：ある形で，折り紙と関連があるからです。どのように関わり合いがあるかを推測できますか。／T：(1)-dイまるでわかりません。／I：注意深く見てください。線が見えますか。線に沿って折れば，カヤックはどんどん小さくなり，ついには，スーツケースほどの大きさになるのです。やってみませんか？

彼らはカヤックを折る。

T：うわあ！　今や，小さくなったね。／E：信じられないわ。／I：使わない時には，家に置けるのです。また，使いたくなれば，川まで簡単に運ぶことができます。このカヤックはカヤックを乗ることが大好きな人物によって作られました。彼が新しい家に引っ越した時に，カヤックを置く十分な空間がありませんでした。そして，彼はある折り紙作家の記事を読み，折りたたむことができるカヤックを作る考えに至ったのです。彼は紙を使って，異なった模型を作り続けて，ついに，ふさわしい模型を作ることに(2)-b成功しました。それから，彼はその模型に基づいて，本当のカヤックを作り，これは彼が作ったものなのです。／T：彼は創造的な人物に違いありませんね。／I：確かにそうです。このカヤックを作った人物と同様に，自分自身の領域で，折りたたむ，開く，といった専門技術を活用しようとしている専門家達がいるのです。(4)例えば，アメリカのある大学では，薬を運ぶために，折りたたみ，体内に送り込むことが可能な小型ロボットを作り出そうとしています。もしそれを作ることができれば，体の傷んだ部位をより簡単に治療することができるかもしれません。／E：うわあ！　なんと興味深いのでしょう。／I：さあ，これでツアーは終わりです。展覧会を楽しんでいただけたら，幸いです。／T：私達を案内していただき，ありがとうございました。折り紙について，私達は折り紙について多くの新しい事柄を学ぶことができました。

彼らは美術館を後にする。

M：(5)折り紙は，古くて，同時に，新しい存在でもある，ということを学んだわ。折り紙は，私達の伝統の一部であるけれども，現在でもいまだに非常に役立っているものね。／T：折りたためるカヤックには，特に(2)-cワクワクさせられたよ。多分，カヤックの様に，他にも折りたためるものを作ることができるだろうね。／E：そのことを考えると，楽しいでしょうね。

基本　〔問1〕　(1)-a　マリから Is everything all right at school ? と学校での様子を尋ねられた際の応答文を答える。空所に続いて，I enjoy the classes and I' m glad all my classmates are so friendly to me. と答えていることから考える。正解は，ウ I think so.「そう思う」。　(1)-b「折り紙の花を作って母親に送りたい」というエミリの発言に対するマリの返答文を答える。後続文が「この花はどう？」とマリが提案していることから考える。正解は，ク That' s a nice idea.「それは良い考えだ」。How about ～？「～はどうですか，はいかがですか」(提案・勧誘)　(1)-c　直前でタケシが「折り紙の鶴は200年存在している」と述べているのに対して，イトウ氏は「折り紙の鶴は400年以上前に既に存在していた」と発言している。正解は，キ Longer than that.「それよりももっと長い」。longer ← long「長い」の比較級　have been around ～ ← 現在完了＜have[has]+ 過去分詞＞(完了・継続・経験・結果)　some origami cranes carved on ～ ← ＜名詞 + 過去分詞 + 他の語句＞「～された名詞」過去分詞の形容詞的用法　was used ← ＜be動詞 + 過去分詞＞受動態「～される，されている」 more than「～以上」 (1)-d　イトウ氏の「カヤックと折り紙の関連を推測できるか」という質問に対して，(1)-dのタケシの応答後，イトウ氏が2つの関連を詳細に説明していることから考える。正解は，イ I have no idea.「わからない」。is related to「～に関係がある」← 受動態＜be動詞 + 過去分詞＞「～される，されている」 smaller and smaller ← ＜比較級 + and + 比較級＞「ますます～」 as small as a suitcase ← ＜as + 比較級 + as + A＞「Aと同じくらい～」 Shall we ～ ?「～しましょうか」 ア「あなたの意権に賛成する」 エ「いくら[どの]くらいだろうか」I wonder how much it is. ← 疑問文(How much is it ?)が他の文に組み込まれる[間接疑問文]と，＜疑問詞 + 主語 + 動詞＞の語順になる。　オ「はい，そうです」 カ「いいえ，私はそれを好きではない」

基本　〔問2〕 (2)- a I like this origami bee. It looks$_{(2)\text{-a}}$ real. real「本物の，実在する」＜look + 形容詞＞「～のように見える」副詞の really「本当に」は当てはまらない。　(2)-b He kept making different models using paper, and finally he was$_{(2)\text{-b}}$ successful in making the right model. successful「成功した」 possible「可能な，ありうる・起こりうる，ふさわしい」＜人 + possible ～＞という形は不可。　keep -ing「～し続ける」 using paper「紙を使って」 in making ← ＜in + 動名詞[-ing]＞「～するときに，することにより」 (2)-c I was especially$_{(2)\text{-c}}$ excited about the foldable kayak. ＜人 + be動詞 + excited＞／＜もの + be動詞 + exciting＞なので，exciting は，ここでは不可。excited「(人が)興奮した，わくわくした」 exciting「(ものが人を)興奮させる，わくわくさせる，刺激的な」

基本　〔問3〕 I：折り紙作家は世界中にいる。彼らの多くは自国の折り紙の集団に属し，他の芸術家と創作活動を行っている。／T：　(3)　／I：折り紙は日本だけではなく，外国の国々でも人気がある。　文脈より，正解は，ア「折り紙が世界中でそれほど多くの人々によって楽しまれていることを知らなかった」。is enjoyed by ～ ← ＜be動詞 + 過去分詞 + by + O＞「Oにより～される」受動態　＜There + be動詞 + S＞「Sがある，いる」 all over the world「世界中」 belong to「～に曽属する」 their own country ← ＜one's own + 名詞＞「自身の，独特の名詞」 not only A but also B「AばかりでなくBもまた」 イ「これらの折り紙作家が日本でそれほど有名であるということを知らなかった」 ウ「日本にそれほど多くの折り紙の集団があることを知らなかった」 エ「健康を維持するために，多くの折り紙作家が折り紙の集団に所属していることを知らなかった」

重要　〔問4〕 (For example, one university in the US is trying) to create a tiny robot that can be folded and sent (into the body to carry medicine.) is trying to create ～ ← 進行形＜be動詞 + 現在分詞[-ing]＞／try + 不定詞[to + 原形]「～しようとする」 a tiny robot that can be folded and sent ← 主格の関係代名詞 that／＜助動詞 + be + 過去分詞＞助動詞付きの受動態

やや難　〔問5〕 下線部(5)は「折り紙は，古くて，同時に，新しい存在でもある」の意。both A and B「AもBも両方とも」 ア「折り紙は子供だけではなく，大人によっても楽しまれている」(×)新旧の内容になっていない。are enjoyed ← ＜be動詞 + 過去分詞＞「～される」受動態　not only A but also B「AばかりでなくBもまた」 イ「現在の技術のおかげで，いくつかの古い折り紙作品が良好な状態で保存されている」(×)記述ナシ。are kept ← ＜be動詞 + 過去分詞＞「～される，されている」受動態　thanks to「～のおかげで」 ウ「はるか昔の折り紙作品と現在の折り紙教本が展覧会で示されている」(×)展示されていた折り紙の教本に関しては，the oldest origami textbook that exists in Japan のみしか言及されていないので，不可。are shown ← ＜be動詞 + 過去分詞＞「～される，されている」受動態　the oldest ← old「古い」の最上級　＜先行詞 + 主格の関係代名詞 that + 動詞＞「動詞する先行詞」 エ「はるか昔より，人々は折り紙を楽しんできており，今日，そこから新しい発想をいまだに得ている」(○)折り紙は昔より楽しまれて

きた事実(People say it was invented in China and was brought to Japan.／It[the oldest origami textbook]was printed around 1800.／paper cranes already existed more than 400 years ago.)が対話より確認できて，現在，折り紙から新発想を得ている事(Many doctors say that origami is good for our health because our brain becomes active through the activity.／some experts are trying to use the technique of folding and unfolding in their own fields.／カヤック・医療への応用)にも触れられているので，正答。have enjoyed ← ＜have[has]+ 過去分詞＞現在完了(完了・結果・経験・継続)　was invented／was brought／was printed ← ＜be動詞 + 過去分詞＞「～される，されている」受動態　more than「～以上」　are trying to use ← ＜be動詞 + 現在分詞[-ing]＞進行形／＜try + 不定詞[to + 原形]＞「～しようと試みる」　of folding and unfolding ← ＜前置詞 + 動名詞[-ing]＞

重要　〔問6〕 ア「折り紙の本で示された記号の意味を，エミリは知りたかった」(○)エミリは折り紙の教本を手にして，what does this line mean ? と尋ねているので，一致。a symbol shown in ～ ← ＜名詞 + 過去分詞 + 他の語句＞「～された名詞」過去分詞の形容詞的用法　イ「音楽で使われている記号は，折り紙の教則本でも使われている」(×)折り紙の教本で使われている記号のことは，They' re just like musical notation.「楽譜と似ている」と述べられているだけなので，不可。symbols used in ～ ← ＜名詞 + 過去分詞 + 他の語句＞「～された名詞」過去分詞の形容詞的用法　are used ← 受動態＜be動詞 + 過去分詞＞「～される，されている」　ウ「折り紙の展覧会が来月始まるということを，タケシは新聞から知った」(×)タケシは A few years ago, I read in the newspaper that there' s an origami exhibition at the art museum this month. と述べているので，不適。＜be動詞 + going + 不定詞[to + 原形]＞「～するつもりである，しそうである」　エ「和紙は折り紙には柔らかすぎたので，新しい種類の紙が日本中で製造され始めた」(×)和紙が折り紙に適していることや需要増が和紙増産の理由であることが記されている(More and more paper was needed, so paper began to be produced all over Japan. The paper, or washi, was thin and strong, so various origami works were created.)ので，不可。～ , so ...「～，それで…」　began to be produced ← ＜to be + 過去分詞＞不定詞の受動態　more and more ← more「より多くの，もっと」／＜比較級 + and + 比較級＞「ますます，だんだん～」　was needed／were created ← ＜be動詞 + 過去分詞＞「～される，されている」受動態　オ「紙の鶴は1800年頃に最初に作り出された」(×)タケシが Around 1800 ! That means paper cranes have been around for about 200 years. と述べたのに対して，イトウ氏は Look at this sword. You can see some origami cranes craved on the hilt. This sword was used around 1600. That means paper cranes already existed more than 400 years ago. とその発言を訂正しているので，不可。were first created／was used ← ＜be動詞 + 過去分詞＞受動態「～される，されている」　have been around ← ＜be動詞 + 過去分詞＞現在完了(完了・経験・継続・結果)　some origami cranes carved on ～ ← ＜名詞 + 過去分詞 + 他の語句＞「～された名詞」過去分詞の形容詞的用法　more than「～以上」　カ「イトウ氏は紙の歴史を説明する前に，折り紙作家によって作られた作品を示した」(×)折り紙に使われる紙の歴史を説明して，別室へ移動してから，折り紙作家による作品を紹介しているので，不可。works created by ～ ← ＜名詞 + 過去分詞 + 他の語句＞「～された名詞」過去分詞の形容詞的用法　キ「いかに折り紙が人々の健康に関連しているかを説明するために，イトウ氏は脳の図を示した」(○)イトウ氏が Many doctors say that origami is good for your health because our brain becomes active through the active. ～ Look at this picture. It shows which area of the brain becomes active when you work on origami. と述べているので，一致。～ to explain how origami is related to people's health／It shows which area of the brain becomes active ～ ← 不定詞の副詞的用法(目的)「～するために」／疑問文(How is origami related to people's health ?／Which area of the brain becomes active ～ ?)が他の文に組み込まれる[間接疑問文]と，＜疑問詞 + 主語 + 動詞＞の語順になる(Which area ～ ? では主語が疑問詞の位置にあるので，見た目は変わらない)。　ク「折りたたむことができるカヤックを作った人は，展覧会で見た折り紙作品に意欲をかきたてられた」(×)he read an article about an origami artist, and got the idea of creating a foldable kayak. とあるので，不一致。the man who created the foldable kayak ← ＜先行詞(人)+ 主格の関係代名詞 who + 動詞＞「～する先行詞」 was inspired ← 受動態＜be動詞 + 過去分詞＞「～される」 origami works▼he saw ← ＜先行詞(+ 目的格の関係代名詞の省略)+ 主語 + 動詞＞「主語が動詞する先行詞」 of creating ← ＜前置詞 + 動名詞[-ing]＞

やや難 〔問7〕 (全訳)誕生日おめでとうございます。お母さんにちょっとした誕生日の贈り物を送ろうと思います。折り紙の花です。折り紙について聞いたことがありますか。紙aを折るという日本の芸術です。1枚の紙aを折るだけで，様々なものを作ることができます。折り紙は素晴らしいと思います。お母さんが花を好きだということを知っているので，作ってみました。自分だけで作るのは簡単ではなかったけれど，マリとタケシbのおかげで，作ることができました。お母さんが気に入ってくれるといいなと思っています。／今日，マリとタケシと一緒に折り紙展覧会を見に行きました。折り紙は私達の健康に良い影響を及ぼす，ということを学びました。折り紙はc私達の脳を活発にして，その結果，私達が健康を維持する手助けとなるのです。お母さんには健康でいて欲しいので，イギリスへ戻ったら，折り紙の花の作り方を教えようと思っています。／お父さんの体調はいかがですか。元気でいることを願っています。私が日本で順調に過ごしているということをお父さんにd伝えてください。　(a)いずれも前置詞の後ろなので，「折る」fold を動名詞 folding にする。　(b)thanks to「～のおかげで，せいで」 (c)It makes our brain active ～ ← make O C「OをCの状態にする」 (d)Please tell him that ～ ← 丁寧な命令文＜Please + 原形＞／＜tell + 人　+ that + 主語 + 動詞＞「主語が～であることを人に告げる」

3 **(長文読解問題・論説文：語句補充・選択，文整序，語句整序，要旨把握，自由・条件英作文，比較，分詞，接続詞，現在完了，関係代名詞，前置詞，動名詞，不定詞，受動態，助動詞，進行形，仮定法)**

(全訳)「どのように宇宙が出来上がったのか」，あるいは，「生物の兆しがある他の惑星が存在するのか」という疑問に関して，人類は長い間思いをめぐらせてきた。多くの望遠鏡が開発され，これらの壮大な神秘を説明するために，研究者はそれらを用いてきた。

これらの神秘を解こうという試みが，ジェイムズ・ウェッブ宇宙望遠鏡の目標の一部である。2021年に宇宙へ派遣され，翌年から業務を開始した。それまでに作られたものの中で，最大で最強の宇宙望遠鏡である。10億光年離れた星を(1)-aオそれにより，見ることが可能になると，科学者達は信じている。1光年は光が1年間に移動する距離である。例えば，私達が宇宙上の100光年離れた星を見るとすると，実際には，100年前の状態の星を見ていることになる。研究者によると，宇宙は約138億年歳だと言われており，ジェイムズ・ウェッブ宇宙望遠鏡を使えば，宇宙の最初の星のいくつかを見ることができるかもしれない。

なぜジェイムズ・ウェッブ宇宙望遠鏡は，そのように離れた星の映像を捉えることができるのだろうか。この望遠鏡のいくつかの事実を見ていくことにしよう。

その名前から想像できるように，(1)-bアそれは宇宙に設置されている。もちろん，地上にはいくつかの優れた望遠鏡が存在するが，宇宙に望遠鏡を据えることは，惑星や星をより鮮明に眺める効果的な方法である。その主な理由は，宇宙からの光の一部が地球まで届かないからである。地球の空気がそれを寄せ付けないのだ。

星からの光を集めるために，鏡を使って，望遠鏡は星からの信号を傍受する。仮に鏡が大きければ，望遠鏡はより多くの信号を受け取ることになる。(2) [B]宇宙では，大きな鏡が装備された望遠鏡を科学者は必要とするが，巨大で重い鏡を宇宙へ送ることは非常に困難である。[D]そこで，技術者は，互いに連結した18枚のより小さな鏡をジェイムズ・ウェッブ宇宙望遠鏡に搭載した。[A]鏡は折りたためられて，宇宙まで運搬された。[C]宇宙へ到着すると，大型の鏡となるように，鏡は注意深く広げられた。

もう1つの重要な事実は，ジェイムズ・ウェッブ宇宙望遠鏡が特別のカメラを使って宇宙の写真を撮影していることである。これらのカメラは赤外線を捉えることができる。赤外線は電磁波の1種で，人の目では見ることができない。図1でわかるように，各波の長さにより，電磁波は，マイクロ波，赤外線，X線のような異なった名前で呼ばれている。人の目で見ることができる光は，目に見える光と呼ばれ，同時に，電磁波の1種である。赤外線は人の目で見ることができないが，依然として，私達の日常生活で使われている。例えば，エアコンを切りたいときに，リモコンを使うかもしれない。リモコンは，赤外線を使い，エアコンへ信号を送っているのである。

それゆえに，なぜジェイムズ・ウェッブ宇宙望遠鏡では，赤外線を捉えることができるカメラが用いられているのだろうか。理由の1つは，宇宙のちりを通して見るために，赤外線を使うことが可能だからである。可視光線を用いて，宇宙のちりの背後や内部にあるものを見ることはできない。一方，赤外線はこれらをより簡単に通り抜けることができる。星や惑星はこれらのちりの雲の内部で誕生すると科学者は信じているので，これらのカメラを使って内部を見ることが，新しい物事を発見する手助けになるかもしれない，と彼らは考えている。

もう1つの重要な理由は，宇宙が拡大しているので，初期の星からの信号を捉えることができる赤外線を使うことが必要だからである。ほぼ100年前に，他の星の集団が私達から離れていっていることに，ある科学者が気付いた。それだけではなかった。私達に近接しているものと比べて，最も遠い星の集団のほうが，より速く離れていっている事実を彼は突き止めた。図2を見るとよい。このことがいかに起きているかを示している。風船がより大きくなれば，風船上の星の集団間の距離が拡大する。

私達から遠く離れた星から放たれた光が私達の惑星に到達するには，何10億年も要する。光が移動している間に，宇宙が拡大しているので，光の波動が長くなる。(3)このことは，それらの星から発生する可視光波が伸びて，より長い波動になり，赤外線になる，ということを意味する。

このことがどのように起きているかを考えてみよう。写真3を見なさい。写真では，1片のゴムひもに波を書くためにペンが使われている。写真4で分かるように，それから，ゴムひもが引っ張られる。これは，移動する距離が増した時に，いかにして電磁波が伸ばされるかを示している。ジェイムズ・ウェッブ宇宙望遠鏡は，最も遠くの星の写真を撮影しようとしている。それらの星はあまりにも遠いので，(4)宇宙が拡大することで，可視光線が赤外線へと変容するのである。

赤外線を用いた望遠鏡のカメラは，熱の影響を受け易い。宇宙の気温は非常に低いので，宇宙にあるということは，望遠鏡のカメラにとって好都合となっている。ジェイムズ・ウェッブ宇宙望遠鏡は，地球から非常に離れているところにある。地球と月との距離と比べて，地球とジェイムズ・ウェッブ宇宙望遠鏡間の距離はより長い。月は地球よりも約380,000キロ離れている。望遠鏡は地球からおよそ150万キロ離れていて，太陽の周りを動いている際には，地球の陰に留まっている。このことで，望遠鏡が太陽から受ける光と熱の量は弱められている。同時に，望遠鏡は太陽に対して大きな陰を有している。その陰は巨大な望遠鏡自体よりも大きく，テニスコートの大きさに匹敵して，太陽から望遠鏡の重要な部品を守っている。陰の太陽に面している熱い側面は約85℃だが，もう一方の側面はおよそ－233℃である。

ジェイムズ・ウェッブが起動し始めて以来，(1)-cカ地球に送り返してくる非常に鮮明な写真に，私達を驚かされてきた。ジェイムズ・ウェッブ宇宙望遠鏡以前の望遠鏡で撮影された画像と比べて，より鮮やかである。この顕微鏡を開発するのに，世界中から何千もの研究者と技術者が協働した。いかに研究者が宇宙に存在する初期の星を見つけようとしてきたかについて，述べてきたが，それは，ジェイムズ・ウェッブ宇宙望遠鏡が委ねられているいくつかの任務の1つに過ぎない。他にもいくつかの重要な目標が存在している。それを活用した宇宙の調査は，望遠鏡にお金を投じた国からの研究者(1)-dイだけのものではない。「どのように宇宙が出来たのか」，「どこから人類はやって来たのか」，「宇宙で人類は独りぼっちなのだろうか」，といった疑問を解明したい世界中のいかなる研究者に対しても，参加が認められているのである。

基本　〔問1〕 (1)-a「ジュイムズ・ウェッブ宇宙望遠鏡は，それまでに作られた最大で最強の宇宙望遠鏡だった。10億光年離れた星を(1)-aオそれにより，見ることが可能になると，科学者達は信じている」the largest and most powerful space telescope ever built　largest ← large「大きい」の最上級／most powerful ← powerful「力強い」の最上級／「～された名詞」過去分詞の形容詞的用法　<allow + 人 + 不定詞[to + 原形]>「人が～するのを許す，人が～するのを可能にする」 billions of「何十億の～」 (1)-b「その名前(ジュイムズ・ウェッブ宇宙望遠鏡)から想像できるように，(1)-bアそれは宇宙にある」as 接続詞「～と同じくらい，のように，のとき，だから」／前置詞「～として」 (1)-c「ジェイムズ・ウェッブが起動し始めて以来，(1)-cカ地球に送り返してくる非常に鮮明な写真に，私達は驚かされてきた」it has been surprising us ← <have[has]been + 現在分詞[-ing]>現在完了進行形(動作動詞の継続) the clear pictures▼it sends back to the earth ← 目的格の関係代名詞の省略<先行詞 + 主語 + 動詞>「主語が動詞する先行詞」 (1)-d「それを活用した宇宙の調査は，望遠鏡にお金を投じた国からの研究者(1)-dイだけのものではない。～といった疑問を解明したい世界中のいかなる研究者にも参加が認められている」by using it ← <前置詞 + 動名詞[-ing]>　countries which have paid money ← 主格の関係代名詞 which／<have[has]+ 過去分詞>現在完了(完了・結果・継続・経験) any researchers in the world who want to answer ～ ← 主格の関係代名詞 who　ウ「～することは不可能である」it is impossible to ← <It is + 形容詞 + 不定詞[to + 原形]>「～[不定詞]することは…[形容詞]だ」 エ「それは私達に意図を伝えた」

やや難　〔問2〕「星からの光を集めるために，鏡を使って，望遠鏡は星からの信号を傍受する。仮に鏡が大きければ，望遠鏡はより多くの信号を受け取ることになる」→(2)B「宇宙では，大きな鏡が装備された望遠鏡を科学者は必要とするが，巨大で重い鏡を宇宙へ送ることは非常に困難である」→ D「そこで，技術者は，互いに連結した18枚のより小さな鏡をジェイムズ・ウェッブ宇宙望遠鏡に搭載した」→ A「鏡は折りたためられて，宇宙まで運搬された」→ C「宇宙へ到着すると，大型の鏡となるように，鏡は注意深く広げられた」bigger ← big「大きい」の比較級 more「もっと(多くの)」many／much の比較級　it's very difficult to send ～ ← <It is + 形容詞 + 不定詞[to + 原形]>「～[不定詞]することは・・・[形容詞]だ」 接続詞 so「それで」 18 smaller mirrors that are connected to each other ← smaller；small「小さな」の比較級／主格の関係代名詞 that／<be動詞 + connected to[with]>「～に結びついている」受動態／each other「互いに」 were folded／were carried／were spread out ← <be動詞 + 過去分詞>受動態「～される，されている」

重要　〔問3〕(This means that visible light waves)coming from those stars get stretched into longer waves(and become infrared radiation.)visible light waves coming from 〜 ← <名詞 + 現在分詞 + 他の語句>「〜している名詞」現在分詞の形容詞的用法　get stretched into「伸びて〜の状態になる」← get ＋ 形容詞[過去分詞]「(ある状態)になる」／stretch「伸ばす，張る，広げる，伸びる」／into「〜の中へ，(変化して)〜に(なる)」 longer ← long「長い」の比較級

やや難　〔問4〕「ジェイムズ・ウェッブ宇宙望遠鏡は，最も遠くの星の写真を撮影しようとしている。それらの星はあまりにも遠いので，(4)宇宙が拡大することで，可視光線が赤外線へと変容するのである」ジェイムズ・ウェッブ宇宙望遠鏡には，宇宙上のちりを見通せる赤外線を捉えることができるカメラが用いられていること(第7段落第1・2文；why does the James Webb Space Telescope use cameras that can catch infrared radiation？ One reason is that infrared radiation can be used to see through dust in the Universe.)，地球が拡大しているので，星から放たれた光が移動する間に波動の長さが伸びること(第9段落第1・2文；Light which left stars far away from us can take billions of years to reach our planet. While it is traveling, the length of the light wave increases because the Universe is becoming bigger.)，図1より，赤外線は可視光より波動が伸びた状態にあること等から考える。so 〜 that ...「とても〜なので…」 cameras that catch infrared radiation／light which left stars ← 主格の関係代名詞　can be used ← <助動詞 + be + 過去分詞>助動詞を含む文の受動態　is traveling／is becoming ← <be動詞 + 現在分詞　[-ing]>進行形　bigger ← big「大きい」の比較級　ア「(それらはあまりにも遠いので，)星からの赤外線は弱くなった」(×)has become weaker ← 現在完了<have[has]+ 過去分詞>(完了・継続・結果・経験)／weaker ← weak「弱い」の比較級　ウ「(それらはあまりにも遠いので，)可視光線を赤外線に変えることはほぼ不可能である」(×)it is almost impossible to change 〜 ← <It is + 形容詞 + 不定詞[to + 原形]>「〜［不定詞］することは…［形容詞］だ」 change A into B「AをBに変える」 エ「(それらはあまりにも遠いので，)ジェイムズ・ウェッブ宇宙望遠鏡は赤外線を使うことができない」(×)

重要　〔問5〕ア「ジェイムズ・ウェッブ宇宙望遠鏡は，約138億年前に誕生した星から見られるだろう」(×)第2段落最終文に Scientists say that the Universe is about 13,800,000,000 years old, and the James Webb Space Telescope may be able to show us some of the first stars in the Universe. とあるが，星から望遠鏡が見えるわけではないので，不可。will be see ← <助動詞 + be + 過去分詞>助動詞付き受動態　stars that were born ← 主格の関係代名詞 + 受動態<be動詞 + 過去分詞>　<may be able + 不定詞>「〜できるかもしれない」 イ「地球を取り巻く空気下にあるので，地球上のいくつかの望遠鏡は素晴らしい」(×)第4段落の記述(we have some excellent telescopes on the earth, but putting telescopes into space is a good way of getting a clearer view of the planets and stars. The main reason is that some of the light from space doesn' t reach the earth. The air on the earth keeps it away.)より，不適。the air that surrounds 〜 ← 主格の関係代名詞 that　putting telescopes into 〜／of getting 〜 ← 動名詞[-ing]「〜すること」 clearer ← clear「明らかな」の比較級　ウ「電磁波は肉眼で見ることができない」(×)第6段落第5文に Light that the human eye can see is called visible light and also a type of electromagnetic wave. とあるので，不一致。cannot be seen ← 助動詞付きの受動態<助動詞 + be + 過去分詞>　light that the human eye can see ← 目的格の関係代名詞 that　<S + be動詞 + called + C>「SはCと呼ばれる」 エ「宇宙

のちりの雲の中にある何か新しいものを見つけるために，赤外線を捉えることができるカメラを科学者は使っている」(○)第7段落第1・2・5文(why does the James Webb Space Telescope use camera that can catch infrared radiation ? One reason is that infrared radiation can be used to see through dust in the Universe.／they[scientists]believe that looking inside with these cameras may help them discover new things.)に一致。are using ← ＜be動詞 + 現在分詞[-ing]＞進行形　cameras that can catch ～ ← 主格の関係代名詞　can be used ← 助動詞付きの受動態＜助動詞 + be + 過去分詞＞　see through「～を通して見る」　looking ← 動名詞[-ing]「～すること」　may「してもよい，かもしれない」　＜help + 人 + 原形＞「人が～するのを手伝う」　オ「ジェイムズ・ウェッブ宇宙望遠鏡の助けを得て，ある科学者は，星の集団が大きくなっていることを発見した」(×)記述ナシ。are becoming larger ← 進行形＜be動詞 + 現在分詞[-ing]＞／larger；large「大きい」の比較級　カ「地球とジェイムズ・ウェッブ宇宙望遠鏡間の距離は，地球と月間の距離と比べて，100万キロ以上長い」(○)第11段落第5・6文(The moon is about 380,000 kilometers away from the Earth. The telescope is about 1.5 million kilometers away from the earth ～)に一致。over「～以上」　longer ← long「長い」の比較級　キ「ジェイムズ・ウェッブ宇宙望遠鏡は太陽と陰の間にある」(×)第11段落にThe telescope also has a large shade against the Sun. とあるので，不可。

やや難　〔問6〕（指示文)特別の望遠鏡を持っているとする。この望遠鏡を用いれば，宇宙にあるすべてのもの，あるいは，地球上のすべての場所を見ることができる。あなたは何を見たいか。なぜそれを見たいか。／(解答例訳)もしこの特別の望遠鏡を持っていたら，宇宙の生物について学ぶために使うだろう。別の惑星の生命を発見したら，話しかけ，私達の生活をより良くするために使うことができる新しい技術について学び始めることが可能となるだろう。

何でも見ることができる望遠鏡で何を見たいか，その理由を添えて，40語以上50語程度の英語にまとめる自由・条件英作文。仮定の話なので，仮定法過去＜If + 主語 + 過去 ～，主語 + 過去の助動詞 + 原形 …＞(現在の事実に反することを仮定する表現)を使うと良い。

★ワンポイントアドバイス★

2〔問6〕・3〔問5〕の内容真偽問題を取り上げる。7，あるいは8つの選択肢から本文と合っているものを2つ選ぶ形式で出題された。キーワード等に注意して，本文の該当箇所を素早く見つけて，真偽を判断すること。

＜国語解答＞

1　(1)　ひ　(2)　すうこう　(3)　どんつう　(4)　こうてつ　(5)　そっせんすいはん

2　(1)　拝　(2)　操業　(3)　探訪　(4)　片意地　(5)　多岐亡羊

3　〔問1〕　エ　〔問2〕　ア　〔問3〕　ウ

〔問4〕（例）　何の植物もなかった空間を疑問に思って，その空間に自分で手を加えてみたいという気持ち。

〔問5〕　ア　〔問6〕　イ

4　〔問1〕（例）　資本主義原理のもと，インターネット世界で価値が高いとされる大衆の興味を引くコンテンツを作るために，既に多くの視聴者を獲得しているコンテンツを模倣したものが容易に量産されてしまうから。

〔問2〕 ウ 〔問3〕 ウ 〔問4〕 ア 〔問5〕 イ 〔問6〕 エ

〔問7〕 (例) インターネット上で，自分とあう考えばかりに触れ，異なる考えを排除することで，自分の考えに固執するようになると，現実世界でも異なる他者の考えを受け入れられず，他者と関係を築くことが難しくなってしまう。

こうした事態を解決するためには，インターネット以外のメディアからも積極的に情報を集めて自分の考えを見直す機会をもつとともに，他者のさまざまな考えを尊重しながら対話をする姿勢をもつことが必要である。

5 〔問1〕 エ 〔問2〕 ア 〔問3〕 ウ 〔問4〕 エ 〔問5〕 イ

○配点○

1 各2点×5　2 各2点×5　3 問4 5点　他 各4点×5

4 問1 5点　問7 10点　他 各4点×5　5 各4点×5　計 100点

＜国語解説＞

1 (漢字の読み)

(1) 「干」の訓読みは「ひ・る」，音読みは「カン」。 (2) その存在が極めて高い境地にあって，近寄りがたい感じを与える様子。 (3) 「鈍」のつくりは、「屯」。「毛」ではない。 (4) 人事異動によって，その地位や職務の人がかわること。 (5) 上の地位にある人が，先頭に立って見本を示して物事をおこなうこと。

2 (漢字の書き取り)

(1) 四画目以降は横画を4本書く。 (2) 「操」は，てへん。 (3) 「探」は，てへん。実情や真相を，そこに出かけていって調べること。 (4) 「片」は，総画数が四画である。 (5) 選択肢がいくつにも分かれていることで目標を見失って困ること。

3 (小説―情景・心情，内容吟味，表現技法)

基本 〔問1〕 この時，私は「梢の見えるところまで出かけ，空を眺め，風に吹かれ，痛快なおどろきとこわさを一心に吸い込もう」とした。悪天候の自然を全身で感じようとする思いが読み取れ，「凝っと机について知らぬ振りなどしていられない」という描写からは，落ち着かぬ心持ちも窺える。

〔問2〕 私はこのとき，「私は一人の母で小さい息子とそこに隠れている」という設定で遊んでいる。傍線(2)には「私は段々本気になり」とあることから，そのごっこ遊びに熱がはいり，母役になりきっていることが読み取れる。さらに，この遊びを楽しんでいることからイとウは不一致であるし，弟は虎役であるからエも不一致である。

〔問3〕 傍線(3)と同段落に，子どもたちの様子が描写されている。「ぼんやり格子に額を押しつけて」いつまでも降り続く雨に，いつまでも降られては散る柿の花を，いつまでもいつまでも見ていることがわかる。そして，見ているうちに，「子供の心は引き込まれ，波紋と一緒にぼうっとひろがる。何処かわからないところへいい気持ちにひろがって行ってしまう」とあるように，彼らの関心は具体的な観察物ではなく，自分の心の動き(観念)へと移っている。

重要 〔問4〕 動いた心に生じた思いは，まず「何故ここだけこんな何もないのだろう」という疑問だ。そして，穴を掘り，草をもってきて植え込み，花壇をつくるという行動から，何もない空間に自分で何かをしてみたいという思いが生じたことが読み取れる。解答は，子供の心に生じたこの疑問と意欲を，その内容の説明を付け加えながら指定字数でまとめればよい。

〔問5〕 私は自分で植えた青紫蘇を大切に世話していたので，きつい雨で流されそうな青紫蘇が「心配ではち切れそうに」なっている。あれこれと策を講じてみても何一つうまくいかず，ただ「哀れな彼等」に傘を差し掛けるしかない自分の非力を痛切に感じているのである。「戦く」とは，否定的な要素が原因でぶるぶる震える様子をいう。

やや難 〔問6〕 この文章は，自然と向き合って育った感受性豊かな幼い作者が，何をどう感じたかを描いた作品だ。庭に生える樹木の名前や降る雨の様子などが描かれていて，読者もその情景を鮮明に思い描くことができる。

4 （論説文—大意・要旨，内容吟味，文脈把握，作文）

基本 〔問1〕 次段落に「コンテンツが画一化されていく背景には，資本主義の原理が働いている」とあるので，この部分を読み解けば，理由をまとめることができる。資本主義システムにおいては，「商品価値の高いものが優先的に作られる」が，その価値は「多くの人の興味を引くもの」かどうかで決められる。したがって，多くの視聴者を獲得しているコンテンツを模倣することが有効とされ，画一したコンテンツが容易に大量生産されていくのである。これを指定字数でまとめよう。

重要 〔問2〕「人々が……画一化あるいは類型化されたコンテンツを自ら選択する」ようになる原因は，インターネットのテクノロジーが画一的なコンテンツを望むように導いているからだ。人々は検索システムの上位に上がるコンテンツにのみアクセスする。これが自分の選択のように思えるかもしれないが，そもそも検索の上位に挙がるのは多くのアクセス数を受けたコンテンツもしくはそれに似たコンテンツだから，必然的に人々はそうした同一・同様の経験を繰り返しさせられていて，それはマーケティングシステムによる誘導ともとれよう。アは「必要なものだけにアクセスする」とする点，イは「自分の趣向に合わないコンテンツを拒絶する」という点，エは「多くの他者と共時的に関わっていくこと」という点が不一致である。

〔問3〕 インターネット以前から聴覚的・触覚的メディアが「各人の感性や欲望の特異性を減衰させ，経験を画一化させ」たとし，それはスティグレールの指摘によると「〈特異的な存在〉あるいは「唯一の存在としての自己」への愛を失わせてしまっている」状態なのだ。つまり，自分が他者とは異なる唯一無二の特別な存在だという認識が持てないということである。

〔問4〕 自分を特別な存在だと認める自己愛は「他者と友愛を結び，社会を構築する上で不可欠なもの」だから，自己への愛が喪失すると，友愛の不可能性という問題が生じ，他者を愛し他者に配慮することも理解することもできなくなるのである。そうした状態でアイデンティティの確立を試みれば，人は「自分が特別な存在であると，力で証明する必要」が出て，「だから暴力的になる」のだとある。これらをふまえて選択肢を選ぼう。

〔問5〕 人間同士の対立は，両者の得た情報や考えや価値観の相違によって生じるとされ，したがってインターネットによって同じ情報を得て，考え，対話すれば，同じ価値観を共有できると考えたのが，インターネットの開発者達である。こうした対立のない世界の状態(「グローバル・ヴィレッジ」)をユートピアのようにとらえ，インターネットによって実現可能だと理解していた。

〔問6〕 今まで人間は，考えや価値観の相違によって他者と対立することはあっても，その他者と共同体を構築するために対話を通して一定の価値を共有し，共存するために考えをすり合わせて共有可能な価値を生みだそうとする努力をしてきた。問いで求められている〈人間の野蛮化〉の具体例は，この共有価値を見出す努力をしていない内容のものである。アは解釈の一致を図っている。イは他者の思いを共有している。ウは共存のためのルールを重視している。エは意識が自己にのみ向いていて，他者との共同体の構築という観点がない言動である。

重要　〔問7〕　まず，自分と同じ考えばかりに触れることで生じる弊害を考えよう。異なる意見を受け入れられないという柔軟性の欠如や，自分の意見にこだわりすぎる頑なさが起因して，どんな困ったことが起こるか思いをはせよう。コミュニケーション力の低下や社会の乱れなどに言及できるかもしれない。字数的にはここまでで半分以下に収めたい。そのうえで，そうした問題の解決方法を具体的に提示したい。幅広くさまざまな考えを知るためにどんな方法があるか考えてみよう。

5　**(論説文・和歌―大意・要旨，内容吟味，文脈把握，語句の意味)**

基本　〔問1〕　傍線(1)の説明は，次段落の「平安朝の～人生の不如意を詠むもので占められる」の部分に具体例を伴って述べられている。「古来，人々の生活空間は，身近な竹細工にあふれていた」とあるように，日本人は古くから竹に親しんでいた。それなのに「平安朝の和歌が竹を題材とする場合，……縁語・掛詞とする音便上の利用が大半」なのだ。これをふまえて選択肢を選ぶ。

〔問2〕　傍線(2)と同段落にある「竹林七賢人の故事，あるいは寒気厳しい冬にも負けず青々と茂る竹の葉に『貞潔な節操』のイメージを重ねるものを基調とする」の記述をふまえて選択肢を選ぶ。

〔問3〕「服」には、①したがう，②きもの，③身に付ける，④飲む，⑤慣れ親しむ，の意味がある。「服用」は④の薬を飲む意味。したがって,「内服」と同じだ。アは②の意味で，イとエは①の意味。

〔問4〕「霊的空間」とされた竹林の「いずれも現世を隔絶した特殊な雰囲気をもつものと知られる」竹の中から誕生するかぐや姫は神仙世界の人であり,「仙女の誕生を竹の中からとするのはまことに適切な選択」なのだ。これは読み手に強いインパクトを与えるものである。アは日常的な存在としてしまう点，イは写実的なものとする点，ウは仙界の女性が随所で竹の力に頼るという点が不一致である。

重要　〔問5〕　日本人は竹を実用性に富んだ身近にありふれているものとしてとらえていたが，身近なものであるという感覚に加えて，気に満ちあふれているという竹の特性やその成長力の著しさに神秘性を認識していたと文章冒頭にある。その認識があったから，中国の神仙小説類を耽読する平安知識人による神仙世界と密接に関わるイメージへの転換・更新がうまくいったのである。本文にも「呪力・霊力を古来から保存していたことが，新来の神仙世界の『竹』のイメージを重ねやすかったこともあろう」とある。受け手側に受け入れうる素地があるからこそ新しい文化が受け入れ可能になるのだ。

★ワンポイントアドバイス★

長文は選択肢問題が多いので，普段から長文を読みなれ，長い文章であっても，正しい選択肢を選ぶポイントを正確におさえられるようにしておきたい。答えのヒントは必ず本文にある。似たような言い回しに振り回されることなく，落ち着いて的確に答えを導こう。

都立戸山高等学校

2023年度

★★★★★★★★★★★★★★★★★★★★★★★★

入　試　問　題

2023年度

●くわしい解説…… 29ページ

＜数学＞

時間50分　満点100点

【注意】答えに根号が含まれるときは，**根号を付けたまま，分母に根号を含まない形で表しなさい。**
また，**根号の中を最も小さい自然数にしなさい。**

1　次の各問に答えよ。

〔問1〕　$\dfrac{\sqrt{18}-\sqrt{3}}{\sqrt{2}}-(\sqrt{18}-\sqrt{3})^2\times\dfrac{1}{7}$を計算せよ。

〔問2〕　2次方程式$(x+1)^2+3(x+1)-4=0$を解け。

〔問3〕　連立方程式$\begin{cases}\dfrac{x}{3}+\dfrac{y}{2}=\dfrac{1}{6}\\ \dfrac{x}{5}+\dfrac{y}{3}=\dfrac{1}{5}\end{cases}$　を解け。

〔問4〕　1から6までの目が出る大小1つずつのさいころを同時に投げる。

大きいさいころの出た目の数をa，小さいさいころの出た目の数をbとするとき，$1<\dfrac{b}{a}<\dfrac{7}{3}$となる確率を求めよ。

ただし，大小2つのさいころはともに，1から6までのどの目が出ることも同様に確からしいものとする。

〔問5〕　右の図のように，点Oを中心とする円があり，円周上に点Pがある。

解答欄に示した図をもとにして，点Pを中心とし，面積が円Oの面積の3倍であるような円Pを，定規とコンパスを用いて作図せよ。

ただし，作図に用いた線は消さないでおくこと。

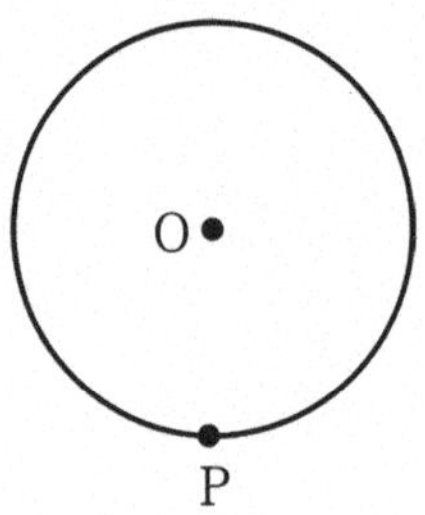

2　右の**図1**で，点Oは原点，点Aの座標は(2，0)，点Bの座標は(0，2)であり，直線ℓは2点A，Bを通る直線，曲線mは関数$y=ax^2\ (a>0)$のグラフを表している。

線分ABと曲線mとの交点をP，曲線m上にあり，x座標が2である点をQとする。

次の各問に答えよ。

〔問1〕　点Pのx座標が$\dfrac{2}{3}$のとき，aの値を求めよ。

図1

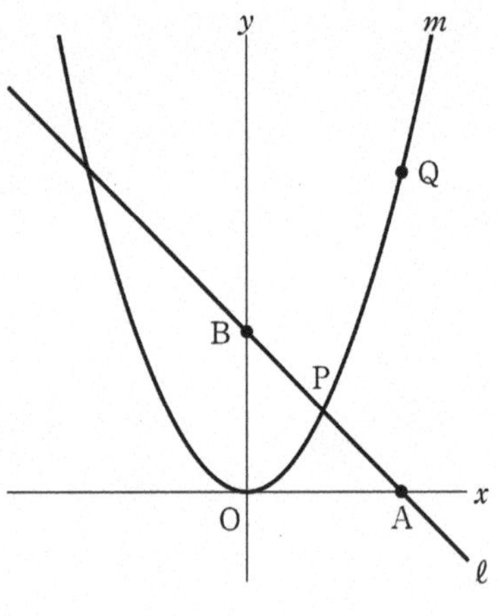

〔問2〕　右の**図2**は，**図1**において，点Aと点Q，点Pと点Qをそれぞれ結んだ場合を表している。

原点から点(1，0)までの距離，および原点から点(0，1)までの距離をそれぞれ1cmとして，次の(１)，(２)に答えよ。

(１)　△AQPの面積が18cm^2のとき，aの値を求めよ。

ただし，答えだけでなく，答えを求める過程が分かるように，途中の式や計算なども書け。

図2

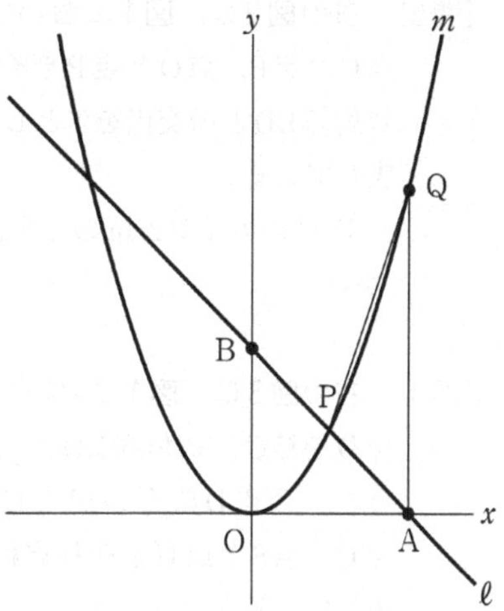

(２)　右の**図3**は，**図2**において，$a=1$のとき，直線$y=bx$$(0<b<1)$を引いた場合を表している。

直線$y=bx$と線分APとの交点をR，直線$y=bx$と線分AQとの交点をSとした場合を考える。

△ASRの面積が△AQPの面積の$\dfrac{1}{4}$倍になるとき，bの値を求めよ。

図3

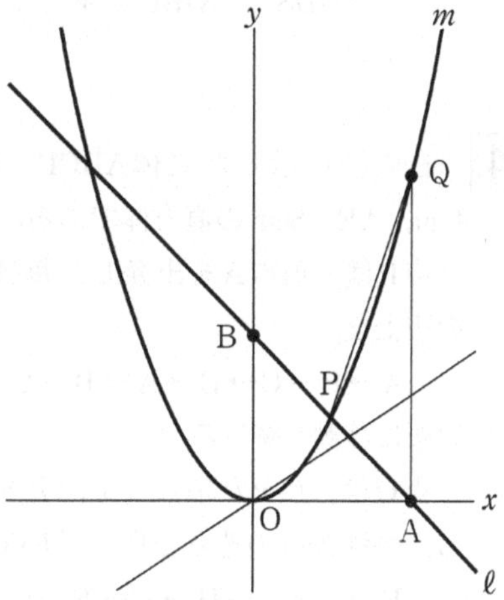

3　右の**図1**で，四角形ABCDは平行四辺形であり，円Oは辺AB上にある点P，辺BC上にある点Q，辺CD上にある点R，辺DA上にある点Sで四角形ABCDと接している。

次の各問に答えよ。

〔問1〕　**図1**において，∠ABC＝60°，AB＝4cmのとき，点Pを含まない$\overset{\frown}{\text{QR}}$の長さは何cmか。

ただし，円周率はπとする。

図1

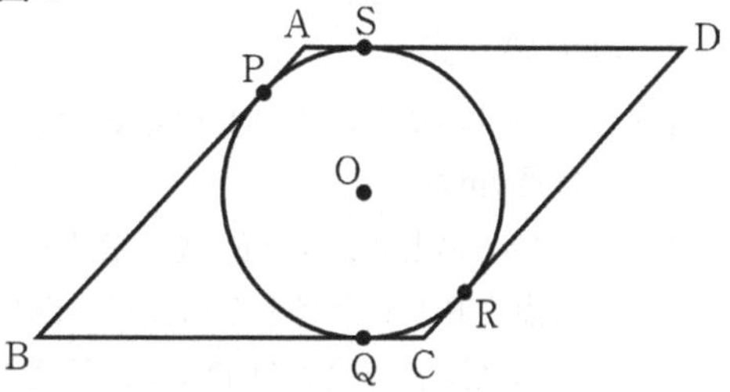

〔問2〕　右の**図2**は，**図1**において，頂点Bと頂点D，頂点Cと点P，点Oと点Pをそれぞれ結び，線分CPと対角線BDとの交点をTとし，∠ABC＝60°の場合を表している。

　円Oの半径が2cmのとき，△OPTの面積は何cm^{2}か。

図2

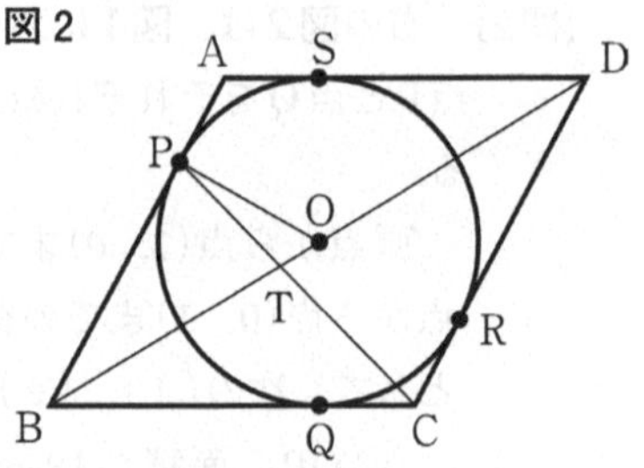

〔問3〕　右の**図3**は，**図1**において，頂点Bと頂点Dを結び，対角線BDと円Oとの交点のうち，頂点Dに近い点をUとし，点Qと点U，点Sと点Uをそれぞれ結んだ場合を表している。

　△UDS∽△QBUであることを証明せよ。

図3

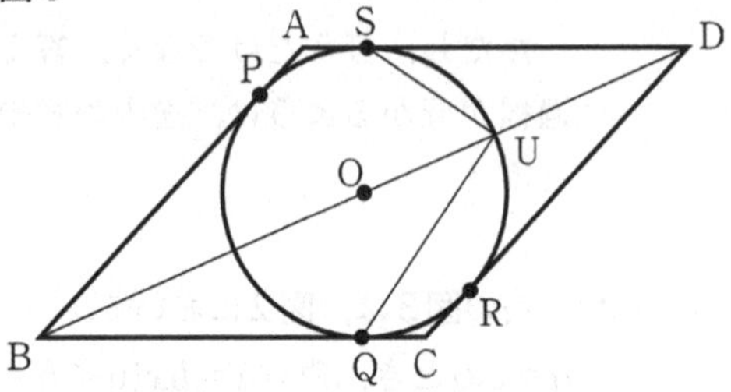

4

右の図に示した立体ABCD－EFGHは，AB＝2cm，BC＝4cm，AE＝8cmの直方体である。

　点Pは，頂点Aを出発し，毎秒1cmの速さで長方形ABCDの辺上を，

　　A→B→C→D→A→B→C→D→…

の順に移動し続ける。

　点Qは，点Pが頂点Aを出発するのと同時に頂点Eを出発し，毎秒2cmの速さで長方形EFGHの辺上を，

　　E→F→G→H→E→F→G→H→…

の順に移動し続ける。

　点Pが頂点Aを出発してからの時間をt秒とするとき，次の各問に答えよ。

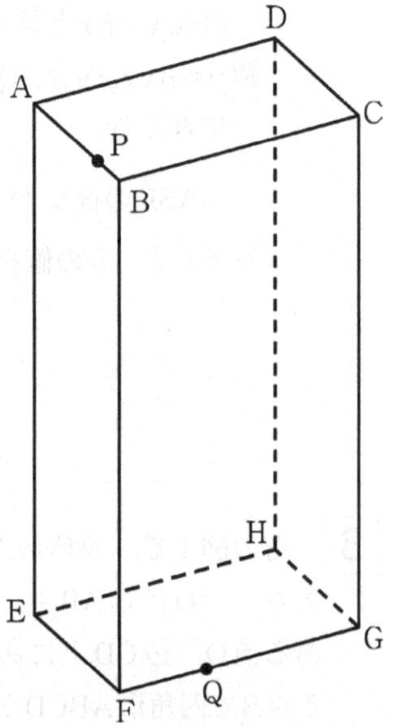

〔問1〕　$t=4$のとき，点Pと点Qを結んでできる線分PQの長さは何cmか。

〔問2〕　$t=8$のとき，3点P，Q，Eを通る平面が，辺CGと交わる点をRとした場合を考える。四角形PEQRの面積は何cm^{2}か。

　ただし，答えだけでなく，答えを求める過程が分かるように，途中の式や計算なども書け。

〔問3〕　$t=10$のとき，立体ABCD－EFGHを3点P，Q，Fを通る平面で2つの立体に分けた場合を考える。

　頂点Cを含む立体の体積は何cm^{3}か。

＜英語＞　時間　50分　満点　100点

1　リスニングテスト(**放送**による**指示**に従って答えなさい。)

〔問題A〕　次の**ア～エ**の中から適するものをそれぞれ**一つずつ**選びなさい。

＜対話文1＞

ア　To have a birthday party.
イ　To write a birthday card for her.
ウ　To make some tea.
エ　To bring a cake.

＜対話文2＞

ア　He was giving water to flowers.
イ　He was doing his homework.
ウ　He was eating lunch.
エ　He was reading some history books.

＜対話文3＞

ア　He got there by train.
イ　He took a bus to get there.
ウ　He got there by bike.
エ　He walked there.

〔問題B〕　＜Question 1＞では，下の**ア～エ**の中から適するものを**一つ**選びなさい。
＜Question 2＞では，質問に対する答えを英語で書きなさい。

＜Question 1＞

ア　Studying English.
イ　Students' smiles.
ウ　Sports festivals.
エ　Students' songs.

＜Question 2＞

(15秒程度，答えを書く時間があります。)

2　次の対話の文章を読んで，あとの各問に答えなさい。
(＊印の付いている単語・語句には，本文のあとに〔**注**〕がある。)

Aya and Ken go to the same high school in Tokyo. Mr. Brown is their English teacher. He is from Australia. They are talking in their classroom after school. They are sitting by the window.

Aya　：Look! An airplane is flying over there. I get excited when I see airplanes in the sky.
Ken　：I love airplanes, too. I want to be a pilot in the future.
Mr. Brown：I understand how you feel. Airplanes are amazing. When I flew from Australia to

Japan, I wondered how such a big thing could fly in the sky.

Aya takes a book out of her bag.

Aya : I am reading this book. It's a book about things that people invented.

Mr. Brown : I've read that book, too. The first part is about airplanes.

Ken : Oh, really? What does it say?

Aya : It says that people have had a dream of flying in the sky for a long time. They worked hard to *realize their dream by studying how birds fly.

Mr. Brown : I was especially interested in the scientist who tried to invent airplanes in the 15th century.

Aya : That scientist first tried to make wings for humans to fly like birds. He studied the shape of birds' wings. He also watched how birds move them when they fly. He worked very hard, but could not invent wings for humans.

Ken : Oh, I feel sorry for him. [(1)-a] I heard that the first airplane flight was realized at the beginning of the 20th century.

Aya : Exactly. To realize their dream, people worked on it for hundreds of years. During that time, they did a lot of research and experiments. They got many new ideas from birds. Birds were their teachers.

Ken : We have to thank birds when we use airplanes.

Mr. Brown : (2) <u>I agree.</u> In fact, your story reminds me of an architect who got ideas from *termite *mounds.

Ken : Termite mounds? I've never seen one.

Mr. Brown : In some places in Africa, termites build big mounds out of *mud. Some of them are five or six meters high! To build them, they spend many years. In those areas in Africa, the temperature goes up to about 50℃ during the day, and goes down to about 0℃ at night. Even in such an environment, the temperature in the termite mounds stays at around 30℃ without using electricity.

Aya : Wow! They are eco-friendly! How can it be possible?

Mr. Brown : We don't exactly know how, but we know that there are many *tunnels running in and under the mounds. They run in different directions. Some of them go up through the mounds like *chimneys. Some scientists say that the tunnels help the air in the mounds stay cool.

Ken : Mr. Brown, you said that an architect got ideas from termite mounds. I want to know more about that.

Mr. Brown : The architect was asked to build a shopping center in Africa that does not use air conditioners to control the temperature inside. [(1)-b] Then he thought of termite mounds. He designed his new building by getting hints from them. The building has eight floors. There is an *opening in the middle of the building that works like a chimney. At night, air near the ground gets cool, and the air is sent to each floor by big *fans. During the day, the cool air sent at night keeps each room cool. When the air gets warm, it goes up and out of the building through the opening. In this way, the building is kept cool without using much electricity.

Aya : That's amazing! Termites taught him how to build a building that can save electricity.

Ken : So not only birds but also *insects can be our teachers.

Mr. Brown : [(3)] Insects, birds, animals, fish and plants have survived in *harmony with the environment for a long time. I won't be surprised if we can get more new ideas from them.

Ms. Kawada, their science teacher, comes into the classroom.

Ms. Kawada : Hi! What are you doing here?

Ken : Hello, Ms. Kawada. We are talking about learning from nature.

Ms. Kawada : Learning from nature?

Aya : Yes. If we want to make our lives better, it may be helpful to find hints in nature.

Ms. Kawada : That's wonderful. Oh, I have one story that may be interesting to you.

Ken : What is it about? I want to hear it.

Ms. Kawada : First, I want to ask you a question. [(4)]

Mr. Brown : Why do you ask such a strange question, Ms. Kawada?

Aya : That sounds impossible!

Ms. Kawada : Well, of course nobody can do such a thing. But there are insects that can do it.

Ken : What insects? Do they live in Japan?

Ms. Kawada : No, they are *beetles that live in a *desert in Africa. They have small *bumps on their backs. These bumps can collect water from the air to make a *drop of water. When it gets bigger, it flows down the spaces between the bumps. Those spaces are *water resistant, so the water easily flows down like drops of water on an umbrella. Then on *foggy days, they stand on their heads and wait for water to *flow into their mouths.

Mr. Brown : That's exciting!

Ms. Kawada : Some scientists and *experts are very interested in how the beetles collect water. They are trying to make tools that can collect water from the air in the same way. If these tools become common, people living in hot dry areas may be able to get water more easily. It may be possible to solve the problem of water *shortage.

Aya : [(1)-c]

Ken : By learning from nature, I'm sure we can solve many other problems that we have.

Ms. Kawada : I agree, but it is not that easy, Ken. To solve one problem, many experts have to work together. (5) <u>It【 ① different ② difficult ③ experts ④ fields ⑤ for ⑥ from ⑦ is ⑧ share ⑨ to 】information and help each other.</u> We need a good *organization to connect these experts. So I hope you, young people, will develop one in the future.

Aya : I hope we can, Ms. Kawada. But first of all, we must study hard and keep watching what is happening around us.

Mr. Brown : Exactly. Something in nature may be a big hint for making our lives better.

Ms. Kawada : We should not forget that nature does not come to us and tell us what we should do. [(1)-d]

Ken : I see. In the future, I want to be a scientist and invent something by learning from nature.

Aya : Really? I thought your dream was to be a pilot!

〔注〕

realize 実現する	termite シロアリ	mound アリ塚	mud 泥
tunnel トンネル	chimney 煙突	opening 開口部	fan 扇風機
insect 昆虫	harmony 調和	beetle 甲虫	desert 砂漠
bump こぶ	drop しずく	water resistant 耐水性の	foggy 霧の立ちこめた
flow 流れる	expert 専門家	shortage 不足	organization 組織

〔問1〕 本文の流れに合うように，[(1)-a]～[(1)-d]の中に英語を入れるとき，最も適切なものを次の**ア**～**カ**の中からそれぞれ一つずつ選びなさい。ただし，同じものは二度使えません。

ア We've learned a lot from scientists, so we don't have to learn any more from nature.

イ He wondered how he could do it.

ウ I think we can help a lot of people if we can solve it.

エ We believe that some experts come to us to help us by giving hints.

オ I believe it was very difficult.

カ We have to discover hints by ourselves.

〔問2〕 (2) <u>I agree.</u> とあるが，この内容を最もよく表しているものは，次の中ではどれか。

ア We were able to realize our dream thanks to an architect.

イ Humans needed centuries to realize their dream of flying like birds.

ウ We can travel to different places thanks to airplanes.

エ We should not forget birds gave us hints to realize our dream.

〔問3〕 本文の流れに合うように，[(3)]に英語を入れるとき，最も適切なものは，次の中ではどれか。

ア We can learn from many things that live in nature.

イ Living things should not depend on each other.

ウ Many things in nature tell us that we can live without them.

エ There are many teachers who study about insects in Africa.

〔問4〕 本文の流れに合うように，[(4)]に英語を入れるとき，最も適切なものは，次の中ではどれか。

ア　Can you guess what I am going to say about nature?

イ　Can you guess what kind of insect I have at home?

ウ　Can you collect water in the air and drink it?

エ　Can you collect water in the way the termites do?

〔問5〕 (5) It【 ① different　② difficult　③ experts　④ fields　⑤ for　⑥ from　⑦ is　⑧ share　⑨ to 】information and help each other. とあるが，本文の流れに合うように，【　　　】内の単語を正しく並べかえたとき，【　　　】内で**2番目**と**5番目**と**8番目**にくるものの組み合わせとして最も適切なものは，次の**ア**～**カ**の中ではどれか。

	2番目	5番目	8番目
ア	①	②	③
イ	①	③	④
ウ	①	④	⑧
エ	②	①	⑨
オ	②	④	⑧
カ	②	⑥	⑨

〔問6〕 本文の内容と合っているものを，次の**ア**～**キ**の中から**二つ**選びなさい。

ア　A long time ago, people were afraid of flying in the sky because it was dangerous.

イ　When we want to make our lives better, getting hints from nature may help us.

ウ　Many scientists did a lot of experiments for architects to make mounds.

エ　To survive on the Earth, insects have learned from humans.

オ　Some termites live in areas that are very cold at night and very hot during the day.

カ　The beetles that live in a desert in Africa get water by using the bumps on their head.

キ　Learning from nature is the only way we can survive.

〔問7〕 次の文章はAyaが書いた日記の一部である。(a)～(d)の中に英語を入れるとき，最も適切なものを下の**ア**～**ク**の中からそれぞれ一つずつ選びなさい。ただし，同じものは二度使えません。

> Today I enjoyed talking with Ken, Mr. Brown and Ms. Kawada after school. I learned that people have got a lot of useful information from nature to make our (a) better, though we may not think about it so often. Thanks to some insects in Africa, we were able to build an (b) building. There are other insects that give us hints which may help us (c) the water shortage problem. I am excited because I may be able to (d) more hints in nature! I hope I can make people happier with the help of nature.

ア eco-friendly	**イ** solve	**ウ** tell	**エ** find
オ impossible	**カ** insects	**キ** lives	**ク** make

3 次の文章を読んで，あとの各問に答えなさい。
（＊印の付いている単語・語句には，本文のあとに〔注〕がある。）

When you come to a river and you want to cross it, what will you do? Of course, you will look for a bridge. If you can find one, it will be easy to reach the other side. But if you cannot, you will be in trouble. A bridge is very important when you want to go across a river.

Where can you find bridges in your daily life? Are they all for crossing a river? When you are walking and come to a busy street with a lot of cars, you can sometimes go over a bridge. It is for crossing the road. At a big station, you may walk over a bridge to get to a train. It is for crossing railroads. Bridges are not only for people to walk over. For example, trains and cars can also use bridges. There are some bridges that even carry water to the other side.

By the way, what is a bridge? One professor says, "A bridge connects two points that are *apart from each other to create a new way." When a bridge is built, two places are joined. Then, people and other things can go over the bridge. [(1)-a] Also, it will be possible to move more things. In this way, the bridge may become the center of traffic and this can affect how towns and cities are made. If the bridge is also beautiful or big, it will attract a lot of people.

< Picture 1 >

著作権上の理由により非公開

The professor says, "I think the first bridge was a tree bridge. When people wanted to go over a river, they only had to cut down a tree and put it across the river. It was easy." It is believed that putting a tree or a board across the river was the beginning of the *beam bridge. However, when people wanted a bridge longer than any tree they could find, it was difficult to make a beam bridge. People thought about building a bridge by connecting stones. This idea became the *arch bridge. In Europe, you can still see some old arch bridges. Look at Picture 1. This arch bridge in Italy is more than 2,000 years old. People also used *vines to make a bridge. Vines were easily found in the forest or mountains. [(1)-b] People think that this was the beginning of the *suspension bridge. There are many types of bridges now, but you can say that these three have been the *basic types of the bridge since a long time ago.

Let's see how these three types of bridges are supported.

Take three small blocks and a plastic ruler. As you can see in Picture 2, put the ruler on two of the blocks, one at each end. This is a *model of the beam bridge. The ruler is the beam and the two blocks are the *supports of this bridge model. The *distance between two supports of the bridge is called a *span. Now, push down in the middle of the ruler with a finger. It will *bend quite easily. Put the other block under the center of the ruler. You will now have a bridge with two spans and three supports. Try to push down with one finger in the middle of each span. The ruler bends less than before. [(2)]

How is the arch bridge supported? Look at Picture 3. Part A is supported by Part Bs on both sides by pushing them and being pushed by them. Part Bs are also supported by Part A and Part Cs. The whole arch bridge is supported like this. If both ends of the bridge shown as Part Ds are not *fixed, the bridge may fall down. However, if they are fixed like in Picture 4, the arch can be kept in good shape and can support *weight on the bridge.

Now look at Picture 5. This is a model of the suspension bridge. The suspension bridge is held by main *cables, and they are supported by heavy *anchorages at both ends and two tall towers. (3)【 ① to　② are　③ the beam　④ hung from　⑤ a lot of ropes　⑥ the main cables　⑦ and fixed to 】 support it. In this model, the two tall towers work as supports of the bridge.

New *materials and modern technologies have made bridges stronger and changed people's lives greatly. In the old days, most bridges were made of natural materials like wood, stone or vine. However, during the time of the *Industrial Revolution, *iron bridges appeared. These new bridges meant that people could build railroads across Europe and then were able to travel and carry a lot of things a long way more easily. Iron was developed into *steel and now we are able to make stronger and longer bridges. *Concrete has also greatly helped us build such bridges. Today, steel and concrete are usually used together. [(1)-c] Also, computer technology has helped us understand how to make them safer.

When you build a bridge, you must look at the ground carefully to decide where you will build one that can hold the weight of the bridge itself, people, cars, trains and other things that go over it. [(4)] Look at some big bridges between islands in the sea. Most of them are suspension bridges.

Did you know that the suspension bridge with the longest span in Japan was the longest in the world until recently? The bridge is almost 4,000 meters long and its towers are about 300 meters high. The two towers are almost 2,000 meters apart. Not only these tall towers but also very strong main cables made of steel support this suspension bridge. [(1)-d]

Bridges today may look very different from the ones in the old days. We usually don't use stone but steel to make arch bridges, and their shapes have changed a lot. Huge suspension bridges are now supported by strong steel cables instead of vines. However, the basic ideas of the three main types of the bridge haven't changed very much since then.

When you next see a bridge, try to find out the type of the bridge. It will be interesting to think about how it is built and how it supports the weight on it.

〔注〕 apart　離れて　　beam　(橋の)けた　　arch　アーチ　　vine　(植物の)つる
suspension bridge　つり橋　　basic　基本の　　model　モデル　　support　支え
distance　距離　　span　橋の支えと支えの間またはその距離　　bend　曲がる

fix　しっかり固定する　　weight　重さ　　cable　ケーブル　　anchorage　つり橋の固定基礎
material　原材料　　Industrial Revolution　産業革命　　iron　鉄
Steel　鋼　　concrete　コンクリート

＜Picture 2＞

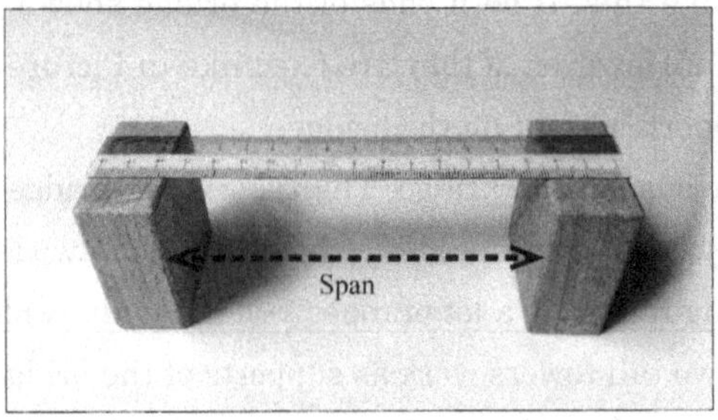

＜Picture 3＞

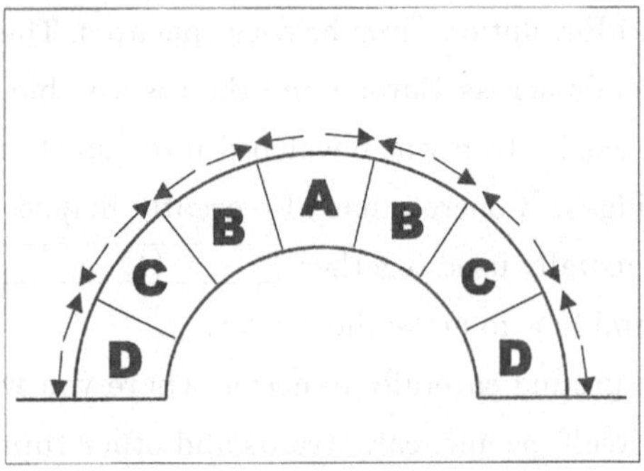

＜Picture 4＞

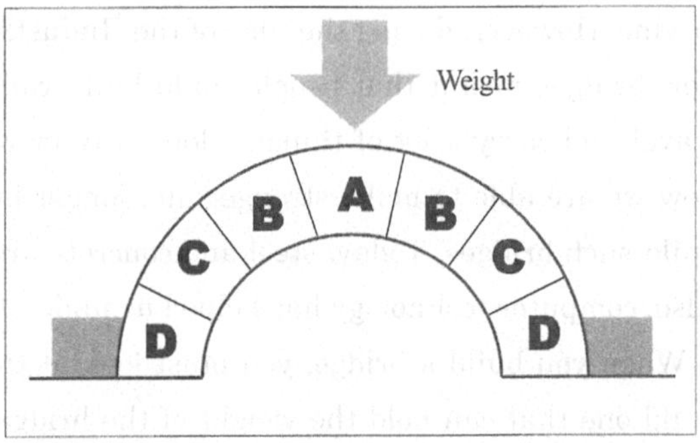

＜Picture 5＞

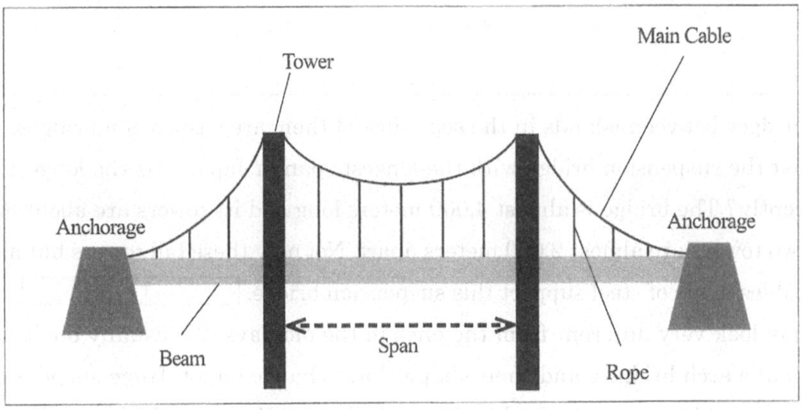

〔問１〕　本文の流れに合うように，　(1)-a　～　(1)-d　の中に英語を入れるとき，最も適切なものを次の**ア～カ**の中からそれぞれ一つずつ選びなさい。ただし，同じものは二度使えません。

ア　Thanks to bridges, people will be able to get to the place they want to reach faster and more easily.

イ　Thanks to the bridge, people can cross the sea between huge islands more freely.

ウ　Thanks to the bridge, people will be able to enjoy views from it without crossing it.

エ　They were so strong and hard that it was difficult to design them into different shapes.

オ　They are strong and can easily be made into different shapes, so you can see various kinds of bridges.

カ　They were usually long and strong if they were connected, and could be designed into various shapes.

〔問2〕　本文の流れに合うように，(2)に英語を入れるとき，最も適切なものは，次の**ア**～**エ**の中ではどれか。

ア　So, if you can make spans longer, you will be able to make a longer beam bridge.

イ　However, you need to put more supports to make it safe.

ウ　So, if you can build more supports, you will be able to make a stronger beam bridge.

エ　However, you need to remove one of the supports if you want to make the bridge longer.

〔問3〕　(3)【① to　② are　③ the beam　④ hung from　⑤ a lot of ropes　⑥ the main cables　⑦ and fixed to】support it. とあるが，本文の流れに合うように，【　　　】内の単語・語句を正しく並べかえたとき，**2番目**と**4番目**と**6番目**にくるものの組み合わせとして最も適切なものは，次の**ア**～**カ**の中ではどれか。なお，文頭にくる語も小文字になっています。

	2番目	4番目	6番目
ア	①	②	③
イ	①	②	⑤
ウ	②	③	⑤
エ	②	⑤	③
オ	②	⑥	③
カ	④	⑥	⑤

〔問4〕　(4)の中には，次の**A**～**D**の文が入る。本文の流れに合うように，正しく並べかえたとき，その組み合わせとして最も適切なものは，下の**ア**～**カ**の中ではどれか。

A　The suspension bridge can cover a long distance with only two supports.

B　You must look for the right places to build it because the condition of the ground is sometimes bad.

C　In many cases, the type of the bridge is decided by its longest span.

D　When you have found some good places, you can start to think about the type of the bridge you will build.

ア　B→D→A→C　　イ　B→D→C→A　　ウ　C→A→B→D

エ　C→A→D→B　　オ　D→B→A→C　　カ　D→B→C→A

〔問5〕　本文の内容と合っているものを，次の**ア**～**キ**の中から**二つ**選びなさい。

ア　Bridges also create ways to carry water.

イ　Making a beam bridge is more difficult than making a bridge by connecting stones.

ウ　It is not very important to fix both ends of the arch bridge when you want to make it safer.

エ Stone and wood have helped people develop new materials for building bridges.

オ Though modern technologies have been developed, the bridges haven't become stronger.

カ The suspension bridge with the longest span in Japan is also the longest in the world.

キ We still use the basic ideas of some types of the bridge that are similar to the ones in the old days.

〔問6〕 次の質問に対するあなたの考えを，**40語以上50語程度の英語**で答えなさい。「.」「,」「!」「?」などは語数に含めません。これらの符号は，解答用紙の下線部と下線部の間に書きなさい。

Imagine you are going to build a bridge. Where do you want to build it? What change will there be after building it?

飛沫に過ぎない「潮の花」をまさに春の花であると感じさせるように機能しているということ。

エ　「花」という語のもつ波のイメージを喚起する力が、古来波を花と見立ててめでてきた日本人の感性を再確認させるように機能しているということ。

〔問5〕次の発言は(5)あなたふと浦の潮も花の春について生徒たちが意見を出し合ったものである。「あなたふと浦の潮も花の春」の句についての説明として最も適切なものを、次のうちから選べ。

ア　「うたがふな」の句では、〈潮の花〉が〈花〉であることは疑う余地のないこととして表現されているよね。「うたがふな」という言葉が、読者の読みを限定しているんだ。芭蕉の表現内容さえも変えてしまう神仏に対する畏れを表すために、筆者は「あなたふと」の句で表現しているんだと思うよ。

イ　「うたがふな」の句では、倒置によって「うたがふな」という命令が一層強調されているよね。「われならぬもの」に命令されて〈潮の花〉が〈花〉であることを疑いようもない境地にあるんだ。その筆者の感じる「神仏の威徳」の存在をわかりやすく示すために、「あなたふと」の句で表現しているんだと思うよ。

ウ　「うたがふな」の句では、比喩をリアルなものとして理解するという神仏のみが成し得ることが起きているよね。人を超えた力が「うたがふな」の句には働いているんだ。筆者はこの句に作用している神仏の力をわかりやすく伝えるために、「あなたふと」の句を作って紹介しているんだと思うよ。

エ　「うたがふな」の句では、「神仏の威徳」の存在は表現されていないよね。それが微妙・絶妙なところではあるものの、現代の私たちにはわかりにくいんだ。だから、私たちに神仏への畏敬の念を理解させるために、筆者は「あなたふと」という句を作って紹介しているんだと思うよ。

イ 西行が扇を文台にしたことから芭蕉が文台に「うたがふな」の句を書き付けたと考えられる点と、西行の「過る春」の歌に触発されて芭蕉が三津から旅に出たいと考えた点で、西行と関係があるということ。

ウ 西行が「過る春」の歌を詠んだことから芭蕉が文台に扇の形を描いたと考えられる点と、西行の「過る春」の歌を手本にして芭蕉が「うたがふな」の句を作ったとされる点で、西行と関係があるということ。

エ 西行が伊勢で「過る春」の歌を詠んだことから芭蕉が伊勢を旅した際に「うたがふな」の句を思いついたと考えられる点と、西行の歌と芭蕉の句に其角が関連を見いだした点で、西行と関係があるということ。

〔問2〕(2)五七五各句の頭韻を「ウ」で揃《そろ》えるために「ウシオノハナ」といいなされたのであろう、というのである とあるが、「五七五各句の頭韻を『ウ』で揃える」と同じ技法が使われているものはどれか。次のうちから最も適切なものを選べ。

ア 秋風の吹上《ふきあげ》に立てる白菊は花かあらぬか浪の寄するか

イ 君や来し我や行きけむおもほえず夢か現《うつつ》かねてかさめてか

ウ ほのぼのと春こそ空に来にけらし天《あま》の香具山霞《かぐやまかすみ》たなびく

エ よき人のよしとよく見てよしと言ひし吉野よく見よよき人よく見つ

〔問3〕(3)「潮の花」を「波の花」と解して済ませる説が多い とあるが、このことについて筆者はどのように考えているか。次のうちから最も適切なものを選べ。

ア 「波の花」は「潮の花」とほぼ同じ状況を表しており、海辺に満ちて来る潮の波頭が白く散る様子を花に見たてることで、「うたがふな」の句が描く海の様子をよく表現している。

イ 「潮の花」は満潮の際の波が砕け散る様子を表しており、「波の花」と解釈したのでは、「うたがふな」の句に満潮の海を見いだすことができず、句の迫力を表現しきることができない。

ウ 「潮の花」は満潮の波の様子を花に見立てて表しており、「波の花」と解釈したのでは、「うたがふな」の句でうたわれる新春のめでたさを描きだすことができない。

エ 「波の花」は『古今集』以来の歌語で波頭一般を表しており、一方で「潮の花」は国語辞書に登載されていない語であるので、「うたがふな」の句の解釈として「波の花」とする方が一般的である。

〔問4〕(4)一語のもつ、そのような効果のあり方、それが、一句において反省されているのである。とあるが、どのようなことか。次のうちから最も適切なものを選べ。

ア 「潮の花」という語のもつ花のイメージを喚起する力が、砕ける波を花と捉えさせることで華やかな新春の雰囲気を漂わせるように機能しているということ。

イ 「潮の花」という語のもつ海のイメージを喚起する力が、潮の波頭の砕ける様子を花だと信じていたい気持ちを妨げるように機能しているということ。

ウ 「花」という語のもつ春のイメージを喚起する力が、海水のここでは、比喩が、その表現・言表を経過して、ついには、逆に、その表現・言表を出発として、リアルな意味を獲得するにいたる、そのような過程が考えられている。言語が、比喩自体をのりこえて真実として眼前に浮かびあがる、その過程が反省されている。つまりは、言語のもつ象徴機能というものを、その所以《ゆえん》を、明確に意識しているのである。そして、象徴機能の生成される所以が、何やら人為を越えたところにあるらしいということを、鋭く感じあてている。それが「神仏の威徳」だ、とは決していっていない。いうところをわかりやすくするために、一句を他の形に直すならば、

(5)あなたふと浦の潮も花の春

と、いうことにでもなるだろう。しかし、そういえばほとんど姿をあらわしかける「神仏の威徳」は、もとの句形では、決してあらわれない。そこが「うたがふな」の措辞*の、あやうくも微妙・絶妙のところであろう。

〈花〉は文芸の精髄であり、文芸そのことを象徴する記号でもあるが、一句においては、あくまでもその〈花〉は、ひたひたと満ちてくる〈潮〉に即して具体的に咲くのであり、満ちてくる潮の底に力動する海の力、造化*の絶大な力が、〈花〉を支える。

（上野洋三「芭蕉の表現」による）

〔注〕其角《きかく》―江戸時代の俳人。芭蕉の門人で、俳諧撰集《せんしゅう》『いつを昔』を編んだ。
二見《ふたみ》の図を拝み侍《はべ》りて―二見が浦の絵図を拝みまして。二見が浦（二見の浦）は三重県にある名勝。夫婦岩で有名。
詞書《ことばがき》―和歌を作った日時・場所、成立事情などを述べる前書き。
文台―連歌や俳諧の会の時に、作句を書きとめる台。
歌枕―古来、和歌によく詠まれた景勝地のこと。その名称から連想されるイメージもよみこまれる。
垢離場《こりば》―神仏への祈願や祭りなどの際、冷水を浴びて身を清める場所。
三津―二見が浦の付近の地名。
『山家集』―平安末期の僧、西行の歌集。
潮先《しおさ》き―満ちてくる潮の波頭。
『日葡《にっぽ》辞書』―イエズス会宣教師たちによる、日本語―ポルトガル語辞典。
草も木も色変《かは》れどもわたつ海《み》の波の花にぞ秋なかりける―草にせよ木にせよ、真夏の緑から今ではすっかり色が変わってしまった。しかし、海岸に立って眺めると、波の花ともいうべき波は相変わらず白い飛沫を上げているから、波の花には秋が訪れないのだなあ。
常套《じょうとう》語―ある場合にいつもきまって使う言葉。
うたがひは人間にあり。天にいつはりなきものを―疑うということは人間にだけあること、天にはそもそも偽りということがないのに。
措辞―言葉の使い方や辞句の配置の仕方。
造化―人為を超えたもの。

〔問1〕(1)西行とのゆかりも見逃すことができない とあるが、「西行とのゆかり」とはどのようなことか。次のうちから最も適切なものを選べ。

ア　西行が二見が浦で扇を文台にしたことから芭蕉が文台に扇と二見が浦の図を描いた点と、西行の「過る春」の歌を意識して芭蕉が「うたがふな」の句を作ったと考えられる点で、西行と関係があるということ。

それは、西行歌にいうように、「潮のみつ」るときにこそ、「なみの花」は最も、はなばなしいからであり、また、これを単に「砕け散る浪《なみ》の花」と解するよりも、ひたひたと満ちて来る海を句の底に見る方がはるかに一句の迫力を増すからである。そして、その迫力は、確実に一句の意味にかかわるからである。

「うたがふな潮の花も」は、倒置として、本来「潮の花もうたがふな」の意味であろうと思われる。「うたがふな」が「神仏の威徳を説く時の*常套《じょうとう》語」（『芭蕉句集』）であることは、事実であり、念のために例を挙げれば、

ゲニモ此《こ》ノ事、目ノ前ノ証拠ナリ。不《ず》レ可《ベカラ》レ疑《うたがフ》。

（『捨子問答』）

本当にこの事は、目の前の証拠である。疑ってはいけない。

のように説教・説話集の中に用いられる語であることも事実であるが、しかしながら、それはただちに、「この神境の尊さを、ゆめゆめ疑うまいぞ」（『芭蕉句集』）には、つながらない。そこにいたるには、多少のまわり道が必要である。これを一度本来の文型に戻して、「も」と命令形との連係として見るときに、一つの微妙な意味が見えてくるであろう。「潮の花」を「うたがふ」というようなことが、われとわが心の中に、ほんの少しもきざしてほしくないものだ、という意味が。

〈潮の花〉は、もちろん、いわば見立ての比喩的表現である。潮の波頭が、白く砕け散る様を、花ノヨウダ、と言表したものであるが、実体は、いうまでもなく、海水の飛沫《しぶき》にすぎない。〈花〉とは似ても似つかぬものである。絵に描いた花、紙で作った花、ほどの相似性もないものだ。まして、春の季語であるなどということも、もとより内実のないことである。だが、〈花〉は、和歌連歌以来、ことさらに重要に扱われてきて、ほとんど自動的に春季の意を含蓄する。そういう力を持っている。(4)一語のもつ、そのような効果のあり方、それが、一句において反省されているのである。

〈潮の花〉が〈花〉であるということを、「うたがふ」というようなことが、われとわが心の中に、ほんの少しもきざしてほしくないものだ。〈潮の花〉は、ほんとうに字義どおりに〈花〉なのだと、信じていたい。〈潮が花をなして押し寄せる〉どころか、〈花が潮というかりの形をとって現前しているのだ〉と、信じて、その心持《こころもち》の中に、漂っていたいものだ。そんな気になる。所も二見が浦の、すがすがしい春の時節。まさに「花の（すばらしい）春」である。「潮の花もうたがふな□浦の春」の形で一句を解すれば、およそ、以上のようになるであろう。

一句は、さらに倒置された。「うたがふな」が一句の頭に出た。そのとき、右の解にいう信じていたい気持《きもち》は、一層強調されるであろう。右の句形では、われとわが心を説得し、われとわが心に命令を与えるのであるが、倒置の結果、命令は一層強調され、われながら、われならぬものの命令を受けている気持になる、ということになると思われる。〈潮の花〉が〈花〉であることを、わたくしは、ほとんど、もう信じている。疑ってはならない、という命令は、われならぬところから来るように思われる、というのである。まことに、*「うたがひは人間にあり。天にいつはりなきものを」（謡曲「羽衣」）である。

見が浦の図を描き、裏面に右の句を書き付けたものがある。二見が浦は、*歌枕であり、「伊勢《いせ》神宮の*垢離場《こりば》、参宮者が潮に浴し、また新春の初日の出を拝む」(『芭蕉句集』)所であるが、(1)西行とのゆかりも見逃すことができない。それは、

伊勢の二見の浦にて、西行上人《しやうにん》扇を開きて仮《か》りに文台となしたる風流より、芭蕉思ひよりて、文台の面に、扇の形書きて、岩二つ注連《しめ》結びたる体を書けり。

(『芭蕉句選年考』)

> 伊勢の二見の浦で、西行上人《しょうにん》が扇を開いて仮の文台とした風流から、芭蕉が思いついて、文台の表の面に、扇の形を書いて、岩を二つ注連縄で結んだ形を書いた。

とする伝承があるからであり、また、

伊勢にまかりたりけるに、*三津と申す所にて、海辺の春の暮《くれ》と云《い》ふ事を、神主どもよみけるに、

過《す》ぐる春潮《しほ》のみつより船出してなみの花をやさきにたつらむ

(『山家集』*)

> 伊勢に参上したところ、三津という所で、海辺の春の暮れということを、神主たちが詠《よ》んだので、
> 過ぎていく春は、潮の満ちる三津の浜から、波の花ともいうべき白波を舳先《へさき》に立てて、船出して行くことであろう。

の一首が、いま芭蕉の一句の「潮の花」にかかわるからでもある。

しかし「潮の花」は、めずらしい言葉である。ふつうには、「潮の花とは、海辺に*潮先《しおさき》の白く散るのを花と見立てて言った語」(内藤鳴《めい》雪《せつ》『芭蕉俳句評釈』)と解されるが、国語辞書の類には、この語を登載するものがない。かわりに「シオバナ(塩花・潮花)」があり、『*日葡《にっぽ》辞書』の例などによって、「白波。満潮の時など、潮の飛び散る様子が花のようであるところからいう」と説明される。この「シオバナ」が、いまこの句において、(2)五七五各句の頭韻を「ウ」で揃《そろ》えるために「ウシオノハナ」といいなされたのであろう、というのである。ただし、一方ではまた、一句を、

この二見が浦では、夫婦《めおと》岩に砕け散る波の花までも、めでたい新春を寿《ことほ》いでいるのだ。この神境の尊さを、ゆめゆめ疑うまいぞ。

(『芭蕉句集』)

と口語訳する説があるように(3)「潮の花」を「波の花」と解して済ませる説が多い。しかし、「波の花」ならば、『古今集』以来の歌語である(「*草も木も色変《かは》れどもわたつ海《み》の波の花にぞ秋なかりける」)が、これは、満潮・干潮にかかわりなく、

波の白きを花に見なしたり

(『まさな草』)

> 波の白い様子を花に見なしている。

というように、波頭一般をいうのである。そして右の口語訳が、そうであるように、「潮の花」を「波の花」と解した場合に、そこでは、満潮の意義が捨てられてしまう。「潮の花」が、「シオバナ」からいいなされたものか、「波の花」の単なるいい換えかは、にわかに決め難《がた》いかに見えるが、ここは、やはり、満ちて来る潮の花であろうと思う。

エ　先人の研究や科学発展の歴史に対する極端な心酔は、先行研究の価値を証明することを目的としており、現代の科学の発展とは無関係のように思えるから。

〔問5〕(5)このような類例を探せばまだいくらでもあるだろう。とあるが、「このような類例」とはどのようなことか。次のうちから最も適切なものを選べ。

ア　先人の意外な思いつきが後世の研究の方向性を規定し、理論の成立や発明品の誕生につながったということ。

イ　先人の果敢な挑戦が後世の研究者の精神的支柱となり、理論の成立や発明品の誕生をもたらしたということ。

ウ　先人の途方もない夢が後世の研究者に現実を見つめさせ、理論の成立や発明品の誕生を推し進めたということ。

エ　先人の飽くなき探究が後世の研究者に何らかの啓示を与え、理論の成立や発明品の誕生に貢献したということ。

〔問6〕(6)しかしその半面の随伴現象としていわゆる骨董趣味を邪道視し極端に排斥《はいせき》し、ついには巧利を度外視した純知識慾に基づく科学的研究を軽んずるような事があってはならぬと思う。とあるが、筆者がそのように考えるのはなぜか。次のうちから最も適切なものを選べ。

ア　現実的な効用や利益を顧みることなく、真理の発見を求めて古い研究を重視する科学的研究こそが、他者の様々な意見を受容する態度を生み、科学の進歩を促進することになるから。

イ　新しい技術の追究から距離を置き、平和の実現を求めて古い研究に学ぼうとする科学的研究こそが、人類の幸福という意識を持続させ、次の科学的理論を産み出すことに寄与するから。

ウ　現実的な効用や利益を求めず、本質の解明を求めて過去の研究にまで目を向ける科学的研究こそが、思いがけない発想をもたらし、新たな科学の進歩につながる可能性を持つから。

エ　新しい技術への応用という視点を捨て、本来の研究のあり方を求めて先人たちの態度にならう科学的研究こそが、現実の問題を解決する唯一の手段となり、新技術の開発を可能とするから。

〔問7〕温故知新という事は科学上にも意義ある言葉である。とあるが、世界の未来に向けて「温故知新」が役に立つことはどのようなことがあるか。具体例をあげて、あなたの考えを**二百字以内**で書け。なお、書き出しや改行の際の空欄や、や。や「なども それぞれ字数に数えよ。

5

次の文章を読んで、あとの各問に答えよ。なお、本文中に引用されている原文の後の[　　]内は、現代語訳である。（＊印の付いている言葉には、本文のあとに〔注〕がある。）

うたがふな潮《うしほ》の花《はな》も浦の春

＊其角《きかく》編『いつを昔』には、＊「二見《ふたみ》の図を拝み侍《はべ》りて」と＊詞書《ことばがき》があり、また世に芭蕉の「二見文台＊」として伝来するものに、鏡板《かがみいた》に扇面と二

デカルト―近代の西洋の哲学者。
ブラウン、ガリレー、シーメンス、カレンダー、グリフィス―近代の西洋の科学者。
余燼《よじん》―古人の残した事跡のおもかげ。
刺戟《しげき》―「刺激」に同じ。
閑人―世俗を離れた風流人。

〔問1〕(1)一種の不純な趣味　とあるが、「骨董趣味」における「不純な趣味」の具体例として適切なものは、次のうちではどれか。

ア　世界各地で手に入れた化石のコレクションをとうとうと自慢する。

イ　所蔵する重要文化財を博物館で期限付きで多くの人に公開する。

ウ　十七世紀のあらゆる陶磁器を大金を払ってでも即座に手に入れる。

エ　最近入手した平安時代の能筆家の書を仲間にひけらかす。

〔問2〕(2)科学上の真理は常に新鮮なるべきもので骨董趣味とは没交渉であるべきように見える。とあるが、「科学上の真理は常に新鮮なるべきもので骨董趣味とは没交渉であるべき」だと考えるときの科学に対する態度とはどのようなものか。**三十五字以上五十字以内**で説明せよ。

〔問3〕(3)そう考えれば科学者の欲求は芸術家の創作的慾望と軌を一にするわけである。とあるが、ここでの「科学者の欲求」とはどのようなものか。次のうちから最も適切なものを選べ。

ア　観察や実験によって得られるデータを使って、原初から存在する科学的事実や法則を発見して世間に発表したいというもの。

イ　観察や実験によって得られるデータを踏まえて、自然界の事実や法則に対する独自の理論を考案して形にしたいというもの。

ウ　観察や実験によって得られるデータをもとにして、定説を念入りに検証して科学的な知識をひたすら修得したいというもの。

エ　観察や実験によって得られるデータを用いて、奇想天外な着想で一つの理論にまとめあげて世の中を驚かせたいというもの。

〔問4〕(4)しかし自分の見るところでは、科学上の骨董趣味はそれほど軽視すべきものではない。とあるが、なぜ「科学上の骨董趣味」は軽視されてしまうのか。次のうちから最も適切なものを選べ。

ア　先人の研究や科学発展の歴史に対する過度な関心は、個人的な満足感を満たそうとしているだけに見え、現代の科学の発展に直結しないように思えるから。

イ　先人の研究や科学発展の歴史に対する過剰な関心は、生活の向上という研究の目的を見失うことになり、現代の科学の発展を阻害するように思えるから。

ウ　先人の研究や科学発展の歴史に対する極度の心酔は、激しい時代の変化から目を背けようとしていると言え、現代の科学の発展に逆行するように思えるから。

幻像に脈絡を通じている。ガス分子論の*胚子《はいし》は*ルクレチウスの夢みたところである。ニュートンの微粒子説は倒れたがこれに代《かわ》るべき微粒子*輻射《ふくしゃ》は近代に生《うま》れ出た。破天荒《はてんこう》と考えられる素量説のごときも二十世紀の特産物ではないようである。*エピナスの古い考は*ケルビン、*タムソンの原子説を産んだ。*デカルトの荒唐《こうとう》な仮説は渦動《かどう》分子説の因をなしているとも見られる。植物学者*ブラウンの物数奇《ものずき》な研究はいったん世に忘れられたが、近年に到《いた》って分子説の有力な証拠として再び花が咲いたのである。実用方面でも幾多の類例がある。*ガリレーの空気寒暖計は発明後間もなく棄《す》てられたが、今日の標準はまた昔のガス寒暖計に逆戻りした。*シーメンスが提出した白金抵抗寒暖計はいったん放棄されて、二十年後に*カレンダー、*グリフィスの手によって復活した。(5)このような類例を探せばまだいくらでもあるだろう。新しい芸術的革命運動の影にはかえって古い芸術の復活が随伴するように、新しい科学が昔の研究に暗示を得る場合ははなはだ多いようである。これに反して新しい方面のみの追究はかえって陳腐を意味するようなパラドックスもないではない。かくのごとくにして科学の進歩は往々にして遅滞する、そしてこれに新しき衝動を与えるものは往々にして古き考の*余燼《よじん》から産《うま》れ出るのである。

現今大戦の影響であらゆる科学は応用の方面に徴発されている。応用方面の*刺戟《しげき》で科学の進歩する事は日常の事であるからこのために科学が各方面に進歩する事は疑《うたがい》を容《い》れない。これは誠に喜ぶべき事である。(6)しかしその半面の随伴現象としていわゆる骨董趣味を邪道視し極端に排斥《はいせき》し、ついには巧利を度外視した純知識慾に基づく科学的研究を軽んずるような事があってはならぬと思う。直接の応用は眼前の知識の範囲を出《い》づる事はできない。したがってこれには一定の限界がある。予想外の応用が意外な*閑人的学究の骨董的探求から産出する事は珍しくない。自分は繰返《くりかえ》して云いたい。新しい事はやがて古い事である。古い事はやがて新しい事である。

温故知新という事は科学上にも意義ある言葉である。また現代世界の科学界に対する一服の緩和剤としてこれを薦《すす》めるのもあながち無用の業ではないのである。

（寺田寅彦「万華鏡」による）

〔注〕　翫賞《がんしょう》—鑑賞すること。
聯想《れんそう》—「連想」に同じ。「聯」は「連」の旧字体。
蒐集《しゅうしゅう》—「収集」に同じ。
方則—「法則」に同じ。
慾望《よくぼう》—「欲望」に同じ。「慾」は「欲」の旧字体。
通有—同類のものに共通する性質。
径路—「経路」に同じ。
詮議—評議して物事を明らかにすること。
形而上学《けいじじょう》—世界の根本的な成り立ちや物や人間存在の理由など、感覚を超越したものについて考えること。
彷徨《ほうこう》—さまようこと。
胚子《はいし》—多細胞生物の個体発生初期のもの。ここでは、比喩的に、これから育っていく、もとになるもの。
ルクレチウス—紀元前の西洋の哲学者。
輻射《ふくしゃ》—反射。
エピナス、ケルビン、タムソン—近代の西洋の科学者。

るわけである。しかしこういう根本問題は別としてもまだ種々な科学的骨董趣味が存在するのである。

一口に科学者とはいうものの、科学者の中には種々の階級がある。科学の区別は別問題として、その人々の科学というものに対する見解やまたこれを修得する目的においても十人十色と云ってよいくらいに多種多様である。実際そのためにおのおの自己の立場から見た科学以外に科学はないと考えるために種々の誤解が生じる場合もある。これらの種類を列挙するのは本文の範囲以外になるから、これは他日に譲るとして、ここにはもっぱら骨董趣味という点から見て二つの極端に位する二種の科学者を対照して見ようと思う。

科学者の中にはその専修学科の発達の歴史に特別の興味をもっている人が多数にある。これが一歩進むとその歴史に関したあらゆる記録、古文書、古器物に対してちょうど骨董家がもつような愛好の念をもってこれを蒐集する人もある。これはまず純粋な骨董趣味と名《なづ》け得られるものであろう。また少し種類が違っているが、品物を集めるのではなくて古い書物や論文を愛読してその中からその価値のいかんによらず人のあまり知らぬ研究や事実を掘出して自ら楽しみまた人に示すを喜ぶ趣味もある。これは多くの読書家に*通有な事であるが、これも一種の骨董趣味と名け得られない事はない。科学の方面で云えば例えばある方則または事実の発見前幾年に誰《だ》れがすでにこれに類似の事を述べているといったような事を探索して楽しむのである。

次にもう少し類を異にした骨董趣味がある。一体科学者が自己の研究を発表するに当《あた》ってその当面の問題に聯関した先人の研究を引用し批評するのは当然の務《つとめ》である事は申すまでもない。しかしこれが往々《おうおう》にして骨董的傾向を帯びる事がある。すなわち当面の問題に多少の関係さえあればこれがいかに目下の研究に縁が遠くまたいかに古くまた無価値ないしは全然間違ったものでも無差別無批評に列挙するというふうの傾向を生じる事もある。この傾向は例えばドイツの物理学者などの中にしばしば見受けるところである。別に咎《とが》むべき事でもないと思うがとにかく骨董趣味に類した一種の「趣味」と見ても差支《さしつかえ》はなかろう。

これと正反対の極端にある科学者もある。その種類の人には歴史という事は全く無意味である。古い研究などはどうでもよい。最新の知識すなわち真である。これに達した*径路は問うところではないのである。実際科学上の知識を絶対的または究極的なものと信じる立場から見ればこれも当然な事であろう。また応用という点から考えてもそれで十分らしく思われるのである。しかしこの傾向が極端になると、古いものは何物でも無価値と考え、新しきものは無差別に尊重するような傾向を生じやすいのである。

これほど極端でないまでも実際科学者としては日進月歩の新知識を修得するだけでもかなりに忙しいので歴史的の詮索《せんさく》までに手の届かぬものは普通の事である。

(4)しかし自分の見るところでは、科学上の骨董趣味はそれほど軽視すべきものではない。この世に全く新しき何物も存在せぬという古人の言葉は科学に対しても必しも無意義ではない。科学上の新知識、新事実、新学説といえども突然天外から落下するようなものではない。よくよく*詮議すればどこかにそのよって来るべき因縁《いんねん》系統がある。例えば現代の分子説や開闢説《かいびゃくせつ》でも古い*形而上《けいじじょう》学者の頭の中に*彷徨《ほうこう》していたうちではどれか。

ア　A私のいちばん好きな時間はですね、と妻はおじちゃんに話しかけた。のようにかぎかっこを一切用いずに、地の文にそのまま登場人物の会話を入れ込む手法によって、登場人物同士の心情的な隔たりが印象づけられている。

イ　Bいつの季節もその時間が好きだけれど、なかでもちょうどいまぐらいの、春先。のように妻の会話や妻の心の中を描く部分では、名詞で文を終える表現が用いられることで、煮え切らない妻の態度が描き出されている。

ウ　C私の布団の温度を温めていた　のような登場人物の視点に立った描写と、D夫は驚いたが　のような第三者の視点での描写が混在しており、視点の移動が柔軟に行われることで、作品世界が広がりのあるものとなっている。

エ　Eおじちゃんが鉄火巻きに箸を伸ばして口に入れた。F夫はまだイカを嚙《か》んでいた。のように話題とは無関係な描写を適宜挟むことで、話題の転換点が自然なものとなるとともに、会話が臨場感をもつものとなっている。

4

次の文章は大正時代に書かれたものである。次の文章を読んで、あとの各問に答えよ。（*印の付いている言葉には、本文のあとに〔注〕がある。）

骨董《こっとう》趣味とは主として古美術品の*翫賞《がんしょう》に関して現《あらわ》れる(1)一種の不純な趣味であって、純粋な芸術的の趣味とは自《おのず》から区別さるべきものである。古画や器物などに「時」の手が加わって一種の「味」が生じる。あるいは時代の匂《におい》というようなものが生じる。またその品物の製作者やその時代に関する歴史的*聯想《れんそう》も加わる。あるいは昔の所蔵者が有名な人であった場合にはその人に関する聯想が骨董的の価値を高める事もある。あるいはまた単にその物が古いために現今稀有《けう》である、類品が少《すくな》いという考《かんがえ》に伴う愛着の念が主要な点になる事もある。この趣味に附帯して生ずる不純な趣味としては、かような珍品をどこからか掘出《ほりだ》してきて人に誇るという傾向も見受けられる。この点において骨董趣味はまたいわゆる*蒐集《しゅうしゅう》趣味と共有な点がある。マッチの貼紙《はりがみ》や切手を集めあるいはボタンを集め、達磨《だるま》を集め、はなはだしきは蜜柑《みかん》の皮を蒐集するがごとき、これらは必《かならず》しも時代の新旧とは関係はないが珍しいものを集めて自ら楽しみ人に誇るという点はやはり骨董趣味と共通である。

科学者の修得し研究する知識はその本質上別にそれが新しく発見されたか旧《ふる》くから知られているかによって価値を定むべきものではない。(2)科学上の真理は常に新鮮なるべきもので骨董趣味とは没交渉であるべきように見える。しかし実際は科学上にも一種の骨董趣味は常に存在し常に流行しているのである。

もし科学上の事実や*方則は人間未生以前から存していて、ただ科学者のこれを発見し掘出すのを待っているにすぎぬと考える者の立場から見れば、このくらい古い物はない道理である。こういう意味からすれば科学者の探求的*慾望《よくぼう》は骨董狂《こっとうぐるい》の掘出し慾と類する点があると云《い》われ得る。しかしまた他の半面の考え方によれば科学者の知識は「物自身」の知識ではなくて科学者の頭脳から編み上げた製作物とも云われる。(3)そう考えれば科学者の欲求は芸術家の創作的慾望と軌を一にす

〔問2〕(2)おばちゃんの話は続いていたが、それはやっぱり窓越しに聞くようで上手に聞き取れず、妻は明るい窓の外で暖気になって二階へのぼり、寝室のなかの布団を温めにいく。とあるが、このときの「妻」の様子として最も適切なのは、次のうちではどれか。

ア　老夫婦とうまく会話がかみ合わず、嫌気がさして気分転換にお気に入りの寝室に行きたくなっている様子。

イ　食事会の席にもかかわらず、周囲の人々の存在に対する意識が薄れて自らの空想の世界に没入している様子。

ウ　好きな時間について話すうちに、布団のぬくもりが気になりだして早く席を外したい衝動にかられている様子。

エ　おばちゃんの話を聞き流すことで、おじちゃんとの会話を弾ませるための話題探しに集中している様子。

〔問3〕(3)えー、と困ったような返事をしたとあるが、このときの「おじちゃん」の様子として最も適切なのは、次のうちではどれか。

ア　「妻」の質問を優先させねばならなくなり、話し続けている「おばちゃん」に後ろめたさを感じている様子。

イ　「妻」の工夫した話し方で問いが明確に聞こえ、「妻」と話さざるをえなくなった状況を嫌がっている様子。

ウ　「妻」の問いへの答えが「仕事」以外には思いつかずに、これまでの自分の人生を味気なく思っている様子。

エ　「妻」の質問にしっかりと対応しようとしながらも、とっさには適当な答えが思いつかず戸惑っている様子。

〔問4〕(4)そんなことないでしょう、と妻は言った。とあるが、「妻」はどのような気持ちで言ったのか。**五十字以上六十字以内**で説明せよ。

〔問5〕(5)おばちゃんがほとんどしゃべっているが、そこにあるのは、おじちゃんとおばちゃんふたりの声のようにも夫婦には思えた。とあるが、この理由として最も適切なのは、次のうちではどれか。

ア　おばちゃんしかほぼ話していないが、時折おばちゃんがおじちゃんの顔を見る様子や、おじちゃんが相づちを打つ様子に夫婦として長年連れ添ってきた両者の信頼関係を感じとることができたから。

イ　おじちゃんとおばちゃんが互いを信頼して仕事と家事を分担してきたように、話をするのはおばちゃんだけの特権だが、その言葉にはおじちゃんの意思も含まれていると感じとることができたから。

ウ　おじちゃんがおばちゃんの表情が変わる度に同調して表情を変え続けていく様子を見ると、発言は少ししかないものの、おじちゃんのおばちゃんへの肯定と信頼を強く感じとることができたから。

エ　おばちゃんが話している間に食事をしたり、話も相づちのみで取り合おうとしなかったりするおじちゃんの態度によって、かえって簡単には揺るがない両者の信頼関係を感じとることができたから。

〔問6〕本文の表現について述べた説明として最も適切なのは、次のこのひとはね、とおばちゃんが自分の話を止めて、横にいる妻の方を向いて言った。仕事がいちばん好きだったんですよ。

夫は、おばちゃんの話が切れたので、寿司《すし》に箸を伸ばした。イカの握りを選んで頬張った。妻はお寿司でいちばん好きなのは玉子で、玉子があれば最初に玉子を食べる。四人前の桶《おけ》のなかに玉子の握りは四貫あったが、今日もそのうち二貫を食べていた。二貫目を口に入れたときにはっとして夫に目配せをしたら、夫は自分は玉子は食べないから構わないけれどもあとの二貫はおじちゃんとおばちゃんが食べるかもしれないからストップ、と目配せを返した。

若い頃から仕事だけで、遊びは全然しなかったんです。旅行もね、連れてってもらったのは年とってからですよ、とおばちゃんは妻と夫に顔を振り分けながら言った。まじめだけでつまんないひとなんですよ、とおばちゃんは笑い、おじちゃんに、ね、と顔を向けた。

うん、とおじちゃんは短く応えると、表情が少し変わった。照れているようにもよろこんでいるようにも見えたけれど、照れだとしても嬉《うれ》しいのだとしても、その感情の細かいところはよくわからない。E おじちゃんが鉄火巻きに箸を伸ばして口に入れた。

仕事は本当に一生懸命にやりました、とおばちゃんは言った。おばちゃんの相好も一言ごとに微妙に変わった。いまは少々険しい、真剣な表情になっていて、その顔を向けられた夫婦はおばちゃんの誇りのようなものを感じとった。F 夫はまだイカを嚙《か》んでいた。昔は余裕もなかったですから、いまもないですけどね、でももっともっと大変でしたから、休みもせず働きましたよ。子ども育てながら、大変でしたけど、がんばりました。ね、お父さん、とおばちゃんはまたおじちゃんに顔を向ける。おじちゃんは、うん、とまた応えた。

私はね、仕事はできませんから、家のことしか、とおばちゃんはまた少し柔らかな表情になる。だから、感謝してるんです、ほんとうに。まあそうやってどうにかこうにかふたりでこの年までこうしていられるんですから、よかったのかもしれませんね。(5)おばちゃんがほとんどしゃべっているが、そこにあるのは、おじちゃんとおばちゃんふたりの声のようにも夫婦には思えた。

(滝口悠生「長い一日」による)

〔注〕 仕事 — おじちゃんは自宅の庭で鉄鋼を解体する仕事をしていた。
あまり聞こえず — おじちゃんは近年、周囲の会話が聞き取りづらくなっている。

〔問1〕 (1)妻はまだ知らぬそのときのことを考えた。とあるが、ここでの「妻」の心情の説明として最も適切なのは、次のうちではどれか。

ア 新しい家の暮らしでは、今の家とは違うどんなあたたかさを体感できるのだろうと新生活に胸の高鳴りを感じる気持ち。

イ 新しい家の暗い寝室では、今の家の明るさがもたらすあたたかさは得られないだろうと今の家に未練を感じる気持ち。

ウ 新しい生活を始めたら、今の家での生活の断片をなつかしく思い出すのだろうとこれまでの日々にいとおしさを感じる気持ち。

エ 新しい生活に慣れたら、今の家の過ごしやすさを自然と自覚できるようになるだろうとこれからの暮らしに楽しみを感じる気持ち。

ね。

おじちゃんの返事は、うん、とか、ありがとうね、とか短いことが多かったけれど、ときどき、二階は寒くないでしょ、と言ってくることがあった。

寒くないことはないし、妻は寒さが苦手なのでつい、寒いですよう、と応えることもあった。しかし、ここの家は二階はあったかいんだよ、とおじちゃんに言われて、そうだった、と思い出す。私たちの家はあったかい。一階の熱が上に上がるから、ともう何度も聞いたその理由をおじちゃんから聞かされて、そうです、あったかいです、と応える。ほかとくらべてどうかわからないけど、あったかいんだと思います、と思う。いつもあったかいから、ほかの家とくらべられない。いつもよく日が入るから、くらべられない。

物件を見にいったときに、いまの家より暗く感じることはあっても、あたたかさは暮らしてみないとわからない。きっと、暮らしはじめてこの家があたたかかったことに気がつく。思い出す。

(1)妻はまだ知らぬそのときのことを考えた。前の家のあたたかさを思い出すときのことを、想像してみる。きっと思い出すのは布団のなかにいる、妻のいちばん好きな時間ではないか。春先に、この家の寝室の、布団のなかにいるときのこと。敷布《しきぬの》も毛布も掛布《かけぬの》も全部自分と同じ温度になったみたいなあの場所のこと。ああ、あの温《ぬく》みには、あの家のあたたかさも混ざっていたんだ。一階のおじちゃんとおばちゃんの部屋の、暖房とか、おじちゃんおばちゃんの体温とかそういう全部が混ざって、天井から、私たちの部屋の床へと伝わって、私たちの部屋の温度を温め、C私の布団の温度を温めていた。

(2)おばちゃんの話は続いていたが、それはやっぱり窓越しに聞くようで上手に聞き取れず、妻は明るい窓の外で暖気になって二階へのぼり、寝室のなかの布団を温めにいく。自分を布団のなかに送り届けたような気持ちになって、いまいる部屋で少し我に返った妻は、正面にいるおじちゃんに、おじちゃんがいちばん好きな時間はなにしてるときですか、と訊《たず》ねた。

向かい合わせに座っていたおばちゃんと夫の話が続くなか、突然妻がおじちゃんに投げかけたその言葉で、なにかその場にふたつの対話が十字に生じるかたちになってD夫は驚いたが、*話を向けられたおじちゃんはそれまで続いていたおばちゃんの話はあまり聞こえずとも妻のその問いかけはしっかり聞こえたようで、(3)えー、と困ったような返事をした。妻の言い方は、ちゃんと聞こえるような話しかけ方になっていたのだ。

いちばん好きな時間は特にないよ、とおじちゃんは応えた。

お酒飲むとかご飯食べるとかもですか？

うん。

あ、旅行は？

旅行は好きだね。でももうなかなか行けないしね。

(4)そんなことないでしょう、と妻は言った。去年もおじちゃんたちは北海道に旅行に行ったし、その前年には娘さんと一緒に韓国にも行っていた。夫婦は、そのお土産をもらい、旅行の土産話を聞いた。そして驚き感心した。おじちゃんは九十歳を超えているし、おばちゃんも足がよくない。それでも旅行に行こうと決めて行くのだから気が若い、だからいっそう元気でいられるのだろうと言い合った。

〈国語〉

時間　五〇分　満点　一〇〇点

【注意】答えは**特別の指示**のあるもののほかは、各問の**ア・イ・ウ・エ**のうちから、最も適切なものをそれぞれ**一つずつ**選んで、その記号を書きなさい。また、答えに字数制限がある場合には、**、や。や「などもそれぞれ一字と数えなさい。**

1

次の各文の――を付けた漢字の読みがなを書け。

(1) 潮流逆巻く激動の時代をたくましく生きる。
(2) 恩師の一言は私の心の琴線に触れた。
(3) 養蜂場の経営を始める。
(4) 消費量に合わせて生産量を逓減する。
(5) 夏炉冬扇とならないように注意する。

2

次の各文の――を付けたかたかなの部分に当たる漢字を楷書で書け。

(1) 班長として班をタバねる。
(2) 江戸時代からレンメンと受け継がれている技術。
(3) サンセキした仕事を一つずつ処理する。
(4) この企画の成功は今後を占うシキンセキだ。
(5) 自然に囲まれてコウウンリュウスイの生活を送る。

3

次の文章を読んで、あとの各問に答えよ。（*印の付いている言葉には、本文のあとに〔注〕がある。）

「夫」と「妻」は、大家である老夫婦（「おじちゃん」と「おばちゃん」）の家の二階部分を借りて住んでいる。八年間住んだその家からの引っ越しの日が近付き、夫婦と老夫婦の四人は、老夫婦の家で食事会を行っている。

A私のいちばん好きな時間はですね、と妻はおじちゃんに話しかけた。朝、布団《ふとん》のなかで目を覚まして、布団から出ずにぬくぬくしている時間です。Bいつの季節もその時間が好きだけれど、なかでもちょうどいまぐらいの、春先。冬の寒さがやわらいで、朝でも室内の気温はそこまで寒くなくて、けれども冬の厚い布団をかぶって、寝ているあいだに温まった布団のなか、自分の体のまわりは自分の肌の一部みたいになじんでいる、その状態に身を置いて、目覚めと眠りの狭間《はざま》にいるとき。

二階の私たちが住んだ部屋は、冬でも結構あたたかかった。妻がはじめてここを訪れた日に見た日当たりのよさのおかげもあるだろうけど、もうひとつは一階のおじちゃんとおばちゃんの部屋の熱が天井から二階へと伝わるから。それは、ここに住んでいるあいだ何度もおじちゃんから聞いた。たとえば冬の朝、あのいちばん好きな布団のなかの時間からようやっと抜け出して、仕事に行こうと表に出たところで、まだ庭*で仕事をしていた頃のおじちゃんと会う。おじちゃんは仕事中は長袖のワイシャツを着て、つばの大きなハットを被《かぶ》っていた。作業用の帽子にしては造作がドレッシーで、たぶん本来は帽子屋さんで売っているようなフェルトハットだと思うのだが、長年使われてすっかり汚れてくたびれていた。

寒いですね、と妻は声をかける。風邪ひかないようにしてください

2023 年 度

解 答 と 解 説

《2023年度の配点は解答欄に掲載してあります。》

＜数学解答＞

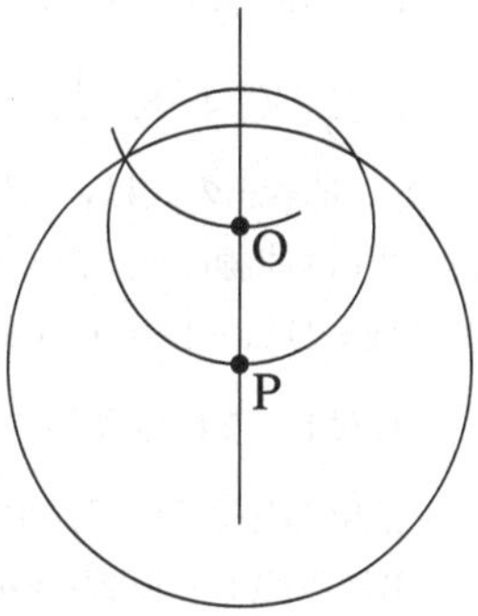

1 〔問1〕 $\frac{5\sqrt{6}}{14}$　〔問2〕 -5，0

〔問3〕 $x=-4$，$y=3$　〔問4〕 $\frac{1}{4}$　〔問5〕 右図参照

2 〔問1〕 3　〔問2〕 (1) 6　(2) $b=\frac{1+\sqrt{17}}{8}$

3 〔問1〕 $\frac{\sqrt{3}}{3}\pi$ (cm)　〔問2〕 $\frac{2\sqrt{3}}{7}$ (cm^2)

〔問3〕 解説参照

4 〔問1〕 $6\sqrt{2}$ (cm)　〔問2〕 18 (cm^2)　〔問3〕 $\frac{136}{3}$ (cm^3)

○配点○

1 各5点×5　2 〔問1〕 5点　〔問2〕 (1) 12点　(2) 8点

3 〔問1〕 5点　〔問2〕 8点　〔問3〕 12点

4 〔問1〕 5点　〔問2〕 12点　〔問3〕 8点　計100点

＜数学解説＞

1 （平方根の計算，二次方程式，連立方程式，確率，作図）

〔問1〕 $\frac{6-\sqrt{6}}{2}-\{\sqrt{3}(\sqrt{6}-1)\}^2\times\frac{1}{7}=3-\frac{\sqrt{6}}{2}-\frac{3}{7}\times(7-2\sqrt{6})=3-\frac{\sqrt{6}}{2}-3+\frac{6\sqrt{6}}{7}=\frac{5\sqrt{6}}{14}$

基本 〔問2〕 $x+1=\text{A}$とおけば，$\text{A}^2+3\text{A}-4=0$，$(\text{A}+4)(\text{A}-1)=0$，$\text{A}=-4$，1　$x+1=-4$のとき $x=-5$，$x+1=1$のとき$x=0$

基本 〔問3〕 連立方程式 $\begin{cases}\frac{x}{3}+\frac{y}{2}=\frac{1}{6}\cdots① \\ \frac{x}{5}+\frac{y}{3}=\frac{1}{5}\cdots②\end{cases}$　①$\times\frac{1}{3}$－②$\times\frac{1}{2}$より，$\frac{1}{90}x=-\frac{4}{90}$，$x=-4$　①に代入し，

$\frac{1}{3}\times(-4)+\frac{y}{2}=\frac{1}{6}$，$\frac{y}{2}=\frac{3}{2}$，$y=3$

重要 〔問4〕 $1<\frac{b}{a}<2\frac{1}{3}$を満たす$(a, b)$の組は，(1, 2)，(2, 3)，(2, 4)，(3, 4)，(3, 5)，(3, 6)，(4, 5)，(4, 6)，(5, 6)だから9通り　よって，$\frac{9}{6\times6}=\frac{1}{4}$

重要 〔問5〕 （着眼点） 2点P，Oを通る直線と円との交点をQとする。点Qを中心にQOを半径とする円を描き，円Oとの交点をRとする。すると△OQRは正三角形だから，△PQRにおいて，PQ：QR：RP＝2：1：$\sqrt{3}$となる　PO：PR＝1：$\sqrt{3}$なので，点Pを中心とし半径PRの円は円Oの$\sqrt{3}$倍の大きさだから，面積は$\sqrt{3}\times\sqrt{3}=3$(倍)になる。

2　**(放物線と直線の式, 座標平面上の三角形の面積と面積比)**

基本　〔問1〕　直線ℓは2点A(2, 0), B(0, 2)を通るから, $y=-x+2$　点Pは直線ℓ上の点だから, $y=-\frac{2}{3}+2=\frac{4}{3}$　よって, $\mathrm{P}\left(\frac{2}{3},\ \frac{4}{3}\right)$　また点Pは曲線m上の点でもあるから, $\frac{4}{3}=a\times\left(\frac{2}{3}\right)^2$, $a=3$

〔問2〕　(1)(途中の式や計算)(例)　P$(t,\ at^2)$$(0<t<2)$とする。△APQ=18より, $\triangle\mathrm{APQ}=\frac{1}{2}\times 4a\times(2-t)=18$…①　点Pはℓ上の点より, $at^2=-t+2$, $2-t=at^2$…②　①, ②より, $\frac{1}{2}\times 4a\times at^2=18$, $a^2t^2=9$, $(at)^2=9$, $a>0$, $t>0$から, $at>0$より, $at=3$…③　②, ③より, $3t=-t+2$　∴ $t=\frac{1}{2}$　③より, $\frac{1}{2}a=3$　∴$a=6$

やや難　(2)　曲線mの式は$y=x^2$　よって点Qのy座標は, $y=2^2=4$　また, 点Pは曲線mと直線ℓの交点だから, $x^2=-x+2$, $x^2+x-2=0$, $(x+2)(x-1)=0$, $x=-2,\ 1$　点Pは線分AB上にあるからx座標は1　これらより, $\triangle\mathrm{AQP}=\frac{1}{2}\times(4-0)\times(2-1)=2$　また点Sのx座標は2で, 直線$y=bx$上にあるから, $y=b\times 2=2b$　点Rは直線ℓと直線$y=bx$の交点だから, $bx=-x+2$, $bx+x=2$, $(b+1)x=2$, $x=\frac{2}{b+1}$

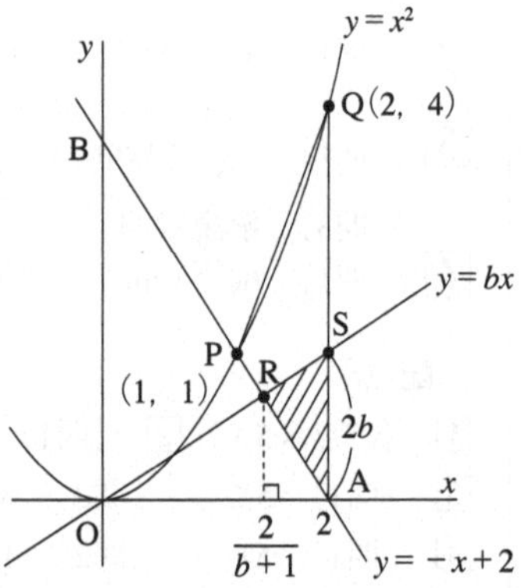

よって, $\triangle\mathrm{ASR}=\frac{1}{2}\times(2b-0)\times\left(2-\frac{2}{b+1}\right)=\frac{1}{2}\times 2b\times\frac{2b}{b+1}=\frac{2b^2}{b+1}$　$\triangle\mathrm{ASR}=\frac{1}{4}\triangle\mathrm{AQP}$だから, $\frac{2b^2}{b+1}=\frac{1}{4}\times 2$, $\frac{2b^2}{b+1}=\frac{1}{2}$, $4b^2-b-1=0$, $b=\frac{-(-1)\pm\sqrt{(-1)^2-4\times 4\times(-1)}}{2\times 4}=\frac{1\pm\sqrt{17}}{8}$　ここで$0<b<1$だから, $b=\frac{1+\sqrt{17}}{8}$

3　**(円と接線の性質, 直角三角形の特別角, おうぎ形の弧の長さ, 三角形の相似比, 三角形の面積比, 三角形の相似の証明)**

〔問1〕　四角形ABCDは平行四辺形だから, AD//BC…①　ここで辺AD, BCはそれぞれ円の接線だから, OS⊥AD, OQ⊥BC…②　①, ②より, 3点S, O, Qは同一直線上にある。また, 3点P, O, Rも同様に同一直線上にある。∠ABC=60°だから, 四角形PBQOの内角の和で考えれば, ∠POQ=120°　よって, ∠QOR=180°−120°=60°…③　さらに頂点AからBCへ垂線を引き, BCとの交点をEとすれば, $\mathrm{AE}=\frac{\sqrt{3}}{2}\times\mathrm{AB}=\frac{\sqrt{3}}{2}\times 4=2\sqrt{3}$

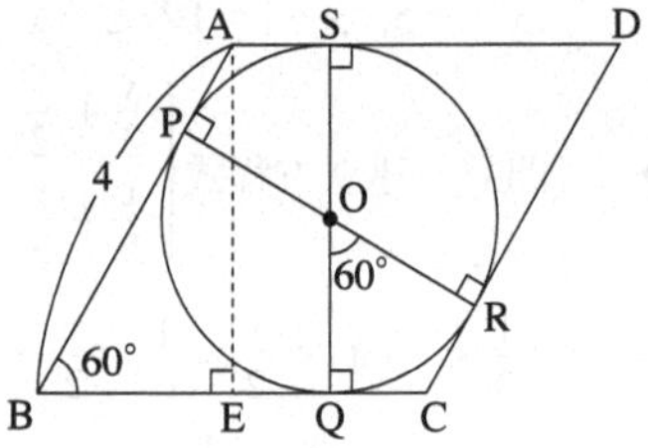

$\mathrm{OQ}=\frac{1}{2}\times\mathrm{SQ}=\frac{1}{2}\times\mathrm{AE}=\frac{1}{2}\times 2\sqrt{3}=\sqrt{3}$…④　③, ④より, 求める$\overset{\frown}{\mathrm{QR}}$は, 半径$\sqrt{3}$, 中心角60°のおうぎ形の弧であるから, $\sqrt{3}\times 2\times\pi\times\frac{60°}{360°}=\frac{\sqrt{3}}{3}\pi$ (cm)

やや難　〔問2〕　BDは平行四辺形ABCDの対角線だから, $\angle\mathrm{ABD}=60°\times\frac{1}{2}=30°$　ここで点Oが対角線BD上にあることを利用すれば, △OPBで, $\mathrm{PB}=\sqrt{3}\times\mathrm{OP}=2\sqrt{3}$　また対角線ACについて, ∠CAB=

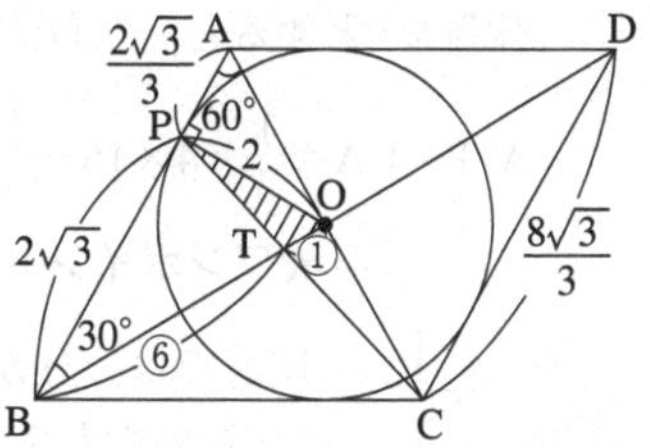

$(180°-60°)\times\frac{1}{2}=60°$　点OはAC上にあるから，△OPAで，$PA=\frac{1}{\sqrt{3}}\times OP=\frac{2\sqrt{3}}{3}$　このことから，$DC=AB=2\sqrt{3}+\frac{2\sqrt{3}}{3}=\frac{8\sqrt{3}}{3}$　ここで△TPBと△TCDは2組の角がそれぞれ等しいから，△TPB∽△TCDであり，対応する辺の比をとれば，BT：DT＝BP：DC＝$2\sqrt{3}:\frac{8\sqrt{3}}{3}=3:4$　これとBO＝ODから，BT：TO＝$3:\{(3+4)\times\frac{1}{2}-3\}=3:0.5=6:1$　よって，$\triangle OPT=\triangle OPB\times\frac{1}{6+1}=\frac{1}{2}\times PB\times PO\times\frac{1}{7}=\frac{1}{2}\times 2\sqrt{3}\times 2\times\frac{1}{7}=\frac{2\sqrt{3}}{7}$(cm^2)

〔問3〕(証明)(例)　△UDSと△QBUにおいて，AD//BCより，平行線の錯角が等しいから，∠SDU＝∠UBQ…①　OとQ，OとSをそれぞれ結ぶ。AD//BC，OQ⊥BC，OS⊥ADより，3点Q，O，Sは一直線上にある。△USQにおいて，QSは円Oの直径だから，∠SUQ＝90°　よって，∠OUQ＋∠OUS＝90°…②　Sは接点だから，∠OSD＝90°　よって，∠OSU＋∠DSU＝90°…③　OU＝OSより，∠OSU＝∠OUS…④　よって，②，③，④より，∠DSU＝∠OUQ　すなわち，∠DSU＝∠BUQ…⑤　したがって，①，⑤より，2組の角がそれぞれ等しいから，△UDS∽△QBU

4　**(三平方の定理，直方体の切断面の面積，直方体の切断と体積)**

〔問1〕　$t=4$のとき，点Pは辺BCの中点にあり，点Qは点Hと一致する　PC＝CD＝2だから，△PCDで三平方の定理より$PD=\sqrt{2}\times 2=2\sqrt{2}$　∠PDQ＝90°　だから，△PDQで三平方の定理より，$PQ=\sqrt{PD^2+DQ^2}=\sqrt{(2\sqrt{2})^2+8^2}=\sqrt{8+64}=\sqrt{72}=6\sqrt{2}$(cm)

〔問2〕(途中の式や計算)(例)　$t=8$のとき，点Pは頂点D，点Qは辺FGの中点にある。四角形AEHDと四角形BFGCは平行な面であり，四角形PEQRと交わってできる2つの交線は平行だから，PE//RQ　四角形PEQRを含む平面と直線HGとの交点をSとする。HE//GCより，ES：QS＝HS：GS＝HE：GQ＝2：1　よって，HG＝GS，EQ＝QS　PH//RG，HG＝GSより，PH：RG＝PS：RS＝HS：GS＝2：1　よって，PR＝RS，CR＝RG　次に，△PESの各辺の長さを求めると，△PEHにおいて，$PE^2=PH^2+EH^2=8^2+4^2=64+16=80$　よって，$PE=\sqrt{80}=4\sqrt{5}$　△CPRにおいて，$PR^2=CP^2+CR^2=2^2+4^2=4+16=20$　よって，$PR=\sqrt{20}=2\sqrt{5}$　$PS=2PR=2\times 2\sqrt{5}=4\sqrt{5}$　△EFQにおいて，$EQ^2=EF^2+FQ^2=2^2+2^2=8$　よって，$EQ=\sqrt{8}=2\sqrt{2}$　$ES=2EQ=2\times 2\sqrt{2}=4\sqrt{2}$　したがって，△PESは，PE＝PSの二等辺三角形である。PとQを結ぶと，PQ⊥ESであるから，△PEQにおいて，$PQ^2+EQ^2=PE^2$より，$PQ^2+8=80$，$PQ^2=72$，よって，$PQ=\sqrt{72}=6\sqrt{2}$　四角形PEQRの面積をSとすると，$S=\triangle PEQ+\triangle PQR=\frac{1}{2}\times 2\sqrt{2}\times 6\sqrt{2}+\frac{1}{2}\times 2\sqrt{2}\times 6\sqrt{2}\times\frac{1}{2}=12+6=18$(cm^2)

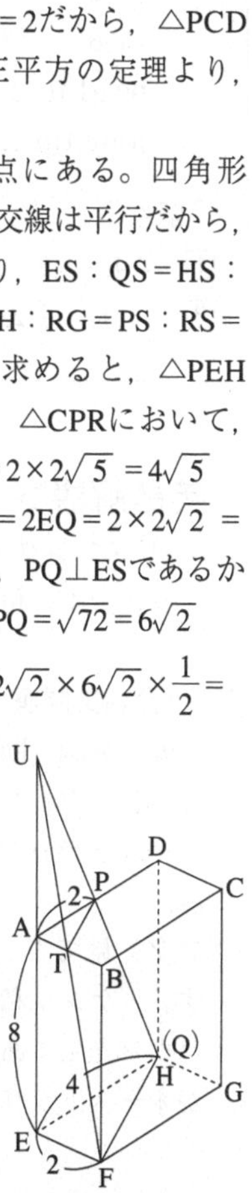

重要　〔問3〕　$t=10$のとき，点Pは辺ADの中点にあり，点Qは点Hと一致する。四角形ABCDと四角形EFGHは平行な面だから，PT//QFとなる点Tを辺AB上にとる。すると，AT：AP＝EF：EQ＝1：2だから，AT＝1となる。ここでEAとQPの延長の交点をUとすると，UA：UE＝AP：EQ＝1：2…①　また，EAとFTの延長の交点をU′とすると，U′A：U′E＝AT：EF＝1：2…②　①，②より，点Uと点U′は一致して，ここではUとする。①より，UA：AE＝1：1といえるから，UA＝8　すると2つに分けた立体のうち点Cを含まないほうの

体積をVとすると，三角すいU-EFQ－三角すいU-ATPだから，$V=\frac{1}{3}\times\triangle EFQ\times UE-\frac{1}{3}\times\triangle ATP\times UA=\frac{1}{3}\times4\times16-\frac{1}{3}\times1\times8=\frac{56}{3}$　求める体積は，$2\times4\times8-V=64-\frac{56}{3}=\frac{136}{3}$ (cm^3)

★ワンポイントアドバイス★

〔問2〕では，分かっていない座標を文字でおき，面積の立式をしてみよう。[3]は円の接線の性質を利用することでひし形になるのがポイント。[4]〔問3〕では，点Cを含まない立体の体積を求めるとよい。

＜英語解答＞

[1]　〔問題A〕　＜対話文1＞　ア　　＜対話文2＞　エ　　＜対話文3＞　ウ
〔問題B〕　＜Question 1＞　イ　　＜Question 2＞　To visit other countries.

[2]　〔問1〕　(1)-a　オ　　(1)-b　イ　　(1)-c　ウ　　(1)-d　カ
〔問2〕　エ　　〔問3〕　ア　　〔問4〕　ウ　　〔問5〕　カ　　〔問6〕　イ　オ
〔問7〕　a　キ　　b　ア　　c　イ　　d　エ

[3]　〔問1〕　(1)-a　ア　　(1)-b　カ　　(1)-c　オ　　(1)-d　イ
〔問2〕　ウ　　〔問3〕　オ　　〔問4〕　イ　　〔問5〕　ア　キ
〔問6〕　(解答例)I would like to build a bridge over a busy road near my house. I need to cross the road every day to get to school, but often I have to wait there a long time. If a bridge is built there, I will not be late for school again.(50 words)

○配点○
[1]　各4点×5　　[2]　〔問1〕・〔問7〕　各2点×8　　他　各4点×6
[3]　〔問1〕　各2点×4　　〔問2〕・〔問3〕・〔問4〕・〔問5〕　各4点×5　　他　12点　　計100点

＜英語解説＞

[1]　(リスニングテスト)
放送台本の和訳は，2023年度都立共通問題36ページに掲載。

[2]　(会話文問題：語句補充・選択，語句解釈，内容吟味，語句整序，要旨把握，間接疑問文，受動態，分詞，助動詞，不定詞，現在完了，接続詞，前置詞，動名詞，関係代名詞，比較，進行形)

(全訳)*アヤとケンは東京にある同じ高校へ通っている。ブラウン先生は彼らの英語の先生だ。彼はオーストラリアの出身である。放課後，彼らは教室で話をしている。彼らは窓のそばに座っている。*

アヤ：見て！　向こうに1機の飛行機が飛んでいます。空の飛行機を見ると，私はわくわくします。／ケン：私も飛行機がとても好きです。私は将来パイロットになりたいと思っています。／ブラウン先生：あなた達がどのように感じるかが私にはわかります。飛行機は素晴らしいですね。私がオーストラリアから日本へと飛行機で移動した時に，どうやってこのような大きなものが空を飛ぶことができるのだろうかと思いました。

アヤは彼女のカバンから1冊の本を取り出した。

アヤ：私はこの本を読んでいます。これは人々が発明したものに関する本です。／ブラウン先生：私もその本を読んだことがあります。最初の箇所は飛行機に関して記されています。／ケン：えっ，本当ですか？　何と書かれていますか？／アヤ：人々は長い間空を飛ぶ夢を抱いてきた，と書かれています。いかにして鳥が飛翔するかを研究することで，自らの夢を実現するために，人々は懸命に努力したのです。／ブラウン先生：15世紀に飛行機を発明しようとした科学者に対して，私は特に関心があります。／アヤ：人間が鳥のように飛ぶために，その科学者はまず羽を作ろうとしました。彼は鳥の羽の形を研究しました。また，鳥が飛んでいる時に，羽をどのように動かしているかも彼は観察しました。彼はとても頑張りましたが，人間のための羽を発明することはかないませんでした。／ケン：あっ，彼にとっては気の毒なことでした。(1)-a オそのことはとても難しかったのだと思います。20世紀の初頭に初めて飛行機の飛行が実現したそうですね。／アヤ：その通りです。夢を実現するために，何百年も人々はそのことに取り組みました。その間，多くの研究や実験が実施されました。彼らは鳥から多くの考えを得ました。鳥が彼らの先生だったのです。／ケン：私達が飛行機を利用する際には，鳥に感謝しなければなりませんね。／ブラウン先生：(2)同感です。実は，あなたの話により，シロアリのアリ塚からアイデアを得た建築家のことを思い出しました。／ケン：アリ塚ですか。私は見たことがありません。／ブラウン先生：アフリカのある地域では，シロアリは泥から大きなアリ塚を作ります。高さが5，6メートルのものもあります。それを作るのに，多くの年月を費やします。アフリカのそのような場所では，日中は気温が約50度まで上昇して，夜間は約0度まで下がります。そのような環境でも，アリ塚内部の気温は，電気を利用しなくても，およそ30度に留まります。／アヤ：わっ！　環境に優しいですね。どうやってそのことが可能となるのでしょうか。／ブラウン先生：正確にはどうしてだかわかりませんが，アリ塚の中や下を貫いているトンネルが多くあることはわかっています。それらは異なった方向へ向かっています。中には，煙突のようにアリ塚を貫いて上に伸びているものもあります。トンネルがアリ塚内の空気を涼しい状態に保つ手助けとなっている，と唱える科学者もいます。／ケン：ブラウン先生，アリ塚からある建築家はアイデアを得た，と先生はおっしゃいましたよね。そのことについてもっと知りたいのですが。／ブラウン先生：その建築家は，内部の気温を制御するために，冷房装置を使用しないというショッピングセンターをアフリカに建設するように依頼されたのです。(1)-b イどうしたらそのことが可能となるのか，を彼は考えました。そして，彼はシロアリのアリ塚のことを思い出したのです。それからヒントを得て，彼は新しい建物を設計しました。建物には8つのフロアがあります。建物の中央には，煙突のように機能する開口部があります。夜間には，地面の近くの空気が冷えて，巨大な扇風機でその空気が各フロアに送られます。日中には，夜間に送られた冷えた空気が，各部屋を涼しく保ちます。空気が温かくなると，それは上昇して，開口部から建物の外へと出ていきます。このようにして，たいして電気を使わずとも，建物は涼しく保てるのです。／アヤ：それは素晴らしいですね。電気を節約することが可能な建物の建築法を，シロアリが彼に教えたのです。／ケン：従って，鳥だけではなくて，昆虫もまた私達の先生になりうるのですね。／ブラウン先生：(3) ア自然界に生きる多くのものから，私達は学ぶことができるのです。昆虫，鳥，動物，魚，そして，植物は，長い間，環境に調和して生存してきました。それらからもっと多くの新しい考えを得ることができるとしても，私は驚かないでしょう。

彼らの理科の先生，カワダ先生が教室へ入ってくる。

カワダ先生：こんにちは。ここであなた方は何をしているのですか？／ケン：こんにちは，カワダ先生。自然からの学びについて私達は話をしています。／カワダ先生：自然から学ぶ？／アヤ：はい。私達の生活をより良くしたければ，自然の中にヒントを見つけることが，役立つかもしれないということです。／カワダ先生：それは素晴らしいですね。あっ，あなた達にとって興味深いかもしれない話があります。／ケン：それは何についてですか？聞きたいです。／カワダ先生：まず，質問したいことがあります。(4)空気中の水を集めて，それを飲むことができますか？　ブラウン先生：なぜそのような奇妙な質問をするのでしょうか，カワダ先生？／アヤ：それは不可能であるように思えます！／カワダ先生：そうですね，もちろん，誰もそのようなことをすることはできません。でも，それを可能とする昆虫がいるのです。／ケン：何の昆虫ですか？　それらは日本に生息していますか？／カワダ先生：いいえ，それらはアフリカの砂漠にすんでいる甲虫です。それらには背中に小さなこぶがあります。水のしずくを作るために，これらのこぶが空気から水を集めることができるのです。水滴が大きくなると，こぶの間のすき間から流れ落ちます。それらのすき間は耐水性があるので，傘に付いた水のしずくのように，水が簡単に流れ落ちます。そして，霧の立ちこめた日には，それらは逆立ちをして，水が口の中に流れ入るのを待つのです。／ブラウン先生：それは好奇心がそそられますね。／カワダ先生：いかにしてその甲虫が水を集めるかに対して，非常に興味を抱いている科学者や専門家が存在します。同様のやり方で，彼らは空気中から水を集めることができる道具を作ろうとしています。もしこれらの道具が普及すれば，暑い乾燥した地域に住んでいる人々は，もっと簡単に水を得ることができるかもしれません。水不足の問題を解消することが可能かもしれません。／アヤ：(1)-cウそのことを解消すれば，多くの人々を助けることができる，と私は思います。／ケン：自然から学ぶことで，きっと我々が抱えている多くの他の問題を解決することができるに違いありません。／カワダ先生：同感ですが，そのことはそれほど簡単ではありません，ケン。1つの問題を解決するのに，多くの専門家達が協力しなければなりません。(5)異なった分野の専門家達が情報を共有して，互いに助け合うことは困難なのです。これらの専門家を結び付けるには良い組織が必要です。そこで，将来，あなた達，若い人々にそれを作って欲しいのです。／アヤ：カワダ先生，私達はできる，と私は願っています。でも，まず，私達は一生懸命に勉強して，周囲で何が起こっているかを見守り続けなければなりません。／ブラウン先生：その通りです。自然界にあるものが，我々の生活をより良くするための大きなヒントになるかもしれません。／カワダ先生：自然が我々の元にやって来て，私達は何をするべきかを教えてはくれないということを，忘れるべきではありません。(1)-dカ私達は自分自身でヒントを発見しなければなりません。／ケン：なるほど。将来，私は科学者になって，自然から学ぶことで，何かを生み出したいと思います。／アヤ：本当ですか？あなたの夢はパイロットなることだと思っていました。

重要　〔問1〕　(1)-a　アヤ：「人間が鳥のように飛ぶために，その科学者はまず羽を作ろうとした。彼は鳥の羽の形を研究した。また，鳥が飛んでいる時に，羽をどのように動かしているかも彼は観察した。彼はとても頑張ったが，人間のための羽を発明することはかなわなかった」／ケン：「彼にとっては気の毒だった。(1)-aオそのことはとても難しかったのだと思う。最初の飛行機の飛行は20世紀の初頭に実現したそうだ」He also watched how birds move them ～ ← 疑問文(How do birds move them ?)が他の文に組み込まれる[間接疑問文]と，＜疑問詞 + 主語 + 動詞＞の語順になる。was realized ← ＜be動詞 + 過去分詞＞受動態「～される，されている」　(1)-b　ブラウン先生：」「その建築家は，内部の気温を制御するために，冷房装置を使用しないというショッピングセンターをアフリカに建設するように依頼された。(1)-bイどうしたらそのことができるかを彼は考えた」He wondered how he could do it. ← 疑問文(How could he do it ?)が他の文に組み込まれる[間接疑問文]と，＜疑問詞 + 主語 + 動詞＞の語順になる。was asked ← ＜be動詞 + 過去分詞＞受動態「～される，されている」　(1)-c　カワダ先生：「もしこれらの道具が普及すれば，暑い乾燥した地域に住んでいる人々は，もっと簡単に水を得ることができるかもしれない。水不足の問題を解消することが可能かもしれない」／アヤ：(1)-cウ「そのことを解消することができれば，多くの人々を助けることができる，と私は思う」a lot of「多くの～」people living in hot day areas ← <名詞 + 現在分詞[原形 + -ing] + 他の語句>「～している名詞」may「～かもしれない，してもよい」<be動詞 + able + 不定詞[to + 原形]>「～できる」<It + is + 形容詞 + 不定詞[to + 原形]>「～[不定詞]するのは・・・[形容詞]だ」(1)-d　カワダ先生：「自然が我々の元にやって来て，何を私達はするべきかを言ってくれるわけではないということを，私達は忘れるべきではない。(1)-dカ私達は自分自身でヒントを発見しなければならない」<have + 不定詞[to + 原形]>「～しなければならない」by oneself「自分だけで，独力で」　ア「私達は科学者から多くのことを学んできた，そこで，自然からもはや学ぶ必要はない」we've ← 現在完了<have + 過去分詞>(完了・経験・結果・継続)a lot「多く」～ so ...「それゆえ，だから，従って」<have + 不定詞[to + 原形]の否定形>「～する必要がない」not ～ any more「もはや～でない」　エ「ヒントを与えてくれることで，専門家が私達を助けに私達のもとへ来てくれる，と私達は信じている」by giving hints ← <前置詞 + 動名詞[原形 + -ing]>

基本　〔問2〕　直前のアヤとケンの言葉(アヤ：They got many new ideas from birds. Birds were their teachers.／ケン：We have to thank birds when we use airplanes.)に対して，ブラウン先生が同意している場面。正解は，エ「私達の夢を実現するために，鳥が私達にヒントを与えてくれたということを，私達は忘れるべきでない」should「～すべきである，のはずである」<have + 不定詞[to + 原形]>「～しなければならない，であるに違いない」　ア「ある建築家のおかげで，私達は私達の夢を実現することができた」<be動詞 + able + 不定詞[to + 原形]>「～することができる」thanks to「～のおかげで」　イ「鳥のように飛ぶ夢を実現するのに，人間は何世紀も必要とした」of flying ← <前置詞 + 動名詞[原形 + -ing]>　ウ「飛行機のおかげで，私達は違う場所へ旅行できる」thanks to「～のおかげで」

重要　〔問3〕　ケン：「従って，鳥だけではなくて，昆虫もまた私達の先生になりうる」／ブラウン先生：(3)ア「自然界に生きる多くのものから私達は学ぶことができる。昆虫，鳥，動物，魚，そして，植物は，長い間，環境に調和して生存してきた。それらからもっと多くの新しい考えを得ることができるとしても，私は驚かないだろう」many things that live ← <先行詞 + 主格の関係代名詞 that + 動詞>「動詞する先行詞」So「それゆえに，だから，従って」not only A but also B「AばかりでなくBもまた」have survived ← <have + 過去分詞>現在完了(完了・継続・結果・経験)won't be surprised ← <助動詞 + be + 過去分詞>助動詞の付いた受動態 more「もっと多い[多く]」← many／much の比較級　イ「生物は互いに依存すべきでない」should「～すべきである，のはずである」depend on「～に依存する」each other「お互い」　ウ「自然界の多くのものが，それらなしで私達は生きることができる，ということを伝えている」without「～なしで」　エ「アフリカの昆虫について研究している多くの先生がいる」<There + be動詞 + S>「Sがいる，ある」many teachers who study ← <先行詞 + 主格の関係代名詞 who + 動詞>「動詞する先行詞」

やや難　〔問4〕　カワダ先生：［(4)］／ブラウン先生：Why do you ask such a strange question ?／アヤ：That sounds impossible !／カワダ先生：Of course nobody can do such a thing. But there are insects that can do it. ～ They are beetles that live in a desert in Africa. They have small bumps on their backs. These bumps can collect water from the air to make a drop of water. ～ Then on foggy days, they stand on their heads and wait for water to flow into their mouths. 以上より，正解は，ウ「空気中の水を集めて，それを飲むことができ

るか」insects that can do it「それができる昆虫」／beetles that live in「～に住む甲虫」← <先行詞 + 主格の関係代名詞 that + 動詞>「動詞する先行詞」 ア「自然について私が何を言おうとしているかをあなたは推測できるか」Can you guess what I am going to say ～？← 疑問文(What am I going to say ?)が他の文に込みこまれる[間接疑問文]と，<疑問詞 + 主語 + 動詞>の語順になる。<be動詞 + going + 不定詞[to + 原形]>「～するつもりだ，しようとしている」 イ「どのような種類の昆虫を私が家で飼っているかをあなたは推測できるか」Can you guess what kind of insect I have ～？← 疑問文(What kind of insect do I have ?)が他の文に込みこまれる[間接疑問文]と，<疑問詞 + 主語 + 動詞>の語順になる。エ「シロアリが行っているようなやり方で，あなたは水を集めることができるか」in the way the termites do ← <the way + 主語 + 動詞>「主語が動詞する方法」

基本　〔問5〕 (It) is difficult for experts from different fields to share (information and help each other.) <It is + 形容詞 + for + S + 不定詞[to + 原形]>「Sが～［不定詞］することは…［形容詞］だ」each other「互い」

重要　〔問6〕 ア「危険だったから，はるか昔に，人々は空を飛ぶことを恐れていた」(×)アヤのせりふに It[The book] says that people have had a dream of flying in the sky for a long time. とあるので，不可。<be動詞 + afraid of>「～を恐れている」afraid of flying／a dream of flying「飛ぶことの夢」← <前置詞 + 動名詞[原形 + -ing]> have had「抱いてきた」← <have + 過去分詞>現在完了(完了・経験・結果・継続) イ「私達の生活をより良くしたい時に，自然からヒントを得ることが，私達を助けてくれるかもしれない」(○)アヤのせりふ If we want to make our lives better, it may be helpful to find hints in nature. に一致。make our lives better ← make A B「AをBの状態にする」／better「より良い[良く]」← good／well の比較級　getting hints ← 動名詞<原形 + -ing>「～すること」may「～かもしれない，してもよい」<It + is + 形容詞 + 不定詞>「～［不定詞］することは…［形容詞］だ」 ウ「建築家が塚を作るために，多くの科学者が沢山の実験をした」(×)記述ナシ。建築家が塚を作ったわけではなく，アリ塚にヒントを得て，建築家が冷房装置を使わないショッピングセンターを建設したことが記されている。また，多くの実験がなされたのは，人間が飛行する夢を実現するためである(アヤ：To realize their dream (of flying), people worked on it for hundreds of years. During that time, they did a lot of research and experiments.)。work on「～に取り組む」hundreds of「何百年もの～」 エ「地球で生き残るために，昆虫は人間から学んだ」(×)人間が自然から学ぶことは多く記されているが(ケン：So not only birds but also insects can be our teachers／ケン：We are talking about learning from nature.／アヤ：If we want to make our lives better, it may be helpful to find hints in nature.／ケン：By learning from nature, I'm sure we can solve many other problems that we have.／ブラウン先生：Something in nature may be a big hint for making our live better.)，昆虫が人間から学んだという記述はない。have learned ← <have + 過去分詞>現在完了(完了・結果・経験・継続) So「それゆえ，だから，それで」not only A but also B「AばかりでなくBもまた」are talking「話しているところである」← <be動詞 + 現在分詞[原形 + -ing]>進行形「～しているところだ」make our live better ← make A B「AをBの状態にする」better「より良い[良く]」← good／well の比較級　may「～かもしれない，してもよい」<It is + 形容詞 + 不定詞>「～［不定詞］することは…［形容詞］だ」by learning「学ぶことにより」← <前置詞 + 動名詞[原形 + -ing]> many other problems that we have「私達が抱えている多くの他の問題」← 目的格の関係代名詞 that　オ「シロアリの中には，夜にはとても寒くて，日中

には非常に暑い地域に住んでいるものがいる」(○)ブラウン先生の In some places in Africa, termites build big mounds out of mud. ～ In those areas in Africa, the temperature goes up to about 50 ℃ during the day, and goes down to about 0℃ at night. というせりふに一致。areas that are very cold ～　← ＜先行詞 + 主格の関係代名詞 that + 動詞＞「動詞する先行詞」 カ「頭の上のこぶを使うことで，アフリカの砂漠に生息する甲虫は水を得ている」(×)こぶは頭の上ではなくて，背中にある(カワダ先生：they are beetles that live in a desert in Africa. They have small bumps on their backs. These bumps can collect water from the air to make a drop of water.)。(the)beetles that live ← ＜先行詞 + 主格の関係代名詞 that + 動詞＞「～[動詞]する先行詞」 by using ← ＜前置詞 + 動名詞[原形 + -ing]＞　キ「自然から学ぶことは私達が生存する唯一の方法である」(×)自然から学ぶことについては多く言及されているが(選択肢エの解説参照)，そのことが唯一の生存方法であるとは述べられていない。learning from nature ← ＜原形 + -ing＞動名詞「～すること」 the only way we can survive ← ＜the way + 主語 + 動詞＞「主語が動詞する方法」

重要 〔問7〕 (全訳)「今日，放課後に，ケン，ブラウン先生，そして，カワダ先生と話をして楽しんだ。そのことに関して私達はそれほど頻繁に考えないかもしれないが，私達の a キ生活をより良くするために，自然から多くの役に立つ情報を人々が得てきた，ということを私は学んだ。アフリカの昆虫のおかげで，b ア環境にやさしい建物を建築することができた。水不足の問題を c イ解決する手助けとなるかもしれないヒントを私達に与えてくれる他の昆虫も存在している。自然にもっと多くのヒントを d エ見つけることができるかもしれないので，私はわくわくしている。自然の手助けにより，人々がより幸福になることを私は望んでいる」 (a)アヤ：If we want to make our lives better, it may be helpful to find hints in nature.／ブラウン先生：Something in nature may be a big hint for making our lives better. を参考にすること。正解は，「生活」lives。lives ← life「生活」の複数形　make our lives better ← make A B「AをBの状態にする」better「より良い[良く]」← good／well の比較級　may「～かもしれない，してもよい」＜It is + 形容詞 + 不定詞[to + 原形]＞「～[不定詞]することは…[形容詞]だ」 (b)an eco-friendly building「環境にやさしい建物」← a shopping center in Africa that does not use air conditioners to control the temperature inside「中の気温を制御するために冷房装置を使わないアフリカのショッピングセンター」／the[a]building that can save electricity「電気を節約できる建物」← ＜先行詞 + 主格の関係代名詞 that + 動詞＞「～動詞する先行詞」 (c)カワダ先生の They are trying to make tolls that can collect water from the air in the same way. If these tools become common, people living in hot dry areas may be able to get water more easily. It may be possible to solve the problem of water shortage. というせりふを参考にすること。other insects that give us hints which may help us ← 主格の関係代名詞 that と which＜先行詞 + 主格の関係代名詞 which／that + 動詞＞「～動詞する先行詞」／may「～かもしれない，してもよい」are trying「～しようとしている」← 進行形＜be動詞 + 現在分詞[原形 + -ing]＞ tools that can collect water「水を集めることができる道具」← 主格の関係代名詞の that　people living in「～に住んでいる人々」← ＜名詞 + 現在分詞[原形 + -ing]+ 他の語句＞「～している名詞」現在分詞の形容詞的用法　may be able to get「得ることができるかもしれない」← may「かもしれない」+ ＜be動詞 + able + 不定詞[to + 原形]＞「できる」 more easily ← easily「簡単に」の比較級 (d)アヤの If we want to make our lives better, it may be helpful to find hints in nature. を参考にすること。may be able to find ← may「かもしれない」+ ＜be動詞 + able

＋不定詞[to＋原形]>「できる」more「より多い[多く]」← many／much の比較級　make our lives better ← make A B「AをBの状態にする」better「より良い[良く]」← good／well の比較級　may「かもしれない，してもよい」<It is＋形容詞＋不定詞[to＋原形]>「～[不定詞]するのは…[形容詞]だ」

3　**(長文読解問題・論説文：語句補充・選択，語句整序，文整序，要旨把握，自由・条件作文，助動詞，関係代名詞，比較，受動態，不定詞，接続詞，現在完了，分詞，前置詞，動名詞，間接疑問文)**

(全訳)川までやって来て，それを横断したい時に，あなたはどうするだろうか？　もちろん，橋を探すだろう。橋を見つけたら，もう一方の側へ到達するのは簡単だろう。でも，もし見つからなかったら，あなたは困るだろう。川を渡りたい時には，橋は非常に重要である。

日常生活において，どこであなたは橋を見つけるだろうか？　橋は，全て川を横断するためにあるのだろうか？　歩いていて，多くの車で往来の激しい通りまでやって来た時に，ときどき，橋の上を通行することができる場合がある。その橋は，道路を横断するためのものである。大きな駅では，ある電車に行き着くのに，橋の上を歩くことになるかもしれない。その橋は，鉄道を横切るために存在する。橋は単に人間がその上を歩くためばかりのものではない。例えば，電車や車も橋を利用することがある。向こう側へと水を運搬する橋さえ存在する。

ところで，橋とは何だろうか。ある大学の教授は，「新しい通路を作り出すために，橋は互いに離れている2地点をつなぐ」と述べている。橋が建築されると，2つの場所がつながる。すると，人々や他の物品がその橋の上を通り過ぎることが可能となる。(1)-aア橋のおかげで，人々は到達したい場所へと，より速く，より容易に，到着することができるようになるだろう。また，物品を移動させることも可能となるだろう。このようにして，橋は交通の要所となるかもしれず，このことが，いかに都市が形成されるかに影響を及ぼしうる。同様に，仮に橋が美しくて巨大であれば，多くの人々を引き付けることになるだろう。

その教授は「最初の橋は木橋だった，と私は思います。人々が川を超えたいと思った時に，彼らは単純に木を伐採して，川を横切ってそれを置いたに違いない。そうすることが簡単だったので」と述べている。川を横切るように木や板を置いたことが，けた橋の始まりだったと信じられている。しかし，見つけられるいかなる木よりも橋を長くしたいと思った時に，けた橋を作ることが困難になった。人々は石をつなげることで，橋を建設することを考えた。この考えがアーチ橋になった。ヨーロッパでは，古いアーチ橋が未だに見られる。写真1を見なさい。イタリアにあるこのアーチ橋は，2,000年以上前のものである。人々は橋を作るのにつるも用いた。つるは森や山で簡単に見つけることができた。(1)-bカそれらはつなげると，通常，長くて，強固になり，様々な形へと設計することが可能であった。これがつり橋の始まりであったと考えられている。現在，様々な種類の橋があるが，これらの3つが，大昔以来，基本の種類の橋であると言うことができる。

これらの3つの種類の橋がどのように支えられているかを見てみよう。

3つの小さな木片と1本のプラステックの定規を用意しなさい。写真2で見ることができるように，両端に1つずつ置かれた2つの木片の上に定規を置きなさい。これはけた橋のモデルである。定規がけたで，2つの木片がこの橋のモデルの支えである。橋の2つの支えの間の距離はスパンと呼ばれている。さて，1本の指で，定規の真ん中を下へ押し込みなさい。非常に簡単に曲がるだろう。定規の中央の下に別の木片を置きなさい。すると，2つのスパンと3本の支えを有する橋となるだろう。各スパンの中央を1本の指で下へ押し込もうとしてみなさい。定規は以前よりも曲がりづらくなっている。(2)ウ従って，より多くの支えを作ることができれば，より強固なけた橋を作ることができるだろう。

アーチ橋はどのように支えられているのだろうか。図3を見なさい。Aの部分は，押して，押されることにより，両側からBの部分によって支えられている。Bの部分もまた，Aの部分とCの部分により支えられている。アーチ橋全体がこのように支えられている。部分Dとして示されている橋の両端がしっかりと固定されていないと，その橋は崩れ落ちるかもしれない。だが，図4のように両端が固定されていると，アーチは良い形に保たれ，橋への重さを支えることが可能となる。

今度は図5を見なさい。これはつり橋のモデルだ。つり橋は主なケーブルでつるされて，両端の重い固定基礎と2つの高い塔により支えられている。(3)沢山のロープが主なケーブルからつるされ，けたを支えるために，そこへと固定されている。このモデルでは，2つの高い塔が橋の支えとして機能している。

新しい原材料と最新の技術が，橋をより強くして，人々の生活を大いに変えてきた。昔は，ほとんどの橋が，木，石，あるいは，つるのような天然の原材料で作られていた。だが，産業革命の時代に，鉄橋が現れた。これらの新しい橋は，人々がヨーロッパを横断する鉄道を建設することが可能となり，より簡単に，長い距離を旅して，多くのものを運搬することができた，ということを意味した。鉄は鋼《はがね》へと進化し，今では，より強固で，より長い橋を作ることが可能となっている。コンクリートも，私達がそのような橋を作る手助けに大いになっている。今日では，鋼とコンクリートは通常一緒に使われている。(1)-c オそれらは強くて，簡単に異なった形へと作り変えることができるので，様々な種類の橋を見かけることが可能となっている。また，コンピューターの技術が，橋をより安全にする方法を理解する上で手助けとなってきた。

橋を建設する際に，橋自体の重さ，上を通過する人，車，電車，そして，その他のものを支えることができるようなものをどこに作るのかを決定するために，地面を注意深く見なければならない。(4) B地面の状態が時には悪いことがあるので，橋を建設するのに適した場所を探さなければならない。Dある良い場所を見つけたら，建設する種類の橋について考え始めることが可能となる。C多くの場合には，橋の種類はその最長のスパンにより決定される。Aつり橋は2本の支えのみで長い距離をまかなうことが可能となる。海に浮かぶ島々の間にかかる大きな橋を見なさい。それらのほとんどがつり橋である。

日本で最も長いスパンを有するつり橋が，最近まで世界で最長だった，ということをあなたは知っていただろうか。その橋は長さがほぼ4,000メートルで，その塔は高さが約300メートルである。2つの塔はほぼ2,000メートル離れている。これらの高い塔だけではなく，鋼でできた非常に頑丈な主ケーブルもまたこのつり橋を支えている。(1)-d イこの橋のおかげで，より自由に，巨大な島々の間の海を，人々は横断することが可能となっている。

現在の橋は，古き日々のそれとは非常に違って見えるかもしれない。アーチ橋を建設するのに，通常，石ではなくて，鋼を使い，その形も大いに変化してきた。巨大なつり橋は現在，つるの代わりに，強固な鋼のケーブルによって支えられている。しかし，それ以降，3種類の主な橋の基本的考え方は，それほど変わっていない。

次に橋を見かけたら，橋の種類を見つけ出そうとしなさい。それがどのように作られていて，それに対する荷重をどのように支えているのかを考えてみることは，興味深いだろう。

重要　〔問1〕　(1)-a「橋が建築されると，2つの場所がつながる。そうすると，人々や他の物品がその橋の上を通り過ぎることが可能となる。(1)-a アは橋のおかげで，人々は到達したい場所へと，より速く，よりたやすく到着することができるようになるだろう。また，物品を移動させることも可能となるだろう」thanks to「～のおかげで」＜will be able + 不定詞[to + 原形]＞「～できるだろう」get to「～へ着く」the place▼they want to reach ← ＜先行詞(+ 目的格の関係代名詞)+ 主語 + 動詞＞「主語が動詞する先行詞」目的格の関係代名詞の省略　faster ← fast「速い」の比較級 more easily ← easily「たやすい」の比較級 is built「建てられる」／are joined「結合される」← ＜be動詞 + 過去分詞＞受動態 ＜It is + 形容詞 + 不定詞[to + 原形]＞「～［不定詞］することは…［形容詞］だ」more「より多い[多く]」← many／much の比較級 (1)-b「人々は橋を作るのにつるも用いた。つるは森や山で簡単に見つけることができた。(1)-b[カ]それらはつなげると，通常，長くて，強固になり，様々な形へと設計することが可能であった。これがつり橋の始まりだったと考えられている」were connected／were found ← ＜be動詞 + 過去分詞＞受動態／could be designed ← 助動詞付きの受動態＜助動詞 + be + 過去分詞＞ (1)-c「鉄は鋼へと進化し，今では，より強固で，より長い橋を作ることができる。コンクリートも私達がそのような橋を作る手助けを大いにしてきた。今日では，鋼とコンクリートは通常一緒に使われている。(1)-c[オ]それらはとても強くて，簡単に異なった形へと作り変えることができるので，様々な種類の橋を見かけることが可能となっている。また，コンピューターの技術が，橋をより安全にする方法を理解する上で手助けとなってきた」can be easily made ← 助動詞付きの受動態＜助動詞 + be + 過去分詞＞ ～, so ...「～である，それゆえに[だから，それで]…」was developed／are used ← ＜be動詞 + 過去分詞＞受動態 ＜be動詞 + able + 不定詞[to + 原形]＞「～できる」stronger ← strong「強い」の比較級 longer ← long「長い」の比較級 has helped ← ＜has[have]+ 過去分詞＞現在完了(完了・経験・結果・継続)how to make ← ＜how + 不定詞[to + 原形]＞ (1)-d「日本で最も長いスパンを有するつり橋が，最近まで世界で最長だった，ということをあなたは知っていただろうか。その橋はほぼ長さが4,000メートルで，その塔は高さが約300メートルである。2つの塔はほぼ2,000メートル離れている。これらの高い塔だけではなく，鋼でできた非常に頑丈な主ケーブルもまたこのつり橋を支えている。(1)-d[イ]この橋のおかげで，より自由に，巨大な島々の間の海を，人々は横断することが可能となっている」thanks to「～のおかげで」between「～の間の」more freely ← freely「自由に」の比較級 longest ← long「長い」の最上級 not only A but also B「Aばかりでなく Bもまた」 very strong main cables made of steel ← ＜名詞 + 過去分詞 + 他の語句＞「～された名詞」過去分詞の形容詞的用法 ウ「その橋のおかげで，人々はそれを渡ることなく，そこから景色を楽しむことができるだろう」thanks to「～のおかげで」will be able to enjoy ← ＜will be able + 不定詞[to + 原形]＞「～することができるだろう」without crossing ← ＜without + 動名詞[原形 + -ing]＞「～することなしで」 エ「それらはとても強く，硬いので，それらを異なった形へと成形するのは困難である」so ～ that ...「とても～なので…である」it was difficult to design ～ ← ＜It is + 形容詞 + 不定詞[to + 原形]＞「～［不定詞］することは…［形容詞］である」

重要 〔問2〕 空所2の前で，けた橋のモデルを利用して，支えを増やすと強度が強くなることを説明している。よって，空所に当てはまる英文は，ウ「従って，より多くの支えを作ることができれば，より強固なけた橋を作ることができるだろう」。so「それゆえに，だから，それで」more「より多い[多く]」← many／much の比較級 ＜will be able + 不定詞[to + 原形]＞「～することができるだろう」stronger ← strong「強い」の比較級 ア「従って，もしスパンをより長くすることができれば，より長いけた橋を作ることができるだろう」so「それゆえに，だから，それで」longer ← long「長い」の比較級 ＜will be able + 不定詞[to + 原形]＞「～することができるだろう」 イ「しかし，それを安全にするには，より多くの支えを置く必要がある」more「もっと多数の，さらに多く」← many／much の比較級 make it safe ← make A B「AをBの状態にする」 エ「しかし，橋をより長くしたければ，支えの1本を取り除く必要がある」make the bridge longer ← make A B「AをBの状態にする」／longer ← long「長い」の

比較級

基本　〔問3〕 A lot of ropes are hung from the main cables and fixed to the beam to(support it.) are hung[fixed]← ＜be動詞 + 過去分詞＞受動態「～される，されている」to support it「それを支えるために」← 不定詞[to + 原形]の目的「～するために」を表す副詞的用法

重要　〔問4〕 該当箇所第10段落の和訳を参照のこと。must「しなければならない，に相違ない」～ decide where you will build one ～「どこに建設するかを決定する」← 疑問文(Where will you build one ?)を他の文に組み込む時[間接疑問文]には，＜疑問詞 + 主語 + 動詞＞の語順になる。one that can hold the weight of「～の重さを保持することができるもの」／other things that go over it「その上を通る他のもの」← ＜先行詞 + 主格の関係代名詞 that + 動詞＞「動詞する先行詞」 look for「～を探す」have found ← 現在完了＜have + 過去分詞＞ the type of the bridge▼you will build「あなたが建設する橋の種類」← ＜先行詞(+ 目的格の関係代名詞)+ 主語 + 動詞＞「主語が動詞する先行詞」目的格の関係代名詞の省略 is decided「決定される」← ＜be動詞 + 過去分詞＞受動態「～される，されている」longest ← long「長い」の最上級

重要　〔問5〕 ア「橋はまた水を運ぶ通路も作り出す」(○)第2段落最終文(There are some bridges that even carry water to the other side.)に一致。some bridges that even carry water「水を運ぶことさえする橋」← ＜先行詞 + 主格の関係代名詞 that + 動詞＞「動詞する先行詞」 イ「けた橋を作ることは，石をつなげて橋を作ることよりも難しい」(×)記述ナシ。making a(beam) bridge ← 動名詞＜原形 + -ing＞「～すること」more difficult ← difficult「難しい」の比較級 by connecting ← ＜前置詞 + 動名詞＞ ウ「より安全にしたければ，アーチ橋の両端を固定することはそれほど重要なことではない」(×)第7段落最後の2文に If both ends of the bridge shown as Part Ds are not fixed, the bridge may fall down. However, if they are fixed like in Picture 4, the arch can be kept in good shape and can support weight on the bridge. とあり，両端を固定することは大切なので，不一致。It is not very important to fix ～ ← ＜It is + 形容詞 + 不定詞[to + 原形]＞「～［不定詞］することは…［形容詞］だ」both ends of the bridge shown as Part Ds「パートDとして示されている橋の両端」← ＜名詞 + 過去分詞 + 他の語句＞「～された名詞」過去分詞の形容詞的用法 are(not)fixed「固定されている[されていない]」← ＜be動詞 + 過去分詞＞受動態「～される，されている」may「～かもしれない，してもよい」can be kept「保たれることが可能である」← 助動詞付きの文の受動態

エ「石と木は，橋を立てるための新素材を人々が作り出す手助けをしてきた」(×)第9段落第2文に In the old days, most bridges were made of natural materials like wood, stone or vine. とあり，石や木は古い時代に橋を作る際に使われた原材料であり，新素材との関連で述べられていないので，不可。have helped ← ＜have[has]+ 過去分詞＞現在完了(完了・経験・結果・継続)for building bridges ← 動名詞＜原形 + -ing＞「～すること」were made「作られた」← 受動態＜be動詞 + 過去分詞＞ オ「最新の技術が開発されたが，橋はより強固になっていない」(×)第9段落最初の文に New materials and modern technologies have made bridges stronger and changed people's lives greatly. とあるので，不可。have been developed ← ＜have been + 過去分詞＞現在完了の受動態 haven't become／have made／have changed ← ＜have + 過去分詞＞現在完了(完了・結果・経験・継続)stronger ← strong「強い」の比較級 カ「日本で最も長いスパンを有するつり橋は，世界でも最も長い」(×)第11段落最初の文に Did you know that the suspension bridge with the longest span in Japan was the longest in the world until recently ? とあり，世界最長だったのは過去の話なので，不一致。longest

← long「長い」の最上級　キ「古き日々の橋と似通ったいくつかの種類の橋に関する基本的考えが，未だに用いられている」(○)第12段落(Bridges today may look very different from the ones in the old days. We usually don't use stone but steel to make arch bridges, and their shapes have changed a lot. Huge suspension bridges are now supported by strong steel cables instead of vines. However, the basic ideas of the three main types of the bridge haven't changed very much since then.)に一致。the bridge that are similar to「～と似ている橋」← 主格の関係代名詞 that　ones ← 数えられる名詞の反復を避けるために用いる one の複数形。may「かもしれない，してもよい」 are supported ← ＜be動詞 + 過去分詞＞受動態　instead of「～の代わりに」 have changed／haven't changed ← 現在完了 ＜have + 過去分詞＞

やや難　〔問6〕 設問指示：「あなたが橋を建設することになったと仮定する。どこにそれを建設したいか。それを建設した後に，どのような変化がもたらされるか」(解答例訳)「私は家の近くの往来の激しい通りの上に橋を作りたい。学校へ行くのに，毎日，私はその道を横切る必要があるが，しばしば長い時間，そこで待たなければならない。もし橋がそこに建築されれば，2度と遅刻することはないだろう」設問指示に従い，40語以上50語程度の英語で答える自由・条件英作文。

★ワンポイントアドバイス★

3〔問4〕で出題された文整序問題を取り上げる。つなぎ言葉，代名詞，キーワード等に注意して，並べ換える選択肢の文の前後も含めて，論旨の展開が自然となるように，1文ずつ正しく並べていくこと。

＜国語解答＞

1　(1) さかま　(2) きんせん　(3) ようほう　(4) ていげん　(5) かろとうせん

2　(1) 束　(2) 連綿　(3) 山積　(4) 試金石　(5) 行雲流水

3　〔問1〕 ウ　〔問2〕 イ　〔問3〕 エ
〔問4〕 (例)高齢をものともせず近年も旅行しているおじちゃんの言葉をそのまま受け取れず，打ち消すとともに敬意を表したいという気持ち。(59字)
〔問5〕 ア　〔問6〕 ウ

4　〔問1〕 エ　〔問2〕 (例) 科学とは，最新の知識をこそ正しいものと見なすべきであり，古い見解には価値がないとする態度。　(45字)
〔問3〕 イ　〔問4〕 ア　〔問5〕 エ　〔問6〕 ウ
〔問7〕 (例) 人間は，科学を利用して自己の利益を追求した結果，自然を破壊して多くの生物を生息場所から追いやり，その命を奪ってきた。「和をもって貴しと為す」という古い言葉は調和の大切さを語っている。この言葉に反省し，全ての生物は同じ地球に住む仲間だという意識のもと，他の生物を尊重し，思いやれば環境に配慮した行動ができる。さらに，世界中の生物にとって幸せな環境の実現のために科学を活用する道も拓けるだろう。(198字)

5　〔問1〕 ア　〔問2〕 エ　〔問3〕 イ　〔問4〕 ウ　〔問5〕 イ

○配点○
[1] 各2点×5　[2] 各2点×5　[3] 問4　5点　他　各4点×5
[4] 問2　5点　問7　10点　他 各4点×5　[5] 各4点×5　計100点

＜国語解説＞

[1] （漢字の読み）

(1) 流れに逆らうこと。 (2) 「琴線に触れる」とは，相手に大きな感動や共鳴を与えること。(3)「蜂」は，「夆」があるから「ホウ」と読むことがわかる。「峰」「縫」なども同じ。 (4) ある要素が増えるに対応して，もう一方の要素が減るようにすること。対義語は「逓増」。 (5) 時節に合わないで役に立たないもの。「冬扇夏炉」ともいう。

[2] （漢字の書き取り）

(1) ある組織の中心となって取り締まること。 (2) 長く続いて，いつまでも切れない様子。(3) 未整理・未解決の問題などがたくさんたまること。「積」は，のぎへん。(4)それが本物か，それで上手くいくかどうかを見極めるためにやってみる物事。(5) 一つのことやあるものにこだわらず，一切を成りゆきに任せること。

[3] （小説―情景・心情,内容吟味,表現技法）

基本 〔問1〕 妻は「前の家のあたたかさを思い出す」ことになる。いちばん好きな布団のなかの時間やおじちゃんやおばちゃんの体温を思い出すとき，妻は懐かしさや愛おしさを抱くのである。回顧する際に新生活へ期待は抱かない。また，今までの生活への未練というマイナスのイメージは不適切である。

〔問2〕「暖気になって」という表現から，心が身体から離れて自由になり，空想の世界に浸っていることが読み取れる。妻は大好きな布団のことで頭がいっぱいなので，周囲の様子は全く気になっていない状態だ。

〔問3〕 唐突に質問が耳に入ってきて，なんと答えてよいものかと，とまどっているのである。耳が遠くなってきているおじちゃんの耳にもちゃんと聞こえるような話し方だということは，丁寧で真摯な質問であったはずだ。そうした質問にいいかげんに返答するわけにもいかず，「えー」と困った顔になったのだ。

重要 〔問4〕「なかなか行けない」というおじちゃんの言葉を妻が否定したのは，おじちゃんが九十歳を越えているのに最近も夫婦で旅行に行っているからだ。そのおじちゃんの元気さをすごいとすら思っている。したがって，妻の気持ちとしては，おじちゃんの言葉を打ち消したい気持ち，高齢にもかかわらず元気でいることへの敬意だと読み取れる。このポイントをおさえて記述していこう。

やや難 〔問5〕 おばちゃんの話の途中で相づちしか打たないおじちゃんだが，その心境は喜んでいるようであると描写されている。夫婦でがんばってきた話からも，二人は長年連れ添って来たがゆえに盤石な信頼関係が結ばれていることが読みとれる。イのように，話すことは「おばちゃんだけの特権」ではない。ウのおじちゃんがおばちゃんの表情が変わる度に同調して表情を変えるという点や，エのおばちゃんの話を「取り合おうとしなった」というのは不適切である。

〔問6〕 この文章は「」もなく，登場人物が一人称で語る場面や，第三者が状況を客観的に眺めて描写するような場面が混在している。視点の移動が行われることによって，作品世界は固定することなく広がりを持つようになっている。ア「登場人物同士の心情的な隔たり」はない。イ「煮え切らない妻の態度」という説明が不適切。エのように「無関係な描写を適宜挟むこと」は話題の転換にはならない。

4　(論説文―大意・要旨,内容吟味,文脈把握, 作文)

基本　〔問1〕 傍線(1)と同段落内に「不純な趣味」となり得る条件が示されている。それは,「時代の匂というようなものが生じる」「歴史的聯想」「単にその物が古いために現今希有である」ことに加えて「どこからか掘出してきて人に誇る」というものだ。これらの条件に当てはまるのはエである。

重要　〔問2〕 骨董主義とは没交渉であるべきだと考える立場にある科学者は,「これと正反対の極端にある科学者」である。この冒頭から始まる段落に,彼らは「最新の知識すなわち真である」と考え,極端にいえば「古い物は何物でも無価値と考え，新しきものは無差別に尊重する」という態度をとることが述べられている。ここを用いてまとめればよい。

〔問3〕 傍線(3)にある「そう考え」る内容をおさえる。傍線直前の「科学者の知識は『物自身』の知識ではなくして科学者の頭脳から編み上げた製作物とも云われる」がその内容だ。ここから「独自の理論を考案して形にしたい」という欲求が適切である。

〔問4〕「科学者の中には」で始まる段落に科学上の骨董趣味のある人は,「愛好の念をもってこれを蒐集する人」であり「自ら楽しみまた人に示すを喜ぶ趣味」に没頭していて,「探索して楽しむ」ことばかりしているから，かれらに科学の発展に寄与したいという気持ちはなく,個人的な満足感を満たしているに過ぎないと考えられるわけだ。これが軽視される理由だといえる。

〔問5〕「このような類例」は同段落の「例えば」から始まり傍線(5)直前の「……グリフィスの手によって復活した」に述べられている。この類例はどれも，科学上の新知識・新事実･新学説は先人の学説や考えに因縁関係があって，先人の探求が後生の研究者に啓示を与え，新しい発明や学説の成立に結びついた例である。筆者も「新しい科学が昔の研究に暗示を得る場合ははなはだ多いようである」と述べている。

〔問6〕 傍線(6)のあとで筆者は,「直接の応用は眼前の知識の範囲を出づる事はできない」として「一定の限界」を認め,「予想外の応用が意外な閑人的学究の骨董的探求から産出する事は珍しくない」と述べている。古い事(先人の探求)はやがて新しい事になるのだというのだ。したがって眼前の新しい事にばかりとらわれるのではなく，過去の研究に目を向ける科学的研究こそが意外な発想をもたらし，新しい科学の発展につながるというのが筆者の考えである。これが骨董趣味を軽んじてはならないとする理由だ。

重要　〔問7〕 作文のテーマは,「温故知新」という技法で，世界の未来における課題にどのように取り組むかということだ。今回の作文では，自分で課題を見つける力，その対応についての考察力が求められている。「温故知新」といえるにふさわしい具体例も見つけなくてはならない。ふさわしい格言なども考える必要がある。自分の身近な状況から見つけ出してもよいだろう。二百字以内の指定字数があるので，課題・「温故知新」にまつわる例・自分の考察を順序立てて簡潔にまとめるようにしたい。

5　(論説文・和歌・俳句―大意・要旨,内容吟味,文脈把握,表現技法)

基本　〔問1〕 西行と芭蕉のゆかりは二点挙げられる。一つ目は「西行上人が扇を開いて雁の文台とした風流から，芭蕉が思いついて，文台の表の面に，扇の形を書いて，岩を二つ注連縄で結んだ形を書いた」とあることだ。二つ目は「過る春潮のみつより船出してなみの花をやさきにたつらむの一首が，いま芭蕉の一句の『潮の花』にかかわる」ということだ。

〔問2〕 エの歌はどの句の頭も「よ」の音で始まっている。

重要 〔問3〕「波の花」は，潮の飛び散る様子が花の様であることを表していて，「潮の花」はその中でも「満ちて来る潮の花」であり，それは一層の迫力を伴うものとされる。筆者は「これを単に『砕け散る浪の花』と解するよりも，ひたひたと満ちて来る海を句の底に見る方がはるかに一句の迫力を増す」と述べていて,「波の花」と解釈してしまうと句の迫力に欠けると考えている。アの「ほぼ同じ状況を表して」いるとする点，ウの芭蕉の句が「新春のめでたさ」を描き出したとする点，エの「『波の花』とする方が一般的」とする点が不適切だ。

〔問4〕 海水の飛沫に過ぎない「潮の花」であるのに，和歌連歌以来，春の意味を含蓄する「花」という言葉の力ゆえに，「潮の花」に春をイメージさせてしまうのだ。アは「花のイメージ」，イは「海のイメージ」，エは「波のイメージ」という説明が不適切である。

やや難 〔問5〕 潮の花は飛沫ではなく花だと信じたい気持ちが，倒置によって「一層強調される」とある。われならぬところから来るように思われる,「疑ってはならない」という命令によって，我々は〈潮の花〉が〈花〉であるという疑いようのない境地に置かれるのである。人為を越えたところに存在する象徴機能の生成は明示されず,「神仏の威徳だ」とは示されることはない。そこで，それを「わかりやすくするために，一句を他の形に直すならば」として「あなたふと」という句が示されている。アは「〈潮の花〉が〈花〉であることは疑う余地のないこと」とする点，ウは筆者が「この句に作用している神仏の力をわかりやすく伝えるため」にとする点，エは「うたがふな」の句には「『神仏の威徳』の存在は表現されていない」とする点が不適切である。

★ワンポイントアドバイス★

三題の長文ともに,選択肢問題が多いが，深く読み込まないと正しい選択肢の根拠を本文から確実に導き出すことができない。焦らず丁寧に読解する練習をしたい。作文もあるので,時間配分を意識して過去問を解いていこう。

MEMO

大切なことはメモしておこうネ！

2022年度

★★★★★★★★★★★★★★★★★★★★★★★★

入　試　問　題

●くわしい解説……37ページ

＜数学＞

時間 50 分　満点 100 点

【注意】答えに根号が含まれるときは，根号を付けたまま，分母に根号を含まない形で表しなさい。
また，根号の中を最も小さい自然数にしなさい。

1 次の各問に答えよ。

〔問1〕 $\sqrt{6}\left(\sqrt{18}+\dfrac{6}{\sqrt{3}}\right)-\sqrt{72}$ を計算せよ。

〔問2〕 2次方程式 $2x^2-(x+3)^2=7$ を解け。

〔問3〕 連立方程式 $\begin{cases} 4x+3y=33 \\ \dfrac{1}{2}x-\dfrac{2}{3}y=1 \end{cases}$ を解け。

〔問4〕 2，3，5，6，7，8 の数字が 1 つずつ書かれた 6 枚のカード$\boxed{2}$，$\boxed{3}$，$\boxed{5}$，$\boxed{6}$，$\boxed{7}$，$\boxed{8}$がある。

この 6 枚のカードの中から同時に 2 枚のカードを取り出すとき，取り出したカードに書かれた数字の積が，20 以上になる確率を求めよ。

ただし，どのカードが取り出されることも同様に確からしいものとする。

〔問5〕 右の図で，点 O は線分 AB を直径とする半円の中心である。

解答欄に示した図をもとにして，$\overset{\frown}{AB}$上に∠AOC = 75° となる点 C を，定規とコンパスを用いて作図によって求め，点 C の位置を示す文字 C も書け。

ただし，作図に用いる線は決められた解答欄にかき，消さないでおくこと。

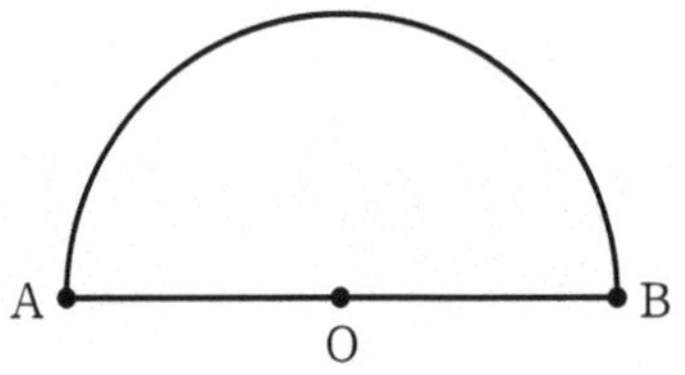

2　右の図で，点 O は原点，曲線 f は関数 $y = x^2$ のグラフ，曲線 g は関数 $y = \frac{b}{x}$ $(1 < b < 8)$ のグラフの $x > 0$ の部分を表している。

点 A，点 B はともに曲線 f 上にあり，点 A の x 座標は a，点 B の x 座標は $a + 1$ である。

ただし，$a > 0$ とする。

点 C，点 D はともに曲線 g 上にあり，点 C の x 座標は 1，点 D の x 座標は b である。

次の各問に答えよ。

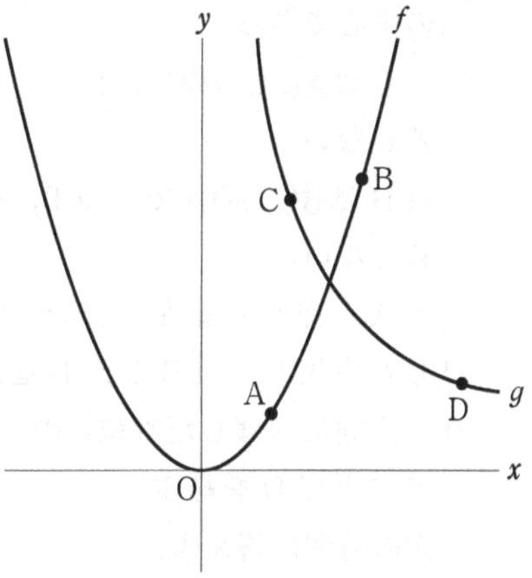

〔問1〕　関数 $y = \frac{b}{x}$ において，x の値が 2 から 5 まで変化するときの変化の割合が $-\frac{1}{3}$ であるとき，b の値を求めよ。

〔問2〕　2 点 A，D を通る直線を引き，直線 AD が x 軸と平行になるとき，点 A と点 C，点 C と点 B，点 B と点 D をそれぞれ結んだ場合を考える。

四角形 ADBC の面積が 7cm^2 のとき，a と b の値を求めよ。

ただし，原点から点 (1，0) までの距離，および原点から点 (0，1) までの距離をそれぞれ 1cm とする。

〔問3〕　$b = 6$ のとき，y 軸を対称の軸として点 A と線対称な点を E とし，2 点 B，E を通る直線が点 C を通る場合を考える。

a の値を求めよ。

ただし，答えだけでなく，答えを求める過程が分かるように，途中の式や計算なども書け。

3 右の図1で，点O は，線分 AB を直径とする半円の中心である。

点 C は$\overset{\frown}{AB}$上の点で，点 A，点 B のいずれにも一致しない。

点 D は$\overset{\frown}{BC}$上の点で，点 B，点 C のいずれにも一致しない。

点 A と点 C を結んだ線分 AC を C の方向に延ばした直線と，点 B と点 D を結んだ線分 BD を D の方向に延ばした直線との交点を E とする。

点 C と点 D を結ぶ。

次の各問に答えよ。

図 1

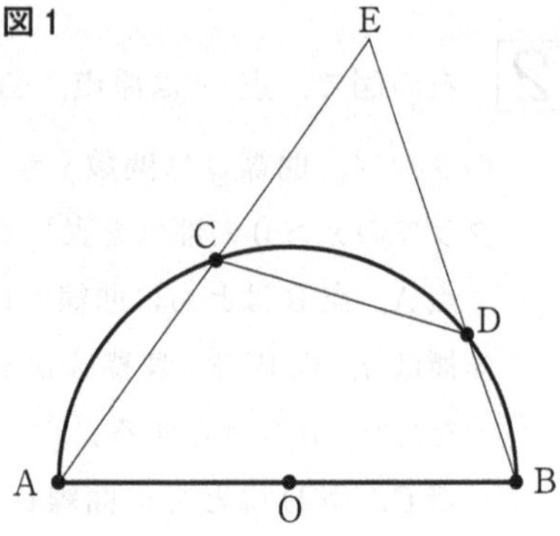

〔問1〕 図1 において，点 O と点 C を結んだ場合を考える。

OC ⫽ BD，$\overset{\frown}{CD}$：$\overset{\frown}{DB}$＝ 2：1 であるとき，∠CDE の大きさは何度か。

〔問2〕 右の図2 は図1 において，$\overset{\frown}{CD}$＝$\overset{\frown}{DB}$の場合を表している。

次の(1)，(2)に答えよ。

(1) DB ＝ DE であることを証明せよ。

図 2

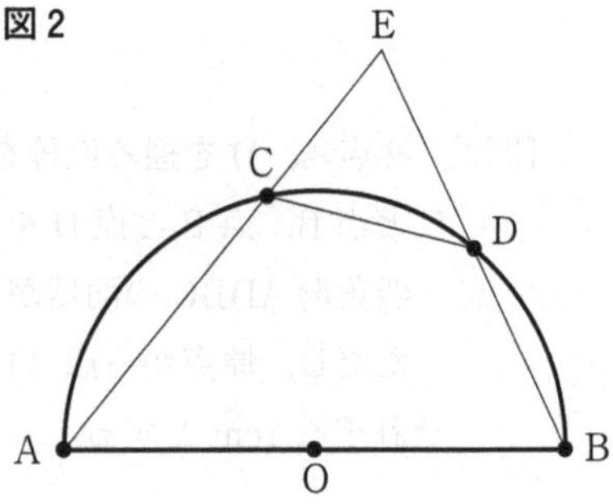

(2) 右の図3 は，図2 において，点 O と点 E を結び，線分 CD と線分 EO との交点を F とした場合を表している。

AB ＝ 12cm，BE ＝ 10cm のとき，線分 CF の長さは何 cm か。

図 3

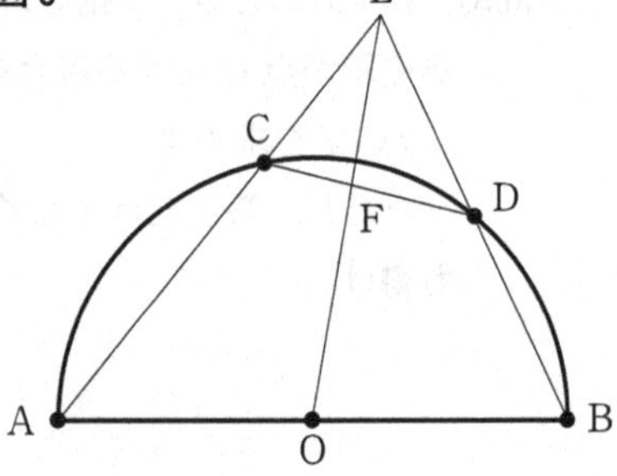

4 右の図1に示した立体ABCD − EFGHは，1辺の長さが4cmの立方体である。

点Iは辺EFをFの方向に延ばした直線上にあり，EI = 20cm，点Jは辺EHをHの方向に延ばした直線上にあり，EJ = 10cmである。

点Pは頂点Eを出発し，線分EI上を毎秒2cmの速さで動き，10秒後に点Iに到達する。

図1

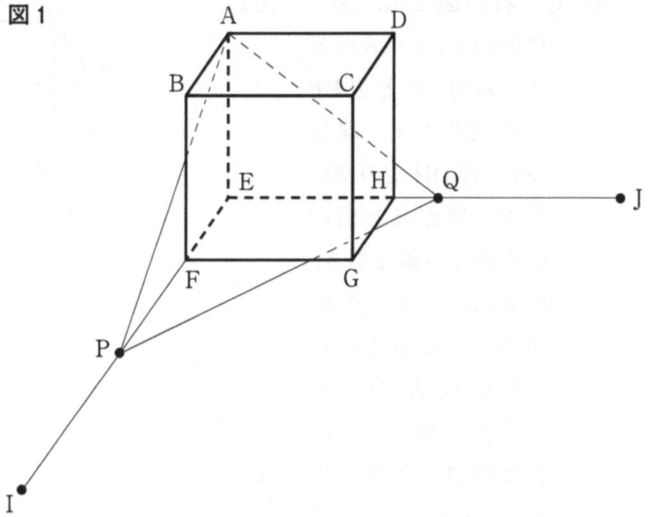

点Qは点Pが頂点Eを出発するのと同時に，頂点Eを出発し，線分EJ上を毎秒1cmの速さで動き，10秒後に点Jに到達する。

頂点Aと点P，頂点Aと点Q，点Pと点Qをそれぞれ結ぶ。

点Pと点Qが頂点Eを出発してからの時間をt秒とする。

次の各問に答えよ。

〔問1〕　$t = 5$のとき，立体A − EPQの体積は何cm^3か。

〔問2〕　PQ = $4\sqrt{5}$cmのとき，△APQの面積は何cm^2か。

ただし，答えだけでなく，答えを求める過程が分かるように，途中の式や計算なども書け。

〔問3〕 右の図２は，図１において，$t=8$のとき，線分APと辺BFとの交点をL，線分AQと辺DHとの交点をN，頂点Eと頂点Gを通る直線を引き，線分PQとの交点をR，頂点Aと点Rを結んだ線分ARと辺CGとの交点をMとし，点Lと点M，点Mと点Nをそれぞれ結んだ場合を表している。

図２

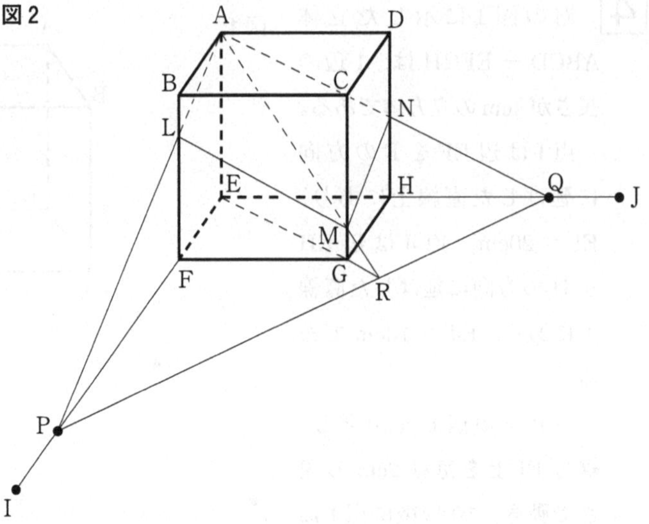

立体ABCD－LMNの体積は何cm³か。

＜英語＞

時間　50分　　満点　100点

※リスニングテストの音声は弊社HPにアクセスの上，
音声データをダウンロードしてご利用ください。

1 リスニングテスト（放送による指示に従って答えなさい。）

〔問題A〕 次のア～エの中から適するものをそれぞれ一つずつ選びなさい。

<対話文1>

ア This afternoon.
イ This morning.
ウ Tomorrow morning.
エ This evening.

<対話文2>

ア To the teacher's room.
イ To the music room.
ウ To the library.
エ To the art room.

<対話文3>

ア One hundred years old.
イ Ninety-nine years old.
ウ Seventy-two years old.
エ Sixty years old.

〔問題B〕 < Question1 >では，下のア～エの中から適するものを一つ選びなさい。
< Question2 >では，質問に対する答えを英語で書きなさい。

< Question1 >

ア Walking.
イ Swimming.
ウ Basketball.
エ Skiing.

< Question2 >

（15秒程度，答えを書く時間があります。）

2 次の対話文を読んで，あとの各問に答えなさい。
（＊印の付いている単語・語句には，本文のあとに〔注〕がある。）

Sakura and Haruto are members of the science club at a junior high school. Meg is a student who came from the United States. They are talking about the science contest in the science room.

Sakura : We are going to join a science contest. I'm thinking about a presentation topic for the contest. Do you have any ideas, Haruto?

Haruto : I'm thinking of topics about the environment, such as energy resources. *Environmental problems are important topics around the world, such as pollution and global warming.

Sakura : What about water?

Meg : That's one idea. I think the best topic is nature on our earth, because we all live on our earth.

Sakura : We should ask a teacher about our topic.

A teacher comes into the science room.

Teacher : Can I help you with something?

Haruto : We are talking about our presentation for the science contest. We have many ideas.

Meg : We can't decide the best topic for us. Could you give us any advice?

Teacher : I see. Why don't you choose a topic you like?

Meg : I'm interested in Japan's nature. I want to know about its *characteristics.

Teacher : The characteristics of Japan's nature? Do you know any, Sakura and Haruto?

Haruto : There are many mountains and rivers in Japan.

Teacher : Yes, that's true. There are also *volcanoes in and around Japan. We have a lot of hot springs, _onsen_, in many areas in Japan. I think hot springs are gifts from the earth, because we can feel good with the power of nature. What are other characteristics of Japan's nature?

Sakura : (1)-a

Teacher : This means Japan's nature is always changing.

Meg : I think it is very beautiful.

Teacher : Japan has developed unique natural environments thanks to its various kinds of climates and *geography.

Meg : Those are interesting characteristics of Japan's nature.

Teacher : Now, there is a *model in the corner of this room. Please look at it.

Sakura : It looks like a *geological model of a place in Japan.

Teacher : Good. This is a geological model of a national park in Japan. How do you feel when you look at the model?

Sakura : I guess that the nature seen in the model shows a part of Japan's nature.

Teacher : You are right. It is very important to find the *connection between a national park and Japan's nature.

Haruto : So, why do we have national parks?

Teacher : [(1)-b] I hear their various *ecosystems are protected in the national parks.

Haruto : I see. Where is the national park of the model?

Teacher : It is in Tohoku, in the northern part of Japan. In the park, there are volcanoes, lakes, and rivers. We can see various *landscapes and hot springs in volcanoes through all four seasons. The northern part of Japan has a lot of rain and snow, and there are lakes and rivers which took a long time to make.

Haruto : It's wonderful. I want to know more about national parks in Japan.

Teacher : I have one idea. A friend of mine is a *ranger of a national park. Will you have an online meeting with him? If that's OK, I'll prepare it.

Haruto : That's a good plan!

Sakura : I want to have an online meeting with the ranger.

Meg : That's a good idea. Could you prepare the online meeting?

Teacher : Sure.

They are having an online meeting.

Teacher : Hello, can you hear me?

Ranger : Yes, I see three students and you are online. What do you want to talk about?

Teacher : [(1)-c]

Sakura : We want to learn more about national parks. Could you help us?

Ranger : Of course.

Sakura : What can we learn from national parks in Japan?

Ranger : Through Japanese national parks you can *get in touch with beautiful nature such as mountains, seas and many living things. Because Japan is a long island country, it has different natural environments, climates, and styles of living in each area. National parks are protecting a wide variety of wildlife, too. Around 80 years ago, national parks were designed through the National Park *Act in places around the country to protect Japan's important areas and to *promote the health and education of Japanese people.

Haruto : National parks have many points we should know.

Ranger : National parks really show Japan's nature. What helps to create the rich landscapes in Japan?

Haruto : I'm not sure.

Ranger : Thanks to Japan's various kinds of climates and geography, it has developed unique natural environments. You can learn many things about those natural environments when you look at their landscapes and varieties of wildlife. The rich landscapes are *based on the geography.

Sakura : [(2)]

Meg : Well, there are many national parks in my country, the United States. Are they similar to national parks in Japan?

Ranger : National parks in Japan learned a lot from your country. The idea of national parks started in the United States in 1872. National parks in the United States are all based on public land. On the other hand, Japan's national parks are based on public land and *private land. There are towns and hot spring hotels. This also means national parks protect the local community and culture.

Meg : Oh, I understand now that there are some differences between national parks in Japan and national parks in the United States.

Sakura : To learn about national parks is exciting.

Teacher : Now, the *effects of issues on the environment such as global warming, ocean plastic pollution, and changing ecosystems, are beginning to appear even in Japan's national parks.

Haruto : I'm surprised to hear that. Is it true?

Ranger : (3)<u>I feel sorry because I have to say yes.</u>

Sakura : These environmental problems are dangerous for national parks. We have to think about the problems.

Meg : So, what should we do to protect national parks?

Ranger : [(4)] For example, you should not throw away garbage. You should take it home to keep national parks clean.

Haruto : Human garbage damages the environment in national parks.

Ranger : You should also walk on the *footpaths. That will help plants and animals survive in the natural environment.

Meg : When we visit a national park, we have to be careful of these rules.

Ranger : Many workers and volunteers work to protect national parks. They also give visitors some useful information at a visitor center to tell visitors about the history and natural environments of national parks. With the help of those people, visitors can learn about national parks and enjoy them.

Sakura : I see. [(1)-d] This is very important.

Ranger : A lot of national parks in Japan are in the areas which help to make its landscapes unique in the world. The people who live there pass down the *wisdom of their *ancestors. They have a strong connection to nature in their area, and have developed a unique culture.

Meg : How have national parks changed? Could you tell me about it?

Ranger : Over the years, many people began to live in cities. (5)Many 【① cities ② have lost ③ in ④ live ⑤ nature ⑥ people ⑦ touch ⑧ who ⑨ with】. In such an age, more people will enjoy national parks not only as *tourist areas, but also as a place with wonderful natural environments and ecosystems. National parks are the best way for people to experience nature. These ecosystems help human life and ideas for how to live with nature are based on the ecosystems. At the same time, we realize we are a member of our earth, a living earth. How wonderful!

Teacher : We enjoyed talking with you, but we have to finish the online meeting. Thank you for your time.

They stop the online meeting and are talking again.

Sakura : I have an idea for our presentation in the contest. How about national parks in Japan?

Haruto : That's a good idea. I'm interested in protecting both Japan's nature and national parks.

Sakura : Japan's nature and national parks have some connections. As junior high school students, what can we do to protect them?

Meg : Let's talk about it!

Teacher ： To protect them is important and we should promote better styles of living for protecting them.

Meg ： We have to study and think about it.

Haruto ： Let's go to the library, find the home page of national parks and study our topic more all together.

〔注〕

environmental　環境の	characteristic　特徴	volcano　火山
geography　地形	model　模型	geological　地質学の
connection　つながり	ecosystem　生態系	landscape　景観
ranger　国立公園監視員	get in touch with ～　～にふれる	
act　法	promote　促進する	base　基礎をおく
private　私有の	effect　影響	footpath　歩道
wisdom　知恵	ancestor　祖先	tourist area　観光地

〔問1〕 本文の流れに合うように，[(1)-a] ～ [(1)-d] の中に英語を入れるとき，最も適切なものを次のア～オの中からそれぞれ一つずつ選びなさい。ただし，同じものは二度使えません。

ア Because the areas in national parks have especially wonderful landscapes.

イ Many people support national parks.

ウ We have four seasons: spring, summer, fall, and winter.

エ These students and I are discussing national parks.

オ It is a famous national park in the northern part of Japan.

〔問2〕 本文の流れに合うように，[(2)] に英語を入れるとき，最も適切なものは，次の中ではどれか。

ア I learned that Japan's national parks have unique landscapes created by the geography of each area.

イ I learned that Japan's national parks welcome a lot of visitors to develop the parks like cities.

ウ I didn't know that national parks in Japan are protected by the local community and culture.

エ I didn't know that national parks in the United States are protected by the government.

〔問3〕 (3)I feel sorry because I have to say yes. とあるが，この内容を最もよく表しているものは，次の中ではどれか。

ア　Workers at national parks feel sad that visitors to national parks throw away garbage.

イ　National parks in the United States are now damaged by some environmental problems.

ウ　People around the world feel sad that the earth is damaged by the environmental pollution.

エ　Some environmental issues are causing serious damage in national parks of Japan.

〔問4〕 本文の流れに合うように，　(4)　に英語を入れるとき，最も適切なものは，次の中ではどれか。

ア　To protect the environment in national parks, visitors can take wild flowers home and grow them.

イ　For people to experience nature in these areas, some national parks introduce rules to visitors.

ウ　In some areas, you should change to public buses from your own cars.

エ　You should pay money to protect national parks when you enter these areas.

〔問5〕 (5)Many【① cities　② have lost　③ in　④ live　⑤ nature　⑥ people　⑦ touch　⑧ who　⑨ with】. とあるが，本文の流れに合うように，【　　】内の単語・語句を正しく並べかえたとき，【　　】内で２番目と６番目と８番目にくるものの組み合わせとして最も適切なものは，次のア～カの中ではどれか。

	２番目	６番目	８番目
ア	②	⑧	⑤
イ	②	⑨	⑧
ウ	④	②	③
エ	④	⑥	②
オ	⑧	②	⑨
カ	⑧	⑨	③

〔問6〕 本文の内容と合っているものを，次のア～キの中から二つ選びなさい。

ア At first the students could not think of any ideas for the presentation.

イ In the science room, the students found a geological model of a national park in the United States.

ウ According to the ranger, one of the facts that make Japan's natural environments rich is that it is a long island country.

エ National parks in Japan have protected different kinds of living things since 1872.

オ All of the land of national parks in Japan is public land.

カ National parks help us remember that we are a part of life on the earth.

キ The topic of the presentation for the contest will be about the connection between Japan's national parks and the United States.

〔問7〕 次の文章と資料は，Meg が作ったプレゼンテーションの説明文とスライドの一部である。(a)～(d)の中に英語を入れるとき，最も適切なものを下のア～クの中からそれぞれ一つずつ選びなさい。ただし，同じものは二度使えません。

National parks across Japan are (a) to the country and are the home to various kinds of plants and animals. Many people visit the parks to experience nature, and not only rangers but also the local volunteers tell important (b) to them to promote the right use of national parks. National parks are a home for wildlife. As we do in our own communities, we should (c) rules in the parks to protect living things and keep the beautiful nature of Japan. National parks give us a (d), or a connection, between humans and nature. As a junior high school student, I will respect and enjoy nature in these areas.

ア difference	イ messages	ウ break	エ strange
オ bridge	カ letters	キ unique	ク follow

Nature and National Parks in Japan

- **Characteristics of Japan's Nature**
- **Characteristics of Japan's National Parks**

What are the rangers doing?

You can see some signs when you walk on the footpath.

What can you get at a visitor center?

3 次の文章を読んで，あとの各問に答えなさい。
（＊印の付いている単語・語句には，本文のあとに〔注〕がある。）

What will you get when you *put together the pieces in Picture 1? Can you imagine? Some of you may be surprised to learn that you can make the beautiful *object in Picture 2. It may be more surprising to learn that the shape of each plate *originated from math.

Students learn a lot in math classes at school. Maybe you have seen some graphs in your textbooks. But what will happen if we try to show graphs as objects? A *craftsperson and people working with him were moved by the beauty of math and tried hard to express it as an art work.

The craftsperson was once working with a professor at a university. One day, he found unique paper objects on the professor's desk and asked him how he made them. The professor said that he made them by putting many small pieces of paper together. He also said that those small pieces of paper all originated from math. At first, the objects looked easy to make, but actually, they were not. The craftsperson thought they were [(1)-a] and soon decided to make the wonderful objects with his group by using *metal plates. The craftspeople had serious difficulties, but each time they worked together to solve the difficulties. They were finally successful in making a *mathematical object made of metal.

In Picture 3, you can see one of the objects that the group made. What does it look like? Some of you may say that it looks like an *ice-cream cone or a *traffic cone. Others will say that it looks like an end of a corn. You may say that it reminds you of a *cone in your math textbook. In fact, (2)【① different　② from　③ have seen　④ is　⑤ it　⑥ that　⑦ the cone　⑧ you】 in math class because eighteen plates fit with each other and create a beautiful image of a cone. *Curves on the plates come from a mathematical idea. The object shows the beautiful work of craftspeople and the beauty of math at the same time. So, they called these objects "math art."

People often say that there is [(1)-b] right answer in art because they can enjoy art in various ways. In other words, what art means or what kind of art is attractive is different among people. So, you can't give a single answer when you talk about art. The craftspeople created other beautiful math objects, and each one showed its own beauty. You may be surprised to see that mathematical ideas can change into beautiful works of art. When people see the objects, they will think of them as beautiful works of art. However, the beauty of the objects comes from unique mathematical answers. You may think that craftspeople are fantastic because they were able to create works of art with answers.

Now you know that it is often quite difficult to show math as a real thing. Some mathematical ideas, however, help you see things that you cannot in the real world. Here is another interesting story.

What will you see when you touch the face of the water in a pond in a gentle way? You will see a small round shape of water, and the shape will get bigger and bigger. Many will appear *one after another, and the round shapes look like *tree rings. People often call those shapes *ripples and you can see them in Picture 4. The ripples will then spread across the face of the water.

(3)

He tried to do so by making a discovery in math. With the help of the discovery, people would be able to understand what an object looks like or where it stands *even if they can't actually see it. The scientist worked for a long time, and one day, (4)he did it. But his *achievement didn't end there.

The scientist's discovery has also helped to create some machines that are used to make modern life safer and more comfortable. Such machines have been improving people's lives. One example is a machine for checking the inside of *lithium-ion batteries. Those batteries are often used in products such as smartphones or *electric cars. Another machine is used for checking the inside of *tunnels. They are now planning to create medical machines and machines for *security checks at airports. In *automated driving, his discovery will be helpful for safer driving, even in the rain. In science, researchers can study further what is deep in the ground, and this will let people have a better understanding of the earth's environment and help us use natural resources in more effective ways. These all may bring a major change in the way of viewing the world. So, (5)

The craftspeople who created objects wanted people to live a wonderful life by using their skills. The scientist who made a mathematical discovery hoped that his idea would help to invent a modern and new technology that would be helpful in the real world. As a result, now people can enjoy the beauty of math, and also respect the special ability of craftspeople. They can also live a happy life thanks to the scientist's discovery. People sometimes think that math is only a subject that we study at school, but it has in fact a strong power to move people and serve them in their daily lives.

［注］　put together　組み立てる　　object　置物・物体
originate from ～　～に由来する　　craftsperson　職人
metal　金属・金属の　　mathematical　数学的な
ice-cream cone　アイスクリームのコーン
traffic cone　トラフィックコーン（道路工事現場などに置く円すい形の標識）
cone　円すい　　curve　曲線　　one after another　つぎつぎに
tree ring　年輪　　ripple　波紋　　even if ～　たとえ～だとしても
achievement　業績　　lithium-ion battery　リチウムイオン電池
electric car　電気自動車　　tunnel　トンネル
security check　セキュリティーチェック　　automated driving　自動運転

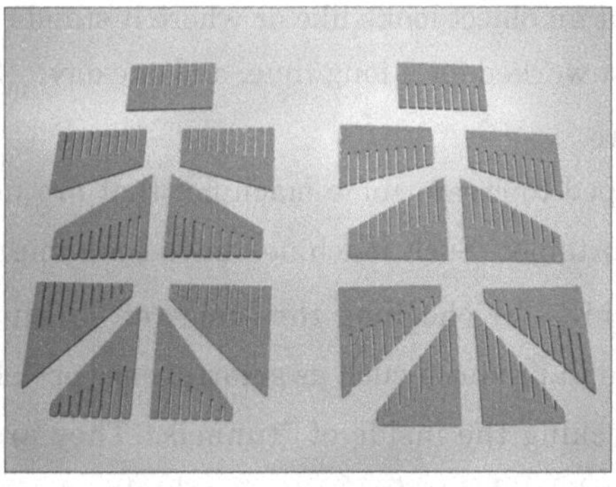
Picture 1

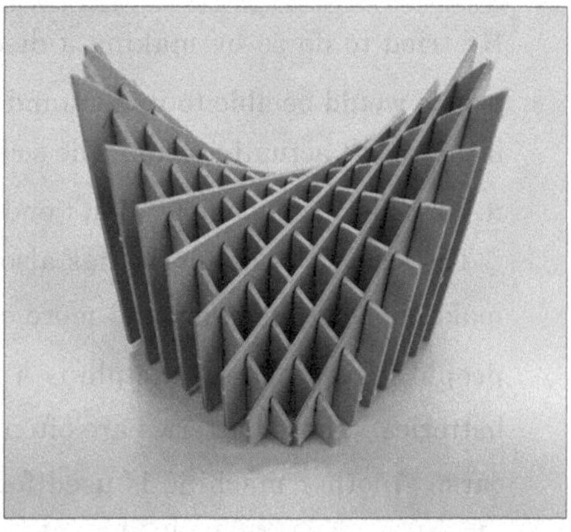
Picture 2

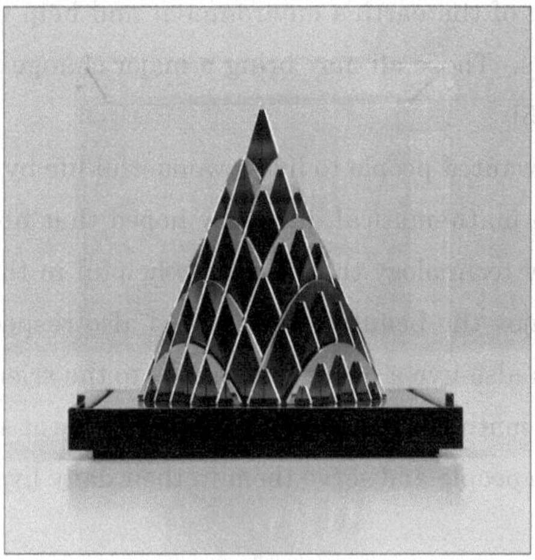
Picture 3

Picture 4

〔問1〕 (1)-a と (1)-b の中に，それぞれ次のA～Dのどれを入れるのがよいか。その組み合わせとして最も適切なものは，下のア～カの中ではどれか。

A　amazing　　B　excited　　C　no　　D　simple

	(1)-a	(1)-b
ア	A	C
イ	A	D
ウ	B	C
エ	C	A
オ	D	B
カ	D	C

〔問2〕 (2)【① different　② from　③ have seen　④ is　⑤ it　⑥ that　⑦ the cone　⑧ you】とあるが，本文の流れに合うように，【　　】内の単語・語句を正しく並べかえたとき，【　　】内で２番目と５番目と７番目にくるものの組み合わせとして最も適切なものは，次のア～カの中ではどれか。

	２番目	５番目	７番目
ア	③	①	⑦
イ	③	④	①
ウ	④	⑦	③
エ	④	⑦	⑧
オ	⑥	②	③
カ	⑥	⑤	①

〔問3〕 (3) の中には，次の A～Dの文が入る。本文の流れに合うように，正しく並べかえたとき，その組み合わせとして最も適切なものは，下のア～カの中ではどれか。

A　Different shapes of wood will make different shapes of ripples.

B　He wanted to know how to read them and imagine the shape of the original object.

C　If the ripples reach a piece of wood in the pond, the wood piece will make other ripples.

D　A scientist once had a question when he saw ripples spreading on a pond.

ア　A→C→D→B　　イ　A→D→C→B　　ウ　C→A→D→B
エ　C→B→D→A　　オ　D→A→B→C　　カ　D→C→B→A

〔問4〕 (4)he did it. とあるが，この内容を最もよく表しているものは，次の中ではどれか。

ア The scientist did well by his discovery to make batteries for smartphones and electric cars.

イ The scientist made metal objects that originated from math and showed them to people.

ウ The scientist often thought that it was difficult to show people mathematical ideas as real things.

エ The scientist discovered a mathematical rule to find an object, even when he couldn't see it.

〔問5〕 本文の流れに合うように，［ (5) ］に英語を入れるとき，次のA～Fの組み合わせとして最も適切なものは，下のア～クの中ではどれか。

A	the scientist's achievement is
B	the achievement of craftspeople is

→

C	not only a discovery of math,
D	not only a variety of objects,

→

E	but also a discovery of math art.
F	but also a variety of modern technology.

ア A→C→E　イ A→C→F　ウ A→D→E　エ A→D→F
オ B→C→E　カ B→C→F　キ B→D→E　ク B→D→F

〔問6〕 本文の内容と合っているものを，次のア～キの中から二つ選びなさい。

ア Students can easily create a graph object that originated from mathematical ideas because they learn how to make one at school.

イ There were no problems among the craftspeople while they were making objects from metal.

ウ The craftspeople were successful in making objects that originated from math and each of them looked beautiful.

エ People are surprised to learn that they can create attractive ideas out of the objects that originated from math.

オ Some machines in the modern world help people live without danger or worries.

カ The craftspeople made the objects because people wanted to see their wonderful skills.

キ People wish math would give them a strong power to help them in their everyday lives.

〔問7〕 次の質問に対するあなたの考えを，本文の内容をふまえ，40語以上50語程度の英語で答えなさい。「.」「,」「!」「?」などは語数に含めません。これらの符号は，解答用紙の下線部と下線部の間に書きなさい。

When you put the pieces in Picture 1 together, you will make the object in Picture 2. What does the object look like? How is it interesting to you?

し合ったものである。歌の解釈として最も適切なものを、次のうちから選べ。

ア　秋風が吹くころに白川に着いたという能因のことを思い出し、自分が今見ている月と同じ秋の名月を、能因も同じ場所で同じ日に眺めていたのだと、時間を越えて心を通わせているようだね。

イ　月の光は、いつ見ても不思議と人の心を引きつける。「人」とは「白川の関屋」に住む関守のことで、見慣れているはずの白川の月なのに「心を留むる」と詠み、常に変わらぬ月の魅力を強調しているね。

ウ　「洩る」は、月の光が「洩る」と白川の関を「守《も》る」とを掛けているね。洩れ入る月の光が旅人の心をとらえて引きとめる様子を、まるで人をとめて関所を守っているようだと歌っているね。

エ　修行のための旅なのだから、つらく厳しいものだったのだろう。能因も訪れた白川で目にした期待通りの月の美しさは、西行の心を「留むる」とともに、「富むる」すなわち豊かにしてくれたはずだ。

〔問4〕 (3)歌枕がかくも大切にされてきた理由　とあるが、その説明として最も適切なものを、次のうちから選べ。

ア　歌枕の伝承は、旅において訪れた場所を歌に詠み、土地の神に旅程の無事を祈願したことにはじまるから。

イ　歌枕の伝承は、信仰に関わる地名をうたうことにより、聖地巡礼の旅と同じ御利益《ごりやく》を期待したものだから。

ウ　歌枕の伝承は、先人が訪れた旅先への憧れから、自分も訪問できるようにと神に祈ることに由来するから。

エ　歌枕の伝承は、地名に込めた信仰心を主題とした本歌を、大切に歌い継いできたことにならっているから。

〔問5〕 (4)彼の貴人の運命の代行者としての旅　とあるが、どのようなことか。次のうちから最も適切なものを選べ。

ア　高貴な家柄に生まれて宮廷制度に縛りつけられていた人々に命じられ、諸国で見聞したことを都に戻って報告して、貴人を楽しませるための旅のこと。

イ　これまでの歴史の中で、速須佐之男命や倭建命といった古代から繰り返されてきた流謫をなぞり、配流された人々の心情を思いながら行う旅のこと。

ウ　戦乱の中で地方へ流され、都に戻ることが許されなかった貴人たちの依頼により、配流の地と都との連絡を密に取るために往復した旅のこと。

エ　立場上、自由に都を離れることができなかった貴人たちの思いと支えを受けて、責任を負いつつも楽しみながら行われた諸国への旅のこと。

富士への旅の途次の相州《そうしゅう》箱根湯元《はこねゆもと》だった。(4)彼の貴人の運命の代行者としての旅は、かつての*人麻呂《ひとまろ》ら貴人の代作者としての旅に較《くら》べられよう。

(高橋睦郎「読みなおし日本文学史」による)

〔注〕題詠――あらかじめ決められた題によって、詩歌を作ること。
歌合《うたあわせ》――平安時代以降に流行した文学的遊戯。左右二組に分かれた歌人が同じ題で詠んだ和歌を一首ずつ出し合い、優劣を比較して勝負を判定した。
北面の武士――上皇の御所の北面にいて警護にあたった武士。
なかんずく――とりわけ。特に。
詞書《ことばがき》――和歌を作った日時・場所、成立事情などを述べる前書き。
本歌――先人の歌を踏まえて和歌等を作った場合の、もととなった歌のこと。
わたの原八十島《やそしま》かけて漕《こ》ぎ出でぬと
人にはつげよ海人《あま》の釣舟《つりぶね》
――大海を多くの島々めざして漕ぎ出てしまったと、都の人々には告げてくれ、漁師の釣舟よ。(「新日本古典文学大系」による)
流謫《るたく》――罪によって遠方に流されること。
高天原《たかまのはら》――日本神話における、神々が住む天上界のこと。
地下《じげ》――官職などの公的な地位を持たない人。庶民。
余燼《よじん》――燃え残っている火のこと。出来事のあとに残った影響をたとえたもの。
人麻呂《ひとまろ》――柿本人麻呂《かきのもとのひとまろ》。『万葉集』を代表する飛鳥《あすか》時代の歌人。歌をもって宮廷に仕えていたと考えられている。

〔問1〕(1)じっさいに歌枕の地に赴くことはほとんどなかった。とあるが、これと同じ意味を表した箇所を、本文中から十二字でそのまま抜き出せ。

〔問2〕(2)訳知り顔とあるが、どのような意味か。次のうちから最も適切なものを選べ。

ア　事情をよく知っている、というような態度や顔つき。

イ　上手に言い訳している、というような態度や顔つき。

ウ　世の中に精通している、というような態度や顔つき。

エ　もっともな理由がある、というような態度や顔つき。

〔問3〕次の発言は、西行の歌「白川《しらかは》の関屋を月の洩《も》る影は人の心を留《と》むる成《なり》けり」について生徒たちが意見を出させることだよ。

（「日本古典集成」などにより作成）

*詞書《ことばがき》から能因の歌の中の「白河の関」に惹《ひ》かれたことが、西行の初度陸奥行の原因の一つだったことがわかる。西行は能因の歌に惹かれて白河の関に来て、能因の「秋風」とは別の「月の洩る影」を発見する。すると、以後の人は「白河の関」と聞くと、能因の「秋風」とともに西行の「月の洩る影」を思い出さないわけにはいかなくなる。こうして歌枕が伝えられていくさまは、あたかも*本歌に似ている。(3)歌枕がかくも大切にされてきた理由は、本歌の初源が神の歌だったのに同じく、歌枕の初源が神の聖地だったからだ。

歌枕で特記すべきは後鳥羽《ごとば》上皇だ。上皇は歌枕の地から最も遠い地点、宮廷の頂点にあって想像上の歌枕に遊んでいた身だったが、はからずも承久《じょうきゅう》の乱に敗れ歌枕の地、隠岐《おき》に流されたことで、歌枕を身をもって二十年近く生きたことになる。配流《はいる》の地での上皇のあまりにも有名な歌

われこそは新島《にひしま》もりよ隠岐の海の荒き浪《なみ》かぜ心して吹け

私こそはこの隠岐の島の新任の島守《しまもり》なのだ。荒々しく吹く海の風よ、この私をいたわって心して吹いてくれ。

（「鑑賞日本古典文学」による）

は、これまた有名な小野篁《おののたかむら》の「*わたの原八十島《やそしま》かけて漕《こ》ぎ出でぬと人にはつげよ海人《あま》の釣舟《つりぶね》」の隠岐*流謫《るたく》をなぞるだけでなく、隠岐から遠望する出雲《いずも》の地に*高天原《たかまのはら》から神遣《かむや》らいに逢《あ》った速須佐之男命《はやすさのおのみこと》の、そしてまた宮廷から夷狄《いてき》征伐の名のもと追放されつづけ出雲にも足跡を残した倭建命《やまとたけるのみこと》の流謫をなぞるものでもあったはずだ。

連歌は甲という人の長句五・七・五に対して、乙という人が短句七・七を付ける短《たん》連歌から、さらに乙の短句七・七に対して甲または丙が長句を付ける鎖《くさり》連歌、この長―短―長……の歌の鎖がつぎつぎに続いて五十句続く五十韻、百句続く百韻、さらに百韻が十続く十百韻《とっぴゃくいん》を産んだ。短連歌から始まった長連歌の流行は、おそらく作り手たちの生活手段としての旅と関係があろう。制度的に宮廷に縛りつけられた公家《くげ》と異なり、*地下《じげ》連歌師たちは都を起点に諸地方を往《ゆ》き来した。もしその旅を流謫というなら貴人の運命の代行者としての流謫であり、彼らはその代行者としての旅をむしろ愉《たの》しんだし、貴人たちは自分たちの運命を代行してくれる彼らの旅を応援した。

たとえば連歌の大成者ともいうべき宗祇《そうぎ》は、江州《ごうしゅう》または紀《き》州《しゅう》の名もない庶民の家に生まれている。若くして京に上り仏道修行ののち、壮年に達して和歌・連歌に専念、四十歳代も半ばになって専門連歌師になった。のちには皇族・公家など貴人に古典講読の師として迎えられた。いっぽう応仁《おうにん》の乱の*余燼《よじん》消えやらぬ京を基点に、文化的・政治的裏工作の使命を帯びて諸国にしばしば旅をおこなっている。足跡は東は奥《おう》州《しゅう》白河の関、西は筑紫太宰府《ちくしだざいふ》に及び、死んだのも信州《しんしゅう》から

ち歌言葉のことだった。それがいつからか歌に関わる地名のみをいうようになったのは、旅をいう草枕と関係があろう。歌に関わる地名とは旅の地名にほかならないからだ。では旅の地名なら何でも歌枕になりえたかといえば、そうではなかった。歌枕になりえた地名はほんらい吉野《よしの》、伊勢《いせ》、富士《ふじ》……など信仰に関わるものだった。旅先で土地の名を賞《ほ》めることで土地の神神の加護を願うというのが、歌における歌枕の存在理由の原点だったにちがいない。

ところが、歌枕が歌にうたわれると、歌の中の歌枕じたいが一種の信仰の対象になってしまう。そうなると、じっさいに自分が歌枕の地に行くのでなく、先人の歌にうたわれた歌枕を自分の歌でなぞることが歌枕の地に行ったことと等しいことになってしまう。いわゆる歌枕による*題詠で、右方・左方に分かれて歌の優劣を競う*歌合《うたあわせ》や屏風《びょうぶ》の絵に歌を書き添える屏風歌の流行は、この傾向に拍車をかける。勅撰集《ちょくせんしゅう》羈旅《きりょ》の部に収められた歌における旅とは、多く題詠における歌の上の旅、想像上の旅で、(1)じっさいに歌枕の地に赴くことはほとんどなかった。

例外は平安中期の、一説に馬の売買に関わったともいう歌僧能因《のういん》と、同末期の*北面の武士から出家した西行《さいぎょう》で、ともに再度の陸奥《みちのく》行のほか、各地を旅して多くの歌枕の地を踏んでいる。能因の歌枕で*なかんずく知られているのが白河《しらかわ》だ。

都をば霞《かすみ》と共に立ちしかど　秋風ぞ吹く白河《しらかは》の関

都を、春霞が立つのとともに出発したが、いつのまにか秋風が吹く季節になってしまったことだ。この白河の関では。

（「新日本古典文学大系」による）

この歌の裏付けとなっている臨場感は、逆に能因が想像でこの歌を作り、現地に旅して作ったと見せかけるために、都で人に隠れて顔を焼いていた、という伝説を産んだほどだ。西行はそんな(2)訳知り顔な伝説は信じなかった。

陸奥《みち》の国へ修行して罷《まか》りけるに、白川《しらかは》の関に留まりて、所柄《ところがら》にや常よりも月おもしろくあはれにて、能因が「秋風ぞ吹く」と申《まうし》けん折何時《いつ》なりけんと思《おもひ》出《い》でられて、名《な》残《ご》り多くおぼえければ、関屋《せきや》の柱に書き付けける

白川の関屋を月の洩《も》る影は人の心を留《と》むる成《なり》けり

東北地方へ修行の旅をして行った時に、白川《しらかわ》の関にとどまったのであるが、場所柄によるのであろうか月はいつもよりも趣深く心にしみて、能因が「秋風ぞ吹く」と詠《よ》んだ折はいつごろであったのだろうかと自然と思い出されて、名残多く思われたので、関屋の柱に書き付けた歌

白川の関所を守る関守《せきもり》の住む家に洩れ入る月の光は、能因の昔を思い出させ、人の心を引きとめて立ち去り難《がた》く

がりの中で生きているととらえることであり、生命と健康の問題としての環境問題と不可分の関係にあるから。

イ　「身体の配置」とは、地球規模の広がりの中で人間がどのように劣悪な環境に置かれているかを知るためのものであり、地球環境問題を考え直す上で有効な手段となるから。

ウ　「身体の配置」とは、有害物質の拡散と人間の身体的条件との関係を知る指標であり、地球規模の環境と個別の人間の環境とを同時に改善するための必須条件であるから。

エ　「身体の配置」とは、世界的な人間関係の広がりを空間的に把握することであり、環境中の人間の身体が今後どのように変化していくかを予測する材料であるから。

〔問6〕(6)どんな人間もそのローカルであることにおいて、他の人間と異なる固有の履歴をもつ。とあるが、どのようなことか。次のうちから最も適切なものを選べ。

ア　身体の配置を個別にもっている人間は、それぞれが存在する歴史的空間の違いによって、地球環境問題に対して個性的な行動を工夫できる存在であるということ。

イ　ひとりひとりの人間は、身体的存在として周囲の環境と結んだ全体的な関係のもとに行動し、それぞれの過去を積み上げた唯一無二の個性的存在であるということ。

ウ　人間は誰しも、ある特定の歴史的空間の中で行動している存在として理解され、身体の配置を移動させることで他者との差異を明確化していく存在であるということ。

エ　空間性と時間性を基本的な条件にもつ人間は、地球規模のグローバルな存在であると同時に、自身が行動する場としてのローカルな空間を保有している存在であるということ。

〔問7〕空間の豊かさとあるが、あなたはどのように「空間の豊かさ」に貢献することができると考えるか。あなた自身の「身体の配置」に言及しつつ、「空間の豊かさ」について具体的な例をあげて、あなたの考えを二百字以内で書け。なお、書き出しや改行の際の空欄や、や。や「などもそれぞれ字数に数えよ。

5

次の文章を読んで、あとの各問に答えよ。なお、本文中に引用されている原文の後の[　　]内は、現代語訳である。（＊印の付いている言葉には、本文のあとに〔注〕がある。）

歌にとっての鄙《ひな》＝地方が何だったかは、歌枕の存在がよく示している。歌枕とはもともと歌に使用すべき言葉、すなわ球全体規模で共有されるべき基本的な原理・原則。

〔問2〕(2)ただ、問題なのは、ローカルということが、グローバルな理念の実行の場として理解されていることである。とあるが、「ローカルということが、グローバルな理念の実行の場として理解されていること」が「問題」と筆者が述べるのはなぜか。次のうちから最も適切なものを選べ。

ア　先進諸国の採用するグローバルな原理は、多様な地域の独自性をもつローカルな開発途上国の経済発展には直結しないから。

イ　先進諸国の採用する原理を普遍的なものと考えて、ローカルのもつ多様な地域の独自性を考慮せずにあてはめようとするから。

ウ　欧米において考案された原理をグローバルなものと考えて、ローカルなものを特殊ととらえて地球環境問題と切り離そうとするから。

エ　欧米において考案された原理を普遍的なものと考える行動原理は、特定地域のもつローカルな文化を滅ぼす方向に常にはたらくから。

〔問3〕(3)「think globally」と「think locally」の対立の問題とあるが、その具体例として**適切でないもの**は、次のうちではどれか。

ア　世界遺産に登録された街が観光地化することにより、高層ビルの建設や工場の誘致が困難になってしまうことがある。

イ　海洋資源の保護のために各国に定められる漁獲高制限により、漁業従事者の収入が減ってしまうことがある。

ウ　通信技術が高度に発達して情報網が世界中に広がることにより、地域ごとの時差に対する配慮が欠如してしまうことがある。

エ　農産物の関税引き下げで市場が世界規模になることにより、競争に負けた国内の第一次産業が衰退してしまうことがある。

〔問4〕(4)すなわちグローバルな基準を定めることは普遍的な原理を見出《みいだ》すことではない。とあるが、ここでの「グローバルな基準」とはどのようなものか。その内容を説明した次の文の空欄に当てはまる言葉を**四十五字以上六十字以内**で説明せよ。

グローバルな基準とは、【　　　　】

〔問5〕(5)環境問題にかかわる人間の基本的な条件に対し、わたしは「身体の配置」という概念を適用したい。とあるが、筆者がそのように考えるのはなぜか。次のうちから最も適切なものを選べ。

ア　「身体の配置」とは、人間が世界という空間の広はどうあるべきなのだろうか。

環境問題は、直接的に人間にかかわるものとしては、生命と健康の問題としてとらえることができる。一九六〇年代の高度経済成長期には、環境問題は公害という重大な社会問題となったが、そこでは人間の生命と健康が中心的な関心事であった。

命と健康が問題となるのは、環境中の物質が生命と健康を損なうからである。この意味で、環境の空間性と物質の移動および人間の身体的条件の関係が重要である。つまり環境の問題は、人間がなによりも身体的な存在であること、有害物質が環境中を移動すること、そして、身体がどのような配置をもつかということと切り離すことができない。この事情は地球規模になっても同じである。有害物質の全地球的な拡散や温暖化、オゾンホールの問題、あるいは最近の環境ホルモンなど、どれも環境中の物質の状態と身体の空間的な条件が基礎にある。

そこで、(5)環境問題にかかわる人間の基本的な条件に対し、わたしは「身体の配置」という概念を適用したい。地球環境問題をその基礎から考えるばあい、ひとりひとりの人間がどのような身体的配置をもち、それぞれの生命と健康を持続しているかということがまずなによりも重要である。

身体の配置とは、ひとりひとりの人間がこの地球上のある地点に空間的広がりをもって配置されているということである。その配置を決定しているのは、身体がこの空間で他の人間や事物、空、大気、水、大地とどのような全体的な関係にあるかということ、また地球上のさまざまな事物とどのような関係のもとにあるかということである。

身体の配置はたんに環境と人間を理解するためだけの概念ではない。身体の配置がひとりひとりの人間の個性の源泉である。この配置を他者がとって代わることはできない。わたしたちはこの配置のもとで、世界を知覚し、記憶し、行動の基礎とする。ローカルに行動するということ、足下から行動するということは、この配置を心得たうえで行動するということである。また、人間は、「ローカルであること」によって、ある特定の歴史的空間に存在し、また、行為するものとして理解される。この意味で、(6)どんな人間もそのローカルであることにおいて、他の人間と異なる固有の履歴をもつ。

（桑子敏雄「環境の哲学」による）

〔問1〕(1)人間が自然に対してとってきた態度を考察することは、「環境倫理の再検討」ということができる。とあるが、筆者が考える「環境倫理」とはどのようなものか。次のうちから最も適切なものを選べ。

ア　人間の自然環境に対するかかわり方について、各国の基準を取り入れて総合的に定めた原理・原則。

イ　人間の自然環境に対するかかわり方について、各自が身近なところから行動するための原理・原則。

ウ　人間の自然環境に対するかかわり方について、先進諸国の実践をもとに国連が策定する原理・原則。

エ　人間の自然環境に対するかかわり方について、地どこでも同じように実行されるべきだということを暗に意味するであろう。ところが、現在問題になっているのは、グローバルな思考にもとづく政策が地球上どこでも一律に適用されることから発生する問題、すなわち、(3)「think globally」と「think locally」の対立の問題である。

広くいえば、地球規模の行動原理の策定とその応用という発想そのものが、一種のグローバリズム、あるいはむしろユニバーサリズム（普遍主義）に由来する発想であって、ローカルなものをその一部ないし特殊な場合ととらえる立場に立っている。先進諸国の採用する原理をひとつのグローバルな原理、さらに普遍的な原理として採用し、それを全地球規模で実施しようという政策そのものが、多様な地域の独自性を一種の普遍性のもとに包摂しようという意図にもとづくものとも考えられる。そこで、第一に、このような普遍的な原理の意義が問われなければならない。また、第二に、欧米において考案された原理をグローバルな原理、さらには普遍的な原理とすることができるかという重要な問題がある。

もっと具体的な場面では、現在、「持続可能な発展」という理念が一九七二年のストックホルム国連人間環境会議で提案され、一九九二年のリオ・デ・ジャネイロ・サミットで確認されて、地球環境問題に対するひとつのグローバルな理念となっている。こうした理念のもとで展開される国際的な政策が、ある特定地域の固有の問題と衝突する場合がある。たとえば、熱帯雨林の保護が当該地域住民の生活の持続と衝突する場合などである。このとき「ローカル」は「グローバル」の一部ではなく、むしろ両者は対立の可能性をもってくる。

ただ、ここで重要なのは、「グローバルであること」は「普遍的であること」を意味しないということである。グローバルであるということは、現在地球上でもっとも広範に受容されている理念ということであり、永遠に受容されつづけるということを含んではいない。なぜなら、地球環境の悪化によってもはや「発展」が望みえないような状況も将来考えられるからであり、また持続可能性すら望みえないような事態もありえないことではないからである。そのような状況下では、もはやこの理念は妥当性を失うであろう。

したがって、「グローバルであること」を「ユニバーサルであること、普遍的であること」から区別しなければならない。普遍的であることは、時、所にかかわりなく妥当するということであり、グローバルということは、ある時点で地球全体にわたって妥当するということである。(4)すなわちグローバルな基準を定めることは普遍的な原理を見出《みいだ》すことではない。この意味で、「持続可能な発展」というのは、せいぜいグローバルな基準としての理念ということになる。

環境倫理には、人間の空間的、時間的条件が含まれなければならない。したがって、倫理が人間の行為にかかわる価値の問題であるとすれば、環境にかかわる価値の構造を、人間の基本的な条件としての空間性と時間性から論じる必要がある。では、空間性と時間性を視野に入れるときに、「グローバル」と「ローカル」の関係はどのようなものとして理解されるのだろうか。そしてまた、環境に関する行動理念の構築

「銀の匙」を先生が評価してくれた時、「よければまだ先があります。」と私が答え、それを聞いて先生は「なかなか面の皮が厚いな。」と茶化して言った。そのことに対して「皆」は笑ったが、「私」はそれに加えて、【　　　　　　　　】から笑った。

〔問6〕本文の内容や表現について述べた説明として最も適切なのは、次のうちではどれか。

ア　「私」と先生との軽快な会話から、お互いを思いやる心情を読み取ることができるように描かれている。

イ　「前掛」をしているという先生の外見の描写によって、病気療養の事実と「私」の驚きが表されている。

ウ　大病後の先生の様子を「私」や友人たちの視点から多面的に描き、先生の優しさが巧みに表現されている。

エ　「私」は病後の先生に自分から進んで見舞いを出したり訪問したりして、先生への思慕を募らせている。

4

次の文章を読んで、あとの各問に答えよ。

空間の豊かさを問うことのなかに、地球環境全体の問題が含まれることはいうまでもない。地球環境の危機が空間の豊かさを損なう最大の要因であることを思うとき、「空間」と「環境」の問題がわたしたちの中心的な課題としてクローズアップされてくる。人間が自然環境に対してとってきた態度を再検討するという課題である。

(1)人間が自然に対してとってきた態度を考察することは、「環境倫理の再検討」ということができる。ふつう「環境倫理」ということばは、わたしたちが自然環境に対してもっている姿勢、態度、心構え、信条、あるいはこうした心的傾向にもとづく行為などを指す。しかし、新しい環境倫理の必要性が主張されるとき、この「環境倫理」ということばは、人々が一致して行動できるような原理・原則を意味するであろう。現在国連を中心に進められている総合的な理念の策定は、このような意味で、行動の原理・原則を国際的な規模で、つまりグローバルな規模で定めようというものである。

「グローバル」は「ローカル」に対して、「地球規模で考え、足下から行動せよ think globally, act locally」という標語にもあるように、対照的な意味で用いられる。地球環境問題は、地球規模の問題であることから、グローバルな思考を求められるのは当然のことであろう。(2)ただ、問題なのは、ローカルということが、グローバルな理念の実行の場として理解されていることである。このことは、全地球規模の行動原理がかり変わってしまった先生の容貌を見て、老《ふ》けてしまったことを気の毒に思っている気持ち。

エ　大病をしてすっかり容貌が変わってしまったが、学生時代と変わらぬ先生のしぐさを目にして、安堵《あんど》するとともに懐《なつ》かしさを覚えている気持ち。

〔問3〕 (3)私は心のうちで恐縮した。とあるが、その理由として最も適切なのは、次のうちではどれか。

ア　先客の原稿を読んでいると思っていたが、実は客人への応対を後回しにして「私」の原稿を読んで評価してくれたことに、申し訳なさと感謝を覚えたから。

イ　野上と一緒に先生のもとを不意に訪ねたので、先客を待たせて自分の作品を読ませることになってしまい、客人と先生に申し訳なさを感じたから。

ウ　「私」の原稿を自分では稚拙な文章だと思っていたが、子供の頃のことを正直に書いていてよい、と先生から予想外の評価を受けたことに感謝したから。

エ　療養中の身であるにも関わらず、先客の原稿と「私」の原稿とを丹念に読んでくれた先生の優しさに対して、感謝するとともに申し訳なさを感じたから。

〔問4〕 (4)先生はこうした私をよく知らないための勘違いからその後も話の間にそんなつまらないことについて時どき親切な遠慮をしてくれたように思う。とあるが、「親切な遠慮」の説明として最も適切なのは、次のうちではどれか。

ア　「私」が恥ずかしいと思っていることだけは、控えてできるだけ言わないでおこうと思って言葉を言いさし、体面を傷つけないように配慮して激励する先生の心遣い。

イ　「私」の主義や好悪のようなものまで尊重し、原稿の読みにくさや誤字の多さを非難することなく、控えめに注意して細かなところまで気を配ってくれる先生の心遣い。

ウ　「私」を取りまく環境についてはよく知らないけれども、子供の頃はみな意気地がないのだから小さなことに悩む必要はない、と「私」を大切に扱って話す先生の心遣い。

エ　「私」が気にしていないことについても気持ちを傷つけないように注意を払い、自分の考えを押しつけることなく「私」の考えを尊重し、必要以上に気を配る先生の心遣い。

〔問5〕 (5)皆が笑った、私も一緒に。とあるが、「皆」の笑いと「私」の笑いには違いがある。それを説明した次の文章の空欄に当てはまる言葉を二十五字以上三十五字以内で書け。

したもの。

小宮《こみや》――小宮豊隆《こみやとよたか》。学生時代の同期で漱石の弟子。

ふくら雀《すずめ》――肥えふくれた雀の子。

安倍《あべ》――安倍能成《あべよしげ》。学生時代の同期で漱石の弟子。

着流し――男性のくだけた和服姿。

午睡――昼寝。

無性《ぶしょう》――面倒くさがること。

野上《のがみ》――野上豊一郎《とよいちろう》。学生時代の同期で漱石の弟子。

袷《あわせ》――裏地をつけた和服。

口吻《こうふん》――話しぶり。

源氏物語《げんじものがたり》――平安時代に紫 式部《むらさきしきぶ》が書いた長編物語。

廻《まわ》り燈籠《どうろう》――ろうそくの火をともすと、いろいろな形を切り抜いた内側の円筒が回転し、外側に張った紙や布にその影絵が映るようにした灯籠《とうろう》。

さそく――早速。

〔問1〕 (1)暫《しばら》く茶の間の方で待ったのち安倍の後から　先生はどんなになったかしら　と思いながら怖ごわはいっていったらはじめての者には珍奇な感じを与えるあの和洋折衷のがらんとした座敷《ざしき》に寝起きの頗《すこぶ》る無愛想な顔をしてちょこんと坐《すわ》っていた。とあるが、「私」が「怖ごわはいっていった」理由として最も適切なのは、次のうちではどれか。

ア　安倍から様子は聞いていたが、はじめての訪問ということもあり、先生の暮らし向きが気になっていたから。

イ　随分と遅れて郵送した原稿の評価が気になっており、先生から厳しい指摘を受けるのではないだろうか、と恐れていたから。

ウ　先生には長い間会っておらず、修善寺での大病の後に容体が落ち着いたと聞いたものの、先生の体が心配でならなかったから。

エ　原稿を見て欲しいと依頼しながら連絡もせず、みっともない格好で突然訪問したので叱られるのではないか、と気が引けていたから。

〔問2〕 (2)……この日私はあらたまった時にする私の癖で、首を少し左へかしげるようにして左の目で余計見るような姿勢をとりながらじっと先生の目を見つめて話したりきいたりした。とあるが、この時の「私」の心情の説明として最も適切なのは、次のうちではどれか。

ア　すっかり変わってしまった先生の容貌を注意深く観察しながら、早く回復して学生時代の頃のように元気になってほしい、と願っている気持ち。

イ　生死をさまようような大病は、人の容貌や振る舞いをもすっかり変えてしまうのだ、と感慨にふけりながら学生時代を遠くに感じている気持ち。

ウ　大変重い病気の後に白髪になり、学生時代とすっ

へ来た。挨拶《あいさつ》がすんですぐだったか、二言三言いった後だったか、先生はやや唐突《とうとつ》に

「ありゃいいよ。」

と例の口を動かさないいい方でいった。私が今日来ることを予報しておいたのでまだ読みきってなかった原稿をお客様を待たせてちょうど今読み終ったのだった。(3)私は心のうちで恐縮した。先生は予想外に「銀の匙」をほめた。落ちついた書き方だといった。大変口調がいいといった。私は　文章が時に稚気を帯びてやしまいかと思う　といったらむしろその反対を考えてるらしい*口吻《こうふん》をもらした。先生はまた正直に書いてあるといってそのあとで

「ああいう意気地《いくじ》のないことを……。」

といいかけたが遠慮するような風にちょっと言葉をきった、なにか意気地のないということが非常な悪いことででもあるかのように、そして私がそんな子供であったことを赤面でもするかのように。(4)先生はこうした私をよく知らないための勘違いからその後も話の間にそんなつまらないことについて時どき親切な遠慮をしてくれたように思う。先生は私の文章に*源氏物語《げんじものがたり》のようなところがあるといったのには少し非難の意味があったかと思う。それから原稿が汚くて読みにくいこと、誤字の多いこと、仮名を「めちゃめちゃ」に沢山使うことを非難した。それは事実だった。仮名を多く使うことについては一つは私の或《ある》主義から、一つは漢字に好悪《こうお》があるので嫌な漢字を出来るだけ使わないためにそうするのだったが、私はそのとき格別そんな弁明はしなかった。しかしいつか友人からでもその理由をきいたのか、その後「銀の匙」の後篇に私は全く遠慮なしに仮名を用いたけれど先生はなんともいわなかった。私はそれをそんなにたいした訳《わけ》もない単なる他人の好悪のようなものをさえ出来るだけ尊重するという先生の寛容、親切からと解している。先生はまた「銀の匙」を平面的だといって、*廻《まわ》り燈籠《どうろう》みたいにいろんな事件人物が出てくる間に自然に主人公の性格がわかるようになってるんだねというようなことをいった。先生が

「ありゃいいよ。」

をもう一遍くり返したとき私はすかさず

「よければまだ先があります。」

といった。先生はちょっとたじたじとした様子で

「もう沢山だ。」

といったがすぐにもり返し反対に攻勢をとって

「なかなか面《つら》の皮が厚いな。」

といった。(5)皆が笑った、私も一緒に。先生は「銀の匙」の中に出てくる小学校の先生が主人公に向っていった言葉を覚えていて*さそくのきてんに用いたのだ。こんな言葉戦いの駈《かけ》引《ひき》は手に入ったものだった。

（中勘助「夏目先生と私」による）

〔注〕　先生の最初の胃潰瘍《いかいよう》が起《おこ》った
——明治四三年、漱石は伊豆の修善寺の旅館で大吐血をして、危篤状態に陥った。

ちりちり——大麦を煎《い》って焦がし、臼でひいて粉に

の時か、私が　見て下さい　と願っておきながら原稿を送ることのあまり延引するのを申訳《もうしわけ》したのに対して　いつまでと約束した訳ではないからそんなに義理がたくして無理をしないように　という返事がきた。私はそこで「銀の匙」を書きあげて一里あまりはなれた隣村の郵便局から先生のところへ送った。私は十月の半《なかば》頃帰京した。そして先生の都合をきいたら　原稿はまだ見てないが遊びにならくるがいい　というようなことだった。私がはじめて行った時のつれはたしか*安《あ》倍《べ》だったかと思う。私はその日先生のところへ行くつもりもなくぶらりと安倍のところへいったら　これから一緒に行こう　ということになってかなりみっともない*着流しのまま出かけた。先生は多分*午睡中だった。(1)暫《しばら》く茶の間の方で待ったのち安倍の後から　先生はどんなになったかしら　と思いながら怖ごわはいっていったらはじめての者には珍奇な感じを与えるあの和洋折衷のがらんとした座敷《ざしき》に寝起きの頗《すこぶ》る無愛想な顔をしてちょこんと坐《すわ》っていた。私はちらりとひと目見て先生が大変な白髪になったこと、顔がなんだかひどくいかつくとんがった感じを与えるようになったことに気がついた。先生は号令をかけるような具合に指で指図《さしず》をして並べて敷いてある座蒲団《ざぶとん》のうえに二人を坐らせた。そして私をぐるりとひとわたり見まわし、私の汚いみなりに注意するようだったがしずかに

「中君はちっともかわらないね。」

といった、れいの口をあんまり動かさない*無性《ぶしょう》らしいいい方で。私は畏《かしこま》りつつもやっぱり先生をぐるりと一つ見まわした。そして顔のいかつくなったのは髭《ひげ》を刈込《かりこ》んだせいだと思った。先生は前掛《まえかけ》をしめていた。これは予想しなかったことだった。私がそばにある薬瓶に目をつけてなにかいった時先生はちょっと瓶の頭をもって

「なにこりゃ始終なんだよ。」

といった。その時にさっきの寐《ね》起《お》きのむつかしい顔が大分和《やわら》いでいた。私が先生の白髪になったことをいったら先生はそれが病気の後からだといった。そして

「いつか君がくれた蝶蝶の箱がまだとってあるよ。」

といいながらふりかえってそのとってあるところを見るような風をした。

(2)……この日私はあらたまった時にする私の癖で、首を少し左へかしげるようにして左の目で余計見るような姿勢をとりながらじっと先生の目を見つめて話したりきいたりした。私は大学以来そのままのいろいろな癖を見出《みいだ》して久しぶりだという感じがした。

その次の時のつれは*野上《のがみ》だった。私がいたずらな心から——先生がこの前目をつけたので——わざとこの前の時と同じ見《み》すぼらしい*袷《あわせ》に袷羽《は》織《おり》を着ていったことから考えるとそれは最初の時からあまり日数のたたないうちのことだったにちがいない。私たちよりも先に一人お客さんがあって書斎のほうに坐っていた。先生は机に向《むか》ってなにか原稿らしいものを読んでいた。私はその人が原稿をもってきて見てもらってるのだと思った。私たちは隣の客間の方へ通されて待っていた。暫くして先生はそれを読み終《おわ》ってお客さんと一緒に客間の方

〈国語〉

時間五〇分　満点一〇〇点

【注意】答えは特別の指示のあるもののほかは、各問のア・イ・ウ・エのうちから、最も適切なものをそれぞれ一つずつ選んで、その記号を書きなさい。また、答えに字数制限がある場合には、、や。や「 などもそれぞれ一字と数えなさい。

1

次の各文の――を付けた漢字の読みがなを書け。

(1) クラスの皆にほめられて面映ゆい。

(2) リーダーとして辣腕ぶりを発揮する。

(3) 春先に雪渓を渡る。

(4) 穏当な案を提出する。

(5) 万古不易の平和を希求する。

2

次の各文の――を付けたかたかなの部分に当たる漢字を楷書で書け。

(1) 荒天の中、船長が針路についてサイダンを下した。

(2) 長い間のわだかまりがヒョウカイする。

(3) 若い世代に未来をユダねる。

(4) ダイダンエンを迎える。

(5) イッシドウジンの気持ちで人に接する。

3

次の文章は、学生時代に夏目《なつめ》漱石《そうせき》の講義を受けていた中勘《なかかん》助《すけ》が、ありし日の先生のことを回想して書いたものである。これを読んで、あとの各問に答えよ。なお、作者の表記の特徴として一マス空いているところがある。（*印の付いている言葉には、本文のあとに〔注〕がある。）

私は大学を卒業した年の秋から翌年の春へかけて半年ほどのあいだ病床にいたあげく夏になって病後の保養のために小《お》田原《だわら》にある親戚の別荘へ幾月か厄介になっていた。　そのあいだに*先生の最初の胃潰瘍《いかいよう》が起《おこ》った。　私は電報で修善寺《しゅぜんじ》へ御見《おみ》舞《まい》を出した。　幾日かののち私は先生がよほどいいということを知ってやぼではあるが美しく彩色した蝶形《ちょうがた》の麦藁《むぎわら》細工の籠《かご》にいろんな色紙や千代紙でこしらえた折物*ちりちりなどを入れて送った。　*小宮《こみや》の代筆かなにかで手紙がきた。　鷺《さぎ》、　*ふくら雀《すずめ》　なぞと目録を読みながら枕もとへ列《なら》べるところかなにか書いてあった。　先生はそれを見て

「このうちに中《なか》のこしらえたのは一つ二つしかないんだろう。」

といったという。　まったく私の造ったのは蓮花《れんげ》と鶴だけだったかもしれない、　今でもそれっきりしか折り方をしらないから。　その翌翌年の夏私は信州の湖畔へ行って「銀の匙《さじ》」の前《ぜん》篇《ぺん》を書きあげた。　私がその湖畔から出した絵葉書《えはがき》に対する返事に

「どうしてそんな寒い処《ところ》へ行きましたか。　早くお帰りなさい。」

というようなことが書いてあった。　それからその時かまた別

MEMO

大切なことはメモしておこうネ！

2022 年 度

解 答 と 解 説

《2022年度の配点は解答欄に掲載してあります。》

＜数学解答＞

[1]　〔問1〕　$6\sqrt{3}$　〔問2〕　-2，8　〔問3〕　$x=6$，$y=3$

〔問4〕　$\frac{8}{15}$　〔問5〕　右図

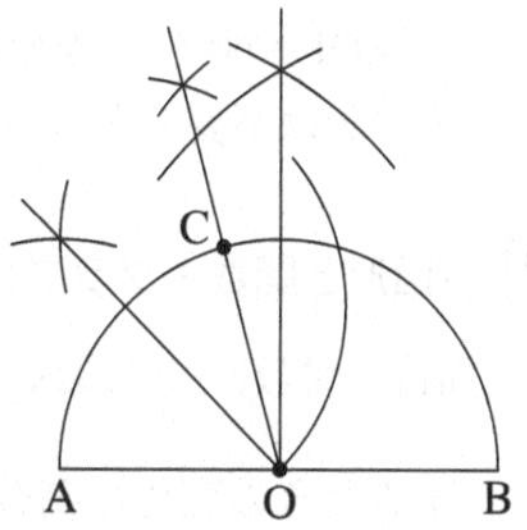

[2]　〔問1〕　$\frac{10}{3}$　〔問2〕　$a=1$，$b=\frac{9}{2}$　〔問3〕　$\frac{-1+\sqrt{21}}{2}$（途中の式や計算は解説参照）

[3]　〔問1〕　54度　〔問2〕　(1)　解説参照　(2)　$\frac{125}{61}$cm

[4]　〔問1〕　$\frac{100}{3}$cm^3　〔問2〕　24cm^2（途中の式や計算は解説参照）　〔問3〕　24cm^3

○配点○

[1]　各5点×5　[2]　〔問1〕　5点　〔問2〕　8点（完答）　〔問3〕　12点

[3]　〔問1〕　7点　〔問2〕　(1)　10点　(2)　8点

[4]　〔問1〕　7点　〔問2〕　10点　〔問3〕　8点　　計100点

＜数学解説＞

[1]　（数・式の計算，平方根，二次方程式，連立方程式，確率，作図）

〔問1〕　$\sqrt{6}\left(\sqrt{18}+\frac{6}{\sqrt{3}}\right)=\sqrt{6}\times\sqrt{18}+\sqrt{6}\times\frac{6}{\sqrt{3}}=\sqrt{6}\times\sqrt{6\times3}+\frac{6\sqrt{6}}{\sqrt{3}}=6\sqrt{3}+6\sqrt{\frac{6}{3}}=6\sqrt{3}+6\sqrt{2}$，$\sqrt{72}=\sqrt{6^2\times2}=6\sqrt{2}$だから，$\sqrt{6}\left(\sqrt{18}+\frac{6}{\sqrt{3}}\right)-\sqrt{72}=6\sqrt{3}+6\sqrt{2}-6\sqrt{2}=6\sqrt{3}$

〔問2〕　2次方程式$2x^2-(x+3)^2=7$より，$2x^2-(x^2+6x+9)=7$　$x^2-6x-16=0$　たして-6，かけて-16になる2つの数は$+2$と-8だから　$x^2-6x-16=(x+2)(x-8)=0$　$x=-2$，$x=8$

〔問3〕　連立方程式$\begin{cases}4x+3y=33\cdots①\\ \frac{1}{2}x-\frac{2}{3}y=1\cdots②\end{cases}$　②の両辺に2と3の最小公倍数の6をかけて，$3x-4y=6\cdots③$　①×4+②×3より，$(4x+3y)\times4+(3x-4y)\times3=33\times4+6\times3$　$25x=150$　$x=6$　これを①に代入して　$4\times6+3y=33$　$y=3$

〔問4〕　6枚のカードの中から同時に2枚のカードを取り出すとき，全ての取り出し方は(2，3)，(2，5)，(2，6)，(2，7)，(2，8)，(3，5)，(3，6)，(3，7)，(3，8)，(5，6)，(5，7)，(5，8)，(6，7)，(6，8)，(7，8)の15通り。このうち，取り出したカードに書かれた数字の積が20以上になるのは，____を付けた8通り。よって，求める確率は$\frac{8}{15}$

〔問5〕　（着眼点）　$75°=45°+30°=\frac{90°}{2}+\frac{60°}{2}$より，直角の二等分線と，正三角形の内角の二等分線の組み合わせで考える。　（作図手順）　次の①～④の手順で作図する。　①　点A，Bをそれぞ

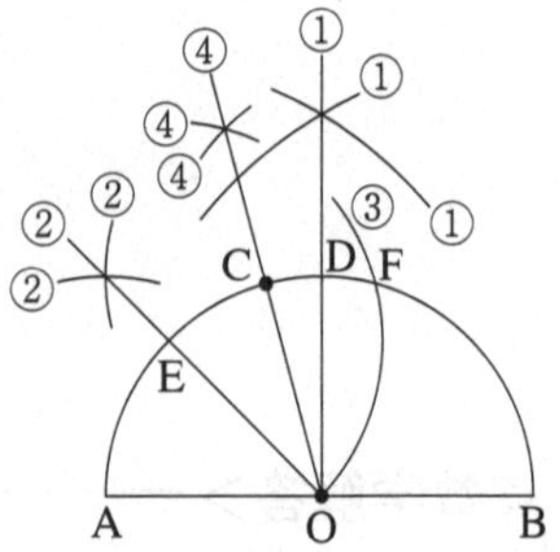

れ中心として，交わるように半径の等しい円を描き，その交点と点Oを通る直線(点Oを通る線分ABの垂線)を引き，弧ABとの交点をDとする。　②　点A，Dをそれぞれ中心として，交わるように半径の等しい円を描き，その交点と点Oを通る直線(∠AOD＝90°の二等分線)を引き，弧ADとの交点をEとする。　③　点Eを中心として，点Oを通る円を描き，弧EBとの交点をFとする。(△OEFは正三角形)　④　点E，Fをそれぞれ中心として，交わるように半径の等しい円を描き，その交点と点Oを通る直線(∠EOF＝60°の二等分線)を引き，弧EFとの交点をCとする。(ただし，解答用紙には点D，E，Fの表記は不要である。)

2　(図形と関数・グラフ)

基本　〔問1〕　関数$y=\frac{b}{x}$において，$x=2$のとき$y=\frac{b}{2}$，$x=5$のとき$y=\frac{b}{5}$　よって，xの値が2から5まで増加するときの変化の割合は，(yの増加量)÷(xの増加量)＝$\left(\frac{b}{5}-\frac{b}{2}\right)\div(5-2)=-\frac{1}{10}b$　これが$-\frac{1}{3}$に等しいとき，$-\frac{1}{10}b=-\frac{1}{3}$　$b=\frac{10}{3}$

〔問2〕　点C，Dは$y=\frac{b}{x}$上にあるから，そのy座標はそれぞれ$y=\frac{b}{1}=b$，$y=\frac{b}{b}=1$　よって，C$(1,\ b)$，D$(b,\ 1)$　AD//x軸より，点Aのy座標は点Dのy座標と等しく1　点Aは$y=x^2$上にあるから，$1=a^2$　$a>0$より，$a=\sqrt{1}=1$　よって，A$(1,\ 1)$　これより，点Bのx座標は$a+1=1+1=2$　点Bは$y=x^2$上にあるから，$y=2^2=4$　よって，B$(2,\ 4)$　以上より，四角形ADBC＝△ABC＋△ABD＝$\frac{1}{2}\times$AC×(点Bのx座標－点Aのx座標)＋$\frac{1}{2}\times$AD×(点Bのy座標－点Aのy座標)＝$\frac{1}{2}\times(b-1)\times(2-1)+\frac{1}{2}\times(b-1)\times(4-1)=(2b-2)$cm^2　これが7cm^{2}に等しいとき，$2b-2=7$　$b=\frac{9}{2}$

やや難　〔問3〕　(途中の式や計算)　(例)　点B，C，Eの座標はそれぞれ$(a+1,\ (a+1)^2)$，$(1,\ 6)$，$(-a,\ a^2)$となる。直線BEの傾きは　$\frac{(a+1)^2-a^2}{(a+1)-(-a)}=\frac{2a+1}{2a+1}=1$　切片をnとすると，直線BEの式は$y=x+n$　と表せる。点C$(1,\ 6)$を通るから，$6=1+n$　よって，$n=5$となり，直線BEの式は，$y=x+5$　この直線が点E$(-a,\ a^2)$を通るから，$a^2=-a+5$　すなわち，$a^2+a-5=0$　$a>0$であるから　$a=\frac{-1+\sqrt{21}}{2}$

3　(角度，図形の証明，線分の長さ)

重要　〔問1〕　中心角の大きさは弧の長さに比例するから，∠BOD＝x°とすると，弧CD：弧DB＝2：1より，∠COD＝$2x$°　OB＝OC＝ODより，△OBDと△OCDは二等辺三角形だから，∠ODB＝$\frac{180°-∠\mathrm{BOD}}{2}=90°-\frac{x°}{2}$…①　∠OCD＝∠ODC＝$\frac{180°-∠\mathrm{COD}}{2}=90°-x°$…②　OC//BDより，平行線の錯角は等しいから，∠CDE＝∠OCD＝$90°-x°$…③　∠CDE＋∠ODC＋∠ODB＝180°だから，①，②，③より，$(90°-x°)+(90°-x°)+\left(90°-\frac{x°}{2}\right)=180°$　これを解いて，$x=36$　よって，③より，∠CDE＝90°－36°＝54°

基本　〔問2〕　(1)　(証明)　(例)　△BADと△EADにおいて，半円の弧に対する円周角であるから，∠

BDA＝90°　よって，∠EDA＝90°…①　弧CD＝弧DBより，円周角の定理から，∠BAD＝∠EAD…②　共通であるから，AD＝AD…③　①，②，③より，1組の辺とその両端の角がそれぞれ等しいので　△BAD≡△EAD　よって，DB＝DE

(2)　(1)より，DB＝DE，∠ABD＝∠AEDだから，点Dは線分BEの中点であり，△ABEはAE＝AB＝12cmの二等辺三角形。これより，中点連結定理を用いて，OD//AE，OD＝$\frac{1}{2}$AE＝6cm　1つの円で，長さの等しい弧に対する弦の長さは等しいので，弧CD＝弧DBより，CD＝BD＝$\frac{1}{2}$BE＝5cm　△EAB∽△EDCより，EA：ED＝EB：EC　EC＝ED×EB÷EA＝$\frac{1}{2}$BE×EB÷EA＝5×10÷12＝$\frac{25}{6}$(cm)　OD//CEより，平行線と線分の比についての定理を用いると，CF：FD＝CE：OD＝$\frac{25}{6}$：6＝25：36　CF＝CD×$\frac{\mathrm{CF}}{\mathrm{CD}}$＝5×$\frac{25}{25+36}$＝$\frac{125}{61}$(cm)　(補足説明)　△EAB∽△EDCの証明　共通な角より，∠AEB＝∠DEC…①　円Oに関して，弧CDBに対する中心角をa°，弧CABに対する中心角をb°とすると，$a°+b°=360°$…②　弧CDBに対する中心角と円周角の関係より，∠CAB＝$\frac{a°}{2}$…③　弧CABに対する中心角と円周角の関係より，∠CDB＝$\frac{b°}{2}$…④　②，③，④より，∠CAB＋∠CDB＝$\frac{a°}{2}+\frac{b°}{2}=\frac{1}{2}(a°+b°)=180°$…⑤　また，頂点Dに関して，∠EDC＋∠CDB＝180°…⑥　⑤，⑥より，∠CAB＝∠EDC　つまり，∠EAB＝∠EDC…⑦　①，⑦より，2組の角がそれぞれ等しいから，△EAB∽△EDC

4 (空間図形，動点，切断，体積，面積)

重要　〔問1〕　立体A－EPQは，△EPQを底面とすると高さAEの三角錐だから，$t=5$のとき，EP＝毎秒2cm×5秒＝10(cm)，EQ＝毎秒1cm×5秒＝5(cm)，AE＝4cmより，その体積は，$\frac{1}{3}$×△EPQ×AE＝$\frac{1}{3}\times\left(\frac{1}{2}\times\mathrm{EP}\times\mathrm{EQ}\right)\times\mathrm{AE}=\frac{1}{3}\times\left(\frac{1}{2}\times10\times5\right)\times4=\frac{100}{3}$(cm^3)

〔問2〕　(途中の式や計算)　(例)　EP＝$2t$，EQ＝tとする。(以下，単位cm略)　$\mathrm{PQ}^2=(2t)^2+t^2=5t^2=(4\sqrt{5})^2$　$t=4$よりEP＝8，EQ＝4となるから，点Qと点Hは一致する。$\mathrm{AP}=\sqrt{\mathrm{AE}^2+\mathrm{PE}^2}=\sqrt{4^2+8^2}=\sqrt{80}=4\sqrt{5}$　AP＝QP＝$4\sqrt{5}$より，△APQは二等辺三角形となる。頂点Pより辺AQに引いた垂線と線分AQとの交点をKとする。二等辺三角形の性質から，点Kは線分AQの中点となる。AQ＝$4\sqrt{2}$よりAK＝$2\sqrt{2}$となるので　$\mathrm{PK}=\sqrt{\mathrm{AP}^2-\mathrm{AK}^2}=\sqrt{(4\sqrt{5})^2-(2\sqrt{2})^2}=\sqrt{72}=6\sqrt{2}$　よって，△APQの面積は　$\frac{1}{2}\mathrm{AQ}\times\mathrm{PK}=\frac{1}{2}\times4\sqrt{2}\times6\sqrt{2}=24$(cm^2)

やや難　〔問3〕　$t=8$のとき，EP＝16cm，EQ＝8cm　AB//EP，AD//EQより，それぞれ平行線と線分の比の定理を用いると，BL：LF＝AB：PF＝AB：(EP－EF)＝4：(16－4)＝1：3　BL＝BF×$\frac{\mathrm{BL}}{\mathrm{BF}}$＝4×$\frac{1}{1+3}$＝1(cm)　DN：NH＝AD：QH＝AD：(EQ－EH)＝4：(8－4)＝1：1　DN＝DH×$\frac{\mathrm{DN}}{\mathrm{DH}}$＝4×$\frac{1}{1+1}$＝2(cm)　点Rから線分EPへ垂線RSを引き，RS＝$x$cmとする。△ESRは直角二等辺三角形で，3辺の比は1：1：$\sqrt{2}$だから，ES＝RS＝$x$cm　平行線と線分の比の定理を用いると，RS：EQ＝PS：EP＝(EP－ES)：EPより，x：8＝(16－x)：16　これを解いて，$x=\frac{16}{3}$　これより，ER＝$\sqrt{2}$RS＝$\frac{16\sqrt{2}}{3}$(cm)　また，△EFGも直角二等辺三角形であることから，EG＝$\sqrt{2}$EF＝$4\sqrt{2}$(cm)　AC//

GRより，平行線と線分の比の定理を用いると，CM：MG＝AC：GR＝EG：(ER－EG)＝$4\sqrt{2}$：$\left(\frac{16\sqrt{2}}{3}-4\sqrt{2}\right)$＝3：1 CM＝CG×$\frac{CM}{CG}$＝4×$\frac{3}{3+1}$＝3(cm) 立体ABCD－LMN＝四角錐A－BCML＋四角錐A－CDNMと考える。四角錐A－BCMLは台形BCMLを底面としたとき，高さはAB，四角錐A－CDNMは台形CDNMを底面としたとき，高さはADだから，求める体積は$\frac{1}{3}\times\left\{\frac{1}{2}\times(BL+CM)\times BC\right\}\times AB+\frac{1}{3}\times\left\{\frac{1}{2}\times(DN+CM)\times CD\right\}\times AD=\frac{1}{3}\times\left\{\frac{1}{2}\times(1+3)\times4\right\}\times4+\frac{1}{3}\times\left\{\frac{1}{2}\times(2+3)\times4\right\}\times4=24(cm^3)$

★ワンポイントアドバイス★

2〔問2〕では，四角形ADBCの面積を，△ABC＋△ABDと考えることがポイントである。3〔問2〕(1)では，△BADと△EADが合同であることを利用することがポイントである。

＜英語解答＞

1 〔問題A〕 ＜対話文1＞ ア ＜対話文2＞ ウ ＜対話文3＞ イ
〔問題B〕 ＜Question 1＞ エ ＜Question 2＞ They are interesting.

2 〔問1〕 (1)-a ウ (1)-b ア (1)-c エ (1)-d イ
〔問2〕 ア 〔問3〕 エ 〔問4〕 イ 〔問5〕 オ 〔問6〕 ウ，カ
〔問7〕 a キ b イ c ク d オ

3 〔問1〕 ア 〔問2〕 エ 〔問3〕 ウ 〔問4〕 エ 〔問5〕 イ 〔問6〕 ウ，オ
〔問7〕 (例) The object looks like mountains. When you see sets of plates from different sides, you will find different curves. It is interesting because the plates are just a set of lines, but the different curves made by the plates are based on mathematical ideas.

○配点○
1 各4点×5 2 〔問1〕・〔問7〕 各2点×8 他 各4点×6
3 〔問7〕 12点 他 各4点×7 計100点

＜英語解説＞

1 (リスニングテスト)
放送台本の和訳は，2022年度都立共通問題36ページに掲載。

2 (会話文問題：文の挿入，語句解釈，語句整序，要旨把握，内容吟味，語句補充・選択，進行形，比較，不定詞，分詞，現在完了形，受動態，助動詞，関係代名詞)

(全訳) *サクラとハルトは中学の理科部の部員である。メグはアメリカ合衆国からやってきた学生だ。彼らは理科教室で理科コンテストについて話をしている。*

サクラ(以下S)：私たちは理科コンテストに参加することになっています。私はコンテストの発表テーマについて考えています。ハルト，何か考えはありますか。／ハルト(以下H)：私はエネルギー資源などの環境に関するテーマを考えています。公害や地球温暖化など，環境問題は世界全体で重要なテーマです。／S：水はどうですか。／メグ(以下M)：それはひとつの考えですね。1番良いテーマは私たちの地球上の自然だと思います。だって，私たちはみんな地球に住んでいるからです。／S：私たちのテーマについて先生に尋ねてみるべきですね。

1人の先生が理科室の中に入ってきます。

先生(以下T)：何か私にできることがありますか。／H：私たちは理科コンテストの私たちのテーマについて話をしています。私たちには多くのアイディアがあります。／M：私たちにとって1番良いテーマを決められません。何か助言をいただけますか。／T：なるほど。好きなテーマを選ぶのはどうですか。／M：私は日本の自然について興味があります。その特徴について知りたいのです。／T：日本の自然の特徴ですか？　サクラ，ハルト，あなたたちは何か知っていますか？／H：日本には多くの山と川があります。／T：ええ，それは事実ですね。日本，あるいはその周囲には，火山もあります。日本の多くの地域には，たくさんの温泉があります。自然の力によって，私たちは良い気分になれるので，温泉は地球からの贈り物である，と私は考えます。日本の自然の他の特徴は何ですか。／S：(1)-aウ日本には春夏秋冬という四季があります。／T：そのことは，日本の自然は常に変化しているということを意味していますね。／M；とても美しいと思います。／T：様々な種類の気候と地形により，日本は類のない自然環境を作り出してきたのです。／M：それらは日本の自然の興味深い特徴ですね。／T：さて，この部屋の隅には模型があります。見てください。／S：それは日本のある場所の地質学模型のように見えます。／T：良いですね。これは，日本にある国立公園の地質学模型なのです。模型を見て，どう感じますか。／S：模型に見受けられる自然は，日本の自然の一部を示しているようですね。／T：その通りです。国立公園と日本の自然のつながりを見つけ出すことは，非常に重要なのです。／H：では，なぜ国立公園が存在するのですか。／T：(1)-bア国立公園の各地域には，特に素晴らしい景観があるからです。国立公園にはさまざまな生態系が保護されているそうです。／H：なるほど。この模型の国立公園はどこですか。／T：日本の北部に位置する東北にあります。公園には，火山，湖，そして，川があります。すべての四季を通じて，さまざまな景観や火山にある温泉が見受けられます。日本の北部では，多くの雨と雪が降り，長い時間を経て形成される湖や川があります。／H：素晴らしいですね。私は日本の国立公園についてもっと知りたいと思います。／T：ある考えが思いつきました。私の友人の1人は国立公園監視員です。彼とオンライン会議をしませんか。もしよければ，準備しますよ。／H：それは名案ですね。／S：国立公園監視員とオンライン会議を開催したいわ。／M：それは良い考えです。オンライン会議を準備していただけますか。／T：もちろんです。

彼らはオンライン会議をしています。

T：こんにちは，聞こえますか？／国立公園監視員(以下R)：はい，3人の生徒が見えて，オンラインでつながっていますね。あなた方は何について話したいのですか。／T：(1)-cエこれらの生徒と私は国立公園について話し合っています。／S：私たちはもっと国立公園について知りたいと思っています。手伝っていただけますか。／R：もちろんです。／S：日本の国立公園から，私たちは何を学ぶことができますか。／R：日本の国立公園を通じて，山，海，そして，多くの生物のような美しい自然に触れ合うことができます。日本は細長い島国なので，各地域において，異なった自然環境，気候，そして生活様式が存在します。国立公園は，様々な種類の野生動物も保護しています。日本の重要地域を保護し，日本人の教育や健康を促進するために，約80年前，国内の各地域に，国立公園法により国立公園が作られました。／H：国立公園には，私たちが知っておくべき多くの点がありますね。／R：国立公園は現実に日本の自然を示しています。何が日本の豊かな景観を創出する手助けをしているでしょうか。／H：よくわかりません。／R：日本のさまざまな種類の気候や地形のおかげで，類まれな自然環境が作り出されてきました。その景観やさまざまな野生動物を見ると，自然環境に関する多くのことを学ぶことができます。その豊かな景観は，地形に基礎がおかれています。／S：(2)ア日本の国立公園には，各地域の地形によって，類のない景観がつくられている，ということを私は知りました。／M：あのー，私の国，アメリカ合衆国には，多くの国立公園があります。それらは日本の国立公園に似ていますか。／R：日本の国立公園はあなたの国から多くのことを学びました。国立公園の考えは，1872年にアメリカ合衆国で生み出されました。アメリカ合衆国の国立公園はすべて，公共の土地に基礎をおいています。一方で，日本の国立公園は，公共の土地と私有地に基づいています。(日本の国立公園内には)町や温泉宿があります。また，このことは，国立公園が地元の地域社会や文化を保護していることを意味しています。／M：あっ，今，日本の国立公園とアメリカ合衆国の国立公園との間に，少し違いがあることがわかりました。／S：国立公園について学ぶことは，わくわくします。／T：さて，地球温暖化，海洋プラスティック汚染，そして，生態系の変容といった環境問題の影響が，日本の国立公園においてさえも出現し始めています。／H：それを聞いて，私は驚いています。それは本当ですか。／R：(3)はい，と言わなければならないので，残念に思っています。／S：それらの環境問題は国立公園にとって危険です。これらの問題について私たちは考えなければなりません。／M：そこで，国立公園を守るために何を私たちはするべきですか。／R：(4)イ人々がこれらの地域で自然を経験するためには，訪問者に対して規則を導入している国立公園があります。例えば，ごみを捨てるべきではありません。国立公園をきれいに保つためには，ごみは家に持ち帰るべきなのです。／H：人間が出すごみは，国立公園の環境を損ないます。／R：また歩道を歩くべきです。そうすることで，自然環境の中で動植物が生存することの手助けとなるでしょう。／M：国立公園を訪れる際には，私たちはこれらの規則に気をつけなければなりませんね。／R：多くの勤務者やボランティアが，国立公園を保護するために力を尽くしています。歴史や国立公園の自然環境を伝える目的で，訪問者に対してビジターセンターで役に立つ情報も与えています。このような人々の手助けにより，訪問者は国立公園について学び，楽しむことができるのです。／S：なるほど。(1)-dイ多くの人々が国立公園を支えているのですね。このことは非常に重要であると言えますね。／R：日本の多くの国立公園は各地域にあり，その景観が世界で他に類のないもの(となる手助け)となっています。そこに暮らす人々は，彼らの祖先の知恵を(後世に)伝えています。彼らは地域の自然に強いつながりをもっており，他にない文化を創り出してきました。／M：どのように国立公園は変わってきたのですか。そのことについて私に教えてくださいませんか。／R：何年にもわたって，多くの人々が都市に住み始めました。(5)都市に住む多くの人々が，自然との触れ合いを失ってきました。そのような時代には，国立公園を単なる観光地としてだけではなくて，素晴らしい自然環境や生態系の備わった場所として，楽しむ人々がより増えてくるでしょう。国立公園は人々が自然を体験する最も良い方法です。これらの生態系が人類の生命を支え，自然といかに共生するかに対する考え方は，その生態系に基づいています。同時に，私たちは，私たちの地球，息づく地球の構成員であることを実感しています。何と素晴らしいのでしょう！／T：私たちは，あなたと話すことを満喫しましたが，オンライン会議を終了しなければなりません。時間を割いていただき，ありがとうございました。

彼らはオンライン会議を終了して，再び話しています。

S：コンテストにおける私たちの発表に対して，ある考えが思い浮かびました。日本の国立公園はいかがですか。／H：それは良い考えですね。私は日本の自然と国立公園の双方を保護することに興味を持っています。／S：日本の自然と国立公園との間にはある関連がありますね。中学生として，それらを保護するために私たちには何ができるでしょうか。／M：それについて話し合いましょう。／T：それらを保護することは重要で，それらを保護するために，より良い生活様式を促進すべきなのです。／M：私たちは，そのことについて学び，考えなければなりませんね。／H：図書館へ行き，国立公園のホームページを探して，みんなで一緒に私たちのテーマに関してもっと深く学びましょう。

基本 〔問1〕 (1)-a 空所直後の「そのことは，日本の自然がいつも変化しているということを意味している」から考えること。正解は，ウ「日本には春夏秋冬という四季があります」。is always changing ← 〈be動詞 + -ing〉進行形「～しているところだ」 (1)-b 空所前がWhy ～で始まる疑問文(「なぜ国立公園が存在するのですか」)なので，正解は，Becauseで始まるア「国立公園の各地域には，特に素晴らしい景観があるからです」。 (1)-c 空所前の国立公園監視員の「あなた方は何について話したいのですか」に応じるのにふさわしい選択肢を選ぶこと。空所後のサクラの「私たちはもっと国立公園について知りたいのです」も参考にすること。正解は，エ「これらの生徒と私は国立公園について議論しています」。more ← many／muchの比較級「もっと(多数の／多量の)」 (1)-d 空所前で，国立公園監視員が国立公園を維持することに多くの勤務者やボランティアが従事していることに触れている点を参考にすること。正解は，イ「多くの人々が国立公園を支えています」。不定詞の副詞的用法(目的)「～するために」 他の選択肢は次の通り。オ「それは日本の北部の有名な国立公園だ」

基本 〔問2〕 空所前では，「日本のさまざまな種類の気候や地形のおかげで，類まれな自然環境が作り出されてきた。～その豊かな景観は，地形に基礎をおいている」とあるので，景観と地形の関連に触れた，ア「日本の国立公園には各地域の地形によって類のない景観が作られている，ということを私は知った」が正解。 〈have + O + 過去分詞〉「Oが～される」 thanks to「～のおかげで」 has developed ← 〈have[has] + 過去分詞〉現在完了(完了・結果・経験・継続) are based ← 〈be動詞 + 過去分詞〉受動態「～され(てい)る」 他の選択肢は次の通りだが，いずれも景観と地形の関連に言及されていないので，不適。 イ「公園を都市のように開発するために日本の国立公園は多くの訪問者を歓迎している，ということを私は学んだ」 ウ「日本の国立公園は地元の地域社会や文化によって保護されているということを，私は知らなかった」are protected ← 〈be動詞 + 過去分詞〉受動態「～され(てい)る」 エ「アメリカ合衆国の国立公園は政府によって保護されている，ということを知らなかった」

基本 〔問3〕 先生：〈環境問題の影響が，日本の国立公園でさえも出現し始めている〉 → ハルト：〈それを聞いて，私は驚いている。それは本当か〉 → 国立公園監視員：〈(3)はい，と言わなければならないので，残念に思っている〉 以上の文脈から，下線部(3)の内容を最もよく表しているものは，エ「いくつかの環境問題が日本の国立公園において深刻な損害を引き起こしている」。 is causing ← 〈be動詞 + -ing〉進行形「～している」 〈have + to不定詞〉「～しなければならない，にちがいない」 〈感情を表す語 + to不定詞〉「～をしてある感情がわきあがる」 他の選択肢は次の通り。ア「国立公園への訪問者がごみを投げ捨てるので，国立公園に勤める人々は悲しんでいる」 イ「現在，アメリカ合衆国の国立公園は，ある環境問題によって損害を与えられている」 are now damaged ← 〈be動詞 + 過去分詞〉受動態「～され(てい)る」 ウ「世界中の人々が，地球は環境汚染によって損害を与えられているので，悲しんでいる」 is damaged ← 〈be動詞 + 過去分詞〉受動態「～され(てい)る」

基本 〔問4〕 空所に対する先行文の「国立公園を守るために何を私たちはするべきか」，かつ，後続文の「例えば，ごみを捨てるべきではない」という文脈にふさわしいものを選ぶこと。正解は，イ

「人々がこれらの地域で自然を経験するために，訪問者に対して規則を導入している国立公園がある」。　For people to experience nature ← to不定詞の意味上の主語はfor + Sで表す。should「すべきである，のはずだ」 他の選択肢は次の通り。　ア「国立公園において環境を守るために，訪問者は野生の草花を自宅に持ち帰り，栽培することができる」　ウ「場所によっては，自身の車から公共バスへと乗り換えるべきである」 should「すべきである，のはずだ」　エ「これらの地域へ入る場合には，国立公園を守るために，お金を支払うべきだ」 いずれも後続文の例に合致しないので，不適である。

重要　〔問5〕 (Many) people who live in cities have lost touch with nature(.)〈先行詞(人) + 主格の関係代名詞 who + 動詞〉「～［動詞］する先行詞(人)」 have lost ← 〈have + 過去分詞〉現在完了(完了・結果・経験・継続)

重要　〔問6〕 ア「最初，生徒は発表に対していかなる考えも思いつかなかった」(×)発表テーマに関して，第1場面で，ハルトは「環境」について，サクラは「水」について言及しており，第2場面で，ハルトは発表に対して，We have many ideas. と述べているので，不適。　イ「理科教室において，生徒が，アメリカ合衆国における国立公園の地質学模型を見つけた」(×)先生がThis is a geological model of a national park in Japan. と述べているので，不適(第2場面第8番目の先生のせりふ)。　ウ「国立公園監視員によると，日本の自然環境を豊かにしている事実の1つが，(日本が)細長い島国だ，ということである」(○)国立公園監視員が，Because Japan is a long island country, it has different natural environments, climates, and styles of living in each area.(第3場面第3番目のせりふ)／What helps to create the rich landscapes in Japan?(第3場面第4番目のせりふ)と述べているので，一致している。　make A B「AをBの状態にする」　エ「日本の国立公園は，1872年以来，異なった種類の生物を保護してきた」(×) The idea of national parks started in the United States in 1872.(第3場面第6番目の国立公園監視員のせりふ)とあり，1872年はアメリカで国立公園が初めて作られた年である。　have protected ← 〈have + 過去分詞〉現在完了(完了・結果・経験・継続)　オ「日本の国立公園の土地のすべては，公共の土地である」(×)アメリカの国立公園はすべて公共の土地に基づいているが，一方で，日本の国立公園に関しては，Japan's national parks are based on public land and private landと米国との違いを説明しているので，不適。(第3場面第6番目の国立公園監視員のせりふ)　カ「国立公園は，私たちが地球の生命の一部であるということを記憶しておく手助けとなっている」(○)第3場面の最後の国立公園監視員の言葉に National parks are the best way for people to experience nature. These ecosystems help human life and ideas for how to live with nature are based on the ecosystems. ～ we realize we are a member of our earth, a living earth. とあるので，一致していると言える。　キ「コンテストに対する発表のテーマは，日本の国立公園とアメリカ合衆国のむすびつきになるであろう」(×)第4場面で，サクラはコンテストの発表に関して，How about national parks in Japan? と提案していて，ハルトやメグも賛成しているので，不適。

やや難　〔問7〕 (全訳)「日本中の国立公園は国とって$_{a}$キ独自のものであって，さまざまな種類の動植物が生息する場所となっている。多くの人々が自然を体験するために公園を訪れ，国立公園監視員のみでなく，地元のボランティアが国立公園の正しい使い方を推進するために重要な$_{b}$イメッセージを彼らに伝えている。国立公園は野生動物にとって住みかである。自身の地域社会で私たちがそう振る舞うように，生物を守り，日本の美しい自然を保つために，公園内の規則$_{c}$クを守ることが必要だ。国立公園は，人と自然間に$_{d}$オ架け橋，あるいは，むすびつきを与えている。中学生として，これらの地域の自然を尊重して楽しもうと思う」

a　国立公園が日本にとってどのような存在か考える。該当する可能性があるのは，uniqueか，strangeのどちらかの形容詞である。　b　国立公園の正しい使用法を推進するために，来訪者に重要な何を伝えているか，考えること。当てはまる可能性があるのは，difference，messages，bridge，lettersのいずれかの名詞である。　c　生物を守り，自然を保つために，公園の規則をどうするべきか，考える。break／followのいずれかの動詞が当てはまる。　d　connection「むすびつき」と同義語が当てはまる。A, or B「A，あるいはB」　他の選択肢は以下の通り。ア「違い」　ウ「破る，壊す」　エ「奇妙な」　カ「手紙，文字」

3　**(長文読解問題・エッセイ：語句補充・選択，語句整序，文整序，語句解釈，要旨把握，自由・条件英作文，不定詞，動名詞，前置詞，関係代名詞，現在完了，動名詞)**

（全訳）　写真1の部品を組み立てると，何が得られるだろうか。想像できるだろうか？　写真2の美しい置物ができると知って，あなた方の中には驚く人がいるかもしれない。各板の形が数学に由来するということを知り，さらに驚きかもしれない。

生徒は学校での数学の授業で多くを学ぶ。おそらく教科書で，いくつかの図表を見たことがあるだろう。でも，図表を物体として示そうとすると，何が起きるだろうか。ある職人と彼と一緒に働く人々が，数学の美しさに感動して，懸命にそれを美術品として表現しようと試みた。

その職人は，かつて大学である教授と一緒に働いていた。ある日，教授の机に他に類を見ない紙製の置物があるのを見つけて，彼にそれらをどうやって作ったのかを尋ねた。多くの小さな紙片を組み立てて作った，とその教授は述べた。彼はまた，それらの小さな紙片はすべて数学に由来していると言った。最初，その置物は簡単に作成できるように思えたが，実際はそうではなかった。職人はそれらが(1)-a驚くべきものだと考えて，すぐに金属片を使って，彼のグループの人達と一緒に，その素晴らしい置物を作ることにした。職人はひどく困難な目にあったが，毎回，困難を克服しようと，彼らは協力し合った。彼らはついに金属製の数学的な置物を作ることに成功した。

写真3では，そのグループが作った置物の1つが見られる。これはどのように見えるだろうか。アイスクリームのコーン，あるいは，トラフィックコーンのように見える，と言う人が，あなたたちの中にはいるかもしれない。他の人たちは，トウモロコシの先端のように見えると言うであろう。あるいは，数学の教科書の円すいを思い起こさせると言うかもしれない。実際には，(2)数学の授業で見たことのある円すいとは異なっている。18の板が互いに適合して，円すいの美しい模様を作り出しているからである。板の曲線は，数学的考えに由来している。この置物は，同時に職人の美しい作品と数学の美しさを示している。だから，彼らはこれらの置物を“数学芸術”と呼んだ。

人々はよく芸術には正しい答えが(1)-b存在しないと言う。というのは，芸術は様々な方法で楽しむことが可能だからだ。言い換えれば，何が芸術を意味するか，あるいは，どのような種類の芸術が魅力的であるかは，人によって異なる。だから，芸術を語る際には，唯一の答えを与えることは不可能である。例の職人たちは，他の美しい数学的置物を作り上げ，個々がそれ自体の美しさを示した。数学的考えが，美しい芸術作品へ変容しうるのを知って，あなたは驚くかもしれない。人々がそれらの置物を見れば，美しい芸術作品と考えるだろう。だが，置物の美しさは，無比の数学的解法に由来するものである。解法を伴った芸術作品を作り出すことができたので，あなたは職人たちが素晴らしいと考えるかもしれない。

今や，数学を実物で示すことはしばしば非常に困難である，ということがわかったであろう。しかし，数学的考えの中には，実際の世界では見ることができないものを可視化する手助けになるものが存在する。別の興味深い話を例に挙げよう。

そっと池の水の表面に触れた際に，何が見えるだろうか。水の小さな丸い形が見えて，その形がどんどん大きくなるだろう。多くの形がつぎつぎに現れ，その丸い形は年輪のように見えるだろう。人々はこれらの形をしばしば波紋と呼び，写真4にそれらを見ることができる。そして，波紋は水の表面に広がるだろう。(3)[C]波紋が池の木片に達すると，その木片が別の波紋を作り出すであろう。[A]異なった形の木片は，違った形の波紋を作り出すだろう。[D]池に波紋が広がるのを見て，かつて，ある科学者がある疑問を抱いた。[B]彼は波紋の読み取り方を知り，元の物体の形を推測したいと願った。彼は数学上の発見をすることで，そうしようとした。その発見により，たとえ実際に見えなくとも，ある物体がどのように見えるか，あるいは，どこにそれが位置しているかを理解できるようになるだろう。その科学者は長い間研究して，ある日，(4)それを成し遂げた。でも，彼の業績はそこで終わらなかった。

同時に，その科学者の発見は，現代の生活をより安全に，もっと快適にするために使用されているいくつかの機械を作り出す手助けとなった。そのような機械は人々の生活を改善している。そのひとつの例が，リチウムイオン電池の内部を確認する機械である。それらの電池は，しばしばスマートフォンや電気自動車のような製品に使われている。別の機械は，トンネルの内部を確認する目的で使われている。現在，医療器械や空港でのセキュリティーチェックのための機械を作り出そうと計画されている。自動運転においては，より安全な運転のために彼の発見が役立つであろう。たとえ雨の中で(の運転)であっても。科学では，研究者が地中深くに存在するものをもっと研究することが可能となり，このことで，地球環境の理解が深まり，私たちがより効率的に天然資源を使う手助けとなるだろう。これらすべてが，地球の見方において，大変革をもたらすかもしれない。よって，(5)その科学者の業績は，単なる数学の発見だけではなくて，また数学芸術の発見でもある。

置物を作った職人たちは，彼らの技術を用いて，人々に素晴らしい生活を送って欲しいと考えた。数学的発見をした科学者は，彼の考えが，現実社会で役立つような現代的新技術の発明につながる手助けとなることを望んだ。その結果，現在，人々は数学の美しさを満喫することができ，また，職人の特殊能力を尊敬することが可能となっている。科学者の発見のおかげで，人々は幸せな生活を送ることも可能となっている。時には，数学は，学校で勉強する単なる科目だと考えられることがあるけれども，実際には，人々を動かし，日常生活において彼らの役に立つ強力な力を有しているのである。

基本 〔問1〕 (1)-a 「その職人はそれらを (1)-a と考えて，すぐに金属板を使って，彼のグループと一緒に，その素晴らしい置物を作ることにした」すぐにその置物を作る決断をした理由を考えること。正解は，amazing「驚くべき，目を見張らせる」。ちなみに，物が主語なので，選択肢B excitedは不可。〈decide + to不定詞〉「～することを決断する」 by using ← 〈前置詞 + 動名詞〉
(2)-b 「芸術は様々な方法で楽しむことができるので，芸術には正答が (2)-b ，と人々はしばしば言う。言い換えれば，何が芸術を意味するか，あるいは，どのような種類の芸術が魅力的であるかは，人によって異なる。だから，芸術を語る際には，唯一の答えを与えることは不可能である」芸術には特定の正答が存在しないので，多様な方法で楽しむことが可能なのである。正解は，there is no right answerである。in other words「言い換えると」 他の選択肢は次の通り。B「わくわくする」 D「単純な」

重要 〔問2〕 (In fact,) it is different from the cone that you have seen(in math ～ a cone.)
different from「～と違う」〈先行詞 + 目的格の関係代名詞 that + 主語 + 動詞〉「～［主語］が…［動詞］する先行詞」 have seen ← 〈have + 過去分詞〉現在完了(完了・結果・継続・経験)

重要 〔問3〕 (3) 内の前半は波紋について，後半は科学者に関する文が来ることが，空所(3)の前後の文脈から明らかである。次いで，最初にa piece of wood「木片」が出てくる方のCがA (different shapes of wood)に先行し，最初にa scientist「科学者」が出てくる方のDがB(he)

に先行することがわかる。

基本 〔問4〕「その発見により，たとえ実際に見えなくとも，ある物体がどのように見えるか，そして，どこにそれが位置しているかを理解できるようになるだろう。その科学者は長い間研究して，ある日，(4)それを成し遂げた」という文脈から判断すること。正解はエ「たとえそれが見えなくとも，その科学者は物体を探す数学的規則を発見した」。他の選択肢は次の通り。ア「その科学者は，彼の発見により，スマートフォンと電気自動車の電池作りに成功した」理論の実用化に関しては，下線部(4)を含む段落の次の段落で述べられているので，不適。　イ「その科学者は，数学から派生した金属の置物を作って，それらを人々へ示した」金属の置物を手掛けたのは職人なので，不適。metal objects that originated ←〈先行詞 + 主格の関係代名詞 that + 動詞〉「～［動詞］する先行詞」　ウ「人々に数学的考えを実際のものとして示すことは困難であると，その科学者はしばしば考えた」第6段落第1文に，Now you know that it is often quite difficult to show math as a real thing. という記述はあるが，その科学者はそのようにしばしば考えたという記載はないし，下線部(4)の文意に当てはまらない。〈It is + 形容詞 + to不定詞〉「～［不定詞］することは…［形容詞］だ」

基本 〔問5〕 (5) がある第8段落は，scientist について述べられていること，その科学者の業績はどのようなものであるか，という視点から考えること。　not only A but also B「AばかりでなくてBもまた」

やや難 〔問6〕 ア「学生は数学的考えから派生した図表を簡単に作り出すことができる。というのは，学校で作り方を学ぶからである」(×)学生については第2段落に記載があるが，職人が苦労して数学的美しさに感動して，芸術作品として表現しようと懸命に努力した，という記述があるのみなので，不適。a graph object that originated ←〈先行詞 + 主格の関係代名詞 that + 動詞〉「～［動詞］する先行詞」　イ「金属から置物を作る際に，職人たちの間には何も問題はなかった」(×)第3段落の最後から第2文目で，The craftspeople had serious difficulties, but each time they worked together to solve the difficulties. と述べられているので，不適。　ウ「職人たちは数学から由来した置物を作ることに成功し，それらの1つ1つが美しかった」(○)第3段落最終文，第5段落第4文に一致。successful in making objects that originated ←〈前置詞 + 動名詞〉／〈先行詞 + 主格の関係代名詞 that + 動詞〉「～［動詞］する先行詞」　エ「数学から由来する置物から，魅力的な考えを作り出すことができることを知り，人々は驚いている」(×)第9段落第3文で people can enjoy the beauty of math, and also respect the special ability of craftspeople とは述べられているが，選択肢エに合致するような記述はない。〈surprised + to不定詞〉「～して驚いている」　オ「世の中の機械には，危険や心配なしで，人々が生きていくのを支援するものが存在する」(○)第8段落第1・2文に一致。has also helped ←〈have + 過去分詞〉現在完了（完了・結果・経験・継続）　have been improving ←〈have been + -ing〉現在完了進行形　動作動詞の継続。　カ「職人の素晴らしい技能を人々が見たくて，職人はその置物を作った」(×)記述ナシ。　キ「日常生活において，数学が人々を助ける強い力を与えてくれることを，人々は願っている」(×)第9段落最終文にit［math］ has in fact a strong power to move people and serve them in their daily livesとは書かれているが，数学が力強い力を与えてくれるように人々が願っている，とは述べられていない。

やや難 〔問7〕 40語以上50語程度という語数制限付きの条件英作文。　（設問文の訳）「写真1の部品を組み立てる時に，写真2の置物ができる。その置物はどのように見えるか。いかに興味深いか」（解答例の訳）「置物はいくつもの山のように見える。異なった面から何組もの板を見ると，違った曲線が見える。板は単なる1組の線なので，興味深いが，板によって作られた異なった曲線は，数学的考えに基づいている」

★ワンポイントアドバイス★

2の〔問5〕と3の〔問2〕の整序問題を取り上げる。一気に完成文を仕上げるというよりは，つながる語と語の群を少しずつ大きくしていくやり方が正答につながりやすい。整序問題では文法や連語の知識が問われることになる。

＜国語解答＞

1　(1)　おもは　(2)　らつわん　(3)　せっけい　(4)　おんとう　(5)　ばんこふえき

2　(1)　裁断　(2)　氷解　(3)　委　(4)　大団円　(5)　一視同仁

3　〔問1〕　ウ　〔問2〕　エ　〔問3〕　ア　〔問4〕　エ　〔問5〕　(例)　先生が私の作品の言葉を引用して当意即妙に答えてくれたことがうれしかった　〔問6〕　イ

4　〔問1〕　エ　〔問2〕　イ　〔問3〕　ウ　〔問4〕　(例)　時間や場所にかかわりなく妥当する普遍的なものではなく，ある時点で地球全体にわたってもっとも広範に受容されているもの。　〔問5〕　ア　〔問6〕　イ

〔問7〕　(例)　家の近所の海岸には涼や開放感を求めて多くの人が訪れる。豊かな空間とは，人々が心身を癒やしに自然と集まる場所のことだ。

近年，ゴミの問題や海洋汚染によって，人間は世界中で空間の豊かさを失いつつある。海の近くに住み，美しい海を知る私が，ゴミ拾い等の環境保護活動への参加や海洋生物の現状等の啓発活動を世界に向けて発信することで，豊かな空間としての海の回復に少しでも貢献できると考える。

5　〔問1〕　想像上の歌枕に遊んでいた　〔問2〕　ア　〔問3〕　ウ　〔問4〕　ア　〔問5〕　エ

○配点○

1　各2点×5　2　各2点×5　3　各4点×6　4　問7　12点　他　各4点×6

5　各4点×5　計100点

＜国語解説＞

1　（漢字の読み）

(1)　照れくさい。決まりが悪い。　(2)　物事をてきぱきと処理する，すごい腕前。　(3)　高い山の谷間で，夏でも雪が解けずに残っているところ。　(4)　おだやかで，だれからも文句が出ない様子だ。　(5)　大昔からいつまでも変わらずに存在すること。

2　（漢字の書き取り）

(1)　物事の善し悪しをはっきりと決めること。　(2)　心の中に残っていた疑いや迷いが，氷が溶けるようにすっかり消えてしまうこと。「氷」と「永」は似ている。混同しないようにする。　(3)　すっかり任せる。相手の思うとおりにする。　(4)　小説や演劇などで，めでたく終わる最後

の場面。　(5)　すべてを平等に慈しみ差別しないこと。えこひいきがなく，だれかれの区別なく同じように人を遇すること。また，身分・出身・敵味方などにかかわらず，どんな人でも平等に慈しみ，禽獣にも区別なく接すること。

3　(小説―情景・心情，内容吟味，脱文・脱語補充，表現技法)

基本　〔問1〕　この訪問の際，私は「先生はどんなになったかしら」という思いから，先生の身体が最も気になっていたことが読み取れる。ア「安倍から様子は聞いていた」とするのは不適切。イのように原稿の評価・指摘はあまり気にしていない。気になっているのは先生の身体だ。エのように突然の訪問になったことを意識はしていない。

〔問2〕　傍線(2)にある行動のあとで，「私は大学以来そのままのいろいろな癖を見出して久しぶりだという感じがした」という感想を述べている。ここから，学生時代と変わらぬ先生のしぐさの癖を見て懐かしさを覚え，容貌は変わったものの，先生が先生のままでいてくれることに安堵しているのだ。ア「元気になってほしい，と願っている」のではない。イ「学生時代を遠くに感じている」ことはない。ウ「老けてしまったことを気の毒に」思っていない。

〔問3〕　傍線(3)「恐縮した」のは，訪問した際の「先生は机に向って……ちょうど今読み終わったのだった」という状況を理解したからだ。ここでは，「私はその人が原稿をもってきて見てもらってるのだと思った」が，実は「まだ読みきってなかった原稿をお客様を待たせてちょうど今読み終わった」ということが明かされている。これらをふまえると正しい選択肢が選べよう。イは不意の訪問とした点，ウは先生から予想外の評価を受けたとする点が不適切。評価を受けたのは恐縮した後だから無関係だ。エは先客と私の原稿とをともに読んでくれたとする点が不適切。

重要　〔問4〕　傍線(4)「親切な遠慮」は，私が後編の原稿を見せた際にも見られ，「私はそれをそんなにたいした訳もない単なる他人の好悪のようなものをさえ出来るだけ尊重するという先生の寛容・親切からと解してる」と述べている。これが「親切な遠慮」の内容だ。すなわち，先生は私自身すら気にしないようなつまらないことにいたるまで，いつも自分の考えを押しつけるのではなく，私の気持ちを尊重してくれるのだ。したがって「親切な遠慮」を「必要以上に気を配る先生の心遣い」とする選択肢が適切だ。

やや難　〔問5〕　傍線(5)のあとにあるように，私だけが「先生は『銀の匙』の中に出てくる小学校の先生が主人公に向っていった言葉を覚えていてさそくのきてんに用いた」ことに気づき，それがうれしくて笑ったのだ。解答には，先生が私の作品中の言葉を機転を利かせて引用してくれたことと，それがうれしかったことを含めて指定字数でまとめよう。

〔問6〕　私は先生のお見舞いに伺った際，病気によって風貌の変化は予期していただろうが，「先生は前掛をしめていた。これは予想外だった。」のだ。前掛をしているという私にとって驚きの描写が先生の療養を表している。アのように先生と私の会話は「軽快」とは言い難いので不適切。ウのように本文は「友人たちの視点から多面的に描」かれたものではない。私の視点から描かれている。エのように私が自主的に見舞いをしたとするのは合っているが，訪問は誤り。安倍に誘われて行ったのだ。

4　(論説文―大意・要旨，内容吟味，文脈把握，脱文・脱語補充，作文)

基本　〔問1〕　傍線(1)と同段落内に「この『環境倫理』ということばは，人々が一致して行動できるような原理・原則を意味する」とあり，さらに「国際的な規模で，つまりグローバルな規模で定めようというもの」だとあるので，特定の地域や各国レベルではなく，地球全体規模で共有されるものだという選択肢が適切だ。

〔問2〕 傍線部は，そのあとで「全地球規模の行動原理がどこでも同じように実行されるべきだ」と言い換えられており，筆者はこのように解釈されることを問題視している。ローカルと言われる多様な地域は地域毎の独自性を有しているのだから，そこに先進諸国が採用する一律的な行動原理を当てはめることは適切ではないのである。

〔問3〕 傍線(3)は「もっと具体的な」で始まる段落内にある「国際的な政策がある特定地域の固有の問題と衝突する場合」と同じことだ。アは世界遺産登録という国際的政策とビル建設や工場誘致という国内産業政策が衝突している。イは海洋資源保護という国際的政策と国内漁業政策が衝突している。エは関税引き下げという国際的政策と国内産業政策が衝突している。ウの「地域ごとの時差に対する配慮が欠如」するのは国内固有の問題と捉えられない。

重要 〔問4〕 まず「グローバルであること」と「普遍的であること」との違いをおさえたうえで，グローバルな基準についてまとめなくてはならない。「グローバルな基準」とは，ある時点で地球全体にわたって妥当する内容であり，広く地球全体に受け入れられるものだ。一方,「普遍的」とは,「時，所にかかわりなく妥当する」ことである。したがって，普遍的の内容を示したうえでそれを打ち消してから，グローバルな基準を説明すると，違いが明らかなわかりやすい説明になる。

〔問5〕「身体の配置」とは，その文言で始まる段落に「ひとりひとりの人間がこの地球上にある地点に空間的広がりをもって配置されているということ」とある。ひとりひとりの身体が地球上のどこに配置されるのかは，その環境との関係性により決定される。したがって，人間がそこに配置され(存在し)たからには人間の生命と維持を考える環境問題とは不可分なものになるのである。「身体の配置」について，イは「どのように劣悪な環境に置かれているかを知るためのもの」とする点，ウは「有害物質の拡散と人間の身体的条件との関係を知る指標」とする点，エは「どのように変化していくかを予測する材料」とする点がそれぞれ不適切。

〔問6〕 まとめの段落周辺に着目する。人間は他者がとって代わることの出来ない配置で存在し，そこの環境や事物との全体的な関係を心得たうえで行動する存在だ。さらに特定の歴史的空間に存在して生きるので，固有の過去(履歴)を持つものでもあることがわかる。この二点を含む選択肢を選ぶ。ひとりひとりの人間を，アは「個性的な行動を工夫できる存在」とする点，ウは「身体の配置を移動させることで他者との差異を明確化していく存在」とする点，エは「地球規模のグローバルな存在」とする点が不適切だ。

重要 〔問7〕「空間の豊かさ」について，作文を書く。あなたの考える豊かな空間とはどのようなものか，その空間に対して，自分がどのような貢献が出来るかを，具体例を交えて説明していこう。また，そうした貢献をしていこうと思った理由も示すとわかりやすい。したがって，挙げる具体例も，自分の考えの根拠・理由が明確になるような適切な例にすることが必要だ。

5 **(論説文・和歌―大意・要旨，内容吟味，語句の意味)**

基本 〔問1〕 傍線(1)のような人物として例に後鳥羽上皇を挙げている。上皇のことを「歌枕の地から最も遠い地点，宮廷の頂点にあって想像上の歌枕に遊んでいた身」としており，ここから指定字数で抜き出せばよい。

〔問2〕 傍線(2)「訳知り顔」とは，世の中の裏表や人情の機微などに通じていること。

重要 〔問3〕 和歌の現代語訳からわかるように,「もる」は，洩れ入る月の光が旅人を引きとめるということと，関所を守るということを掛けている。アは「能因も同じ場所同じ日に眺めていた」とする点が不適切。「いつごろであったのだろうか」という記述がある。イは「人」を関守とした点が不適切。「人」は旅人のことだ。エは「とむる」を「留むる」と「富むる」の掛詞とした点が不適切。

〔問4〕 歌枕の存在理由の原点は，始まりの段落に「旅先で土地の名を賞めることで土地の神神の加護を願う」ものと説明されている。つまり，旅先の土地を歌に詠むことで，その土地の神に旅の安全を願ったということだ。これをふまえて選択肢を選ぶ。イは聖地巡礼の旅とした点が不適切。

〔問5〕「連歌は」で始まる段落内に，制度的に宮廷に縛りつけられた公家などの貴人と，都と諸地方を自由に往き来した地下連歌師を，対照的な存在として示している。地下連歌師は自由のきかない貴人の運命の代行者としての旅を愉しみ，貴人は自分たちの運命の代行者である連歌師の旅を応援したとあることから，これが傍線(4)「彼の貴人の運命の代行者としての旅」の内容である。これを適切にふまえて選択肢を選ぶ。

★ワンポイントアドバイス★

三題の長文ともに，選択肢問題が多い。正しい選択肢の根拠を本文から確実に導き出して，紛らわしいものを除ける練習が必要だ。そうした作業をできるだけ短い時間でこなしていけるように日頃から長文読解の練習をしていこう。作文もあるので，時間配分を意識して解き進めていきたい。

MEMO

大切なことはメモしておこうネ！

都立戸山高等学校

2021年度

★★★★★★★★★★★★★★★★★★★★★★★★

入 試 問 題

2021年度

●くわしい解説……39ページ

＜数学＞

時間50分　満点100点

【注意】答えに根号が含《ふく》まれるときは，根号を付けたまま，分母に根号を含まない形で表しなさい。
また，根号の中を最も小さい自然数にしなさい。

1 次の各問に答えよ。

〔問1〕 $(\sqrt{3}+1)^2-2(\sqrt{3}+1)(\sqrt{2}+1)+(\sqrt{2}+1)^2$ を計算せよ。

〔問2〕 2次方程式 $(x-1)^2+(x+1)(x-1)-(2x+1)(2x-3)=0$ を解け。

〔問3〕 x, y についての連立方程式 $\begin{cases} ax+4y=2b \\ bx-ay=-7 \end{cases}$ の解が $x=-1$, $y=2$ であるとき，定数 a, b の値《あたい》を求めよ。

〔問4〕 右の図1のように，袋Aと袋Bがある。

袋Aには1, 3, 4, 5, 7, 9の数字が1つずつ書かれたカードが1枚ずつ合計6枚入っている。

袋Bには1, 2, 4, 5, 6, 8の数字が1つずつ書かれたカードが1枚ずつ合計6枚入っている。

袋A, 袋Bから同時にそれぞれ1枚ずつカードを取り出すとき，取り出した2枚のカードに書かれた数の和が偶数になる確率を求めよ。

ただし，袋A, 袋Bそれぞれにおいて，どのカードが取り出されることも同様に確からしいものとする。

図1

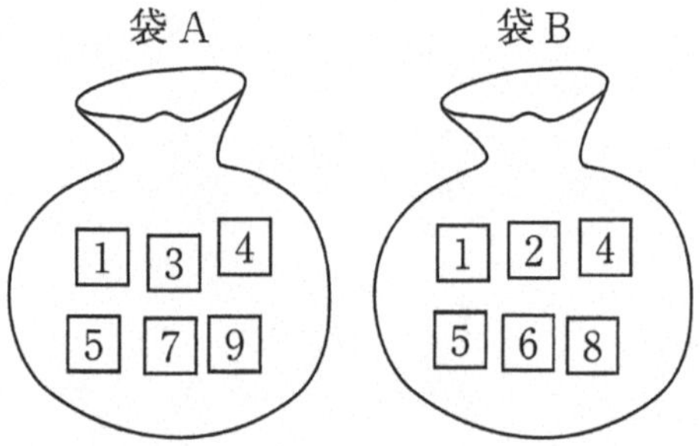

〔問5〕 右の図2で，直線ℓ，m，nは，円Oの3本の異なる接線であり，点Aは，直線ℓと円Oの接点である。

解答欄《かいとうらん》に示した図をもとにして，点Aを定規とコンパスを用いて作図によって求め，点Aの位置を示す文字Aも書け。

ただし，作図に用いる線は決められた解答欄にかき，消さないでおくこと。

図2

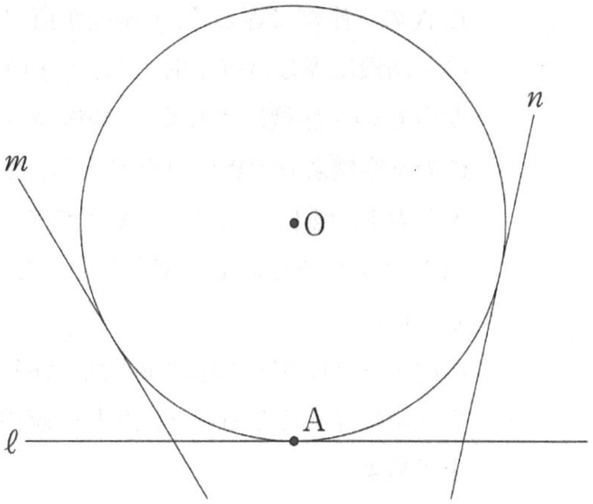

2 右の図1で，点Oは原点，曲線fは$y=\frac{1}{4}x^2$のグラフを表している。

3点A，B，Cは全て曲線f上にあり，x座標はそれぞれ-6，-1，2である。

点Aと点B，点Bと点C，点Cと点Aをそれぞれ結ぶ。

次の各問に答えよ。

図1

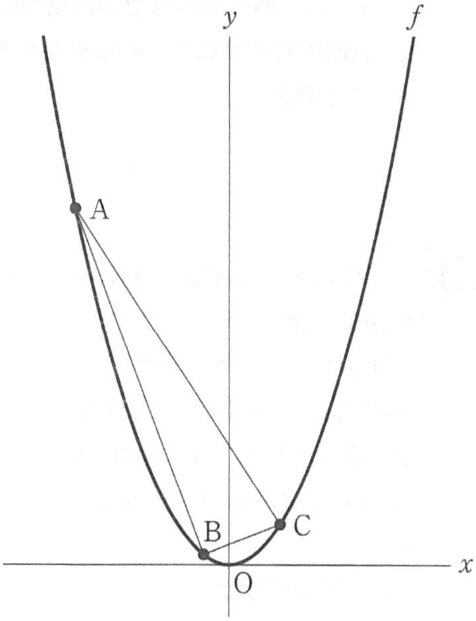

〔問1〕 図1において，線分BC上にある点をDとし，2点A，Dを通る直線をgとする場合を考える。

次の（1），（2）に答えよ。

（1） 直線gの傾きをmとするとき，mのとる値《あたい》の範囲を不等号を使って表せ。

（2） △ABCと△ADCの面積の比が6：1になるとき，直線gの式を求めよ。

ただし，答えだけでなく，答えを求める過程が分かるように，途中の式や計算なども書け。

〔問2〕　右の図2は，図1において，x座標が点Aのx座標に等しく，y座標が点Cのy座標に等しい点をEとし，x座標が点Cのx座標に等しく，y座標が点Cのy座標より大きい点をFとし，点Aと点E，点Eと点B，点Aと点F，点Fと点Cをそれぞれ結んだ場合を表している。

四角形ABCFの面積が四角形AEBCの面積に等しくなるとき，点Fの座標を求めよ。

また，曲線f上にあり，x座標が点Cのx座標より大きい点をPとし，点Aと点P，点Cと点Pをそれぞれ結んだとき，四角形ABCPの面積が四角形AEBCの面積に等しくなる点Pの座標を求めよ。

図2

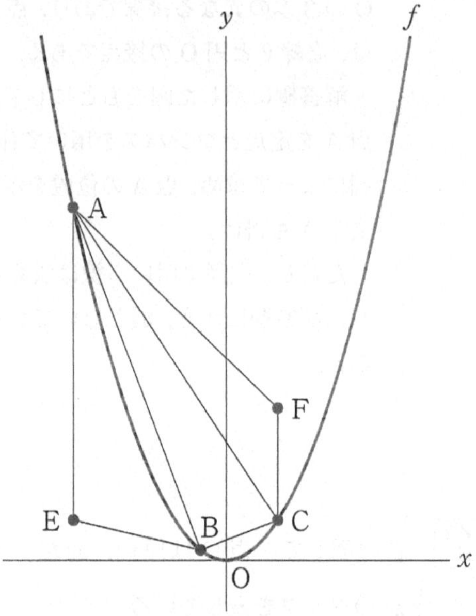

3

右の図1で，△ABCはAB＞ACの三角形である。

∠BACの二等分線と辺BCとの交点をDとし，頂点Cを通り線分ADに垂直な直線と，線分AD，辺ABとの交点をそれぞれE，Fとする。

次の各問に答えよ。

図1

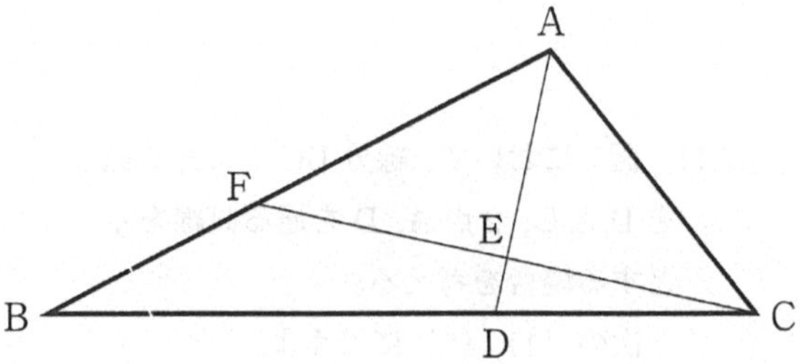

〔問1〕 右の図2は，図1において，辺BCの中点をMとし，点Eと点Mを結んだ場合を表している。

次の（1），（2）に答えよ。

図2

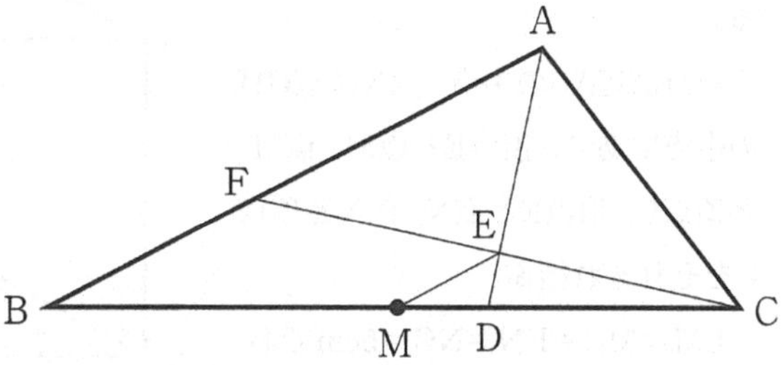

（1） EM // AB であることを証明せよ。

（2） AB = 7cm, AC = 4cm, BC = 9cm であるとき，AE：ED を最も簡単な整数の比で表せ。

〔問2〕 右の図3は，図1において，辺BC上の点Gは，∠BGF =∠BAC となる点であり，点Fと点Gを結んだ場合を表している。△BGFの面積を $S\mathrm{cm}^2$，四角形AFGDの面積を $T\mathrm{cm}^2$ とする。

AB = 7cm, AC = 4cm, BC = 9cm であるとき，$S：T$ を最も簡単な整数の比で表せ。

図3

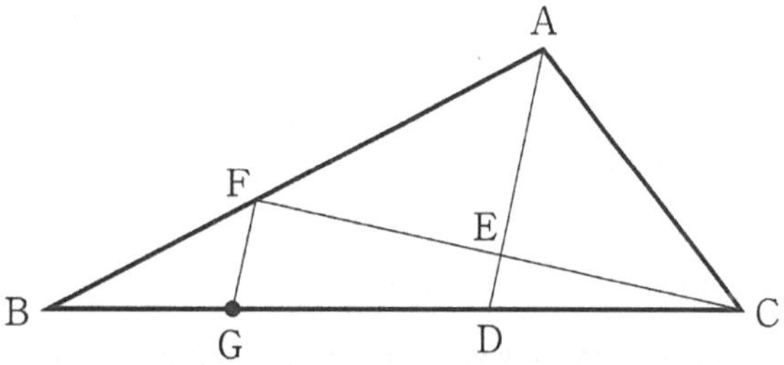

4 右の図に示した立体ABCD—EFGHは，AD＝AEの直方体である。

点Mは辺ABの中点，点Nは辺GHの中点であり，頂点Eと点M，点Mと頂点C，頂点Eと点N，点Nと頂点Cをそれぞれ結ぶ。

EM＝MC＝EN＝NC＝5cmである。

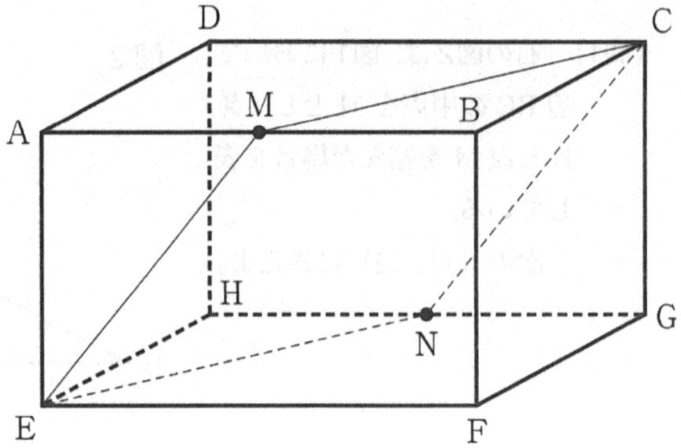

点P，点Qは，頂点Eを同時に出発する点とし，

点Pは線分EMと線分MC上をE→M→Cの順に，

点Qは線分ENと線分NC上をE→N→Cの順に，

それぞれ一定の速度で移動し，点P，点Qの少なくとも一方が頂点Cに到達したとき，ともに移動を止める場合を考える。

出発して同じ時刻にある点Pと点Qを結ぶとき，次の各問に答えよ。

〔問1〕 点Mと点Nを結び，MN＝5cmとし，点P，点Qがともに毎秒1cmで移動する場合を考える。

点P，点Qが頂点Eを出発してからt秒後までに点Pが通過した部分と点Qが通過した部分，およびt秒後の線分PQとで囲まれる図形の周の長さをLcmとする。

$t=3$のときのLの値《あたい》をKとする。Kの値を求めよ。また，LがKの2倍になるときのtの値を求めよ。

〔問2〕 点P，点Qがともに毎秒1cmで移動する場合を考える。

aとbは異なる自然数で，点P，点Qは，頂点Eを出発してからa秒後にそれぞれ線分EM，線分EN上にあり，頂点Eを出発してからb秒後にそれぞれ線分MC，線分NC上にある。

a秒後の点P，点QをそれぞれP′，Q′とする。

b秒後の点P，点QをそれぞれP″，Q″とし，頂点Eと点P″，頂点Eと点Q″をそれぞれ結ぶ。

△EP′Q′の面積が△EP″Q″の面積に等しくなるとき，異なる自然数a，bの値の組を全て求め，$(a,\ b)$の形で表せ。

ただし，答えだけでなく，答えを求める過程が分かるように，途中の式や計算なども書け。

〔問3〕 点Pが毎秒2cm，点Qが毎秒1cmでそれぞれ移動する場合を考える。

4点P，E，F，Qをそれぞれ結んでできる立体PEFQの体積が，立体ABCD―EFGHの体積の$\dfrac{3}{20}$倍になるのは，点P，点Qが頂点Eを出発してから何秒後か。

＜英語＞

時間　50分　　満点　100点

※リスニングテストの音声は弊社HPにアクセスの上，
音声データをダウンロードしてご利用ください。

1　リスニングテスト（放送による指示に従って答えなさい。）

〔問題A〕　次のア～エの中から適するものをそれぞれ一つずつ選びなさい。

＜対話文1＞

ア　On the highest floor of a building.
イ　At a temple.
ウ　At their school.
エ　On the seventh floor of a building.

＜対話文2＞

ア　To see Mr. Smith.
イ　To return a dictionary.
ウ　To borrow a book.
エ　To help Taro.

＜対話文3＞

ア　At eleven fifteen.
イ　At eleven twenty.
ウ　At eleven thirty.
エ　At eleven fifty-five.

〔問題B〕　＜Question1＞では，下のア～エの中から適するものを一つ選びなさい。
＜Question2＞では，質問に対する答えを英語で書きなさい。

＜Question1＞

ア　For six years.　　イ　For three years.
ウ　For two years.　　エ　For one year.

＜Question2＞

（15秒程度，答えを書く時間があります。）

2　次の対話文を読んで，あとの各問に答えなさい。
（＊印の付いている単語・語句には，本文のあとに〔注〕がある。）

Jim, a high school student from England, talks with Ms.Tamura, his science teacher, after a class in the school science room. His classmates, Kota and Momoko, join them.

Jim : Ms.Tamura, may I ask you a question?
Ms.Tamura : Sure, Jim. No problem.
Jim : I had a strange happening in the kitchen yesterday.
Kota : Did you say a strange happening, Jim? I like strange things. Can I join you?
Momoko : What are you talking about? Can I join you, too?
Jim : Of course you can.
Ms.Tamura : Do join us.
Kota : Did you drop a glass or something?
Jim : No, no. Water in the pot began to *boil suddenly.
Momoko : Did it? Were you OK?
Jim : Yes, but I was a little scared.
Ms.Tamura : Did it boil suddenly all by itself?
Jim : No. When I put a *_dashi_ pack into the pot, it suddenly started to boil.
Kota : The water suddenly began to boil. That sounds strange.
Ms.Tamura : Are you sure, Kota? I'm sure all of you know about it very well.
Kota : Do we?
Ms.Tamura : You certainly do. Well, [(1)-a].
Momoko : Really? Please tell us more, Ms.Tamura.
Ms.Tamura : Just a minute, everyone. Before that, I'll show you something.

Ms.Tamura goes into the science teachers' room and comes back with little white things in her hand. They look like very small *sponge balls.

Ms.Tamura : Maybe you all know what these are.
Jim : Of course. They are *boiling chips.
Ms.Tamura : What are they for?
Momoko : They stop... uh, I don't know what it is called in English.
Jim : *Bumping.... Oh!
Momoko : You call it "bumping" in English.

Ms.Tamura : Yes, it is bumping. So, can you explain what bumping is?

Kota : I'll try. *Liquid sometimes gets too hot and *heats up over its *boiling point. This is called" *superheated." When liquid is superheated and receives a *stimulus from outside, it starts to boil suddenly.

Ms.Tamura : Well done, Kota. And Jim, have you found something?

Jim : Well, (2)I 【① boiling ② did ③ in ④ not ⑤ the ⑥ think ⑦ the pot ⑧ was ⑨ water】, but actually it was above the boiling point.

Kota : It was superheated.

Jim : More than that, bumping happened in the kitchen.

Ms.Tamura : Yes. Maybe you have had similar experiences.

Momoko : Now I remember something. My coffee suddenly began to boil when I added sugar after I heated it in the *microwave. Was that also bumping, Ms.Tamura?

Ms.Tamura : Yes, it was.

Momoko : Then I could stop bumping with some boiling chips in the kitchen.

Kota : But almost no families have such things in their kitchen.

Jim : I see. Also, [(1)-b] .

Momoko : Will you tell us why, Ms.Tamura?

Ms.Tamura : When did you add sugar?

Momoko : I added it after I heated my coffee.

Ms.Tamura : When do you usually add boiling chips to a liquid?

Kota : Before you heat it.

Ms.Tamura : If you put them in a very hot liquid....

Kota : The liquid may boil suddenly because they will be a stimulus to a superheated liquid.

Jim : There is a difference between "before" and "after." In Momoko's coffee, sugar was a stimulus.

Ms.Tamura : Well, let me show you something. Maybe you can find some hints in this book.

Ms.Tamura passes her science dictionary to Kota.

Kota : Thank you, Ms.Tamura. Let me see.... Look. The book says, "Boiling is a change of *state from a liquid to a gas at its boiling point. It happens when *bubbles appear in the liquid."

Jim : Maybe bubbles are the key for boiling.

Momoko : I know boiling chips stop bumping, but I didn't realize [(1)-c]. Am I right, Ms.Tamura?

Ms.Tamura : Yes, you are. So now you know why you have to add them before you heat liquid.

Kota : Then what should we do to stop bumping in the kitchen without boiling chips? There is no way!

Momoko : Why not?

Jim : We can do something.

Momoko : (3)We can, if we try.

Jim : Now, I remember. My host mother put a *steel egg into the pot when she cooked black beans for New Year.

Ms.Tamura : Well, that's another thing, Jim.

Jim : What? It wasn't used for stopping bumping.

Momoko : When my grandmother made * Japanese pickles, she put a steel egg in the pot. It gave a bright, beautiful color to the pickles. Will it be true with black beans, Ms.Tamura?

Ms.Tamura : That will be true.

Jim : So, [(1)-d].

Ms.Tamura : Yes, maybe she did.

Jim : Momoko's grandmother and my host mother did the same thing for the same purpose.

Kota : Then you cannot stop bumping with a steel egg!

Momoko : I think you can stop it, but you should put it in before you start cooking.

Jim : Then you can stop bumping.

Ms.Tamura : Steel eggs may sometimes work just like boiling chips, but remember what boiling chips look like.

Momoko : They look like very small sponge balls.

Ms.Tamura : That's an important thing, Momoko.

Kota : Then the holes will be helpful when bubbles appear in boiling, right?

Ms.Tamura : That's right.

Jim : Then, [(4)].

Momoko : Let me see....

Jim : How about *disposable chopsticks? You know, some disposable chopsticks are made of wood and they have a lot of little holes like sponges. If you put some in the pot, they will work like boiling chips.

Momoko : Then bubbles will appear easily.

Kota : I've got another idea. You just have to keep *stirring the pot while heating it. That will be a simple way to stop bumping.

Ms.Tamura : Why do you think so?

Kota : When you heat a *test tube with liquid in it, you should shake it in a gentle way. That is also for stopping bumping, right? If you want to do a similar thing in the kitchen, you can stir the pot. It is so easy that maybe you don't need a special tool.

Jim : That sounds interesting. Maybe we can try and see by ourselves.

Ms.Tamura : Good idea. By the way, have all of you seen a *siphon coffee maker?

Momoko : No, I haven't. What is it, Ms.Tamura?

Ms.Tamura : It is an old type of coffee maker. You heat a pot of water with a lamp and make coffee. The pot has a *chain inside to stop bumping.

Kota : A lamp? Is that used on a desk?

Momoko : No, no. It is not a light, but a tool to heat something.

Kota : Oh, I see. A tool for heating. We don't have such a coffee maker in my house.

Jim : I have seen one at my grandparents' house, but at that time I didn't think of bumping at all. I thought it was just an old coffee maker. Actually, it was science. That is surprising!

Kota : Yes. Some kitchen tools are designed to stop bumping. Science really makes cooking safe and easy. It helps us a lot and makes our life convenient.

Jim : Cooking and science often share a lot of things. Our everyday life is full of science.

Momoko : I quite agree with you. Some may say [(5)].

Ms.Tamura : That's an interesting idea. So, now all of you clearly know what bumping is.

Kota : Now we know what you meant.

Ms.Tamura : And Jim, why don't you make a short speech about your idea next class?

Jim : Oh, I would love to do it, Ms.Tamura. Maybe Kota and Momoko will help me. Will you?

Momoko : Sure.

Kota : Of course.

〔注〕　boil　沸騰《ふっとう》する　*dashi* pack　だしパック　sponge　スポンジ
boiling chip　沸騰石　bumping　突沸　liquid　液体　heat　熱する
boiling point　沸点　superheat　過熱する　stimulus　刺激
microwave　電子レンジ　state　状態　bubble　気泡　steel egg　鉄玉子
Japanese pickles　漬物《つけもの》　disposable chopstick　わりばし
stirring　stir(かきまぜる)の -ing 形　test tube　試験管
siphon coffee maker　コーヒーサイフォン　chain　鎖《くさり》

〔問1〕　本文の流れに合うように，(1)-a ～ (1)-d の中に，英語を入れるとき，最も適切なものを次のア～オの中からそれぞれ一つずつ選びなさい。ただし，同じものは二度使えません。

ア　my host mother added the egg to make her beans beautiful
イ　bubbles would appear easily with them
ウ　maybe you don't realize it
エ　I wonder why the sugar didn't work as boiling chips
オ　I don't know for sure, but I have found something

〔問2〕　(2) I【① boiling　② did　③ in　④ not　⑤ the　⑥ think　⑦ the pot　⑧ was　⑨ water】，とあるが，本文の流れに合うように，【　　】内の単語・語句を正しく並べかえたとき，【　　】内で２番目と６番目と８番目にくるものの組み合わせとして最も適切なものは，次のア～カの中ではどれか。

	２番目	６番目	８番目
ア	④	①	⑤
イ	④	③	⑧
ウ	④	⑧	⑤
エ	⑥	③	⑧
オ	⑥	④	⑤
カ	⑥	⑨	④

〔問3〕　(3) We can, if we try. とあるが，この内容を最もよく表しているものは，次の中ではどれか。

ア　We can stop bumping in the kitchen, if we try to change the state of water.
イ　We can think of something in the kitchen, if we try to find a lot of hints in Ms.Tamura's book.
ウ　We can do something in the kitchen, if we try to stop bumping by putting boiling chips in the water.

エ　We can stop bumping in the kitchen, if we try to find another way.

〔問4〕　本文の流れに合うように，[　(4)　] に英語を入れるとき，最も適切なものは，次の中ではどれか。

ア　if you have something with many little holes in the kitchen, it can work as boiling chips

イ　if you have something helpful when you cook beans, it will never work as boiling chips

ウ　if you have some things like sponge balls, they can work as steel eggs, not as boiling chips

エ　if you have something like a chain, it can be as helpful as steel eggs to stop bumping

〔問5〕　本文の流れに合うように，[　(5)　] に英語を入れるとき，最も適切なものは，次の中ではどれか。

ア　cooking and science are similar in some parts, but only science makes our life convenient

イ　cooking was very close to science, because our everyday life is full of science

ウ　cooking is one thing and science is another, but that is quite a mistake

エ　cooking is different from science because science makes cooking safe and easy

〔問6〕　本文の内容と合っているものを，次のア～キの中から二つ選びなさい。

ア　The three students went to see Ms.Tamura to enjoy talking about something strange and interesting all together.

イ　Even boiling chips can be a stimulus and bumping happens when a pot is superheated.

ウ　Momoko's grandmother sometimes uses steel eggs as boiling chips when she cannot find any chips.

エ　Momoko doesn't believe that steel eggs work as boiling chips and stop bumping.

オ　You really have to use ordinary cooking tools when you want to see bumping in the kitchen easily.

カ　Jim didn't understand siphon coffee makers used science until he talked with Ms.Tamura.

キ　The three students have realized that they can live a convenient life every day without science.

〔問7〕 次の絵と文章は，Jim が作ったプレゼンテーションのスライドの一部とその説明文である。（ a ）～（ d ）の中に英語を入れるとき，最も適切なものを下のア～クの中からそれぞれ一つずつ選びなさい。ただし，同じものは二度使えません。

> Today, I want to tell you something about cooking and science. Can you imagine what these four things (a) ? They are designed to stop bumping. At first, I thought bumping happened only in the science room, but later I learned it (b) happens in the kitchen. There are ways to stop bumping both in the science room and in the kitchen. These ways come from a similar idea. I was (c) to find science is often (d) when you are cooking.

ア also	イ share	ウ helpful	エ never
オ surprised	カ safe	キ understand	ク interesting

3 次の文章を読んで，あとの各問に答えなさい。
（＊印の付いている単語・語句には，本文のあとに〔注〕がある。）

Bento is simple but it is not just a meal. It is in fact a very important part of Japanese culture. *Bento* usually has rice, vegetables and meat or fish in it. *Bento* is seen at every place in Japan, from convenience stores, train stations, and department stores to airports and theaters, and of course at work places and at schools. In fact, *bento* has *nutritious *ingredients, and their colors are beautiful. However, some people say the main part of *bento* is rice. (1) Rice produced in Japan is【① abroad ② because ③ is ④ more popular ⑤ Japanese rice ⑥ rice grown ⑦ soft ⑧ than】. It keeps *moisture in *bento* boxes. Other people even say that *bento* without rice cannot be called *bento*. However, sometimes *bento* has sandwiches instead of rice.

Now let's look at a short history of *bento*. The first *bento* appeared in the Kamakura period. It was very different from *bento* today. It was called *hoshi-ii* (*dried rice) and it was in bamboo leaves. It was not very nutritious but it was easy to carry. People walked for days with their *bento*. *Bento* culture *developed in the Edo period and during this period people started enjoying *makunouchi bento*. This is maybe the most *classic *bento* of all. It was born as a meal eaten at theaters between *maku* (acts). It usually had small rice balls with *kurogoma* (black sesame), and *umeboshi* (pickled red plum) was on the rice balls to kill bad *bacteria and keep the food safe. *Makunouchi bento* is not only good for your health but also delicious and beautiful because each nutritious ingredient has a different *taste, *texture and color. This is part of *washoku* culture.

Bento found another way to go around in the Meiji period. *Ekiben* (train station *bento*) appeared. When and where was the first *ekiben* sold? Many people have different answers to this question. Here is a popular story about it.

(2)

It also had some *tsukemono* (pickles). *Tsukemono* is used for the same purpose as *umeboshi*. Those people enjoyed eating *ekiben* during their long train trip. They made their travel memories by eating *ekiben* and the people selling it made some money. However, when *shinkansen* started to run, travel by train changed a lot. People did not need to eat *ekiben* on the long train ride any more. (3)-a Has *ekiben* disappeared?

Ekiben shows you local food culture. At the beginning of the 20th century, many *ekiben* with local foods were sold at many stations. Among them were *Ikameshi* and *Oshizushi* from towns near the sea, and *Kamameshi* and *Beef Sukiyaki* from farm villages in the mountains. *Ekiben* tells you about each place. For example, what ingredients are produced in that place? Local stations used *ekiben* to become known to other places. In 1966, department stores in Tokyo and Osaka had the first *ekiben* events. Since then, *ekiben* has become more popular and now you can get *ekiben* on the Internet at home. By buying *ekiben*, you will help the local people. (3)-b Why can you say so?

Eating *ekiben* brings you something more. *Ekiben* boxes often have something from the local industry. For example, *Kamameshi* started in Kanto in about 1960. It was in a pot, and the pot was from a town famous for making pots. So, when you eat *Kamameshi* and see the pot, you can understand it is connected to the local industry. In addition to pots, wood and bamboo are used for *ekiben* boxes in places with a lot of good trees and bamboo. After eating *ekiben*, you can keep their boxes as travel memories on your desk, or you can use some of them many times as lunch boxes because they are strong and easy to carry.

Like the pots of *Kamameshi*, there are many other unique *bento* boxes. Look at Picture 1. It is called *Magewappa* and it is made of wood. It keeps the food inside fresher because wood *absorbs the moisture out of it. Another beautiful and useful *bento* box is in Picture 2. It is an *urushinuri bento* box. *Urushinuri bento* boxes were already popular during the Edo period. People used *urushinuri bento* boxes for special events such as *ohanami* (cherry blossom viewing). A special *urushinuri bento* box is called *jubako*. *Jubako* is usually used to keep many kinds of food fresh for the first three days of the New Year. This dish is called *osechi ryori*. Families can celebrate the New Year all together without cooking each meal. In Picture 2, you can also see that the *bento* boxes are *separated into two or three parts. [(4)] This time, it is about these parts. Do you know where they are from? People say that they came from the

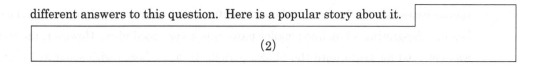

special boxes used by farmers in the 16th century. The farmers used the boxes to keep *seeds. Separating a box into smaller parts was a very good idea. However, the idea was not used for *bento* until the Showa period. In *bento* boxes with separated parts, different ingredients are put in different parts, so each color and taste is separated. It makes the *bento* good for "the eye" and "the stomach". Farmers' seed boxes in the 16th century developed into *bento* boxes after a long time. (3)-c What do you think of this?

Japanese *bento* is part of *washoku* culture. *Washoku* has an important rule about cooking. It is called *gomi goshoku goho* (the five tastes, the five colors and the five ways of cooking). The five tastes are enjoyed in *washoku*. The five colors make the meal beautiful and nutritious because each color shows a different nutritious ingredient. The five ways of cooking increase nutrition and the *flavors of many ingredients. For example, fish has different tastes when it is *boiled, *grilled or when it is eaten as *sashimi*.

When you make *washoku*, you need some special *seasonings and foods. These are *dashi* and *fermented foods. Fermented foods such as *miso, shoyu, umeboshi* and *tsukemono* have good bacteria and they can improve your *digestion. When you make them, *koji* is needed. *Koji* makes them sweeter and more nutritious. *Koji* and *dashi* produce *umami* in foods. *Umami* is called the sixth taste and it was discovered in *kombu dashi* by a Japanese person in 1908. Because *umami* gives flavors to ingredients, you can reduce the use of salt. Too much salt is bad for your health. When *dashi* is made from more than one ingredient, *umami* is increased because of adding different *amino acids. Amino acids make *umami*.

Washoku became an *Intangible Cultural Heritage in 2013. Since then, more and more people have become interested in it. What is so special about *washoku*? *Washoku* is beautiful because it uses many different kinds of ingredients. They are produced in Japan's rich natural environment. Many of the pots and dishes used for *washoku* are made in local industries. *Washoku* also uses fermented foods. They are traditional Japanese foods and they are good for your health. So, *washoku* is connected with local foods and industries. (3)-d Is this also true about *bento* and *ekiben*? Next time you eat *bento* or *ekiben*, please just look at it for a short time and remember what you have read here.

Picture 1

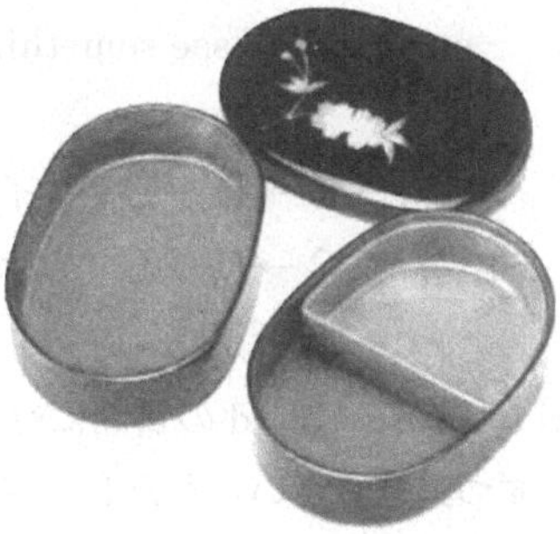

Picture 2

〔注〕 nutritious　栄養のある　ingredient　料理等の材料　moisture　湿気
dried　乾燥《かんそう》した　develop　発展する　classic　典型的な
bacteria　細菌《さいきん》　taste　味　texture　食感　absorb　吸収する
separate　分ける　seed　種　flavor　風味　boil　煮る　grill　焼く
seasoning　調味料　ferment　発酵《はっこう》する　digestion　消化
amino acid　アミノ酸　Intangible Cultural Heritage　世界無形文化遺産

〔問1〕 (1) Rice produced in Japan is【① abroad　② because　③ is　④ more popular　⑤ Japanese rice　⑥ rice grown　⑦ soft　⑧ than】. とあるが，本文の流れに合うように，【　　】内の単語・語句を正しく並べかえたとき，【　　】内で２番目と５番目と７番目にくるものの組み合わせとして最も適切なものは，次のア～カの中ではどれか。

	２番目	５番目	７番目
ア	⑤	⑧	①
イ	⑤	⑧	⑥
ウ	⑥	①	④
エ	⑥	⑧	①
オ	⑧	②	③
カ	⑧	⑥	⑤

〔問2〕 (2) の中には，次のＡ～Ｄの文が入る。本文の流れに合うように，正しく並べかえたとき，その組み合わせとして最も適切なものは，下のア～カの中ではどれか。

Ａ In 1885, a new train line opened from Ueno Station to Utsunomiya Station.

Ｂ It was *ekiben* and it was very simple with just two rice balls.

Ｃ That was about 10 years after Japan's first railway was opened between Shimbashi Station and Yokohama Station.

Ｄ People waiting for their train on the platform at Utsunomiya Station were surprised to see something to eat on the train.

ア A→B→D→C　イ D→B→A→C　ウ B→D→A→C
エ A→C→D→B　オ C→B→D→A　カ C→D→B→A

〔問3〕 (3)-*a* ～ (3)-d の質問に対する答えとして最も適切なものを，次のア～クの中から一つずつ選びなさい。ただし，同じものは二度使えません。

ア I am surprised because people stopped using seed boxes as *bento* boxes in the 16th century.
イ I don't think it is true because they always have fermented foods.
ウ I've never thought about that, but now I can say yes. I've learned they are also connected with local culture.
エ It's really interesting and I want to know more about the first *bento* boxes with separated parts.
オ The local people can sell *ekiben* on the Internet and in large department stores.
カ Yes, it has. Not only *shinkansen* but also other trains stopped selling it.
キ You cannot tell that. *Shinkansen* is not the only train selling *ekiben*.
ク Your *ekiben* and its box are probably made by the local people and with local things.

〔問4〕 本文の流れに合うように，[(4)] に英語を入れるとき，次の A～Fの組み合わせとして最も適切なものは，下のア～クの中ではどれか。

A If you can't see anything	→	C and you think it is natural,	→	E there may be something familiar to you.
B When you see something		D but you think it is natural,		F there may be something special about it.

ア A→C→E　イ A→C→F　ウ A→D→E　エ A→D→F
オ B→C→E　カ B→C→F　キ B→D→E　ク B→D→F

〔問5〕 本文の内容と合っているものを，次のア～クの中から二つ選びなさい。

ア *Bento* is very popular in Japan because only Japanese rice is used.
イ *Ekiben* usually has local ingredients and its boxes are always produced in the local places.
ウ Both *tsukemono* and *umeboshi* are good for your health but *tsukemono* does not have good bacteria.

エ　*Ekiben* did not disappear when *shinkansen* started to run and now people can buy it at many places and on the Internet.

オ　*Bento* boxes are sometimes used many times because they are not strong but beautiful.

カ　You need *dashi* if you want to make good *washoku*, and *dashi* with one ingredient produces more *umami*.

キ　*Umami* is produced in *dashi* and fermented foods, and it can reduce salt used in cooking.

ク　*Washoku* is very popular around the world now because it became an Intangible Cultural Heritage for its good *bento*.

〔問6〕 下の資料を見て，**本文の内容をふまえ**，次の質問に対するあなたの考えを**40語以上50語程度の英語**で答えなさい。「.」「,」「!」「?」などは語数に含《ふく》めません。これらの符号は，解答用紙の下線部と下線部の間に書きなさい。

Ekiben is covered with *kakegami* (wrapping). Write one thing about the wrappings from each period. What can you tell from them?

1. wrappings in the early Showa period

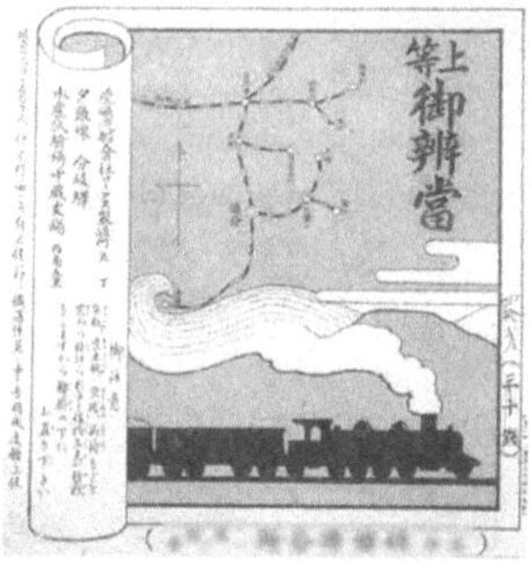

2. wrappings today

添うことができると考えたから。

政によって民を救うために作られた『白氏文集』は、多少難解ではあったが、当時の日本の貴族に愛読されていたから。

〔問2〕 (2)そうした気概 とあるが、帝が詠んだ詩の中でそれが最も強く表れているのはどこか。漢詩中の句である①～⑧のうちから最も適切なものを選び、ア～クの記号で答えよ。

ア ①　イ ②　ウ ③　エ ④
オ ⑤　カ ⑥　キ ⑦　ク ⑧

〔問3〕 (3)寒家 とあるが、ここでの「寒」と同じ意味の使い方として最も適切なものを次のうちから選べ。

ア 寒花　イ 寒心
ウ 寒村　エ 寒温

〔問4〕 (4)真の漢学者の求めていたやりとりだ。とあるが、どういうことか。次のうちから最も適切なものを選べ。

ア 君と臣と民とが心を一つにして社会を整えるという儒教の思想に基づき、善政を行えるようにともに努めること。
イ 臣下は帝の未熟なところをいさめ、帝は国家や人民のために善い政治を行うよう君臣がともに切磋琢《せっさたく》磨《ま》すること。
ウ 君臣が心を一つにし、法律によって社会を整えるという思想に基づいて善い政治を行うことをともに目指すこと。
エ 摂政主導の政治をし、君と臣と民とが心を一つにして儒教に基づいた寛仁の政治を行うようともに努力すること。

〔問5〕 波線部 中宮様のために私が選んだ教材 とあるが、私はなぜ中宮様のために「新楽府」を選んだのか。次のうちから最も適切なものを選べ。

ア 『白氏文集』にある「新楽府」は民が天子に心を伝える詩であるため、中宮彰子にとって身近で理解しやすい内容であり、善政を行う意欲に満ちた帝の心に近づけると思ったから。
イ 『白氏文集』にある「新楽府」を愛読し、天皇親政を目指している帝は絶対的な権力の座にあるため、帝の心をとらえることは中宮の地位の安定につながることになると思ったから。
ウ 『白氏文集』にある「新楽府」は政治向きで堅い内容ではあるが、漢詩文の心得のある中宮彰子が、善政を行う意欲に満ちた帝と心を通わせるためには絶好の教材だと考えたから。
エ 『白氏文集』にある「新楽府」は善政により民を救うことが詠まれているので、中宮彰子がそれを学ぶことによって真摯に政治に向き合う帝の心に寄り的な作品が「新楽府」だ。民が天子に心を伝えるための詩。天子が民の心を知るための詩、善きまつりごとのための詩だ。もしも中宮様が帝の心に寄り添いたくて漢学に手を伸ばされたのであれば、内容が無骨だろうがおしゃれでなかろうが、この教材こそ最適だ。中宮様は、最初は驚かれるかもしれないが、きっと分かって下さる。中宮様の帝への気持ちに気づいたということも含《ふく》めて、受け入れて下さるだろう。私はそう思って、中宮様に「新楽府」を進講した。果たして中宮様は、その後何年も粘り強く勉学に励まれたのだ。

（山本淳子「紫式部ひとり語り」による）

〔注〕 玄宗皇帝《げんそうこうてい》——唐の第六代の皇帝。晩年、楊貴妃を愛するに及び、安禄山《あんろくざん》の乱が起こり、四川《しせん》の地に逃れた。
楊貴妃《ようきひ》——玄宗皇帝の妃《きさき》。安禄山の乱により四川に逃れる途中で殺された。
藤原兼家《かねいえ》——一条天皇の母方の祖父であり、摂政・太政《だいじょう》大臣となった。
道長——兼家の息子で、道隆の弟。中宮彰子の父。
公卿《くぎょう》——大臣や大納言《だいなごん》、中納言などの高官。
父——紫式部の父である藤原為時《ためとき》。
中務宮具平親王《なかつかさのみやともひらしんのう》——中務省《なかつかさしょう》の長官である具平親王。天皇親政を行った村上天皇の第七皇子。諸芸に優《すぐ》れた博学多才な人物。
虞帝《ぐてい》——中国古代の立派な君主である舜《しゅん》。
儒者《じゅしゃ》——儒学を修めた人。
兼愛——自他の区別なく、平等に人を愛するという墨子《ぼくし》の説。
本朝麗藻《ほんちょうれいそう》——一条天皇の時代の皇族・貴族の漢詩を集めたもの。作者には一条天皇、具平親王、藤原道長、藤原為時らがいる。
下僕——めし使い。

〔問1〕 (1)最も世間一般に知れ渡った漢詩文集 とあるが、『白氏文集』が当時、人気を博していたのはなぜか。次のうちから最も適切なものを選べ。

ア　幻想的な歴史悲劇を描いた「長恨歌」や善政によって民を救うために作られた『白氏文集』は、政治的ではあるが、文章が分かりやすく面白いため当時の日本の貴族に愛好されていたから。

イ　幻想的な歴史悲劇を描いた「長恨歌」や日常生活などを詠んだ詩、また様々な文章が収められている『白氏文集』は、当時の日本の貴族にも分かりやすく、好まれていたから。

ウ　玄宗皇帝と楊貴妃の悲恋を描いた「長恨歌」や日常生活を詠んだ詩や文章を収めた『白氏文集』は、白居易の死後に日本に伝わり、そのわかりやすさから当時の日本の貴族にもてはやされていたから。

エ　玄宗皇帝と楊貴妃の悲恋を描いた「長恨歌」や善

書中に往事有り

御製《ぎょせい》

① 閑《しづ》かに典墳《てんぷん》に就きて日を送る裡《うち》
② 其《そ》の中の往事　心情に染《し》む
③ 百王の勝躅《しょうちょく》　篇《へん》を開けば見え
④ 万代《ばんだい》の聖賢　巻を展《の》ぶるに明らかなり
⑤ 学び得ては　遠く虞帝《ぐてい》の化を追ひ
⑥ 読み来《きた》つては　更《さら》に漢文の名に恥《は》づ
⑦ 多年　稽古　儒墨《じゅぼく》を属《をさ》むれば
⑧ 底《なに》に縁《よ》りてか　此《こ》の時泰平《たいへい》ならざらむ

書物の中には過ぎ去った日々の出来事がある。

御製（一条天皇）

心静かに古漢籍《かんせき》に向かって日を過ごしていると
書中に書かれた過ぎ去った出来事が心に染み入ってくる。
頁《ぺーじ》を開けば代々の王達《たち》の残した素晴らしい業績が見える。
巻子《かんす》を展べれば往古からの聖者賢人たちもはっきりとその
姿を現す。
遠く*虞帝《ぐてい》の賢政から学ぶこともできるし
読むにつれてますます漢の文帝《ぶんてい》の誉《ほま》れに感じ入り、我が身
を恥ずかしく思うこともある。
だが、我も多年読書を重ね、*儒者《じゅしゃ》たちや墨子《ぼくし》*兼愛の学を修
めてきた。
このように儒学の本道を志して寛仁《かんじん》の政治を心がけてきた
のだから、
どうしてわが国の世の泰平が実現しないでおかれようか。

（『*本朝麗藻《ほんちょうれいそう》』巻下）

漢学を学び、為政者《いせいしゃ》としてこの国を安寧《あんねい》に導きたい。帝は(2)そうした気概を詠まれたのだ。

中務宮は、政治的に強い権限をお持ちではないが、学問によって人望を集めたお方だ。儒学を深く尊び、父のような漢学者を招いては厚く顧《かえり》みて下さっていた。その傘下《さんか》の多くは、高い能力を持っているにもかかわらず、縁故が無くて世の人事から取り残されてしまった学者たちだ。本当の意味での漢学とは何か。それは儒学だ。君と臣と民とが心を一つにして社会を整える思想だ。それが国のために役に立つ世こそが、宮や父たち(3)寒家の文人の描く夢だった。今の貴族社会でそれは叶《かな》いそうにない。だが少なくとも、帝の志はそこにあるという。

宮は、帝の漢学とまつりごとに対する真摯《しんし》な姿勢に感銘《かんめい》をうけた。そして自ら帝を称《たた》える詩を作り、帝に贈《おく》られた。帝は嬉《うれ》しく思われたのだろう。あるいは、本音を吐ける味方を得たとお感じになったのだろう。宮に返答の詩を書かれて、またそれに宮が返され、結局やりとりは二往復にもなった（『本朝麗藻』巻下）。儒学に基づき善政を行う意欲に満ちた帝。帝を理解し、支える宮。お二人の詩の往復を、宮家の長年の*下僕である父は、しみじみとした思いで聞いたことだろう。私とて同じ気持ちだ。これこそ(4)真の漢学者の求めていたやりとりだ。

帝は『白氏文集』もお好きだ。そして、その中で最も儒学

5

次の文章中の「私」とは『源氏の物語』を書いた紫式部のことであり、紫式部は一条天皇の后《きさき》である中宮彰子《ちゅうぐうしょうし》に仕えていた。この文章を読んで、あとの各問に答えよ。（＊印の付いている言葉には、本文のあとに〔注〕がある。）

中宮様が私に『白氏文集』を読めと言われたのは、それが(1)最も世間一般に知れ渡った漢詩文集だったからだろう。漢文のことを何も知らぬ中宮様でも、『白氏文集』の名はご存じだったというわけだ。作者白居易《はくきょい》は唐《とう》代の詩人だが、本人の在世中から作品が日本にも伝わり、人気を博していた。最も有名なのは、実在の＊玄宗皇帝《げんそうこうてい》と＊楊貴妃《ようきひ》の悲恋《ひれん》を題材にした、幻想的な歴史悲劇「長恨歌《ちょうごんか》」だ。私も『源氏の物語』を書く際、大いに参考にした。また白居易には日常生活を詠《よ》んだ美しい詩がたくさんある。友情の詩、田舎暮らしの詩、引退して悠々自適の生活を味わう詩。総じて彼の詩には漢文につきものの堅苦しさが少ない。文章が平易で日本人にも垣根《かきね》が低いことも、人気の理由だろう。そんな白居易の自選全集が『白氏文集』だ。

だが、中宮様のために私が選んだ教材は、彼の作品にしては多少毛色の違ったものだった。『白氏文集』全七十五巻のうち第三巻と第四巻の二巻を占《し》める連作「新楽府《しんがふ》」五十首である。白居易はその序で、「この作品は文学のために作ったのではない」と言っている。ならば何のために作ったのか。それは、政治のためだ。白居易の詩は、曲がつけられ歌となって、中国各地で万人に口ずさまれていた。白居易はそれを利用して、民衆の声として役人や皇帝に聞き届けられ、政治を変える詩を作ろうと企《くわだ》てたのだ。だから「新楽府」の内容は政治向きで、大変お堅い。例えば、税金を無駄《むだ》に使うな。善政で民を天災から救え。胸躍る恋《こい》も切々たる感傷も無く、娯《ご》楽的《らくてき》とはとても言えず、品格はあるが面白《おもしろ》くないとされている。特に、女性向きでは全くないといってよいだろう。

それでも私がこれを中宮様のために選んだのには、理由があった。それは帝《みかど》だ。帝は内裏《だいり》でしばしば詩の会を催され、自らも詠まれる。その御好みは、一般の方々とは少し違っていた。

帝は即位なさった時にはわずか七歳の幼さだったから、当初は祖父の＊藤原兼家《かねいえ》様が摂政《せっしょう》になられ、全権を掌握《しょうあく》された。そしてその後は、兼家様の息子の道隆《みちたか》様へ、また＊道長殿《どの》へと権力がつながれた。だがそれは帝が無力なお飾《かざ》りだったということではない。特に道長殿が権力の座に就《つ》かれてからは、＊公卿《くぎょう》の意見を道長殿がとりまとめ、それを聞いて帝が決定なさるという形での、天皇親政を敷いておられる。政治に取り組まれる姿勢は実にひたむきで、そのことは漢学を学ぶ態度にも表れている。帝は、政治の思想と制度の先進国である中国に学ぼうとして、漢学にいそしまれているのだ。

私はこの話を＊父から聞き、父は帝の叔父《おじ》である＊中務宮《なかつかさのみや》具平親王《ともひらしんのう》から聞いた。ある時中務宮は、帝のこのような詩を、ひそかに耳にされたのだ。

〔問4〕 (4)ただ輸入したのではなく、日本人はこれを劇的な方法で編集した。とあるが、どのようなことか。その内容を説明した次の語句につづく形で四十五字以上六十字以内で説明せよ。

日本人は【　　　　　　　　】

〔問5〕 (5)これはそうとう画期的なことでした。とあるが、「画期的な」表現を獲得《かくとく》するに至った経緯について五人の生徒が話し合いをした。話し合いの中でその経緯について正しく述べている生徒は誰か。次のうちから最も適切なものを選べ。

ア　「漢字の束《たば》」は四世紀末か五世紀初頭に、阿直岐と王仁が経典《きょうてん》という形で日本にもたらした。菟道稚郎子は彼らに学んで日本に漢字を広めたんだ。

イ　いや阿直岐は経典をもたらしたけど、王仁は「中国の儒教の言葉」をもたらしたのであって、漢字というより日本に重要な思想を伝える使命があったと言った方が正しいよ。

ウ　いずれにしても「漢字の束」や「中国儒教の言葉」が日本に入ってきたことで中国語で会話できる日本人が増え、朝廷《ちょうてい》での意思疎通が便利になったんだね。

エ　もちろん一部の日本人は中国語を駆使《くし》できたけれど、チャイニーズ・ジャパニーズのような言葉ができたことで、その後の表現革命につながったんだ。

オ　このチャイニーズ・ジャパニーズがまさに画期的だったんだね。漢字の音を使うことで、日本語の語順に従って漢字と仮名で日本語を表現することができたんだ。

〔問6〕 次の文は本文の［(a)］～［(d)］のどこに入れるのが適切か。次のうちから最も適切なものを選び、ア～エの記号で答えよ。

まさに文明的な転換がおこったのです。

ア　(a)
イ　(b)
ウ　(c)
エ　(d)

〔問7〕 波線部 和漢の境をまたぐとは、中国（漢）と日本（和）の交流が融合《ゆうごう》しつつ、しだいに日本独自の表現様式や認知《にんち》様式や、さらには中世や近世で独特の価値観をつくっていったとあるが、このように中国の文化をもとに日本の文化を形成していったことについてどう思うか。また広く外国の文化を取り入れていくことについてどう考えるか。具体的な事例も含《ふく》めてあなたの考えを二百字以内で書け。なお、書き出しや改行の際の空欄《くうらん》、、や。や「なども それぞれ字数に数えよ。

切なものを選べ。

ア　他国の文化に遅れをとらないように、競《きそ》い合《あ》いつつも、独自の文化を磨き上げていったこと。

イ　それぞれの地域の個性を生かしながら、統一された国としての文化の土台を固めていったこと。

ウ　自国の文化の特徴に一つの基準を設け、それを用いて他国と比較《ひかく》し独自性を明確にしていったこと。

エ　規範となる文化に学びつつ、自分たち独自の生活や風土に根ざした文化をつくりあげていったこと。

〔問2〕(2)日本は「漢」に学んで漢を離れ、「和」を仕込んで和漢の境に遊ぶようになったのです。とあるが、それはどのようなことか。次のうちから最も適切なものを選べ。

ア　日本人は、中国文化に学んで素材として採り入れたものを、日本の自然や感覚に合わせて差し引きし、そこで生まれた独自の価値観を賞美するような文化をつくりあげていったこと。

イ　日本人は、中国文化と日本文化を融合した結果生まれた文化様式を受容し、一つの国の枠組《わくぐ》みにとどまらない、多様な表現を楽しめるような文化をつくりあげていったこと。

ウ　日本人は、中国文化の様式を採り入れた上で、余計なものを除き素朴《そぼく》さや単純さを愛する国民性を強調することで、日本人の心情に即して余情を感じさせるような文化をつくりあげていったこと。

エ　日本人は、中国文化から学んだことを日本古来の形式にあてはめて文化を再創造するため、人工物を排除し、自然物を利用して和漢の融合を象徴的に表現するような文化をつくりあげていったこと。

〔問3〕(3)「稲《いね》・鉄・漢字」という黒船の到来です。とあるが、「黒船の到来」とはどのようなことか。次のうちから最も適切なものを選べ。

ア　大陸と孤絶しており、文化的に未熟であった日本にとって、国力の伸長を示す威圧的なものであり、他国より劣っていると感じさせるものであったということ。

イ　大陸と分断されているため、他文化が自然に流入しなかった日本にとって、生活様式や考え方が根本的に変わってしまうほど先進的であり、圧倒的《あっとうてき》な衝撃を与えるものであったということ。

ウ　独自の高度な文化が既に発展していた島国の日本にとって、新鮮に感じられ、今後自文化がさらに深化していくきっかけとなると期待させるものであったということ。

エ　もとは一つの大陸であったものが東西に離れた経《けい》緯《い》をもつ日本と中国であるからこそ、日本にとって中国は異国とは思えず、再びの結びつきを予見させるものであったということ。

になったのです。

たとえば「大」という字を音読みすると「ダイ」になるのは、もともと中国でこの字を「ダィ」と発音していたことにもとづいています。近似音《きんじおん》でダイにした。しかし日本人は「大」を自分たちの古来の言葉であった「おお」「おおし」「おおき」などの言葉に適用するために訓読みもするようになり、さらに音読みと訓読みを平然と使いわけるようにさえなっていったのです。「生」はショウ（一生）ともセイ（生活）ともキ（生蕎麦《そば》）とも読み、かつ「いきる」「うまれる」「なま」などとも読んだのです。まことに驚くべきことです。

自分たちの発明した漢字をこのように使えることは、中国人にとっては予想もつかないことでした。私たちは中国というグローバルスタンダードを導入し、学び始めたその最初の時点で早くも*リミックスを始めていたのです。

かくてここに登場してきたのが日本独自の「仮名」でした。

（松岡正剛「日本文化の核心」による）

〔注〕　グローバルスタンダード――国際的に共通の基準。
クレオール――混交的な文化。
禅宗《ぜんしゅう》――仏教の一派。日本では、栄西《えいさい》の臨済宗《りんざいしゅう》、道元《どうげん》の曹洞宗《そうとうしゅう》がある。
侘《わ》び茶――桃山《ももやま》時代に流行した、簡素静寂《かんそせいじゃく》の境地を重んじたもの。村田珠光《むらたじゅこう》が祖と言われている。
躙口《にじりぐち》――茶室特有の小さな出入り口。
テーゼ――命題。ある判断を言葉で言い表したもの。
プレートテクトニクス――地球のさまざまな変動の原動力はプレートの運動にあるとして、地震や火山などの地学現象を統一的に解釈《かいしゃく》しようとする考え方。
プロトコル――ここでは言語の規約の意。
オラル・コミュニケーション――口頭でのコミュニケーション。
百済《くだら》――古代朝鮮の国名。
阿直岐《あちき》――この時代に百済から日本へ派遣《はけん》されたとされる人物。
儒教《じゅきょう》――孔子《こうし》の教えを中心とした、中国の伝統的な政治・道徳の教え。
ムーブメント――運動、動き。
リテラシー――ある分野についての知識やそれを活用する能力。
勅命《ちょくめい》――天皇の命令。
誦習《しょうしゅう》――よみ習うこと。
万葉仮名――漢字の音訓を借りて発音を写した文字。
リミックス――素材を混ぜて全く新しい作品に作り上げること。

〔問1〕　(1)「グローカルな文化様式」とあるが、それを「誕生させた」とはどのようなことか。次のうちから最も適ところ、「王仁《わに》という秀《すぐ》れた者がいる」と言います。さっそく使者を百済に遣《つか》わしてみると、王仁が辰孫《しんそん》王とともにやってきた。このとき『論語』『千字文《せんじもん》』あわせて一一巻の書物を持ってきた。

このことは、見慣れない「文字」とともに「中国*儒教《じゅきょう》の言葉」がやってきたことを意味します。そうして朝廷《ちょうてい》に中国語の読み書きができる人材がいよいよ出現してきたのです。

それなら、こうした外国語学習*ムーブメントが日本の中に少しずつ広まって、みんなが英会話を習いたくなるように、やがて中国語に堪能《たんのう》な日本人（倭人）がふえていくはずです。実際、たしかにそういう*リテラシーの持ち主はふえたのですが（貴族階級や僧侶《そうりょ》に）、だとすれば今日の日本人が英会話をし、英語そのままの読み書きができるのと同じように、多くの日本人が中国語の会話をするようになって当然だったのですが、そうはならなかった。

中国語をそのまま使っていくのではなく、漢字を日本語に合わせて使ったり日本語的な漢文をつくりだしたりした。

（c）

『日本書紀』の推古《すいこ》天皇二八年（六二〇）に、聖徳《しょうとく》太子と蘇我馬子《そがのうまこ》が『天皇記《すめらみことのふみ》』と『国記《くにつふみ》』の編述にとりくんだという記事があります。

このとき、おそらく中国語ではない「中国的日本語のような記述」が誕生したのだろうと思います。いわばチャイニーズ・ジャパニーズです。ただし、この『天皇記』と『国記』は乙巳《いっし》の変（大化改新）のとき、蘇我蝦夷《えみし》の家とともに焼けてしまった。

まことに残念なことですが、さいわい天武《てんむ》天皇のとき（六八一）、川島《かわしま》皇子と忍壁《おさかべ》皇子が*勅命《ちょくめい》によって『帝紀《すめろきのひつぎ》』と『旧辞《ふること》』を編纂《へんさん》することになりました。

当然、漢字ばかりのものです。しかし、これも中国語ではない。やはりチャイニーズ・ジャパニーズっぽいものでした。しかもこのとき、この中身を稗田阿礼《ひえだのあれ》が*誦習《しょうしゅう》して半ばを暗記した。稗田阿礼という人物はまだ正体がわかっていないので、ひょっとしたら一人ではない集団名だったのかもしれないのですが、それはともかく、阿礼は『帝紀』や『旧辞』の漢字漢文を中国語で誦習したのではありません。日本語として誦習した。（d）

ついで和銅四年（七一一）、元明《げんめい》天皇は太安万侶《おおのやすまろ》に命じて『古事記』を著作させました。ここでついに画期的な表現革命がおこりました。

太安万侶は稗田阿礼に口述させ、それを漢字四万六〇二七字で『古事記』に仕上げるのですが、表記に前代未聞《ぜんだいみもん》の工夫をほどこした。漢字を音読みと訓読みに自在に変えて、音読みにはのちの*万葉仮名にあたる使用法を芽生えさせたのです。

(5)これはそうとう画期的なことでした。表記上で画期的だっただけでなく、日本人が縄文以来つかってきた言葉を「漢字の声」であらわすことができたということが、さらに画期的なのです。私たちは漢字を見ても、日本語の声で読めるようも重要な『心の文《ふみ》』という覚え書《がき》のなかで、そうした心を「和漢の境をまぎらかす」と述べました。たいへん画期的な*テーゼでした。

　このように、(2)日本は「漢」に学んで漢を離れ、「和」を仕込んで和漢の境に遊ぶようになったのです。

　日本列島は二〇〇〇万年前まではユーラシア大陸の一部でした。それが地質学でいうところの*プレートテクトニクスなどの地殻《ちかく》変動によって、アジア大陸の縁の部分が東西に離れ、そこに海水が浸入することで日本海ができて大陸と分断され、日本列島ができあがったと考えられています。

　このような成り立ちをもつゆえに、日本列島が縄文《じょうもん》時代の終わり頃《ころ》まで長らく大陸と孤絶していたという事実には、きわめて重いものがあります。日本海が大陸と日本を隔《へだ》てていたということが、和漢をまたいだ日本の成り立ちにとって、きわめて大きいのです。

　その孤立した島に、遅くとも約三〇〇〇年前の縄文時代後期までには稲作《いなさく》が、紀元前四～前三世紀には鉄が、四世紀後半には漢字が、いずれも日本海を越えて大陸からもたらされることになった。(3)「稲《いね》・鉄・漢字」という黒船の到来です。

　とりわけ最後にやってきた漢字のインパクトは絶大でした。日本人が最初に漢字と遭遇《そうぐう》したのは、筑前国《ちくぜんのくに》（現在の福岡県北西部）の志賀島《しかのしま》から出土した、あの「漢委奴国王《かんのわのなのこくおう》」という金印であり、銅鏡に刻印された呪文《じゅもん》のような漢字群でした。これを初めて見た日本人（倭人《わじん》）たちはそれが何を意味しているかなどまったくわからなかったにちがいありません。しかし中国は当時のグローバルスタンダードの機軸国《きじくこく》であったので、日本人はすなおにこの未知の*プロトコルを採り入れることを決めた。[b]

　ところが、最初こそ漢文のままに漢字を認識し、学習していったのですが、途中から変わってきた。日本人はその当時ですでに一万～二万種類もあった漢字を、中国のもともとの発音に倣《なら》って読むだけではなく、縄文時代からずっと喋《しゃべ》っていた自分たちの*オラル・コミュニケーションの発話性に合わせて、それをかぶせるように読み下してしまったのです。

　私はこれは日本史上、最初で最大の文化事件だったと思っています。日本文明という見方をするなら、最も大きな文明的事件だったでしょう。(4)ただ輸入したのではなく、日本人はこれを劇的な方法で編集した。

　漢字の束《たば》を最初に日本（倭国）に持ってきたのは、*百済《くだら》からの使者たちでした。

　応神《おうじん》天皇の時代だから四世紀末か五世紀初頭でしょう。*阿直岐《あちき》が数冊の経典《きょうてん》を持ってきた。当時の日本は百済と同盟関係になるほどに親交を深めていました。

　阿直岐の来朝からまもなく、天皇の皇子だった菟道稚郎子《うじのわきいらつこ》がこの漢字に関心をもち、阿直岐を師と仰いで読み書きを習いはじめました。これを見た応神天皇が、宮廷《きゅうてい》で交《か》わしている言葉を文字であらわすことに重大な将来的意義があると感じて、阿直岐に「あなたに勝《まさ》る博士《ふみよみびと》はおられるか」と尋《たず》ねた

いる。

ウ　「ぼくの舌は、ごく自然にぼくを裏切ってしまっていた」では、人ではないものを主語にすることで、思いがけない心情の揺らぎを表現している。

エ　「ぼく」の視点を中心にして心理を描くことによって、「山口」の視点で語っている箇所を際立《きわだ》たせて、その印象を強める効果を上げている。

4

次の文章を読んで、あとの各問に答えよ。（*印の付いている言葉には、本文のあとに〔注〕がある。）

和漢の境をまたぐとは、中国（漢）と日本（和）の交流が融合《ゆうごう》しつつ、しだいに日本独自の表現様式や認知《にんち》様式や、さらには中世や近世で独特の価値観をつくっていったということです。

これはおおざっぱには、次のようなことを意味しています。アジア社会では長らく中国が発するものを*グローバルスタンダードとしての規範《きはん》にしてきたのですが、そのグローバルスタンダードに学んだ日本が、奈良朝《ならちょう》の『古事記』や『万葉集』の表記や表現において、一挙にローカルな趣向《しゅこう》を打ち出し、ついに「仮名」の出現によって、まさにまったく新たな(1)「グローカルな文化様式」や「*クレオールな文化様式」を誕生させたということです。しかも、その後はこれを徹底《てってい》して磨いていった。何を磨いたかというとクレオールな「和漢の境」を磨いていったのです。

なぜ、このようなことをしたのか。なぜそんなことが可能になったのか。たんに知恵に富んでいたわけではないのです。

二、三の例で説明します。

たとえば*禅宗《ぜんしゅう》は中国からやってきたもので、鎌倉時代には栄西《えいさい》や道元《どうげん》はじっさいに中国に行って修行《しゅぎょう》もしています。しかし、日本に入って各地に禅寺が造営されるようになると、その一角に「枯山水《かれさんすい》」という岩組みや白砂の庭が出現します。竜安寺《りょうあんじ》や大徳寺《だいとくじ》が有名ですが、このような庭は中国にはないものです。

中国の庭園（園林《えんりん》と総称《そうしょう》します）は植物も石もわんさとあります。日本の禅庭は最小限の石と植栽《しょくさい》だけでつくられ、枯山水にいたっては水を使わずに石だけで水の流れを表現します。つまり引き算がおこっているのです。［a］

お茶も中国からやってきたものでした。栄西が『喫茶養生《きっさようじょう》記《き》』でその由来を綴《つづ》っている。しかし日本では、最初こそ中国の喫茶習慣をまねていたのですが、やがて「草庵《そうあん》の茶」という*侘《わ》び茶の風味や所作に転化していきました。またそのための茶室を独特の風情《ふぜい》でつくりあげた。身ひとつが出入りできるだけの小さな*躙口《にじりぐち》を設け、最小のサイズの床の間をしつらえた。部屋の大きさも広間から四畳半へ、三帖台目《じょうだいめ》へ、さらには二帖台目というふうになっていく。こんなことも中国の喫茶にはありません。ここにも引き算がおこっているのです。

侘び茶や草庵の茶に傾いた村田珠光《むらたじゅこう》は、短いながらもとてている様子。

〔問3〕 (3)ぼくは、自分の弱さをそのまま投げかえされ、嘲笑《ちょうしょう》されるのは、もうたくさんだと考えたのだ。とあるが、どのようなことか。その説明として最も適切なのは次のうちではどれか。

ア　「山口」への好意を拒絶されることで、自分の人のよさを改めて浮き彫りにされ、冷ややかに見られたくないということ。

イ　「山口」に善意を踏みにじられることで、母への罪悪感に後悔する自分の善良さを自覚させられることはうんざりだということ。

ウ　無理して弁当を分けることで、結局空腹で不快になる様をさらけ出し「山口」にばかにされるのは耐《た》えられないということ。

エ　自分一人で弁当を食べられない気の弱さを自覚させられ、善人ぶっているのだと「山口」にあざ笑われるのはごめんだということ。

〔問4〕 (4)はりつめた気がふいに弛《ゆる》み、ぼくは大声をあげて笑った。とあるが、それはなぜか。その理由を説明した次の文章にあてはまることばを二十字以上三十字以内で書け。

お互いがどう接するかわからず、はりつめて向き合っている時に、【　　　　】から。

〔問5〕 (5)「――ありがとう。」と、彼はぼくの目を見ずにいった。とあるが、それはなぜか。その説明として最も適切なのは次のうちではどれか。

ア　「ぼく」の申し出に対してあいまいに反応をしていたのに弁当に自然と手が伸びてしまったので、合わせる顔がないと思ったから。

イ　「ぼく」の申し出に素早く答えることができずに怒らせてしまったので、申し訳ないことをしたという気持ちがわいてきたから。

ウ　繰り返し「ぼく」の申し出を断った後で好意を受け入れようと決心したので、面と向かって礼を言うことが気恥ずかしかったから。

エ　思いもよらぬ「ぼく」の申し出にすっかり感激してしまったので、喜びの表情を読み取られてからかわれたくなかったから。

〔問6〕 本作品の表現について述べた説明として最も適切なのは、次のうちではどれか。

ア　「青く透きとおった風」、「彼の痩《や》せた青白い手」など色の表現を用いることで、多感な青春時代のさわやかな空気をそれとなく表現している。

イ　「……」の後では、「ぼく」の心中で思い浮かんだことを記し、「――」の後では直前で述べられたことの事情や補足説明を記すなどの使い分けがされて

〔注〕　旧制中学――第二次大戦前の制度で、高等普通教育を行った男子中等学校。

頑《かたく》なに背を向けたまま――以前「ぼく」が話しかけた時、素っ気ない態度をとられたことがあった。

敵愾心《てきがいしん》――敵を打ち倒そうとする気持ち。

自分だけの慶早戦《けいそう》――「ぼく」は慶応対早稲田《わせだ》の大学野球対抗戦をイメージして、屋上で壁《かべ》にボールを投げる一人遊びをしていた。

疼痛《とうつう》――うずくような痛み。

孤高――ひとり超然としている様子。

フランク――率直な様子。

アルマイト――アルミニウム製の食器。

膠着《こうちゃく》――ねばりついたように動かない様子。

うつけたような――ぼんやりした様子。

茫漠《ぼうばく》――ぼうっとしてはっきりしない様子。

激昂《げっこう》――怒りはげしく興奮すること。

ツキアイきんない――付き合いきれない。

狷介《けんかい》――かたくなな様子。

〔問1〕　(1)彼を無視する強さを、ぼくは獲得《かくとく》しようとしていたのだ。とあるが、どのようなことか。その説明として最も適切なのは次のうちではどれか。

ア　「山口」が下界を眺めている意味を考えつつも、空想の慶早戦に熱中して心を乱されないようにしようということ。

イ　せっかく空想の慶早戦に熱中しているのだから、「山口」に心を乱されないようにしようということ。

ウ　自分を非難するような態度をとる「山口」に怒りを覚えたので、自分も徹底的《てっていてき》に彼を無視し続けるということ。

エ　「山口」の存在が気になりつつも、そうした素振りを見せないで自分の世界に入り込もうとしたということ。

〔問2〕　(2)山肌に淡く雲影が動くような、無気力な微笑をうかべた。とあるが、「山口」のどのような様子をたとえたものか。その説明として最も適切なのは次のうちではどれか。

ア　「ぼく」の爽快《そうかい》な笑顔を見て、一人遊びのむなしさを感じとってしまい、とまどいを覚えている様子。

イ　「ぼく」のほがらかな笑顔を見て、思わずそれに応じるかのようにはにかんだ表情を見せた様子。

ウ　「ぼく」の無心な笑顔を見て、意味のない一人遊びに熱中していた「ぼく」をあざ笑っている様子。

エ　「ぼく」のすがすがしい笑顔を見て、お互いの気持ちが通じ合い、友情が確かなものだと喜びを感じその片隅に腰を下ろしても、ぼくは黙《だま》っていた。同様に坐《すわ》りながら、山口も無言だった。黙ったまま、ぼくが弁当の風《ふ》呂敷包《ろしきづつ》みを解き終ったとき、異様なほどの大きさでぼくの腹が、ク、ルル、ル、と鳴った。

(4)はりつめた気がふいに弛《ゆる》み、ぼくは大声をあげて笑った。……それがいけなかった。*アルマイトの蓋《ふた》をめくり、いつものとおり細いイカの丸煮が二つと、粟《あわ》の片手にぎりほどの塊《かたまり》が六つ、コソコソと片寄っている中身を見たとき、ぼくの舌は、ごく自然にぼくを裏切ってしまっていた。

「よかったら、たべろよ。半分。」

山口は奇妙な微笑をこわばらせて、首を横に振った。それは、意志的な拒否というより、まだ首の坐らない赤《あか》ん坊《ぼう》が見せるような、あの意味もなにもないたよりない反射的な重心の移動のように、ぼくの目には映った。

「たべなよ。いいんだ。」

山口は振幅をこころもち大きくして、もう一回首を振った。*膠着《こうちゃく》した微笑が消え、なにか、*うつけたような*茫漠《ぼうばく》とした表情になって、目を遠くの空へ放した。……*激昂《げっこう》が、ぼくをおそった。せっかくの先刻の思慮《しりょ》分別や後悔の予感も忘れはてて、恥をかかされたみたいに、ぼくの頭と頰《ほお》に血がのぼった。

ぼくは、くりかえし低く、強くいった。

「ぼくは素直な気持ちでいってるんだ。お節介なことくらい、わかってる。でも、腹がへってるんだったら、だめだ、食べなきゃ、食べなきゃ……、食べたらいいだろう？食べたかったら。」

絶句して、やっとぼくは昂奮《こうふん》から身を離すべきだと気づいた。ぼくは握り飯の一つを取り、頰張《ほおば》って横を向いた。もうどうにでもなれ、と思った。こん畜生《ちくしょう》。もう、こんなバカとは、*ツキアイきんない。……そのとき、山口の手が、ごく素直な態度で、弁当にのびた。

「(5)——ありがとう。」と、彼はぼくの目を見ずにいった。そして、握り飯をまっすぐ口にほうりこんだ。

まるで、ありえないことが起こったように、ぼくは目の隅《すみ》で山口が食べるのを見ていた。一口で口に入れて、彼は、わざとゆっくり噛《か》んでいるようであった。

ある照れくささから、相手の目を見たくない気持ちはぼくにもあった。無言のまま、ぼくらは正確に交互に弁当箱に手をのばした。当然の権利のように、彼はぼくがイカの丸煮をつまむと、ちゃんと残った一つをつまんだ。……だんだん、ぼくはかれが傷つけられてはいないこと、あるいはそう振《ふる》舞《ま》ってくれていることに、ある安堵《あんど》と信頼を抱きはじめた。それは、最後に残った山口の分の一つに、彼の痩《や》せた青白い手が躊躇なくのびたのを見とどけたとき、ほとんど、感謝にまで成長した。——ぼくは、彼が*狷介《けんかい》なひねくれた態度を固《こ》執《しつ》せずに、気持ちよくぼくにこたえてくれたことがむしょうに嬉《うれ》しかった。

ぼくと山口とは、それからは毎日屋上を密会の場所と定めて、いつもぼくの弁当を半分こするようになった。

（山川方夫「煙突」による）

な、無気力な微笑をうかべた。……彼の、そんな微笑なんて、ぼくには初めての経験であった。その笑顔《えがお》には、いわば秘密の頒《わか》ちあいめいた暗黙《あんもく》の連帯と、それを恥じながら認める感情の手ごたえとが、たとえ力無くではあろうと含《ふく》まれていたのだ。

――友人になれる。そんな無邪気《むじゃき》な直観が、ぼくを陽気にした。ぼくはボールをポケットに押しこみ、拾った弁当箱を片手に、まっすぐに山口のほうに歩み寄ろうとした。

そのとき、弱よわしく視線を落《おと》した山口の目が、ぼくの弁当にふれると、急にそれを滑りぬけて流れた。はっと、はじめてぼくはあることに気づいた。そうだ、彼はいつも昼食をたべてないのだ。――昼休みのはじまるころになると、彼はいつでもスーッと部屋を出て行ってしまう。なんの気なしにその姿勢を憶《おぼ》えていながら、その理由にいままで気づかなかったぼくは、なんてバカだ。……だが、はたしていま、彼に弁当を半分すすめたものだろうか？

じつをいえば、そのときぼくを躊躇《ちゅうちょ》させたものは、ほかならぬ自分自身の昼食が半分に減ること、そんな自分の空腹の想像などではなかった。そんなことは、まったくぼくの頭にはなかった。――それは、恥ずかしいことだが、「善いこと」をするときの、あの照れくささであり、奇妙な後ろめたさだった。

つづいて、ぼくに弁当をつくるために昼食を抜いている、母への罪悪がはじまる予感がきた。気の弱いぼくのことだ、一度それをしたら、おそらく習慣にせざるをえなくなってしまうだろう。すると、帰途の汽車の中での、あの*疼痛《とうつう》に似たせつない空腹感、やがて空《す》ききってそれが痛みかどうかさえわからなくなり、ただ、どこにも力の入れようのない苛立《いらだ》たしさがからだ全体に漂《ただよ》いだし、遠くのものがかすみ、近いものが揺《ゆ》れて見えはじめる、あのその次の状態が、なまなましくぼくによみがえった。……だが、結局ぼくが弁当を分けることを中止しようと思ったのは、神経質で*孤高で傲慢《ごうまん》なほどプライドのつよい山口が、そのぼくの押売《おしう》りじみた親切に、虚心にこたえてくれっこないという判断であり、おそれだった。(3)ぼくは、自分の弱さをそのまま投げかえされ、嘲笑《ちょうしょう》されるのは、もうたくさんだと考えたのだ。

ぼくは思った。ぼくは、一人でほがらかに弁当を食おう。それはぼくの*権利のフランクな主張であり、彼のプライドへのフランクな尊敬である。あたりまえのことをするのに、あたりまえの態度でしよう。人間どうしのつきあいでは、けっして触れてはいけない場所に触れるのは、いくらそれが好意・善意・親切からであっても、あきらかに非礼なのだ。……しかし、ぼくの足はもう、金網から手を放した彼のすぐ横にまで、自分を運んできてしまっていた。

「あすこ、日当《ひあ》たりがいいな。……行こう。」

独り言のようにいうと、ぼくは晴れた冬の日がしずかにきらきらと溜《たま》っている、屋上の片隅《かたすみ》にあるいた。返事はなかったが、山口はなにを考えてか、おとなしくぼくにつづいてきた。へんに反抗して、見透かされたくないのだろうか？ぼくは、彼の不思議な素直さに、そう思った。

＜国語＞

時間五〇分　満点一〇〇点

【注意】答えは特別の指示のあるもののほかは、各問のア・イ・ウ・エのうちから、最も適切なものをそれぞれ一つずつ選んで、その記号を書きなさい。また、答えに字数制限がある場合には、、や。や「などもそれぞれ一字と数えなさい。

1

次の各文の――を付けた漢字の読みがなを書け。

(1) 限界に挑む。

(2) こんな荒天では船は出せない。

(3) 足袋を履く。

(4) 高楼に上る。

(5) 条件が斉一になる。

2

次の各文の――を付けたかたかなの部分に当たる漢字を楷書《かいしょ》で書け。

(1) 新年ハイガ式が行われる。

(2) ソカク当日の様子が報道される。

(3) 光沢《こうたく》のあるジキの皿を贈《おく》る。

(4) 平和主義の理念を憲法にモる。

(5) 彼はチョクジョウケイコウな人物である。

3

次の文章を読んで、あとの各問に答えよ。（*印の付いている言葉には、本文のあとに〔注〕がある。）

終戦後の昭和二十年の冬、十五歳の「ぼく」は上級学校進学のために、再開された私学の中学校（*旧制中学）にもどった。勉強する態勢が十分でなく、様々な境遇《きょうぐう》、年齢《ねんれい》の生徒がいる中で、ただ一人の同学年生である「山口《やまぐち》」を話し相手にしようと「ぼく」は考えていた。ある日の昼、「ぼく」は「山口」と屋上で出くわした。

ぼくは、*頑《かたく》なに背を向けたままのその山口に、ある*敵愾心《てきがいしん》をかんじた。彼に目もくれず、だからぼくも一人で壁《かべ》に向かい、*自分だけの慶早戦《けいそう》をはじめた。真向《まっこう》から吹きつけてくる青く透きとおった風を感じながら、耳のなかに、かつて通った神宮《じんぐう》球場の歓声や選手たちの掛声《かけごえ》をよみがえらせ、怒ったように力いっぱいぼくは投げつづけた。

(1)彼を無視する強さを、ぼくは獲得《かくとく》しようとしていたのだ。山口は、だが、なにもいわず、そうかといってそのぼくを眺めるでもなく、散歩するでもなく降りて行くでもなく、ただじっと金網越しの下界を眺めつづけている。そしてぼくは、しだいにその彼の存在を忘れ、空想の慶早戦に熱中しだしていた。

四対零《ぜろ》。ケイオーのリードで三回は終《お》った。さあ、飯をたべよう。

振りかえって、ぼくは自分の強さの確認《かくにん》と、専心していたスポーツに一段落のついた爽快《そうかい》で無心な気分から、ほがらかに山口を見て笑った。すると、彼は意外にも、偶然《ぐうぜん》ぼくと目を合わせたのを恥じるように、(2)山肌に淡く雲影が動くよう

MEMO

大切なことはメモしておこうネ！

2021 年 度

解 答 と 解 説

《2021年度の配点は解答欄に掲載してあります。》

＜数学解答＞

1 〔問1〕 $5-2\sqrt{6}$ 〔問2〕 $\dfrac{1\pm\sqrt{7}}{2}$

〔問3〕 $a=2$, $b=3$ 〔問4〕 $\dfrac{7}{18}$

〔問5〕 右図

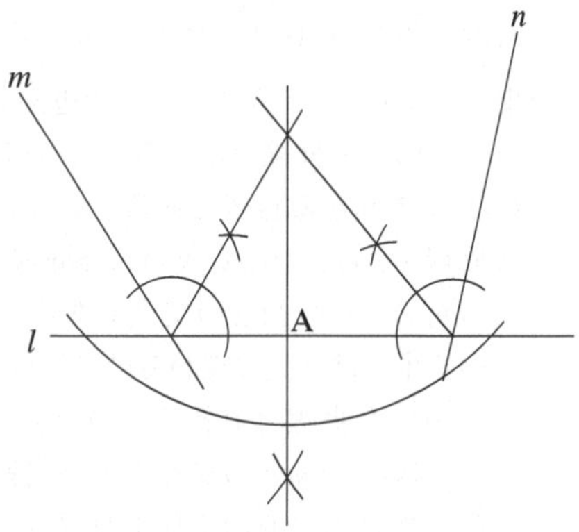

2 〔問1〕 (1) $-\dfrac{7}{4}\leqq m\leqq -1$

(2) $y=-\dfrac{13}{12}x+\dfrac{5}{2}$(途中の式や計算は解説参照)

〔問2〕 点F(2, 6), 点P(4, 4)

3 〔問1〕 (1) 解説参照 (2) AE：ED＝11：3

〔問2〕 $S:T=11:52$

4 〔問1〕 $K=9$, $t=8$

〔問2〕 $(a,\ b)=(3,\ 9)$, $(4,\ 8)$(途中の式や計算は解説参照)

〔問3〕 4.5秒後

○配点○

1 各5点×5　2 〔問1〕 (1) 5点 (2) 12点 〔問2〕 8点

3 〔問1〕 (1) 10点 (2) 7点 〔問2〕 8点

4 〔問1〕 8点 〔問2〕 10点 〔問3〕 7点 計100点

＜数学解説＞

1 (数・式の計算, 平方根, 二次方程式, 連立方程式, 確率, 作図)

〔問1〕 $\sqrt{3}+1=M$, $\sqrt{2}+1=N$とおくと, $M^2-2MN+N^2=(M-N)^2$ MとNをもとにもどして, $(M-N)^2=\{(\sqrt{3}+1)-(\sqrt{2}+1)\}^2=(\sqrt{3}-\sqrt{2})^2=5-2\sqrt{6}$

〔問2〕 乗法公式$(a-b)^2=a^2-2ab+b^2$, $(a+b)(a-b)=a^2-b^2$, $(x+a)(x+b)=x^2+(a+b)x+ab$より, $(x-1)^2+(x+1)(x-1)-(2x+1)(2x-3)=x^2-2x+1+x^2-1-4x^2+4x+3=-2x^2+2x+3=0$ 両辺に-1をかけて, $2x^2-2x-3=0$ 解の公式を用いて, $x=\dfrac{-(-2)\pm\sqrt{(-2)^2-4\times2\times(-3)}}{2\times2}=\dfrac{1\pm\sqrt{7}}{2}$

〔問3〕 x, yについての連立方程式 $\begin{cases} ax+4y=2b \\ bx-ay=-7 \end{cases}$ の解が$x=-1$, $y=2$であるから, それぞれの方程式に$x=-1$, $y=2$を代入して, $\begin{cases} a\times(-1)+4\times2=2b \\ b\times(-1)-a\times2=-7 \end{cases}$ 整理して, $\begin{cases} a+2b=8\cdots① \\ 2a+b=7\cdots② \end{cases}$ ①, ②をa, bについての連立方程式としてみて解く。①×2－②より, $4b-b=16-7$ $b=3$ これを①に代入して, $a+2\times3=8$ $a=2$

〔問4〕 袋Aから1枚のカードの取り出し方は，1，3，4，5，7，9の6通り。そのそれぞれの取り出し方に対して，袋Bから1枚のカードの取り出し方が，1，2，4，5，6，8の6通りずつあるから，全てのカードの取り出し方は$6\times6=36$(通り)。このうち，取り出した2枚のカードに書かれた数の和が偶数になるのは，2枚とも偶数の数が書かれたカードを取り出すときか，2枚とも奇数の数が書かれたカードを取り出すときである。2枚とも偶数の数が書かれたカードの取り出し方は，袋Aから4が書かれたカードを取り出し，袋Bから2，4，6，8が書かれたカードのうちの1枚を取り出す$1\times4=4$(通り)。また，2枚とも奇数の数が書かれたカードの取り出し方は，袋Aから1，3，5，7，9が書かれたカードのうちの1枚を取り出し，袋Bから1，5が書かれたカードのうちの1枚を取り出す$5\times2=10$(通り)。よって，求める確率は$\frac{4+10}{36}=\frac{7}{18}$

〔問5〕（着眼点） 角をつくる2辺から距離が等しい点は，角の二等分線上にあるから，直線ℓ，m，nが，円Oの3本の異なる接線であるということは，円の中心Oは直線ℓ，mがつくる角の二等分線と，直線ℓ，nがつくる角の二等分線との交点である。また，接線と接点を通る半径は垂直に交わるので，接点Aは点Oから直線ℓに引いた垂線と直線ℓとの交点である。（作図手順） 直線ℓとmとの交点をP，直線ℓとnとの交点をQとし，次の①～⑥の手順で作図する。 ① 点Pを中心とした円を描き，直線ℓ，m上に交点をつくる。 ② ①でつくったそれぞれの交点を中心として，交わるように半径の等しい円を描き，その交点と点Pを通る直線(直線ℓ，mがつくる角の二等分線)を引く。 ③ 点Qを中心とした円を描き，直線ℓ，n上に交点をつくる。 ④ ③でつくったそれぞれの交点を中心として，交わるように半径の等しい円を描き，その交点と点Qを通る直線(直線ℓ，nがつくる角の二等分線)を引き，②で引いた直線ℓ，mがつくる角の二等分線との交点をOとする。 ⑤ 点Oを中心とした円を描き，直線ℓ上に交点をつくる。 ⑥ ⑤でつくったそれぞれの交点を中心として，半径の等しい円を描き，その交点と点Oを通る直線を引き(点Oから直線ℓに引いた垂線)，直線ℓとの交点をAとする。(ただし，解答用紙には点O，P，Qの表記は不要である。)

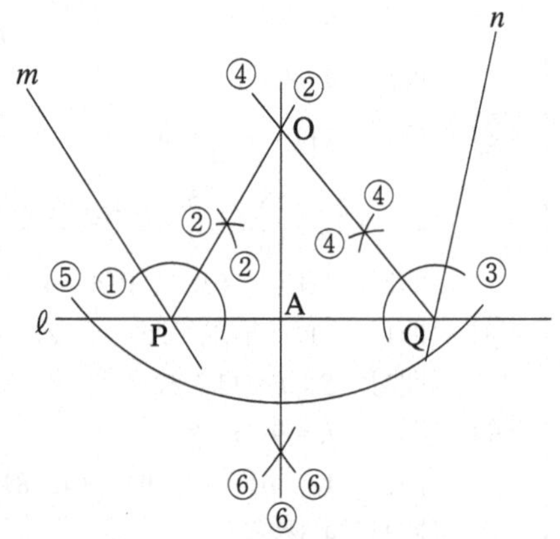

2 (図形と関数・グラフ)

基本 〔問1〕 (1) 点A，B，Cは$y=\frac{1}{4}x^2$上にあるから，そのy座標はそれぞれ$y=\frac{1}{4}\times(-6)^2=9$，$y=\frac{1}{4}\times(-1)^2=\frac{1}{4}$，$y=\frac{1}{4}\times2^2=1$ よって，A$(-6,\ 9)$，B$\left(-1,\ \frac{1}{4}\right)$，C$(2,\ 1)$ これより，(直線ABの傾き)$=\left(\frac{1}{4}-9\right)\div\{-1-(-6)\}=-\frac{7}{4}$，(直線ACの傾き)$=(1-9)\div\{2-(-6)\}=-1$ よって，線分BC上に点Dがあるとき，2点A，Dを通る直線gの傾きmのとる値の範囲は$-\frac{7}{4}\leqq m\leqq-1$である。

(2) (途中の式や計算) (例) △ABCと△ADCの面積比が6：1であるからBD：DC＝5：1となる。x軸上の点で，点B，点D，点Cとx座標がそれぞれ等しい点を点B′，点D′，点C′とすると B′D′：D′C′＝5：1 である。B′C′＝3 より B′D′$=\frac{5}{2}$ であるから 点D′のx座標は$\frac{3}{2}$ よって 点Dのx座標は$\frac{3}{2}$ y軸上の点で，点B，点D，点Cとy座標がそれぞれ等しい点を点B″，点D″，点C″とす

ると　$B'D'' : D''C'' = 5 : 1$　である。$B''C'' = \frac{3}{4}$　より　$B'D'' = \frac{5}{8}$　であるから　点D″のy座標は $\frac{7}{8}$　よって　点Dのy座標は$\frac{7}{8}$　すなわち　点Dの座標は　$\left(\frac{3}{2},\ \frac{7}{8}\right)$　直線gの傾きは，xの増加量が$\frac{3}{2}-(-6)=\frac{15}{2}$，$y$の増加量が$\frac{7}{8}-9=-\frac{65}{8}$であるから，$-\frac{65}{8}\div\frac{15}{2}=-\frac{13}{12}$　直線gの式は，$y=-\frac{13}{12}x+b$と表すことができる。点Aを通るから　$9=-\frac{13}{12}\times(-6)+b$　よって　$b=\frac{5}{2}$　したがって，直線gの式は，$y=-\frac{13}{12}x+\frac{5}{2}$

やや難　〔問2〕　問題の条件よりE$(-6,\ 1)$　また，点Fのy座標を$s(>1)$とするとF$(2,\ s)$　$\triangle AEB=\frac{1}{2}\times AE\times$(点Bの$x$座標－点Eの$x$座標)$=\frac{1}{2}\times(9-1)\times\{-1-(-6)\}=20$…①　$\triangle ACF=\frac{1}{2}\times FC\times$(点Fの$x$座標－点Aの$x$座標)$=\frac{1}{2}\times(s-1)\times\{2-(-6)\}=4(s-1)$…②　ここで，四角形ABCF＝四角形AEBC…③　であることから，$\triangle$ACF＝四角形ABCF－$\triangle$ABC＝四角形AEBC－$\triangle$ABC＝$\triangle$AEB　よって，①，②より，$4(s-1)=20$　$s=6$であり，F$(2,\ 6)$である。次に，四角形ABCP＝四角形AEBCであるとき，③より四角形ABCP＝四角形ABCFであるから，$\triangle$ABCが共通であることを考慮すると，$\triangle ACP=\triangle ACF$であり，FP//ACとなる。これより，点Pは点Fを通り直線ACに平行な直線と曲線f：$y=\frac{1}{4}x^2$…④　との交点である。直線ACの傾きは$\frac{1-9}{2-(-6)}=-1$だから，直線FPの式は，$y=-x+b$とおいて，点Fの座標を代入すると，$6=-2+b$　$b=8$　よって，$y=-x+8$…⑤

よって，点Pの座標は④と⑤の連立方程式の解である。④を⑤に代入すると，$\frac{1}{4}x^2=-x+8$　整理して，$x^2+4x-32=0$　$(x+8)(x-4)=0$　ここで，点Pのx座標は点Cのx座標より大きいから，$x=4$　以上より，$P\left(4,\ \frac{1}{4}\times4^2\right)=P(4,\ 4)$である。

3 (図形の証明，線分の長さの比，面積比)

基本　〔問1〕　(1)　(証明)　(例)　$\triangle$AEFと$\triangle$AECについて，仮定より，$\angle EAF=\angle EAC$…①　線分AEと線分FCは垂直であるから，$\angle AEF=\angle AEC=90°$…②　また，共通な辺であるから，AE＝AE…③　①，②，③より，1組の辺とその両端の角がそれぞれ等しいから，$\triangle AEF\equiv\triangle AEC$　したがって，CE＝EF…④　また，点Mは辺BCの中点であるから，CM＝MB…⑤　④，⑤より，$\triangle$CFBにおいて，点E，Mはそれぞれ辺CF，CBの中点であるから，EM//FB　よって，EM//AB

(2)　(1)より，$BM=\frac{1}{2}BC$　線分ADが$\angle$BACの二等分線であることより，角の二等分線と線分の比の定理を用いると，$BD : DC=AB : AC=7 : 4$　$BD=\frac{7}{7+4}BC=\frac{7}{11}BC$　EM//ABより，平行線と線分の比についての定理を用いると，$AE : ED=BM : MD=BM : (BD-BM)=\frac{1}{2}BC : \left(\frac{7}{11}BC-\frac{1}{2}BC\right)=11 : 3$

重要　〔問2〕　$\triangle AEF\equiv\triangle AEC$より$AF=AC=4$cm　よって，$BF=AB-AF=7-4=3$(cm)　$\angle GBF=\angle ABC$…①　$\angle BGF=\angle BAC$…②　①，②より，2組の角がそれぞれ等しいから，$\triangle BGF\backsim\triangle BAC$　相似比は$BF : BC=3 : 9=1 : 3$　相似な図形では，面積比は相似比の2乗に等しいから，$\triangle BGF : \triangle BAC=1^2 : 3^2=1 : 9$　よって，$\triangle BGF=\frac{1}{9}\triangle BAC$　$BD : DC=7 : 4$より$BD : BC=7 : (7+4)=$

7：11　$\triangle$BADと$\triangle$BACで，高さが等しい三角形の面積比は，底辺の長さの比に等しいから，$\triangle$BAD：$\triangle$BAC＝BD：BC＝7：11　よって，$\triangle BAD=\frac{7}{11}\triangle BAC$　以上より，S：T＝$\triangle$BGF：$(\triangle BAD-\triangle BGF)=\frac{1}{9}\triangle BAC:\left(\frac{7}{11}\triangle BAC-\frac{1}{9}\triangle BAC\right)=11:52$

4　(空間図形，動点，線分の長さ，面積，体積)

〔問1〕　MN＝5cmより，EM＝EN＝MN＝5cmであるから，$\triangle$EMNは正三角形であり，$\angle MEN=60°$
　これより，$t=3$のとき，EP＝EQ＝(毎秒)1(cm)×3(秒)＝3(cm)だから，$\triangle$EPQは$\angle PEQ=60°$の二等辺三角形であり，正三角形である。よって，EP＝EQ＝PQ＝3cmであり，$K=3EP=3\times3=9$(cm)　$t=5$のときのLの値は，正三角形EMNの周の長さに等しく，$L=3EM=3\times5=15$(cm)　これより，LがKの2倍の$9\times2=18$(cm)になるのは，$t>5$のときであり，このとき，点P，Qはそれぞれ線分MC，NC上にある。$\triangle$CPQも正三角形であることを考慮すると，このときのLの値は，$L=EM+MP+PQ+EN+NQ=EM+MP+CP+EN+NQ=EM+MC+EN+NQ=3EM+NQ=3\times5+(t-5)=t+10$(cm)であり，これが18cmになるのは，$t+10=18$より，$t=8$のときである。

やや難　〔問2〕　(途中の式や計算)　(例)　$\triangle$EMNの面積をSとする。a秒後の$\triangle EP'Q'$の面積をS'とすると，$1\leqq a\leqq5$であり，$\triangle EP'Q'\backsim\triangle EMN$より　$S'=\frac{a^2}{25}S$…①　b秒後の$\triangle EP''Q''$の面積をS''とする。$5\leqq b\leqq9$であり，四角形EMCNはひし形であるから，$\triangle EP''Q''$の底辺と高さは，$\triangle$EMNの底辺と高さのそれぞれ$\frac{10-b}{5}$倍と$\frac{b}{5}$倍である。よって　$S''=\frac{10-b}{5}\times\frac{b}{5}\times S=\frac{b(10-b)}{25}S$…②　①，②より　$a=1$，2，3，4，5のときの　S'，$b=5$，6，7，8，9　のときの　S''を求めると，上図のようになる。ここで，aとbは異なる自然数であることから，　$(a,\ b)=(3,\ 9)$，$(4,\ 8)$

a	1	2	3	4	5
S'	$\frac{1}{25}S$	$\frac{4}{25}S$	$\frac{9}{25}S$	$\frac{16}{25}S$	S

b	5	6	7	8	9
S''	S	$\frac{24}{25}S$	$\frac{21}{25}S$	$\frac{16}{25}S$	$\frac{9}{25}S$

重要　〔問3〕　AD＝AE＝d，AB＝hとし，立体ABCD－EFGHの体積をVとするとき，$V=d^2h$　立体PEFQを底面が$\triangle$EFQの三角錐と考える。点P，Qが頂点Eを出発してからt秒後を考えると，$0\leqq t\leqq2.5$のとき，点P，Qはそれぞれ線分EM，EN上にあり，三角錐PEFQの底面積も高さも増加するから，三角錐PEFQの体積は$t=2.5$のときに最大となる。このとき，点Pは点Mの位置にあり，点Qは線分ENの中点の位置にあることから，三角錐PEFQの体積は　$\frac{1}{3}\times\frac{1}{2}\triangle EFN\times AE=\frac{1}{3}\times\frac{1}{2}\left(\frac{1}{2}\times EF\times EH\right)\times AE=\frac{1}{12}d^2h=\frac{1}{12}V$　これは$\frac{3}{20}V$より小さいから，三角錐PEFQの体積が立体ABCD－EFGHの体積の$\frac{3}{20}$倍になるのは$2.5<t$，つまり，点P，Qがそれぞれ線分MC，EN上にあるときである。このとき，三角錐PEFQの高さは変わらないが，底面積が増加するから，体積は増加する。三角錐PEFQの体積をtを用いて表すと，$\frac{1}{3}\times\frac{EQ}{EN}\triangle EFN\times AE=\frac{1}{3}\times\frac{t}{5}\left(\frac{1}{2}\times h\times d\right)\times d=\frac{t}{30}d^2h=\frac{t}{30}V$
これが$\frac{t}{30}V=\frac{3}{20}V$となるのは$t=4.5$　点P，Qが頂点Eを出発してから4.5秒後である。

★ワンポイントアドバイス★

[2]〔問2〕では，△AEB＝△ACFや△ACP＝△ACFであることに気付くことがポイントである。[3]〔問1〕(2)では，角の二等分線と線分の比の定理を利用することがポイントである。

＜英語解答＞

[1]　〔問題A〕　＜対話文1＞　ア　　＜対話文2＞　エ　　＜対話文3＞　ウ

〔問題B〕　＜Question 1＞　イ　　＜Question 2＞　To tell her about their school.

[2]　〔問1〕　(1)-a　ウ　　(1)-b　エ　　(1)-c　イ　　(1)-d　ア

〔問2〕　イ　　〔問3〕　エ　　〔問4〕　ア　　〔問5〕　ウ　　〔問6〕　イ，カ

〔問7〕　a　イ　　b　ア　　c　オ　　d　ウ

[3]　〔問1〕　オ　　〔問2〕　エ

〔問3〕　(3)-a　キ　　(3)-b　ク　　(3)-c　エ　　(3)-d　ウ

〔問4〕　カ　　〔問5〕　エ，キ

〔問6〕　(解答例)　In the early Showa period, we can find a railroad map on wrappings. Wrappings help people traveling by train, because *ekiben* were sold only at stations. But now, we can buy *ekiben* at department stores and so on. Pictures of *ekiben*'s contents are useful, because they show its appeal as food.

○配点○

[1]　各4点×5　　[2]　〔問1〕・〔問7〕　各2点×8　　他　各4点×6

[3]　〔問3〕　各2点×4　　〔問6〕　12点　　他　各4点×5　　　計100点

＜英語解説＞

[1]　(リスニングテスト)

放送台本の和訳は，2021年度都立共通問題35ページに掲載。

[2]　(会話文問題：語句補充・選択，語句整序，語句解釈，要旨把握，内容吟味，間接疑問文，現在完了，進行形，動名詞，助動詞，前置詞，比較，不定詞，受動態)

(全訳)　①　*ジムはイギリスからやって来た高校生で，放課後，学校の理科教室で，彼の理科の教員であるタムラ先生と話をする。彼のクラスメイトのコウタとモモコが彼らの話に加わる。*

ジム(以下J)：タムラ先生，聞きたいことがあるのですが。／タムラ先生(以下T)：ジム，もちろん，良いですよ。／J：昨日，台所で奇妙な出来事がありました。／コウタ(以下K)：ジム，奇妙なことがあった，と言いましたよね。僕は奇妙なことが好きです。一緒に話に加わっても良いですか。／モモコ(以下M)：みなさんは何をしゃべっているのですか。私も一緒にさせてもらっても良いかしら。／J：もちろんです。／T：どうぞ2人とも話に加わって下さい。／K：グラスか何かを落としたのですか。／J：いや，違います。鍋の中の水が突然沸騰し出したのです。／M：本当に？平気だったかしら。／J：はい平気でしたが，少し怖かったです。／T：突然，自然に沸騰したの

ですか。／J：いいえ，違います。だしのパックを鍋に入れたら，突然沸騰し始めたのです。／K：水が突然沸騰し始めた。それは奇妙ですね。／T：コウタ，本当にそうかしら？　きっと，皆さんはこのことをよく知っていると思うけれど。／K：私たちが知っていることですか。／T：きっと知っているわ。そうね，(1)-a ウおそらく自覚していないでしょうけれどね。／M：本当ですか。タムラ先生，もっと私たちに話していただけないでしょうか。／T：みなさん，ちょっと待ってくださいね。その前に，あるものを見せましょう。

②　*タムラ先生は理科教員室の中に入り，手に小さな白いものを携えて戻ってくる。それらは非常に小さなスポンジボールのように見える。*

T：おそらくこれらの正体がみなさんには分るでしょう。／J：もちろんです。それらは沸騰石です。／T：これらは何のためのものですか。／M：それらはあるものを止める…，えーと，英語で何と言うのかがわからないです。／J：bumping［突沸《とっぷつ》］…そうだ！／M：英語で“bumping”と呼ぶのですね。／T：ええ，突沸《とっぷつ》です。では，突沸《とっぷつ》は何か説明できますか。／コウタ：僕が説明しみましょう。液体が時には熱くなりすぎて，沸点を超えて熱せられることがあります。この状態は，‘過熱’と呼ばれます。液体が過熱されて，外部から刺激を受けると，突然，沸騰し始めるのです。／T：コウタ，よく出来ましたね。で，ジム，何かわかりましたか。／J：ええ，(2)僕はポットの水は沸騰しているとは思わなかったですが，実際には，沸点以上だったということですね。／K：過熱状態だったということですね。／J：それ以上で，突沸が台所で起きてしまったのです。／T：その通りです。おそらく皆さんも同様の経験をしたことがあるのではないでしょうか。／M：それで，思い出したわ。コーヒーを電子レンジで温めた後に，砂糖を加えたら，突然，沸騰し出したの。タムラ先生，これもまた突沸でしょうか。／T：ええ，そうです。／M：では，台所に沸騰石があれば，突沸を止めることができたのですね。／T：でも，台所にそのようなものを備えている家庭はほとんどないですよね。／J：確かにそうですね。それに，(1)-b エ砂糖が沸騰石として機能しなかったのはなぜでしょうか。／M：タムラ先生，なぜだか私たちに教えてくれませんか。／T：いつ砂糖を加えましたか。／M：コーヒーを温めてから，加えました。／T：通常，いつ沸騰石を液体に加えますか。／K：温める前です。／T：もし非常に熱い液体に入れれば…／K：液体は突然沸騰するかもしれませんね。加熱された液体に対して，刺激物になるでしょうから。／J：“前”と“後”では違いがあるのですね。モモコのコーヒーでは，砂糖が刺激剤になったのですね。／T：では，あるものを皆さんにお見せしましょう。この本にいくつかのヒントを見つけることができるでしょう。

③　*タムラ先生は自らの理科辞典をコウタに渡した。*

コウタ：タムラ先生，ありがとうございます。そうですね…　見てください。この本によると，『沸騰とは，沸点における液体から気体への状態の変化のことを意味する。沸騰すれば，液体に気泡が現れる』とあります。／J：おそらく，気泡が沸騰を理解する上での鍵なのでしょう。／M：沸騰石が突沸を阻止することはわかりますが，(1)-c イそれらと一緒に，気泡がいとも簡単に現れる，ということを理解していませんでした。タムラ先生，それでまちがいないですか。／T：ええ，あなたの言っていることは，正しいですよ。だから，液体を熱する前に，沸騰石を加えなければならない理由が，もうわかりますよね。／K：それでは，沸騰石を使わずに，台所で突沸を阻止するためには，何をするべきなのでしょうか。解決策がない！／M：あるのではないでしょうか。（どうしてないのですか？）／J：何かできるでしょう。／M：(3)やろうと思えば，できるわ。／J：あっ，思い出しました。私のホストマザーは，正月に黒豆を調理するのに，鍋に鉄玉子を入れていました。／T：そうね，ジム，それは別の理由によります。／J：えっ？　突沸を止めるために，鉄玉子が使われたわけではないのですね。／M：私の祖母が漬物を作った際に，壺に鉄玉子を入れていました。そうすると，漬物が明るく，美しい色になりました。タムラ先生，このことは，黒豆にも当てはまるのでしょうか。／T：そうなるでしょうね。／J：では，(1)-dア私のホストマザーは，黒豆を美しくするために，鉄玉子を入れたのですね。／T：ええ，おそらく彼女は(そういう理由で)そうしたのだと思います。／J：モモコの祖母と私のホストマザーは，同等の目的のために同じことを行った，ということですね。／K：それでは，鉄玉子では突沸は防ぐことができない！／M：止めることはできると思いますが，調理をする前に，入れるべきですね。／J：それで，突沸は止められるのですね。／T：鉄玉子が，時にはちょうど沸騰石のように機能することがありますが，沸騰石はどのような形状をしているかを思い出して下さい。／M：非常に小さなスポンジボールのように見えます。／T：モモコ，そのことがとても重要なのです。／K：それでは，沸騰して気泡が出現したときに，そういった穴が役に立つということですね。／T：その通りです。／J：それでは，(4)ア台所に多くの小さな穴を有するものがあれば，沸騰石として機能しうる，というわけですね。／M：なるほど…／J：割りばしはどうですか。いいですか，割りばしには木で作られているものもあり，スポンジのように多くの小さな穴があります。もし鍋に入れれば，沸騰石のような働きをするでしょう。／M：それに，気泡は現れ易くなります。／K：別の考えを思いつきました。鍋を熱している間に，ただかき混ぜ続けるだけでよいのです。突沸を止める単純な方法となるでしょう。／T：なぜそう思うのですか。／K：液体が入った試験管を熱する際には，優しく振動させた方が良い。そうするのも，突沸を防ぐためですよね。台所で同じようなことをしたいのならば，鍋をかき混ぜることならできます。とても簡単なので，おそらく特別な道具も必要ないです。／J：それは興味深いですね。おそらく，自分らで試して，確認できます。／T：良い考えだわ。ところで，皆さんはコーヒーサイフォンを見たことがありますか。／M；いいえ，私は見たことがありません。タムラ先生，それは何ですか。／T：コーヒーメーカーの旧式のものです。ランプでポットの水を熱して，コーヒーを作ります。突沸を防ぐために，ポットの中には鎖が付いています。／K：ランプですか。それは机の上で使われるのですか。／M：いいえ，違います。照明ではなくて，ものを熱するための道具のほうです。／K：あっ，わかりました。加熱道具ですね。そのようなコーヒーメーカーは私の家にはありません。／J：私は祖父母宅で見かけたことがありますが，その時は，突沸のことなど考えもしませんでした。単に古いコーヒーメーカーだと思っていました。実際は，科学だった，ということですね。驚きです。／K：ええ。台所道具の中には，突沸を防ぐためにデザインされたものもあるのですね。科学により，調理が実に安全に手軽になっています。私たちにとっては大助かりで，生活も便利になっていますね。／J：調理と科学では共通点が多いのですね。私たちの日常生活には科学で満ちています。／M：ジムの意見に同感です。(5)ウ調理と科学は別ものだ，という人もいますが，それは全くの誤りです。／T：それは興味深い考えです。では，皆さんははっきりと突沸が何であるかがわかりましたね。／K：はい，私たちは先生の言おうとしていたことがわかりました。／T：それから，ジム，次の授業で，あなたの考えに基づいて，短いスピーチをしてみてはどうかしら。／J：あっ，是非，やってみたいです，タムラ先生。おそらく，コウタとモモコが手伝ってくれるでしょう。そうですよね。／M：いいわ。／K：もちろんだよ。

やや難

〔問1〕　(1)-a　ジム：「だしのパックをポットに入れたら，突然沸騰し始めた」→ コウタ：「それは奇妙だ」→ タムラ先生：「本当に奇妙かしら。皆よく知っていると思うけれど」→ コウタ：「僕らが知っていることですか？」→ タムラ先生：「きっと知っているわ。そうね，[(1)-a]」　タムラ先生が，I'm sure all of you know about it very well.「きっとそのことについてみんな知っている」と確信をもって発言したところ，コウタに「僕らは知っていることですか？」と聞き返された場面。以上の文脈より，正解は，ウ「おそらく自覚していないだろうけれど」。　(1)-b

空所(1)-bの発言とモモコに説明を促されて(Will you tell us why, Ms. Tamura ?)，タムラ先生が，「加熱後に砂糖を加えたので，沸騰石のように機能せず，突然コーヒーが沸騰し始めた」事実を説明していることから，考えること。正解は，エ「砂糖が沸騰石として機能しなかったのはなぜでしょう」。I wonder why the sugar didn't work ～ ← 疑問文が他の文に組み込まれる(関節疑問文)と，〈疑問詞 + 主語 + 動詞〉になるので注意。　(1)-c　コウタ：「この本には，『沸騰とは，～。沸騰すれば，液体に気泡が現れる』と書かれている」→ ジム：「気泡が沸騰を理解する上で鍵となる」→ モモコ：「沸騰石が突沸を阻止することはわかるが，(1)-c を理解していなかった」空所前では，加熱したコーヒーに砂糖を加えたら，突然沸騰したジムの経験が話題となっており，空所(1)-cの直後では，タムラ先生が「液体を熱する前に，沸騰石を加えなければならない」という主旨の発言をしている点から考えること。正解は，イ「沸騰石と一緒に気泡が簡単に現れること」。　(1)-d　ジム：「ホストマザーが黒豆を調理するのに鉄玉子を入れた」→ モモコ「祖母が漬物を作った際に，鉄玉子を入れると，漬物が明るく，美しい色になった。黒豆にもこのことが当てはまるのか？」→ タムラ先生；「そうだ」→ ジム：「では，(1)-dア私のホストマザーは，黒豆を美しくするために，鉄玉子を入れたことになる」make her beans beautiful「彼女の豆を美しくする」← make A B「AをBの状態にする」　他の選択肢は次の通り。オ「確実にはわからないが，私は何かを見つけた」have found ←〈have[has]+ 過去分詞〉現在完了(完了・経験・結果・継続)

基本　〔問2〕　(I)　did not think the water in the pot was boiling(, but it was above the boiling point.)　was boiling「沸騰しているところだった」← 過去進行形〈was[were]+ 現在分詞[原形 + -ing]〉「～しているところだった」　the boiling point「沸点[沸騰するための地点・値]」= the point for boiling ← 名詞を修飾する動名詞[用途・目的]「～するための／用途・目的の」

やや難　〔問3〕　(3)We can, if we try.「試みれば，私たちはできる」は，どの発言を受けたものなのか，併せて，canの後ろに省略されている語を考えることが，解法の糸口となる。下線部(3)は，第3場面の2番目のコウタの発言 What should we do to stop bumping in the kitchen without boiling chips?「沸騰石になしで，台所で沸騰を止めるには何をすべきか」を受けたものなので，(3)のwe canの後ろには，stop the bumping in the kitchenが省略されていることが明らかだ。従って，正解は，エ「もし別の方法を探し出そうとするのならば，台所における突沸を阻止できる」。should「すべきである／きっと～だろう」〈There + be動詞 + S ～〉「Sがある」　他の選択肢は以下の通り。ア「水の状態を変えようとするのならば，台所における突沸を止められる」(×)　下線部(3)以降で，何かを加えることによる突沸の阻止法に関して話されているので，不可。イ「タムラ先生の本に多くのヒントを探そうとするのであれば，台所のあるものに関して考えることができる」(×)　canの後ろに省略されている内容の取違いなので，不可。a lot of「多くの～」　ウ「水の中に沸騰石を入れることで，突沸を止めようとするのならば，台所で何かをすることができる」(×)　沸騰石はどの家庭にも備わっているわけでなく，沸騰石がないことが前提(コウタの第2場面3番目の発言／選択肢エの解説)で，突沸の抑止法を話しており，かつ，canの後ろに省略されている語句の過ちでもあるので，不可。by putting ←〈前置詞 + 動名詞[原形 + -ing]〉

やや難　〔問4〕　コウタ：「では，沸騰して気泡が出現したときに，そういった穴が役に立つということ？」→ タムラ先生：「その通り」→ ジム：「それでは，(4)」→ モモコ：「なるほど…」→ ジム：「割りばしはどう？　割りばしには木で作られているものもあり，スポンジのように多くの小さな穴がある。もし鍋に入れれば，沸騰石のような働きをするだろう」空所(4)の前では，突沸を防ぐ沸騰石は，小さなスポンジボールのような形状で，気泡の吸収に穴が重要な役割を果たす，ということが，空所(4)の後では，沸騰石の代替物に関して，それぞれ述べられていることに着目すること。正解は，ア「台所に多くの小さな穴を有するものがあれば，沸騰石として機能しうる」。something with many little holes ← with「～と一緒に／を持っている，の付いた／を使って，で」 イ「豆を調理する際に役立つものがあっても，沸騰石として決して機能しないだろう」(×) アの説明より，明らかに不適当。if「もし～ならば／～であっても」 ウ「もしスポンジボールのようなものがあれば，沸騰石ではなくて，鉄玉子として機能しうる」(×) 下線部が文脈にそぐわない。前置詞like「～のように」〈A, not B〉「Aであって，Bでない」 エ「鎖のようなものがあれば，突沸を止めるために，鉄玉子と同じくらい役に立ちうる」(×) 空所(4)の前後で述べられている，突沸を止めるための鍵となる「多くの小さな穴」への言及がないので，文脈上当てはまらない。〈A＋動詞＋as ～ as＋B〉「AはBと同じくらい～だ」 to stop bumping「突沸を止めるために」← 目的を表す不定詞の副詞的用法「～するために」

基本 〔問5〕 ジム：「調理と科学では共通点が多い。私たちの日常生活は科学で満ちている」→ モモコ：「ジムの意見に同感だ。 (5) 」以上の文脈より，正解は，ウ「調理と科学は別だという人もいるかもしれないが，それは全くの誤りだ」。〈A is one thing and B is another〉「AとBは別」〈be動詞＋full of〉「～で一杯だ」 may「～かもしれない／してもよい」他の選択肢は次の通り。ア「調理と科学はある部分においては似ているが，科学だけが私たちの生活を快適にする」(×) 下線部が文脈に合わない。makes our life convenient ← make A B「AをBの状態にする」 イ「私たちの生活は科学で満ちているので，調理は科学に非常に近い」調理と科学が類似していることと，日常が科学で満ちていることは，共に本文で別々に触れられている(Cooking and science often share a lot of things. ／Our everyday life is full of science.)が，選択肢イにおける理由と結果の論旨が破綻している。close to「～に近い」〈be動詞＋full of〉「～で満ちている」 a lot of「多くの」 エ「科学により調理は安全で簡単なものとなっているので，調理は科学と異なる」(×) 空所(5)の直前に，「調理と科学は共通点が多い」と述べられているので，不適。〈A＋be動詞＋different from＋B〉「AはBと違う」 makes cooking safe and easy ← make A B「AをBの状態にする」

重要 〔問6〕 ア「3人の生徒が皆で，奇妙で面白いものについて話すことを楽しむために，タムラ先生に会いに行った」(×) 最初，ジムが1人で質問するために，タムラ先生のところへ赴き，後から，他の2人が加わったことが，第1場面の冒頭より明らかなので，不可。to see「会うために」／to enjoy「楽しむために」← 不定詞の目的を表す副詞的用法「～するために」〈enjoy＋動名詞［原形＋-ing］〉「～することを楽しむ」 イ「鍋が過熱すると，沸騰石でさえ刺激となり，突沸が起こりうる」(○) 第2場面の最後から3番目以降のタムラ先生のせりふとコウタのやりとりに，「沸騰石は過熱前に入れるが，熱い液体に沸騰石を入れると，加熱された液体に対して，刺激物になるから，液体は突然沸騰するかもしれない」と述べているので，一致している。is superheated ← 〈be動詞＋過去分詞［規則動詞：原形＋-ed］〉受動態「～される／されている」 ウ「モモコの祖母は沸騰石が見つからない際には，時々沸騰石として，鉄玉子を使う」(×) モモコの祖母が鉄玉子を使う目的は，色や艶だしのため(第3場面4番目のももこのせりふ)。 エ「モモコは鉄玉子が沸騰石として機能し，突沸を止める，ということを信じていない」(×) モモコは，第3場面5番目のせりふで，「調理前に入れれば，鉄玉子は突沸を止めることが可能だ」と発言しているので，不適。should「～すべきだ／きっと～にちがいない」〈stop＋動名詞［原形＋-ing］〉「～することを止める」 オ「台所で簡単に突沸を見たければ，本当にありきたりの調理道具を使わなければならない」(×) 記載なし。〈have［has］＋不定詞［to＋原形］〉「～しなければならない／に違いない」 カ「タムラ先生と話すまでは，コーヒーサイフォンが科学を活用していることを，ジムは理解していなかった」(○)　第3場面の最後から3番目のジムの発言に一致。〈not ～ until…〉「…まで～ない／…して初めて～」 have seen「見たことがある」← 現在完了〈have [has]+ 過去分詞〉(完了・継続・結果・経験)　one(同種類のもののうちの1つ)= a[an] + 単数名詞　〈not ～ at all〉「全く～ない」　キ「科学なしで，毎日便利な生活を送ることができる，と3人の生徒は実感した」(×)　It[Science] helps us a lot and makes our life convenient.(第3場面最後から3番目のコウタのせりふ)／Our daily life is full of science.(第3場面最後から2番目のジムのせりふ)に不一致。have realized ← 現在完了　a lot「大いに」 makes our life convenient「私たちの生活を便利にする」← make A B「AをBの状態にする」〈be動詞 + full of〉「～で一杯だ」

やや難　〔問7〕(全訳)「今日は，調理と科学に関するあることについて皆さんに話したいと思います。これらの4つの事象に$_{a}$イ共通している[share]ことがおわかりでしょうか。すべて突沸を止めるように意図されています。まず，突沸は科学室のみで起こると私は考えていましたが，台所で$_{b}$アも同様に[also]起きるということを知りました。科学室と台所の双方において，突沸を止める方法があります。これらの手段は類似した考えに起因しています。調理する際に，科学がしばしば$_{d}$ウ役に立つ[helpful]ということを知り，私は$_{c}$オ驚きました[surprised]」 a　空所(a)の次の文意(They are designed to bumping.)から，4つのことが，突沸阻止という共通の用途を有していることがわかる。 b (b)以下の文構造から考えること。At first, I thought bumping happened only in A, but later I learned it also happens in B.「最初は，Aだけで起きた～が，後に，Bでもまた起きた」 d　科学と調理の関係に関して，コウタは第3場面の最後から3番目の発言でScience really makes cooking safe and easy. と述べていることから考えること。c　Jimはそのことに関してどう感じたのか，選択肢の語群から適切なものを選ぶこと。ちなみに，第3場面で，コーヒーサイフォンに突沸機能が備わっていることを知り，Actually, it was science. That is surprising!(ジムの第3場面最後から3番目の発言)と述べている。　他の選択肢は次の通り。エ「決して～ない」 カ「安全な」 キ「～を理解する」 ク「興味深い」

3　**(長文読解問題・エッセイ：語句整序，文整序，内容吟味，語句解釈，語句補充・選択，要旨把握，条件英作文，分詞，比較，受動態，不定詞，現在完了，前置詞，間接疑問文，動名詞，接続詞，助動詞)**

(全訳) ① 弁当は簡素な，だが，単なる食事ではない。実際には，日本文化の非常に重要な一部である。通常，弁当には，米，野菜，そして，肉あるいは魚が入っている。コンビニ，電車の駅，デパートから，空港，劇場，そして，もちろん職場や学校に至るまで，弁当は日本のあらゆる場所で見受けられる。実際，弁当には栄養のある材料が使われ，その色彩は美しい。だが，弁当の主たる要素は米だ，と言う人々もいる。(1)日本の米は柔らかいので，日本で生産された米は，海外でつくられた米より人気がある。そのことで，弁当箱内の湿気は保たれているのである。米が使われていない弁当は，弁当と呼ぶことはできない，とさえ言う人々もいる。でも，米の代わりに，サンドイッチの弁当も時には存在するのである。

② さて，弁当の歴史を簡潔に確認してみよう。最初の弁当は鎌倉時代に出現した。それは，今日の弁当とはまるで違った。それは干《ほ》し飯《いい》(乾燥させた米)と呼ばれて，竹の葉にくるまれていた。それは，あまり滋養分の多いものではなかったが，携行しやすいものだった。人々は前述の弁当を持ち，何日間も歩いたのである。弁当文化は江戸時代に発展し，この時代になると，幕の内弁当が食べられるようになった。幕の内弁当は，おそらく全ての中で最も典型的な弁当と言えよう。それは，劇場で，幕間[劇の間]に食べられる食事として生まれた。通常は黒ゴマが振りかけられた小さ

なおにぎりと，悪い細菌を殺して食べ物を安全に保つために，梅干(漬物にした赤い梅)が，そのおにぎりの上にのせられていた。幕の内弁当は，健康に良いだけではなくて，各々の栄養のある素材の味，食感，あるいは，色彩が異なっているので，美味で，かつ，美しい。この点は，和食文化の1つの特徴と言える。

③　明治時代には，弁当が広まる別の販路が確立した。駅弁(列車の駅の弁当)の出現である。いつ，どこで最初の駅弁が売られたのだろうか。この質問に対する人々の答えはまちまちだが，比較的多くの人に支持されている説は以下の通りだ。(2)A1885年に，上野駅・宇都宮駅区間で新しい路線が開業した。Cそれは，新橋駅と横浜駅間において，日本で最初の鉄道が開通してから，およそ10年後のことだった。D宇都宮駅のプラットフォームで列車を待っている人々は，車内にある食べ物を目撃して，驚いた。Bそれが駅弁で，単に2つのおにぎりだけの非常に簡素なものだった。それには，漬物(ピクルス)も入っていた。漬物は梅干しと同じ目的で使われていた。長旅の間に，人々は駅弁を食べて楽しんだのである。彼らは，駅弁を食べて，旅の思い出を作り，それを販売する人々は，ある程度の利益を得たのだ。でも，新幹線が走るようになると，列車による旅は大きく変化した。列車による長旅で，もはや駅弁を食べる必要がなくなったのである。(3)-a駅弁は消えてしまったのだろうか。

④　駅弁は，各地方特有の食物文化を具現する。20世紀初頭には，各土地の食材でつくられた多くの駅弁が，さまざまな駅で売られるようになった。その中に含まれていたのが，海辺の町でつくられた‘いかめし’，‘押し寿司’や山村の‘釜めし’や‘牛すきやき’だった。駅弁はそれぞれの土地について雄弁に物語る。1例だが，その地でどのような食材が生産されているか，などである。地方駅では，(その地のことを)他地域の人々に周知するために，駅弁を活用した。1966年には，東京と大阪の百貨店で，初めて，駅弁のイベントが開催された。それ以来，駅弁はどんどん普及し，現在では，自宅でインターネットを使って，駅弁を入手することが可能となっている。駅弁を買えば，その地方の人々を助けることになるだろう。(3)-bなぜそう断言できるのだろうか。

⑤　駅弁を食べると，もっと多くのことがもたらされるのである。駅弁の容器には，地場産業で生産されたものが使われることが多い。例えば，釜めしは1960年頃に関東で販売されるようになった。釜めしは釜に入っており，釜作りで有名なある町に由来するものだった。従って，釜めしを食べて，その釜を見れば，地場産業と結び付いていることが理解されうるのだ。釜以外に，沢山の銘木や竹に恵まれた土地では，駅弁の容器に木や竹が使用されている。駅弁を食べた後でも，机上に旅行の思い出として，その容器を取っておくことが可能となり，丈夫で携行し易いので，弁当箱として何度も使用することができるものもある。

⑥　釜めしの釜のように，他にも多くの珍しい弁当箱が存在する。写真1を参照して欲しい。これは，曲げわっぱと呼ばれるもので，木製である。木が内部の湿気を吸収するので，中の食べ物は新鮮に保たれる仕組みだ。写真2には，別の美しい便利な弁当箱が写し出されている。漆塗り弁当箱である。漆塗り弁当箱は，江戸時代に既に普及していた。お花見(桜花鑑賞)のような特別の行事の際に，漆塗り弁当箱は使用された。漆塗り弁当箱の中で特別なものは，重箱と呼ばれる。通常，重箱は，正月の三が日に，多くの種類の食べ物を新鮮に保つ用途で，用いられている。こういった料理をおせち料理と呼ぶ。(重箱により，)食事の度に料理をすることなく，家族が揃って，正月を祝うことが可能となるのだ。写真2では，こういった弁当箱が，さらに2，3つの部位に区分されていることが確認できるだろう。(4)何かを見てありふれていると感じても，そこに何か特別なことが存在しているかもしれない。ここでは，これらのいくつかの部位がそれに該当するのだ。これらは何に由来しているのだろうか。16世紀の農民が使用した特別な容器が起源だ，と考えられている。農民は種子を保存するのに容器を用いた。1つの容器が小さな部位に分かれているのは，非常に好

都合な考えだった。ただ，弁当にこの考え方が応用されることになったのは，時代が昭和に変わってからだ。小分けされた部分が備わった弁当箱では，異なった食材を別の個所に入れておくことができるので，各々の色や味を区分することが可能となる。そのことで，弁当が“目”にも“腹”にも良いものとなるのである。16世紀の農民の種子を入れる容器は，長い年月を経て，弁当箱へと進化したことになる。(3)-cあなたはこのことをどう思うか。

⑦　日本の弁当は，和食文化の一部である。和食は調理に関して重要な規則をもっている。それは，五味五色五法(5つの味，5つの色，そして，5つの調理法)と表現される。和食においては，5つの味覚が楽しまれることになる。各色は，異なった栄養豊かな食材が使われていることを示すもので，5色(の食材が用いられていること)で，食事が美しく，栄養に富んだものとなっている。5つの調理法により，多くの食材の栄養価を高めて，良い味に仕上がる。例えば，魚は煮る，焼く，あるいは，刺身として食べた時では，味が異なる。

⑧　和食をつくる際には，特別の調味料と食材が必要となってくる。出汁《だし》と発酵食品がそれに該当する。味噌，醤油，梅干し，そして，漬物のような発酵食品は，良い細菌を保有しており，消化を促進する。それらを作るには，麹《こうじ》が必要となる。麹により，甘さや栄養が増すのである。麹と出汁が食べ物のうまみを引き出すことになる。うまみは第6の味覚と呼ばれて，1908年にある日本人により昆布出汁の中に発見されたものだ。うまみが食材に風味を与えるので，食塩の使用量を減らすことが可能となる。食塩の使い過ぎは健康に悪い。1つ以上の食材から出汁が作られると，異なったアミノ酸が加わることで，うまみが増す。アミノ酸がうまみを作り出すのである。

⑨　和食は2013年に世界無形文化遺産に指定された。それ以来，より多くの人々が和食に関心を寄せるようになっている。和食を特別なものにしているものは何だろうか。和食には多くの種類の食材が用いられているので，見た目が美しい。和食は日本の豊かな自然環境の下で作り出されている。和食に使われる鉢や皿の多くが，地場産業により作り出されている。和食には，発酵食品も用いられている。それらは伝統的な日本の食べ物であり，健康に良い。従って，和食はその地方の食べ物や産業に関連しているのである。(3)-dこのことは，弁当や駅弁にも当てはまるのだろうか。次回，弁当，ないしは，駅弁を食べる際には，ちょっとだけそれらを見てから，ここで何を読んだかを思い出してもらいたい。

重要　〔問1〕 (Rice produced in Japan is) more popular than rice grown abroad because Japanese rice is soft(.)　rice produced／rice grown ← 〈名詞 + 過去分詞 + 他の語句〉「～される／されている名詞」過去分詞の形容詞的用法　more popular「より人気のある」← popular の比較級　〈A + 動詞 + 比較級 + than + B〉「AはBと比べてより～」

重要　〔問2〕「いつ，どこで最初の駅弁は売られていたか，人々の答えはまちまちだが，比較的多くの人に支持されている説は以下の通りだ」→ A「1885年に上野駅・宇都宮駅区間で新しい路線が開業した」→ C「その出来事[選択肢Aの内容]は，新橋駅と横浜駅間で，日本で最初の鉄道が開業してから，およそ10年後だった」→ D「宇都宮駅のプラットフォームで電車を待っている人々は，車内に食べ物があるのを見かけて，驚いた」→ B「それが駅弁で，2つのおにぎりだけの非常に簡素なものだった」→「それには，梅干しと同じ目的で，漬物も使われていた」was sold／was opened ← 〈be動詞 + 過去分詞〉「～される／されている」受動態　people waiting for「～を待っている人々」← 〈名詞 + 現在分詞 + 他の語句〉「～している名詞」現在分詞の形容詞的用法　were surprised to see「～を見て驚いた」← 〈感情を表す語句 + 不定詞[to + 原形]〉「～が要因で感情が沸き上がる」 something to eat「食べ物」← 不定詞の形容詞的用法　〈名詞 + 不定詞[to + 原形]〉「～するための／するべき名詞」

やや難　〔問3〕 (3)-a 「新幹線が走るようになると，電車による旅は大きく変化して，電車による長旅で，もはや駅弁を食べる必要がなくなった」→ (3)-a「駅弁は消えてしまったのか」。以上の文脈より，正解は，キ「断定できない。新幹線は駅弁を販売している唯一の電車ではない」。has disappeared ← 〈have[has]+ 過去分詞〉現在完了(完了・経験・結果・継続) only train selling *ekiben*「駅弁を売っている唯一の電車」〈名詞 + 現在分詞 + 他の語句〉「～している名詞」現在分詞の形容詞的用法　(3)-b「駅弁を買うことで，その地方の人々を手助けできる」→ (3)-b「なぜそう言えるのか」第4段落では，駅弁とその土地の食材との結びつき，第5段落では，駅弁と地場産業との関連について，それぞれ言及されていることから，考えること。正解は，ク「駅弁とその容器は，おそらく地元の人々により，その地場のもの[食材]を使って，作られているから」are made ← 受動態〈be動詞 + 過去分詞〉「～される／されている」(3)-c「16世紀の農民の種子入れ箱は，長い年月を経て，弁当箱へと進化したことになる」→ (3)-c「あなたはこのことをどう思うか」複数に区分されている弁当箱に関して話題になっていることから，考えること。正解は，エ「本当に興味深く，区分された最初の弁当箱について，もっと知りたいと思う」〈want + 不定詞[to + 原形]〉「～したい」 more「より多い／より多く」← many／muchの比較級　the first *bento* boxes with separated parts「区分された箇所を有する最初の弁当箱」← with「～と一緒に／を持っている，の付いた／(感情・態度)をもって／を使って」／〈過去分詞 + 名詞〉「～された／されている名詞」過去分詞の形容詞的用法　(3)-d「和食はその地方の食べ物や産業に関連している」→ (3)-d「このことは，弁当や駅弁にも当てはまるのだろうか」→「次回，弁当，ないしは，駅弁を食べる際には，ちょっとだけそれらを見てから，ここで何を読んだかを思い出して欲しい」第4・5段落で，駅弁とその地方特有の食材や地場産業の関連について言及されているので，(3)-dの質問に対しては，肯定の答えになることが予想される。従って，正解は，ウ「そのことについて考えたことがなかったが，今はその通りだ，と答えることができる。それら[弁当や駅弁]もまた，地方の文化と関連していることを学んだ」。I've never thought／I've learned ← 〈have[has]+ 過去分詞〉 現在完了(完了・結果・経験・継続) are connected ← 〈be動詞 + 過去分詞〉「～される／されている」受動態　remember what you have read here ← What have you read here? 疑問文が他の文に組み込まれる(関接疑問文)と，〈疑問詞 + 主語 + 動詞〉の語順になる。他の選択肢は次の通り。　ア「16世紀に弁当箱として種子箱の使用を人々が止めてしまったので，私は驚いている」(×)　種子箱の使用を止めた，という記述はない。〈stop + 動名詞[原形 + -ing]〉「～することを止める」 イ「いつも発酵食品があるので，本当ではないと思う」(×)　文脈上，質問に対する答えとなり得ない。fermented foods ← 〈過去分詞 + 名詞〉「～された名詞」過去分詞の形容詞的用法　オ「地方の人々は駅弁をインターネットや大きな百貨店で販売できる」(×)　インターネットや百貨店での駅弁販売は，地方の人々に限定されたものではない。　カ「はい，その通りだ。新幹線だけではなくて，他の電車も販売を中止してしまった」(×)　下線部の記載はない。〈not only A but also B〉「Aばかりではなくて Bもまた～」〈stop + 動名詞[原形 + -ing]〉「～することを止める」

やや難　〔問4〕　空所(4)以降，「今回は，これらの部位についてである」という一文を挟み，見た目は通常の容器が，実は，特定の用途のために内部が小分けされている弁当箱，に関する説明が続いている点から，考えること。

A　何もみることができなくて，	C　そして，そのことを自然と思う(A：ならば／B：際に)，	E　あなたに馴染みのあるものがあるかもしれない
B　何かを見て，	D　でも，そのことを自然と思う(A：ならば／B：際に)，	F　そのことに関して，特別なことがあるかもしれない

正解は，B→C→F「何かを見て，自然だと感じる際に，そのことに関して，何か特別なものがあるかもしれない」。〈If + 主語 + 動詞〉「もし～ならば」〈when + 主語 + 動詞〉「～する時に」〈there + be動詞 + 主語〉「主語がある」 may「～かもしれない／してもよい」

重要 〔問5〕 ア「日本の米のみが使われているので，弁当は日本でとても人気がある」(×) 弁当が人気のある理由として，下線部の記述はない。is used ← 〈be動詞 + 過去分詞〉「～される／されている」受動態 イ「駅弁は通常その土地の食材を含んでいて，その容器は常にその地方で作られている」(×) 下線部の記述が本文の内容と異なる。are always produced ← 〈be動詞 + 過去分詞〉「～される／されている」受動態 ウ「漬物と梅干の双方は健康に良いが，漬物は良い細菌を有していない」(×) 第2段落に，*umeboshi* was on the rice balls to kill bad bacteria and keep the food safe／第3段落では，*Tsukemono* is used for the same purpose as *umeboshi*. と記載されており，上記選択肢ウの下線部への言及はない。 to kill「～を殺すために」／to keep「維持するために」← 不定詞[to + 原形]の目的を表す副詞的用法「～するために」〈keep + 名詞 + 形容詞〉「名詞を形容詞の状態に維持する」 the same ～ as …「…と同様の～」 エ「新幹線が走り始めた際に，駅弁が姿を消すことはなかった。そして，現在では，駅弁をインターネットや多くの場所で購入することが可能だ」(○) 第3段落最後から2・3文目に，新幹線の出現で，長旅で駅弁を食べる必要がなくなった点に触れられているが，第4段落最後から3・4文目で，百貨店での販売を皮切りに，現在はインターネットを通じて駅弁を入手することが可能である，と記されているので，本文に一致している。〈not ～ any more〉「もはや～ない」 has become ← 〈have[has]+ 過去分詞〉(完了・継続・経験・結果)現在完了 more popular「より人気がある」← 長い語の比較級〈more + 原級〉 オ「弁当箱は頑丈ではないが美しいので，時には何度も使われている」(×) 第5段落最終文にyou can use some of them[boxes of *ekiben*]many times as lunch boxes because they are strong and easy to carry. とあるので，不一致。are used ← 受動態「～される／されている」〈be動詞 + 過去分詞〉 カ「良い和食を作りたければ，出汁が必要で，ひとつの食材による出汁がよりうまみを引き出す」(×) 第8段落最終文に，When *dashi* is made from more than one ingredient, *umami* is increased(1種類以上の素材から出汁を作れば，うまみが増す)と書かれているので，不一致。more「より多い／より多く」← many／muchの比較級 is made／is increased ← 受動態「～される／されている」〈be動詞 + 過去分詞〉 more than「～以上」〈because of + 名詞〉「～が理由で」 キ「うまみは出汁や発酵食品において生み出されて，調理の際の塩分を減少させることが可能となる」(○) 第8段落で，和食には出汁と発酵食品が使われ，発酵食品を作る際には麹が用いられて，麹と出汁がうまみを引き出し，うまみが食材に味を加えるので，塩分の使用が抑えられる，と書かれている。is produced／is needed ← 受動態「～される／されている」〈be動詞 + 過去分詞〉〈in + 動名詞[原形 + -ing]〉「～する時に」 such as「～のような」 make A B「AをBの状態にする」 sweeter「より甘い」 more nutritious「より栄養のある」 ク「和食はその美味しい弁当故に，世界無形文化遺産となったので，現在，和食は世界中でとても人気がある」(×) 下線部の記載なし。around the world「世界中で」

やや難 〔問6〕 (指示文和訳)「駅弁は懸け紙[包装紙]で包まれている。各時代の包装について一言書きなさい。それらから何が言えるか」イラスト － 1. 昭和初期の包装／2. 現在の包装

(解答例和訳)「昭和初期には，包装紙に鉄道の路線図が見受けられる。駅弁は駅でしか売られていなかったので，包装紙は列車で旅をする人々の手助けとなった。しかし，今日では，駅弁をデパートなどで買うことができる。食べ物としてその魅力を示すので，駅弁の中身の写真は役に立つ」昭和初期と現在の駅弁の包装紙の違いに着目し，50語程度の英語で表すこと。

★ワンポイントアドバイス★

2〔問7〕を取り上げる。プレゼンテーションの説明文を完成させる問題である。本文の要約文を完成させる類の問題と言える。空所を埋める選択肢は与えられているが，一部はイラストとの融合問題となっている点に特色がある。

＜国語解答＞

1　(1)　いど　(2)　こうてん　(3)　たび　(4)こうろう　(5)　せいいつ

2　(1)　拝賀　(2)　組閣　(3)　磁器　(4)　盛　(5)　直情径行

3　〔問1〕　エ　〔問2〕　イ　〔問3〕　ア

〔問4〕（例）　思いもよらず腹が鳴ったおかしさがその場の緊張感を解き放った

〔問5〕　ウ　〔問6〕　ウ

4　〔問1〕　エ　〔問2〕　ア　〔問3〕　イ

〔問4〕（例）　中国の発音にならって読むだけではなく，既存の自分たちのオラル・コミュニケーションの発話性に合わせて読み下したということ。

〔問5〕　エ　〔問6〕　ウ

〔問7〕（例）　もともと文字を持たなかった日本が中国に学んで独自の文化を発展させたことは素晴らしいことであると思う。

今グローバル時代を迎えて多様な外国の文化が日本に入ってきている。服装はほぼ洋装になっており，それが当たり前にもなっている。しかし，日本には和服の伝統がある。夏に浴衣ぐらいしか着ることはないが，日本人らしさを感じる時でもある。よいものは取り入れつつ伝統を守る生活が大切だと考える。

5　〔問1〕　イ　〔問2〕　ク　〔問3〕　ウ　〔問4〕　ア　〔問5〕　エ

○配点○

1　各2点×5　2　各2点×5　3　各4点×6　4　問7　12点　他　各4点×6

5　各4点×5　計　100点

＜国語解説＞

1　**（漢字の読み）**

(1)　相手をうちまかそうという意気込みで，正面から立ち向かう。　(2)「荒」は，訓読みが「あら・い」，音読みが「コウ」。「荒野(コウヤ)」。　(3)　熟字訓。　(4)　高さがあって階層のある建物。　(5)　物事が一様であること。ととのい，そろっていること。

2　**（漢字の書き取り）**

(1)「拝」は，横画が四本。　(2)　総理大臣が各省庁の大臣・長官を人選し，内閣を組織すること。　(3)「磁」は，いしへん。　(4)　文章に，ある内容をふくませる。　(5)「直情径行」は，相手のことや周囲の事情などを考えないで，自分の思ったままに，はっきりと意見を述べたり行動すること。

3　(小説―情景・心情，内容吟味，文脈把握，脱文・脱語補充，表現技法)

基本　〔問1〕　山口は「ぼく」にとって，仲良くなりたいが，敵愾心を感じさせる存在で，とても気になっている。この場面でも山口は「ぼく」を寄せ付けようとしないので，「ぼく」は山口を気にしない努力をしなくてはならなかったために，一人遊びに集中しようとしたのである。

〔問2〕　山口の微笑は，「スポーツに一段落のついた爽快で無心な気分から，ほがらかに山口を見て笑った」ぼくへ向けられていた。このほがらかなぼくの微笑に応じた山口の微笑には，「秘密の領ちあいめいた暗黙の連帯と，それを恥じながら認める感情の手ごたえ」が含まれている。友情の芽生えを感じさせる感情に対してはにかむ山口の様子が読み取れよう。

重要　〔問3〕　空腹の人を前にして，自分の身を省みずに助けようとする「ぼく」はお人よしである。このお人よしの性格を「ぼく」自身は肯定的には見ておらず，「気の弱い」という表現からもわかるように，自分の弱さだと考えている。「ぼく」を受けて入れてくれない山口にお人よしな行動をとったら拒絶されるだろうし，それにより自分の弱さがより浮き彫りになって傷つくし，なにより自分を受け入れようとしてくれない山口に自分のお人よしという弱さを馬鹿にされたくなかったのだ。

〔問4〕　笑えたのは腹の音の異様なほどの大きさで鳴ったおかしさがその場のはりつめるような緊張感を弛めたことによる。

〔問5〕「ありがとう」と言った時，山口は「ごく素直な態度」でぼくの弁当に手を伸ばしていることから，ぼくの好意を素直に受け入れようとしていることがわかる。素直な気持ちにもかかわらず「ぼくの目を見ず」に言ったのは，それまで何度も首を振って断っていた気まずさによるものだ。

〔問6〕　本作品には，「青春時代のさわやか」さは感じられないのでアは不適切。むしろ困窮する戦後の様子が伺える。イのように「……」や「——」の使い分けはされていない。ウの「ぼくの舌は……」のように，思いがけない心情ゆえの行動描写が，「ぼくの足はもう……」の箇所にも見られる。このように「舌」や「足」を主語にすることで，その行動が自分の確固たる意志の結果ではなく，思いがけない心情の発露であるかのように表現できている。エのように「山口」の視点で語られる箇所は見られないので不適切。

4　(論説文―大意・要旨，内容吟味，文脈把握，段落・文章構成，作文)

基本　〔問1〕　傍線(1)の前の「アジア社会……『仮名』の出現」までの記述から，「グローカルな文化様式」の誕生を具体的に読み解くと，中国が発するものをグローバルスタンダードな規範とすることから漢字を学んだ日本人だが，やがて書物を記す際に，そうした規範に日本独自のローカルな文化に合うような趣向を加えて，日本独自の文字を作り上げた，ということだ。この内容に合う選択肢を選ぶ。アは「競い合いつつ」という点，イは「統一した国」という点，ウは「他国と比較し」たといった点がそれぞれ不適切な記述である。

〔問2〕「庭園」や「お茶」は，ともに中国から学んだ文化だが，それらは採り入れたあとに日本人の価値観に合うように，不要なものは引き算され，必要なものは付け加えられて，日本独自の文化として作り上げられた。中国文化を学び下地にした点，日本独自の価値観をもって差し引きして規範を離れた点，和漢(日本と中国)の要素が混ざった日本独自の文化を享受するようになった点をふまえてアが正解。

やや難　〔問3〕　まず，日本は大陸と分断されていたので孤絶していて，自然に他文化が流入してこない環境だったことをおさえよう。日本文化が未熟だとする記述や独自文化が発展していたという記述はないので，深読みしない。さらに「黒船」とは，江戸末期の黒船の到来を比喩に用いた表現だ。黒船の到来によって，当時の日本は社会がひっくり返るような衝撃と共に，考えかたも生活様式もまったく異なる西欧文化を受け入れたのだ。これをふまえると，中国から受け入れた「稲・鉄・漢字」が日本に天変地異が起きるほどに衝撃的なことであったと読み取れる。

重要　〔問4〕　前段落の「日本人はその当時……読み下してしまったのです。」という記述が，漢字から仮名を生み出すという「劇的な方法で編纂した」ことの内容にあたる。ここを用いてまとめよう。

〔問5〕　ア「王仁が経典という形で日本にもたらした」の記述は誤り。王仁が持ってきたのは『論語』『千字文』など11冊の書物である。イ「日本に重要な思想を伝える使命があった」の記述は誤り。漢字の読み書きの域を超えていない。ウ「中国語で会話できる日本人が増え」の記述が誤り。中国語に堪能な日本人がふえていくはずが「そうはならなかった」と書かれている。エは正しい記述。「中国的日本語のような記述」であるチャイニーズ・ジャパニーズが誕生したことで，太安万侶が稗田阿礼に口述させた内容を，画期的な表現革命ともいえる表記の工夫を施して『古事記』を仕上げたのだ。オ「漢字の音を使うことで」の記述が誤り。漢字の音だけでなく，日本人が使っていた古来の言葉に適応させる訓読みもする。

〔問6〕「文明的な転換」が述べられた箇所を探す。(c)の前の「中国語をそのまま使っていくのではなく，漢字を日本語に合わせて使ったり日本語的な漢文をつくりだし」たことが該当する。庭園の枯山水に見られる引き算やプロトコル(言語規約)を採り入れることや稗田阿礼が漢字漢文を日本語として誦習したことは「文明的な転換」にはならない。

重要　〔問7〕　作文では日本文化の形成についての考えと外国文化をとり入れることに対する考えの二点が求められている。この問いに対して，それぞれ明確な自分の意見を述べなくてはならない。さらに意見の根拠となる具体例を挙げるように指示されており，適切な例を選び出すことも必要だ。

5　(論説文・和歌―大意・要旨，内容吟味，指示語の問題，語句の意味)

基本　〔問1〕　傍線(1)と同じ段落に，「本人の在世中から作品が日本にも伝わり，人気を博していた。最も有名なのは」として，幻想的な歴史悲劇『長恨歌』が挙がっている。さらに，白居易は，友情や日常生活を詠んだ詩が多いのだが，どれも漢文特有の堅苦しさが少なく文章が平易なので日本人にも読みやすかったことが人気の理由として挙げられている。

〔問2〕　傍線(2)「そうした気概」は，直前の「為政者としてこの国を安寧に導きたい」というものだ。国の安寧を望む内容が書かれている箇所を探せばよい。訳文では「どうしてわが国の世の泰平が実現しないでおかれようか。」だ。ここには反語表現が用いられていてわかりにくいが意訳すると“わが国の世の泰平を実現せずにはいられない”となる。該当する本文は⑧である。

〔問3〕「寒家」は，貧しい家・賤しい家柄の意。「寒」には寒い・凍える・ぞっとするという意味と，貧しい・謙遜するという意味がある。ア「寒花」は冬に咲く花，イ「寒心」はおそれてぞっとすることや肝を冷やすこと，ウ「寒村」は貧しい村・さびれた村，エ「寒温」は寒いことと暖かいこと・一年のこと。

重要　〔問4〕　傍線(4)「真の漢学者の求めていたやりとり」は，一条帝と中務宮間で実現されている。具体的には「君と臣と民とが心を一つにして社会を整える思想」である儒学に基づいて「善政を行う意欲に満ちた帝」を，理解して支える臣(中務宮)とが善政のためにともに努力していることだ。

〔問5〕「新楽府」は政治向きで，善きまつりごとのための詩である。「帝の心に寄り添いたくて漢学に手を伸ばされた」中宮にとって，儒学に基づき善政を行う意欲に満ちた帝を理解するための最適な教材は「新楽府」だったのだ。最終段落を熟読し，最適な選択肢を選ぶこと。

★ワンポイントアドバイス★

三題の長文ともに，選択肢を選ぶ設問が多い。正しい選択肢の根拠を本文から確実に導き出して，紛らわしいものを除けるようにしたい。そうした作業をできるだけ短い時間でこなしていけるように日頃から長文読解の練習をしていこう。時間配分に留意して，効率よく解き進めることが大切だ。

2020年度

★★★★★★★★★★★★★★★★★★★★★★★★

入　試　問　題

●くわしい解説……35ページ

＜数学＞

時間 50分 満点 100点

【注意】 答えに根号が含まれるときは，根号を付けたまま，分母に根号を含まない形で表しなさい。また，根号の中を最も小さい自然数にしなさい。

1 次の各問に答えよ。

〔問1〕 $\dfrac{6-(\sqrt{54}-4\sqrt{3})}{\sqrt{3}}-(\sqrt{3}-1)^2$ を計算せよ。

〔問2〕 2次方程式 $(x+2)(x-3)+(x+3)^2=1-x^2$ を解け。

〔問3〕 連立方程式 $\begin{cases} \dfrac{x-1}{2}+2(y+3)=5 \\ 2(x+5)-\dfrac{4y+1}{3}=3 \end{cases}$ を解け。

〔問4〕 右の**図1**のように，1，3，5，7，9の数字が1つずつ書かれた5枚のカードが入っている袋Aと，0，2，4，6，8の数字が1つずつ書かれた5枚のカードが入っている袋Bがある。

袋A，袋Bから同時にそれぞれ1枚のカードを取り出す。

袋Aから取り出したカードの数字を a，袋Bから取り出したカードの数字を b とするとき，$3a>2b$ となる確率を求めよ。

ただし，袋A，袋Bそれぞれにおいて，どのカードが取り出されることも同様に確からしいものとする。

図1

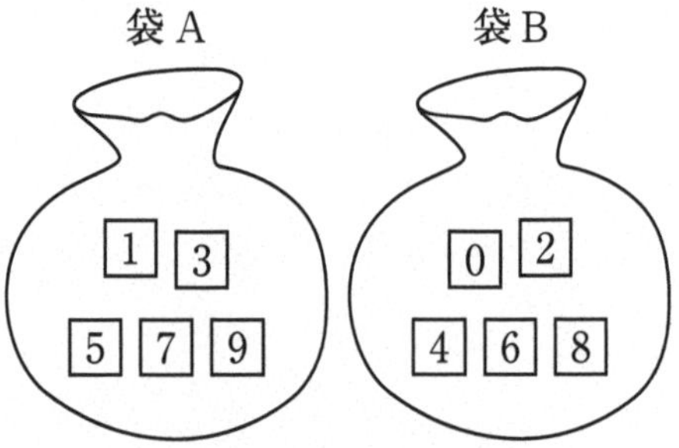

〔問5〕 右の**図2**で，3点A，B，Cは正三角形の頂点であり，点Dは辺BCの中点である。

解答欄に示した図をもとにして，頂点B，頂点Cを定規とコンパスを用いて作図によって求め，頂点B，頂点Cを示す文字B，Cも書け。

ただし，作図に用いる線は決められた解答欄にかき，消さないでおくこと。

図2

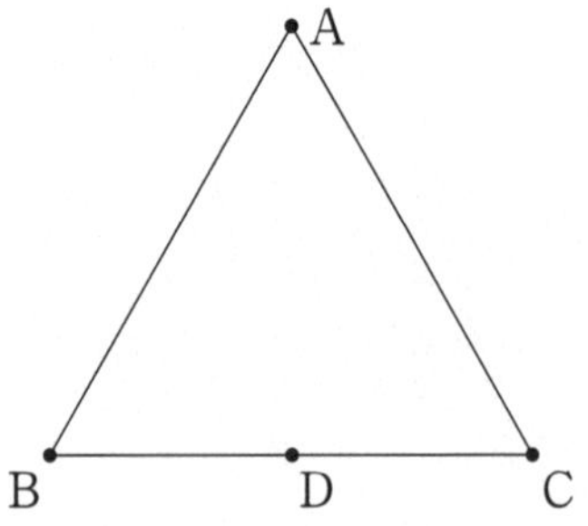

2　右の**図1**で，点Oは原点，曲線fは関数$y = x^2$のグラフを表している。

2点A，Bは，曲線f上にあり，x座標はそれぞれa，bである。

点Cは，x座標が点Aと等しく，y座標が点Bと等しい点であり，点Dは，x座標が点Bと等しく，y座標が点Aと等しい点である。

$a + b = m, a - b = n$とするとき，$m > 0$，$n > 0$である。

点Aと点D，点Dと点B，点Bと点C，点Cと点Aをそれぞれ結ぶ。

原点から点（1，0）までの距離，および原点から点（0，1）までの距離をそれぞれ1cmとして，次の各問に答えよ。

図1

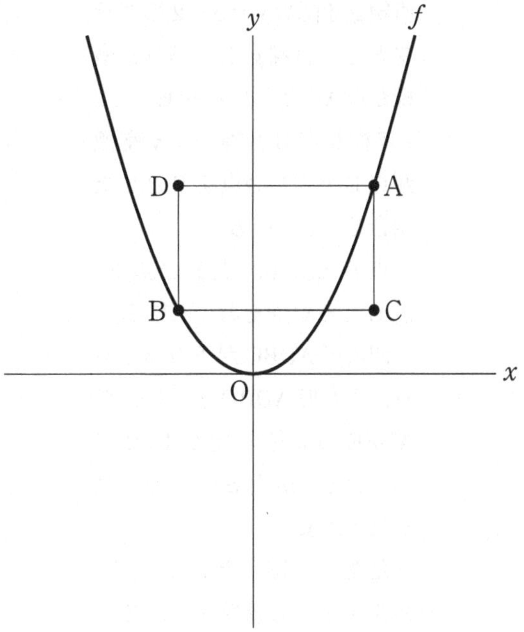

〔問1〕　2点A，Bを通る直線の切片が3で，点Aのx座標が3であるとき，四角形ADBCの面積は何cm^2か。

〔問2〕　m，nがともに自然数で，四角形ADBCの周の長さが20cmとなるようなm，nの値の組を全て求め，（m，n）の形で表せ。

〔問3〕 右の図2は，図1において，直線gを関数$y=x-2$のグラフとし，直線g上にありx座標が点Aと等しい点をEとし，x座標が点Bと等しくy座標が点Eと等しい点をFとした場合を表している。

点Bと点F，点Fと点E，点Eと点Cをそれぞれ結ぶ。

四角形ADBCが正方形であり，正方形ADBCと，長方形ADFEの面積の比が1：2であるとき，mとaの値をそれぞれ求めよ。

ただし，答えだけでなく，答えを求める過程が分かるように，途中の式や計算なども書け。

図2

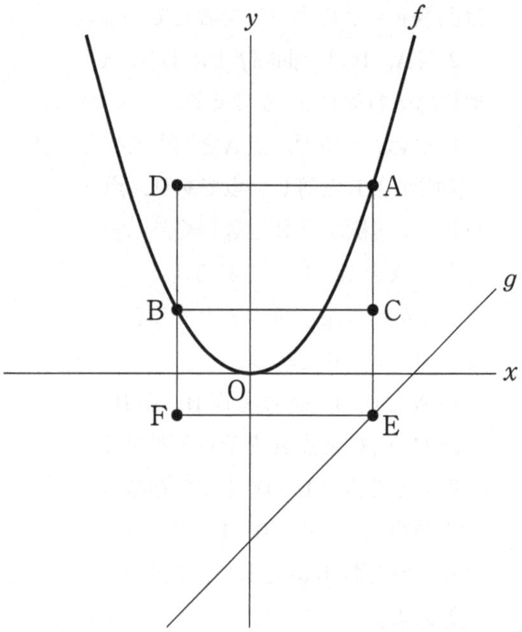

3

右の図1で，点Oは△ABCの3つの頂点A, B, Cを通る円の中心であり，△ABCは鋭角三角形で，かつ，AB＞ACである。

頂点Aを通り，辺BCに垂直な直線と円Oの交点のうち，頂点Aと異なる点をDとし，頂点Aと点Dを結ぶ。

次の各問に答えよ。

図1

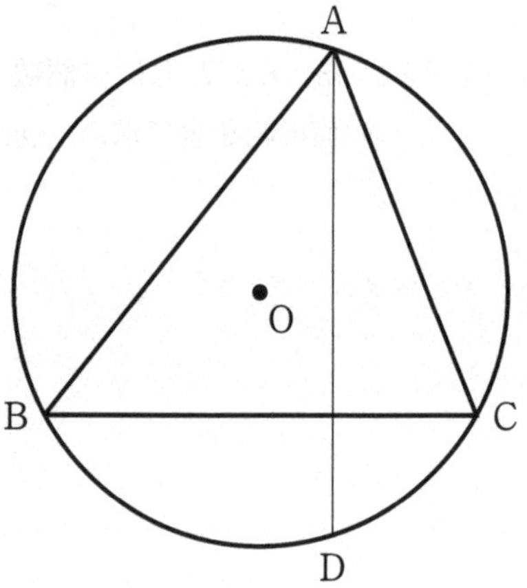

〔問1〕 図1において，頂点Cと点Dを結んだ場合を考える。

頂点Aを含まない$\overset{\frown}{\mathrm{BD}}$の長さと，頂点Aを含まない$\overset{\frown}{\mathrm{CD}}$の長さの比が5：3で，$\angle \mathrm{ADC}=50^\circ$のとき，$\angle \mathrm{CAD}$の大きさは何度か。

〔問2〕 図1において，頂点Cと点D，頂点Bと点Dをそれぞれ結んだ場合を考える。

$\mathrm{AB}=4\sqrt{2}\mathrm{cm}$, $\mathrm{BC}=7\mathrm{cm}$, $\mathrm{AC}=5\mathrm{cm}$であるとき，四角形ABDCの面積は何cm^2か。

〔問3〕　右の**図2**は，**図1**において，点Dを通り，辺ABに垂直な直線と円Oの交点のうち，点Dと異なる点をEとし，頂点Aと点Oを通る直線と円Oの交点のうち，頂点Aと異なる点をFとした場合を表している。

頂点Aと点E，頂点Aと点F，点Eと点D，点Eと点F，点Fと頂点Cをそれぞれ結ぶ。

辺ABと線分DEの交点をG，辺BCと線分DEの交点をH，辺BCと線分ADの交点をIとする。

△AEF≡△ACFであることを証明せよ。

図2

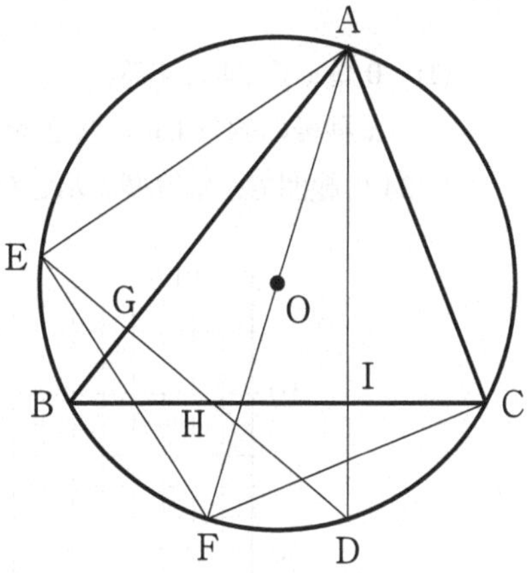

4　右の図に示した立体ABCD—EFGHは，1辺の長さが12cmの立方体である。

4点P，Q，R，Sは，同時に移動を開始し，次のように動く。

点Pは，頂点Eを出発し，毎秒4cmの速さで辺EA上を

E→A→E→A→　…　の順に移動し続ける。

点Qは，頂点Eを出発し，毎秒2cmの速さで辺EF上を

E→F→E→F→　…　の順に移動し続ける。

点Rは，頂点Bを出発し，毎秒2cmの速さで辺BC上を

B→C→B→C→　…　の順に移動し続ける。

点Sは，頂点Dを出発し，毎秒3cmの速さで辺DC上を

D→C→D→C→　…　の順に移動し続ける。

4点P，Q，R，Sが移動を開始してからの時間をx秒とするとき，次の各問に答えよ。

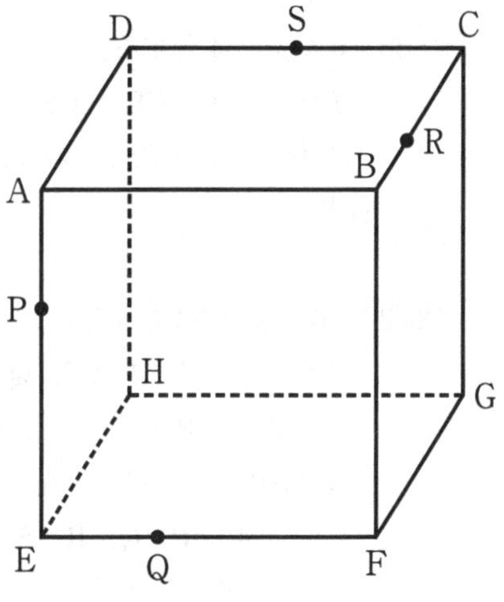

〔問1〕 次の(1), (2)に答えよ。

(1) $0 \leqq x \leqq 24$ とする。

x 秒後の線分 EP の長さを $y$cm としたとき, x と y の関係を表すグラフを $0 \leqq x \leqq 24$ の範囲で, 解答欄に示した座標平面にかけ。

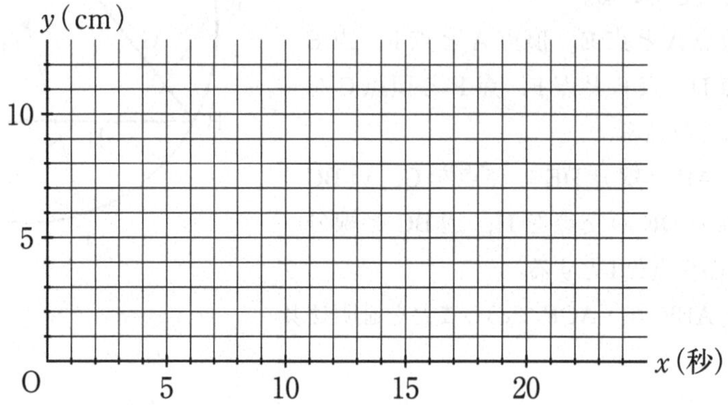

(2) $0 \leqq x \leqq 4$ とする。

EP + EQ = CR + CS となるのは何秒後か。

ただし, 答えだけでなく, 答えを求める過程が分かるように, 途中の式や計算なども書け。

〔問2〕 $0 \leqq x \leqq 24$ とする。

図において, 4点 P, Q, R, S がいずれも一致しないときに, 点 P と点 Q, 点 Q と点 R, 点 R と点 S, 点 S と点 P をそれぞれ結び, 線分 PQ, 線分 QR, 線分 RS, 線分 SP が全て同じ平面上にあることを,

「4点 P, Q, R, S で四角形ができる」

と言うことにする。

4点 P, Q, R, S で四角形ができる回数は何回か。

また, はじめて4点 P, Q, R, S で四角形ができるとき, 四角形 PQRS の面積は何 cm^2 か。

〔問3〕 $x = 4$ とする。

図において, 点 P と点 Q, 点 P と点 R, 点 P と点 S, 点 Q と点 R, 点 Q と点 S, 点 R と点 S をそれぞれ結んだ場合を考える。

立体 PQRS の体積は何 cm^3 か。

＜英語＞

時間　50分　　満点　100点

※リスニングテストの音声は弊社HPにアクセスの上，
音声データをダウンロードしてご利用ください。

1　リスニングテスト(放送による指示に従って答えなさい。)

〔問題A〕　次のア～エの中から適するものをそれぞれ**一つずつ**選びなさい。

＜対話文1＞

ア　Tomorrow.
イ　Next Monday.
ウ　Next Saturday.
エ　Next Sunday.

＜対話文2＞

ア　To call Ken later.
イ　To leave a message.
ウ　To do Bob's homework.
エ　To bring his math notebook.

＜対話文3＞

ア　Because David learned about *ukiyoe* pictures in an art class last weekend.
イ　Because David said some museums in his country had *ukiyoe*.
ウ　Because David didn't see *ukiyoe* in his country.
エ　Because David went to the city art museum in Japan last weekend.

〔問題B〕＜Question1＞では，下のア～エの中から適するものを**一つ**選びなさい。
＜Question2＞では，質問に対する答えを英語で書きなさい。

<Question1＞

ア　In the gym.
イ　In the library.
ウ　In the lunch room.
エ　In front of their school.

＜Question2＞　(15秒程度，答えを書く時間があります。)

2 次の対話の文章を読んで，あとの各問に答えなさい。
(*印の付いている単語・語句には，本文のあとに〔注〕がある。)

Chisato, Ryotaro and Hanae are high school students in Tokyo. One day, they see Mr. Brown, a science teacher from the United States, in the science room.

Chisato: Hello, Mr. Brown.

Mr. Brown: Hi, everyone.

Ryotaro: What are you doing, Mr. Brown?

Mr. Brown: I'm going to have a special class for junior high school students next Saturday. So, now I'm preparing for it.

Hanae: What are you going to talk about?

Mr. Brown: Animals' sleep *habits. Look at this *chart. It shows the sleeping time of different animals. This book gave me a lot of information to make it.

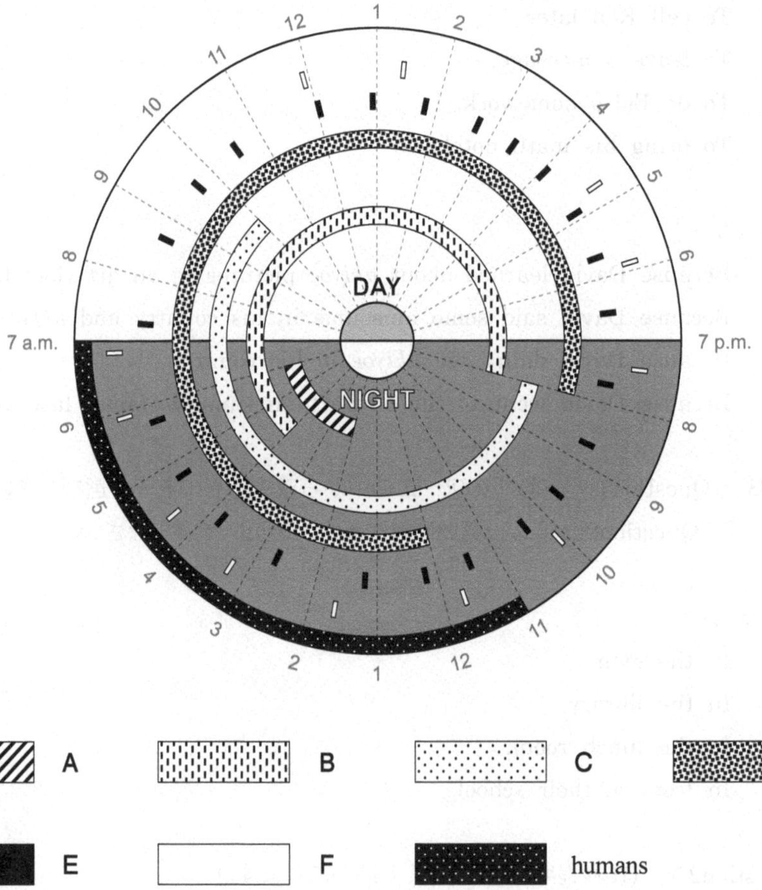

Ryotaro: There are a lot of differences among animals.

Hanae: Some animals sleep for about twenty hours and some for a very short time.

Mr. Brown: That's right. We all need to sleep, and we sleep for about one-third of the day. However, scientists don't know why we need to sleep. You know, every animal needs to sleep but [(2)-a].

Chisato: This chart also shows the difference between animals that sleep at night and those during the day.

Ryotaro: It really does. The numbers of hours cats and dogs sleep are about the same. Though dogs almost always sleep at night, cats almost always sleep in the daytime.

Chisato: I knew *bats act during the night. In fact, they sleep most of the day.

Ryotaro: I thought every animal sleeps just once a day, but I have realized some animals sleep several times a day.

Mr. Brown: I'm not surprised if (3)<u>you thought so</u>.

Hanae: This chart shows that horses sleep many times a day but elephants sleep just once. Both animals eat plants but have different sleep habits.

Ryotaro: And both of them sleep for a short time.

Mr. Brown: You have a good point. Then, why do they sleep so little?

Hanae: They are plant-eating animals, so I think meat-eating animals like lions may *attack them while they are sleeping.

Mr. Brown: It's true for horses.

Hanae: How about elephants?

Mr. Brown: Baby elephants can be attacked by lions but their parents can't, because they are very big. They only eat plants...

Chisato: Now I've got it! They won't be full because plants don't give them a lot of energy.

Mr. Brown: You're right. They don't need to divide their sleep into several times, because usually they are not attacked. However, they need a lot of time to eat plants. As a result, [(2)-b]. Horses, on the other hand, can be attacked anytime, so they have to divide their sleep into many times.

Ryotaro: I feel sorry that horses cannot have a nice long sleep.

Mr. Brown: In addition, they sleep on their feet because they always have to be prepared to run when something dangerous happens around them.

Ryotaro: I can't believe it.

Mr. Brown: Of course, they sometimes need to lie down for deep sleep. I mean, while a few horses are lying down to get some deep sleep, others are sleeping on their feet to take care of their *surroundings. By using the two kinds of sleep across the group, its members *take turns getting deep sleep.

Ryotaro: Amazing!

Mr. Brown: However, they lie down to sleep for about ten minutes.

Hanae: I don't think they can get a lot of rest in such a short time.

Chisato: Mr. Brown, *frigatebirds have the shortest time for sleeping in this chart. Why?

Mr. Brown: Frigatebirds are a kind of seabird and they can fly for weeks without stopping.

Chisato: Do you mean they don't sleep while they are flying?

Mr. Brown: Good question. Flying uses a lot of energy. So, for a long time, (4) <u>scientists【 ①birds ② especially study ③ had ④ sleep ⑤ that ⑥ these birds ⑦ thought ⑧ to ⑨ who 】in some way</u>. But they didn't know how they were sleeping in the air. A few years ago, a group of scientists caught fifteen frigatebirds and put a small *device on their heads, then*released them again. They checked the birds' *brainwaves while they were flying. They were taking trips for ten days and 3,000 kilometers without a break. Finally, the team found that the birds actually slept while they were flying.

Chisato: Wow. They can fly and sleep at [(5)-a] time.

Mr. Brown: Each day they slept for only about forty minutes in total, but each sleep lasted for only about ten *seconds.

Ryotaro: Will they fall into the sea if they fall *asleep when they are flying?

Mr. Brown: No. In fact, all of the sleep happened when they were going up on the wind.

Ryotaro: Oh, I see.

Mr. Brown: While they were sleeping in the air, only one side of their brain was resting and the other side was *awake.

Hanae: I learned that dolphins sleep in such a way when I was in elementary school. When the left side of their brain sleeps, their right eye is closed. When the right side of the brain sleeps, their left eye is closed.

Their way of sleeping is necessary for them to come up to the *surface of the sea and take in air. It also protects them from any fish that may want to hurt them.

Mr. Brown: True. But frigatebirds fly high in the sky and have no animals that attack them.

Chisato: Then, why do their brains have to take turns resting?

Mr. Brown: One reason is that [(2)-c].

Chisato: I'm surprised that they cannot do that though they are seabirds.

Mr. Brown: Actually, their *wings are weak against water. If they get wet, it will be difficult for frigatebirds to fly. If they are on the ocean, they may be eaten by big fish.

Ryotaro: So, they have to keep flying.

Mr. Brown: Yes. Another reason is that they have to keep one eye open to watch where they are going. And they don't want to hit other frigatebirds while they are flying.

Chisato: Great.

Mr. Brown: I've got one more surprise for you. Frigatebirds sometimes rest both sides of the brain at [(5)-b] time.

Hanae: Do they get deep sleep while they are flying?

Mr. Brown: Yes, they do. As I said before, each sleep is very short and happens when they are going up. So they never fall into the sea.

Hanae: I see.

Mr. Brown: But they sleep for about twelve hours on land.

They all laugh.

Mr. Brown: Some animals living under the sea and some birds are known to put only half of their brain to sleep at a time. Some scientists these days think that something similar might be happening in our brains when we are in a strange environment.

Ryotaro: What do you mean?

Mr. Brown: For example, if you have ever slept in a hotel, gone camping, or even slept over at a friend's house, you have sometimes felt sleepy or tired the next day.

Ryotaro: Yes, I have.

Mr. Brown: When we sleep in a new place, something special is happening in our brains. Only one side of the brain falls asleep, but the other side of the brain is awake. The reason for this is not clear, but it could be because [(2)-d].

Chisato: That means the left brain is watching out for our surroundings, right?

Mr. Brown: Right.

Hanae: Our brains may have [(5)-c] sleep system as frigatebirds.

Mr. Brown: Yes. I hope scientists will find why some animals sleep in that way.

Ryotaro: Thank you, Mr. Brown. We had a great time.

Mr. Brown: Nice talking to you, everyone. Now I've got a hint about what to talk about to junior high school students.

Chisato: I enjoyed talking with you.

Hanae: Good luck on your special class.

Mr. Brown: Thank you. I'm sure it will be fun.

〔注〕 habit 習性　chart 図　bat コウモリ　attack 攻撃する
surroundings 周囲の状況　take turns ～ing 交代で～する
frigatebird グンカンドリ　device 機器　release 解き放す
brainwave 脳波　second 秒　asleep 眠っている　awake 起きている
surface 表面　wing 翼

〔問1〕 Mr. Brown が作成した図のA～Fにあてはまるものは，次のア～カのどれか。

ア bats　　イ cats　　ウ dogs
エ elephants　　オ frigatebirds　　カ horses

〔問2〕 本文の流れに合うように，[(2)-a] ～ [(2)-d] の中に英語を入れるとき，最も適切なものを次のア～オの中からそれぞれ一つずつ選びなさい。ただし，同じものは二度使えません。

ア their sleeping time becomes shorter because of their body size
イ they have to protect themselves from some dangerous animals
ウ they are not able to rest on the ocean while they are flying over it
エ some areas in the left side of the brain are acting as a "night watch"
オ it isn't always good for some animals to sleep for eight hours as we do

〔問３〕 (3)<u>you thought so</u> とあるが，この内容を最もよく表しているものは，次の中ではどれか。

ア Ryotaro found that cats and dogs have different sleep habits because the chart shows the different sleeping time.

イ Ryotaro imagined that other animals also sleep like humans because most people usually sleep once a day.

ウ Ryotaro learned that every animal once slept in the daytime but some of them have changed their sleep habits.

エ Ryotaro believed that elephants and horses sleep in a similar way because they are planteating animals.

〔問４〕 (4)<u>scientists【 ① birds ② especially study ③ had ④ sleep ⑤ that ⑥ these birds ⑦ thought ⑧ to ⑨ who 】in some way</u> とあるが，本文の流れに合うように，【　　】内の単語・語句を正しく並べかえたとき，【　　】内で**３番目**と**６番目**と**９番目**にくるものの組み合わせとして最も適切なものは，次の**ア～カ**の中ではどれか。

	３番目	６番目	９番目
ア	①	⑥	④
イ	①	⑧	⑥
ウ	⑤	⑧	①
エ	⑤	⑧	⑥
オ	⑥	①	④
カ	⑥	⑧	①

〔問５〕 本文の流れに合うように，［(5)-a］～［(5)-c］の中に共通して入る**連続する２語**を本文中から抜き出しなさい。

〔問6〕 本文の内容と合っているものを，次のア～キの中から二つ選びなさい。

ア Mr. Brown is going to teach junior high school students why animals need to sleep.

イ Chisato has found that bats are asleep in the daytime and awake all through the night.

ウ Ryotaro is surprised to know that horses usually keep standing while they are sleeping.

エ Hanae has realized that dolphins close one side of their eyes while they are sleeping.

オ Frigatebirds don't sleep in the air because they have to protect themselves from other birds.

カ Some scientists have found that human brains have a sleep system like dolphins.

キ The right side of human brains is asleep while they are sleeping in a strange environment.

3

次の文章を読んで，あとの各問に答えなさい。
（*印の付いている単語・語句には，本文のあとに〔注〕がある。）

A new museum of Yurinoki City will soon open. In the museum, visitors will enjoy a lot of exhibitions of traditional Japanese *textile dyeing. People in the city hope that the visitors will be interested in its famous industry. The city has many *dyehouses which change the color of *textile with *dye. By the museum, a small park will be built, and a *stream will *flow there. The people feel glad because their favorite stream of the good old days will come back. The name of the stream is the Sumiya River, or *Sumiyagawa*. *Sumiyagawa* was one of the *branches of the Marumo River, or *Marumogawa*. The Sumiya River flowed from Yurinoki Memorial Park and went through the city. Another branch of *Marumogawa*, the Eida River, or *Eidagawa*, used to flow in the town of Tsujitani and reached Tsujitani Station, the center of the *transportation network in the city. There were many branches of *Marumogawa* before, but most of them were [(1)-a] under the ground when new towns were built in the city around 1960. *Sumiyagawa* and *Eidagawa* were among them. People today know *Eidagawa* as the name of the town near Tsujitani Station. In the town of Tsujitani, they have a large project including the *revival of *Eidagawa*. Soon, people visiting the new Yurinokimuseum will enjoy soft wind from *Sumiyagawa* just like people facing *Eidagawa*.

In the north of Yurinoki City, Nanasaka High School stands on the hill called *Komagaoka*. If you look at the west side of the school, you will find some strange views. A back street running almost in line with the main street is just like a *valley. Some houses on the street stand on something like a side wall of a river. Between the buildings you will see some stairs [(1)-b] to another back street. In addition, the back street shows a gentle *curve. Can you imagine what was there?

The strange back street used to be a stream called *Narukawa*, and it flowed into its main stream *Marumogawa* about 150 years ago. Today, you will never see the real *Narukawa*, and just a back street goes down to *Marumogawa*. This kind of street is often called a *culvert. People often think of culverts as covered rivers or *waterways flowing under the ground, but here, culverts are the places which used to be rivers, *irrigation canals, or open waterways. So, at a culvert, (2)【 ① find ② flow ③ lost ④ can ⑤ the signs ⑥ you ⑦ the ⑧ of 】. Some culverts are lower than other areas and look like valleys. Other culverts are too narrow for cars to go through, and they go zigzag or sometimes run into different courses from the main street. Some culverts are designed as *walkways or public walks and people can follow the lost original stream by walking along them. On a culvert, you can sometimes find something like a *railing of a bridge, and see that actually there was a bridge over a stream flowing long ago. All these are helpful to imagine how streams were flowing when they were above ground.

(3)

They covered some of those waterways and changed them into streets. Today, people walk along those culverts without knowing it, but most culverts in Yurinoki City have such histories.

There is another culvert of *Marumogawa* near Nanasaka High School. The Hane River, or *Hanekawa*, used to run along the east side of *Komagaoka*, went through the rice field in the area and flowed into its main stream, *Marumogawa*. The rice field became a large textile factory, but even today, [(4)] when you walk around the area. A narrow back street by the factory tells you the history.

In the seventeenth century, people built a *riding ground on *Komagaoka* and a lot of *samurai warriors came to the ground and practiced *horseback riding. People didn't call the hill *Komagaoka* at that time, but those warriors gave it the new name as the riding ground stood on the hill. The word "*koma*" comes from horses. The local people were kind and welcomed the samurai warriors, so some warriors wanted to do something to thank them; they did a performance of horseback *archery at a local shrine. That was the beginning of *Yabusame*, a traditional Japanese archery done while riding a horse. By the *Yabusame* performance, warriors prayed for peace in *Komagaoka*, and the local people's good rice harvest. They stopped the performance for some period of time, but people started it again about fifty years ago to celebrate the new birth of the town, when the original *Sumiyagawa* went under the ground.

Today, people are happy to enjoy both the performance of *Yabusame* and flow of the stream.

〔注〕 textile dyeing 染織　dyehouse 染織工房　textile 織物
dye 染料　stream 小川　flow 流れる
branch 支流　transportation network 交通網　revival 復活
valley 谷　curve カーブ　culvert 暗渠《あんきょ》　waterway 水路
irrigation canal 灌漑《かんがい》用水　walkway 遊歩道　railing 欄干《らんかん》
riding ground 馬場　samurai warrior 武士　horseback riding 馬術
archery 弓術

〔問1〕 (1)-a ～ (1)-d の中に，それぞれ次のA～Dのどれを入れるのがよいか。その組み合わせとして最も適切なものは，下のア～カの中ではどれか。

A buried　B burying　C led　D leading

	(1)-a	(1)-b
ア	A	B
イ	A	D
ウ	B	C
エ	C	A
オ	D	B
カ	D	C

〔問2〕 (2)【 ① find ② flow ③ lost ④ can ⑤ the signs ⑥ you ⑦ the ⑧ of 】とあるが，本文の流れに合うように，【　　　】内の単語・語句を正しく並べかえたとき，【　　　】内で2番目と5番目と8番目にくるものの組み合わせとして最も適切なものは，次のア～カの中ではどれか。

	2番目	5番目	8番目
ア	②	①	③
イ	②	⑤	①
ウ	④	⑧	①
エ	④	⑧	②
オ	⑧	②	①
カ	⑧	⑥	③

〔問3〕 [(3)] の中には，次のA～Dの文が入る。本文の流れに合うように，正しく並べかえたとき，その組み合わせとして最も適切なものは，下のア～カの中ではどれか。

A　People tried to solve those problems and they decided to put several streams or waterways under the ground.

B　Later, about a century and a half ago, they began to use those waterways for irrigation and industries in the area.

C　About 400 years ago, people built several towns in the Yurinoki area and created waterways as transportation networks.

D　At the same time, the number of people living in the area quickly increased and some waterways became dirty and the water sometimes flowed over the land.

ア　A→B→C→D　　イ　A→D→B→C　　ウ　B→A→C→D
エ　B→C→D→A　　オ　C→B→D→A　　カ　C→A→D→B

〔問4〕 本文の流れに合うように， [(4)] に英語を入れるとき，次のA～Fの組み合わせとして最も適切なものは，下のア～クの中ではどれか。

A you will see something	→	C that reminds you	→	E of the old streams
B you will see nothing		D that introduces you		F of the new streams

ア　A→C→E　　イ　A→C→F　　ウ　A→D→E　　エ　A→D→F
オ　B→C→E　　カ　B→C→F　　キ　B→D→E　　ク　B→D→F

〔問５〕 本文から読み取れる内容をもとに，次の２枚の地図に共通して表れている川として最も適切なものは，下の中ではどれか。

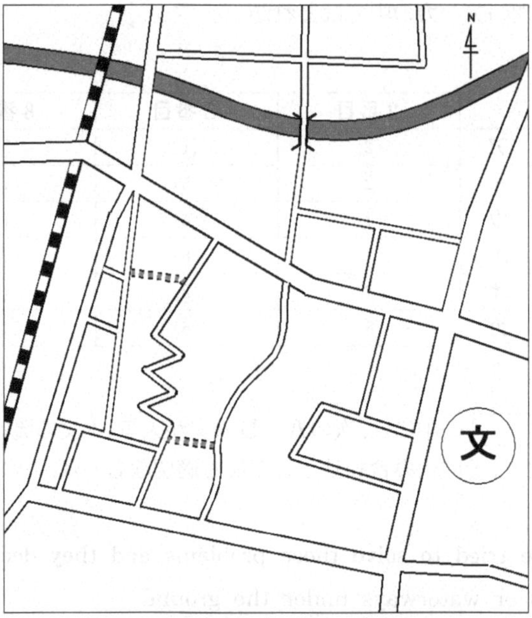

Today's Map

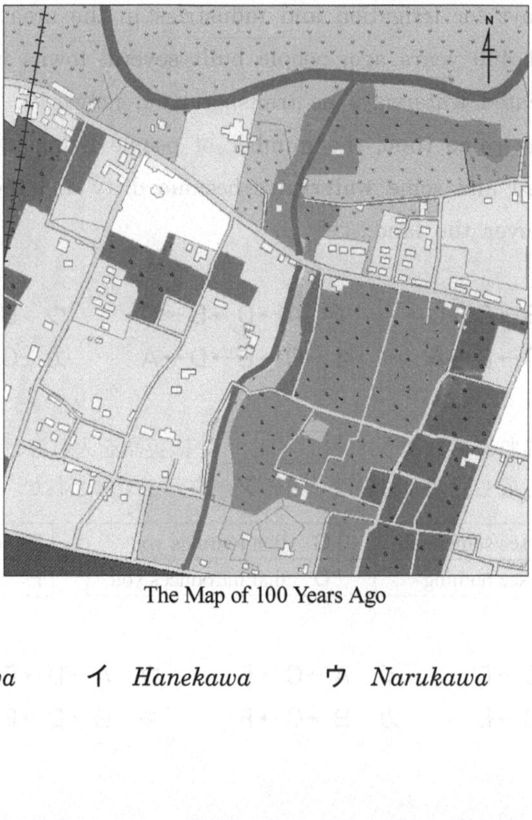

The Map of 100 Years Ago

ア *Eidagawa*　　イ *Hanekawa*　　ウ *Narukawa*　　エ *Sumiyagawa*

〔問6〕　本文の内容と合っているものを，次のア～クの中から**二つ**選びなさい。

ア　The visitors to the new museum will be happy to know that the city has many dyehouses.

イ　*Sumiyagawa* will flow through a small park by the new museum.

ウ　People will enjoy gentle wind from the same river branch at the new Yurinoki museum and in Tsujitani Town.

エ　Some people often think that culverts are flowing under the ground, and other people think that culverts are used as irrigation canals or waterways.

オ　If you see some kinds of railing of a bridge, you can guess that there was once was a station there.

カ　Most people know that culverts in Yurinoki City have similar histories.

キ　The name of *Komagaoka* became popular after samurai warriors came to the ground to practice horseback riding on the hill.

ク　For some period of time, people never did *Yabusame*, but they started it again about fifty years ago to celebrate the original *Sumiyagawa*.

〔問7〕　下のグラフを見て，次の質問に対する答えを**40語以上50語程度の英語**で書きなさい。「.」「,」「!」「?」などは語数に含めません。これらの符号は，解答用紙の下線部と下線部の間に書きなさい。

Write about one thing you have found from the graph. What can you tell from the fact?

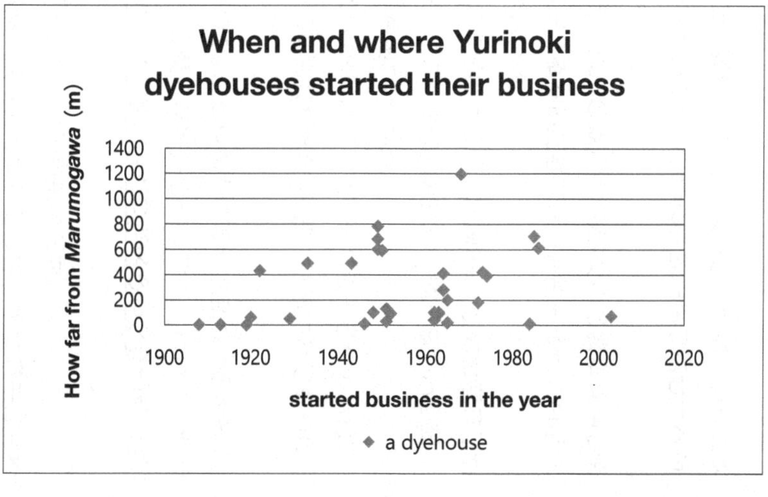

のを選べ。

ア　業平の歌は貫之の歌とは違い、初老を祝うことばを使って自由奔放に「賀」の歌を詠むなど、期待される典型的な〈型〉から外れているという特質をもっているということ。

イ　業平の歌は貫之の歌とは違い、「賀」の歌に瑞祥のことばを入れずに詠むなど、典型的な〈型〉から外れ、同語反復や大胆な擬人法といった特質をもっているということ。

ウ　業平の歌は貫之の歌とは違い、どの歌もみな歴史的な事実と自らの感慨を中心に詠み、人間のはかなさや世の無常を巧みに表現しているという特質をもっているということ。

エ　業平の歌は貫之の歌とは違い、「賀」の歌に寿ぎのことばを入れて期待される〈型〉を踏まえ、貫之の歌には見られない見立てや倒置法といった特質をもっているということ。

〔問3〕　(3)収とあるが、ここでの「収」と同じ意味の使い方として最も適切なものを、次のうちから選べ。

ア　収録

イ　収縮

ウ　収得

エ　収穫

〔問4〕　(4)本来かたちのない概念を生々しく具現化する、擬人法の力が働いていよう。とあるが、「桜花」の歌のどの部分に擬人法が使われているか。それに相当する語句を和歌の中から**七字**で抜き出せ。

〔問5〕　(5)個の「こころ」を託すかけがえのない器とあるが、「忘れては」の歌には業平のどういう「こころ」が表現されているか。次のうちから最も適切なものを選べ。

ア　親王のもとを訪ねた業平は、親しく接していたころのことを忘れてしまっていたが、また親王のもとでお役に立てる喜びを感じている。

イ　業平は閑居の日々を過ごす親王の姿に接して同情し、都での生活はあるものの、このままずっとお側にいたいと心に決めている。

ウ　雪深い山里の庵室で孤独に過ごす親王のもとを訪ねた業平は、僧形の親王の姿に心を痛め、その数奇な運命を嘆き悲しんでいる。

エ　業平は隠棲してひとりで暮らす親王をいたわしく思い、都に戻る前に歌を詠んで、二人で過ごした幸せな日々を回顧している。

顚末《てんまつ》――事のいきさつ。一部始終。
紀貫之《きのつらゆき》――平安前期の歌人。『古今集』編纂の中心的役割を果たした。歌風は理知的・技巧的で、繊細優美な古今調を代表している。
業平《なりひら》――在原業平。平安前期の歌人。六歌仙《ろっかせん》の一人。
詞書《ことばがき》――和歌を作った日時・場所、成立事情などを述べる前書き。
薬子《くすこ》の変――八一〇年、平城遷都を主張する平城《へいぜい》上皇と嵯峨《さが》天皇が対立して二所朝廷と呼ばれる混乱が発生したが、天皇側が迅速に兵を出して勝利した政変。
大宰府《だざいふ》――律令《りつりょう》制で、筑前《ちくぜん》の国（現在の福岡県）に置かれた役所。
擬人――人間以外のものを人間にたとえて表現すること。
渡辺白泉《わたなべはくせん》――昭和初期の無季派の俳人。
瑞祥《ずいしょう》――めでたいしるし。
染殿后《そめどののきさき》明子――当時、右大臣であった藤原良房《よしふさ》の娘。
清和《せいわ》天皇――文徳天皇の第四皇子。母は藤原明子。幼少で即位したため、外祖父藤原良房が摂政《せっしょう》となった。
隠棲《いんせい》――俗世を離れて静かに暮らすこと。
拝謁――身分の高い人に会うことをいう謙譲語。
見立て――対象を他のものになぞらえて表現すること。

〔問1〕 (1)『古今集』とは、歌集の〈型〉を創造した画期的な編纂物なのである。とあるが、どういうことか。次のうちから最も適切なものを選べ。

ア　『古今集』とは、人間の感情や四季の美しさを率直に歌い、見出しを設けてそれぞれの歌をことばの連想によって結びつくようにした歌集の〈型〉を創った編纂物であるということ。

イ　『古今集』とは、『万葉集』の分類の仕方を踏襲し、四季や恋の歌は始まりから終わりまでの推移を描き出して理知的に表現する歌集の〈型〉を創った編纂物であるということ。

ウ　『古今集』とは、四季の美しさや恋の繊細な感情をその推移に従って象徴的に表現し、歌のことばが対照的になるように配置される歌集の〈型〉を創った編纂物であるということ。

エ　『古今集』とは、四季や恋の歌は始まりから終わりまでの推移を描き出し、連続する歌々がことばの連想関係によって結ばれている歌集の〈型〉を創った編纂物であるということ。

〔問2〕 (2)業平の歌はいかにも『古今集』的な表現技巧を駆使したものでありながら、貫之とはまた異なった特質を備えている。とあるが、貫之の歌と異なった業平の歌の特質とはどういうことか。次のうちから最も適切なも

いたりて拝みけるに、つれづれとして、いともの悲しくて、帰りまうで来てよみておくりける　　在原業平

現代語訳2

惟喬親王のもとによく行っていたのですが、親王は出家剃《てい》髪《はつ》して、小野という所にいましたので、正月にお見舞いしようと思って出かけましたところ、そこは比叡山《ひえいざん》の麓だったので、雪がたいそう深かった。無理をして親王の庵室《あんしつ》に行き着きまして、拝顔いたしましたところ、親王は所在ない様子で、何となく悲しそうであったので、京に帰って来ましてから、詠んで送った歌

（片桐洋一「古今和歌集全評釈」による）

忘れては夢かとぞ思ふ思ひきや雪踏みわけて君を見むとは　（雑下・九七〇）

つい現実を忘れてしまって、夢ではないかと思うことです。かつて一度でも思ったでしょうか、深い雪を踏み分けて、わが君にお会いすることになろうとは。

惟喬親王は文徳《もんとく》天皇の第一皇子、母は紀名虎《きのなとら》の娘の三条《さんじょうの》町《まち》（紀静子）である。惟喬親王は父帝に愛されたと言われるが、*染殿后《そめどののきさき》明子を母に持つ弟（のちの*清和《せいわ》天皇）が生まれたため、皇太子になることはできなかった。業平は紀氏の女性を妻としていた関係からか、かねてから親王と親交を結んでいた。

紀氏と在原氏の期待を担《にな》った惟喬親王が、二十九歳の若さで突然出家をしたのは、貞観《じょうがん》十四年（八七二）七月のことであった。髪を下ろした親王は、比叡山の麓に近い、洛北《らくほく》の小野の里に*隠棲《いんせい》した。翌年の正月、慕わしい親王に*拝謁するために、業平は深い雪を踏み分けて訪ねて行く。ひとりぼっちの親王の姿に心を痛めた彼が、都に帰ったのちに詠んで贈ったのが、「忘れては」の歌であった。業平は出家姿の親王に対面した今なお、あるいは今だからこそ、事の成り行きを「夢」ではないかと「思ふ」。そして「……思ふ／思ひきや……」という同語の反復を跳躍台として、残酷な現実から幸せであった過去へと「こころ」を飛翔《ひしょう》させていく。この歌は、予想外の運命の転変に遭遇した感慨を、そのまま大づかみに捉えている。

業平は、貴族社会の華やかな社交の場において、また失意の親王の傍《かたわ》らで、折に触れて歌を詠んだ。歌は日常生活の彩《いろど》りであり、人々をつなぐ社交の具であり、(5)個の「こころ」を託すかけがえのない器でもあった。そして、それらさまざまな業平の歌には、大胆な「擬人法」や「*見立て」、倒置法や同語反復などの、鮮やかな「ことば」の技が認められる。歌全体の骨格をなす大振りな技巧は、業平の歌を特徴づけるものである。

（鈴木宏子『古今和歌集』の創造力」による）

〔注〕アンソロジー――詩文などの選集。
各巻のテーマ――『古今集』では、「春上」「春下」「夏」「賀」「離別」など二十巻に分類されている。
意匠――工夫。趣向。

の血をひく貴種である。しかし平城天皇は、弟の嵯峨《さが》天皇に譲位したのちの弘仁《こうにん》元年（八一〇）に、いわゆる「＊薬子《くすこ》の変」を起こして失敗、そのまま出家しており、阿保親王もこの事件に連座して、一時期＊大宰府《だざいふ》に左遷されていた。平城天皇の系譜は、業平が生まれる以前に、皇位継承とは無縁になっていたのである。

業平の歌を読んでみよう。『古今集』賀に(3)収められる歌。晴れやかな宴《うたげ》の場で詠まれた歌である。

原文1　堀河《ほりかは》の大臣《おほいまうちぎみ》の四十《よそぢ》の賀、九条《くでう》の家にてしける時によめる

在原業平《ありはらのなりひら》

> 現代語訳1　堀河太政《だいじょう》大臣の四十の賀が、九条《くじょう》の屋敷で行われた時に詠んだ歌
>
> （片桐洋一「古今和歌集全評釈」による）

桜花散りかひくもれ老いらくの来《こ》むといふなる道まがふがに

（賀・三四九）

桜の花よ、散り乱れてあたりを曇《くも》らせておくれ。「老い」がやってくると言われている道が、まぎれてわからなくなるように。

「堀河の大臣」とは藤原基経《もとつね》のこと。基経は貞観《じょうがん》十七年（八七五）に四十歳となり、藤原氏の本拠地の一つである九条邸において、長寿を祝う宴が催された。列席した業平は、基経のもとに「老い」がやって来ないように、と歌う。「老い」がやって来る道があると言われるが、桜の花よ、紛々と散り乱れて視界を曇らせてしまっておくれ、と。いつまでも若々しくあってくださいという寿《ことほ》ぎの歌なのだが、その一方で、桜吹雪の向こう側から避けがたい「老い」がひたひたと近づいてくるという、冷厳な真実も見据えられている。現代の私たちは、大鎌を振りかざした西洋風の死に神のイメージを持っているが、「老い」を＊擬人化したら、どのような姿になるのだろうか。昭和の無季俳句「戦争が廊下の奥に立つてゐた」（＊渡辺白泉《わたなべはくせん》）などにも通じるような、(4)本来かたちのない概念を生々しく具現化する、擬人法の力が働いていよう。

業平の歌は『古今集』賀の中でも出色の名歌であるが、いささか「型破り」でもある。賀宴の歌は多くの場合、鶴、亀、松、千代、八千代、万代《よろづよ》、千歳《ちとせ》などの＊瑞祥《ずいしょう》を連ねて詠まれる。業平の歌が賀歌として期待される〈型〉から逸脱していることは明らかであろう。

『古今集』雑下《ぞうのげ》に収められる歌で、『伊勢物語』八十三段でも知られる。

原文2　惟喬《これたかの》親王《みこ》のもとにまかり通ひけるを、頭《かしら》おろして小野といふ所に侍《はべ》りけるに、正月《むつき》に訪《とぶら》はむとてまかりたりけるに、比叡《ひえ》の山の麓なりければ、雪いと深かりけり。しひてかの室にまかり

いるってことだよね。私もパレーシアが大事だと思うけど、一つの出来事に対して色々な見方があることも確かよね。

5

次の文章を読んで、あとの各問に答えよ。なお、本文中に引用されている原文の後の［　］内は、現代語訳である。（＊印の付いている言葉には、本文のあとに〔注〕がある。）

四季と恋は『古今集』の、そして古典和歌の二本の柱となるテーマである。この二つを中心にして、『古今集』は人が生きる中で味わうことになるさまざまな「こころ」、たとえば子どもの誕生の喜び、長寿のめでたさ、老いの嘆き、死別の悲しみ、旅立つ者の思い、旅のさなかの哀感、日常生活の折々に心をよぎる感情などを集成し、分類している。情趣を解する人は、何をどのように感じるのか、そして、それはどのような「ことば」で表現されるのか――『古今集』は一つの歌集であると同時に、かくあるべき「こころ」と「ことば」の見本帖《みほんちょう》である。

もちろん『古今集』に先行して『万葉集』や漢詩文の＊アンソロジーが存在しており、それらの中でも何らかの基準によって詩歌《しいか》を分類・配列することが行われている。『万葉集』の中には、収集した歌をテーマによって雑歌《ぞうか》・相聞《そうもん》・挽歌《ばんか》の三つに分類したり、時代や詠作年次の順に並べたり、「花を詠《よ》む」「鳥に寄す」などの小見出しを設けてまとめたりする編纂《へんさん》の工夫が認められる。しかし、一つの歌集の中で、およそ和歌に詠まれ得るすべての「こころ」、つまり人間の感情生活の全体を網羅的・体系的に捉えて、＊各巻のテーマとして掲げたのは、『古今集』が最初であった。

『古今集』はまた、各巻内部の歌々の配列にも＊意匠を凝らしている。たとえば四季歌では、歌を並べることによって、立春から歳暮に至る四季の推移が写しとられている。恋歌では、恋の始まりから終焉《しゅうえん》に至る＊顚末《てんまつ》が描き出されている。そして連続する歌々は、ちょうどのちの時代の連歌を先取りするかのように、なめらかな「ことば」の連想関係によって結ばれている。こうしたことも『古今集』が創始した方法であった。(1)『古今集』とは、歌集の〈型〉を創造した画期的な編纂物なのである。

『古今集』を代表する歌人を一人挙げるとすれば、それはまちがいなく＊紀貫之《きのつらゆき》であるが、もしも＊業平《なりひら》の存在がなかったら、この歌集の魅力は三割がた目減りしてしまうのではないだろうか。(2)業平の歌はいかにも『古今集』的な表現技巧を駆使したものでありながら、貫之とはまた異なった特質を備えている。そして『古今集』は、そのような業平の歌に詳細な＊詞《ことば》書《がき》を添えて、要所に位置づけている。『古今集』の撰者《せんじゃ》たち、とりわけ貫之は、みずからの理想とは少し異なるのであろう業平の歌を、深く理解し、敬意とともに『古今集』の中に取り入れており、業平の存在は『古今集』を成り立たせる力源の一つとなっているのである。

業平は、平城《へいぜい》天皇の第一皇子である阿保親王《あぼしんのう》の五男として生まれた。母は桓武《かんむ》天皇の皇女伊都内親王《いとないしんのう》。父母双方から皇族

〔問5〕 (5)この問答のやり方は、いささか変わっていました。とあるが、どのような点で変わっていたのか。次のうちから最も適切なものを選べ。

ア　相手が提示した命題を否定したり、パレーシアではない別の命題を対置したりするという方法をとっていない点。

イ　相手の命題を肯定し反対の命題を引き出すことで、自分の無知を自覚するというパレーシアに気づかせている点。

ウ　相手の命題を肯定することで、最初からパレーシアは人々の心の中に存在しているのだと相手に自覚させている点。

エ　相手の命題をまずは全面的に肯定してしまい、パレーシアの本来の意味をもう一度相手に考えさせるきっかけを与えている点。

〔問6〕 本文全体を段落分けした場合に最も適切なものを次のうちから選べ。

ア　第1段～第3段、第4段～第6段、第7段～第14段

イ　第1段～第4段、第5段～第11段、第12段～第14段

ウ　第1段～第3段、第4段～第8段、第9段～第11段、第12段～第14段

エ　第1段～第4段、第5段～第6段、第7段～第11段、第12段～第14段

〔問7〕 筆者は「いかなる虚飾も*衒《てら》いもなく、自分が確信するところの真実を、勇気をもって、危険をものともせずに語ること、これが民主主義が機能するための必須の条件である」と述べている。このことについてあなたはどのように考えるか。この文章を読んだ次の五人の発言も参考にしてあなたが考えたことを**二百字以内**で書け。五人の発言やその主旨を用いる場合は、「Aが述べているように」、「Bの意見」等、アルファベットをそのまま利用して構わない。なお、書き出しや改行の際の空欄、や。や「などもそれぞれ字数に数えよ。

A　「率直な語り、真実を語ること、真理への勇気」を意味するパレーシアは今の社会においても大切なものだよね。

B　そうそう、パレーシアは大切。真実、真理は一つなんだから、正しいことを堂々と語らなきゃいけない。

C　真実、真理が一つっていう考えはどうかな。確かにうそは困るけど、人によってものの見方が異なることってあると思う。

D　レトリックは「うまく語ること」って書いてあったでしょう。ものは言いようっていうじゃない。ちゃんと状況を考えて話はしないと。

E　「ものは言いよう」ってそれはやっぱりうそをついて

〔注〕フーコー――ミシェル・フーコー。フランスの哲学者。
テーゼ――命題。ある判断を言葉で言い表したもの。
アテナイ――古代ギリシャの都市国家の名。現在のアテネ。
アクチュアル――現実の。
レトリック――表現効果を高めるための技法。修辞。
ソフィスト――弁論や修辞などを教えることを職業とした人。
直接民主主義――国民や住民がその代表者によらず、直接政治的決定をする考え方。
衒《てら》い――才能、知識があるようにひけらかすこと。
コミット――関わりを持つこと。

〔問1〕(1)ソクラテスはそれを戒めていた。とあるが、どのようなことか。本文の語句を用いて**四十五字以内**で説明せよ。

〔問2〕(2)牧人型の権力の支配とあるが、それはどのようなことか。次のうちから最も適切なものを選べ。

ア　牧人が羊の群れの世話をするように、民衆が不満を主張することのない状態を統治者が保っていくこと。
イ　牧人が羊の群れを危険から守っていく中で、民衆の意見も取り入れつつ権力者が安全を保証すること。
ウ　牧人が羊の群れを訓練していく中で、民衆が自己規制できるように統治者が誘導していくこと。
エ　牧人が羊の群れを統率していくように、権力者が民衆を誘導しながら統治していくこと。

〔問3〕(3)逆説の説明に当たる**三十字**の箇所を本文から抜き出し、そのまま記せ。

〔問4〕(4)そういうゲームで成功するためには、パレーシアよりレトリックを優先させなくてはなりません。とあるが、それはなぜか。次のうちから最も適切なものを選べ。

ア　真実を話すことよりもうまく表現することで一般民衆の心をつかみ、政治家として認められていく必要があるから。
イ　富の不平等が政治的影響力の不平等を招くので、政治家としてうまく民衆を説得しないかぎり民主主義は成立しないから。
ウ　権力争いを繰り広げていく中で、政治家として国家を統治していくためには一般民衆を上手に言いくるめる必要があるから。
エ　真実を話していても、多数の民衆に正しく伝わらなければ民主主義の社会では政治家として敗者となり排除されてしまうから。

真実を言うより、言葉たくみに話して、影響力のある人や大衆の願望に迎合したり、それを操作しなくてはならなくなる。「ほんとうのこと」を率直に語る人は、そのような民主主義では敗者になり、最悪の場合には、排除されます。実際、ソクラテスの死後に出てきたアテナイの政治家デモステネスは、当時のアテナイの大多数の市民にとっては不快な真実を、隣国マケドニア王国の危険や陰謀を語ったがために、市民たちの怒りを買い、結局、亡命を余儀なくされるのです。（第10段）

ソクラテスが公人としての政治参加を拒否したのは、彼が私的なことにしか関心がなかったからではなく、むしろ、彼が真に政治的な人物だったからです。彼は、富の不平等によって歪《ゆが》められている民主主義に参加すれば、その不平等を強化することにしかならないことを理解していたのでしょう。このとき、真に政治的、真に公人であろうとすれば、かえって、私人に徹しなくてはならない、という逆説が出てくるのです。この点は、ずっと後、十八世紀の終わりころ、カントが『啓蒙《けいもう》とは何か』（一七八四年）で述べたことを思わせます。カントは、理性を公共的に使用するためには徹底した私人でなくてはならない、という趣旨のことを言っているからです。（第11段）

しかし、公人として直接民主主義の国事に関わらないのだとすると、どうやって政治をしたのでしょうか。どのようにパレーシアが活《い》かされたのでしょうか。ソクラテスが実際に行ったことは、広場に出かけて、誰彼となく市民に話しかけ、問答に巻き込むことでした。(5)この問答のやり方は、いささか変わっていました。これは、自らのまことに正直なパレーシアを通じて、相手にもパレーシアを実践させてしまう手法、とでも言うことができます。（第12段）

つまりこういうことです。ソクラテスは、問答の相手が提示した命題を否定したり、それに別の真なる命題を対置したりはしません。相手の命題をまずは全面的に肯定してしまうのです。その上で、ソクラテスは、問答を通じて、この命題から、反対の命題を引き出しうることを示すのです。そうすると、自然と、相手は自分の前提が虚偽であったことを自覚するようになります。自分が真理であると信じていたことが、そうではなかったということを公然と認めざるをえなくなるわけです。言い換えれば、相手は、自分が実は何も知らなかったということを率直に認めるパレーシアを遂行せざるをえなくなるのです。だから、ソクラテス自身が真理を教えるわけではありません。そもそも、ソクラテスは、何も知らないのであり、そのことを、まさにパレーシアとしてはっきりと認めることから始まっているがゆえに、相手のパレーシアを引き出すことに成功しているわけです。（第13段）

これがソクラテスの政治の実践でした。これが、当時のアテナイの支配層にきわめて危険な行いと見なされ、ついに、ソクラテス自身がそこから身を引いた民主主義を通じて、ソクラテスへの死刑判決が下された、ということは先ほど述べた通りです。（第14段）

（大澤真幸「社会学史」による）

暴《あば》いたソクラテスこそは、パレーシアの人だと言えるでしょう。(第5段)

パレーシアは、権力への対抗のための根拠となりうるでしょうか。フーコーが(密《ひそ》かに)求めていたものは、パレーシアにあるでしょうか。少なくともこういうことは言えるのではないか、と思います。パレーシアは、つまり真理についての率直な語りは、当時の権力にとっては、脅威だったのだ、と。そのことは、よく知られているソクラテスの最期《さいご》を思い起こせば、容易に想像がつきます。彼は、当時のアテナイの支配層、アテナイの民会の意志を左右できるような影響力の大きい者たちにとって、うとましく感じられた。ソクラテスは、ついに民会で死刑を言い渡され、(友人や弟子たちが逃亡を勧めたにもかかわらず)毒杯を仰いで死んだことは、パレーシアの人であるソクラテスが、体制にとってきわめて危険な因子と見なされたことを示しています。(第6段)

ソクラテスの「パレーシア」をめぐる実践がどのようなものだったのか、もう少し詳しく見ておきましょう。ソクラテスは、公人としての活動を拒否したことで知られています。それは、アテナイの*直接民主主義の政治参加から身を引くということです。しかし、アテナイの市民にとって、公人として直接民主主義に参加するということはとても名誉なことですから、これを拒否するというのはよくよくのことです。(第7段)

すると、ソクラテスは政治に無関心で、私的な世界に閉じこもった、というイメージをもつかもしれません。「パレーシア」とは、それは、私的な趣味のように真理を探究したということだ、と思われるかもしれません。しかし、そうではありません。そうではない、ということを理解することが肝心です。(第8段)

まず、ソクラテスがパレーシアに忠実であろうとしつつ、他方で、民主主義の政治から撤退したということには、(3)逆説があるということを理解しなくてはなりません。もともと、パレーシアと民主主義とはまっすぐにつながっていたのです。フーコーは、パレーシアこそ本来は、民主主義の倫理的な基盤であった、と述べています。いかなる虚飾も*衒《てら》いもなく、自分が確信するところの真実を、勇気をもって、危険をものともせずに語ること、これが民主主義が機能するための必須の条件であることは、すぐにわかるでしょう。アテナイで「パレーシア」ということが大事にされたのは、そこに民主主義があったからです。つまり、もともと、パレーシアと民主主義は表裏一体の関係にあったわけです。だから、パレーシアに対して忠実であろうとするソクラテスが、民主主義の政治には*コミットしないと表明するということは、とても奇妙なことなのです。(第9段)

どうしてこんなことになったのか。それは、ソクラテスの時代のアテナイの民主主義はすでに腐敗し、堕落していたからです。もう少していねいに言えば、富の不平等から来る、政治的影響力の不平等が、民主主義に影を落としていた、ということです。そういう不平等がある中で、民主政の「ゲーム」に参加したらどうなるのか。(4)そういうゲームで成功するためには、パレーシアよりレトリックを優先させなくてはなりません。

4

次の文章を読んで、あとの各問に答えよ。（＊印の付いている言葉には、本文のあとに〔注〕がある。）

＊フーコーによれば、「自己への配慮」は、古代ギリシアの思想の全体を貫通している中核的な観念です。古代の成年男子は、自分自身を自分で配慮できなくてはならない。そういう自己への配慮を実現するために、どのような訓練をすればよいのか。そういうことが、古代ギリシアでは徹底的に探究され、フーコーはそれを掘り起こしています。（第1段）

たとえば、ギリシア思想の中心＊テーゼとして、とりわけソクラテスの名と結びつけられているテーゼとして、「汝《なんじ》自身を知れ」という命令があります。これも、自己への配慮の思想の一部です。ただし、「一部」でしかない。ソクラテスが、＊アテナイの道行く人をつかまえては説いたのは、自分にとって付属物であるようなものを、自分自身に優先させてはならない、ということです。「自分にとって付属物であるようなもの」というのは、富とか地位とかのことです。現在でも、いや現在においてはなおのこと、私たちは付属物を優先させていますが、(1)ソクラテスはそれを戒めていた。そして、自分自身に気をつけて、できるだけ善い者となるように、思慮ある者となるように配慮しなさい、と説いたわけです。これが「自己への配慮」です。（第2段）

自己への配慮ということの目的は、自己が自己自身を統治できるようにすることです。そのような自己への配慮を保持するための「生の技法」が、古代ギリシアでは探究されていた。フーコーは、この生の技法によって、(2)牧人型の権力の支配から逃れる、抵抗の拠点を確保できる、と考えていたのではないでしょうか。羊が自分で自分を統治できていれば、牧人に頼る必要はなくなるのですから。そして、牧人型の権力こそは、やがて、規律訓練型の権力、つまり近代的な権力へと成長するわけですから、フーコーの晩年の研究は、まことに＊アクチュアルな問題意識に支えられていた、ということになるわけです。（第3段）

古典古代における「自己への配慮」という観念を探究する中で、フーコーの関心はやがて、「パレーシア」というギリシアの概念に集中していきます。「パレーシア」とは、率直な語り、真実を語ること、真理への勇気等を意味するギリシア語です。自己への配慮を通じて、真理へ到達した主体は、パレーシアを実践するはずです。したがって、「自己への配慮」が古代ギリシア思想の中心的な観念であるとすれば、パレーシアは、その中心の中のさらなる中心である、ということになります。（第4段）

パレーシアが何であるかを知るためには、パレーシアがことさらに強調されるとき、それが何と対比されているのか、を見ることが重要です。古典古代の文化の内部にあるもので、フーコーがパレーシアと鋭く対立する実践と見なしていたのは、「＊レトリック」です。パレーシアとは、端的に言えば、「真理を語ること」です。それに対して、レトリックの眼目は、「うまく語ること」にあります。レトリックの教師の典型は、＊ソフィストです。それに対して、ソフィストに対抗し、彼らの欺瞞《ぎまん》を

〔問4〕 (4)老いた両眼に涙をヒタヒタとたたえていたのである。とはどのような様子をあらわしているのか。その説明として最も適切なのは、次のうちではどれか。

ア　周囲の者には畏敬の涙に見えるが、書を厳しく指導してきた自分に対して思いやり深く対処された家茂公に驚き、涙ぐんでいる様子。

イ　周囲の者には安堵《あんど》の涙に見えるが、家茂公のこれまでの振る舞いを思い出して、老年に待っていた不遇に悔し涙を浮かべている様子。

ウ　周囲の者には感動の涙に見えるが、書に身を捧《ささ》げてきた自分の志が家茂公に伝わらず、あれこれ情けなくて涙がこみ上げている様子。

エ　周囲の者には羞恥の涙に見えるが、不始末を犯した自分の無礼をとがめず、守ってくださった家茂公への感謝の涙があふれている様子。

〔問5〕 (5)ニコリともしなかった。とあるが、この時の様子の説明として最も適切なのは、次のうちではどれか。

ア　播磨守が「井伊公に申し上ぐるな」と口止めしたことを井伊大老は耳にして、播磨守にも怒りを感じた。

イ　井伊大老は、江戸城に集まる大名がこぞって家茂公を賛嘆するため、自分の権威低下を憂えて眉をひそめた。

ウ　播磨守が予測したとおりに、幕府最高の役職に就く井伊大老は、家茂公のあまりの幼さにあぜんとした。

エ　井伊大老は、家茂公が水をかけたことを仁愛の行為とはみなさず、悪質な仕返しであると不愉快になった。

〔問6〕 本作品の表現や構成について述べた説明として最も適切なのは、次のうちではどれか。

ア　家茂公のすることが「播磨守の心を痛めた」と二度書くことで、長年ひたむきに生きてきた播磨守の姿が読者に伝わるようにしている。

イ　本文中の擬声語・擬態語はすべて片仮名で表現されており、読者に視覚的に訴えかけられるように作者の工夫が細部に徹底されている。

ウ　本文は播磨守の視点から見たものが描かれており、彼以外の登場人物の心情は、動作や会話の描写から読み取れるようになっている。

エ　「名君」という題名には、本文に描かれる家茂公のように仁徳ある君主こそが名君であるとの登場人物や作者の意識が表現されている。

仁慈——思いやりがあって情け深いこと。
拙者——武士が自分をへりくだっていう一人称。
小用——小便のこと。
大目付《おおめつけ》——諸務を監督する役職。
閉門——武士に科した刑罰の一つ。
近衆——近習。主君のそば近くに仕える者。

〔問1〕(1)いよいよ退屈しはじめた十四代将軍は、とあるが、この時の心情の説明として最も適切なのは、次のうちではどれか。

ア　書いても書いても終わらない書の時間にいらだち、あえて適当に筆を動かして紙を使ううちにより不機嫌になってきた。

イ　落ち着いて書に向きあえず、時々頭を上げては気乗りのしない書の時間を意識して、ますますこの場が嫌になってきた。

ウ　面倒な書の時間にお気に入りの従者は相手になってくれず、漢字を書くことがますます面白くないものになってきた。

エ　書の時間に真面目に取り組むつもりはなく、難しい漢字を避けて適当に書くうちに、次第に気持ちが離れてしまった。

〔問2〕(2)自分の位置の優越を思い出されると、とあるが、播磨守の行動に対する家茂公の心の動きを、次の【　】にあてはまるように**三十字以上四十字以内**で書け。

【　　　　】威圧的な目つきで播磨守をじっとご覧になった。

〔問3〕(3)しばらくは、身動きもしないで考え込んだ。とあるが、なぜか。その理由として最も適切なのは、次のうちではどれか。

ア　不始末を犯してしまった恥ずかしさのために身を小さくしながら、家茂公の思いやりをどう伝えるかを考えていたから。

イ　家茂公の心ない振る舞いに身を固くしながら、この事態をどのように乗り切るのが最善かを少しの間、考えていたから。

ウ　自分が書き上げた八文字を不満げに見ていたことを反省し、水をかけてしまった家茂公の名誉回復の策を考えていたから。

エ　幼少とはいえ将軍である家茂公に水をかけられ恥辱にまみれて、自分の進退はきわまったと、処罰のことを考えていたから。

落ちるしずくをぬぐいもやらず、机に両手をかけたまま、(3)しばらくは、身動きもしないで考え込んだ。

おどろいてかけ寄ったお*側衆《そばしゅう》の小出勢州《こいでせいしゅう》は、懐紙を出して、播磨守の額から顎にかけてふきおろしながら、

「あまりのお悪戯じゃ。御幼少であるとはいえあまりな御乱行じゃ。御主君とはいえ、心外でござろう。拙者から、御*大老に申し上げて、きつい御*諫言《かんげん》を申し上げることにいたそう。御勘弁なされい、御勘弁なされい！」と、気の毒そうに慰めた。

播磨守は、黙然として勢州のふくのにまかせていたが、ぬれた*上下《かみしも》の威儀を正すと、心持ち声を落としながら、

「井伊《いい》公に申し上ぐるなど、軽はずみな事をしてくださるな。今日という今日は、上様の御*仁慈のほどが骨身に徹《こた》え申したわ。勢州殿、有様《ありよう》はかようでござる。*拙者今日《こんにち》はお机の前にすわって以来、しきりに*小用を催したのを、じっと辛抱いたしおったところ、老年の悲しさには、懸命にお手を執ったみぎり、つい失念して尿を少々もらしたのでござる。君前においてかかる大不敬を犯したことが、もし*大目付《おおめつけ》の耳に入ろうなら、謹慎、*閉門はおろか、切腹の御沙汰にも至ろうかと、心も心ならず苦慮いたしおったのを、それとお察し遊ばした上様は、拙者の失策をご自身の悪戯でおおいかくしてたまわったのじゃ。御仁慈のほど、骨身に徹し申したわ。」

と播磨守は、(4)老いた両眼に涙をヒタヒタとたたえていたのである。

小出勢州を初め、並み居る*近衆たちは、アッとばかり膝をたたいて、家茂公の聡明《そうめい》な仁慈に感嘆の声を上げたのである。

その事があってから、この逸話は、江戸城のすみからすみへと伝えられた。登城する大名の一人から一人へと伝えられた。皆が異口同音に、名君家茂公の君徳をたたえぬ者はなかった。ただこれを聞いた井伊大老直弼《なおすけ》だけは、話を半分ほど聞くと、眉をひそめながら、

「お悪戯にもほどがあったものじゃ。」と言ったまま、話し手が家茂公をほめ上げるのを聞いて、(5)ニコリともしなかった。

（菊池寛「名君」による）

〔注〕雲騰致雨露結為霜——雲がわきおこって雨となり、露が固まって霜となる、の意。
奉書——純白できめの美しい和紙。
お草紙——練習の字や絵を書く帳面の類。
二間——約三・六メートル。
小姓——将軍のそばで日常の雑務をつとめる者。
手跡——その人が書いた文字。筆跡。
中臈《ちゅうろう》——江戸幕府の女官の一つ。
いとう——好まないで避ける。いやがる。
いっかな——どのようにしても。
青磁——青緑色をした陶磁器。
側衆《そばしゅう》——将軍のそば近くに仕える者。
大老——江戸幕府最高の役職。この時は井伊《いい》直弼《なおすけ》。
諫言《かんげん》——目上の人の非をいさめる言葉。
上下《かみしも》——江戸時代の武士の礼服。

戸川播磨守安清《やすきよ》は、黙然として家茂公の乱行を見ていた。彼が、習字のお相手として召し出されてからまだ一月もたっていない。片仮名やいろは仮名のおけいこが済んで、漢字のお習字に移ることになって、彼はお相手として特に召し出されたのである。林家の人々などを、差しこえてのこうした沙汰は、彼として絶大な名誉であった。彼は、老後のすべてをお役目のために尽くそうとしている。そして将軍家の*御手跡を少しでもよくすれば、この上の御奉公はないと思っている。

ところが、肝心の家茂公は、彼が手を執って、教え始めてから、一字一画も、まじめに書いたことはない。いろは仮名のけいこのお相手が、大奥の*中臈《ちゅうろう》であったためだろう、習字といえば、ただ悪戯をして、時間をつぶしさえすればいいと思っているらしい。

幼少のおりから、きびしい師について、一点一画も、ゆるがせにしないようにと教えられた播磨守は、書道に対してかなり敬虔《けいけん》な心持ちをいだいている。彼は、口を漱《ゆす》いで手を浄《きよ》めたあとでなければ筆を執ったことさえない。それだのに、家茂公は彼の面前で、悪戯ばかりしている。書を書くことの尊さを少しも知っておられない。慰み事か、弄《あそ》び事か何かのように、書を瀆《けが》している。家茂公のなすことがすべて、播磨守の心を痛めた。七十を三つも越している一徹な播磨守の心を痛めた。彼は、どうにかして、主君のこうした心がけを矯《なお》さなければならないと思った。そのためには、たとい御不興をこうむろうとも、お役御免になろうとも、*いとうところはないとまで思っていた。おけいこの日が重なるにつれて、彼の決心はいよいよ堅くなって来た。ところが、今日は家茂公の悪戯が、いつもよりも、もっとひどい。一字だってまじめには書かれないのである。

白絹のようにつやつや光る奉書を、五、六枚もむだにして、さらに幾枚目かの紙に、でたらめな曲線を書かれようとした時である。播磨守は無言のまま家茂公の筆を持った手のひらを、キュッと握りしめた。家茂公は、ハッと本能的におどろかれたようであるが、すぐ子供ながらに、(2)自分の位置の優越を思い出されると、威圧的なはげしい目つきで播磨守の顔を、じっと見られた。が、播磨守はビクともしなかった。彼は、柔らかい小鳥のように生温《なまぬる》い掌《て》を、意識して強く、少しは懲罰的に痛さを感ぜしめるくらいに強く握りしめながら、奉書の上に『雲騰致雨露結為霜』と、書かせた。家茂公は、筋ばった手のひらで握りしめられる痛みに、堪えかねて、中途で二、三度振りほどこうとした。が、播磨守は、*いっかな放さなかったが、その八文字がスッカリ書きおえられた時である。播磨守が、その堅い把握の手をゆるめて、じっと両手を膝に置きながら、公が書いたというよりも、自分の書いた八字にながめ入った時だった。赤くなった右の手のひらをじっと見ていた家茂公は、机の上にあった*青磁の水入れを、持って立ち上がると、いきなりたっぷりとたたえられていた水を、播磨守の白髪の頭へ、ザブリとかけたまま、「わあっはははわあっははは」と、笑いながら大奥の方へ走り込まれたのである。

一徹な播磨守は、主君から――幼少な年齢から来るいたずらではあるとはいえ――はげしい侮辱を受けたので、頭から

〈国語〉

時間五〇分 満点一〇〇点

【注意】答えは、特別の指示のあるもののほかは、各問のア・イ・ウ・エのうちから、最も適切なものをそれぞれ一つずつ選んで、その記号を書きなさい。また、答えに字数制限がある場合には、、や。や「などもそれぞれ一字と数えなさい。

1

次の各文の――を付けた漢字の読みがなを書け。

(1) 世界で僅少の草花。

(2) 水稲の作付け面積を増やす。

(3) 法令を遵守する。

(4) 繊細な透かし彫り。

(5) 目標を公言して自縄自縛に陥る。

2

次の各文の――を付けたかたかなの部分に当たる漢字を楷書で書け。

(1) ハイスイの陣を敷く。

(2) 市政のサッシンに乗り出す。

(3) 勝敗をキソう。

(4) 平和をキキュウする。

(5) 二つの国はイチイタイスイの間柄にある。

3

次の文章を読んで、あとの各問に答えよ。(*印の付いている言葉には、本文のあとに〔注〕がある。)

十四代将軍家茂《いえもち》公は、さっきから悪戯《わるさ》ばかりしている。戸川《とがわ》播磨守《はりまのかみ》が、懸命に書いた千字文《せんじもん》のなかの『*雲騰致雨露結為霜』という楷書の立派なお手本の方などは見向きもしないで、*奉書の*お草紙の上に、やたらに筆をのたくらせている。雲と書き始めた文句が、雨とならないうちに、筆がのたくって、竜のようなめちゃくちゃな曲線を、幾つも書いている。一番最初の雲という字でさえ、まだハッキリとした形を成していない。まして騰《のぼ》るといったようなむずかしい字は、まるで書く意志がないらしい。雲の形が、中途からくずれ出して、雲中の竜のようなでたらめな曲線になってしまうのである。そして、時々目がお草紙から離れて、かたわらの金蒔絵《きんまきえ》の火鉢の方に移って行く。が、その火鉢の手ざわりの柔らかそうな灰に立てられている線香は、まだ半分もたっていない。それを見ると、(1)いよいよ退屈しはじめた十四代将軍は、*二間ばかりの下座《しもざ》にかしこまっているお気に入りの*小姓の一人に、目顔で笑いかけて見る。が、小姓が案外まじめくさっているので、また仕方なしにお草紙に雲と書き始める。が、雲はいつまでたっても、混沌《こんとん》としたままである。雲と書き始めた筆が自由に活発に紙の上を、無意味に一巡すると、家茂公は手荒く新しい紙をめくる。さっきから、何枚ま新しい御献上物の奉書をむだにしたかもしれない。奉書のお草紙は、十五枚綴《と》じになっている。線香の方はともかくも、お草紙の方さえ片が付けば、その日のおけいこは終わったことになるのだ。線香がなかなかたたないと見てとった家茂公は、今度は非常手段に出て、お草紙の方を、なすりつぶそうとしているのである。

2020 年度

解答と解説

《2020年度の配点は解答欄に掲載してあります。》

＜数学解答＞

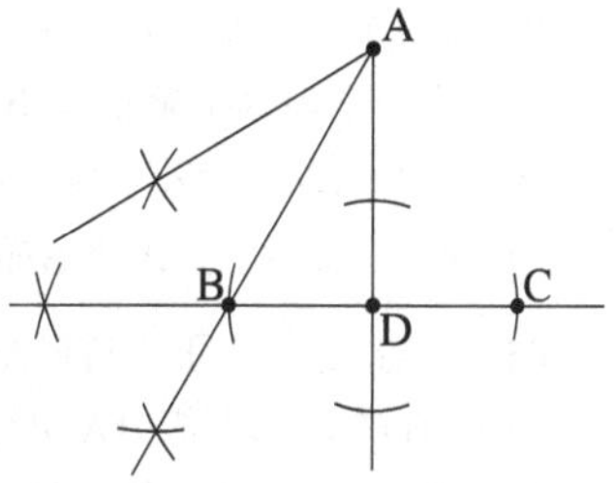

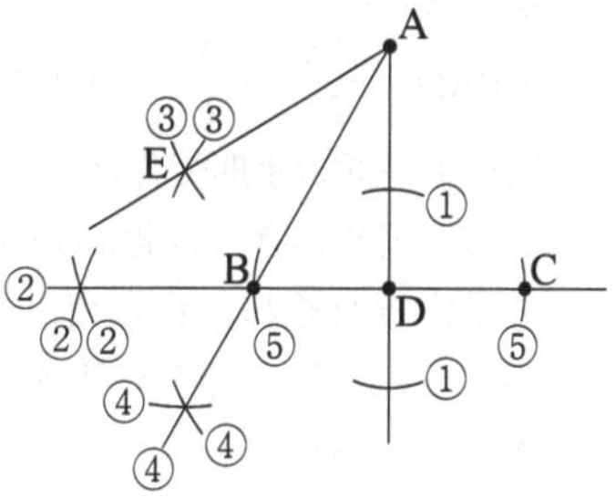

1 〔問1〕 $4\sqrt{3}-3\sqrt{2}$　〔問2〕 -1，$-\frac{2}{3}$

〔問3〕 $x=-3$，$y=\frac{1}{2}$　〔問4〕 $\frac{18}{25}$

〔問5〕 右図

2 〔問1〕 $32cm^2$

〔問2〕 $(m,\ n)=(1,\ 5)$，$(4,\ 2)$，$(9,\ 1)$

〔問3〕 $m=1$，$a=1$，4(途中の式や計算は解説参照)

3 〔問1〕 24度　〔問2〕 $\frac{49}{2}cm^2$

〔問3〕 解説参照

4 〔問1〕 (1) 右図

(2) $\frac{24}{11}$秒後(途中の式や計算は解説参照)

〔問2〕 2回，$108\sqrt{2}\ cm^2$　〔問3〕 $\frac{256}{3}cm^3$

○配点○

1 各5点×5　2 〔問1〕 6点　〔問2〕 7点(完答)　〔問3〕 12点

3 〔問1〕 6点　〔問2〕 7点　〔問3〕 12点

4 〔問1〕 (2) 10点　他　各5点×3(〔問2〕は完答)　計100点

＜数学解説＞

1 (数・式の計算，平方根，二次方程式，連立方程式，確率，作図)

〔問1〕 $\frac{6-(\sqrt{54}-4\sqrt{3})}{\sqrt{3}}=\frac{6-3\sqrt{6}+4\sqrt{3}}{\sqrt{3}}=\frac{(6-3\sqrt{6}+4\sqrt{3})\times\sqrt{3}}{\sqrt{3}\times\sqrt{3}}=\frac{6\sqrt{3}-9\sqrt{2}+12}{3}=2\sqrt{3}-3\sqrt{2}+4$，乗法公式$(a-b)^2=a^2-2ab+b^2$より，$(\sqrt{3}-1)^2=(\sqrt{3})^2-2\times\sqrt{3}\times1+1^2=3-2\sqrt{3}+1=4-2\sqrt{3}$だから，$\frac{6-(\sqrt{54}-4\sqrt{3})}{\sqrt{3}}-(\sqrt{3}-1)^2=(2\sqrt{3}-3\sqrt{2}+4)-(4-2\sqrt{3})=2\sqrt{3}-3\sqrt{2}+4-4+2\sqrt{3}=4\sqrt{3}-3\sqrt{2}$

〔問2〕 乗法公式$(x+a)(x+b)=x^2+(a+b)x+ab$，$(a+b)^2=a^2+2ab+b^2$より，$(x+2)(x-3)=(x+2)\{x+(-3)\}=x^2+\{2+(-3)\}x+2\times(-3)=x^2-x-6$，$(x+3)^2=x^2+2\times x\times3+3^2=x^2+6x+9$だから，2次方程式　$(x+2)(x-3)+(x+3)^2=1-x^2$　の左辺を展開して，$(x^2-x-6)+(x^2+6x+9)=1-x^2$　整理して，$3x^2+5x+2=0$…①　2次方程式$ax^2+bx+c=0$の解は，$x=\frac{-b\pm\sqrt{b^2-4ac}}{2a}$で求められる。①の2次方程式は，$a=3$，$b=5$，$c=2$の場合だから，$x=\frac{-5\pm\sqrt{5^2-4\times3\times2}}{2\times3}=\frac{-5\pm\sqrt{25-24}}{6}=\frac{-5\pm\sqrt{1}}{6}=\frac{-5\pm1}{6}$　2次方程式の解は，$x=\frac{-5+1}{6}=-\frac{2}{3}$，$x=\frac{-5-1}{6}=-1$

〔問3〕 $\begin{cases} \dfrac{x-1}{2}+2(y+3)=5\cdots① \\ 2(x+5)-\dfrac{4y+1}{3}=3\cdots② \end{cases}$ とする。①の両辺を2倍して，$x-1+4(y+3)=10$　$x+4y=-1\cdots$③　②の両辺を3倍して，$6(x+5)-(4y+1)=9$　$6x-4y=-20\cdots$④　③＋④より，$7x=-21$　$x=-3$　これを③に代入して，$-3+4y=-1$　$y=\dfrac{1}{2}$　よって，連立方程式の解は，$x=-3$，$y=\dfrac{1}{2}$

〔問4〕 袋Aから1枚のカードを取り出すときの取り出し方は，1，3，5，7，9の5通り。そのそれぞれの取り出し方に対して，袋Bから1枚のカードを取り出すときの取り出し方が，0，2，4，6，8の5通りずつあるから，全てのカードの取り出し方は$5\times5=25$通り。このうち，袋Aから取り出したカードの数字をa，袋Bから取り出したカードの数字をbとするとき，$3a>2b$とならない，つまり，$3a\leqq2b$となるのは，$(a,\ b)=(1,\ 2)$，$(1,\ 4)$，$(1,\ 6)$，$(1,\ 8)$，$(3,\ 6)$，$(3,\ 8)$，$(5,\ 8)$の7通り。よって，求める確率は$\dfrac{25-7}{25}=\dfrac{18}{25}$

〔問5〕（着眼点） 正三角形ABCで，頂点Aと辺BCの中点Dを結んだ線分ADは，辺BCの垂直二等分線であり，∠Aの二等分線でもあるから，$\angle\mathrm{BAD}=\dfrac{\angle\mathrm{A}}{2}=\dfrac{60^\circ}{2}=30^\circ$となる。（作図手順）次の①～⑤の手順で作図する。① 点Dを中心とした円を描き，直線AD上に交点を作る。② ①で作ったそれぞれの交点を中心として，交わるように半径の等しい円を描き，その交点と点Dを通る直線を引く。（点Dを通り，直線ADに垂直な直線）③ 点A，Dをそれぞれ中心として，交わるように半径ADの円を描き，その交点をEとする。（△ADEは正三角形）④ 点D，Eをそれぞれ中心として，交わるように半径の等しい円を描き，その交点と点Aを通る直線（∠DAEの二等分線）を引き，②で引いた直線との交点をBとする。⑤ 点Dを中心として，半径BDの円を描き，②で引いた直線との交点のうち，点Bと異なる方を点Cとする。（ただし，解答用紙には点Eの表記は不要である。）

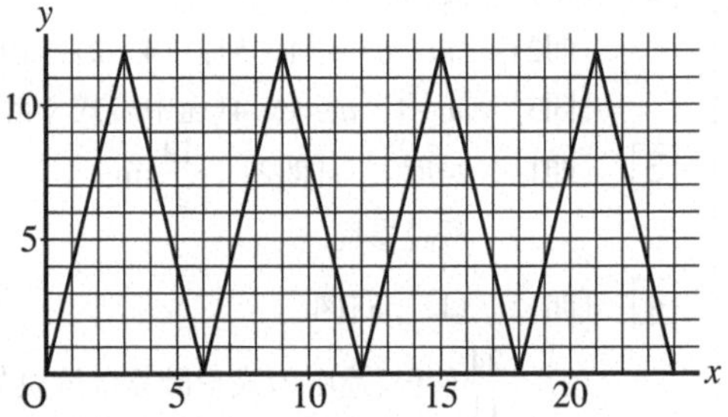

2 （図形と関数・グラフ）

基本 〔問1〕 AD//BC//x軸，AC//BD//y軸より，四角形ADBCは長方形である。点Aは$y=x^2$上にあるから，そのy座標は　$y=3^2=9$　よって，A(3，9)　直線ABの切片が3だから，直線ABの式を$y=cx+3$とおいて，点Aの座標を代入すると，$9=c\times3+3$　$c=2$　直線ABの式は$y=2x+3\cdots$①　直線ABと曲線f：$y=x^2\cdots$②　の交点の座標は，①と②の連立方程式の解。②を①に代入して　$x^2=2x+3$　$x^2-2x-3=0$　$(x+1)(x-3)=0$　$x=-1,\ 3$　ここで，$x=3$は点Aのx座標であり，$x=-1$は点Bのx座標である。これより，点Bのy座標は　$y=(-1)^2=1$　B$(-1,\ 1)$　よって，四角形ADBCの面積は　$\mathrm{BC}\times\mathrm{AC}=\{3-(-1)\}\times(9-1)=32\mathrm{cm}^2$

やや難 〔問2〕 2点A，Bのx座標がそれぞれa，bのとき，そのy座標はそれぞれ　$y=a^2$，$y=b^2$　よって，A$(a,\ a^2)$，B$(b,\ b^2)$　$a-b=n>0$より，$a>b$であるから，$\mathrm{BC}=a-b=n$　また，$a+b=m>0$，$a-b=n>0$，$a^2-b^2=(a+b)(a-b)$より，$a^2>b^2$であるから，$\mathrm{AC}=a^2-b^2=(a+b)(a-b)=mn$　長方形ADBCの周の長さが20cmとなるとき，$\mathrm{BC}+\mathrm{AC}=n+mn=n(1+m)=10\cdots$③　mが自然数のとき$1+m$も2以上の自然数だから，③を満たす自然数の組$(n,\ 1+m)$は，$(1,\ 10)$，$(2,\ 5)$，$(5,\ 2)$の3つ　これより，m，nがともに自然数で，四角形ADBCの周の長さが20cmとなるようなm，nの値の組は，$(m,\ n)=(9,\ 1)$，$(4,\ 2)$，$(1,\ 5)$

〔問3〕（途中の式や計算）（例）$n>0$より，$a>b$であるから，BC$=a-b$　$m>0$，$n>0$，$a^2-b^2=(a+b)(a-b)$より，$a^2>b^2$であるから，AC$=a^2-b^2$　したがって，四角形ADBCが正方形であることより，$a^2-b^2=a-b$　すなわち　$(a+b)(a-b)=a-b$　よって，$a+b=m$，$a-b=n$から，$mn=n$　$mn-n=0$　$n(m-1)=0$　$n>0$より，$n\neq0$であるから，$m=1$　また，点Eの座標は$(a,\ a-2)$であり，$m=1$より，$a+b=1$　すなわち，$b=-a+1$　であるから，AC$=a^2-b^2=(a+\mathrm{b})(a-b)=1\times\{a-(-a+1)\}=2a-1$　AE$=a^2-(a-2)=a^2-a+2$　したがって，正方形ADBCと，長方形ADFEの面積の比が1：2であることより，AC：AE$=1:2$　よって，$a^2-a+2=2(2a-1)$　$a^2-5a+4=0$　$(a-1)(a-4)=0$　$a=1,\ 4$

[3]（円の性質，角度，面積，合同の証明）

基本　〔問1〕　線分ADと辺BCの交点をIとする。弧ACに対する円周角なので，∠ABC＝∠ADC＝50°　△ABIの内角の和は180°だから，∠BAD＝180°－∠AIB－∠ABC＝180°－90°－50°＝40°　円周角の大きさは弧の長さに比例するから，$\angle \mathrm{CAD}=\angle \mathrm{BAD}\times\dfrac{\overset{\frown}{\mathrm{CD}}}{\overset{\frown}{\mathrm{BD}}}=40^\circ\times\dfrac{3}{5}=24^\circ$

〔問2〕　線分ADと辺BCの交点をIとし，BI$=x$cmとすると，CI$=(7-x)$cm　△ABIで三平方の定理を用いると，$\mathrm{AI}^2=\mathrm{AB}^2-\mathrm{BI}^2=(4\sqrt{2})^2-x^2$…①　△ACIで三平方の定理を用いると，$\mathrm{AI}^2=\mathrm{AC}^2-\mathrm{CI}^2=5^2-(7-x)^2$…②　①，②より，$(4\sqrt{2})^2-x^2=5^2-(7-x)^2$　これを解いて，BI$=x=4$cm　CI$=7-4=3$cm　$x=4$を①に代入して，$\mathrm{AI}^2=(4\sqrt{2})^2-4^2=16$　AI>0より，AI$=\sqrt{16}=4$cm　よって，△ABIはAI＝BI＝4cmの直角二等辺三角形であり，∠BAD＝45°　これより，弧BDに対する円周角なので，∠BCD＝∠BAD＝45°　△CDIも直角二等辺三角形であり，DI＝CI＝3cm　以上より，（四角形ABDCの面積）＝△ABC＋△DBC$\dfrac{1}{2}\times\mathrm{BC}\times\mathrm{AI}+\dfrac{1}{2}\times\mathrm{BC}\times\mathrm{DI}=\dfrac{1}{2}\times7\times4+\dfrac{1}{2}\times7\times3=\dfrac{49}{2}\mathrm{cm}^2$

重要　〔問3〕（証明）（例）△BGHと△DIHについて，∠BGH＝∠DIH＝90°…①　対頂角は等しいので，∠BHG＝∠DHI…②　三角形の内角の和は180°であるから，①，②より，∠GBH＝∠IDH…③　△AEFと△ACFについて，③より，∠ABC＝∠ADEであり，弧ACに対する円周角は等しいので，∠ABC＝∠AFC　弧AEに対する円周角は等しいので，∠ADE＝∠AFE　であるから，∠AFE＝∠AFC…④　辺AFは円Oの直径であるから，∠AEF＝∠ACF＝90°…⑤　共通な辺であるから，AF＝AF…⑥　④，⑤，⑥より，直角三角形の斜辺と1つの鋭角がそれぞれ等しいので，△AEF≡△ACF

[4]（空間図形，三平方の定理，切断，面積，体積）

〔問1〕

(1)　点Pが頂点Eから頂点Aまで移動するのに，或いは，頂点Aから頂点Eまで移動するのに，12cm÷毎秒4cm＝3秒かかるから，xとyの関係は，$0\leqq x<3$のとき，$y=4x$，$3\leqq x\leqq6$のとき，$y=12-4(x-3)$，$6\leqq x<9$のとき，$y=4(x-6)$，$9\leqq x\leqq12$のとき，$y=12-4(x-9)$，$12\leqq x<15$のとき，$y=4(x-12)$，$15\leqq x\leqq18$のとき，$y=12-4(x-15)$，$18\leqq x<21$のとき，$y=4(x-18)$，$21\leqq x\leqq24$のとき，$y=12-4(x-21)$　よって，$0\leqq x\leqq24$の範囲で，xとyの関係を表すグラフは，点(0，0)，(3，12)，(6，0)，(9，12)，(12，0)，(15，12)，(18，0)，(21，12)，(24，0)を直線で結んだグラフとなる。

(2)（途中の式や計算）（例）[1]$0\leqq x<3$のとき，EP$=4x$，EQ$=2x$，CR$=12-2x$，CS$=12-3x$であるから，EP＋EQ＝CR＋CSであるとき，$4x+2x=(12-2x)+(12-3x)$　よって，$11x=24$　すなわち，$x=\dfrac{24}{11}$であり，これは，$0\leqq x<3$を満たす。[2]$3\leqq x\leqq4$のとき，EP$=12-4(x-3)$，EQ

$=2x$，$CR=12-2x$，$CS=12-3x$であるから，$EP+EQ=CR+CS$であるとき，$12-4(x-3)+2x=(12-2x)+(12-3x)$　よって，$3x=0$　すなわち，$x=0$であり，これは，$3 \leqq x \leqq 4$を満たさない。

［1］，［2］より，$EP+EQ=CR+CS$となるのは$\frac{24}{11}$秒後。

やや難　〔問2〕　立方体の切断を考えると，4点P，Q，R，Sが，それぞれ頂点を除く辺EA，辺EF，辺BC，辺DC上にあるとき，「4点P，Q，R，Sで四角形ができる」ことはない。これより，点Qが頂点EまたはFにあるとき，つまり，$x=0$，6，12，18，24で場合分けして考える。［1］$x=0$のとき，2点P，Qは共に頂点Eにあり，「4点P，Q，R，Sがいずれも一致しない」という条件に合わない。［2］$x=6$のとき，4点P，Q，R，Sはそれぞれ頂点E，頂点F，頂点C，辺DC上にあり，四角形PQRSは台形となる。［3］$x=12$のとき，2点P，Qは共に頂点Eにあり，「4点P，Q，R，Sがいずれも一致しない」という条件に合わない。［4］$x=18$のとき，4点P，Q，R，Sはそれぞれ頂点E，頂点F，頂点C，辺DC上にあり，四角形PQRSは台形となる。［5］$x=24$のとき，2点P，Qは共に頂点Eにあり，「4点P，Q，R，Sがいずれも一致しない」という条件に合わない。以上より，$0 \leqq x \leqq 24$の範囲で，4点P，Q，R，Sで四角形ができる回数は$x=6$と$x=18$の2回である。また，$x=6$のときの台形PQRSの面積は，$CS=12-3(6-4)=6$cmであることと，△BCFが直角二等辺三角形で，3辺の比が$1:1:\sqrt{2}$であることから，$CF=\sqrt{2}\ BC=12\sqrt{2}$ cmより，$\frac{1}{2}\times(CS+EF)\times CF=\frac{1}{2}\times(6+12)\times 12\sqrt{2}=108\sqrt{2}\text{cm}^2$

重要　〔問3〕　立体PQRSを右図に示す。このとき，$EP=12-4(4-3)=8$cm，$EQ=2\times 4=8$cm，$BR=2\times 4=8$cm　△BPQ＝正方形AEFB－△ABP－△EPQ－△BFQ＝$AB^2-\frac{1}{2}\times AP\times AB-\frac{1}{2}\times EP\times EQ-\frac{1}{2}\times FQ\times BF=AB^2-\frac{1}{2}\times(AE-EP)\times AB-\frac{1}{2}\times EP\times EQ-\frac{1}{2}\times(EF-EQ)\times BF=12^2-\frac{1}{2}\times(12-8)\times 12-\frac{1}{2}\times 8\times 8-\frac{1}{2}\times(12-8)\times 12=64\text{cm}^2$

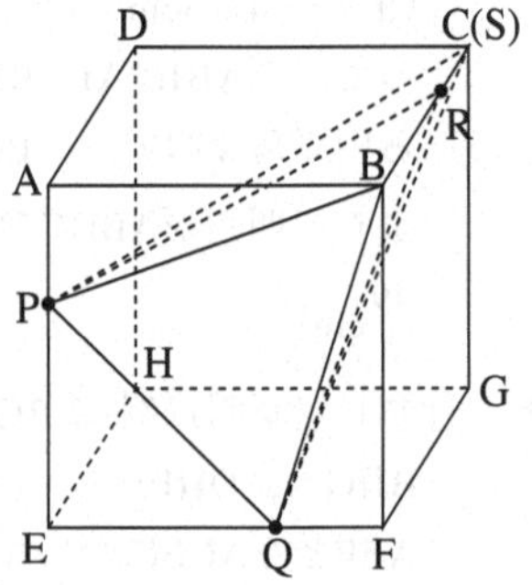

以上より，立体PQRSの体積は　(三角錐S－BPQの体積)－(三角錐R－BPQの体積)＝$\frac{1}{3}\times$△BPQ$\times BS-\frac{1}{3}\times$△BPQ$\times BR=\frac{1}{3}\times$△BPQ$\times(BS-BR)=\frac{1}{3}\times 64\times(12-8)=\frac{256}{3}\text{cm}^3$

★ワンポイントアドバイス★

3〔問2〕では，線分ADと辺BCの交点をIとしたときの，線分AI，BIの長さを求めることがポイントである。4〔問2〕では，立方体の切断を考え，4点P，Q，R，Sの位置を絞り込むことがポイントである。

＜英語解答＞

1 〔問題A〕 ＜対話文1＞ ウ　＜対話文2＞ エ　＜対話文3＞ イ
〔問題B〕 ＜Question 1＞ ウ　＜Question 2＞ They should tell a teacher.

2 〔問1〕 A エ　B イ　C ウ　D ア　E カ　F オ
〔問2〕 (2)-a オ　(2)-b ア　(2)-c ウ　(2)-d エ　〔問3〕 イ
〔問4〕 ア　〔問5〕 the same　〔問6〕 ウ キ

3 〔問1〕 イ　〔問2〕 エ　〔問3〕 オ　〔問4〕 ア　〔問5〕 ウ　〔問6〕 イ キ
〔問7〕 (解答例) The dyeing industry has developed near Marumogawa since around 1910. Workers built dyeing factories in Yurinoki City because they needed fresh water for businesses. They had to put dyed cloth in water and wash the paste away. So, you can say that Marumogawa is connected with textile dyeing in Yurinoki City. (51 words)

○配点○

1 各4点×5　2 問8～5 各4点×5，他 各2点×10　3 問7 12点，他 各4点×7

計100点

＜英語解説＞

1 (リスニングテスト)

放送台本の和訳は，2020年度都立共通問題37ページに掲載。

2 (対話文読解問題：内容吟味，文挿入，語句整序，語句補充，要旨把握，内容一致)

(全訳) *Chisato, Ryotaro, そしてHanaeは東京の高校生である。ある日，彼らはアメリカから来た理科の教師，Mr. Brownと理科室で会う。*

Chisato：こんにちは，Mr. Brown。

Mr. Brown：こんにちは，皆さん。

Ryotaro：何をしておられるのですか，Mr. Brown？

Mr. Brown：次の土曜日に，中学校で特別な授業をするんです。それで，その準備をしています。

Hanae：どんなことをお話しされる予定ですか？

Mr. Brown：動物の睡眠の習性です。この図を見てください。これは，いろいろな動物の睡眠時間を示しています。これを作るのに，この本で多くの情報を与えてもらいました。

Ryotaro：動物の間に多くの相違点がありますね。

Hanae：およそ20時間眠る動物もいれば，とても短い時間の動物もいます。

Mr. Brown：そのとおりです。私たちはみな，睡眠が必要です。そして1日の約3分の1は眠っています。しかしながら，科学者たちはなぜ私たちに睡眠が必要なのかは分かりません。ご存知のように，動物はみんな睡眠が必要ですが，(2)-a オ　我々のように8時間眠ることは必ずしも良いわけではない動物もいます。

Chisato：この図はまた，夜間に眠る動物と昼間に眠る動物の間の相違点も示しているんですね。

Ryotaro：そうなんですよ。ネコとイヌの睡眠時間はほぼ同じです。イヌはほとんど夜間に眠りますが，ネコはほぼ昼間に眠ります。

Chisato　：コウモリは夜間に行動するのは知っています。実際，彼らは昼のほとんどの時間に眠ります。

Ryotaro　：動物は皆，1日に1回だけ眠るのだとこれまで思っていましたが，1日に幾度も眠る動物もいるということが分かりました。

Mr. Brown：(3)(以前に)あなたがそう思っていたとしても私は驚きませんよ。

Hanae　：この図が示していますが，ウマは1日に何度も眠りますが，ゾウは1日に1度だけしか眠らないのですね。両方とも草食動物ですが，睡眠の習性は異なるのですね。

Ryotaro　：そして両方とも睡眠時間が短いです。

Mr. Brown：良いところに気が付きました。では，彼らは睡眠がなぜそんなに短いのでしょう？

Hanae　：草食動物ですから，眠っているあいだに，ライオンなどのような肉食動物に攻撃されるかもしれないからだと思います。

Mr. Brown：ウマに関してはそれは正しいといえます。

Hanae　：ゾウはどうなのですか？

Mr. Brown：赤ちゃんゾウはライオンに攻撃される可能性はありますが，親はその可能性はありません。とても大きいですからね。ゾウは植物だけを食べますね…。

Chisato　：あ，分かりました。植物はたくさんのエネルギーを与えてはくれないので，ゾウのお腹は満たされません。

Mr. Brown：正解です。ゾウは睡眠を何回かに分ける必要はありません。彼らはふつう攻撃されませんからね。しかし，植物を食べる時間はたくさん必要です。結果として，(2)-b ア　彼らの体のサイズが大きいために，睡眠時間がより短くなります。その一方で，ウマはいつでも攻撃され得るので，彼らは何回も分けて眠らなければならないのです。

Ryotaro　：長時間心地よく眠るのがウマには無理だなんて，かわいそうに感じます。

Mr. Brown：さらに，ウマは立ったままで眠ります。危険なことがまわりで起きたときに走って逃げる準備をいつもしているからです。

Ryotaro　：信じられません。

Mr. Brown：もちろんウマは時々，深く眠るために横になる必要があります。つまり，数頭のウマが深く眠るために横たわり，他のウマは周囲の状況に気を配るために立ったまま眠っているのです。群れの中でこの2種類の睡眠をとることによって，群れのそれぞれのウマは交代で深い眠りをとるわけです。

Ryotaro　：驚きです！

Mr. Brown：でも横になって眠るときはおよそ10分間です。

Hanae　：そんなに短い時間だと十分に休めないだろうな。

Chisato　：Mr. Brown，この図ではグンカンドリは睡眠時間が一番短いですね。なぜですか？

Mr. Brown：グンカンドリは海鳥の一種で，一気に一週間飛び続けることができます。

Chisato　：飛んでいるあいだは眠らないということですか？

Mr. Brown：いい質問です。飛行することには多くのエネルギーを必要とします。ですから，長いあいだ，(4)特に鳥類を研究している科学者たちは，これらの鳥が何らかの方法で眠らなければいけないと考えてきました。しかし，空中でどうやって眠っているのか分かりませんでした。数年前に，ある科学者のグループが15羽のグンカンドリを捕まえて，その頭に小さな機器を付けて，それから再び解き放しました。彼らは，飛行中のグンカンドリの脳波を調べました。グンカンドリは休むことをしないで

3,000キロを10日間かけて旅していました。そのチームは，グンカンドリが実際には飛行中に眠っていることをついに発見したのです。

Chisato：わあ。グンカンドリは 飛行しながら　(5)-a 同時に　眠ることができるんですね。

Mr. Brown：1日に合計約40分しか眠らなかったのですが，1回の睡眠はおよそ10秒間しかありませんでした。

Ryotaro：飛行中に眠ってしまったら，海に落ちてしまいませんか？

Mr. Brown：いいえ。実のところ，彼らは風に乗って上昇しているときにだけ睡眠をとるのです。

Ryotaro：なるほど。

Mr. Brown：空中で眠っているあいだ，脳の片側だけが休んでいて，もう一方の側は起きていたのです。

Hanae：私が小学生の時，イルカもそのように眠っていると学びました。脳の左側が眠ると右目を閉じます。脳の右側が眠ると左目を閉じます。イルカのその睡眠のとり方は彼らが海面に上がって空気を取り入れるのに必要です。それはまた，彼らを傷つけようとするかもしれないどんな魚からも彼らを守ることになります。

Mr. Brown：そういうことですね。でもグンカンドリは空高く飛んで，彼らを攻撃する動物はいません。

Chisato：ではなぜ彼らの脳は交代で休まなければいけないのですか？

Mr. Brown：1つの理由は，(2)-c　ウ　彼らが海の上を飛んでいるあいだは休むことができないということです。

Chisato：海鳥なのに海上で休めないというのは驚きました。

Mr. Brown：実は，彼らの翼は水に弱いのです。もし濡れてしまうと，グンカンドリは飛ぶことが難しくなってしまうのです。もし海上で休んでいれば，大きな魚に食べられてしまうかもしれません。

Ryotaro：だから，飛び続けなければいけないんですね。

Mr. Brown：そうです。もう一つの理由は，自分たちがどこに向かっているかを確認するために片目は開けていなければならないということです。それに飛行中は，他のグンカンドリの仲間とぶつかりたくありませんからね。

Chisato：すごい。

Mr. Brown：さらに驚くようなことがもう一つあります。グンカンドリは時に 脳の両側とも (5)-b 同時に休ませます。

Hanae：飛行中に深く眠るということですか？

Mr. Brown：そうです。前に言ったように，1回1回の睡眠はとても短く，彼らが上昇するときに眠ります。だから海には決して落ちないのです。

Hanae：なるほど。

Mr. Brown：でも陸地では，彼らは約12時間眠ります。

全員が笑う。

Mr. Brown：海の中で生きる動物，また鳥の中には1度に脳の半分だけ眠らせることで知られているものがいます。私たち人間が不慣れな環境にいるときには，私たちの脳でも似たようなことが起きているかもしれないと考える科学者も最近はいるんですよ。

Ryotaro：どういう意味ですか？

Mr. Brown：例えば，ホテルで睡眠をとるときやキャンプに行く，あるいは友人の家で眠ったときなど，翌日に眠かったり，疲労があったりということが時にありますよね。

Ryotaro　：はい，ありますね。
Mr. Brown：新しい場所で眠る時，我々の脳の中で特別なことが生じています。脳の片側だけは眠りますが，もう一方の側の脳は起きています。この理由ははっきりしないのですが，(2)-d　エ　左脳のある部分が「夜間の見張り番」の役割をしているからではないかと考えられます。
Chisato　：それは，左脳が私たちを取り囲む環境に気をつけているという意味ですね？
Mr. Brown：そうです。
Hanae　：私たちの脳はグンカンドリと　(5)-c　同じ睡眠システムを持っているかもしれないのですね。
Mr. Brown：はい。そのようにしてある動物たちが眠るのはなぜなのか，科学者たちが発見することを私は期待しています。
Ryotaro　：ありがとうございます，Mr. Brown。とても楽しかったです。
Mr. Brown：皆さんとお話しできてよかったです。中学校で何を話したらよいかについてのヒントをもらいましたよ。
Chisato　：先生とお話しできて楽しかったです。
Hanae　：特別な授業がんばってください。
Mr. Brown：ありがとう。きっと楽しいだろうと思います。

重要　〔問1〕　チャートと本文を照合する。　A　エ　Hanaeの3番目の発言，Ryotaroの5番目の発言，Mr. Brownの9番目の発言を参照。　B　イ　Ryotaroの3番目の発言を参照。　C　ウ　Bの参照箇所と同じ。　D　ア　Chisatoの3番目の発言を参照。　E　カ　Aの参照箇所と同じ。　F　オ　Chisatoの5番目の発言を参照。

やや難　〔問2〕　(2)-a　オ〈not always〉「常に…であるとは限らない」〔部分否定〕　(2)-b　ア　〈because of A〉「Aのために，Aが原因で」　(2)-c　ウ　接続詞while「～している間に」　(2)-d　エ　〈act as A〉「Aの役割をする」

〔問3〕　イ「Ryotaroは，大部分の人はふつう日に1度眠るので他の動物も人間と同じように眠るのだと思い込んでいた」　下線部分が過去形であることに注意。下線部直前のRyotaroの発言の前半部分を参照。

重要　〔問4〕　scientists【who especially study birds thought that these birds had to sleep】in some way.　主格の関係代名詞whoから，study birdsまでの形容詞節が先行詞scientistsを修飾して，文全体の主部となる。〈thought that S＋V〉や，〈had to ＋動詞の原形〉などの構文を軸に，英文を組み立てよう。

基本　〔問5〕　Ryotaroの3番目の発言2文目を参照。

重要　〔問6〕　ア　Mr. Brownは中学生に，なぜ動物は眠る必要があるのかを教える予定だ。(×)

イ　Chisatoは，コウモリが昼間は眠り夜は一晩中ずっと起きていることが分かった。(×)

ウ　Ryotaroは，ウマが睡眠中立ち続けているのがふつうだと知って驚いている。(○)　Mr. Brownの10番目の発言，Ryotaroの7番目の発言を参照。

エ　Hanaeは，イルカが睡眠中片側の目を閉じるということに気づいた。(×)

オ　グンカンドリは空中で眠らない。なぜならほかの鳥から自分たちを守らなければな　らないからである。(×)

カ　人間の脳はイルカのような睡眠システムを持っているとわかった科学者もいる。(×)

キ　人間の右脳は，不慣れな環境での睡眠中に眠る。(○)　Chisatoの最後から2番目の発言，Mr. Brownの最後から4，5番目の発言を参照。

3 （長文読解問題・論説文：語句補充，語句整序，文整序，要旨把握，内容一致，条件英作文）

（全訳）Yurinoki Cityの新しい博物館が間もなくオープンする。館内で見学者は，伝統的な日本の染織の展示を数多く楽しむことだろう。市民は，見学者がその名高い産業に関心を持ってくれることを望んでいる。市には，染料で織物の色を変える染織工房が多数ある。博物館のそばに小さな公園が作られ，そこで小川が流れる予定だ。市民は，古き良き時代の大好きな小川が戻って来るので喜んでいる。小川の名前はSumiya River，つまりSumiyagawaだ。SumiyagawaはMarumo River，つまりMarumogawaの一支流である。Sumiya Riverは，Yurinoki Memorial Parkから流れ，市を通り抜けていた。Marumogawaのもう1本の支流であるEida River，つまりEidagawaは，かつてTsujitaniの町を流れ，市の交通網の中心であるTsujitani Stationに達していた。Marumogawaの支流はたくさんあったが，1960年ころ，市にニュータウンが建設されたときその大部分が地下に (1)-a 埋められた。SumiyagawaとEidagawaはそれらに含まれる。現在の人々は，Tsujitani Station近くの町名としてEidagawaを知っている。Tsujitaniの町には，Eidagawaの復活を含めた大きなプロジェクトがある。まもなく，新しいYurinoki博物館を訪れる人々は，ちょうどEidagawaに顔を向けていた人々のように，Sumiyagawaからの柔らかな風を楽しむことだろう。

Yurinoki Cityの北には，Komagaokaと呼ばれる丘の上にNanasaka High Schoolが立っている。この学校の西側を見ると，変わった眺めに気づくだろう。メインストリートにほぼ並んでいる裏通りは谷のようだ。その通りの家の中には，川の側壁のようなところに立っているものもある。建物の間には別の裏どおりに (1)-b 通じている 階段が幾つか見える。さらに，裏通りは緩やかにカーブしている。そこに何があったのか想像できるだろうか？

その不思議な裏通りはかつてはNarukawaと呼ばれる小川であった。およそ150年前にはこの川は主流であるMarumogawaへと流れていた。今日，本当のNarukawaを見ることはできず，1本の裏通りがMarumogawaへと通じているだけである。この種の通りはよく暗渠と呼ばれる。人々はよく暗渠のことを，地下を流れているふたがされた川や水路のこととして思い浮かべる。しかしここで暗渠というのは，かつては川や灌漑用水，あるいはふたをしていない水路があった場所のことである。それゆえ，暗渠においては，(2)失われた流れの形跡を見つけることができる。他の場所よりも低く，谷のように見える暗渠もある。あまりに狭く車の通行ができない暗渠もある。ジグザグになっていたり，時にはメインストリートとは異なる方向に向かっていることもある。遊歩道や公道として設計された暗渠もあり，人々はその道に沿って歩くことで，失われた当初の小川をたどることができる。暗渠では橋の欄干のようなものを発見して，昔，流れていた小川に架かる橋があったことを知ることもできる。これらすべてが，小川がどのように地上を流れていたかを想像するのに役立っている。

(3)C　約400年前に人々はYurinoki地区にいくつかの町を作り，交通網としての水路を造った。→　B　その後，約150年前に，彼らはそれらの水路を地域の灌漑や産業のために使用し始めた。→　D　同時に，その地域に住む人の数は急に増え，汚れてしまう水路もあり，時には水が陸地へあふれてしまうこともあった。→　A　人々はそれらの問題を解決しようとし，いくつかの小川や水路を地下へ流すことに決めた。　彼らはそれらの水路にふたをし，街路に変えた。今日，人々はそれと知らずに，それらの暗渠に沿って歩いているが，Yurinoki Cityのほとんどの暗渠はそのような歴史を持っている。

Nanasaka High Schoolに近いMarumogawaの暗渠がもう一つある。Hane RiverつまりHanekawaはかつてKomagaokaの東側を通っていたのだが，それはその地域にある水田の中を通り，主流であるMarumogawaに流れ込んでいた。水田は大きな織物工場となったが，現在でも，その地域を歩くと(4)昔の流れを思い出させるものを目にすることができる。工場そばにある狭い裏通りは，その歴史を物語っている。

17世紀に，人々はKomagaokaに馬場を作り，大勢の武士がその馬場に来て馬術の稽古をした。当時，その丘はKomagaokaとは呼ばれていなかったが，その丘に馬場があったので武士たちがそこに新しい名をつけたのだ。komaという語はウマに由来する。地元の人は親切で武士たちを歓迎したので，感謝を示したいと思った武士たちもいた；地元の神社で，馬に乗りながらの弓術を披露したのであった。それが，馬に乗りながら行う日本の伝統的な弓術，Yabusameの始まりであった。Yabusameの演技をすることで，武士たちはKomagaokaの平安，そして地元の人々の米の豊作を祈願した。彼らの演技はある期間中止されていたが，およそ50年前から再開された。それは，もともとのSumiyagawaが地下を通るようになって，新しい町が誕生したことを祝うためであった。

現在，人々はYabusameの演技と小川の流れを楽しめることを喜んでいる。

重要　〔問1〕 (1)-a bury「埋める，覆う」〈be動詞＋過去分詞〉の受け身形。 (1)-b 〈lead to…〉「…に通じる，至る」 現在分詞leadingからstreetまでの部分が，some stairs「いくつかの階段」を修飾している。現在分詞の形容詞的用法。

やや難　〔問2〕 【you can find the signs of the lost flow】 flow：ここでは，「流れ」という名詞で用いられていることに注意する。(〔注〕では動詞の意味「流れる」だけ書かれている。) lostは過去分詞の形容詞的用法で，ここでは前置修飾。

重要　〔問3〕 まず，段落最初のいくつかの文の整序であることを踏まえる。1文目は「トピックセンテンス」(話題提示の文)であることを意識する。それぞれの文の流れやつながりを，次の語句に注意しながらとらえよう。C　About 400 years ago, …　→　B　Later, about a century and a half ago, they…those waterways…　→　D　At the same time, …　→　A　…solve those problems…　下線を引いた代名詞や指示語が何を指すかも確認しよう。

やや難　〔問4〕 〈remind (人) of ～〉「(人)に～を思い出させる，気づかせる」 高校レベルの構文。前後の内容を類推しながら解こう。

やや難　〔問5〕 選択肢中の，川の説明部分を確認して地図と照合する。　ア　第1段落後半を参照。　イ　第5段落前半を参照。　ウ　第3段落前半を参照。　エ　第1段落中ほどを参照。　なお，イのHanekawaは，第5段落2文目にあるようにKomagaokaの東側。←第2段落1文目も参照。

〔問6〕 ア　新しい博物館を訪れる人は，市にたくさんの染織工房があることを知って喜ぶだろう。(×)

イ　Sumiyagawaは，新しい博物館のそばの小さな公園を通って流れる予定だ。(○)
第1段落5～7文目を参照。

ウ　新しいYurinoki博物館やTsujitani Townで同じ支流からの柔らかな風を人々は楽しむだろう。(×)

エ　暗渠と言えば地下を流れているとしばしば思う人もいれば，灌漑用水や水路として　使われていると考える人もいる。(×)

オ　いくつかの種類の橋の欄干を見れば，かつてそこに駅があったと推測できる。(×)

カ　Yurinoki Cityの暗渠それぞれには類似した歴史があるということは，ほとんどの人が知っている。(×)

キ　Komagaokaという名前は，武士たちがその丘で馬術の稽古をするために来るようになってから有名になった。(○)　第6段落最初の2文を参照。

ク　ある期間にわたって，Yabusameは一度も行われなかったが，当初のSumiyagawaをたた

えるためにおよそ50年前に再び始まった。(×)

やや難　〔問7〕 質問訳 「グラフから分かったことを一つ書きなさい。その事実から言えることは何か？」
(解答例訳) 染料産業は1910年頃からMarumogawa近くで発展してきた。労働者たちはYurinoki Cityに染料工場をつくった。なぜなら，その仕事には新鮮な水が必要だったからだ。彼らは染めた布を水に入れ，のりを洗い流さなければいけなかった。それで，Marumogawaは Yurinoki Cityの染織物と結びついていると言える。

★ワンポイントアドバイス★

4〔問7〕のような条件英作文問題に対応できるよう，以下のような対策を講じよう。まず，教科書の重要例文や構文を理解して暗記し，英作文力の土台作りをする。短い英文日記をつけたり，英語で言いたいことを積極的に表現したりして、表現の幅を広げる記述訓練を重ねる。

＜国語解答＞

1 (1) きんしょう　(2) すいとう　(3) じゅんしゅ　(4) す
(5) じじょうじばく

2 (1) 背水　(2) 刷新　(3) 競　(4) 希求　(5) 一衣帯水

3 〔問1〕 イ　〔問2〕 (例) 急に手をつかまれて一瞬驚いたものの，将軍という自分の強い立場を思い出して(36字)
〔問3〕 イ　〔問4〕 ウ　〔問5〕 エ　〔問6〕 ア

4 〔問1〕 (例) 自分にとって付属物であるような富や地位などを自分自身に優先させてはならないということ (42字)
〔問2〕 エ　〔問3〕 理性を公共的に使用するためには徹底した私人でなくてはならない
〔問4〕 ア　〔問5〕 イ　〔問6〕 ア
〔問7〕 (例) 私は筆者の意見に基本的に賛成するが，疑問も感じている。うそも方便という言葉がある。真実をそのまま語ったからといって物事がすべてうまくいくとは限らない。Dが言うように状況を考えることも大事であり，臨機応変の対応でうまくいく場合も多いのではないか。集団の中では協調性がないとチームとしての仕事ができないと聞いたことがある。民主主義にとってもある程度のレトリックは必要だと思う。(200字)

5 〔問1〕 エ　〔問2〕 イ　〔問3〕 ア　〔問4〕 老いらくの来む　〔問5〕 ウ

○配点○

1 各2点×5　2 各2点×5　3 各4点×6　4 問7 12点　他 各4点×6
5 各4点×5　計100点

＜国語解説＞

1 (漢字の読み)

(1) わずか。ほんの少し。 (2) 「稲」は，訓読みが「いね」「いな」，音読みが「トウ」。「稲苗(トウビョウ)」。 (3) 目上の人から言われたことや法律などを，よく守ること。 (4) 「透」は，訓読みは「す・く」，音読みが「トウ」。「透」は，通り抜けていく意を表す。　(5)「自縄自縛」は，自分でしたことや言ったことのために，自分で苦しむこと。

2 (漢字の書き取り)

(1)「背水の陣を敷く」とは，追い詰められた立場で最後的な努力をする。　(2) 悪いところを改めて，全く新しくすること。　(3) 10画目に注意する。「レ」と書く。　(4) 崇高な目標を具現したいと，追い求めること。　(5)「一衣帯水」は，帯のように細い一筋の川や海のこと。また，ひと流れの水をへだてた隣どおし。

3 (小説―情景・心情，内容吟味，文脈把握，脱文・脱語補充)

基本　〔問1〕 家茂公は，全く書に向き合う気持ちがない。「時々目がお草紙から離れ」て，時間が気になっている。「線香は，まだ半分もたっていない」と気付いて退屈し始める様子に，その心情を読み取る。

〔問2〕 播磨守に手を握りしめられて「ハッと本能的に驚かされた」というのが，まず最初の心の状態だ。ここから，「自分の位置の優越を思い出され」て威圧的になっている。驚いた後に自分が将軍という強い力を持つ存在であることを思い出すという動きがみられる。解答は，この心の動きを含めてまとめる。

〔問3〕 考え込んだ後の播磨守の行動を確認すると，驚いてかけ寄った小出勢州の言葉に対して「井伊公に申し上ぐる……徹し申したわ」と弁明している。傍線(3)「身動きもしないで考え込んでいた」のは，この弁明を考えるためであったのだ。井伊公にこのことが伝わると大騒ぎになり将軍の面目が立たないので，どう乗り切るのが良いのか思案していたのである。

重要　〔問4〕 傍線(4)の前で播磨守が言ったのは，播磨守自身の作り話である。幼い家茂公に仁慈の心はない。播磨守は習字のお相手として「書を書くことの尊さ」を教えたいと考えていた。「主君のこうした心がけを矯さなければならないと思った。そのためには，たとい御不興をこうむろうとも，お役御免になろうともいとうところはないとまで思っていた」のだ。この自分の志が，家茂公に全く伝わらないことが悔しく情けなくて泣いているのである。

〔問5〕 傍線(5)の前で井伊公は「お悪戯にもほどがあったものじゃ。」と言っている。井伊公は，播磨守が家茂公のいたずらによって水をかけられたことを見破っている。

〔問6〕 本作品には「播磨守の心を痛めた」と二回続けて書かれていることで，家茂公の心ない書への向き合い方が，いかに播磨守を苦しめているかが伝わる。同時に「書道に対してかなり敬虔な心持ちをいだいている」播磨守の姿も読み取れよう。誤答はそれぞれ，イは「すべて片仮名で表現」という点，ウは「播磨守の視点から見たものが描かれており」という点，エは「家茂公のように仁徳ある君主」という点が不適切である。

4 (論説文―大意・要旨，内容吟味，文脈把握，段落・文章構成，作文)

基本　〔問1〕 ソクラテスが人びとを戒めて説いたことは「自分にとって付属物であるようなものを，自分自身に優先させてはならない」ということなので，ここを用いる。さらに，「自分にとっての付属物」が「富とか地位」であるという説明も含めてまとめなくてはならない。

〔問2〕「牧人」は権力者，「羊」は民衆のたとえである。羊と羊飼い(牧人)の関係を考えると，牧人は，広い牧場で，多くの羊を統率する。これを人に当てはめれば，権力者が多くの民衆を権力者の目指す方向へと誘導するということになる。

〔問3〕 傍線(3)「逆説」があることを，読者に理解してもらうために，筆者は「もともと，パレーシアと……」以降に説明を始めている。ここで，ソクラテスがパレーシアの人であるにもかかわらず民主主義政治から撤退した理由を述べた際に，「ソクラテスが公人として……」で始まる段落で，ソクラテスが「政治参加を拒否した」理由に「真に政治的な人物だったから」という逆説を示したことに注目しよう。さらに同段落に「このとき，真に政治的，真に公人であろうとすれば，かえって，私人に徹しなくてはならない，という逆説がでてくる」と説明を加えており，ここから抜き出せる。

重要　〔問4〕 傍線(4)の理由は直後に述べられている。「真実を言うより，言葉たくみに話して，影響力のある人や大衆の願望に迎合したり，それを操作しなくてはならなくなる」という部分である。つまり，政治家は自分が政治家として成功するために，言葉を巧みに操って大衆の心をつかみ，自分が彼らの望む社会を作る政治家であると認められる必要があるのだ。

〔問5〕「この問答のやり方」については，「つまりこういうことです。……」で始まる段落に説明されている。「相手の命題をまずは全面的に肯定し」た上で問答し，「反対の命題を引き出」せることを示すという方法だ。反対の命題が示されると相手は「自分の前提が虚偽であった」と認めざるを得なくなり，「相手は，自分が実は何も知らなかった」という自分の無知を自覚する。この「自分の無知」というパレーシアを引き出す点が変わっているのである。

〔問6〕 この文章は大きく三つに分けることができる。最初はフーコーの「自己への配慮」について1～3段落で述べている。次に「自己への配慮」を探求する中で生じる「パレーシア」という概念を提示し，「パレーシア」を実践した人としてソクラテスを挙げて説明を進めているのが4～6段落である。さらにソクラテスがどのように「パレーシア」を実践したのかについて，より詳しい内容へと展開していく。そして，このソクラテスの実践についての説明は最終段落まで続く。

やや難　〔問7〕 作文のテーマは“民主主義にレトリックは必要かどうか”だ。こうした意見文は，まず初めに自分の立場を明確に示しておくことが大切だ。終始一貫した立場で意見を述べる必要がある。あいまいな内容は避けたい。また，五人の意見を見てみると，立場はそれぞれだ。自分の立場に近い意見を用いて論を展開すると説得力が出てよいだろう。

5 （論説文・和歌―大意・要旨，内容吟味，語句の意味，表現技法）

基本　〔問1〕 傍線(1)「『古今集』とは，歌集の〈型〉を創造した画期的な編纂物」だと述べている。『古今集』が創始した歌々の配列の方法については「たとえば四季歌では……によって結ばれている」の部分に述べられていて，四季歌では「四季の推移」・恋歌では「始まりから終焉に至る顛末」が描かれるようになっているとある。また，連続する歌々は「『ことば』の連想関係によって結ばれている」とある。この記述の内容をふまえて，正しい選択肢を選ぶ。

〔問2〕 業平が「堀川の大臣」の宴で詠んだ歌をふまえて考える。賀宴の歌は瑞祥の語を連ねて詠むという型を破り，業平は「桜花」を入れ「『老い』がひたひたと近づいてくるという，冷厳な真実も見据え」た歌を詠んでおり，記述どおり「業平の歌が賀歌として期待される〈型〉から逸脱している」ことがわかる。また，この「『老い』がひたひたと近づいてくる」という表現には「擬人法」という技法が見られる。これらが，貫之とは異なった業平の歌の特質だといえる。

〔問3〕「収」には，①おさめ入れる。②作物をとり入れる。③とらえる。④受けとる。⑤ちぢむ。⑥まとめる。という意味がある。ア「収録」は①の意，イ「収縮」は⑤の意，ウ「収得」は④の意，エ「収穫」は②の意で用いられている。傍線(3)「収め」はおさめ入れる意である。

重要　〔問4〕 この和歌の擬人法は「『老い』がひたひたと近づいてくる」というイメージを持たせるために用いられている。したがって，該当する和歌の語句は「老いらくの来む」である。

〔問5〕「忘れては」の歌に詠まれた業平の心は，「予想外の運命の転変に遭遇した感慨」である。「予想外の運命の転変」は，「紀氏と在原氏の期待……大づかみに捉えている」という部分に述べられている。ここを読み解くと，父帝に愛されていた惟喬親王が出家し，比叡山麓の雪深い里に隠棲するというのは予想外のことであり，そうした運命に遭遇することとなったひとりぼっちの惟喬親王の姿に業平は心を痛めた。そして，「忘れては」の歌を詠んだのである。

★ワンポイントアドバイス★

三題の長文が出題されているので時間配分に留意して最後まで解ききろう。作文もあるので，日頃から文章を書く練習しておく必要がある。設問は読解力が試されるものばかりだ。本文の内容をしっかり把握しながら，効率よく読み進める力を養おう。

東京都公立高等学校

2024年度

共通問題（理科・社会）

●くわしい解説……31ページ

＜理科＞

時間　50分　　満点　100点

1　次の各問に答えよ。

〔問１〕　水素と酸素が結び付いて水ができるときの化学変化を表したモデルとして適切なのは，下の**ア**～**エ**のうちではどれか。

ただし，矢印の左側は化学変化前の水素と酸素のモデルを表し，矢印の右側は化学変化後の水のモデルをそれぞれ表すものとする。また，●は水素原子１個を，○は酸素原子１個を表すものとする。

ア　●●　＋　○　→　●○●

イ　●　●　＋　○　→　●○●

ウ　●　●　●　●　＋　○○　→　●○●　●○●

エ　●●　●●　＋　○○　→　●○●　●○●

〔問２〕　図１のように，発泡ポリスチレンのコップの中の水に電熱線を入れた。電熱線に６Ｖの電圧を加えたところ，1.5Aの電流が流れた。このときの電熱線の抵抗の大きさと，電熱線に６Ｖの電圧を加え５分間電流を流したときの電力量とを組み合わせたものとして適切なのは，次の表の**ア**～**エ**のうちではどれか。

図１

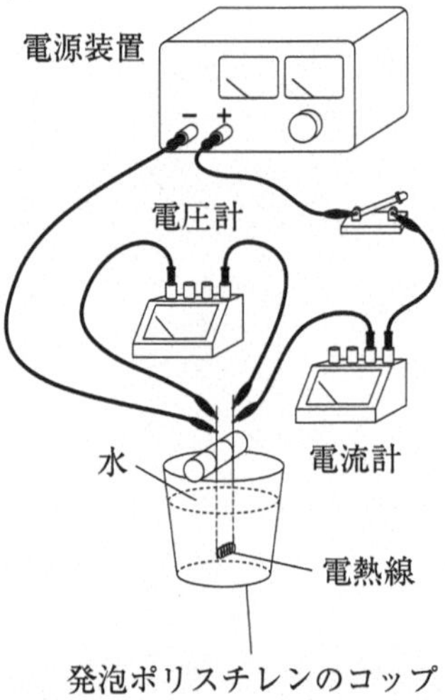

	電熱線の抵抗の大きさ〔Ω〕	電熱線に６Ｖの電圧を加え５分間電流を流したときの電力量〔J〕
ア	4	450
イ	4	2700
ウ	9	450
エ	9	2700

〔問３〕　次のＡ～Ｅの生物の仲間を，脊椎《せきつい》動物と無脊椎動物とに分類したものとして適切なのは，下の表の**ア**～**エ**のうちではどれか。

Ａ　昆虫類　　Ｂ　魚類　　Ｃ　両生類　　Ｄ　甲殻類　　Ｅ　鳥類

	脊椎動物	無脊椎動物
ア	Ａ，Ｃ，Ｄ	Ｂ，Ｅ
イ	Ａ，Ｄ	Ｂ，Ｃ，Ｅ
ウ	Ｂ，Ｃ，Ｅ	Ａ，Ｄ
エ	Ｂ，Ｅ	Ａ，Ｃ，Ｄ

〔問4〕 図2は，ヘリウム原子の構造を模式的に表したものである。原子核の性質と電子の性質について述べたものとして適切なのは，下のア～エのうちではどれか。

図2

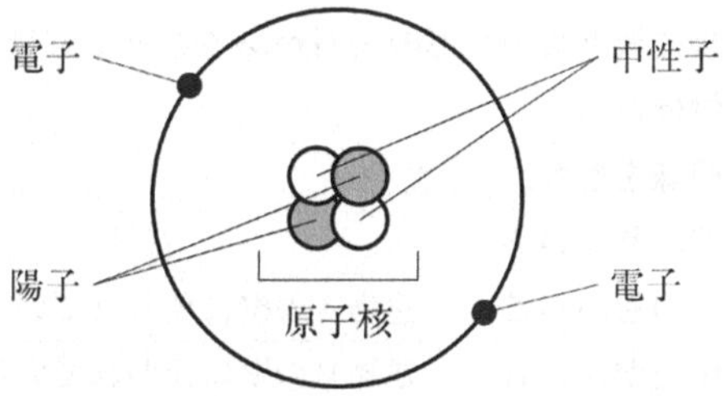

ア　原子核は，プラスの電気をもち，電子は，マイナスの電気をもつ。

イ　原子核は，マイナスの電気をもち，電子は，プラスの電気をもつ。

ウ　原子核と電子は，共にプラスの電気をもつ。

エ　原子核と電子は，共にマイナスの電気をもつ。

〔問5〕 表1は，ある日の午前9時の東京の気象観測の結果を記録したものである。また，表2は，風力と風速の関係を示した表の一部である。表1と表2から，表1の気象観測の結果を天気，風向，風力の記号で表したものとして適切なのは，下のア～エのうちではどれか。

表1

天気	風向	風速〔m/s〕
くもり	北東	3.0

表2

風力	風速〔m/s〕
0	0.3未満
1	0.3以上1.6未満
2	1.6以上3.4未満
3	3.4以上5.5未満
4	5.5以上8.0未満

ア

イ

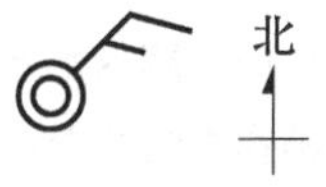

ウ

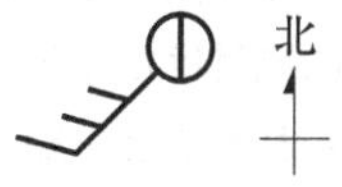

エ

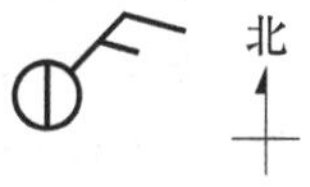

〔問6〕 ヒトのヘモグロビンの性質の説明として適切なのは，次のうちではどれか。

ア　ヒトのヘモグロビンは，血液中の白血球に含まれ，酸素の少ないところでは酸素と結び付き，酸素の多いところでは酸素をはなす性質がある。

イ　ヒトのヘモグロビンは，血液中の白血球に含まれ，酸素の多いところでは酸素と結び付き，酸素の少ないところでは酸素をはなす性質がある。

ウ　ヒトのヘモグロビンは，血液中の赤血球に含まれ，酸素の少ないところでは酸素と結び付き，酸素の多いところでは酸素をはなす性質がある。

エ　ヒトのヘモグロビンは，血液中の赤血球に含まれ，酸素の多いところでは酸素と結び付き，酸素の少ないところでは酸素をはなす性質がある。

2　生徒が，岩石に興味をもち，調べたことについて科学的に探究しようと考え，自由研究に取り組んだ。生徒が書いたレポートの一部を読み，次の各問に答えよ。

＜レポート1＞　身近な岩石に含まれる化石について

河原を歩いているときに様々な色や形の岩石があることに気付き，河原の岩石を観察したところ，貝の化石を見付けた。

身近な化石について興味をもち，調べたところ，建物に使われている石材に化石が含まれるものもあることを知った。そこで，化石が含まれているいくつかの石材を調べ，表1のようにまとめた。

表1

石材	含まれる化石
建物Aの壁に使われている石材a	フズリナ
建物Bの壁に使われている石材b	アンモナイト
建物Bの床に使われている石材c	サンゴ

〔問1〕　＜レポート1＞から，化石について述べた次の文章の ① と ② にそれぞれ当てはまるものを組み合わせたものとして適切なのは，下の表の**ア**～**エ**のうちではどれか。

表1において，石材aに含まれるフズリナの化石と石材bに含まれるアンモナイトの化石のうち，地質年代の古いものは ① である。また，石材cに含まれるサンゴの化石のように，その化石を含む地層が堆積した当時の環境を示す化石を ② という。

	①	②
ア	石材aに含まれるフズリナの化石	示相化石
イ	石材aに含まれるフズリナの化石	示準化石
ウ	石材bに含まれるアンモナイトの化石	示相化石
エ	石材bに含まれるアンモナイトの化石	示準化石

＜レポート2＞　金属を取り出せる岩石について

山を歩いているときに見付けた緑色の岩石について調べたところ，クジャク石というもので，この石から銅を得られることを知った。不純物を含まないクジャク石から銅を得る方法に興味をもち，具体的に調べたところ，クジャク石を加熱すると，酸化銅と二酸化炭素と水に分解され，得られた酸化銅に炭素の粉をよく混ぜ，加熱すると銅が得られることが分かった。

クジャク石に含まれる銅の割合を，実験と資料により確認することにした。

まず，不純物を含まない人工的に作られたクジャク石の粉0.20 gを理科室で図1のように加熱し，完全に反応させ，0.13 gの黒色の固体を得た。次に，銅の質量とその銅を加熱して得られる酸化銅の質量の関係を調べ，表2（次のページ）のような資料にまとめた。

図1

表2

銅の質量〔g〕	0.08	0.12	0.16	0.20	0.24	0.28
加熱して得られる酸化銅の質量〔g〕	0.10	0.15	0.20	0.25	0.30	0.35

〔問2〕 **＜レポート2＞**から，人工的に作られたクジャク石の粉0.20ｇに含まれる銅の割合として適切なのは，次のうちではどれか。

ア　20％　　**イ**　52％　　**ウ**　65％　　**エ**　80％

＜レポート3＞　石英について

山を歩いているときに見付けた無色透明な部分を含む岩石について調べたところ，無色透明な部分が石英であり，ガラスの原料として広く使われていることを知った。

ガラスを通る光の性質に興味をもち，調べるために，空気中で図2のように方眼紙の上に置いた直方体のガラスに光源装置から光を当てる実験を行った。光は，物質の境界面Q及び境界面Rで折れ曲がり，方眼紙に引いた直線Lを通り過ぎた。光の道筋と直線Lとの交点を点Pとした。なお，図2は真上から見た図であり，光源装置から出ている矢印（—▶—）は光の道筋と進む向きを示したものである。

図2

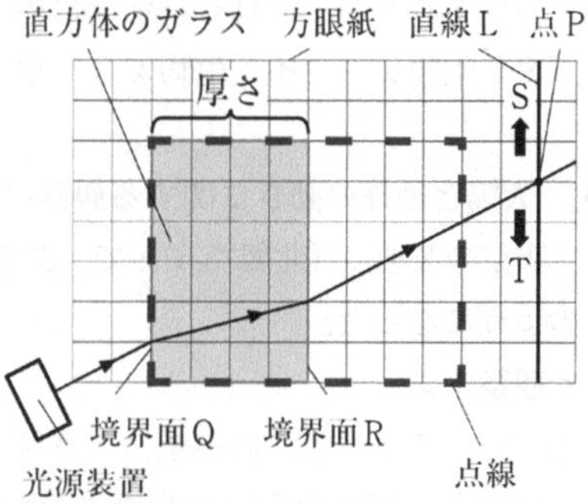

〔問3〕 **＜レポート3＞**から，図2の境界面Qと境界面Rのうち光源装置から出た光が通過するとき入射角より屈折角が大きくなる境界面と，厚さを2倍にした直方体のガラスに入れ替えて同じ実験をしたときの直線L上の点Pの位置の変化について述べたものとを組み合わせたものとして適切なのは，下の表の**ア**～**エ**のうちではどれか。

ただし，入れ替えた直方体のガラスは，**＜レポート3＞**の直方体のガラスの厚さのみを変え，点線（▬ ▬）の枠に合わせて設置するものとする。

	光源装置から出た光が通過するとき入射角より屈折角が大きくなる境界面	厚さを2倍にした直方体のガラスに入れ替えて同じ実験をしたときの直線L上の点Pの位置の変化について述べたもの
ア	境界面Q	点Pの位置は，Sの方向にずれる。
イ	境界面R	点Pの位置は，Sの方向にずれる。
ウ	境界面Q	点Pの位置は，Tの方向にずれる。
エ	境界面R	点Pの位置は，Tの方向にずれる。

＜レポート4＞　生物由来の岩石について

河原を歩いているときに見付けた岩石について調べたところ，その岩石は，海中の生物の死がいなどが堆積してできたチャートであることを知った。海中の生物について興味をもち，調べたところ，海中の生態系を構成する生物どうしは，食べたり食べられたりする関係でつながっていることが分かった。また，ある生態系を構成する生物どうしの数量的な関係は，図３のように，ピラミッドのような形で表すことができ，食べられる側の生物の数のほうが，食べる側の生物の数よりも多くなることも分かった。

図３

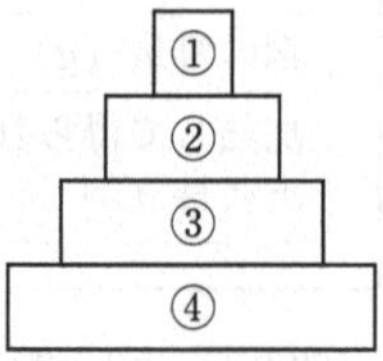

〔問４〕　生物どうしの数量的な関係を図３のように表すことができるモデル化した生態系Ｖについて，＜**資料**＞のことが分かっているとき，＜**レポート４**＞と＜**資料**＞から，生態系Ｖにおいて，図３の③に当てはまるものとして適切なのは，下の**ア**～**エ**のうちではどれか。

＜**資料**＞
生態系Ｖには，生物ｗ，生物ｘ，生物ｙ，生物ｚがいる。生態系Ｖにおいて，生物ｗは生物ｘを食べ，生物ｘは生物ｙを食べ，生物ｙは生物ｚを食べる。

ただし，生態系Ｖにおいて，図３の①，②，③，④には，生物ｗ，生物ｘ，生物ｙ，生物ｚのいずれかが，それぞれ別々に当てはまるものとする。

ア　生物ｗ　　**イ**　生物ｘ　　**ウ**　生物ｙ　　**エ**　生物ｚ

3　太陽と地球の動きに関する観察について，次の各問に答えよ。

東京のＸ地点（北緯35.6°）で，ある年の６月のある日に＜**観察１**＞を行ったところ，＜**結果１**＞のようになった。

＜**観察１**＞

(1)　図１のように，白い紙に，透明半球の縁と同じ大きさの円と，円の中心Ｏで垂直に交わる線分ＡＣと線分ＢＤをかいた。かいた円に合わせて透明半球をセロハンテープで白い紙に固定した。

(2)　Ｎ極が黒く塗られた方位磁針を用いて点Ｃが北の方角に一致するよう線分ＡＣを南北方向に合わせ，透明半球を日当たりのよい水平な場所に固定した。

図１

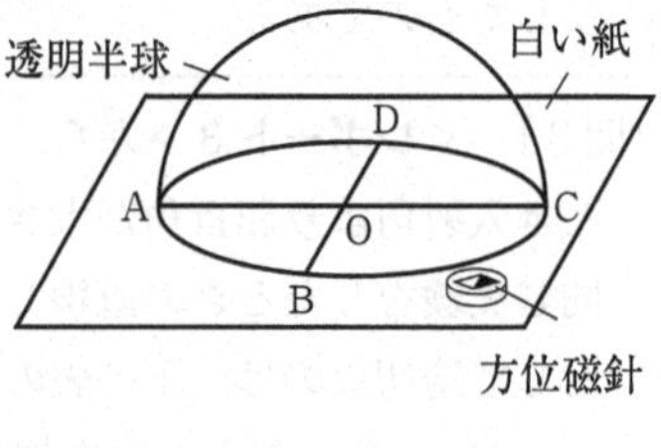

(3)　８時から16時までの間，２時間ごとに，油性ペンの先の影が円の中心Ｏと一致する透明半球上の位置に•印と観察した時刻を記録した。

(4)　(3)で記録した•印を滑らかな線で結び，その線を透明半球の縁まで延ばして，東側で交わる点をＥ，西側で交わる点をＦとした。

(5)　(3)で２時間ごとに記録した透明半球上の•印の間隔をそれぞれ測定した。

＜**結果１**＞

(1)　＜**観察１**＞の(3)と(4)の透明半球上の記録は図２のようになった。

(2)　＜**観察１**＞の(5)では，２時間ごとに記録した透明半球上の•印の間隔はどれも5.2㎝であった。

図２

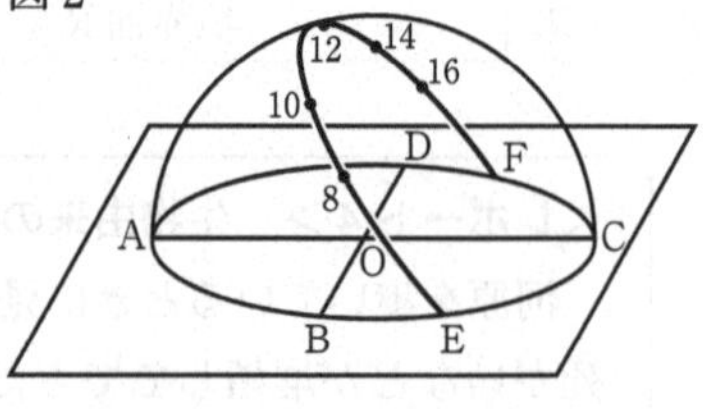

〔問１〕 ＜**結果１**＞の(1)から，＜**観察１**＞の観測日の南中高度をRとしたとき，Rを示した模式図として適切なのは，下の**ア**～**エ**のうちではどれか。

ただし，下の**ア**～**エ**の図中の点Pは太陽が南中した時の透明半球上の太陽の位置を示している。

ア

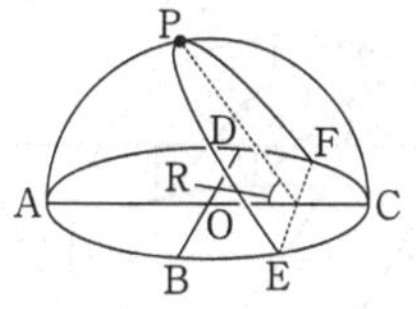

イ

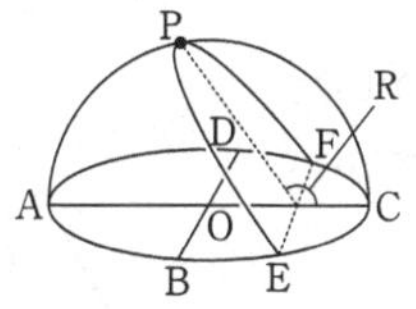

ウ

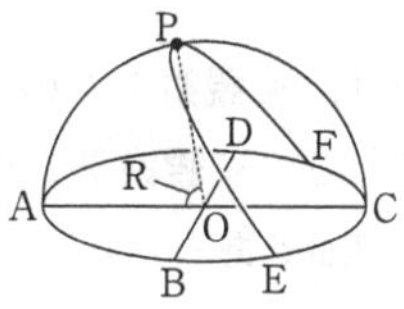

エ

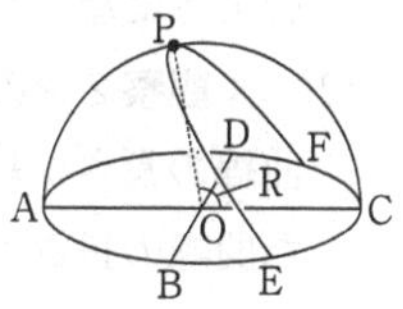

〔問２〕 ＜**結果１**＞の(2)から，地球上での太陽の見かけ上の動く速さについてどのようなことが分かるか。「２時間ごとに記録した透明半球上の•印のそれぞれの間隔は，」に続く形で，理由も含めて簡単に書け。

〔問３〕 図３は，北極点の真上から見た地球を模式的に表したものである。点Ｊ，点Ｋ，点Ｌ，点Ｍは，それぞれ東京のＸ地点（北緯35.6°）の６時間ごとの位置を示しており，点Ｊは南中した太陽が見える位置である。地球の自転の向きについて述べた次の文章の ① ～ ④ に，それぞれ当てはまるものを組み合わせたものとして適切なのは，後の表の**ア**～**エ**のうちではどれか。

図３

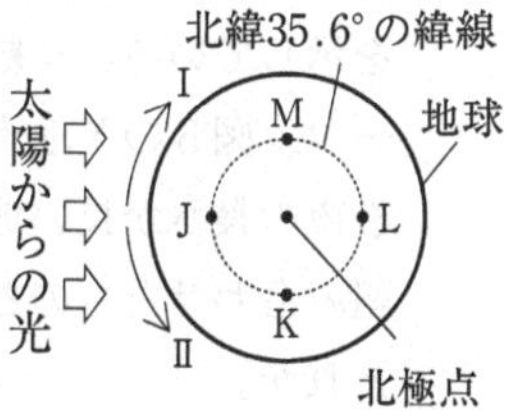

＜**結果１**＞の(1)から，地球上では太陽は見かけ上， ① に移動して見えることが分かる。また，図３において，東の空に太陽が見えるのは点 ② の位置であり，西の空に太陽が見えるのは点 ③ の位置である。そのため地球は， ④ の方向に自転していると考えられる。

	①	②	③	④
ア	西の空から東の空	K	M	Ⅰ
イ	東の空から西の空	K	M	Ⅱ
ウ	西の空から東の空	M	K	Ⅰ
エ	東の空から西の空	M	K	Ⅱ

次に，東京のＸ地点（北緯35.6°）で，＜**観察１**＞を行った日と同じ年の９月のある日に＜**観察２**＞を行ったところ，＜**結果２**＞（次のページ）のようになった。

＜**観察２**＞

(1) ＜**観察１**＞の(3)と(4)の結果を記録した図２（前のページ）のセロハンテープで白い紙に固定した透明半球を準備した。

(2) Ｎ極が黒く塗られた方位磁針を用いて点Ｃが北の方角に一致するよう線分ACを南北方向に合わせ，透明半球を日当たりのよい水平な場所に固定した。

(3) ８時から16時までの間，２時間ごとに，油性ペンの先の影が円の中心Ｏと一致する透明半球上の位置に▲印と観察した時刻を記録した。

(4)　(3)で記録した▲印を滑らかな線で結び，その線を透明半球の縁まで延ばした。

(5)　＜観察１＞と＜観察２＞で透明半球上にかいた曲線の長さをそれぞれ測定した。

＜結果２＞

(1)　＜観察２＞の(3)と(4)の透明半球上の記録は図４のようになった。

(2)　＜観察２＞の(5)では，＜観察１＞の(4)でかいた曲線の長さは約37.7cmで，＜観察２＞の(4)でかいた曲線の長さは約33.8cmであった。

図４

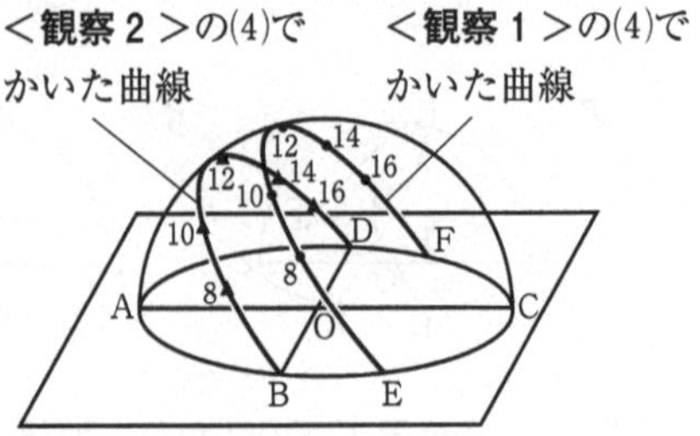

〔問４〕　図５は，＜観察１＞を行った日の地球を模式的に表したものである。図５のＸ地点は＜観察１＞を行った地点を示し，図５のＹ地点は北半球にあり，Ｘ地点より高緯度の地点を示している。＜結果２＞から分かることを次の①，②から一つ，図５のＸ地点とＹ地点における夜の長さを比較したとき夜の長さが長い地点を下の③，④から一つ，それぞれ選び，組み合わせたものとして適切なのは，下の**ア**～**エ**のうちではどれか。

図５

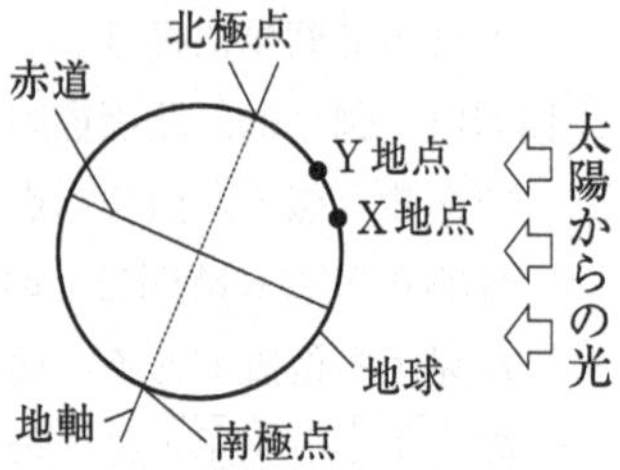

①　日の入りの位置は，＜観察１＞を行った日の方が＜観察２＞を行った日よりも北寄りで，昼の長さは＜観察１＞を行った日の方が＜観察２＞を行った日よりも長い。

②　日の入りの位置は，＜観察１＞を行った日の方が＜観察２＞を行った日よりも南寄りで，昼の長さは＜観察２＞を行った日の方が＜観察１＞を行った日よりも長い。

③　Ｘ地点

④　Ｙ地点

ア　①，③　　**イ**　①，④　　**ウ**　②，③　　**エ**　②，④

4　植物の働きに関する実験について，次の各問に答えよ。

＜実験＞を行ったところ，＜結果＞のようになった。

＜実験＞

(1)　図１のように，２枚のペトリ皿に，同じ量の水と，同じ長さに切ったオオカナダモＡ，オオカナダモＢを用意した。オオカナダモＡ，オオカナダモＢの先端付近の葉をそれぞれ１枚切り取り，プレパラートを作り，顕微鏡で観察し，細胞内の様子を記録した。

図１

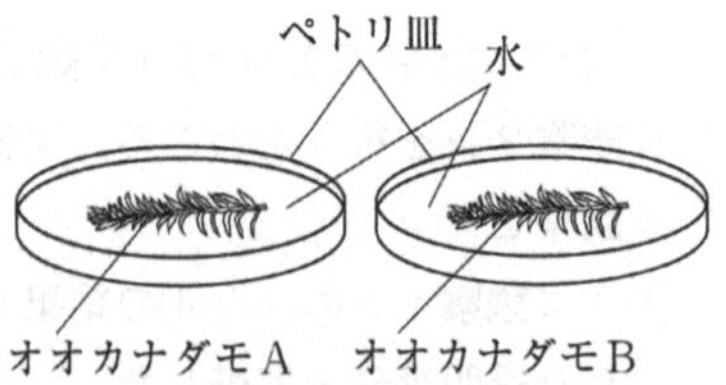

(2)　図２のように，オオカナダモＡ，オオカナダモＢを，20℃の条件の下で，光が当たらない場所に２日間置いた。

図２

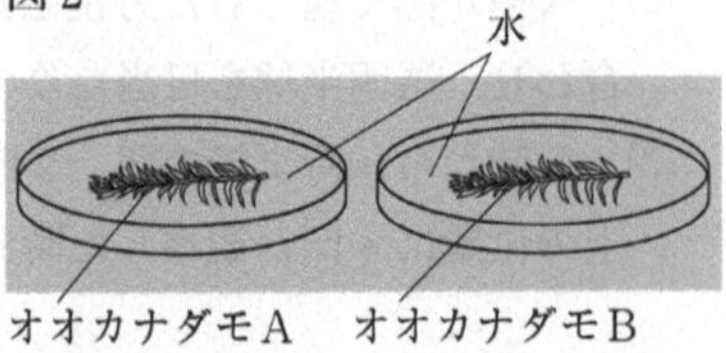

(3)　２日後，オオカナダモＡ，オオカナダモＢの先端付近の葉をそれぞれ１枚切り取り，熱湯に浸した後，温

めたエタノールに入れ，脱色した。脱色した葉を水で洗った後，ヨウ素液を1滴落とし，プレパラートを作り，顕微鏡で観察し，細胞内の様子を記録した。

(4) (2)で光が当たらない場所に2日間置いたオオカナダモBの入ったペトリ皿をアルミニウムはくで覆い，ペトリ皿の内部に光が入らないようにした。

(5) 図3のように，20℃の条件の下で，(2)で光が当たらない場所に2日間置いたオオカナダモAが入ったペトリ皿と，(4)でアルミニウムはくで覆ったペトリ皿を，光が十分に当たる場所に3日間置いた。

(6) 3日後，オオカナダモAとオオカナダモBの先端付近の葉をそれぞれ1枚切り取った。

図3

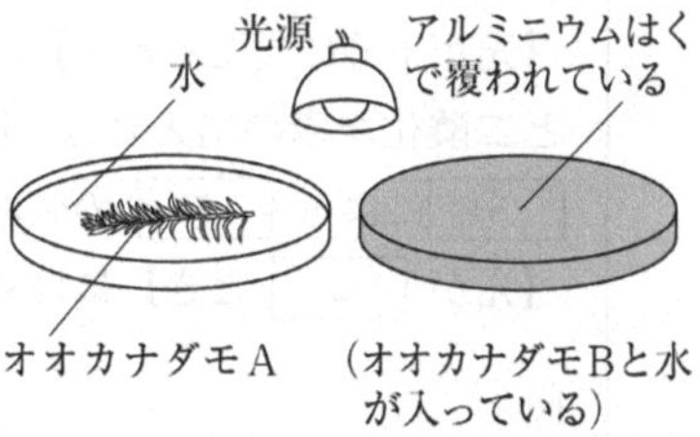

(7) (6)で切り取った葉を熱湯に浸した後，温めたエタノールに入れ，脱色した。脱色した葉を水で洗った後，ヨウ素液を1滴落とし，プレパラートを作り，顕微鏡で観察し，細胞内の様子を記録した。

＜結果＞

(1) ＜**実験**＞の(1)のオオカナダモAとオオカナダモBの先端付近の葉の細胞内には，緑色の粒がそれぞれ多数観察された。

(2) ＜**実験**＞の(3)のオオカナダモの先端付近の葉の細胞内の様子の記録は，表1のようになった。

表1

オオカナダモAの先端付近の葉の細胞内の様子	オオカナダモBの先端付近の葉の細胞内の様子
＜**実験**＞の(1)で観察された緑色の粒と同じ形の粒は，透明であった。	＜**実験**＞の(1)で観察された緑色の粒と同じ形の粒は，透明であった。

(3) ＜**実験**＞の(7)のオオカナダモの先端付近の葉の細胞内の様子の記録は，表2のようになった。

表2

オオカナダモAの先端付近の葉の細胞内の様子	オオカナダモBの先端付近の葉の細胞内の様子
＜**実験**＞の(1)で観察された緑色の粒と同じ形の粒は，青紫色に染色されていた。	＜**実験**＞の(1)で観察された緑色の粒と同じ形の粒は，透明であった。

〔問1〕 ＜**実験**＞の(1)でプレパラートを作り，顕微鏡で観察をする準備を行う際に，プレパラートと対物レンズを，最初に，できるだけ近づけるときの手順について述べたものと，対物レンズが20倍で接眼レンズが10倍である顕微鏡の倍率とを組み合わせたものとして適切なのは，次の表の**ア**～**エ**のうちではどれか。

	顕微鏡で観察をする準備を行う際に，プレパラートと対物レンズを，最初に，できるだけ近づけるときの手順	対物レンズが20倍で接眼レンズが10倍である顕微鏡の倍率
ア	接眼レンズをのぞきながら，調節ねじを回してプレパラートと対物レンズをできるだけ近づける。	200倍
イ	顕微鏡を横から見ながら，調節ねじを回してプレパラートと対物レンズをできるだけ近づける。	200倍
ウ	接眼レンズをのぞきながら，調節ねじを回してプレパラートと対物レンズをできるだけ近づける。	30倍
エ	顕微鏡を横から見ながら，調節ねじを回してプレパラートと対物レンズをできるだけ近づける。	30倍

〔問２〕　＜**実験**＞の(6)で葉を切り取ろうとした際に，オオカナダモＡに気泡が付着していることに気付いた。このことに興味をもち，植物の働きによる気体の出入りについて調べ，＜**資料**＞にまとめた。

＜**資料**＞
【光が十分に当たるとき】と【光が当たらないとき】の植物の光合成や呼吸による，酸素と二酸化炭素の出入りは，図４の模式図のように表すことができる。図４から，植物の ⑤ による ③ の吸収と ④ の放出は，【光が ① とき】には見られるが，【光が ② とき】には見られない。

図４

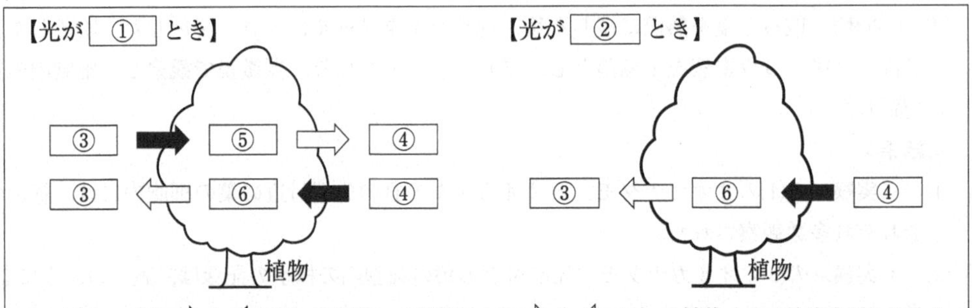

※　図中の（➡と⬅）は植物への吸収，（⇨と⇦）は植物からの放出を示している。

＜**資料**＞の ① ～ ⑥ にそれぞれ当てはまるものを組み合わせたものとして適切なのは，次の表の**ア**～**エ**のうちではどれか。

	①	②	③	④	⑤	⑥
ア	十分に当たる	当たらない	二酸化炭素	酸素	光合成	呼吸
イ	十分に当たる	当たらない	酸素	二酸化炭素	呼吸	光合成
ウ	当たらない	十分に当たる	二酸化炭素	酸素	光合成	呼吸
エ	当たらない	十分に当たる	酸素	二酸化炭素	呼吸	光合成

〔問３〕　＜**結果**＞の(1)～(3)から分かることとして適切なのは，次のうちではどれか。

ア　光が十分に当たる場所では，オオカナダモの葉の核でデンプンが作られることが分かる。

イ　光が十分に当たる場所では，オオカナダモの葉の核でアミノ酸が作られることが分かる。

ウ　光が十分に当たる場所では，オオカナダモの葉の葉緑体でデンプンが作られることが分かる。

エ　光が十分に当たる場所では，オオカナダモの葉の葉緑体でアミノ酸が作られることが分かる。

5　水溶液に関する実験について，あとの各問に答えよ。

＜**実験１**＞を行ったところ，＜**結果１**＞（次のページ）のようになった。

＜**実験１**＞

(1)　ビーカーＡ，ビーカーＢ，ビーカーＣにそれぞれ蒸留水（精製水）を入れた。

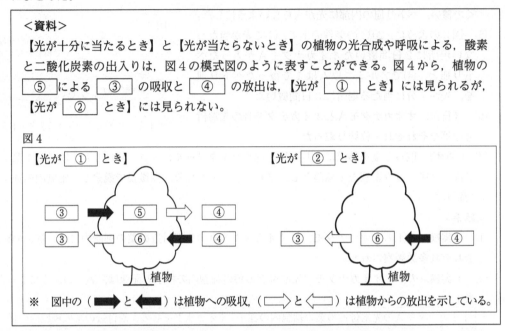

⑵　ビーカーBに塩化ナトリウムを加えて溶かし，5％の塩化ナトリウム水溶液を作成した。ビーカーCに砂糖を加えて溶かし，5％の砂糖水を作成した。

⑶　図1のように実験装置を組み，ビーカーAの蒸留水，ビーカーBの水溶液，ビーカーCの水溶液に，それぞれ約3Vの電圧を加え，電流が流れるか調べた。

図1

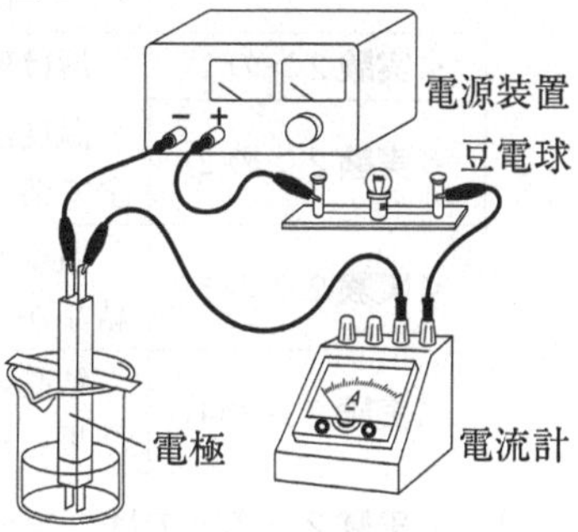

＜結果1＞

ビーカーA	ビーカーB	ビーカーC
電流が流れなかった。	電流が流れた。	電流が流れなかった。

〔問1〕　**＜結果1＞**から，ビーカーBの水溶液の溶質の説明と，ビーカーCの水溶液の溶質の説明とを組み合わせたものとして適切なのは，次の表の**ア**～**エ**のうちではどれか。

	ビーカーBの水溶液の溶質の説明	ビーカーCの水溶液の溶質の説明
ア	蒸留水に溶け，電離する。	蒸留水に溶け，電離する。
イ	蒸留水に溶け，電離する。	蒸留水に溶けるが，電離しない。
ウ	蒸留水に溶けるが，電離しない。	蒸留水に溶け，電離する。
エ	蒸留水に溶けるが，電離しない。	蒸留水に溶けるが，電離しない。

次に，**＜実験2＞**を行ったところ，**＜結果2＞**のようになった。

＜実験2＞

⑴　試験管A，試験管Bに，室温と同じ27℃の蒸留水（精製水）をそれぞれ5g（5 cm^3）入れた。次に，試験管Aに硝酸カリウム，試験管Bに塩化ナトリウムをそれぞれ3g加え，試験管をよくふり混ぜた。試験管A，試験管Bの中の様子をそれぞれ観察した。

⑵　図2のように，試験管A，試験管Bの中の様子をそれぞれ観察しながら，ときどき試験管を取り出し，ふり混ぜて，温度計が27℃から60℃を示すまで水溶液をゆっくり温めた。

⑶　加熱を止め，試験管A，試験管Bの中の様子をそれぞれ観察しながら，温度計が27℃を示すまで水溶液をゆっくり冷やした。

⑷　試験管A，試験管Bの中の様子をそれぞれ観察しながら，さらに温度計が20℃を示すまで水溶液をゆっくり冷やした。

⑸　⑷の試験管Bの水溶液を1滴とり，スライドガラスの上で蒸発させた。

図2

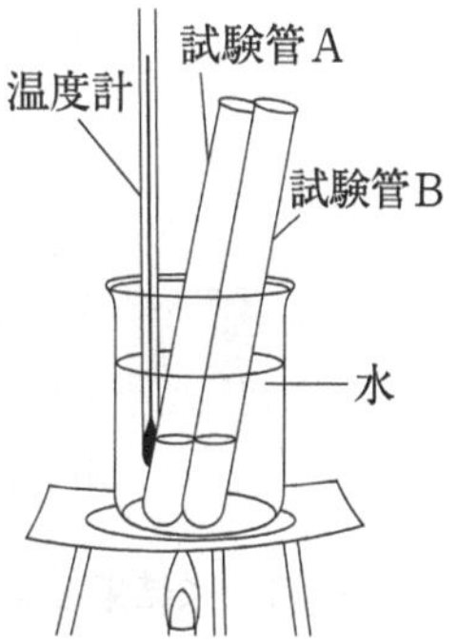

＜結果2＞

⑴　**＜実験2＞**の⑴から**＜実験2＞**の⑷までの結果は次のページの表のようになった。

	試験管Aの中の様子	試験管Bの中の様子
＜実験2＞の(1)	溶け残った。	溶け残った。
＜実験2＞の(2)	温度計が約38℃を示したときに全て溶けた。	**＜実験2＞**の(1)の試験管Bの中の様子に比べ変化がなかった。
＜実験2＞の(3)	温度計が約38℃を示したときに結晶が現れ始めた。	**＜実験2＞**の(2)の試験管Bの中の様子に比べ変化がなかった。
＜実験2＞の(4)	結晶の量は，**＜実験2＞**の(3)の結果に比べ増加した。	**＜実験2＞**の(3)の試験管Bの中の様子に比べ変化がなかった。

(2)　**＜実験2＞**の(5)では，スライドガラスの上に白い固体が現れた。

さらに，硝酸カリウム，塩化ナトリウムの水に対する溶解度を図書館で調べ，**＜資料＞**を得た。

＜資料＞

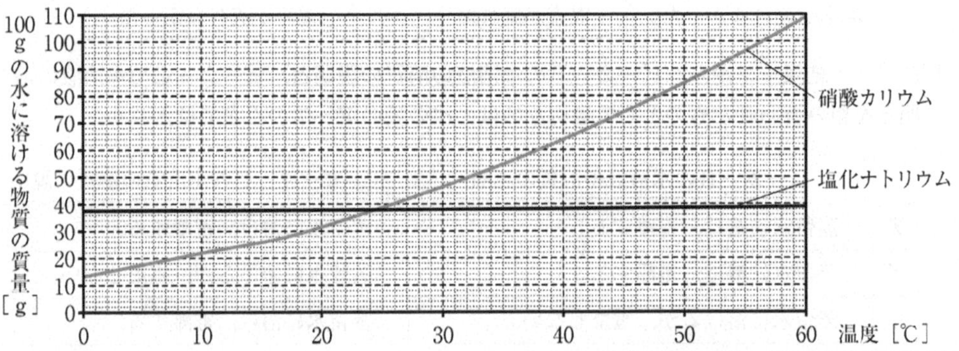

〔問2〕　**＜結果2＞**の(1)と**＜資料＞**から，温度計が60℃を示すまで温めたときの試験管Aの水溶液の温度と試験管Aの水溶液の質量パーセント濃度の変化との関係を模式的に示した図として適切なのは，次のうちではどれか。

ア

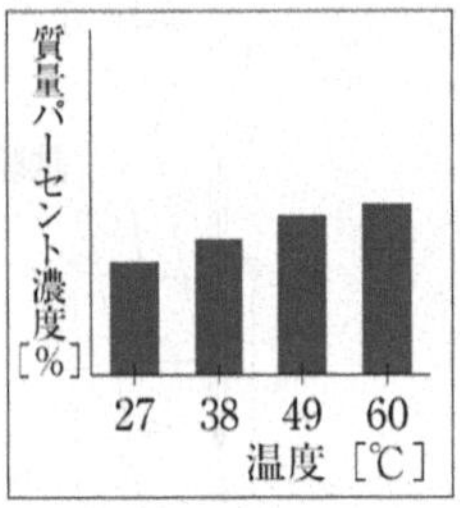

イ

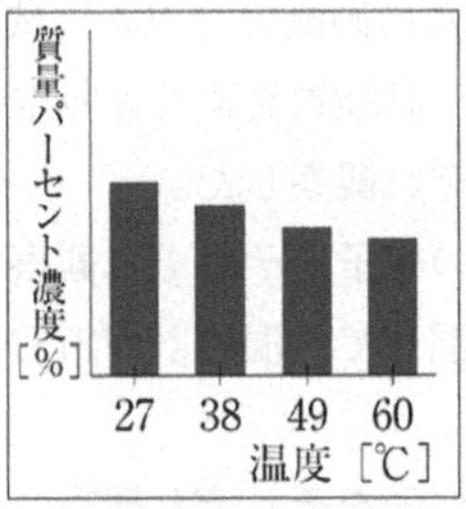

ウ

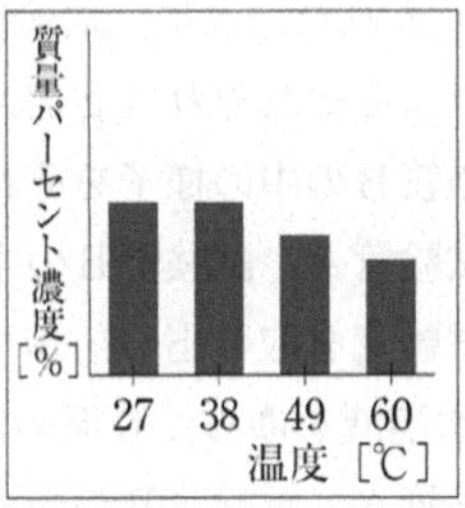

エ

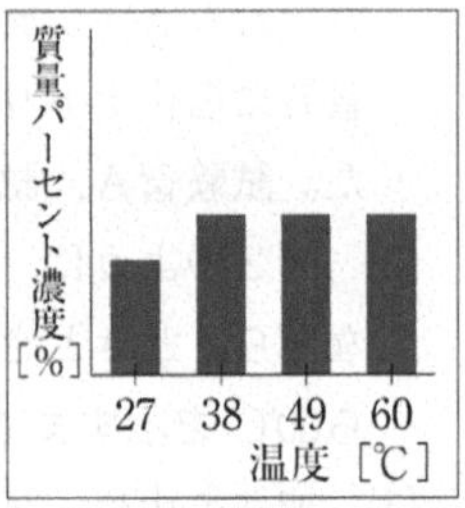

〔問3〕　**＜結果2＞**の(1)から，試験管Bの中の様子に変化がなかった理由を，温度の変化と溶解度の変化の関係に着目して，「**＜資料＞**から，」に続く形で，簡単に書け。

〔問4〕　**＜結果2＞**の(2)から，水溶液の溶媒を蒸発させると溶質が得られることが分かった。試験管Bの水溶液の温度が20℃のときと同じ濃度の塩化ナトリウム水溶液が0.35 gあった場合，**＜資料＞**を用いて考えると，溶質を全て固体として取り出すために蒸発させる溶媒の質量として適切なのは，次のうちではどれか。

ア　約0.13 g　　**イ**　約0.21 g　　**ウ**　約0.25 g　　**エ**　約0.35 g

6　力学的エネルギーに関する実験について，次の各問に答えよ。
ただし，質量100ｇの物体に働く重力の大きさを１Ｎとする。
＜実験１＞を行ったところ，＜結果１＞のようになった。
＜実験１＞

(1)　図１のように，力学台車と滑車を合わせた質量600ｇの物体を糸でばねばかりにつるし，基準面で静止させ，ばねばかりに印を付けた。その後，ばねばかりをゆっくり一定の速さで水平面に対して垂直上向きに引き，物体を基準面から10㎝持ち上げたとき，ばねばかりが示す力の大きさと，印が動いた距離と，移動にかかった時間を調べた。

図１
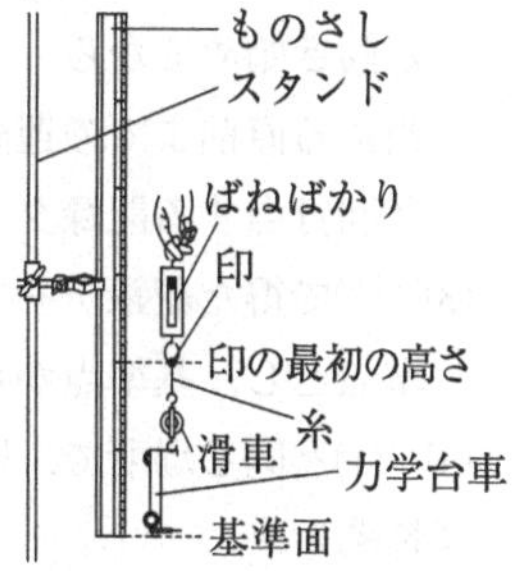

(2)　図２のように，(1)と同じ質量600ｇの物体を，一端を金属の棒に結び付けた糸でばねばかりにつるし，(1)と同じ高さの基準面で静止させ，ばねばかりに印を付けた。その後，ばねばかりをゆっくり一定の速さで水平面に対して垂直上向きに引き，物体を基準面から10㎝持ち上げたとき，ばねばかりが示す力の大きさと，印が動いた距離と，移動にかかった時間を調べた。

図２
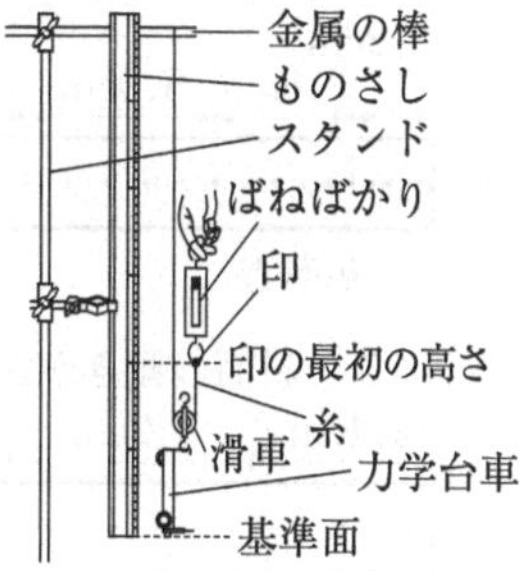

＜結果１＞

	ばねばかりが示す力の大きさ〔N〕	印が動いた距離〔cm〕	移動にかかった時間〔s〕
＜実験１＞の(1)	6	10	25
＜実験１＞の(2)	3	20	45

〔問１〕　＜結果１＞から，＜実験１＞の(1)で物体を基準面から10㎝持ち上げたときに「ばねばかりが糸を引く力」がした仕事の大きさと，＜実験１＞の(2)で「ばねばかりが糸を引く力」を作用としたときの反作用とを組み合わせたものとして適切なのは，次の表の**ア**～**エ**のうちではどれか。

	「ばねばかりが糸を引く力」がした仕事の大きさ〔J〕	＜実験１＞の(2)で「ばねばかりが糸を引く力」を作用としたときの反作用
ア	0.6	力学台車と滑車を合わせた質量600gの物体に働く重力
イ	6	力学台車と滑車を合わせた質量600gの物体に働く重力
ウ	0.6	糸がばねばかりを引く力
エ	6	糸がばねばかりを引く力

次に，＜実験２＞を行ったところ，＜結果２＞のようになった。(次のページ)

＜実験２＞

⑴　図３のように，斜面の傾きを10°にし，記録テープを手で支え，力学台車の先端を点Ａの位置にくるように静止させた。

図３

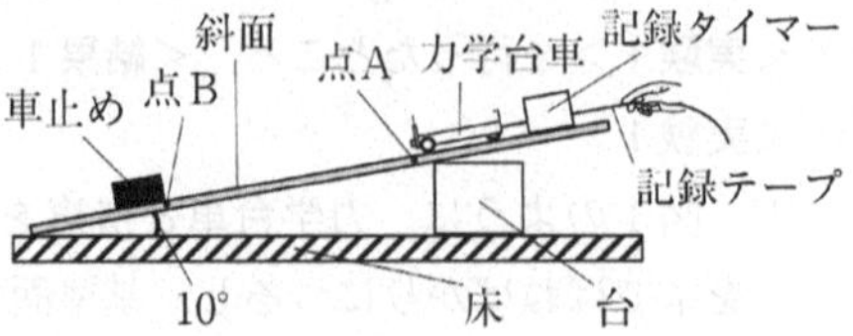

⑵　記録テープから静かに手をはなし，力学台車が動き始めてから，点Ｂの位置にある車止めに当たる直前までの運動を，１秒間に一定間隔で50回打点する記録タイマーで記録テープに記録した。

⑶　⑵で得た記録テープの，重なっている打点を用いずに，はっきり区別できる最初の打点を基準点とし，基準点から５打点間隔ごとに長さを測った。

⑷　⑴と同じ場所で，同じ実験器具を使い，斜面の傾きを20°に変えて同じ実験を行った。

＜結果２＞

図４　斜面の傾きが10°のときの記録テープ

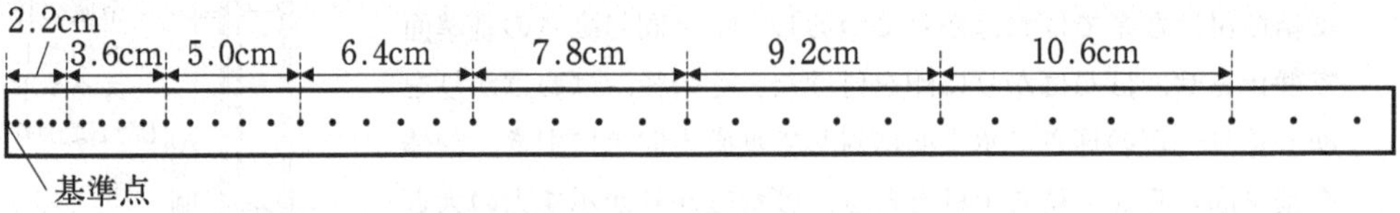

図５　斜面の傾きが20°のときの記録テープ

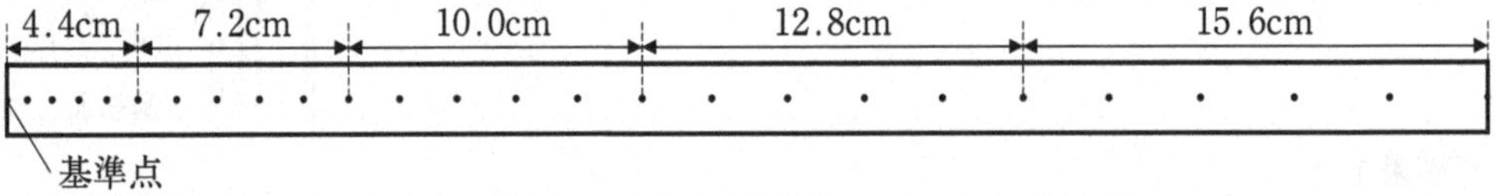

〔問２〕　＜結果２＞から，力学台車の平均の速さについて述べた次の文章の ① と ② にそれぞれ当てはまるものとして適切なのは，下のア～エのうちではどれか。

> ＜実験２＞の⑵で，斜面の傾きが10°のときの記録テープの基準点が打点されてから0.4秒経過するまでの力学台車の平均の速さをＣとすると，Ｃは ① である。また，＜実験２＞の⑷で，斜面の傾きが20°のときの記録テープの基準点が打点されてから0.4秒経過するまでの力学台車の平均の速さをＤとしたとき，ＣとＤの比を最も簡単な整数の比で表すとＣ：Ｄ＝ ② となる。

① **ア**　16㎝/s　**イ**　32㎝/s　**ウ**　43㎝/s　**エ**　64㎝/s

② **ア**　1：1　**イ**　1：2　**ウ**　2：1　**エ**　14：15

〔問３〕　＜結果２＞から，＜実験２＞で斜面の傾きを10°から20°にしたとき，点Ａから点Ｂの直前まで斜面を下る力学台車に働く重力の大きさと，力学台車に働く重力を斜面に平行な（沿った）方向と斜面に垂直な方向の二つの力に分解したときの斜面に平行な方向に分解した力の大きさとを述べたものとして適切なのは，次のうちではどれか。

ア　力学台車に働く重力の大きさは変わらず，斜面に平行な分力は大きくなる。

イ　力学台車に働く重力の大きさは大きくなり，斜面に平行な分力も大きくなる。

ウ　力学台車に働く重力の大きさは大きくなるが，斜面に平行な分力は変わらない。

エ　力学台車に働く重力の大きさは変わらず，斜面に平行な分力も変わらない。

〔問４〕 ＜**実験**１＞の位置エネルギーと＜**実験２**＞の運動エネルギーの大きさについて述べた次の文章の ① と ② にそれぞれ当てはまるものを組み合わせたものとして適切なのは，下の表の**ア**～**エ**のうちではどれか。

> ＜**実験１**＞の(1)と(2)で，ばねばかりをゆっくり一定の速さで引きはじめてから25秒経過したときの力学台車の位置エネルギーの大きさを比較すると ① 。
> ＜**実験２**＞の(2)と(4)で，力学台車が点Aから点Bの位置にある車止めに当たる直前まで下ったとき，力学台車のもつ運動エネルギーの大きさを比較すると ② 。

	①	②
ア	＜**実験１**＞の(1)と(2)で等しい	＜**実験２**＞の(2)と(4)で等しい
イ	＜**実験１**＞の(1)と(2)で等しい	＜**実験２**＞の(4)の方が大きい
ウ	＜**実験１**＞の(1)の方が大きい	＜**実験２**＞の(2)と(4)で等しい
エ	＜**実験１**＞の(1)の方が大きい	＜**実験２**＞の(4)の方が大きい

＜社会＞　時間　50分　満点　100点

1　次の各問に答えよ。

〔問１〕　次の地形図は，2017年の「国土地理院発行２万５千分の１地形図（取手《とりで》）」の一部を拡大して作成した地形図上に●で示したA点から，B～E点の順に，F点まで移動した経路を太線（━━）で示したものである。次のページのア～エの写真と文は，地形図上のB～E点の**いずれか**の地点の様子を示したものである。地形図上のB～E点のそれぞれに当てはまるのは，次のページのア～エのうちではどれか。

（編集の都合で90％に縮小してあります。）

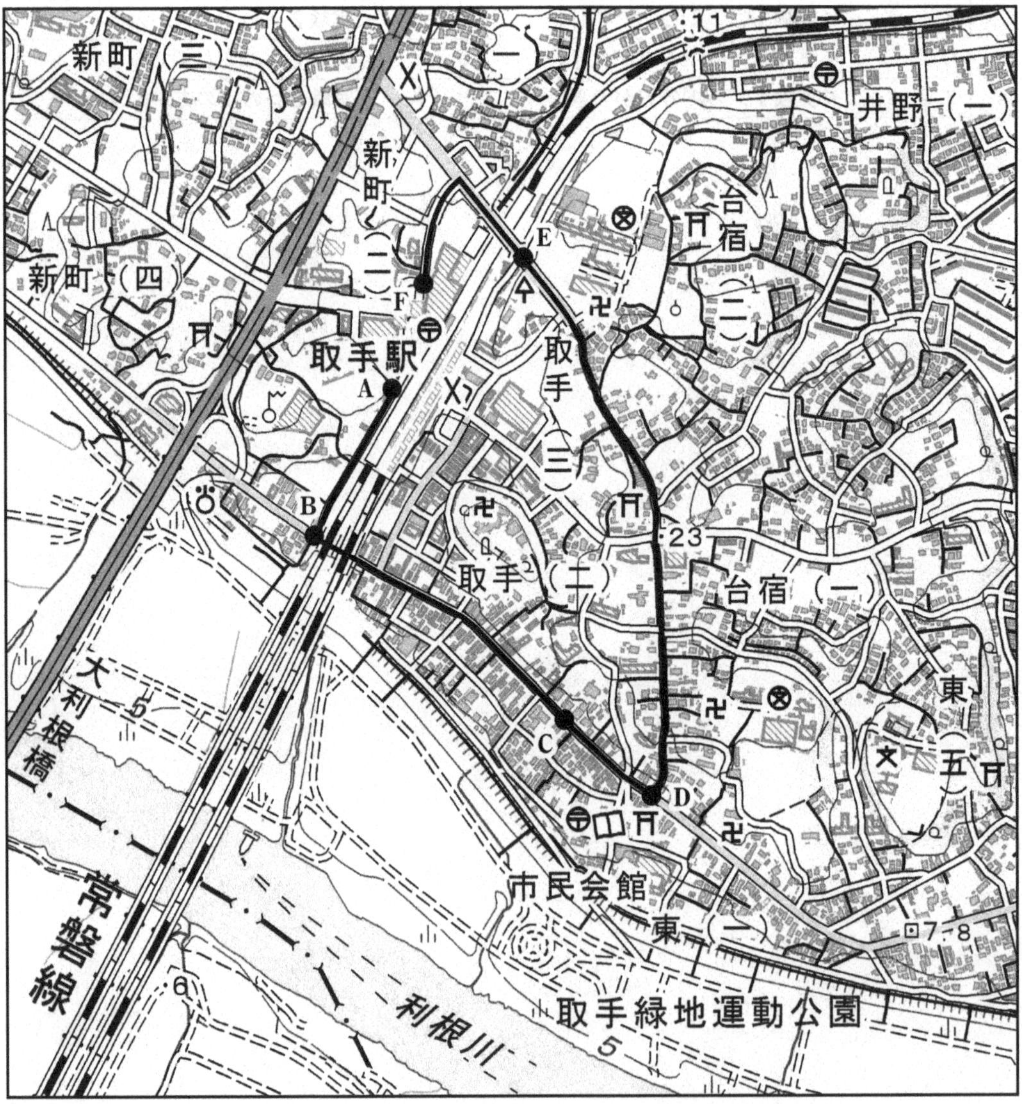

ア

この地点から進行する方向を見ると，鉄道の線路の上に橋が架けられており，道路と鉄道が立体交差していた。

イ

この地点から進行する方向を見ると，道路の上に鉄道の線路が敷設《ふせつ》されており，道路と鉄道が立体交差していた。

ウ

丁字形《ていじけい》の交差点であるこの地点に立ち止まり，進行する方向を見ると，登り坂となっている道の両側に住宅が建ち並んでいた。

エ

直前の地点から約470m進んだこの地点に立ち止まり，北東の方向を見ると，宿場の面影を残す旧取手宿本陣表門《きゅうとりでしゅくほんじんおもてもん》があった。

〔問2〕　次の文で述べている決まりに当てはまるのは，下のア～エのうちのどれか。

戦国大名が，領国を支配することを目的に定めたもので，家臣が，勝手に他国から嫁や婿を取ることや他国へ娘を嫁に出すこと，国内に城を築くことなどを禁止した。

ア　御成敗式目《ごせいばいしきもく》　　イ　大宝律令《たいほうりつりょう》　　ウ　武家諸法度《ぶけしょはっと》　　エ　分国法《ぶんこくほう》

〔問3〕　次の文章で述べているものに当てはまるのは，下のア～エのうちのどれか。

衆議院の解散による衆議院議員の総選挙後に召集され，召集とともに内閣が総辞職するため，両議院において内閣総理大臣の指名が行われる。会期は，その都度，国会が決定し，2回まで延長することができる。

ア　常会　　イ　臨時会　　ウ　特別会　　エ　参議院の緊急集会

2　次の略地図を見て，あとの各問に答えよ。

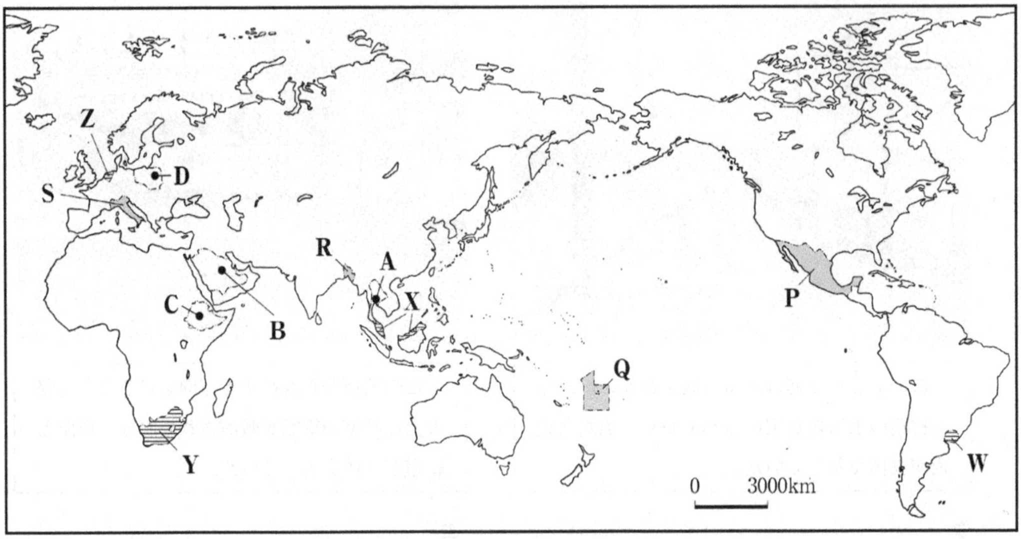

〔問１〕　略地図中のＡ～Ｄは，それぞれの国の首都の位置を示したものである。次のⅠの文章は，略地図中のＡ～Ｄの**いずれか**の首都を含む国の自然環境と農業についてまとめたものである。Ⅱのア～エのグラフは，略地図中のＡ～Ｄの**いずれか**の首都の，年平均気温と年降水量及び各月の平均気温と降水量を示したものである。Ⅰの文章で述べている国の首都に当てはまるのは，略地図中のＡ～Ｄのうちのどれか，また，その首都のグラフに当てはまるのは，Ⅱのア～エのうちのどれか。

Ⅰ

> 首都は標高約2350mに位置し，各月の平均気温の変化は年間を通して小さい。コーヒー豆の原産地とされており，2019年におけるコーヒー豆の生産量は世界第５位であり，輸出額に占める割合が高く，主要な収入源となっている。

Ⅱ

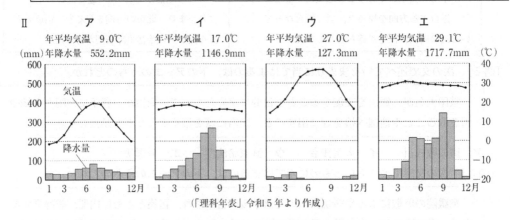

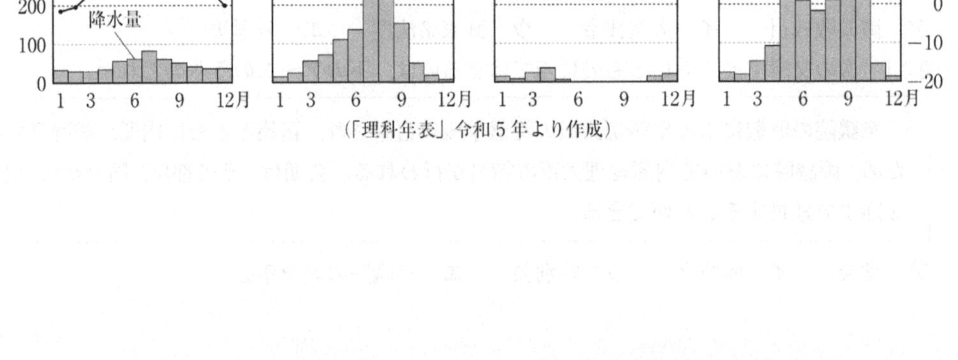

（「理科年表」令和５年より作成）

〔問2〕　次の表のア～エは，前のページの略地図中に　で示したＰ～Ｓのいずれかの国の，2019年における米，小麦，とうもろこしの生産量，農業と食文化の様子についてまとめたものである。略地図中のＰ～Ｓのそれぞれの国に当てはまるのは，次の表のア～エのうちではどれか。

	米（万ｔ）	小麦（万ｔ）	とうもろこし（万ｔ）	農業と食文化の様子
ア	25	324	2723	○中央部の高原ではとうもろこしの栽培が行われ，北西部ではかんがい農業や牛の放牧が行われている。 ○とうもろこしが主食であり，とうもろこしの粉から作った生地を焼き，具材を挟んだ料理などが食べられている。
イ	149	674	628	○北部の平野では冬季に小麦の栽培が行われ，沿岸部では柑橘《かんきつ》類やオリーブなどの栽培が行われている。 ○小麦が主食であり，小麦粉から作った麺に様々なソースをあわせた料理などが食べられている。
ウ	0.6	－	0.1	○畑ではタロいもなどの栽培が行われ，海岸沿いの平野ではさとうきびなどの栽培が行われている。 ○タロいもが主食であり，バナナの葉に様々な食材と共にタロいもを包んで蒸した料理などが食べられている。
エ	5459	102	357	○河川が形成した低地では雨季の降水などを利用した稲作が行われ，北東部では茶の栽培が行われている。 ○米が主食であり，鶏やヤギの肉と共に牛乳から採れる油を使って米を炊き込んだ料理などが食べられている。

（注）－は，生産量が不明であることを示す。

（「データブック オブ・ザ・ワールド」2022年版などより作成）

〔問3〕　次のⅠとⅡ（次のページ）の表のア～エは，略地図中に　で示したＷ～Ｚのいずれかの国に当てはまる。Ⅰの表は，2001年と2019年における日本の輸入額，農産物の日本の主な輸入品目と輸入額を示したものである。Ⅱの表は，2001年と2019年における輸出額，輸出額が多い上位3位までの貿易相手国を示したものである。次のページのⅢの文章は，略地図中のＷ～Ｚのいずれかの国について述べたものである。Ⅲの文章で述べている国に当てはまるのは，略地図中のＷ～Ｚのうちのどれか，また，ⅠとⅡの表のア～エのうちのどれか。

Ⅰ

		日本の輸入額（百万円）	農産物の日本の主な輸入品目と輸入額（百万円）		
ア	2001年	226492	植物性原材料 18245	ココア 4019	野菜 3722
	2019年	343195	豚肉 17734	チーズ等 12517	植物性原材料 6841
イ	2001年	5538	羊毛 210	米 192	チーズ等 31
	2019年	3017	牛肉 1365	羊毛 400	果実 39
ウ	2001年	338374	とうもろこし 12069	果実 9960	砂糖 5680
	2019年	559098	果実 7904	植物性原材料 2205	野菜 2118
エ	2001年	1561324	パーム油 14952	植物性原材料 2110	天然ゴム 2055
	2019年	1926305	パーム油 36040	植物性原材料 15534	ココア 15390

（財務省「貿易統計」より作成）

Ⅱ

		輸出額（百万ドル）	輸出額が多い上位3位までの貿易相手国		
			1位	2位	3位
ア	2001年	169480	ドイツ	イギリス	ベルギー
	2019年	576785	ドイツ	ベルギー	フランス
イ	2001年	2058	ブラジル	アルゼンチン	アメリカ合衆国
	2019年	7680	中華人民共和国	ブラジル	アメリカ合衆国
ウ	2001年	27928	アメリカ合衆国	イギリス	ドイツ
	2019年	89396	中華人民共和国	ドイツ	アメリカ合衆国
エ	2001年	88005	アメリカ合衆国	シンガポール	日本
	2019年	240212	中華人民共和国	シンガポール	アメリカ合衆国

（国際連合「貿易統計年鑑」2020などより作成）

Ⅲ

この国では農業の機械化が進んでおり，沿岸部の砂丘では花や野菜が栽培され，ポルダーと呼ばれる干拓地では酪農が行われている。

2001年と比べて2019年では，日本の輸入額は2倍に届いてはいないが増加し，輸出額は3倍以上となっている。2019年の輸出額は日本に次ぎ世界第5位となっており，輸出額が多い上位3位までの貿易相手国は全て同じ地域の政治・経済統合体の加盟国となっている。

3　次の略地図を見て，あとの各問に答えよ。

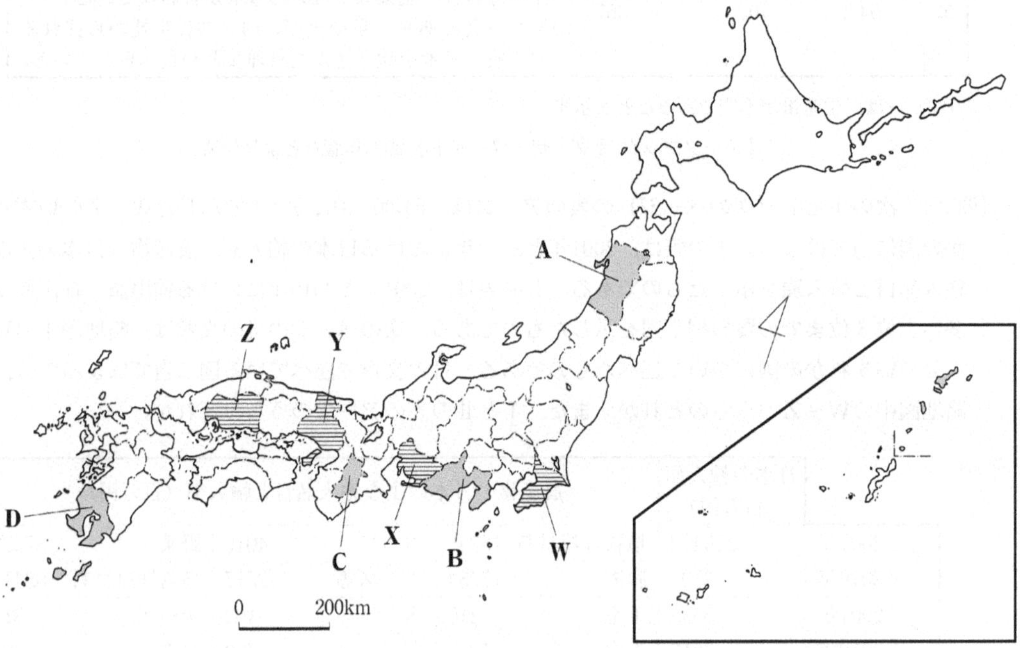

〔問1〕　次のページの表のア～エの文章は，略地図中に▒▒で示した，A～Dのいずれかの県の，自然環境と第一次産業の様子についてまとめたものである。A～Dのそれぞれの県に当てはまるのは，次の表のア～エのうちではどれか。

	自然環境と第一次産業の様子
ア	○南東側の県境付近に位置する山を水源とする河川は，上流部では渓谷を蛇行しながら北西方向に流れた後，流路を大きく変えて西流し，隣接する県を貫流して海に注いでいる。 ○南東部は，季節風の影響などにより国内有数の多雨地域であり，木材の生育に適していることから，古くから林業が営まれ，高品質な杉などが生産されていることが知られている。
イ	○北側の3000m級の山々が連なる山脈は，南北方向に走っており，東部の半島は，複数の火山が見られる山がちな地域であり，入り組んだ海岸線が見られる。 ○中西部にある台地は，明治時代以降に開拓され，日当たりと水はけがよいことから，国内有数の茶の生産量を誇っており，ブランド茶が生産されていることが知られている。
ウ	○南側の県境付近に位置する山を水源とする河川は，上流部や中流部では，南北方向に連なる山脈と山地の間に位置する盆地を貫流し，下流部では平野を形成して海に注いでいる。 ○南東部にある盆地は，夏に吹く北東の冷涼な風による冷害の影響を受けにくい地形の特徴などがあることから，稲作に適しており，銘柄米が生産されていることが知られている。
エ	○二つの半島に挟まれた湾の中に位置する島や北東側の県境に位置する火山などは，現在でも活動中であり，複数の離島があり，海岸線の距離は約2600kmとなっている。 ○水を通しやすい火山灰などが積もってできた台地が広範囲に分布していることから，牧畜が盛んであり，肉牛などの飼育頭数は国内有数であることが知られている。

〔問２〕　次のⅠの表の**ア**～**エ**は，略地図中に▤で示した**W**～**Z**の**いずれか**の県の，2020年における人口，県庁所在地の人口，他の都道府県への従業・通学者数，製造品出荷額等，製造品出荷額等に占める上位３位の品目と製造品出荷額等に占める割合を示したものである。次のⅡの文章は，Ⅰの表の**ア**～**エ**の**いずれか**の県の工業や人口の様子について述べたものである。Ⅱの文章で述べている県に当てはまるのは，Ⅰの**ア**～**エ**のうちのどれか，また，略地図中の**W**～**Z**のうちのどれか。

Ⅰ

	人口（万人）	県庁所在地の人口（万人）	他の都道府県への従業・通学者数（人）	製造品出荷額等（億円）	製造品出荷額等に占める上位３位の品目と製造品出荷額等に占める割合（％）
ア	628	97	797943	119770	石油・石炭製品(23.1)，化学(17.2)，食料品(13.3)
イ	280	120	26013	89103	輸送用機械(32.8)，鉄鋼(11.2)，生産用機械(9.7)
ウ	547	153	348388	153303	化学（13.6），鉄鋼（11.0），食料品（10.8）
エ	754	233	88668	441162	輸送用機械(53.0)，電気機械(7.7)，鉄鋼(4.9)

（2021年経済センサスなどより作成）

Ⅱ

○湾に面した沿岸部は，1950年代から埋め立て地などに，製油所，製鉄所や火力発電所などが建設されており，国内最大規模の石油コンビナートを有する工業地域となっている。
○中央部及び北西部に人口が集中しており，2020年における人口に占める他の都道府県への従業・通学者数の割合は，１割以上となっている。

〔問３〕　次の資料は，2019年に富山市が発表した「富山市都市マスタープラン」に示された，富山市が目指すコンパクトなまちづくりの基本的な考え方の一部をまとめたものである。資料から読み取れる，将来の富山市における日常生活に必要な機能の利用について，現状と比較し，自宅からの移動方法に着目して，簡単に述べよ。

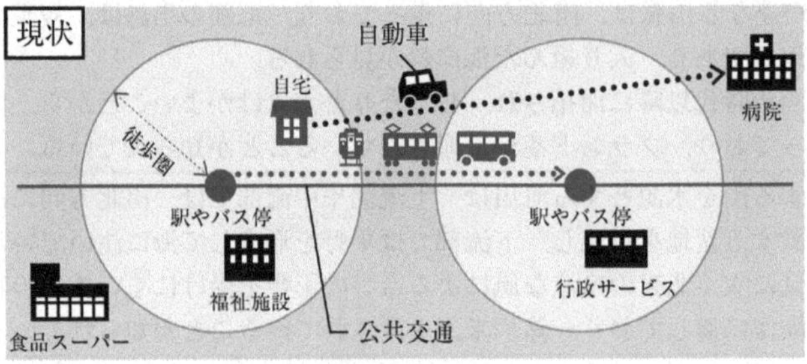

・公共交通のサービス水準が不十分で利用しにくい。
・駅やバス停を中心とした徒歩圏に日常生活に必要な機能がそろっていない。
・自動車を利用しないと生活しづらい。

こう変えたい

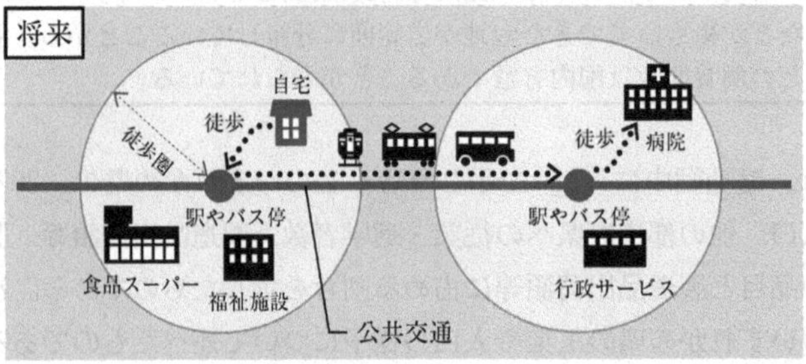

・公共交通のサービス水準が向上して利用しやすい。
・駅やバス停を中心とした徒歩圏に日常生活に必要な機能がそろっている。

（注）
・日常生活に必要な機能とは，行政サービス，福祉施設，病院，食品スーパーである。
・公共交通のサービス水準とは，鉄道・路面電車・バスの運行頻度などである。

（「富山市都市マスタープラン」より作成）

4　次の文章を読み，あとの各問に答えよ。

海上交通は，一度に大量の人や物を輸送することができることから，社会の発展のために重要な役割を果たしてきた。

古代から，各時代の権力者は，(1)周辺の国々へ使節を派遣し，政治制度や文化を取り入れたり，貿易により利益を得たりすることなどを通して，権力の基盤を固めてきた。時代が進むと，商人により，貨幣や多様な物資がもたらされ，堺《さかい》や博多《はかた》などの港が繁栄した。

江戸時代に入り，幕府は海外との貿易を制限するとともに，(2)国内の海上交通を整備し，全国的な規模で物資の輸送を行うようになった。開国後は，(3)諸外国との関わりの中で，産業が発展し，港湾の開発が進められた。

第二次世界大戦後，政府は，経済の復興を掲げ，海上交通の再建を目的に，造船業を支援した。(4)現在でも，外国との貿易の大部分は海上交通が担《にな》い，私たちの生活や産業の発展を支えている。

〔問1〕 (1)周辺の国々へ使節を派遣し，政治制度や文化を取り入れたり，貿易により利益を得たりすることなどを通して，権力の基盤を固めてきた。とあるが，次のア～エは，飛鳥《あすか》時代から室町時代にかけて，権力者による海外との交流の様子などについて述べたものである。時期の古いものから順に記号を並べよ。

ア　混乱した政治を立て直すことを目的に，都を京都に移し，学問僧として唐《とう》へ派遣された最澄《さいちょう》が帰国後に開いた密教を許可した。

イ　将軍を補佐する第五代執権《しっけん》として，有力な御家人を退けるとともに，国家が栄えることを願い，宋《そう》より来日した禅僧の蘭渓道隆《らんけいどうりゅう》を開山と定め，建長寺《けんちょうじ》を建立《こんりゅう》した。

ウ　明《みん》へ使者を派遣し，明の皇帝から「日本国王」に任命され，勘合《かんごう》を用いて朝貢《ちょうこう》の形式で行う貿易を開始した。

エ　隋《ずい》に派遣され，政治制度などについて学んだ留学生を国博士《くにはかせ》に登用し，大化の改新における政治制度の改革に取り組ませた。

〔問2〕 (2)国内の海上交通を整備し，全国的な規模で物資の輸送を行うようになった。とあるが，次のⅠの文章は，河村瑞賢《かわむらずいけん》が，1670年代に幕府に命じられた幕府の領地からの年貢《ねんぐ》米の輸送について，幕府に提案した内容の一部をまとめたものである。Ⅱの略地図は，Ⅰの文章で述べられている寄港地などの所在地を示したものである。ⅠとⅡの資料を活用し，河村瑞賢が幕府に提案した，幕府の領地からの年貢米の輸送について，輸送経路，寄港地の役割に着目して，簡単に述べよ。

Ⅰ

○陸奥《むつ》国信夫《しのぶ》郡（現在の福島県）などの幕府の領地の年貢米を積んだ船は，荒浜《あらはま》を出航したあと，平潟《ひらかた》，那珂湊《なかみなと》，銚子《ちょうし》，小湊《こみなと》を寄港地とし，江戸に向かう。

○出羽《でわ》国（現在の山形県）の幕府の領地の年貢米を積んだ船は，酒田《さかた》を出航したあと，小木《おぎ》，福浦《ふくら》，柴山《しばやま》，温泉津《ゆのつ》，下関《しものせき》，大阪，大島《おおしま》，方座《ほうざ》，安乗《あのり》，下田《しもだ》を寄港地とし，江戸に向かう。

○寄港地には役人を置き，船の発着の日時や積荷の点検などを行う。

Ⅱ

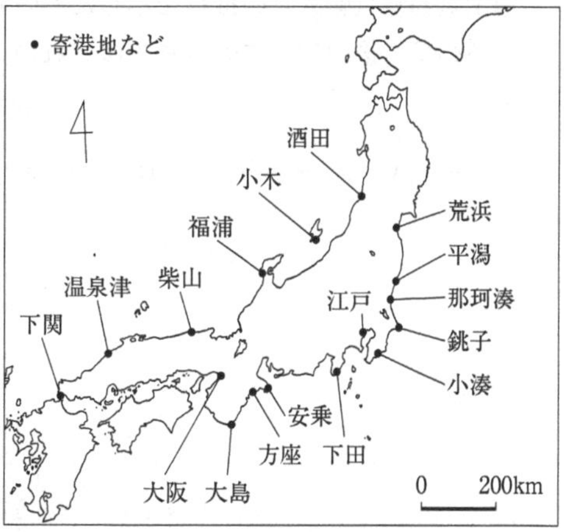

〔問3〕 (3)諸外国との関わりの中で，産業が発展し，港湾の開発が進められた。とあるが，次のページの略年表は，江戸時代から昭和時代にかけての，外交に関する主な出来事についてまとめたものである。略年表中のA～Dのそれぞれの時期に当てはまるのは，後のア～エのうちではどれか。

ア　四日市《よっかいち》港は，日英通商航海条約の調印により，治外法権が撤廃され，関税率の一部引き上げが可能になる中で，外国との貿易港として開港場に指定された。

イ　東京港は，関東大震災の復旧工事の一環として，関東大震災の2年後に日《ひ》の出《で》ふ頭が完成したことにより，大型船の接岸が可能となった。

ウ　函館《はこだて》港は，アメリカ合衆国との間に締結した和親条約により，捕鯨船への薪《まき》と水，食糧を補給する港として開港された。

エ　三角《みすみ》港は，西南戦争で荒廃した県内の産業を発展させることを目的に，オランダ人技術者の設計により造成され，西南戦争の10年後に開港された。

西暦	外交に関する主な出来事	
1842	●幕府が天保《てんぽう》の薪水給与令を出し，異国船打ち払い令を緩和した。	
		A
1871	●政府が不平等条約改正の交渉などのために，岩倉使節団を欧米に派遣した。	
		B
1889	●大日本帝国憲法が制定され，近代的な政治制度が整えられた。	
		C
1911	●日米新通商航海条約の調印により，関税自主権の回復に成功した。	
		D
1928	●15か国が参加し，パリ不戦条約が調印された。	

［問４］　(4)現在でも，外国との貿易の大部分は海上交通が担《にな》い，私たちの生活や産業の発展を支えている。とあるが，次のグラフは，1950年から2000年までの，日本の海上貿易量（輸出）と海上貿易量（輸入）の推移を示したものである。グラフ中のＡ～Ｄのそれぞれの時期に当てはまるのは，後のア～エのうちではどれか。

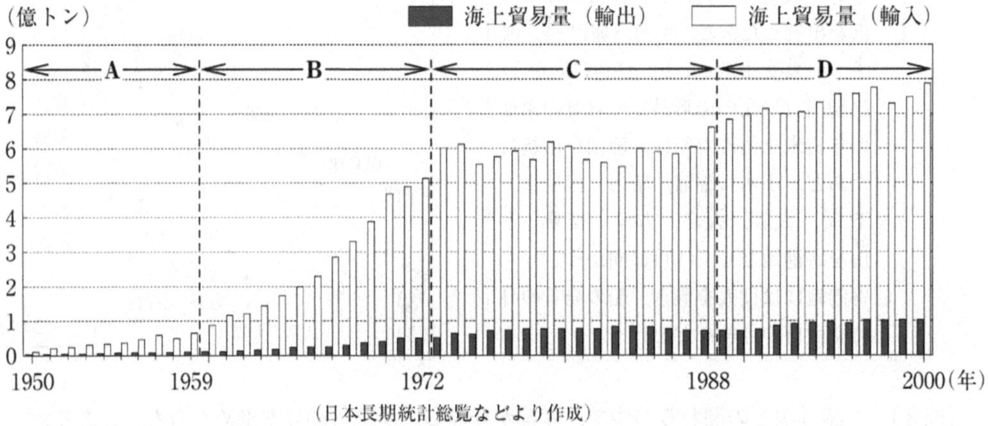

（日本長期統計総覧などより作成）

ア　サンフランシスコ平和条約（講和条約）を結び，国際社会に復帰する中で，海上貿易量は輸出・輸入ともに増加し，特に石油及び鉄鋼原料の需要の増加に伴い，海上貿易量（輸入）の増加が見られた。

イ　エネルギーの供給量において石油が石炭を上回り，海上輸送においてタンカーの大型化が進展する中で，日本初のコンテナ船が就航した他，この時期の最初の年と比較して最後の年では，海上貿易量（輸出）は約４倍に，海上貿易量（輸入）は約６倍に増加した。

ウ　冷たい戦争（冷戦）が終結するとともに，アジアにおいて経済発展を背景にした巨大な海運市場が形成される中で，海上貿易量は輸出・輸入ともに増加傾向にあったが，国内景気の後退や海外生産の増加を要因として，一時的に海上貿易量は輸出・輸入ともに減少が見られた。

エ　この時期の前半は二度にわたる石油価格の急激な上昇が，後半はアメリカ合衆国などとの貿易摩擦の問題がそれぞれ見られる中で，前半は海上貿易量（輸出）が増加し，後半は急速な円高により海上貿易量（輸入）は減少から増加傾向に転じた。

5　次の文章を読み，あとの各問に答えよ。

> 私たちは，家族，学校など様々な集団を形成しながら生活している。(1)一人一人が集団の中で個人として尊重されることが重要であり，日本国憲法においては，基本的人権が保障されている。
>
> 集団の中では，考え方の違いなどにより対立が生じた場合，多様な価値観をもつ人々が互いに受け入れられるよう，合意に至る努力をしている。例えば，国権の最高機関である(2)国会では，国の予算の使途や財源について合意を図るため，予算案が審議され，議決されている。
>
> 国際社会においても，(3)世界の国々が共存していくために条約を結ぶなど，合意に基づく国際協調を推進することが大切である。
>
> 今後も，よりよい社会の実現のために，(4)私たち一人一人が社会の課題に対して自らの考えをもち，他の人たちと協議するなど，社会に参画し，積極的に合意形成に努めることが求められている。

〔問1〕 (1)一人一人が集団の中で個人として尊重されることが重要であり，日本国憲法においては，基本的人権が保障されている。とあるが，基本的人権のうち，平等権を保障する日本国憲法の条文は，次の**ア**～**エ**のうちではどれか。

ア　すべて国民は，健康で文化的な最低限度の生活を営む権利を有する。

イ　すべて国民は，法の下に平等であつて，人種，信条，性別，社会的身分又は門地により，政治的，経済的又は社会的関係において，差別されない。

ウ　何人も，自己に不利益な供述を強要されない。

エ　何人も，裁判所において裁判を受ける権利を奪はれない。

〔問2〕 (2)国会では，国の予算の使途や財源について合意を図るため，予算案が審議され，議決されている。とあるが，次のページのⅠのグラフは，1989年度と2021年度における我が国の一般会計歳入額及び歳入項目別の割合を示したものである。Ⅰのグラフ中のA～Dは，法人税，公債金，所得税，消費税の**いずれか**に当てはまる。次のページのⅡの文章は，Ⅰのグラフ中のA～Dの**いずれか**について述べたものである。Ⅱの文章で述べている歳入項目に当てはまるのは，ⅠのA～Dのうちのどれか，また，その歳入項目について述べているのは，後の**ア**～**エ**のうちではどれか。

Ⅰ

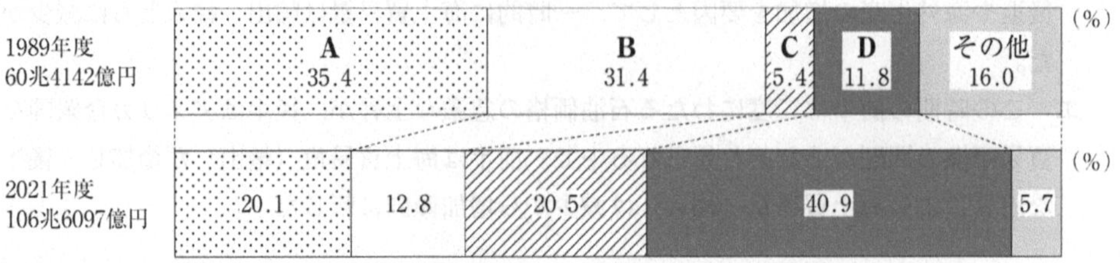

(財務省の資料より作成)

Ⅱ

> 間接税の一つであり，1989年に国民福祉の充実などに必要な歳入構造の安定化を図るために導入され，その後，段階的に税率が引き上げられた。2021年度の歳入額は20兆円を超え，1989年度に比べて6倍以上となっている。

ア　歳入の不足分を賄うため，借金により調達される収入で，元本の返済や利子の支払いなどにより負担が将来の世代に先送りされる。

イ　給料や商売の利益などに対して課され，主に勤労世代が負担し，税収が景気や人口構成の変化に左右されやすく，負担額は負担者の収入に応じて変化する。

ウ　商品の販売やサービスの提供に対して課され，勤労世代など特定の世代に負担が集中せず，税収が景気や人口構成の変化に左右されにくい。

エ　法人の企業活動により得られる所得に対して課され，税率は他の税とのバランスを図りながら，財政事情や経済情勢等を反映して決定される。

〔問３〕　(3)世界の国々が共存していくために条約を結ぶなど，合意に基づく国際協調を推進することが大切である。とあるが，次のⅠの文章は，ある国際的な合意について述べたものである。Ⅱの略年表は，1948年から2019年までの，国際社会における合意に関する主な出来事についてまとめたものである。Ⅰの国際的な合意が結ばれた時期に当てはまるのは，Ⅱの略年表中のア～エのうちではどれか。

Ⅰ

> 地球上の「誰一人取り残さない」ことをスローガンに掲げ，「質の高い教育をみんなに」などの17のゴールと169のターゲットで構成されている。持続可能でよりよい世界を目指し全ての国が取り組むべき国際目標として，国際連合において加盟国の全会一致で採択された。

Ⅱ

西暦	国際社会における合意に関する主な出来事	
1948	●世界人権宣言が採択された。	
		ア
1976	●国際連合において，児童権利宣言の20周年を記念して，1979年を国際児童年とすることが採択された。	
		イ
1990	●「気候変動に関する政府間パネル」により第一次評価報告書が発表された。	
		ウ
2001	●「極度の貧困と飢餓の撲滅」などを掲げたミレニアム開発目標が設定された。	
		エ
2019	●国際連合において，科学者グループによって起草された「持続可能な開発に関するグローバル・レポート2019」が発行された。	

〔問４〕 (4)私たち一人一人が社会の課題に対して自らの考えをもち，他の人たちと協議するなど，社会に参画し，積極的に合意形成に努めることが求められている。とあるが，次のⅠの文章は，2009年に法務省の法制審議会において取りまとめられた「民法の成年年齢の引下げについての最終報告書」の一部を分かりやすく書き改めたものである。Ⅱの表は，2014年から2018年までに改正された18歳，19歳に関する法律の成立年と主な改正点を示したものである。ⅠとⅡの資料を活用し，Ⅱの表で示された一連の法改正における，国の若年者に対する期待について，主な改正点に着目して，簡単に述べよ。

Ⅰ

○民法の成年年齢を20歳から18歳に引き下げることは，18歳，19歳の者を大人として扱い，社会への参加時期を早めることを意味する。

○18歳以上の者を，大人として処遇することは，若年者が将来の国づくりの中心であるという国としての強い決意を示すことにつながる。

Ⅱ

	成立年	主な改正点
憲法改正国民投票法の一部を改正する法律	2014	投票権年齢を満18歳以上とする。
公職選挙法等の一部を改正する法律	2015	選挙権年齢を満18歳以上とする。
民法の一部を改正する法律	2018	一人で有効な契約をすることができ，父母の親権に服さず自分の住む場所や，進学や就職などの進路について，自分の意思で決めることができるようになる成年年齢を満18歳以上とする。

6　次の文章を読み，あとの各問に答えよ。

国際社会では，人，物，お金や情報が，国境を越えて地球規模で移動するグローバル化が進んでいる。例えば，科学や文化などの面では，(1)これまでも多くの日本人が，研究などを目的に海外に移動し，滞在した国や地域，日本の発展に貢献してきた。また，経済の面では，(2)多くの企業が，世界規模で事業を展開するようになり，一企業の活動が世界的に影響を与えるようになってきた。

地球規模の課題は一層複雑になっており，課題解決のためには，(3)国際連合などにおける国際協調の推進が一層求められている。

〔問１〕 (1)これまでも多くの日本人が，研究などを目的に海外に移動し，滞在した国や地域，日本の発展に貢献してきた。とあるが，次のページの表の**ア**～**エ**は，次のページの略地図中に　　で示したＡ～Ｄの**いずれか**の国に滞在した日本人の活動などについて述べたものである。略地図中のＡ～Ｄのそれぞれの国に当てはまるのは，後の表の**ア**～**エ**のうちではどれか。

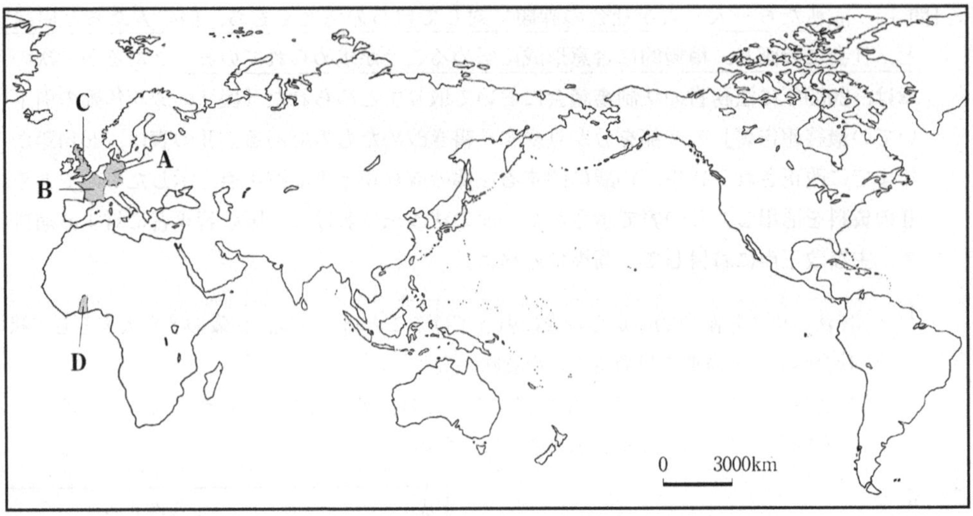

	日本人の活動など
ア	1789年に市民革命が起こったこの国に，1884年から1893年まで留学した黒田清輝《くろだせいき》は，途中から留学目的を洋画研究に変更し，ルーブル美術館で模写をするなどして，絵画の技法を学んだ。帰国後は，展覧会に作品を発表するとともに，後進の育成にも貢献した。
イ	1871年に統一されたこの国に，1884年から1888年まで留学した森鷗外《もりおうがい》は，コレラ菌などを発見したことで知られるコッホ博士などから細菌学を学んだ。帰国後は，この国を舞台とした小説を執筆するなど，文学者としても活躍した。
ウ	1902年に日本と同盟を結んだこの国に，1900年から1903年まで留学した夏目漱石《なつめそうせき》は，シェイクスピアの作品を観劇したり，研究者から英文学の個人指導を受けたりした。帰国後は，作家として多くの作品を発表し，文学者として活躍した。
エ	ギニア湾岸にあるこの国に，1927年から1928年まで滞在した野口英世《のぐちひでよ》は，この国を含めて熱帯地方などに広まっていた黄熱病《おうねつびょう》の原因を調査し，予防法や治療法の研究を行った。功績を記念し，1979年にこの国に野口記念医学研究所が設立された。

〔問２〕 (2)多くの企業が，世界規模で事業を展開するようになり，一企業の活動が世界的に影響を与えるようになってきた。とあるが，次のページのⅠの略年表は，1976年から2016年までの，国際会議に関する主な出来事についてまとめたものである。次のページのⅡの文は，Ⅰの略年表中の**ア**～**エ**のいずれかの国際会議について述べたものである。Ⅱの文で述べている国際会議に当てはまるのは，Ⅰの略年表中の**ア**～**エ**のうちのどれか。

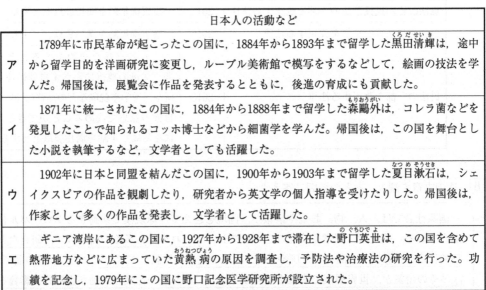

Ⅰ

西暦	国際会議に関する主な出来事
1976	●東南アジア諸国連合（ＡＳＥＡＮ《アセアン》）首脳会議がインドネシアで開催された。……………………ア
1993	●アジア太平洋経済協力（ＡＰＥＣ《エイペック》）首脳会議がアメリカ合衆国で開催された。………………イ
1996	●世界貿易機関（ＷＴＯ）閣僚会議がシンガポールで開催された。
2008	●金融・世界経済に関する首脳会合（Ｇ20サミット）がアメリカ合衆国で開催された。…………ウ
2016	●主要国首脳会議（Ｇ７サミット）が日本で開催された。………………………………………………エ

Ⅱ

アメリカ合衆国に本社がある証券会社の経営破綻などを契機に発生した世界金融危機（世界同時不況，世界同時金融危機）と呼ばれる状況に対処するために，初めて参加国の首脳が集まる会議として開催された。

〔問３〕 (3)国際連合などにおける国際協調の推進が一層求められている。とあるが，次のⅠのグラフ中の**ア**～**エ**は，1945年から2020年までのアジア州，アフリカ州，ヨーロッパ州，南北アメリカ州の**いずれか**の州の国際連合加盟国数の推移を示したものである。Ⅱの文章は，Ⅰのグラフ中の**ア**～**エ**の**いずれか**の州について述べたものである。Ⅱの文章で述べている州に当てはまるのは，Ⅰの**ア**～**エ**のうちのどれか。

Ⅰ（国数）

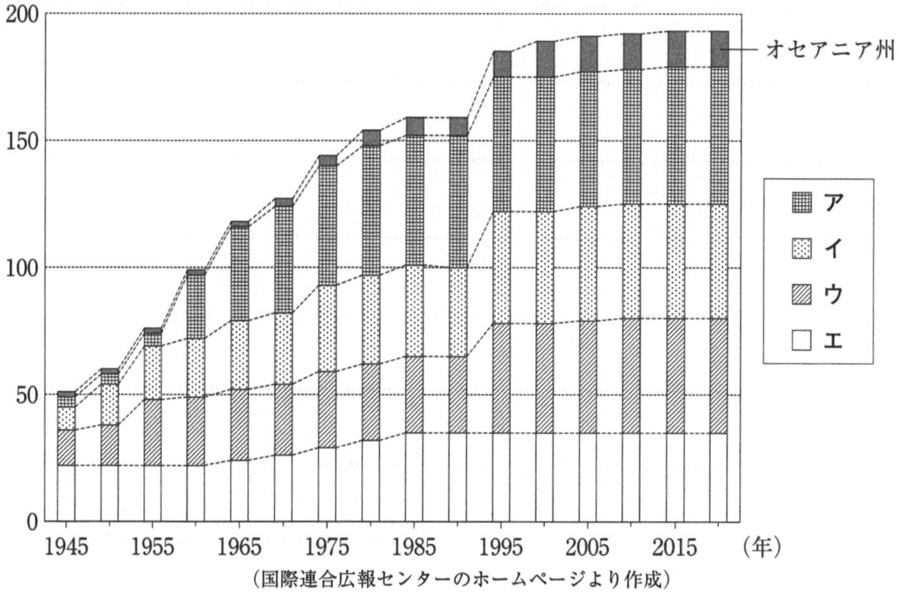

（国際連合広報センターのホームページより作成）

Ⅱ

○国際連合が設立された1945年において，一部の国を除き他国の植民地とされており，民族の分布を考慮しない直線的な境界線が引かれていた。

○国際連合総会で「植民地と人民に独立を付与する宣言」が採択された1960年に，多くの国が独立し，2020年では，50か国を超える国が国際連合に加盟している。

MEMO

大切なことはメモしておこうネ！

2024年度

解　答　と　解　説

《2024年度の配点は解答用紙集に掲載してあります。》

<理科解答>

1　〔問1〕 エ　〔問2〕 イ　〔問3〕 ウ　〔問4〕 ア　〔問5〕 イ　〔問6〕 エ

2　〔問1〕 ア　〔問2〕 イ　〔問3〕 エ　〔問4〕 ウ

3　〔問1〕 ウ　〔問2〕 2時間ごとに記録した透明半球上の・印のそれぞれの間隔は，どれも等しいため，地球上での太陽の見かけ上の動く速さは一定であることが分かる。
〔問3〕 エ　〔問4〕 ア

4　〔問1〕 イ　〔問2〕 ア　〔問3〕 ウ

5　〔問1〕 イ　〔問2〕 エ　〔問3〕 <資料>から，塩化ナトリウムの溶解度は，温度によってほとんど変化しないものであるため。　〔問4〕 ウ

6　〔問1〕 ウ　〔問2〕 ① ウ　② イ　〔問3〕 ア　〔問4〕 エ

<理科解説>

1　**(小問集合－物質の成り立ち，化学変化と物質の質量：質量保存の法則，電流：オームの法則・電力量，動物の特徴と分類，原子の成り立ちとイオン：原子の構造，気象要素の観測，動物の体のつくりとはたらき)**

〔問1〕 水素，酸素，水は分子として存在する。また，質量保存の法則により，化学変化の前後で，原子の組み合わせは変化するが，原子の種類と数は変化しない。以上により，**水素2分子と酸素1分子が結びついて，水2分子ができるモデル**，エが正解である。

〔問2〕 **電熱線の抵抗の大きさ〔Ω〕**$=\frac{6〔V〕}{1.5〔A〕}$=4〔Ω〕である。**電力量〔J〕=6〔V〕×1.5〔A〕×300〔s〕**=9.0〔W〕×300〔s〕=2700〔J〕である。

〔問3〕 **甲殻類はエビ・カニの仲間**であるため無脊椎動物である。よって，魚類，両生類，鳥類が脊椎動物であり，昆虫類と甲殻類が無脊椎動物である。

〔問4〕 原子核はプラスの電気をもつ陽子と，電気をもたない中性子からできているため，**原子核はプラスの電気**をもつ。**電子はマイナスの電気**をもち，ふつうの状態では**陽子の数と等しい**。

〔問5〕 くもりの**天気記号**は◎であり，風向が北東であるため矢は北東の向きにかく。表1より風速が3.0〔m/s〕であるため，表2より風力は2であり，矢ばねは2本である。よって，**天気図記号**はイである。

〔問6〕 ヒトの**ヘモグロビン**は，血液中の赤血球に含まれ，酸素の多いところでは酸素と結び付き，**酸素の少ないところでは酸素をはなす性質**がある。

2　**(自由研究－身近な地形や地層・岩石の観察，地層の重なりと過去の様子，化学変化と物質の質量，化学変化：酸化と還元，光と音：光の屈折，自然界のつり合い)**

〔問1〕 **フズリナは古生代の示準化石**であり，**アンモナイトは中生代の示準化石**であるため，地質年代の古いものは石材aに含まれるフズリナの化石である。石材cに含まれる**サンゴの化石**は，その化石を含む地層が堆積した当時の環境を示す**示相化石**である。

〔問2〕 不純物を含まないクジャク石の粉0.20gを加熱すると，酸化銅0.13gと二酸化炭素と水に分解される。**得られた酸化銅に炭素をよく混ぜ加熱すると，酸化銅が還元されて銅が得られるが，このときの銅の質量を求める。**表2より，**銅の質量〔g〕：加熱して得られる酸化銅の質量〔g〕＝4：5，**である。酸化銅0.13gに含まれる銅の質量をxgとすると，x〔g〕：0.13〔g〕＝4：5，x〔g〕＝0.104〔g〕，である。よって，クジャク石の粉0.20gに含まれる銅の割合は，**0.104〔g〕÷0.20〔g〕×100**＝52〔%〕，より，52%である。

〔問3〕 図2の境界面RをR_1とすると，光源装置から出た光が通過するとき**入射角より屈折角が大きくなる境界面は境界面R_1**である。厚さを2倍にした直方体のガラスを点線の枠に合わせて入れ替えた場合は，空気側からガラス側に入射して屈折した光を**厚さが2倍になった境界面R_2まで光の道筋をまっすぐ延長して，境界面R_2で屈折するように作図する**と，直線L上の点Pの位置はTの方向にずれる。

〔問4〕 生態系を構成する生物どうしの数量的な関係は，ピラミッドのような形で表すことができ，**食べられる側の生物の数の方が，食べる側の生物の数よりも多くなる。**生態系Vにおいて生物の数が少ないものから順に並べると，生物w＜x＜y＜z，であるため，図3の③はウの生物yである。

3 (天体の動きと地球の自転・公転：透明半球を用いた太陽の日周経路の観察・北極側から見た地球の自転と太陽の方向に対する地上の方位の変化・地軸の傾きと季節の変化及び緯度の高低による夜の長さ)

〔問1〕 太陽が天頂より南側で子午線(天頂と南北を結ぶ線)を通過するときの太陽の高度が**南中高度**である。高度は**観察者の位置(円の中心O)**で地平線から太陽までの角度で表す。

〔問2〕 2時間ごとに記録した透明半球上の・印のそれぞれの間隔は，どれも等しいため，地球上での**太陽の見かけ上の動く速さは一定**であることが分かる。

〔問3〕 地球上では太陽は見かけ上，①東から西に移動して見える。それは，**地球が北極側から見て反時計回り，④図3ではⅡの方向に自転しているため**である。**東の空に太陽が見えるのは，②点Mの位置であり，西の空に太陽が見えるのは，③点Kの位置**である。

〔問4〕 ＜観察1＞は夏至の頃であり，＜観察2＞は秋分の頃である。図4より，**日の入りの位置は，＜観察1＞を行った日の方が**＜観察2＞を行った日よりも**北寄り**である。＜結果2＞より，＜観察1＞の(4)でかいた曲線の長さの方が，＜観察2＞の(4)でかいた曲線の長さよりも長いため，**昼の長さは＜観察1＞を行った日の方が**＜観察2＞を行った日よりも**長い**。また，地球が公転面に対して23.4°傾けて公転していることにより，**図5は北極点が太陽の方向に傾いているため，夜の長さはX地点の方がY地点よりも長い。**

4 (植物の体のつくりとはたらき：光合成の対照実験・光合成の条件，光の明るさと光合成量・呼吸量の関係，生物と細胞：顕微鏡操作)

〔問1〕 顕微鏡で観察をする準備を行う際に，プレパラートと対物レンズを，最初に，できるだけ近づけるときの手順は，**顕微鏡を横から見ながら，**調節ねじを回してプレパラートと対物レンズを**できるだけ近づける。**対物レンズが20倍で接眼レンズが10倍である顕微鏡の倍率は，20×10＝200〔倍〕，である。

〔問2〕 植物は昼間など，光の当たるときだけ光合成を行うが，呼吸は光が当たるかどうかに関係なく，昼も夜も行われている。よって，左の図は，**光が①十分に当たる**ときであり，植物の**⑤光合成**による**③二酸化炭素**の吸収と**④酸素**の放出が見られるが，右の図の光が②当たらないときには見られない。左右の図に共通して見られる⑥は呼吸であり，④酸素の吸収と③二酸化炭素の放出が見られる。光が強い日中は，光合成によって出入りする気体の量の方が呼吸によって出入りする量より多いため，光が当たると光合成だけが行われているように見える。

〔問3〕　オオカナダモAとオオカナダモBは対照実験を行うために用意されている。<結果>(1)では，オオカナダモの葉AとBの細胞内に緑色の葉緑体を観察できた。<結果>(2)では，表1から，オオカナダモの葉AとBがヨウ素液に反応しなかったことから，光が当たらない場所に2日間置いたため，オオカナダモの葉AとBが作っていたデンプンはすべてなくなっていたことがわかる。<実験>(5)で，オオカナダモAは光が十分に当たる場所に置き，オオカナダモBはそのペトリ皿を光が当たらないようにアルミはくで覆って，Aと同様に光が十分に当たる場所に置いた。3日後，<実験>(7)による<結果>(3)表2から，対照実験を行った結果，光が十分当たる場所に置いたオオカナダモAの葉緑体にのみ，青紫色に染色されたヨウ素液への反応があらわれたことから，光が十分に当たる場所では，オオカナダモの葉の葉緑体で，デンプンが作られることが分かる。

5　(水溶液：溶質と溶媒・飽和水溶液・溶解度曲線の温度変化にともなう水溶液の濃度の変化・溶質の取り出し，水溶液とイオン：電離・電解質と非電解質)

〔問1〕　砂糖を水にとかすと，砂糖水ができる。この場合，砂糖のように，とけている物質を溶質，水のように，溶質をとかす液体を溶媒という。溶質が溶媒にとけた液全体を溶液という。溶媒が水である溶液を水溶液という。ビーカーBの水溶液の溶質である塩化ナトリウムは電解質であるため，蒸留水に溶け，電離する。ビーカーCの水溶液の溶質である砂糖は非電解質であるため，蒸留水に溶けるが，電離しない。

〔問2〕　水100gに物質を溶かして飽和水溶液にしたとき，溶けた溶質の質量〔g〕の値を溶解度という。資料の溶解度曲線は，溶解度と温度との関係を表している。<実験2>(1)では試験管Aに27℃の蒸留水5gと硝酸カリウム3gを入れたが，水溶液の温度による溶質の溶け方の変化について溶解度曲線を用いて考察するには，試験管Aには27℃の蒸留水100gを入れ，同じ濃度になるように硝酸カリウム60gを加えたとして考察する。27℃のときの溶解度は41であるため，溶け残ると考察でき，<実験2>の(1)の結果と一致する。溶解度が60になり，飽和の状態になるのは38℃である。27℃から38℃までは硝酸カリウムが溶ける質量は少しずつ増加するため，質量パーセント濃度〔%〕は増加し，38℃で飽和して濃度は最大になる。38℃から60℃まで水溶液の温度が上昇しても質量パーセント濃度〔%〕は一定である。

〔問3〕　試験管Bの水溶液の温度を27℃から60℃まで上昇させても，その後，27℃，20℃とゆっくり冷やしても，試験管の中の様子に変化がなかったのは，資料から，塩化ナトリウムの溶解度は，温度によってほとんど変化しないものであるためである。

〔問4〕　試験管Bの塩化ナトリウム水溶液の温度が20℃のとき，溶解度は約38であり，溶質である塩化ナトリウムの濃度は，38〔g〕÷(100〔g〕+38〔g〕)×100≒28〔%〕，である。水溶液0.35gのうち，溶質の質量が28%であるため，溶媒である水の質量は72%である。よって，溶質を全て固体として取り出すために蒸発させる溶媒の質量は，0.35〔g〕×0.72≒0.25〔g〕，より，約0.25gである。

6　(力と物体の運動：斜面上での台車の運動，力のつり合いと合成・分解：斜面上の台車に働く力の分解と作用・反作用の法則，力学的エネルギー：位置エネルギーと運動エネルギー，仕事とエネルギー)

〔問1〕「ばねばかりが糸を引く力」がした仕事の大きさ〔J〕=6〔N〕×0.1〔m〕=0.6〔J〕である。ば

ねばかりが糸に引く力(作用)を加えると，同時に，ばねばかりは糸から大きさが同じで逆向きの引く力(反作用)を受ける。よって，「ばねばかりが糸を引く力」を作用としたときの反作用は，「糸がばねばかりを引く力」である。

〔問2〕 ①　**記録タイマーは1秒間に50回打点するから，0.1秒間に5回打点する。**よって，0.4秒経過するまでの力学台車の平均の速さ〔cm/s〕$=\dfrac{2.2+3.6+5.0+6.4〔cm〕}{0.4〔s〕}=43$〔cm/s〕である。
②　0.4秒経過するまでの力学台車の移動距離は，**斜面の傾き**が図4の**10°**では17.2cmであり**その速さをC**，図5の**20°**では34.4cmであり**その速さをD**としたとき，同じ時間でDの移動距離はCの2倍であったため，**CとDの比は1：2**である。

〔問3〕　斜面を下る力学台車に働く重力の大きさは変わらない。**斜面の傾きを大きくしていくほど，重力の斜面に平行な分力は大きくなり，**重力の斜面に垂直な分力は小さくなる。

〔問4〕 ①　ばねばかりを引きはじめてから25秒経過したときの力学台車の位置エネルギーを比較する。＜結果1＞**＜実験1＞の(1)図1**では，力学台車は**基準面から10cmの高さ**であり，**＜実験1＞の(2)図2**では，糸を引く速さは，動滑車を使った場合は物体を引く力の大きさが半分になるためか，少し大きくなっているが，**25秒間で印が動いた距離は＜実験1＞の(1)とほぼ同じであると考えると，動滑車を用いたので物体は引いた距離の半分しか上がらないため，**力学台車は**基準面から約5cmの高さ**にしかならない。表のデータからは，一定の速さで45秒間引くと力学台車は基準面から10cmの高さになるので，25秒間では，$\dfrac{10〔cm〕\times 25〔s〕}{45〔s〕}\fallingdotseq 5.6$〔cm〕，と計算できる。よって，**力学台車の位置エネルギーの大きさは，＜実験1＞の(1)の方が大きい。**　②　**運動エネルギー**は力学台車の速さが速いほど大きく，**〔問2〕から力学台車の速さは斜面の角度が大きい方が速いため，＜実験2＞の(4)の方が大きい。**

＜社会解答＞

1　〔問1〕 B イ　C エ　D ウ　E ア　〔問2〕 エ　〔問3〕 ウ

2　〔問1〕 (略地図中のA～D) C　(Ⅱのア～エ) イ　〔問2〕 P ア　Q ウ　R エ　S イ　〔問3〕 (略地図中のW～Z) Z　(ⅠとⅡのア～エ) ア

3　〔問1〕 A ウ　B イ　C ア　D エ　〔問2〕 (Ⅰのア～エ) ア　(略地図中のW～Z) W　〔問3〕 自動車を利用しなくても，公共交通を利用することで，日常生活に必要な機能が利用できる。

4　〔問1〕 エ→ア→イ→ウ　〔問2〕 太平洋のみを通る経路と，日本海と太平洋を通る経路で，寄港地では積荷の点検などを行い，江戸に輸送すること。　〔問3〕 A ウ　B エ　C ア　D イ　〔問4〕 A ア　B イ　C エ　D ウ

5　〔問1〕 イ　〔問2〕 (ⅠのA～D) C　(ア～エ) ウ　〔問3〕 エ　〔問4〕 投票権年齢，選挙権年齢，成年年齢を満18歳以上とし，社会への参加時期を早め，若年者が将来の国づくりの中心として積極的な役割を果たすこと。

6　〔問1〕 A イ　B ア　C ウ　D エ　〔問2〕 ウ　〔問3〕 ア

＜社会解説＞

1　(地理的分野―日本地理－地形図の見方，歴史的分野―日本史時代別－鎌倉時代から室町時代，―日本史テーマ別－法律史，公民的分野―国の政治の仕組み)

〔問1〕 B地点　**地形図**によれば，B地点からC地点に向かうと，すぐに鉄道との立体交差を通過す

る。B地点はイである。　C地点　C地点からD地点の長さは，地形図上では2cm弱である。この地形図の**縮尺**は，2万5千分の1である。それにより，実際の距離を計算すれば，2.0(cm)×25,000＝50,000(cm)＝約500(m)である。説明文の470mとほぼ合致する。C地点はエである。　D地点　D地点は丁(てい)字形の交差点であり，進行する方向には道の両側に住宅地が見られる。D地点はウである。　E地点　E地点からF地点に向かうには，鉄道の上を道路が通る立体交差があるとの説明文があり，地形図と合致する。E地点はアである。

〔問2〕　**中世**から**近世**へ移り変わるころには，**下剋上**の風潮が強まり，実力のあるものが上の者を倒して**戦国大名**へとのし上がって行った。**戦国大名**が，自分の領国を治めるために制定したのが，**分国法**である。分国法の内容としては，家臣の統制など具体的なものが多い。家臣間の争いを禁じた**喧嘩両成敗**の規定が多くの分国法に見られる。分国法としては，今川氏の今川仮名目録，武田氏の甲州法度などが有名である。なお，アの**御成敗式目**は，1232年に鎌倉幕府によって定められたもの，イの**大宝律令**は，701年に朝廷によって定められたもの，ウの**武家諸法度**は江戸時代に幕府によって定められたものである。

〔問3〕　**日本国憲法**第54条によって定められる，**衆議院**の解散による衆議院議員総選挙後の30日以内に召集しなければならない国会を，**特別会**または**特別国会**という。特別国会が召集されると，日本国憲法第67条にあるように，「内閣総理大臣を，国会議員の中から国会の議決で，これを指名する。この指名は，他のすべての案件に先だって，これを行う。」ことになっている。

2　(地理的分野―世界地理－気候・人々のくらし・産業・貿易)

〔問1〕　まず，A～Dの国・都市を確定する。Aはタイの首都バンコク，Bはサウジアラビアの首都リャド，Cはエチオピアの首都アディスアベバ，Dはポーランドの首都ワルシャワである。Ⅰの文章は，「標高2350m」「コーヒーの生産量世界第5位」との記述から，エチオピアの首都アディスアベバだとわかる。解答はCである。アディスアベバは，**標高**2000m以上の高地にあるため，年間を通して最高気温25℃前後，最低気温15℃前後である。**降雨量**は**小雨季**(2月～5月)，**大雨季**(6月～9月)，**乾季**(10月～1月)に分かれるが，全体として降雨量は多くはない。Ⅱの中では，イの**雨温図**がアディスアベバを表している。

〔問2〕　まず，P～Sの国を確定する。Pはメキシコ，Qはフィジー，Rはバングラデシュ，Sはイタリアである。アは，「**とうもろこし**が主食であり，(中略)生地に具材を挟んだ料理などが食べられている。」(この料理はトルティーヤである)との記述からPのメキシコであるとわかる。イは，地中海性気候を生かした農業を行うSのイタリアについての説明であるとわかる。冬は気温10度前後で，雨が少なく，夏は気温が高く，雨がほとんど降らないのが，**地中海性気候**の特徴である。地中海沿岸部では，気候を生かして，夏は乾燥に強いオレンジやオリーブやぶどうなどの作物を栽培し，冬は北部を中心に小麦を栽培している。ウは，「**タロイモ**が主食であり」「バナナの葉に様々な食材と共にタロイモを包んで蒸した料理(以下略)」との記述から，Qのフィジーであるとわかる。エは，**雨季**の降水に依存して米を大量に生産し，米を主食とするところから，Rのバングラデシュであるとわかる。上記により，正しい組み合わせは，Pア・Qウ・Rエ・Sイとなる。

〔問3〕　まず，W～Zの国を確定する。Wはウルグアイ，Xはマレーシア，Yは南アフリカ共和国，Zはオランダである。Ⅲの文章の「ポルダー」とは，低湿地の干拓によって造成した土地のことを言い，普通はオランダやベルギーの干拓地のことを指す。したがって，Ⅲの文章で述べている国は，Zのオランダである。また，オランダは，2001年から2019年で輸出額は3倍以上となり，輸出額では世界第5位となっている。輸出相手国は**EU**加盟国が多くを占めている。Ⅰ表・Ⅱ表では，アである。

3 **(地理的分野―日本地理－地形・農林水産業・気候・工業・交通)**

〔問1〕 まず，A～Dの県を確定する。Aは秋田県，Bは静岡県，Cは奈良県，Dは鹿児島県である。次にア～エの県を確定する。アは，「国内有数の多雨地域」「古くから林業が営まれ，高品質な杉などが生産されている」等の文から，吉野杉の産地であるCの奈良県であるとわかる。イは，「北側の3000m級の山々」が**南アルプス**を指すところから，静岡県であるとわかる。また，「国内有数の茶の生産量」との記述からも，イが静岡県であるとわかる。ウは，文中の河川が秋田県の雄物川を指す。日本海側に位置するため，夏の「**やませ**」による冷害の影響を受けにくく，「あきたこまち」等の**銘柄米**が生産されていることから，秋田県であることがわかる。エは，二つの半島が大隅半島と薩摩半島であり，この二つの半島に囲まれているのが**活火山**の桜島である。**牧畜**が盛んであることからも，エが鹿児島県であることがわかる。上記により，正しい組み合わせは，Aウ・Bイ・Cア・Dエとなる。

〔問2〕 まず，W～Zの県を確定する。Wは千葉県，Xは愛知県，Yは兵庫県，Zは広島県である。ア～エのうち，人口に占める他の都道府県への従業・通学者の割合が1割以上となっているのは，アの千葉県である。また，国内最大規模の**石油コンビナート**を有するのは，京葉工業地域の千葉県である。Ⅱの文章に当てはまるのは，アである。千葉県は，上記で明らかなように，略地図中のW～Zのうち，Wに当たる。

〔問3〕 徒歩で利用できるところに，食品スーパー・福祉施設等の機能をそろえ，また，徒歩圏外のところでも，自動車でなく，電車やバスなどの**公共交通**を利用して，行政サービス・病院など日常生活に必要な機能が利用できるようになる。上記のような趣旨を簡潔にまとめて解答すればよい。

4 **(歴史的分野―日本史時代別－古墳時代から平安時代・鎌倉時代から室町時代・安土桃山時代から江戸時代・明治時代から現代，―日本史テーマ別－文化史・政治史・経済史・外交史・社会史)**

〔問1〕 ア **桓武天皇**が，混乱した政治を立て直すことを目的に，都を京都に移したのは，794年のことである。 イ **鎌倉幕府**の将軍を補佐する第五代**執権北条時頼**は，有力な御家人を退ける一方，**建長寺**を建立した。建長寺の建立は1253年である。 ウ **室町幕府**の三代将軍**足利義満**が明に使者を派遣し，**勘合貿易**を始めたのは1404年である。 エ 隋から帰国した留学生を**国博士**とし，645年に始まる**大化改新**の改革に取り組ませたのは，**中大兄皇子**(のちの**天智天皇**)である。したがって，時代の古い順に並べると，エ→ア→イ→ウとなる。

〔問2〕 江戸前期の17世紀に，**河村瑞賢**は奥州荒浜から太平洋のみを通り江戸に至る**東回り航路**と，出羽酒田から日本海・瀬戸内海を通って，太平洋に出て江戸に至る**西回り航路**の両者を整えた。寄港地では積荷の点検などを行い，**年貢米**や各地の特産品を江戸に輸送することを実現した。以上の趣旨を簡潔にまとめて記せばよい。

〔問3〕 ア 四日市港は**日英通商航海条約**により，1899年に開港地に指定された。 イ 東京港では**関東大震災後**に復旧工事が行われ，震災の2年後の1925年に日の出ふ頭が完成した。 ウ 函館港は**日米和親条約**により1854年に開港され，薪・水・食糧の補給地となった。 エ 熊本の三角港は，**西南戦争**10年後の1887年にオランダ人技術者の設計により造成され，開港された。よって，略年表と照らし合わせれば，Aウ・Bエ・Cア・Dイとなる。

〔問4〕 ア 1951年に**サンフランシスコ平和条約**が結ばれ，特に海上貿易(輸入)の増加がみられた。 イ エネルギー源が**石炭**から**石油**へ転換する**エネルギー革命**が起こったのは1950年代以降である。 ウ 米ソ首脳が**マルタ島**で会談し，**冷戦終結**を宣言したのが，1989年のことであり，一時的に海上貿易量の減少がみられた。 エ 二度にわたる石油価格の急激な上昇とは，1973年の第一次石油危機と1979年の**第二次石油危機**のことを指す。この時期には海上貿易量の増加がみられた。したがって，正しい組み合わせは，Aア・Bイ・Cエ・Dウとなる。

5　(公民的分野―基本的人権・財政・国際社会との関わり・民主主義)

〔問1〕 アは，**日本国憲法**第25条の条文であり，**社会権**の中の**生存権**である。ウは，憲法第38条の条文であり，**自由権**の中の**身体の自由**である。エは，憲法第32条の条文であり，**請求権**である。残されたイが，憲法第14条に示された**平等権**である。

〔問2〕 ⅠのAは**法人税**，Bが**所得税**，Cが**消費税**，Dが**公債金**である。Ⅱの文章で説明されているのは消費税であり，Cである。また，ア・イ・ウ・エのうち，アは公債金，イは所得税，エは法人税についての説明である。消費税を正しく説明しているのは，ウである。消費税は，1989年に導入された。**3%→5%→8%→10%**と税率が変更されるにしたがって，税収が増えてきた。消費税は，年収が低いほど，税負担の割合が高いという**逆進性**がある。

〔問3〕 2015年にニューヨークで開催された「**国連持続可能な開発に関するサミット**」において採択された世界共通の17の目標が，**持続可能な開発目標(SDGs)**である。目標の例をあげれば「貧困をなくそう」「飢餓をゼロに」「質の高い教育をみんなに」「ジェンダー平等を実現しよう」「エネルギーをみんなに　そしてクリーンに」「気候変動に具体的な対策を」など，世界の様々な問題を根本的に解決し，すべての人たちにとってより良い世界をつくるために設定されたものである。時期はエである。

〔問4〕 **投票権年齢**，**選挙権年齢**，**成年年齢**をそれぞれ満20歳から満18歳以上へと引き下げることにより，政治・社会への参加時期を2年間早めることが実現されてきた。これにより，若年者自らが大人であることを自覚し，自分の考えを持ち，他者と協議し，社会に参画して積極的に合意形成に努め，若年者が将来の国づくりの中心として積極的な役割を果たすことが期待されている。上記のような趣旨のことを簡潔にまとめて解答すればよい。

6　(歴史的分野―日本史時代別－明治時代から現代，―日本史テーマ別－文化史，―世界史－経済史・政治史)

〔問1〕 はじめに，A～Dの国を確定する。Aはドイツ，Bはフランス，Cはイギリス，Dはガーナである。1789年に**市民革命**が起こったのはフランスであり，アの**黒田清輝**は1880年代から1890年代にかけてこの国に留学して，**洋画**を学んだ。1871年に統一されたのはドイツであり，イの**森鷗外**は1884年から1888年まで留学し，**細菌学**を学んだ。1902年に日本と**日英同盟**を結んだのはイギリスであり，ウの**夏目漱石**は1900年から1902年までイギリスに留学し，英文学を学んだ。現在のガーナにあたる西アフリカで，1927年から1928年にかけて，エの**野口英世**は**黄熱病**の研究に努めた。したがって，正しい組み合わせは，Aイ・Bア・Cウ・Dエである。

〔問2〕 2008年9月に，**アメリカ合衆国**の投資銀行である**リーマン・ブラザーズ**が破綻したことに端を発して，**リーマン・ショック**といわれる**世界金融危機**が発生した。日本でも大幅に景気が後退し，**実質経済成長率**はマイナスとなった。リーマンショックに対処するため，同年11月にワシントンで第一回**G20サミット**が開催された。このG20は，各国の**首脳**(大統領・首相・国王・国家主席等)のみが集まる初めての国際会議として開催された。正解はウである。

〔問3〕 19世紀までにヨーロッパ諸国により**植民地**とされていたアフリカ各地で，**第二次世界大戦**後に**独立運動**が活発になり，1960年前後に一斉に独立を達成した。特に1960年は，17か国が独立をし，「**アフリカの年**」といわれる。これらの独立をした国々が**国際連合**に加盟したために，1960年前後はアフリカ州の国々の加盟国数が急激に増えた。Ⅱの文章は，アフリカ州について述べている。Ⅰのグラフのうち，1960年前後に国連加盟国数が急激に増えているのはアであり，アフリカ州がアである。

2024年度英語　リスニングテスト

〔放送台本〕

これから，リスニングテストを行います。リスニングテストは，全て放送による指示で行います。リスニングテストの問題には，問題Aと問題Bの二つがあります。問題Aと，問題Bの＜Question 1＞では，質問に対する答えを選んで，その記号を答えなさい。問題Bの＜Question 2＞では，質問に対する答えを英語で書きなさい。英文とそのあとに出題される質問が，それぞれ全体を通して二回ずつ読まれます。問題用紙の余白にメモをとってもかまいません。答えは全て解答用紙に書きなさい。

〔問題A〕

問題Aは，英語による対話文を聞いて，英語の質問に答えるものです。ここで話される対話文は全部で三つあり，それぞれ質問が一つずつ出題されます。質問に対する答えを選んで，その記号を答えなさい。では，＜対話文1＞を始めます。

Tom: Satomi, I heard you love dogs.
Satomi: Yes, Tom. I have one dog. How about you?
Tom: I have two dogs. They make me happy every day.
Satomi: My dog makes me happy, too. Our friend, Rina also has dogs. I think she has three.
Tom: Oh, really?
Satomi: Yes. I have an idea. Let's take a walk with our dogs this Sunday. How about at four p.m.?
Tom: OK. Let's ask Rina, too. I can't wait for next Sunday.

Question: How many dogs does Tom have?

＜対話文2＞を始めます。

John: Our grandfather will be here soon. How about cooking spaghetti for him, Mary?
Mary: That's a nice idea, John.
John: Good. We can use these tomatoes and onions. Do we need to buy anything?
Mary: We have a lot of vegetables. Oh, we don't have cheese.
John: OK. Let's buy some cheese at the supermarket.
Mary: Yes, let's.
John: Should we buy something to drink, too?
Mary: I bought some juice yesterday. So, we don't have to buy anything to drink.

Question: What will John and Mary buy at the supermarket?

＜対話文3＞を始めます。

Jane: Hi, Bob, what are you going to do this weekend?
Bob: Hi, Jane. I'm going to go to the stadium to watch our school's baseball game on Sunday afternoon.
Jane: Oh, really? I'm going to go to watch it with friends, too. Can we go to the stadium together?
Bob: Sure. Let's meet at Momiji Station. When should we meet?
Jane: The game will start at two p.m. Let's meet at one thirty at the station.
Bob: Well, why don't we eat lunch near the station before then?
Jane: That's good. How about at twelve?
Bob: That's too early.
Jane: OK. Let's meet at the station at one.
Bob: Yes, let's do that.

Question: When will Jane and Bob meet at Momiji Station?
これで問題Aを終わり，問題Bに入ります。

〔英文の訳〕
〔問題A〕
＜対話文1＞
トム　：サトミ，あなたは犬が大好きだと聞きましたよ。
サトミ：はい，トム。私は犬を1匹飼っています。あなたは？
トム　：私は2匹飼っています。彼らは毎日私を幸せにしてくれます。
サトミ：私の犬も私を幸せにしてくれます。友達のリナも犬を飼っています。彼女は3匹飼っていると思います。
トム　：へえ，本当に？
サトミ：はい。考えがあります。この日曜日に一緒に犬を散歩しましょう。午後の4時はどうですか？
トム　：オーケー。リナにも聞きましょう。次の日曜日が待ちきれません。
質問：トムは何匹の犬を飼っていますか？
答え：イ　2匹。
＜対話文2＞
ジョン　：おじいちゃんがもうすぐここに来るよ。彼にスパゲッティを作るのはどうだろう，メアリー？
メアリー：それはいいアイディアね，ジョン。
ジョン　：いいね。このトマトと玉ねぎを使えるね。何か買う必要あるかな？
メアリー：野菜はたくさんあるね。ああ，チーズがないよ。
ジョン　：オーケー。スーパーでチーズを買おう。
メアリー：うん，そうしよう。
ジョン　：何か飲み物も買うべきかな？
メアリー：昨日ジュースを買ったよ。だから飲み物を買う必要はないよ。
質問：ジョンとメアリーはスーパーで何を買いますか？

答え：ウ　チーズ。

<対話文3>

ジェイン：こんにちは，ボブ。この週末は何をするつもりですか？

ボブ　　：こんにちは，ジェイン。日曜日の午後に学校の野球の試合を見にスタジアムに行くつもりです。

ジェイン：あら，本当？　私も友達と一緒に行くつもりです。一緒にスタジアムへ行ってもいいですか？

ボブ　　：もちろん。モミジ駅で会いましょう。いつ会いましょうか？

ジェイン：試合は午後2時に始まります。1時半に駅で会いましょう。

ボブ　　：ええと，その前に駅のそばでランチを食べるのはどうですか？

ジェイン：それはいいですね。12時はどうですか？

ボブ　　：それは早すぎます。

ジェイン：オーケー。じゃあ1時に駅で会いましょう。

ボブ　　：はい，そうしましょう。

質問：ジェインとボブはいつモミジ駅で会いますか？

答え：エ　1時。

〔放送台本〕

〔問題B〕

これから聞く英語は，ある動物園の来園者に向けた説明です。内容に注意して聞きなさい。あとから，英語による質問が二つ出題されます。<Question 1> では，質問に対する答えを選んで，その記号を答えなさい。<Question 2> では，質問に対する答えを英語で書きなさい。なお，<Question 2>のあとに，15 秒程度，答えを書く時間があります。では，始めます。

Good morning everyone. Welcome to Tokyo Chuo Zoo. We have special news for you. We have a new rabbit. It's two months old. It was in a different room before. But one week ago, we moved it. Now you can see it with other rabbits in "Rabbit House." You can see the rabbit from eleven a.m. Some rabbits are over one year old. They eat vegetables, but the new rabbit doesn't.

In our zoo, all the older rabbits have names. But the new one doesn't. We want you to give it a name. If you think of a good one, get some paper at the information center and write the name on it. Then put the paper into the post box there. Thank you.

<Question 1>　How old is the new rabbit?

<Question 2>　What does the zoo want people to do for the new rabbit?

〔英文の訳〕

〔問題B〕

みなさん，おはようございます。東京中央動物園へようこそ。みなさんに特別なニュースがあります。新しいウサギがいます。生後2か月のウサギです。以前は違う部屋にいました。しかし1週間前に移動しました。「ウサギハウス」で他のウサギと一緒にそのウサギを見ることができます。午前11時からそのウサギを見ることができます。1歳以上のウサギもいます。彼らは野菜を食べますが，その新しいウサギは食べません。

私たちの動物園では全ての年上のウサギには名前があります。しかしその新しいウサギには名前がありません。みなさんにそのウサギに名前をつけてもらいたいです。いい名前を思いついたら，インフォメーションセンターで紙をもらってそれに名前を書いてください。そしてそこにあるポストボックスに紙を入れてください。ありがとうございました。

質問1：新しいウサギは何歳ですか？

答え　：ア　生後2か月。

質問2：動物園は新しいウサギのために人々に何をしてもらいたいですか？

答え　：(例)それに名前をつけること。

MEMO

大切なことはメモしておこうネ！

東京都公立高等学校

2023年度

★★★★★★★★★★★★★★★★★★★★★★★

共通問題（理科・社会）

2023年度

●くわしい解説 …… 29ページ

＜理科＞

時間　50分　　満点　100点

1　次の各問に答えよ。

〔問１〕　次のＡ～Ｆの生物を生産者と消費者とに分類したものとして適切なのは，下の表の**ア**～**エ**のうちではどれか。

Ａ　エンドウ　Ｂ　サツマイモ　Ｃ　タカ　Ｄ　ツツジ　Ｅ　バッタ　Ｆ　ミミズ

	生産者	消費者
ア	Ａ，Ｂ，Ｄ	Ｃ，Ｅ，Ｆ
イ	Ａ，Ｄ，Ｆ	Ｂ，Ｃ，Ｅ
ウ	Ａ，Ｂ，Ｅ	Ｃ，Ｄ，Ｆ
エ	Ｂ，Ｃ，Ｄ	Ａ，Ｅ，Ｆ

〔問２〕　図１の岩石Ａと岩石Ｂのスケッチは，一方が玄武岩であり，もう一方が花こう岩である。岩石Ａは岩石Ｂより全体的に白っぽく，岩石Ｂは岩石Ａより全体的に黒っぽい色をしていた。岩石Ａと岩石Ｂのうち玄武岩であるものと，玄武岩のでき方とを組み合わせたものとして適切なのは，下の表の**ア**～**エ**のうちではどれか。

図１

岩石Ａ　　岩石Ｂ

	玄武岩	玄武岩のでき方
ア	岩石Ａ	マグマがゆっくりと冷えて固まってできた。
イ	岩石Ａ	マグマが急激に冷えて固まってできた。
ウ	岩石Ｂ	マグマがゆっくりと冷えて固まってできた。
エ	岩石Ｂ	マグマが急激に冷えて固まってできた。

〔問３〕　図２のガスバーナーに点火し，適正な炎の大きさに調整したが，炎の色から空気が不足していることが分かった。炎の色を青色の適正な状態にする操作として適切なのは，あとの**ア**～**エ**のうちではどれか。

図２

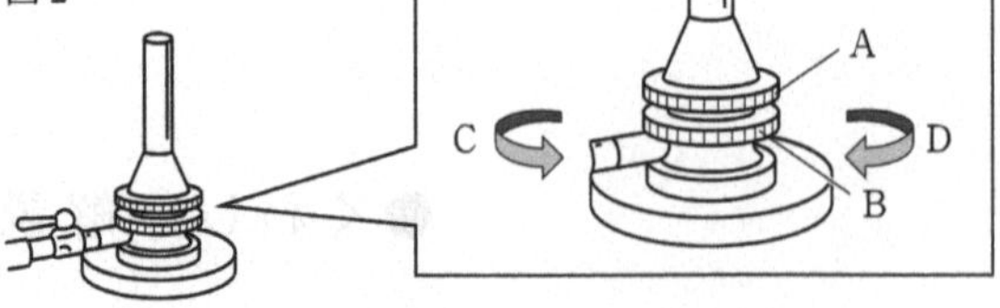

ア　Ａのねじを押さえながら，Ｂのねじを**Ｃ**の向きに回す。

イ　Ａのねじを押さえながら，Ｂのねじを D の向きに回す。

ウ　Ｂのねじを押さえながら，Ａのねじを C の向きに回す。

エ　Ｂのねじを押さえながら，Ａのねじを D の向きに回す。

〔問４〕 図３のように，凸レンズの二つの焦点を通る一直線上に，物体（光源付き），凸レンズ，スクリーンを置いた。

凸レンズの二つの焦点を通る一直線上で，スクリーンを矢印の向きに動かし，凸レンズに達する前にはっきりと像が映る位置に調整した。図３のＡ点，Ｂ点のうちはっきりと像が映るときのスクリーンの位置と，このときスクリーンに映った像の大きさについて述べたものとを組み合わせたものとして適切なのは，下の表の**ア**～**エ**のうちではどれか。

図３

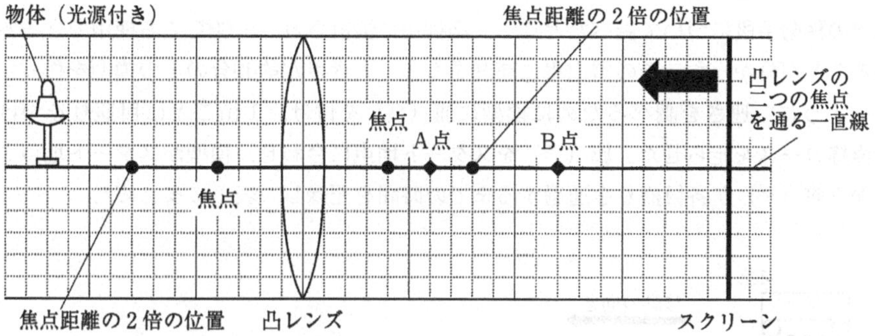

	スクリーンの位置	スクリーンに映った像の大きさについて述べたもの
ア	Ａ点	物体の大きさと比べて，スクリーンに映った像の方が大きい。
イ	Ａ点	物体の大きさと比べて，スクリーンに映った像の方が小さい。
ウ	Ｂ点	物体の大きさと比べて，スクリーンに映った像の方が大きい。
エ	Ｂ点	物体の大きさと比べて，スクリーンに映った像の方が小さい。

〔問５〕 次のＡ～Ｄの物質を化合物と単体とに分類したものとして適切なのは，次の表の**ア**～**エ**のうちではどれか。

Ａ　二酸化炭素

Ｂ　水

Ｃ　アンモニア

Ｄ　酸素

	化合物	単体
ア	Ａ，Ｂ，Ｃ	Ｄ
イ	Ａ，Ｂ	Ｃ，Ｄ
ウ	Ｃ，Ｄ	Ａ，Ｂ
エ	Ｄ	Ａ，Ｂ，Ｃ

〔問６〕 図４はアブラナの花の各部分を外側にあるものからピンセットではがし，スケッチしたものである。図４のＡ～Ｄの名称を組み合わせたものとして適切なのは，次のページの表の**ア**～**エ**のうちではどれか。

図４

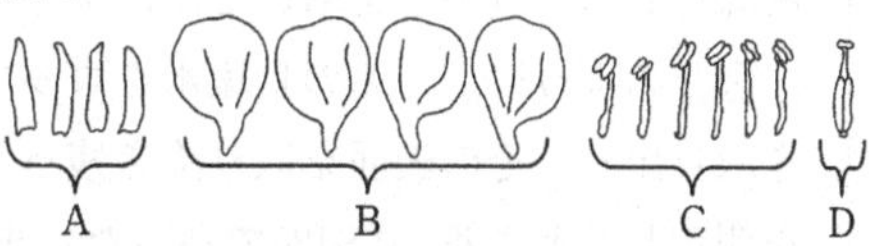

	A	B	C	D
ア	がく	花弁	めしべ	おしべ
イ	がく	花弁	おしべ	めしべ
ウ	花弁	がく	おしべ	めしべ
エ	花弁	がく	めしべ	おしべ

2 生徒が，南極や北極に関して科学的に探究しようと考え，自由研究に取り組んだ。生徒が書いたレポートの一部を読み，次の各問に答えよ。

＜レポート1＞　雪上車について

雪上での移動手段について調べたところ，南極用に設計され，−60℃でも使用できる雪上車があることが分かった。その雪上車に興味をもち，大きさが約40分の１の模型を作った。

図１のように，速さを調べるために模型に旗（◀）を付け，１mごとに目盛りをつけた７mの直線コースを走らせた。旗（◀）をスタート地点に合わせ，模型がスタート地点を出発してから旗（◀）が各目盛りを通過するまでの時間を記録し，表１にまとめた。

図１

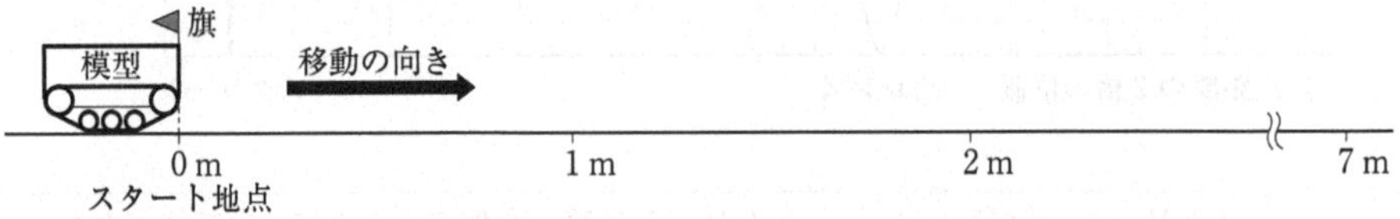

表１

移動した距離〔m〕	0	1	2	3	4	5	6	7
通過するまでの時間〔秒〕	0	19.8	40.4	61.0	81.6	101.7	122.2	143.0

〔問１〕　**＜レポート１＞**から，模型の旗（◀）が２m地点を通過してから６m地点を通過するまでの平均の速さを計算し，小数第三位を四捨五入したものとして適切なのは，次のうちではどれか。

ア　0.02m / s　　**イ**　0.05m / s　　**ウ**　0.17m / s　　**エ**　0.29m / s

＜レポート２＞　海氷について

北極圏の海氷について調べたところ，海水が凍ることで生じる海氷は，海面に浮いた状態で存在していることや，海水よりも塩分の濃度が低いことが分かった。海氷ができる過程に興味をもち，食塩水を用いて次のようなモデル実験を行った。

図２のように，３％の食塩水をコップに入れ，液面上部から冷却し凍らせた。凍った部分を取り出し，その表面を取り除き残った部分を二つに分けた。その一つを溶かし食塩の濃度を測定したところ，0.84％であった。また，もう一つを３％の食塩水に入れたところ浮いた。

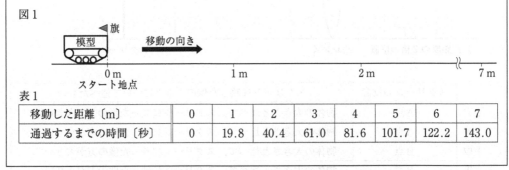

図2

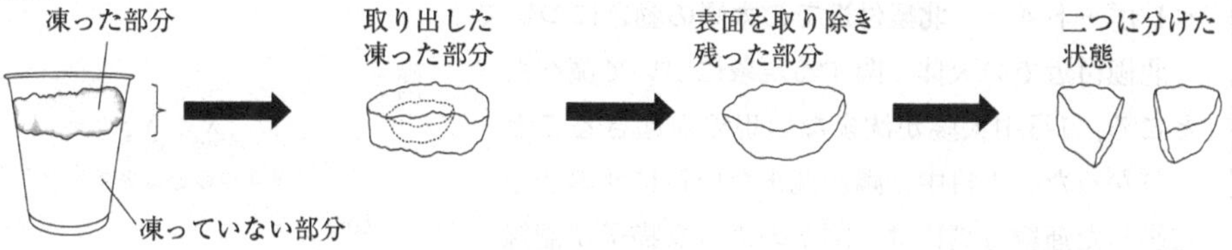

〔問2〕　＜レポート2＞から，「3％の食塩水100ｇに含まれる食塩の量」に対する「凍った部分の表面を取り除き残った部分100ｇに含まれる食塩の量」の割合として適切なのは，下の ① のアとイのうちではどれか。また，「3％の食塩水の密度」と「凍った部分の表面を取り除き残った部分の密度」を比べたときに，密度が大きいものとして適切なのは，下の ② のアとイのうちではどれか。ただし，凍った部分の表面を取り除き残った部分の食塩の濃度は均一であるものとする。

① 　ア　約13％　　　イ　約28％

② 　ア　3％の食塩水　　イ　凍った部分の表面を取り除き残った部分

＜レポート3＞　生物の発生について

水族館で，南極海に生息している図3のようなナンキョクオキアミの発生に関する展示を見て，生物の発生に興味をもった。発生の観察に適した生物を探していると，近所の池で図4の模式図のようなカエル（ニホンアマガエル）の受精卵を見付けたので持ち帰り，発生の様子をルーペで継続して観察したところ，図5や図6の模式図のように，細胞分裂により細胞数が増えていく様子を観察することができた。なお，図5は細胞数が2個になった直後の胚《はい》を示しており，図6は細胞数が4個になった直後の胚を示している。

図3

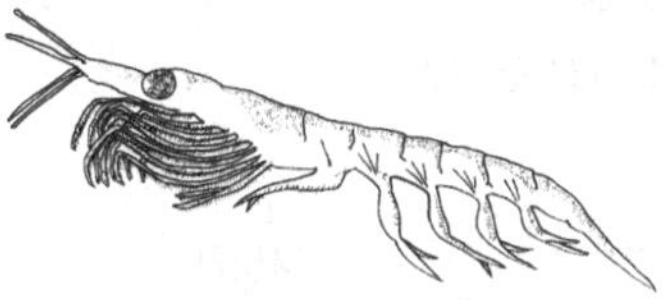

図4

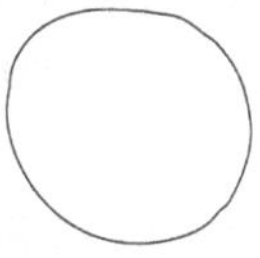

図5

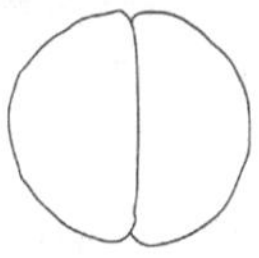

図6

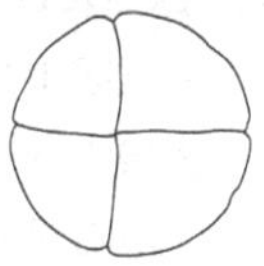

〔問3〕　＜レポート3＞の図4の受精卵の染色体の数を24本とした場合，図5及び図6の胚に含まれる合計の染色体の数として適切なのは，次の表のア～エのうちではどれか。

	図5の胚に含まれる合計の染色体の数	図6の胚に含まれる合計の染色体の数
ア	12本	6本
イ	12本	12本
ウ	48本	48本
エ	48本	96本

<レポート４>　北極付近での太陽の動きについて

北極付近での天体に関する現象について調べたところ，1日中太陽が沈まない現象が起きることが分かった。１日中太陽が沈まない日に北の空を撮影した連続写真には，図７のような様子が記録されていた。

地球の公転軌道を図８のように模式的に表した場合，図７のように記録された連続写真は，図８のAの位置に地球があるときに撮影されたことが分かった。

図７

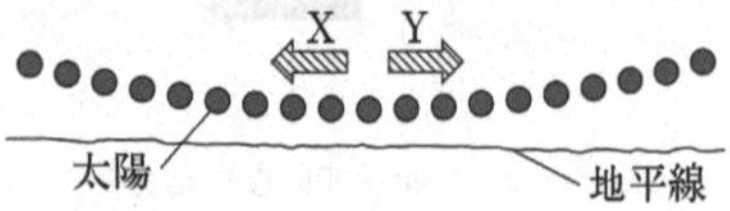

図８

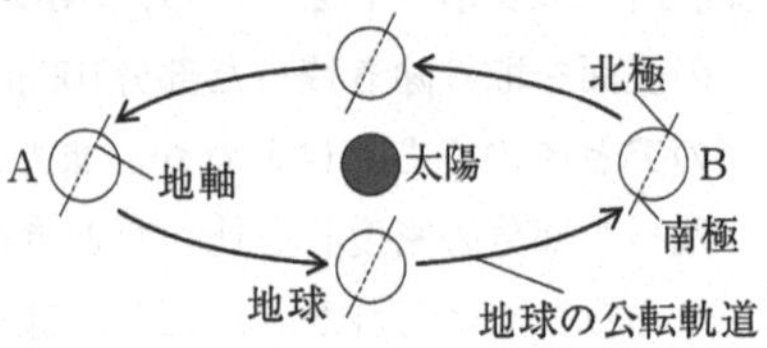

〔問４〕　<レポート４>から，図７のXとYのうち太陽が見かけ上動いた向きと，図８のAとBのうち日本で夏至となる地球の位置とを組み合わせたものとして適切なのは，次の表のア～エのうちではどれか。

	図７のXとYのうち太陽が見かけ上動いた向き	図８のAとBのうち日本で夏至となる地球の位置
ア	X	A
イ	X	B
ウ	Y	A
エ	Y	B

3　露点及び雲の発生に関する実験について，次の各問に答えよ。

<実験１>を行ったところ，次のページの<結果１>のようになった。

<実験１>

(1)　ある日の午前10時に，あらかじめ実験室の室温と同じ水温にしておいた水を金属製のコップの半分くらいまで入れ，温度計で金属製のコップ内の水温を測定した。

(2)　図１のように，金属製のコップの中に氷水を少しずつ加え，水温が一様になるようにガラス棒でかき混ぜながら，金属製のコップの表面の温度が少しずつ下がるようにした。

(3)　金属製のコップの表面に水滴が付き始めたときの金属製のコップ内の水温を測定した。

(4)　<実験１>の(1)～(3)の操作を同じ日の午後６時にも行った。

図１

なお，この実験において，金属製のコップ内の水温とコップの表面付近の空気の温度は等しいものとし，同じ時刻における実験室内の湿度は均一であるものとする。

＜結果１＞

	午前10時	午後６時
＜実験１＞の⑴で測定した水温〔℃〕	17.0	17.0
＜実験１＞の⑶で測定した水温〔℃〕	16.2	12.8

〔問１〕　＜実験１＞の⑵で，金属製のコップの表面の温度が少しずつ下がるようにしたのはなぜか。簡単に書け。

〔問２〕　図２は，気温と飽和水蒸気量の関係をグラフに表したものである。

図２

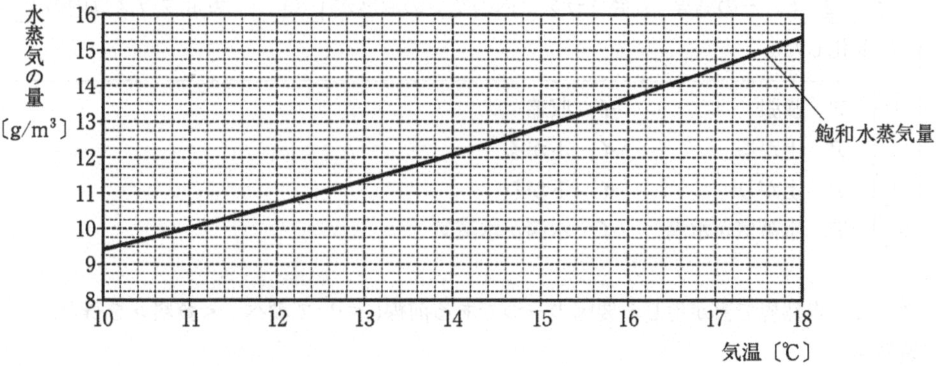

＜結果１＞から，午前10時の湿度として適切なのは，下の ① のアとイのうちではどれか。また，午前10時と午後６時の実験室内の空気のうち，１ m^3 に含まれる水蒸気の量が多い空気として適切なのは，下の ② のアとイのうちではどれか。

① **ア**　約76%　　**イ**　約95%

② **ア**　午前10時の実験室内の空気　　**イ**　午後６時の実験室内の空気

次に＜実験２＞を行ったところ，次のページの＜結果２＞のようになった。

＜実験２＞

⑴　丸底フラスコの内部をぬるま湯でぬらし，線香のけむりを少量入れた。

⑵　図３のように，ピストンを押し込んだ状態の大型注射器とデジタル温度計を丸底フラスコに空気がもれないようにつなぎ，装置を組み立てた。

⑶　大型注射器のピストンをすばやく引き，すぐに丸底フラスコ内の様子と丸底フラスコ内の温度の変化を調べた。

⑷　＜実験２＞の⑶の直後，大型注射器のピストンを元の位置まですばやく押し込み，すぐに丸底フラスコ内の様子と丸底フラスコ内の温度の変化を調べた。

図３

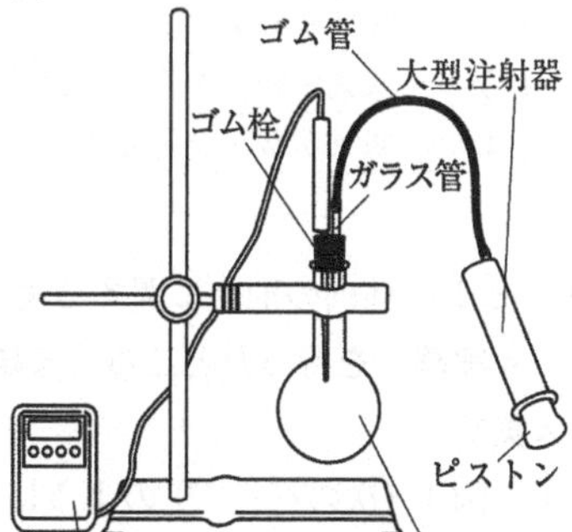

＜結果２＞

	＜実験２＞の(3)の結果	＜実験２＞の(4)の結果
丸底フラスコ内の様子	くもった。	くもりは消えた。
丸底フラスコ内の温度	26.9℃から26.7℃に変化した。	26.7℃から26.9℃に変化した。

〔問３〕　＜結果２＞から分かることをまとめた次の文章の ① ～ ④ にそれぞれ当てはまるものとして適切なのは，下のアとイのうちではどれか。

> ピストンをすばやく引くと，丸底フラスコ内の空気は ① し丸底フラスコ内の気圧は ② 。その結果，丸底フラスコ内の空気の温度が ③ ，丸底フラスコ内の ④ に変化した。

① ア　膨張　　イ　収縮
② ア　上がる　　イ　下がる
③ ア　上がり　　イ　下がり
④ ア　水蒸気が水滴　　イ　水滴が水蒸気

さらに，自然界で雲が生じる要因の一つである前線について調べ，＜資料＞を得た。

＜資料＞

次の文章は，日本のある場所で寒冷前線が通過したときの気象観測の記録について述べたものである。

> 午前６時から午前９時までの間に，雨が降り始めるとともに気温が急激に下がった。この間，風向は南寄りから北寄りに変わった。

〔問４〕　＜資料＞から，通過した前線の説明と，前線付近で発達した雲の説明とを組み合わせたものとして適切なのは，次の表のア～エのうちではどれか。

	通過した前線の説明	前線付近で発達した雲の説明
ア	暖気が寒気の上をはい上がる。	広い範囲に長く雨を降らせる雲
イ	暖気が寒気の上をはい上がる。	短時間に強い雨を降らせる雲
ウ	寒気が暖気を押し上げる。	広い範囲に長く雨を降らせる雲
エ	寒気が暖気を押し上げる。	短時間に強い雨を降らせる雲

4　ヒトの体内の消化に関する実験について，次の各問に答えよ。

＜実験＞を行ったところ，＜結果＞のようになった。

＜実験＞

(1)　図１（次のページ）のように，試験管Ａ，試験管Ｂ，試験管Ｃ，試験管Ｄに0.5％のデンプン溶液を５㎤ずつ入れた。また，試験管Ａ，試験管Ｃには唾液を１㎤ずつ入れ，試験管Ｂ，試験管Ｄには水を１㎤ずつ入れた。

(2)　図２（次のページ）のように，試験管Ａ，試験管Ｂ，試験管Ｃ，試験管Ｄを約40℃に保った水に10分間つけた。

⑶　図3のように，試験管A，試験管Bにヨウ素液を入れ，10分後，溶液の色の変化を観察した。

⑷　図4のように，試験管C，試験管Dにベネジクト液と沸騰石を入れ，その後，加熱し，1分後，溶液の色の変化を観察した。

図1

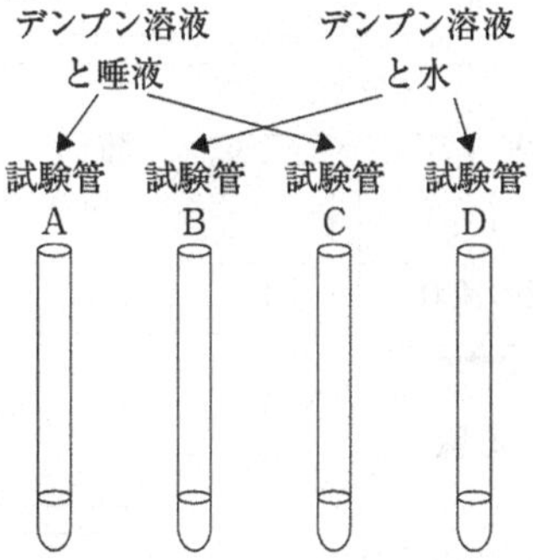

図2

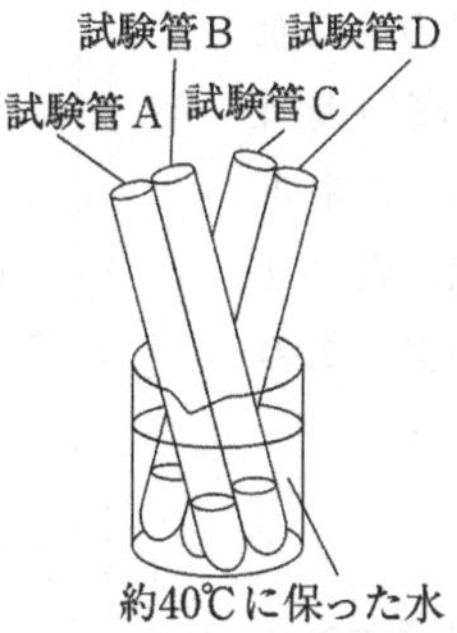

図3

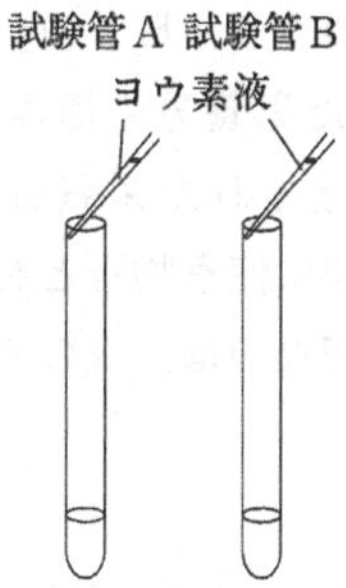

図4

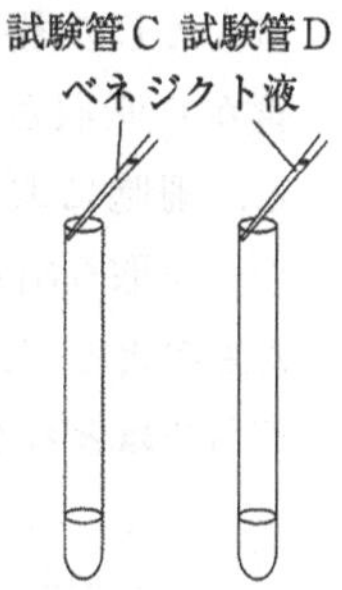

＜結果＞

	試験管A	試験管B	試験管C	試験管D
色の変化	変化しなかった。	青紫色になった。	赤褐色になった。	変化しなかった。

〔問1〕　＜結果＞から分かる唾液のはたらきについて述べたものとして適切なのは，次のうちではどれか。

ア　試験管Aと試験管Bの比較から，唾液にはデンプンをデンプンではないものにするはたらきがあることが分かり，試験管Cと試験管Dの比較から，唾液にはデンプンをアミノ酸にするはたらきがあることが分かる。

イ　試験管Aと試験管Dの比較から，唾液にはデンプンをデンプンではないものにするはたらきがあることが分かり，試験管Bと試験管Cの比較から，唾液にはデンプンをアミノ酸にするはたらきがあることが分かる。

ウ　試験管Aと試験管Bの比較から，唾液にはデンプンをデンプンではないものにするはたらきがあることが分かり，試験管Cと試験管Dの比較から，唾液にはデンプンをブドウ糖がいくつか結合した糖にするはたらきがあることが分かる。

エ　試験管Aと試験管Dの比較から，唾液にはデンプンをデンプンではないものにするはたらきがあることが分かり，試験管Bと試験管Cの比較から，唾液にはデンプンをブドウ糖がいくつか結合した糖にするはたらきがあることが分かる。

〔問2〕　消化酵素により分解されることで作られた，ブドウ糖，アミノ酸，脂肪酸，モノグリセリドが，ヒトの小腸の柔毛で吸収される様子について述べたものとして適切なのは，あとのうちではどれか。

ア　アミノ酸とモノグリセリドはヒトの小腸の柔毛で吸収されて毛細血管に入り，ブドウ糖と脂肪酸はヒトの小腸の柔毛で吸収された後に結合してリンパ管に入る。

イ　ブドウ糖と脂肪酸はヒトの小腸の柔毛で吸収されて毛細血管に入り，アミノ酸とモノグリセリドはヒトの小腸の柔毛で吸収された後に結合してリンパ管に入る。

ウ　脂肪酸とモノグリセリドはヒトの小腸の柔毛で吸収されて毛細血管に入り，ブドウ糖とアミノ酸はヒトの小腸の柔毛で吸収された後に結合してリンパ管に入る。

エ　ブドウ糖とアミノ酸はヒトの小腸の柔毛で吸収されて毛細血管に入り，脂肪酸とモノグリセリドはヒトの小腸の柔毛で吸収された後に結合してリンパ管に入る。

［問３］　図５は，ヒトの体内における血液の循環の経路を模式的に表したものである。図５のＡとＢの場所のうち，ヒトの小腸の毛細血管から吸収された栄養分の濃度が高い場所と，細胞に取り込まれた栄養分からエネルギーを取り出す際に使う物質とを組み合わせたものとして適切なのは，次の表の**ア**～**エ**のうちではどれか。

	栄養分の濃度が高い場所	栄養分からエネルギーを取り出す際に使う物質
ア	Ａ	酸素
イ	Ａ	二酸化炭素
ウ	Ｂ	酸素
エ	Ｂ	二酸化炭素

図５

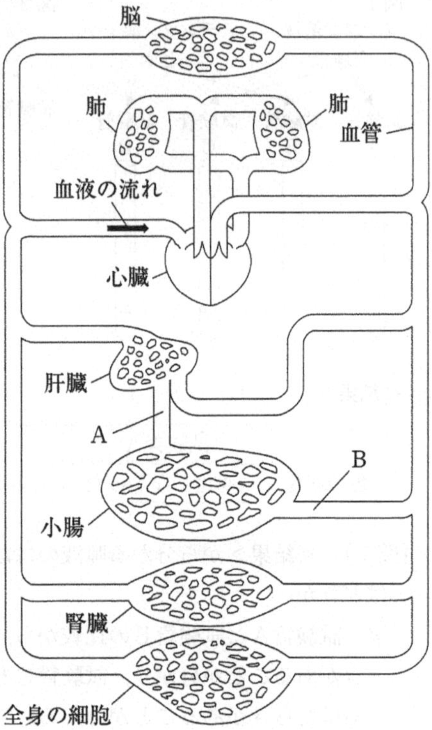

5　水溶液の実験について，次の各問に答えよ。

＜実験１＞を行ったところ，**＜結果１＞**のようになった。

＜実験１＞

(1)　図１のように，炭素棒，電源装置をつないで装置を作り，ビーカーの中に５％の塩化銅水溶液を入れ，3.5Ｖの電圧を加えて，３分間電流を流した。

電流を流している間に，電極Ａ，電極Ｂ付近の様子などを観察した。

(2)　**＜実験１＞**の(1)の後に，それぞれの電極を蒸留水（精製水）で洗い，電極の様子を観察した。

電極Ａに付着した物質をはがし，その物質を薬さじでこすった。

図１

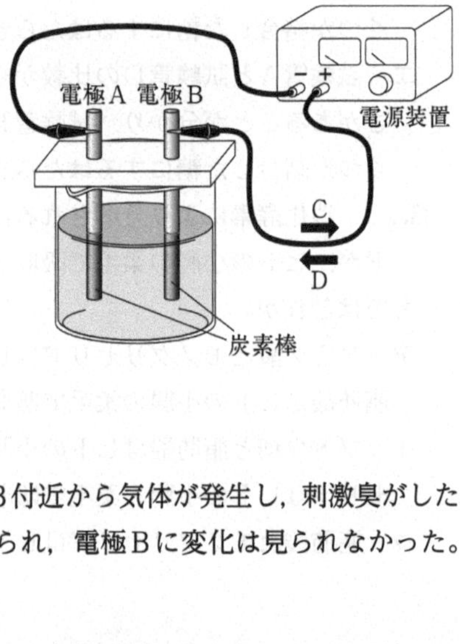

＜結果１＞

(1)　**＜実験１＞**の(1)では，電極Ａに物質が付着し，電極Ｂ付近から気体が発生し，刺激臭がした。

(2)　**＜実験１＞**の(2)では，電極Ａに赤い物質の付着が見られ，電極Ｂに変化は見られなかった。

その後，電極Ａからはがした赤い物質を薬さじでこすると，金属光沢が見られた。

次に**＜実験２＞**を行ったところ，**＜結果２＞**のようになった。

＜実験２＞

⑴　図１のように，炭素棒，電源装置をつないで装置を作り，ビーカーの中に５％の水酸化ナトリウム水溶液を入れ，3.5Ｖの電圧を加えて，3分間電流を流した。

　電流を流している間に，電極Ａとその付近，電極Ｂとその付近の様子を観察した。

⑵　**＜実験２＞**の⑴の後，それぞれの電極を蒸留水で洗い，電極の様子を観察した。

＜結果２＞

⑴　**＜実験２＞**の⑴では，電流を流している間に，電極Ａ付近，電極Ｂ付近からそれぞれ気体が発生した。

⑵　**＜実験２＞**の⑵では，電極Ａ，電極Ｂ共に変化は見られなかった。

〔問１〕　塩化銅が蒸留水に溶けて陽イオンと陰イオンに分かれた様子を表したモデルとして適切なのは，下の**ア**～**オ**のうちではどれか。

　ただし，モデルの●は陽イオン１個，○は陰イオン１個とする。

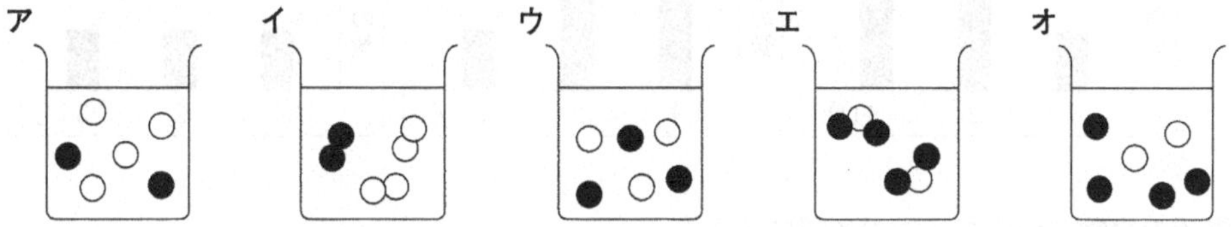

〔問２〕　**＜結果１＞**から，電極Ａは陽極と陰極のどちらか，また，回路に流れる電流の向きはＣとＤのどちらかを組み合わせたものとして適切なのは，次の表の**ア**～**エ**のうちではどれか。

	電極Ａ	回路に流れる電流の向き
ア	陽極	Ｃ
イ	陽極	Ｄ
ウ	陰極	Ｃ
エ	陰極	Ｄ

〔問３〕　**＜結果１＞**の⑴から，電極Ｂ付近で生成された物質が発生する仕組みを述べた次の文の［①］と［②］にそれぞれ当てはまるものを組み合わせたものとして適切なのは，下の表の**ア**～**エ**のうちではどれか。

> 塩化物イオンが電子を［①］，塩素原子になり，塩素原子が［②］，気体として発生した。

	①	②
ア	放出し（失い）	原子１個で
イ	放出し（失い）	２個結び付き，分子になり
ウ	受け取り	原子１個で
エ	受け取り	２個結び付き，分子になり

〔問４〕　＜結果１＞から，電流を流した時間と水溶液中の銅イオンの数の変化の関係を模式的に示した図として適切なのは，下の ① のア～ウのうちではどれか。また，＜結果２＞から，電流を流した時間と水溶液中のナトリウムイオンの数の変化の関係を模式的に示した図として適切なのは，下の ② のア～ウのうちではどれか。

①

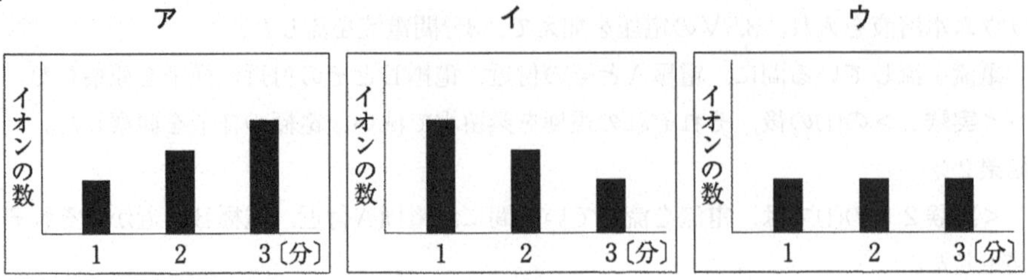

②

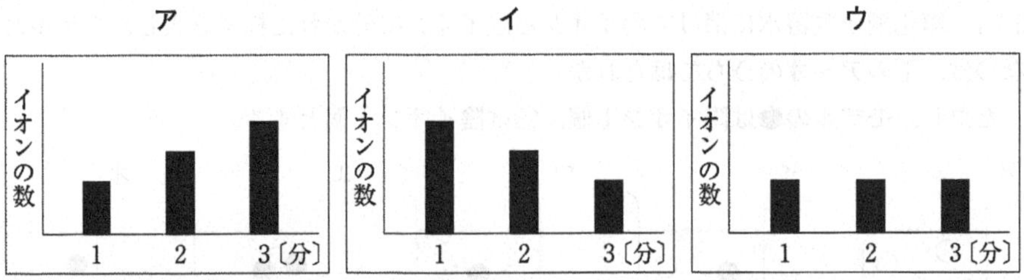

6　電流の実験について，次の各問に答えよ。

＜実験＞を行ったところ，次のページの＜結果＞のようになった。

＜実験＞

(1)　電気抵抗の大きさが５Ωの抵抗器Ｘと20Ωの抵抗器Ｙ，電源装置，導線，スイッチ，端子，電流計，電圧計を用意した。

(2)　図１のように回路を作った。電圧計で測った電圧の大きさが1.0V，2.0V，3.0V，4.0V，5.0Vになるように電源装置の電圧を変え，回路を流れる電流の大きさを電流計で測定した。

(3)　図２のように回路を作った。電圧計で測った電圧の大きさが1.0V，2.0V，3.0V，4.0V，5.0Vになるように電源装置の電圧を変え，回路を流れる電流の大きさを電流計で測定した。

図１

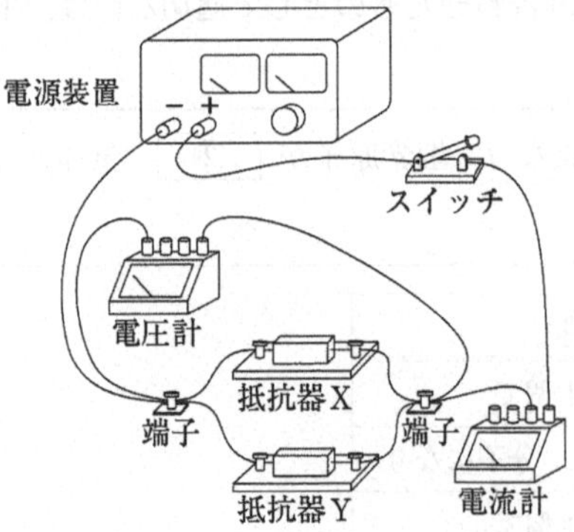

図２

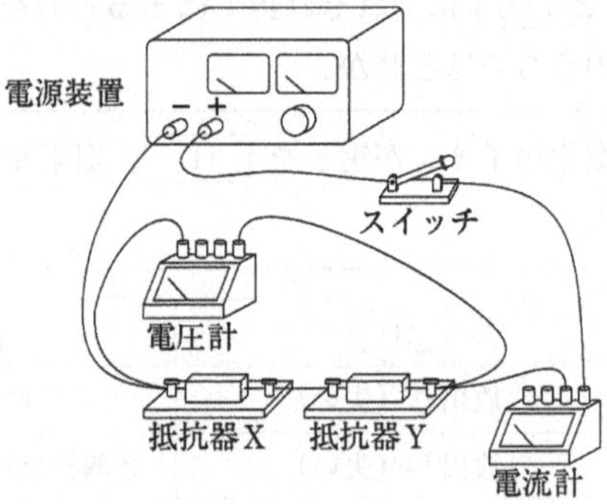

＜結果＞

＜実験＞の⑵と**＜実験＞**の⑶で測定した電圧と電流の関係をグラフに表したところ，図3のようになった。

図3

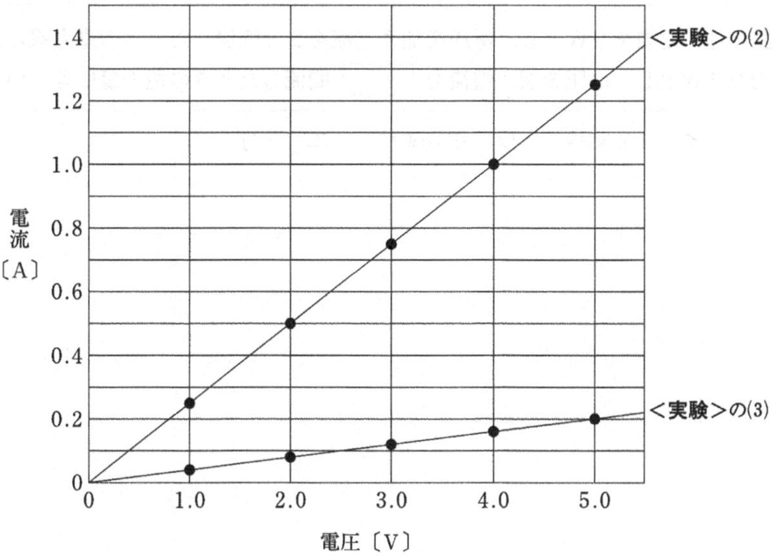

〔問1〕　**＜結果＞**から，図1の回路の抵抗器Xと抵抗器Yのうち，「電圧の大きさが等しいとき，流れる電流の大きさが大きい方の抵抗器」と，**＜結果＞**から，図1の回路と図2の回路のうち，「電圧の大きさが等しいとき，流れる電流の大きさが大きい方の回路」とを組み合わせたものとして適切なのは，次の表の**ア**～**エ**のうちではどれか。

	電圧の大きさが等しいとき，流れる電流の大きさが大きい方の抵抗器	電圧の大きさが等しいとき，流れる電流の大きさが大きい方の回路
ア	抵抗器X	図1の回路
イ	抵抗器X	図2の回路
ウ	抵抗器Y	図1の回路
エ	抵抗器Y	図2の回路

〔問2〕　**＜結果＞**から，次のA，B，Cの抵抗の値の関係を表したものとして適切なのは，下の**ア**～**カ**のうちではどれか。

A　抵抗器Xの抵抗の値

B　抵抗器Xと抵抗器Yを並列につないだ回路全体の抵抗の値

C　抵抗器Xと抵抗器Yを直列につないだ回路全体の抵抗の値

ア　A＜B＜C　　**イ**　A＜C＜B　　**ウ**　B＜A＜C

エ　B＜C＜A　　**オ**　C＜A＜B　　**カ**　C＜B＜A

〔問3〕　**＜結果＞**から，**＜実験＞**の⑵において抵抗器Xと抵抗器Yで消費される電力と，**＜実験＞**の⑶において抵抗器Xと抵抗器Yで消費される電力が等しいときの，図1の回路の抵抗器Xに加わる電圧の大きさをS，図2の回路の抵抗器Xに加わる電圧の大きさをTとしたときに，最も簡単な整数の比でＳ：Ｔを表したものとして適切なのは，次のア～オのうちではどれか。

ア　1：1　**イ**　1：2　**ウ**　2：1　**エ**　2：5　**オ**　4：1

〔問４〕 図２の回路の電力と電力量の関係について述べた次の文の □ に当てはまるものとして適切なのは，下のア～エのうちではどれか。

回路全体の電力を９Ｗとし，電圧を加え電流を２分間流したときの電力量と，回路全体の電力を４Ｗとし，電圧を加え電流を □ 間流したときの電力量は等しい。

ア　2分　**イ**　4分30秒　**ウ**　4分50秒　**エ**　7分

＜社会＞　時間　50分　満点　100点

1　次の各問に答えよ。

〔問１〕　次の発表用資料は，地域調査を行った神奈川県鎌倉《かまくら》市の亀《かめ》ヶ《が》谷坂《やつざか》切通《きりどおし》周辺の様子をまとめたものである。発表用資料中の＜地形図を基に作成したＡ点→Ｂ点→Ｃ点の順に進んだ道の傾斜を模式的に示した図＞に当てはまるのは，次のページのア～エのうちではどれか。

発表用資料

鎌倉の切通《きりどおし》を調査する（亀ヶ谷坂切通班）

○調査日　令和４年９月３日（土）　天候　晴れ

○集合場所・時間　北鎌倉《きたかまくら》駅・午前９時

○調査ルート　＜亀ヶ谷坂切通周辺の地形図＞に示したＡ点→Ｂ点→Ｃ点の順に進んだ。

＜亀ヶ谷坂切通の位置＞

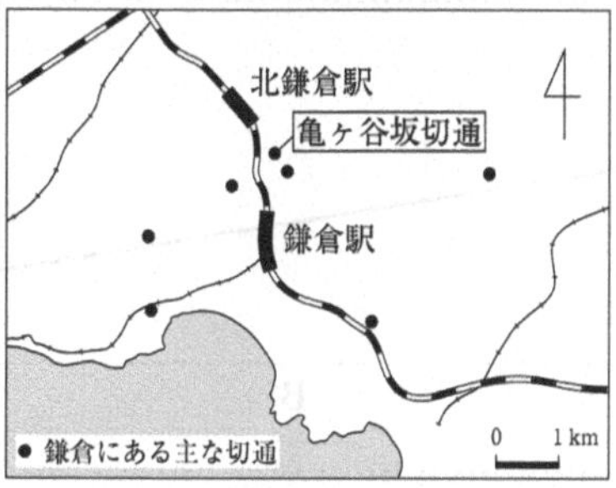

＜亀ヶ谷坂切通周辺の地形図＞

（2016年の「国土地理院発行２万５千分の１地形図（鎌倉）」の一部を拡大して作成）

＜Ａ点，Ｂ点，Ｃ点　それぞれの付近の様子＞

Ａ点　亀ヶ谷坂切通の方向を示した案内板が設置されていた。

Ｂ点　切通と呼ばれる山を削って作られた道なので，地層を見ることができた。

Ｃ点　道の両側に住居が建ち並んでいた。

＜Ｂ点付近で撮影した写真＞

＜地形図を基に作成したＡ点→Ｂ点→Ｃ点の順に進んだ道の傾斜を模式的に示した図＞

＜調査を終えて＞
○切通は，谷を利用して作られた道で，削る部分を少なくする工夫をしていると感じた。
○道幅が狭かったり，坂道が急であったりしていて，守りが堅い鎌倉を実感することができた。
○徒歩や自転車で通る人が多く，現在でも生活道路として利用されていることが分かった。

ア

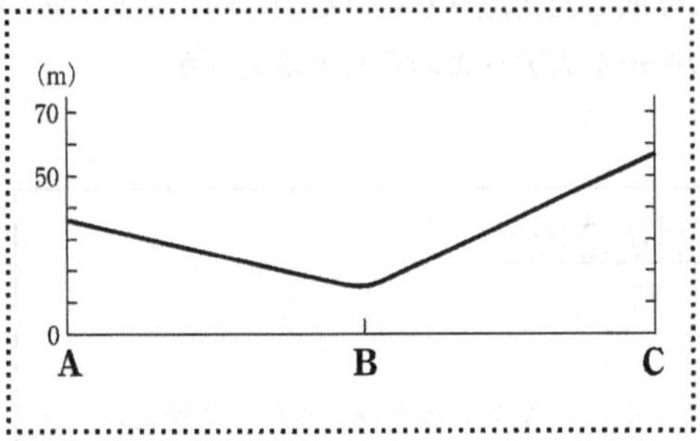

イ

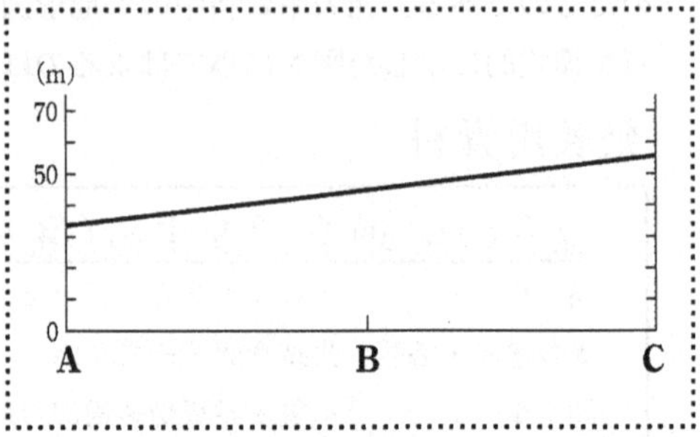

ウ

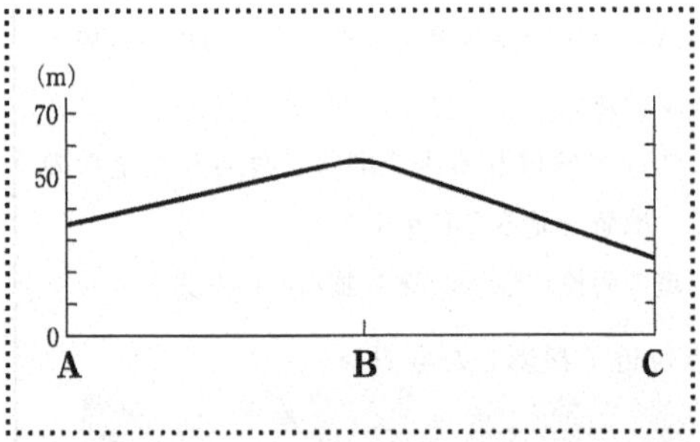

エ

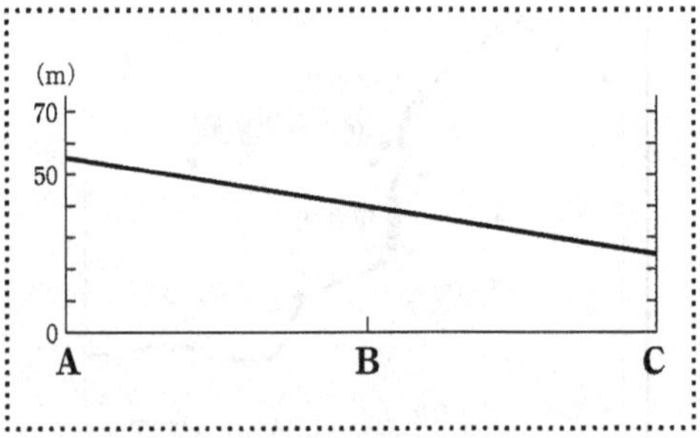

［問２］　次の文で述べている人物に当てはまるのは，下の**ア**～**エ**のうちのどれか。

大名や都市の豪商の気風を反映した壮大で豪華な文化が生み出される中で，堺《さかい》出身のこの人物は，全国統一を果たした武将に茶の湯の作法を指導するとともに，禅の影響を受けたわび茶を完成させた。

ア　喜多川歌麿《きたがわうたまろ》　　**イ**　栄西《えいさい》《ようさい》　　**ウ**　尾形光琳《おがたこうりん》　　**エ**　千利休《せんのりきゅう》

［問３］　2022年における国際連合の安全保障理事会を構成する国のうち，５か国の常任理事国を全て示しているのは，次の**ア**～**エ**のうちのどれか。

ア　中華人民共和国，フランス，ロシア連邦（ロシア），イギリス，アメリカ合衆国
イ　インド，フランス，ケニア，イギリス，アメリカ合衆国
ウ　中華人民共和国，ケニア，ノルウェー，ロシア連邦（ロシア），アメリカ合衆国
エ　ブラジル，インド，フランス，ノルウェー，ロシア連邦（ロシア）

2　次の略地図を見て，あとの各問に答えよ。

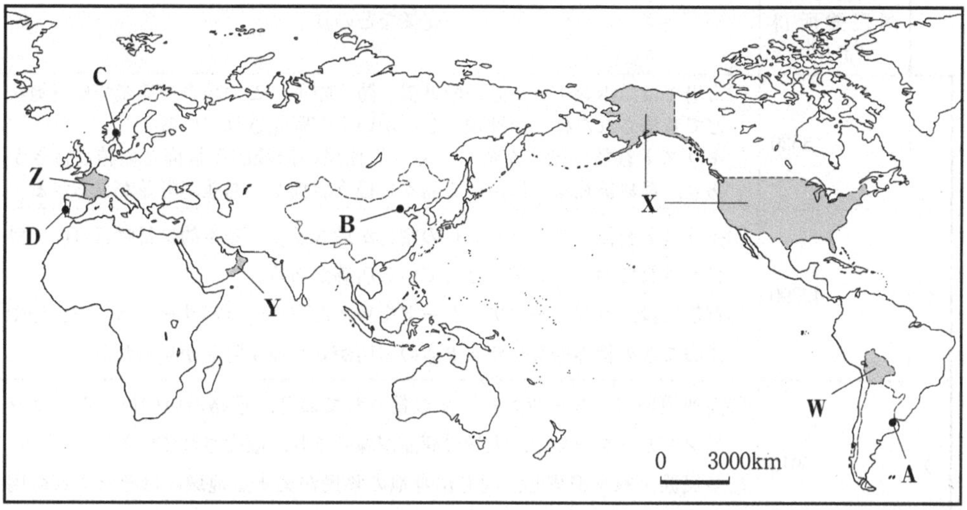

〔問1〕 次のⅠの文章は，略地図中にA～Dで示した**いずれか**の都市の商業などの様子についてまとめたものである。Ⅱの**ア**～**エ**のグラフは，略地図中のA～Dの**いずれか**の都市の，年平均気温と年降水量及び各月の平均気温と降水量を示したものである。Ⅰの文章で述べている都市に当てはまるのは，略地図中のA～Dのうちのどれか，また，その都市のグラフに当てはまるのは，Ⅱの**ア**～**エ**のうちのどれか。

Ⅰ

夏季は高温で乾燥し，冬季は温暖で湿潤となる気候を生かして，ぶどうやオリーブが栽培されている。国産のぶどうやオリーブは加工品として販売され，飲食店では塩漬けにされたタラをオリーブ油で調理した料理などが提供されている。

Ⅱ

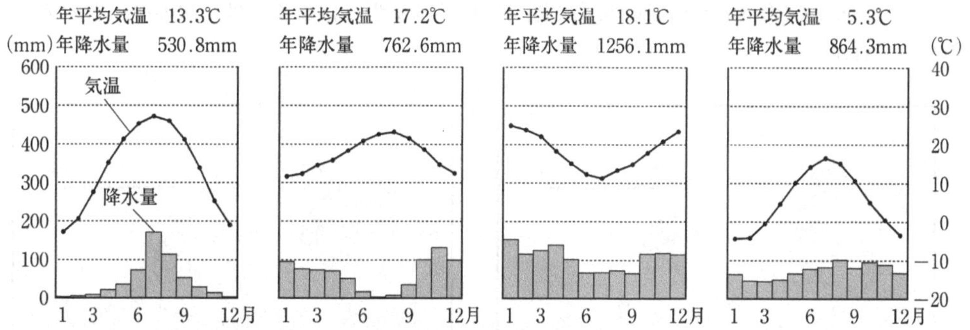

(「理科年表」令和4年より作成)

〔問2〕 次のページの表の**ア**～**エ**は，略地図中に　　で示したW～Zの**いずれか**の国の，2019年における一人当たりの国民総所得，小売業などの様子についてまとめたものである。略地図中のW～Zのそれぞれの国に当てはまるのは，次の表の**ア**～**エ**のうちではどれか。

	一人当たりの国民総所得（ドル）	小売業などの様子
ア	3520	○市場では，ポンチョや強い紫外線を防ぐ帽子，この地方が原産で傾斜地などで栽培された様々な種類のじゃがいもが販売されている。 ○キリスト教徒の割合が最も多く，先住民の伝統的な信仰との結び付きがあり，農耕儀礼などに用いる品々を扱う店舗が立ち並ぶ町並が見られる。
イ	42290	○キリスト教徒（カトリック）の割合が最も多く，基本的に日曜日は非労働日とされており，休業日としている店舗がある。 ○首都には，ガラス製のアーケードを備えた商店街（パサージュ）や，鞄《かばん》や洋服などの世界的なブランド店の本店が立ち並ぶ町並が見られる。
ウ	65910	○高速道路（フリーウエー）が整備されており，道路沿いの巨大なショッピングセンターでは，大量の商品が陳列され，販売されている。 ○多民族国家を形成し，同じ出身地の移民が集まる地域にはそれぞれの国の料理を扱う飲食店や物産品を扱う店舗が立ち並ぶ町並が見られる。
エ	14150	○スークと呼ばれる伝統的な市場では，日用品に加えて，なつめやし，伝統衣装，香料などが販売されている。 ○イスラム教徒の割合が最も多く，断食《だんじき》が行われる期間は，日没後に営業を始める飲食店が立ち並ぶ町並が見られる。

（注）一人当たりの国民総所得とは，一つの国において新たに生み出された価値の総額を人口で割った数値のこと。

（「データブック オブ・ザ・ワールド」2022年版より作成）

〔問３〕　次のⅠの略地図は，2021年における東南アジア諸国連合（ＡＳＥＡＮ《アセアン》）加盟国の2001年と比較した日本からの輸出額の増加の様子を数値で示したものである。Ⅱの略地図は，2021年における東南アジア諸国連合（ＡＳＥＡＮ）加盟国の2001年と比較した進出日本企業の増加数を示したものである。次のページのⅢの文章で述べている国に当てはまるのは，次のページのア～エのうちのどれか。

Ⅰ

（財務省「貿易統計」より作成）

Ⅱ

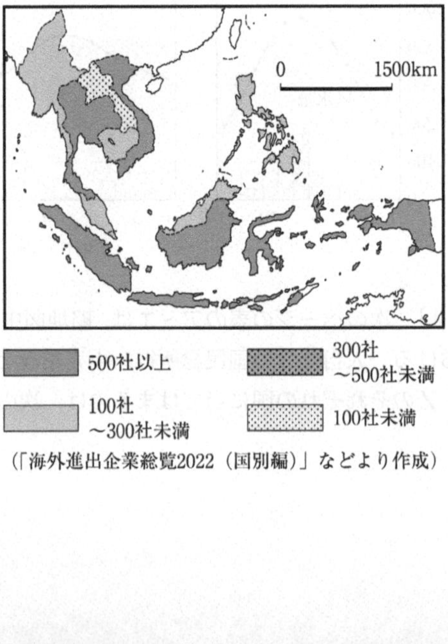

（「海外進出企業総覧2022（国別編）」などより作成）

Ⅲ

> 1945年の独立宣言後，国が南北に分離した時代を経て，1976年に統一された。国営企業中心の経済からの転換が図られ，現在では外国企業の進出や民間企業の設立が進んでいる。
>
> 2001年に約2164億円であった日本からの輸出額は，2021年には約２兆968億円となり，2001年に179社であった進出日本企業数は，2021年には1143社へと増加しており，日本との結び付きを強めている。首都の近郊には日系の自動車工場が見られ，最大の人口を有する南部の都市には，日系のコンビニエンスストアの出店が増加している。

ア　インドネシア　　イ　ベトナム　　ウ　ラオス　　エ　タイ

3　次の略地図を見て，あとの各問に答えよ。

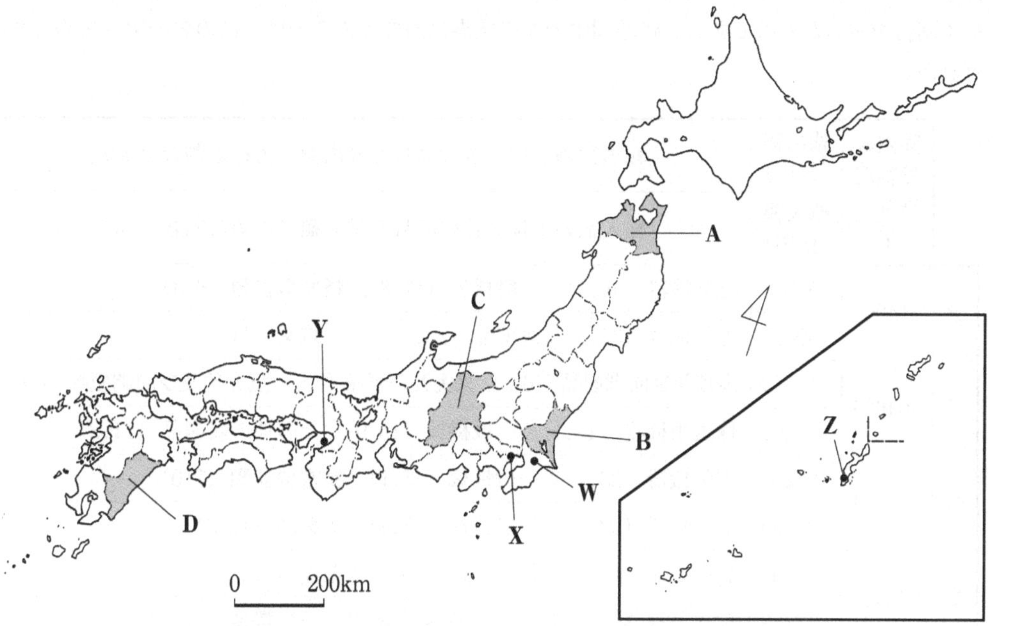

〔問１〕　次の表のア～エの文章は，略地図中に▒▒で示した，A～Dの**いずれか**の県の，自然環境と農産物の東京への出荷の様子についてまとめたものである。A～Dのそれぞれの県に当てはまるのは，あとの表のア～エのうちではどれか。

	自然環境と農産物の東京への出荷の様子
ア	○平均標高は1132mで，山脈が南北方向に連なり，フォッサマグナなどの影響によって形成された盆地が複数見られる。 ○東部の高原で他県と比べ時期を遅らせて栽培されるレタスは，明け方に収穫後，その日の正午頃に出荷され，東京まで約５時間かけて主に保冷トラックで輸送されている。
イ	○平均標高は100mで，北西部には山地が位置し，中央部から南西部にかけては河川により形成された平野が見られ，砂丘が広がる南東部には，水はけのよい土壌が分布している。 ○南東部で施設栽培により年間を通して栽培されるピーマンは，明け方に収穫後，その日の午後に出荷され，東京まで約３時間かけてトラックで輸送されている。

ウ	○平均標高は402mで，北西部に山地が位置し，中央部から南部にかけて海岸線に沿って平野が広がっている。 ○平野で施設栽培により年間を通して栽培されるきゅうりは，明け方に収穫後，翌日に出荷され，東京まで１日以上かけてフェリーなどで輸送されている。
エ	○平均標高は226mで，西部には平野が広がり，中央部に位置する火山の南側には水深が深い湖が見られ，東部の平坦な地域は夏季に吹く北東の風の影響で冷涼となることがある。 ○病害虫の影響が少ない東部で栽培されるごぼうは，収穫され冷蔵庫で保管後，発送日の午前中に出荷され，東京まで約10時間かけてトラックで輸送されている。

（国土地理院の資料より作成）

〔問２〕　次の表の**ア**～**エ**は，前のページの略地図中に**Ｗ**～**Ｚ**で示した成田国際空港，東京国際空港，関西国際空港，那覇空港の**いずれか**の空港の，2019年における国内線貨物取扱量，輸出額及び輸出額の上位３位の品目と輸出額に占める割合，輸入額及び輸入額の上位３位の品目と輸入額に占める割合を示したものである。略地図中の**Ｘ**の空港に当てはまるのは，次の表の**ア**～**エ**のうちのどれか。

	国内線貨物取扱量（t）	輸出額（億円）	輸出額の上位３位の品目と輸出額に占める割合（%）
		輸入額（億円）	輸入額の上位３位の品目と輸入額に占める割合（%）
ア	14905	51872	電気機器（44.4），一般機械（17.8），精密機器類（6.4）
		39695	電気機器（32.3），医薬品（23.2），一般機械（11.6）
イ	204695	42	肉類及び同調製品（16.8），果実及び野菜（7.5），魚介類及び同調製品（4.4）
		104	輸送用機器（40.1），一般機械（15.9），その他の雑製品（11.3）
ウ	22724	105256	電気機器（23.7），一般機械（15.1），精密機器類（7.0）
		129560	電気機器（33.9），一般機械（17.4），医薬品（12.3）
エ	645432	3453	金属製品（7.5），電気機器（5.0），医薬品（4.2）
		12163	輸送用機器（32.3），電気機器（18.2），一般機械（11.8）

（国土交通省「令和２年空港管理状況調書」などより作成）

〔問３〕　次のⅠの資料は，国土交通省が推進しているモーダルシフトについて分かりやすくまとめたものである。Ⅱのグラフは，2020年度における，重量１ｔの貨物を１㎞輸送する際に，営業用貨物自動車及び鉄道から排出される二酸化炭素の排出量を示したものである。Ⅲの略地図は，2020年における貨物鉄道の路線，主な貨物ターミナル駅，七地方区分の境界を示したものである。Ⅰ～Ⅲの資料から読み取れる，⑴「国がモーダルシフトを推進する目的」と⑵「国がモーダルシフトを推進する上で前提となる，七地方区分に着目した貨物鉄道の路線の敷《ふ》設《せつ》状況及び貨物ターミナル駅の設置状況」の二点について，それぞれ簡単に述べよ。

（Ⅰの資料，Ⅱのグラフ，Ⅲの略地図は次のページにあります。）

Ⅰ

○モーダルシフトとは，トラックなどの営業用貨物自動車で行われている貨物輸送を，貨物鉄道などの利用へと転換することをいう。転換拠点は，貨物ターミナル駅などである。

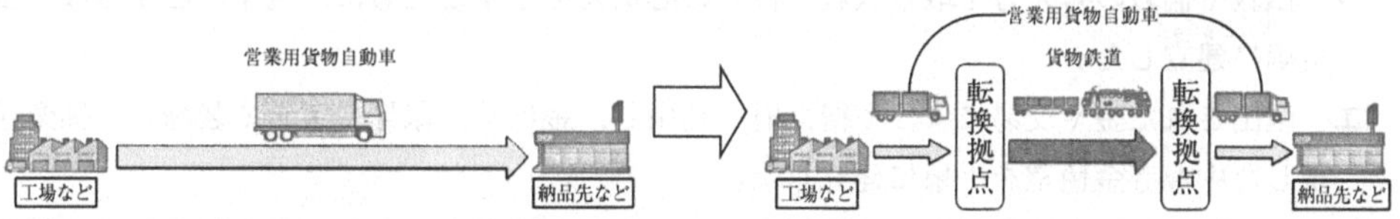

（国土交通省の資料より作成）

Ⅱ

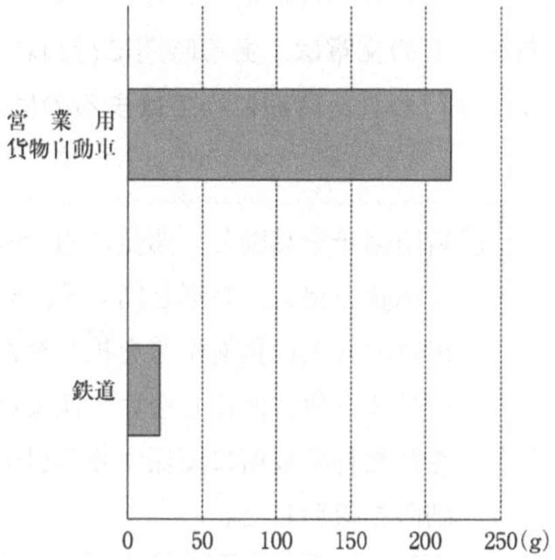

（国土交通省の資料より作成）

Ⅲ

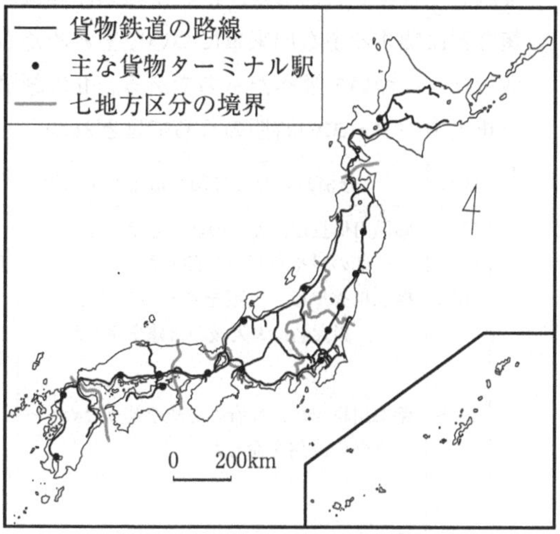

（国土交通省の資料などより作成）

4　次の文章を読み，あとの各問に答えよ。

私たちは，いつの時代も最新の知識に基づいて生産技術を向上させ，新たな技術を生み出すことで，社会を発展させてきた。

古代から，各時代の権力者は，(1)統治を継続することなどを目的に，高度な技術を有する人材に組織の中で役割を与え，寺院などを築いてきた。

中世から近世にかけて，農業においても新しい技術が導入されることで生産力が向上し，各地で特産物が生産されるようになった。また，(2)財政再建を行う目的で，これまで培《つちか》ってきた技術を生かし，新田開発などの経済政策を実施してきた。

近代以降は，政府により，(3)欧米諸国に対抗するため，外国から技術を学んで工業化が進められた。昭和時代以降は，(4)飛躍的に進歩した技術を活用し，社会の変化に対応した新たな製品を作り出す企業が現れ，私たちの生活をより豊かにしてきた。

［問1］　(1)統治を継続することなどを目的に，高度な技術を有する人材に組織の中で役割を与え，寺院などを築いてきた。とあるが，あとのア～エは，飛鳥《あすか》時代から室町時代にかけて，各時代の権力者が築いた寺院などについて述べたものである。時期の古いものから順に記号を並べよ。

ア　公家《くげ》の山荘を譲り受け，寝殿造《しんでんづくり》や禅宗様《ぜんしゅうよう》の様式を用いた三層からなる金閣《きんかく》を京都の北山《きたやま》に築いた。

イ　仏教の力により，社会の不安を取り除き，国家の安泰を目指して，3か年8回にわたる鋳造の末，銅製の大仏を奈良の東大寺《とうだいじ》に造立《ぞうりゅう》した。

ウ　仏教や儒教の考え方を取り入れ，役人の心構えを示すとともに，金堂《こんどう》などからなる法隆寺《ほうりゅうじ》を斑鳩《いかるが》に建立《こんりゅう》した。

エ　産出された金や交易によって得た財を利用し，金ぱく，象牙や宝石で装飾し，極楽浄土を表現した中尊寺金色堂《ちゅうそんじこんじきどう》を平泉《ひらいずみ》に建立した。

〔問2〕　(2)財政再建を行う目的で，これまで培《つちか》ってきた技術を生かし，新田開発などの経済政策を実施してきた。とあるが，次のIの略年表は，安土《あづち》・桃山《ももやま》時代から江戸時代にかけての，経済政策などに関する主な出来事についてまとめたものである。IIの文章は，ある時期に行われた経済政策などについて述べたものである。IIの経済政策などが行われた時期に当てはまるのは，Iの略年表中の**ア**～**エ**の時期のうちではどれか。

I

西暦	経済政策などに関する主な出来事	
1577	●織田信長《おだのぶなが》は，安土の城下を楽市とし，一切の役や負担を免除した。	
		ア
1619	●徳川秀忠《とくがわひでただ》は，大阪を幕府の直轄地とし，諸大名に大阪城の再建を命じた。	
		イ
1695	●徳川綱吉《とくがわつなよし》は，幕府の財政を補うため，貨幣の改鋳を命じた。	
		ウ
1778	●田沼意次《たぬまおきつぐ》は，長崎貿易の輸出品である俵物《たわらもの》の生産を奨励した。	
		エ
1841	●水野忠邦《みずのただくに》は，物価の上昇を抑えるため，株仲間《かぶなかま》の解散を命じた。	

II

○新田開発を奨励し，開発に当たり商人に出資を促し，将軍と同じく，紀伊《きい》藩出身の役人に技術指導を担《にな》わせた。
○キリスト教に関係しない，漢文に翻訳された科学技術に関係する洋書の輸入制限を緩和した。

〔問3〕　(3)欧米諸国に対抗するため，外国から技術を学んで工業化が進められた。とあるが，次の**ア**～**ウ**は，明治時代に操業を開始した工場について述べたものである。略地図中のA～Cは，**ア**～**ウ**の**いずれか**の工場の所在地を示したものである。**ア**～**ウ**について，操業を開始した時期の古いものから順に記号を並べよ。また，略地図中のBに当てはまるのは，次の**ア**～**ウ**のうちではどれか。

ア　実業家が発起人となり，イギリスの技術を導入し設立され，我が国における産業革命の契機となった民間の紡績会社で，綿糸の生産が開始された。

イ　国産生糸の増産や品質の向上を図ることを目的に設立された官営模範製糸場で，フランスの技術を導入し生糸の生産が開始された。

ウ　鉄鋼の増産を図ることを目的に設立された官営の製鉄所で，国内産の

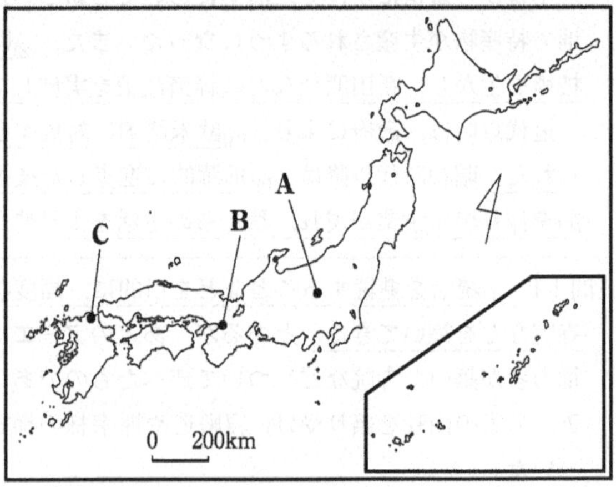

石炭と輸入された鉄鉱石を原材料に外国人技術者の援助を受けて鉄鋼の生産が開始された。

〔問４〕 (4)飛躍的に進歩した技術を活用し，社会の変化に対応した新たな製品を作り出す企業が現れ，私たちの生活をより豊かにしてきた。とあるが，次の略年表は，昭和時代から平成時代にかけて，東京に本社を置く企業の技術開発に関する主な出来事についてまとめたものである。略年表中のＡ～Ｄのそれぞれの時期に当てはまるのは，下のア～エのうちではどれか。

西暦	東京に本社を置く企業の技術開発に関する主な出来事	
1945	●造船会社により製造されたジェットエンジンを搭載した飛行機が，初飛行に成功した。	
1952	●顕微鏡・カメラ製造会社が，医師からの依頼を受け，日本初の胃カメラの実用化に成功した。	Ａ
1955	●通信機器会社が，小型軽量で持ち運び可能なトランジスタラジオを販売した。	
		Ｂ
1972	●計算機会社が，大規模集積回路を利用した電子式卓上計算機を開発した。	
		Ｃ
1989	●フィルム製造会社が，家電製造会社と共同開発したデジタルカメラを世界で初めて販売した。	
		Ｄ
2003	●建築会社が，独立行政法人と共同して，不整地歩行などを実現するロボットを開発した。	

ア　地価や株価が上がり続けるバブル経済が終わり，構造改革を迫られ，インターネットの普及が急速に進み，撮影した写真を送信できるカメラ付き携帯電話が初めて販売された。

イ　連合国軍最高司令官総司令部（ＧＨＱ）の指令に基づき日本政府による民主化政策が実施され，素材，機器，測定器に至る全てを国産化した移動無線機が初めて製作された。

ウ　石油危機により，省エネルギー化が進められ，運動用品等に利用されていた我が国の炭素素材が，航空機の部材として初めて使用された。

エ　政府により国民所得倍増計画が掲げられ，社会資本の拡充の一環として，速度を自動的に調整するシステムを導入した東海道新幹線が開業した。

５　次の文章を読み，あとの各問に答えよ。

企業は，私たちが消費している財（もの）やサービスを提供している。企業には，国や地方公共団体が経営する公企業と民間が経営する私企業がある。(1)私企業は，株式の発行や銀行からの融資などにより調達した資金で，生産に必要な土地，設備，労働力などを用意し，利潤を得ることを目的に生産活動を行っている。こうして得た財やサービスの価格は，需要量と供給量との関係で変動するものや，(2)政府や地方公共団体により料金の決定や改定が行われるものなどがある。

私企業は，自社の利潤を追求するだけでなく，(3)国や地方公共団体に税を納めることで，社会を支えている。また，社会貢献活動を行い，社会的責任を果たすことが求められている。

(4)日本経済が発展するためには，私企業の経済活動は欠かすことができず，今後，国内外からの信頼を一層高めていく必要がある。

〔問１〕 (1)私企業は，株式の発行や銀行からの融資などにより調達した資金で，生産に必要な土地，設備，労働力などを用意し，利潤を得ることを目的に生産活動を行っている。とあるが，経済活動の自由を保障する日本国憲法の条文は，次のア～エのうちではどれか。

ア　すべて国民は，法の下に平等であつて，人種，信条，性別，社会的身分又は門地により，政治的，経済的又は社会的関係において，差別されない。

イ　何人も，法律の定める手続によらなければ，その生命若《も》しくは自由を奪はれ，又はその他の刑罰を科せられない。

ウ　すべて国民は，法律の定めるところにより，その能力に応じて，ひとしく教育を受ける権利を有する。

エ　何人も，公共の福祉に反しない限り，居住，移転及び職業選択の自由を有する。

〔問２〕　(2)政府や地方公共団体により料金の決定や改定が行われるものなどがある。とあるが，次の文章は，令和２年から令和３年にかけて，ある公共料金が改定されるまでの経過について示したものである。この文章で示している公共料金に当てはまるのは，下のア～エのうちではどれか。

○所管省庁の審議会分科会が公共料金の改定に関する審議を開始した。（令和２年３月16日）
○所管省庁の審議会分科会が審議会に公共料金の改定に関する審議の報告を行った。（令和２年12月23日）
○所管省庁の大臣が審議会に公共料金の改定に関する諮問を行った。（令和３年１月18日）
○所管省庁の審議会が公共料金の改定に関する答申を公表した。（令和３年１月18日）
○所管省庁の大臣が公共料金の改定に関する基準を告示した。（令和３年３月15日）

ア　鉄道運賃　　**イ**　介護報酬　　**ウ**　公営水道料金　　**エ**　郵便料金（手紙・はがきなど）

〔問３〕　(3)国や地方公共団体に税を納めることで，社会を支えている。とあるが，次の表は，企業の経済活動において，課税する主体が，国であるか，地方公共団体であるかを，国である場合は「国」，地方公共団体である場合は「地」で示そうとしたものである。表のＡとＢに入る記号を正しく組み合わせているのは，次のア～エのうちのどれか。

	課税する主体
企業が提供した財やサービスの売上金から経費を引いた利潤にかかる法人税	**A**
土地や建物にかかる固定資産税	**B**

	ア	イ	ウ	エ
A	地	地	国	国
B	国	地	地	国

〔問４〕　(4)日本経済が発展するためには，私企業の経済活動は欠かすことができず，今後，国内外からの信頼を一層高めていく必要がある。とあるが，次のページのⅠの文章は，2010年に開催された法制審議会会社法制部会第１回会議における資料の一部を分かりやすく書き改めたものである。次のページのⅡの文は，2014年に改正された会社法の一部を分かりやすく書き改めたもので

ある。Ⅲのグラフは，2010年から2020年までの東京証券取引所に上場する会社における，具体的な経営方針等を決定する取締役会《とりしまりやくかい》に占める，会社と利害関係を有しない独立性を備えた社外取締役の人数別の会社数の割合を示したものである。Ⅰ～Ⅲの資料を活用し，2014年に改正された会社法によりもたらされた取締役会の変化について，社外取締役の役割及び取締役会における社外取締役の人数に着目して，簡単に述べよ。

Ⅰ

○現行の会社法では，外部の意見を取り入れる仕組を備える適正な企業統治を実現するシステムが担保されていない。
○我が国の上場会社等の企業統治については，内外の投資者等から強い懸念《けねん》が示されている。

Ⅱ

これまでの会社法では，社外取締役の要件は，自社又は子会社の出身者等でないことであったが，親会社の全ての取締役等，兄弟会社の業務執行取締役等，自社の取締役等及びその配偶者の近親者等でないことを追加する。

Ⅲ

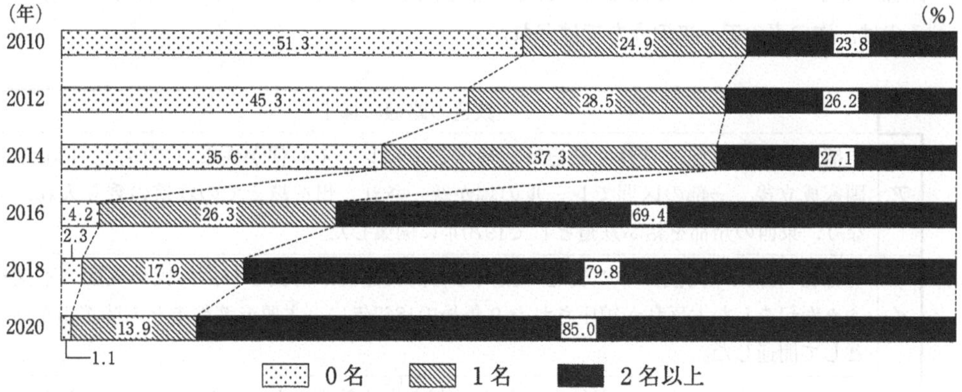

(注) 四捨五入をしているため，社外取締役の人数別の会社数の割合を合計したものは，100%にならない場合がある。

(東京証券取引所の資料より作成)

6 次の文章を読み，次のページの略地図を見て，あとの各問に答えよ。

(1)1851年に開催された世界初の万国博覧会は，蒸気機関車などの最新技術が展示され，鉄道の発展のきっかけとなった。1928年には，国際博覧会条約が35か国により締結され，(2)テーマを明確にした国際博覧会が開催されるようになった。

2025年に大阪において「いのち輝く未来社会のデザイン」をテーマとした万国博覧会の開催が予定されており，(3)我が国で最初の万国博覧会が大阪で開催された時代と比べ，社会の様子も大きく変化してきた。

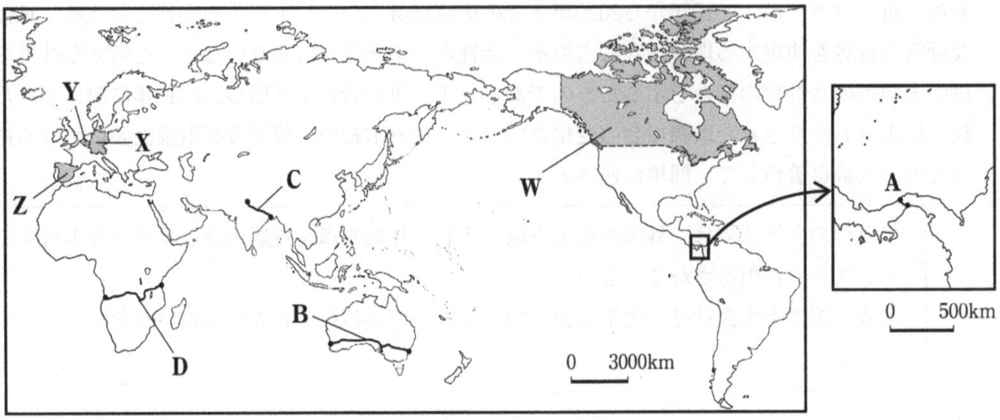

〔問１〕 (1)1851年に開催された世界初の万国博覧会は，蒸気機関車などの最新技術が展示され，鉄道の発展のきっかけとなった。とあるが，略地図中に•――•で示したＡ～Ｄは，世界各地の主な鉄道の路線を示したものである。次の表のア～エは，略地図中にＡ～Ｄで示した**いずれか**の鉄道の路線の様子についてまとめたものである。略地図中のＡ～Ｄのそれぞれの鉄道の路線に当てはまるのは，次の表のア～エのうちではどれか。

	鉄道の路線の様子
ア	植民地時代に建設された鉄道は，地域ごとにレールの幅が異なっていた。1901年の連邦国家成立後，一部の区間でレールの幅が統一され，州を越えての鉄道の乗り入れが可能となり，東西の州都を結ぶ鉄道として1970年に開業した。
イ	綿花の輸出や内陸部への支配の拡大を目的に建設が計画され，外国の支配に不満をもつ人々が起こした大反乱が鎮圧された９年後の1867年に，主要港湾都市と内陸都市を結ぶ鉄道として開通した。
ウ	二つの大洋をつなぎ，貿易上重要な役割を担《にな》う鉄道として，1855年に開業した。日本人技術者も建設に参加した国際運河が1914年に開通したことにより，貿易上の役割は低下したが，現在では観光資源としても活用されている。
エ	1929年に内陸部から西側の港へ銅を輸送する鉄道が開通した。この鉄道は内戦により使用できなくなり，1976年からは内陸部と東側の港とを結ぶ新たに作られた鉄道がこの地域の主要な銅の輸送路となった。2019年にこの二本の鉄道が結ばれ，大陸横断鉄道となった。

〔問２〕 (2)テーマを明確にした国際博覧会が開催されるようになった。とあるが，次のページのⅠの略年表は，1958年から2015年までの，国際博覧会に関する主な出来事についてまとめたものである。次のページのⅡの文章は，Ⅰの略年表中のＡ～Ｄの**いずれか**の国際博覧会とその開催国の環境問題について述べたものである。Ⅱの文章で述べている国際博覧会に当てはまるのは，Ⅰの略年表中のＡ～Ｄのうちのどれか，また，その開催国に当てはまるのは，略地図中に▒▒で示したＷ～Ｚのうちのどれか。

Ⅰ

西暦	国際博覧会に関する主な出来事
1958	●「科学文明とヒューマニズム」をテーマとした万国博覧会が開催された。……………………A
1967	●「人間とその世界」をテーマとした万国博覧会が開催された。……………………………B
1974	●「汚染なき進歩」をテーマとした国際環境博覧会が開催された。
1988	●「技術時代のレジャー」をテーマとした国際レジャー博覧会が開催された。
1992	●「発見の時代」をテーマとした万国博覧会が開催された。…………………………………C
2000	●「人間・自然・技術」をテーマとした万国博覧会が開催された。………………………D
2015	●「地球に食料を，生命にエネルギーを」をテーマとした万国博覧会が開催された。

Ⅱ

この博覧会は，「環境と開発に関するリオ宣言」などに基づいたテーマが設定され，リオデジャネイロでの地球サミットから８年後に開催された。この当時，国境の一部となっている北流する国際河川の東側に位置する森林（シュヴァルツヴァルト）で生じた木々の立ち枯れは，偏西風などにより運ばれた有害物質による酸性雨が原因であると考えられていた。

〔問３〕 (3)我が国で最初の万国博覧会が大阪で開催された時代と比べ，社会の様子も大きく変化してきた。とあるが，次のⅠの**ア**～**エ**のグラフは，1950年，1970年，2000年，2020年の**いずれか**の我が国における人口ピラミッドを示したものである。次のページのⅡの文章で述べている年の人口ピラミッドに当てはまるのは，Ⅰの**ア**～**エ**のうちのどれか。

Ⅰ

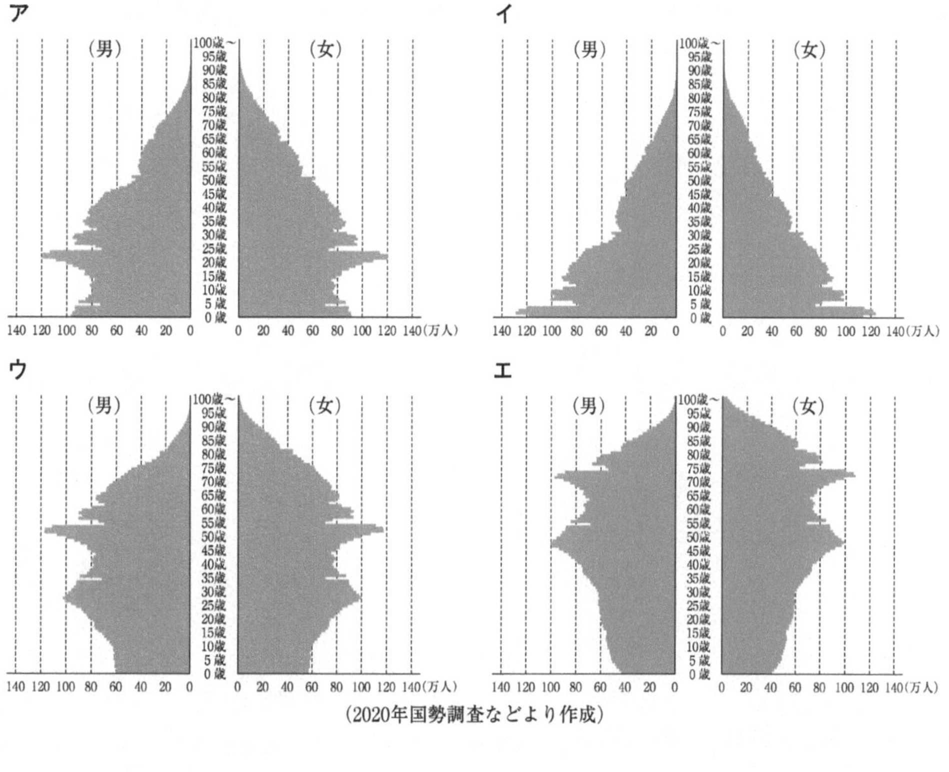

（2020年国勢調査などより作成）

Ⅱ

○我が国の人口が１億人を突破して３年後のこの年は，65歳以上の割合は７％を超え，高齢化社会の段階に入っている。
○地方から都市への人口移動が見られ，郊外にニュータウンが建設され，大阪では「人類の進歩と調和」をテーマに万国博覧会が開催された。

2023年度

解　答　と　解　説

《2023年度の配点は解答用紙集に掲載してあります。》

＜理科解答＞

1　〔問1〕 ア　〔問2〕 エ　〔問3〕 ウ　〔問4〕 イ　〔問5〕 ア　〔問6〕 イ

2　〔問1〕 イ　〔問2〕 ① イ　② ア　〔問3〕 エ　〔問4〕 ウ

3　〔問1〕 水滴が付き始める瞬間の温度を正確に読み取るため。　〔問2〕 ① イ　② ア
〔問3〕 ① ア　② イ　③ イ　④ ア　〔問4〕 エ

4　〔問1〕 ウ　〔問2〕 エ　〔問3〕 ア

5　〔問1〕 ア　〔問2〕 エ　〔問3〕 イ　〔問4〕 ① イ　② ウ

6　〔問1〕 ア　〔問2〕 ウ　〔問3〕 ウ　〔問4〕 イ

＜理科解説＞

1　(小問集合－自然界のつり合い，火山活動と火成岩：火山岩，身のまわりの物質とその性質：ガスバーナーの操作，光と音：凸レンズによってできる像，物質の成り立ち，植物の体のつくりとはたらき：花のつくり)

〔問1〕 **生産者は光合成を行い，みずから有機物をつくり出すことができる生物**であり，消費者はほかの生物から有機物を得る生物である。よって，生産者は**葉緑体**があるエンドウ，サツマイモ，ツツジである。消費者はタカ，バッタ，ミミズである。

〔問2〕 **玄武岩**はマグマが冷え固まって岩石になった火成岩であり，火成岩のうち，上昇したマグマが地表に近い地下や，溶岩のように地表にふき出て急激に冷えて固まってできた**火山岩**である。**斑状組織でカンラン石やキ石のような有色鉱物を多く含むため，岩石は黒っぽい。**

〔問3〕 ガスバーナーに点火し，適正な炎の大きさに調整した後，**空気不足になっている炎を青色の適正な状態にする操作は，Bのガス調節ねじを押さえながら，Aの空気調節ねじだけをCの向きに回して少しずつ開き**，青色の安定した炎にする。

〔問4〕 図3において，光の進み方を作図する。物体から光軸に平行に凸レンズに入った光は，屈折した後，反対側の焦点を通る。凸レンズの中心を通った光は，そのまま直進する。スクリーンの位置がA点にあると，2つの直線の交点がスクリーン上にくるため，はっきりと像が映る。作図から，物体の大きさと比べて，スクリーンに映った像の方が小さいことが分かる。

〔問5〕 **単体は1種類の元素からできている物質であり，2種類以上の元素からできている物質が化合物である。**よって，A 二酸化炭素の化学式はCO_2，B 水の化学式はH_2O，C アンモニアの化学式はNH_3，D 酸素の化学式はO_2であるため，化合物はA，B，Cであり，単体はDである。

〔問6〕 アブラナの花のつくりは，外側から，A がく，B 花弁，C おしべ，D めしべである。

2　(自由研究－力と物体の運動：平均の速さ，身のまわりの物質とその性質：密度，水溶液：濃度，力のつり合いと合成・分解：浮力，生物の成長と生殖：発生，天体の動きと地球の自転・公転：白夜の太陽の見かけの動き)

〔問1〕 平均の速さ〔m/s〕$=\dfrac{6〔\mathrm{m}〕-2〔\mathrm{m}〕}{122.2〔\mathrm{s}〕-40.4〔\mathrm{s}〕}=0.048\cdots〔\mathrm{m/s}〕\fallingdotseq 0.05〔\mathrm{m/s}〕$である。

〔問2〕　(凍った部分の表面を取り除き残った部分100gに含まれる食塩の量)÷(3%の食塩水100gに含まれる食塩の量)×100＝(100g×0.0084)÷(100g×0.03)×100＝28，よって，28%である。食塩水の上部に浮いた凍った部分の表面を取り除き残った部分に含まれる食塩の量は，3%の食塩水の28%であるため，3%の食塩水の方が密度が大きいと言える。このことは，**食塩水を凍らせると，凍った部分が浮くのは，凍って密度が小さくなった部分にかかる重力より，凍った部分より密度が大きい食塩水からの水圧による浮力のほうが大きい**ことからもわかる。

〔問3〕　図4，5，6は，**カエルの受精卵が体細胞分裂により細胞の数をふやして胚になる過程**である。体細胞分裂であるため，**分裂を何回くり返しても，ひとつひとつの細胞の染色体の数は変わらない**。よって，図5の胚に含まれる細胞の和は2個であるため，合計の染色体の和は、24本×2＝48本，である。同様にして，図6の胚に含まれる細胞の和は4個であるため，合計の染色体の和は、24本×4＝96(本)，である。

〔問4〕　地軸を中心に太陽が北側へとまわってきたとき，図7の**北の空では，向かって右方向が東**であるため，**太陽は見かけ上，東方向に向かって上昇するように動く**。よって，太陽が見かけ上動いた向きはYである。日本で**夏至**となる地球の位置は，**北緯35°付近にある日本で太陽の南中高度が最も高く**，日の出と日の入りの位置が北寄りになり，日照時間が最も長くなるAである。

3　**(気象要素の観測：金属製のコップによる露点の測定実験と湿度の計算，天気の変化：雲の発生に関する実験と寒冷前線)**

〔問1〕　**金属製のコップの表面の温度が少しずつ下がるようにしたのは，「水滴が付き始める瞬間の温度を正確に読み取るため。」**である。

〔問2〕　午前10時に測定した水温は，同じ時刻の実験室の室温と等しいので，午前10時の実験室内の気温は17.0℃である。また，金属製のコップの表面に水滴がつき始めたときの金属製のコップ内の水温が露点であり，**この場合，露点16.2℃における飽和水蒸気量が，実際に午前10時の実験室内の1m^3の空気に含まれる水蒸気の質量〔g/m^3〕である**。よって，湿度〔%〕＝$\dfrac{1\mathrm{m}^3\text{の空気に含まれる水蒸気の質量}〔\mathrm{g/m^3}〕}{\text{その空気と同じ気温での飽和水蒸気量}〔\mathrm{g/m^3}〕}\times 100$，から，午前10時の湿度〔%〕＝$\dfrac{13.8〔\mathrm{g/m^3}〕}{14.5〔\mathrm{g/m^3}〕}\times 100 \fallingdotseq 95.2$〔%〕である。午後6時も同じ気温であるため，露点が高いほうが1m^3の空気に含まれる水蒸気の量が多いので，結果1の表から，午前10時の実験室内の空気である。

〔問3〕　<実験2>は雲を発生させる実験装置である。「ピストンをすばやく引くと，丸底フラスコ内の空気は**膨張**し，丸底フラスコ内の**気圧は下がる**。その結果，丸底フラスコ内の**空気の温度が下がり露点に達し**，丸底フラスコ内の**水蒸気が水滴に変化**した。」そのため，丸底フラスコ内はくもった。自然界では**雲**である。

〔問4〕　寒冷前線は，**寒気**が暖気の下にもぐりこみ，**暖気を押し上げながら進んでいく**。暖気が急激に上空高くに押し上げられ，強い上昇気流が生じて**積乱雲**が発達するため，**短時間に強い雨**が降り，**強い風**がふくことが多い。

4　**(動物の体のつくりとはたらき：消化の対照実験・柔毛での吸収・血液の循環・細胞の呼吸)**

〔問1〕　試験管AとBは，**ヨウ素液**との反応により，**唾液がデンプンをデンプンではないものに変えるはたらき**があるのか否か比較して調べる**対照実験**である。試験管CとDは，**ベネジクト液を加えて加熱する**ことにより，唾液にはデンプンをブドウ糖がいくつか結合した**糖に変えるはたらき**があるのか否か比較して調べる対照実験である。

〔問2〕　消化酵素により分解されることで作られた，**ブドウ糖とアミノ酸**はヒトの小腸の**柔毛**で吸収されて**毛細血管**に入り，**脂肪酸とモノグリセリド**はヒトの小腸の柔毛で吸収された後に結合し

てリンパ管に入る。

〔問3〕　心臓の左心室から送り出された血液はBの動脈を通って小腸の毛細血管に入る。毛細血管で栄養分を吸収し，**小腸から肝臓へと向かう血液が流れるA**の肝門脈を通って肝臓に運ばれる。よって，**栄養分の濃度が高い場所は，Aである。細胞による呼吸**については，血液の成分である血しょうがしみ出て組織液となり，養分や酸素を細胞に届ける。からだを構成しているひとつひとつの細胞では，届いた**酸素を使い，養分からエネルギーが取り出される。このとき，二酸化炭素と水ができる。**

5　**(水溶液とイオン・原子の成り立ちとイオン：塩化銅の電気分解の仕組み・イオンの粒子モデル・化学式，物質の成り立ち：水の電気分解，気体の発生とその性質)**

〔問1〕　**<実験1>は塩化銅の電気分解**である。塩化銅が水に溶けて電離したようすを化学式を使って表すと，$CuCl_2 \rightarrow Cu^{2+} + 2Cl^-$，であり，陽イオンの数：陰イオンの数＝1：2，である。よって，モデルはアである。

〔問2〕　電極Aは，電源装置の－端子に接続しているので陰極である。また，実験結果から，**陽イオンとなっていた銅が付着していたことから，電極Aは，陰極**であると言える。回路に流れる**電流の向きは，**電源装置の**＋端子から出て－端子に入る向き**であると決められているので，Dである。

〔問3〕　陽極である電極B付近からは，**刺激臭がする気体である塩素**が生成された。塩素の気体が発生する仕組みは，「**塩化物イオンCl^-が，電子を放出し(失い)，塩素原子になり，塩素原子が2個結びつき，分子になり，気体として発生した。**」である。

〔問4〕　<結果1>は塩化銅の電気分解の結果であり，**銅イオンCu^{2+}は，陰極から電子を2個受けとり，銅原子Cuになり，陰極に金属となって付着するため，**電流を流した時間が長くなるほど，水溶液中の銅イオンの数は減少する。よって，グラフはイである。<結果2>は水の電気分解の結果であり，**5%の水酸化ナトリウム水溶液を加えたのは，電流が流れやすくするためであり，水酸化ナトリウムそのものは分解されない**ので，電流を流した時間が長くなっても，水溶液中のナトリウムイオンの数は変化しない。よって，グラフはウである。水の電気分解の化学反応式は，$2H_2O \rightarrow 2H_2 + O_2$，であり，**陰極**である電極A付近から発生した気体は**水素**で，**陽極**である電極Bから発生した気体は**酸素**である。

6　**(電流：電圧と電流と抵抗・電力・電力量)**

〔問1〕　オームの法則により，電流＝$\frac{電圧}{抵抗}$であるから，**電圧の大きさが等しいとき，**5Ωの抵抗器Xの方が，20Ωの抵抗器Yよりも大きい電流が流れる。また，<結果>図3のグラフから，電圧の大きさが等しいとき，<実験>の(2)図1の**並列回路の方が，**<実験>の(3)図2の**直列回路よりも大きい電流が流れる。**

〔問2〕　抵抗器Xと抵抗器Yを**並列**につないだ回路**全体の抵抗をR_P**とすると，$\frac{1}{R_P[\Omega]} = \frac{1}{5[\Omega]} + \frac{1}{20[\Omega]}$より，$R_P$〔Ω〕＝4〔Ω〕である。抵抗器Xと抵抗器Yを**直列**につないだ回路全体の**抵抗をR_S**とすると，R_S〔Ω〕＝5〔Ω〕＋20〔Ω〕＝25〔Ω〕である。**抵抗Xは**5Ωであるため，ウが適切である。

〔問3〕　**<結果>の図3グラフから，<実験>の(2)並列回路では2.0Vのとき0.5Aであり，電力〔W〕＝2.0〔V〕×0.5〔A〕＝1.0〔W〕である。<実験>の(3)直列回路では5.0Vのとき0.2Aであり，電力〔W〕＝5.0〔V〕×0.2〔A〕＝1.0〔W〕である。**このとき，抵抗器Xと抵抗器Yで消費される電力は1.0Wで等しい。図1の**並列回路では，各抵抗の両端の電圧は電源の電圧に等しいため，**抵抗器Xに加わる電圧の大きさSは，2.0Vである。図2の**直列回路を流れる電流の大きさはどこでも等し**

いため，抵抗器Xに加わる電圧の大きさTは，T〔V〕＝0.2〔A〕×5〔Ω〕＝1.0〔V〕である。よって，S：T＝2：1である。

〔問4〕 回路全体の電力を9Wとし，電圧を加え電流を2分間流したときの**電力量〔J〕＝9〔W〕×120〔s〕＝1080〔J〕**である。回路全体の電力を4Wとし，電圧を加え電流をt秒間流したときの電力量1080〔J〕＝4〔W〕×t〔s〕である。よって，t〔s〕＝270〔s〕であるから，電流を4分30秒間流したときである。

＜社会解答＞

1 〔問1〕 ウ　〔問2〕 エ　〔問3〕 ア

2 〔問1〕 略地図中のA～D　D　Ⅱのア～エ　イ　〔問2〕 W　ア　X　ウ　Y　エ　Z　イ　〔問3〕 イ

3 〔問1〕 A　エ　B　イ　C　ア　D　ウ　〔問2〕 エ　〔問3〕 (1) (目的) 貨物輸送で生じる二酸化炭素の排出量を減少させるため。　(2) (敷設《ふせつ》状況及び設置状況) 全ての地方に貨物鉄道の路線と貨物ターミナル駅がある。

4 〔問1〕 ウ→イ→エ→ア　〔問2〕 ウ　〔問3〕 (時期) イ→ア→ウ　(略地図) ア
〔問4〕 A　イ　B　エ　C　ウ　D　ア

5 〔問1〕 エ　〔問2〕 イ　〔問3〕 ウ　〔問4〕 適正な企業統治を実現する役割をになう社外取締役の要件が追加され，取締役会に外部の意見がより反映されるよう，社外取締役を2名以上置く会社数の割合が増加した。

6 〔問1〕 A　ウ　B　ア　C　イ　D　エ
〔問2〕 Ⅰの略年表中のA～D　D　略地図中のW～Z　X　〔問3〕 ア

＜社会解説＞

1 **(地理的分野―日本地理－地形図の見方，歴史的分野―日本史時代別－安土桃山時代から江戸時代，―日本史テーマ別－文化史，公民的分野―国際社会との関わり)**

〔問1〕 縮尺2万5千分の1の**地形図**では，**等高線**は**標高差10m**ごとに引かれている。等高線を手がかりに見ると，A地点は標高約40m，B地点は約60m，C地点は約30mである。したがって，ウの図が適当である。

〔問2〕 安土桃山時代の茶人で，**千家流**茶道の創始者であるのが**千利休**(せんのりきゅう)である。堺の出身で，幼少のころから**茶の湯**に親しみ，**武野紹鴎**(たけのじょうおう)に師事して茶の湯を学び，**わび茶**を大成させた。織田信長と豊臣秀吉に続けて仕えたが，最後は秀吉に切腹を命じられた。

〔問3〕 国際の平和と安全の維持について,主要な責任を有するのが，**国際連合**の**安全保障理事会**である。具体的には，紛争当事者に対して，紛争を平和的手段によって解決するよう要請したり，平和に対する脅威の存在を決定し，平和と安全の維持と回復のために勧告を行うこと，経済制裁などの非軍事的強制措置及び軍事的強制措置を決定すること等を，その主な権限とする。しかし，**アメリカ・イギリス・フランス・ロシア・中国**の5か国の**常任理事国**が1か国でも反対すると，決議ができないことになっている。常任理事国は**拒否権**を持っていることになる。なお，日本は10か国ある非常任理事国の一つである(2023年現在)。

[2] (地理的分野―世界地理－都市・気候・人々のくらし・産業)

〔問1〕 まず，A～Dの国・都市を確定する。Aはアルゼンチンのブエノスアイレス，Bは中国の北京，Cはノルウェーのオスロ，Dはポルトガルのリスボンである。Ⅰの文章は，**地中海性気候**のポルトガルのリスボンについての説明である。夏は気温が30度近く，雨がほとんど降らず，冬は気温10度前後で，夏に比べて雨が多いのが，地中海性気候の特徴である。雨温図のイである。地中海沿岸部の，ポルトガル・スペイン・イタリア・ギリシャ等の国では，気候を生かして夏は乾燥に強いオレンジやオリーブやぶどうなどの作物を，冬は小麦を栽培している。

〔問2〕 まず，W～Zの国を確認する。Wはボリビア，Xはアメリカ合衆国，Yはオマーン，Zはフランスである。かつてスペインの植民地であり，「キリスト教徒の割合が最も多い」「この地方が原産で傾斜地などで栽培された様々な種類のじゃがいも」との記述から，アは，ボリビアである。「高速道路が整備され」「多民族国家を形成し」との一節から，また，**一人当たりの国民総所得**が最も多いウがアメリカ合衆国である。「代表的市場はスークと呼ばれる」「断食が行われる」の一節から，エは**イスラム教徒**の最も多いオマーンである。「**キリスト教徒(カトリック)**の信者の割合が最も多く」「日曜日は非労働日とされており休日とする店舗がある」という記述から，イはフランスである。よって正しい組み合わせは，Wア Xウ Yエ Zイとなる。

〔問3〕 1967年に設立され，現在はタイ・インドネシア・ベトナム・フィリピン・マレーシア・ブルネイ・シンガポール・ラオス・ミャンマー・カンボジアの10か国から構成されているのが，**ASEAN**(東南アジア諸国連合)である。ASEANの中で，ベトナムは，独自の歴史を持っている。フランス・アメリカが援助する**資本主義**の南ベトナム共和国と，中国・ソ連が援助する**社会主義**のベトナム民主共和国(北ベトナム)が対立し，**ベトナム戦争**へと発展した。1964年には，アメリカが**北爆**を開始し，ベトナム戦争は本格化したが，最終的に北ベトナムが勝利し，1976年に**南北ベトナムが統一**された。こうして成立したベトナムは，中国や韓国と比べて，労働者の月額平均賃金が安価であり，生産コストを抑えられるために，ベトナムに進出する日本企業数が大幅に増加しているのである。

[3] (地理的分野―日本地理－農林水産業・工業・貿易・交通)

〔問1〕 まず，A～Dの県名を確定する。Aは青森県，Bは茨城県，Cは長野県，Dは宮崎県である。次にア～エの都道府県を確定する。アは，「**フォッサマグナ**」「レタスの**抑制栽培**」等の語句から，長野県の説明であるとわかる。イは，「**施設栽培**により年間を通して栽培されるピーマン」「東京まで3時間」との記述から，**近郊農業**を行う茨城県であるとわかる。ウは，「**施設栽培**により年間を通して栽培されるきゅうり」「フェリーで1日以上」との記述から，宮崎県についての説明であるとわかる。エは，「ごぼうは(中略)東京まで約10時間かけてトラックで輸送」との記述から，青森県であるとわかる。青森県はごぼうの生産量全国第1位である。したがって正しい組み合わせは，Aがエの青森県，Bがイの茨城県，Cがアの長野県，Dがウの宮崎県となる。

〔問2〕 まず，W～Zの空港を確定する。Wは**成田国際空港**，Xは**東京国際空港**(羽田空港)，Yは**関西国際空港**，Zが**那覇空港**である。このうち輸出入額の一番小さいZが，空港規模の最も小さい那覇空港であり，表中のイである。日本で最大の輸出入のある空港はWの成田国際空港であり，表中のウである。関西国際空港は，医薬品の輸入が多いのが特徴であり，表中のアである。残るエが東京国際空港である。なお，東京国際空港では医薬品は輸出の第3位である。

〔問3〕 (1) 〔目的〕 **モーダルシフト**とは，トラック等の自動車で行われている貨物輸送を環境負荷の小さい鉄道や船舶の利用へと転換することをいい，それによって貨物輸送で生じる**温暖化**の原因となる**二酸化炭素**の排出量を減少させることを目的として行われる。上記のような趣旨を簡潔にまとめればよい。 (2) 〔敷設状況及び設置状況〕 七地方区分の全ての地方に，貨物鉄道の路線と貨物ターミナル駅があることを指摘し簡潔に述べればよい。「全ての地方」「貨物鉄道」「貨物ターミナル駅」の語句を必ず使うことに注意して解答する必要がある。

4 **(歴史的分野—日本史時代別－古墳時代から平安時代・鎌倉時代から室町時代・安土桃山時代から江戸時代・明治時代から現代，—日本史テーマ別－文化史・政治史・技術史・経済史)**

〔問1〕 ア **室町幕府**の3代将軍である**足利義満**は，**南北朝**を統一した後，1397年に**金閣**を建立した。金閣は1950年に放火により焼失し，現在の金閣は再建されたものである。 イ 奈良の**平城京**を中心にして8世紀に花開いた貴族文化・仏教文化を，**聖武天皇**のときの元号である「天平」から**天平文化**と呼ぶ。天平文化は，**遣唐使**を通じて盛唐の影響を強く受けていた。さらにシルクロードを通じて，国際色豊かな文化が花開いていた。一方，奈良時代の社会は疫病が流行り，大きな戦乱が起こるなど混乱していた。聖武天皇は，国家を守るという仏教の**鎮護国家**の働きに頼ろうとし，都に**東大寺**と**大仏**を，諸国に**国分寺**・国分尼寺を建立させた。大仏造立の詔は743年に出され，開眼供養は752年に行われた。 ウ **飛鳥時代**には，**聖徳太子**によって，603年に**冠位十二階の制**が定められ，604年には**憲法十七条**が定められた。また607年には**遣隋使**が派遣され，同年に**法隆寺**が建立された。 エ 12世紀に**奥州平泉**を本拠地とし，豊富だった金(きん)や馬を利用して勢力を築き上げ，**中尊寺金色堂**を建立したのは，**奥州藤原氏**である。奥州藤原氏は，1189年に源頼朝によって滅ぼされた。したがって時期の古い順に並べると，ウ→イ→エ→アとなる。

〔問2〕 資料Ⅱは，江戸幕府の8代将軍**徳川吉宗**が，**享保の改革**の際に行った1726年の**新田**検地条目と1720年の**洋書輸入の制限緩和**について述べている。よって，資料Ⅰのウの時期に該当する。

〔問3〕 (時期) ア 1882年に，**渋沢栄一**らの主唱で大阪に近代的設備を備えた**大阪紡績会社**(現在の東洋紡)が設立された。 イ **富岡製糸場**は，**殖産興業**政策の一環として，1872年に群馬県に建設された，日本で最初の**官営模範工場**である。フランス人技師が招かれ，全国から多くの**工女**を集めて操業を開始した。富岡製糸場は，2014年にUNESCO(国連教育科学文化機関)によって**世界遺産**に登録された。 ウ この製鉄所は，北九州に建設された官営の**八幡製鉄所**である。この製鉄所は中国から輸入される鉄鉱石を原料とし，近くの炭田から採掘される石炭を燃料として生産するのに適した場所として，北九州に建設された。操業は1901年に開始された。八幡製鉄所は，日本の鉄鋼の生産高の大部分を占めるようになり，13％強だった日本の鉄鋼の自給率を3倍近くまで高めた。したがって，操業を開始した時期の古い順に並べると，イ→ア→ウとなる。 (略地図) Bは大阪であり，大阪紡績会社について述べているアに該当する。

〔問4〕 Aの時期にあたるのは，イである。この時期の前半には日本を占領するGHQ(連合国最高司令官総司令部)によって**財閥解体・農地改革**など様々な日本民主化政策がとられていた。Bの時期にあたるのは，エである。1960年に**池田勇人内閣**は，実質国民総生産を10年以内に2倍にすることを目標とする**「国民所得倍増計画」**を閣議決定し，政策を実施した。また，この時期には東海道新幹線が開業した。Cの時期にあたるのは，ウである。1973年に第4次**中東戦争**を機に，OPEC(石油輸出国機構)の各国が石油価格を大幅に引き上げた。このことにより，世界経済全体が大きな混乱に陥ったことを，**石油危機**という。1979年には，第2次石油危機があった。Dにあたるのは，アである。土地や株式に対する投資が増大し，実際の価値以上に地価や株価が異常に高くなる現象を，**バブル経済**という。1986年末に始まったバブル経済が崩壊したのは，1991年である。バブル崩壊後は，景気が後退し，構造改革が進んだ。よって組み合わせは，Aイ・Bエ・Cウ・Dアである

5 **(公民的分野―基本的人権・財政・経済一般)**

〔問1〕 アは，**法の下の平等**を定めた**日本国憲法**第14条である。イは，**生命及び自由の保障**について定めた日本国憲法第31条である。ウは，**教育を受ける権利**について定めた日本国憲法第26条である。ア・イ・ウのどれも経済活動の自由とは関係がない。エが，日本国憲法第21条の，**居住・移転・職業選択の自由**であり，**経済活動の自由を保障**する条文である。これが経済活動の自由を保障した条文とは分かりにくいので注意が必要である。

〔問2〕 様々な料金の中で，その決定や変更に国会・政府・地方自治体が関わっているものを**公共料金**と呼ぶ。資料の診療報酬や介護報酬といった医療関連の公共料金は，所轄省庁の審議会・分科会での審議を経て，所轄省庁である厚生労働省の大臣が発議し，国が決定するものである。

〔問3〕 **法人税**は国税であり，**固定資産税**は**地方税**である。したがって，正しい組み合わせはウである。

〔問4〕 2014年に会社法が改正され，適正な**企業統治**を実現する役割をになう**社外取締役**の条件が追加された。これにより**取締役会**に外部の意見がより反映されるよう，社外取締役を2名以上置く会社数の割合が，2014年の20％台から2020年の80％台まで増加した。このような趣旨のことを簡潔にまとめればよい。

6 **(歴史的分野―世界史－政治史，公民的分野―公害・環境問題，地理的分野―日本地理－人口)**

〔問1〕 略地図上のAは，「国際運河が1914年に開通した」との記述から，パナマの鉄道だとわかる。ウの文章と合致する。略地図上のBは，「1901年に連邦国家が成立した」との記述から，オーストラリアの鉄道だとわかる。さらに「州を越え東西の州都を結ぶ鉄道が，1970年に開業した」との記述から，アの文章と合致する。略地図上のCは，「大反乱が鎮圧された9年後の1867年」との記述が，1857年に起こり翌年鎮圧された**インド大反乱**を指し，インドの鉄道だとわかる。文章のイと合致する。略地図上のDは，「2019年にこの2本の鉄道が結ばれ，大陸横断鉄道となった」に該当し，エの文章と合致する。よって組み合わせは，Aウ・Bア・Cイ・Dエとなる。

〔問2〕 1992年に，**「国連持続可能な開発会議」**がブラジルのリオデジャネイロで開催された。その8年後の2000年にドイツのハノーバーで，**万国博覧会**が開催された。当時のドイツでは，南西部の**シュバルツバルトの森**と呼ばれる地域で，強い酸を含む酸性雨の影響で多くの木々が突然枯れる現象が起こっていた。Ⅰの略年表のDである。また，ドイツの位置は略地図上のXである。

〔問3〕 Ⅱの文章は，大阪で万国博覧会が開催された年であるから，1970年である。1970年は**少子高齢化社会**の段階に入り，65歳以上の人口が7％を超えている。該当する**人口ピラミッド**は，アである。なお，人口ピラミッドのイは1950年，ウは2000年，エは2020年である。

2023年度英語 リスニングテスト

〔放送台本〕

これから，リスニングテストを行います。リスニングテストは，全て放送による指示で行います。リスニングテストの問題には，問題Aと問題Bの二つがあります。問題Aと，問題Bの<Question1>では，質問に対する答えを選んで，その記号を答えなさい。問題Bの<Question2>では，質問に対する答えを英語で書きなさい。英文とそのあとに出題される質問が，それぞれ全体を通して二回ずつ読まれます。問題用紙の余白にメモをとってもかまいません。答えは全て解答用紙に書きなさい。

〔問題A〕

問題Aは，英語による対話文を聞いて，英語の質問に答えるものです。ここで話される対話文は全部で三つあり，それぞれ質問が一つずつ出題されます。質問に対する答えを選んで，その記号を答えなさい。では，<対話文1>を始めます。

Meg: Hi, Taro. What did you do last Sunday?
Taro: Hi, Meg. I went to my grandmother's house to have a birthday party.
Meg: That's nice.
Taro: In the morning, I wrote a birthday card for her at home. Then I visited her and gave her the card. She looked happy. After that, she made some tea for me.
Meg: That sounds good.
Taro: In the evening, my sisters, mother, and father brought a cake for her.
Meg: Did you enjoy the party?
Taro: Yes, very much.

Question: Why did Taro go to his grandmother's house?

<対話文2>を始めます。

Satomi: Hi, John. I've been looking for you. Where were you?
John: I'm sorry, Satomi. I was very busy.
Satomi: I went to your classroom in the morning and during lunch time. What were you doing then?
John: Early in the morning, I gave water to flowers in the school garden. After that, I did my homework in my classroom.
Satomi: Oh, you did. How about during lunch time? I went to your room at one o'clock.
John: After I ate lunch, I went to the library. That was at about twelve fifty. I read some history books there for twenty minutes and came back to my room at one fifteen.

Question: What was John doing at one o'clock?

<対話文3>を始めます。

Jane: Hi, Bob. I'm happy that I can come to the concert today.
Bob: Hi, Jane. Yes. Me, too.
Jane: How did you get here today?
Bob: Why? I came by bike from home.
Jane: This morning, I watched the weather news. I think it'll be rainy this afternoon.
Bob: Oh, really? I'll have to go home by train and bus. What should I do with my bike?
Jane: After the concert, I will keep it at my house. We can walk to my house.
Bob: Thank you.
Jane: You're welcome. And you can use my umbrella when you go back home from my house.

Question: How did Bob get to the concert from home today?

〔英文の訳〕
［問題A］
＜対話文1＞
メグ　：こんにちは，タロウ。この前の日曜日は何をしましたか。
タロウ：こんにちは，メグ。誕生会をするために祖母の家に行きました。
メグ　：それはいいですね。
タロウ：午前中，家で彼女への誕生日カードを書きました。そして彼女を訪れそのカードを彼女に渡しました。彼女は嬉しそうでした。その後私に紅茶をいれてくれました。
メグ　：いいですね。
タロウ：夜に姉[妹]たちと母，父が彼女にケーキを持ってきました。
メグ　：パーティーは楽しかったですか。
タロウ：はい，とても。
質問：タロウはなぜ彼の祖母の家に行きましたか。
答え：ア　誕生会をするため。
＜対話文2＞
サトミ：こんにちは，ジョン。あなたを探していたんです。どこにいたんですか。
ジョン：ごめんなさい，サトミ。とても忙しかったんです。
サトミ：午前中と昼食の時間にあなたの教室に行きました。そのときは何をしていたんですか。
ジョン：午前中の早い時間に学校の庭の花に水をあげました。そのあと教室で宿題をしました。
サトミ：ああ，そうだったんですね。昼食の時間はどうでしたか。1時にあなたの教室へ行きました。
ジョン：昼食を食べたあと図書館へ行きました。それが大体12時50分でした。そこで20分歴史の本をいくつか読んで1時15分に教室に戻りました。
質問：ジョンは1時に何をしていましたか。
答え：エ　彼は歴史の本をいくつか読んでいました。

<対話文3>

ジェイン：こんにちは，ボブ。今日はコンサートに来られてうれしいです。

ボブ　　：こんにちは，ジェイン。はい，僕もです。

ジェイン：今日はどうやってここに来ましたか。

ボブ　　：なんでですか？　家から自転車で来ました。

ジェイン：今朝天気予報を見ました。今日の午後は雨だと思います。

ボブ　　：え，本当ですか？　電車とバスで家に帰らなければならないでしょうね。自転車をどうしたらいいでしょうか。

ジェイン：コンサートのあとに私の家に置いておきますよ。私たちは家まで歩けます。

ボブ　　：ありがとうございます。

ジェイン：どういたしまして。そして私の家から帰るときには私のカサを使っていいですよ。

質問：今日ボブはどのようにして家からコンサートまで来ましたか。

答え：ウ　彼は自転車でそこに来ました。

〔放送台本〕

〔問題B〕

これから聞く英語は，外国人のEmily先生が，離任式で中学生に向けて行ったスピーチです。内容に注意して聞きなさい。あとから，英語による質問が二つ出題されます。<Question1>では，質問に対する答えを選んで，その記号を答えなさい。<Question2>では，質問に対する答えを英語で書きなさい。なお，<Question2>のあとに，15秒程度，答えを書く時間があります。では，始めます。

Hello, everyone. This will be my last day of work at this school. First, I want to say thank you very much for studying English with me. You often came to me and taught me Japanese just after I came here. Your smiles always made me happy. I hope you keep smiling when you study English.

I had many good experiences here. I ran with you in sports festivals, and I sang songs with your teachers in school festivals. I was especially moved when I listened to your songs.

After I go back to my country, I'll keep studying Japanese hard. I want you to visit other countries in the future. I think English will help you have good experiences there. Goodbye, everyone.

<Question1> What made Emily happy?

<Question2> What does Emily want the students to do in the future?

〔英文の訳〕

〔問題B〕

みなさん，こんにちは。今日が私のこの学校で働く最後の日です。まず，私と英語を勉強してくれて本当にありがとうと言いたいです。みなさんは私がここに来てすぐあと，よく私のところに来て日本語を教えてくれました。あなた方の笑顔はいつも私を幸せにしてくれました。みなさんが英語を勉強するときに笑顔でいられることを願っています。

私はここでたくさんのいい経験をしました。体育祭でみなさんと一緒に走り，学園祭では先生方と一緒に歌を歌いました。私はみなさんの歌を聞いたときに特に感動しました。

国に戻ったら日本語を一生懸命勉強し続けるつもりです。将来みなさんには他の国々を訪れて欲しいです。英語がそこでいい経験をするのを手助けしてくれると思います。みなさん，さようなら。

質問1：何がエミリーを幸せにしましたか。

答え　：イ　生徒たちの笑顔。

質問2：エミリーは生徒たちに将来何をしてもらいたいですか。

答え　：(例)他の国々を訪れること。

MEMO

大切なことはメモしておこうネ！

東京都公立高等学校

2022年度

★★★★★★★★★★★★★★★★★★★★★★★★★

共通問題（理科・社会）

2022年度

●くわしい解説……31ページ

＜理科＞

時間　50分　　満点　100点

1　次の各問に答えよ。

〔問1〕　図1は，質量を測定した木片に火をつけ，酸素で満たした集気びんＰに入れ，ふたをして燃焼させた後の様子を示したものである。図2は，質量を測定したスチールウールに火をつけ，酸素で満たした集気びんＱに入れ，ふたをして燃焼させた後の様子を示したものである。

燃焼させた後の木片と，燃焼させた後のスチールウールを取り出し質量を測定するとともに，それぞれの集気びんに石灰水を入れ，ふたをして振った。

燃焼させた後に質量が大きくなった物体と，石灰水が白くにごった集気びんとを組み合わせたものとして適切なのは，下の表の**ア**～**エ**のうちではどれか。

図1

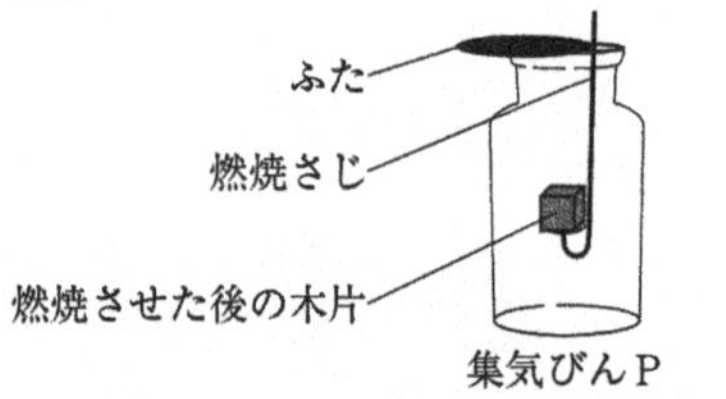

図2

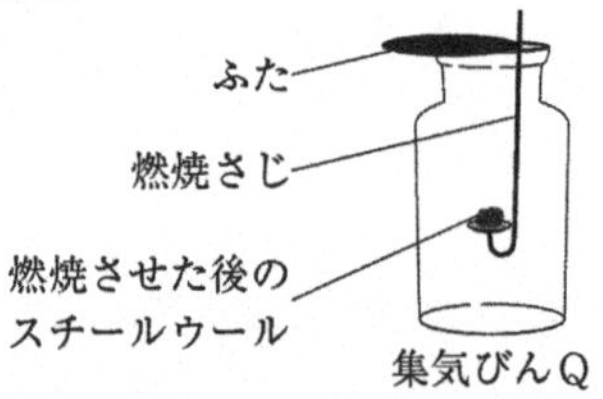

	燃焼させた後に質量が大きくなった物体	石灰水が白くにごった集気びん
ア	木片	集気びんＰ
イ	スチールウール	集気びんＰ
ウ	木片	集気びんＱ
エ	スチールウール	集気びんＱ

〔問2〕　図3は，ヒトの心臓を正面から見て，心臓から送り出された血液が流れる血管と心臓に戻ってくる血液が流れる血管を模式的に表したものである。また，図中の矢印（➡）は全身から右心房に戻る血液の流れを示している。

血管Ａ～血管Ｄのうち，動脈と，動脈血が流れる血管とを組み合わせたものとして適切なのは，次の表の**ア**～**エ**のうちではどれか。

図3

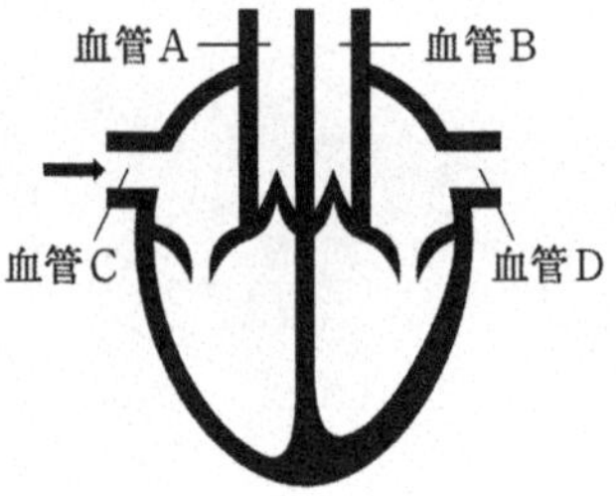

	動脈	動脈血が流れる血管
ア	血管Ａと血管Ｂ	血管Ｂと血管Ｄ
イ	血管Ａと血管Ｂ	血管Ａと血管Ｃ
ウ	血管Ｃと血管Ｄ	血管Ｂと血管Ｄ
エ	血管Ｃと血管Ｄ	血管Ａと血管Ｃ

〔問3〕 図4は，平らな底に「A」の文字が書かれた容器に水を入れた状態を模式的に表したものである。水中から空気中へ進む光の屈折に関する説明と，観察者と容器の位置を変えずに内側の「A」の文字の形が全て見えるようにするときに行う操作とを組み合わせたものとして適切なのは，下の表の**ア**～**エ**のうちではどれか。

図4

	水中から空気中へ進む光の屈折に関する説明	「A」の文字の形が全て見えるようにするときに行う操作
ア	屈折角より入射角の方が大きい。	容器の中の水の量を減らす。
イ	屈折角より入射角の方が大きい。	容器の中の水の量を増やす。
ウ	入射角より屈折角の方が大きい。	容器の中の水の量を減らす。
エ	入射角より屈折角の方が大きい。	容器の中の水の量を増やす。

〔問4〕 前線が形成されるときの暖気と寒気の動きを矢印（⇨）で模式的に表したものがA，Bである。温暖前線付近の暖気と寒気の動きを次のA，Bから一つ，できた直後の温暖前線付近の暖気と寒気を比較したときに，密度が小さいものを下のC，Dから一つ，それぞれ選び，組み合わせたものとして適切なのは，下の**ア**～**エ**のうちではどれか。

暖気と寒気の動き

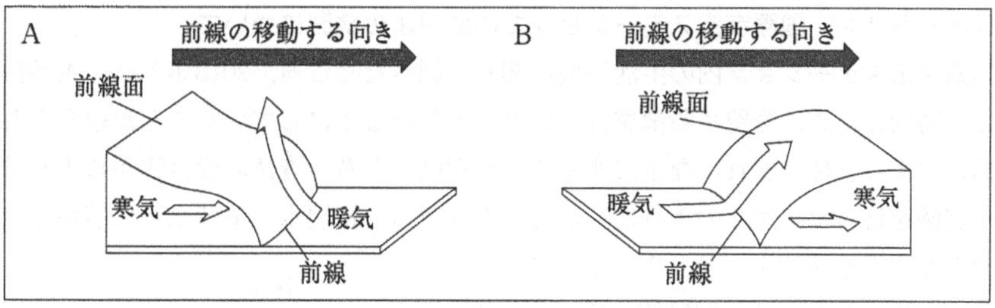

密度が小さいもの

C　暖気	D　寒気

ア　A，C　　**イ**　A，D　　**ウ**　B，C　　**エ**　B，D

〔問5〕 図5は，12Vの電源装置と1.2Ωの抵抗器A，2Ωの抵抗器B，3Ωの抵抗器Cをつないだ回路図である。この回路に電圧を加えたときの，回路上の点p，点q，点rを流れる電流の大きさを，それぞれP〔A〕，Q〔A〕，R〔A〕とした。このときP，Q，Rの関係を表したものとして適切なのは，次のうちではどれか。

ア　$P<Q<R$　　**イ**　$P<R<Q$

ウ　$Q<R<P$　　**エ**　$R<Q<P$

図5

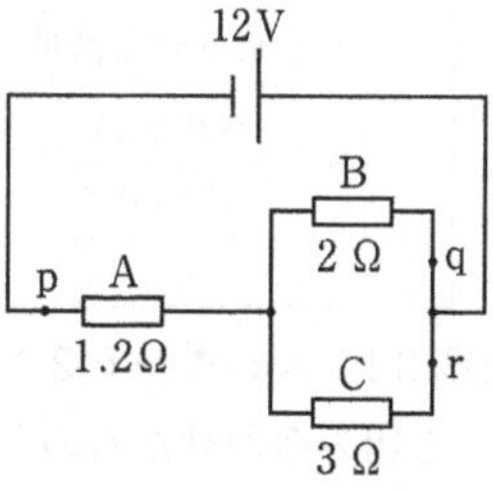

2　生徒が，国際宇宙ステーションに興味をもち，科学的に探究しようと考え，自由研究に取り組んだ。生徒が書いたレポートの一部を読み，次の各問に答えよ。

＜レポート１＞　日食について

金環日食が観察された日の地球にできた月の影を，国際宇宙ステーションから撮影した画像が紹介されていた。

日食が生じるときの北極星側から見た太陽，月，地球の位置関係を模式的に示すと，図１のようになっていた。さらに，日本にある観測地点Aは，地球と月と太陽を一直線に結んだ線上に位置していた。

図１

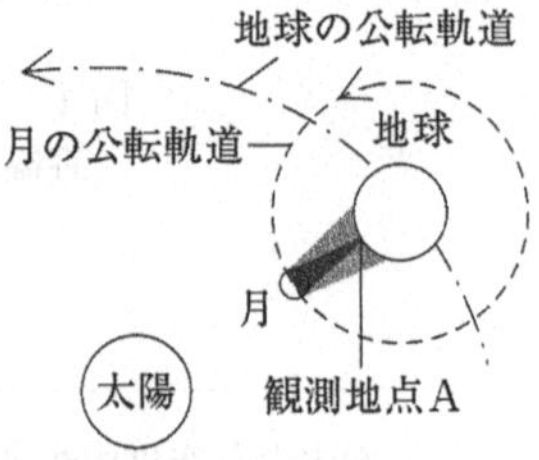

〔問１〕　＜レポート１＞から，図１の位置関係において，観測地点Aで月を観測したときに月が真南の空に位置する時刻と，この日から１週間後に観察できる月の見え方に最も近いものとを組み合わせたものとして適切なのは，次の表の**ア**～**エ**のうちではどれか。

	真南の空に位置する時刻	１週間後に観察できる月の見え方
ア	12時	上弦の月
イ	18時	上弦の月
ウ	12時	下弦の月
エ	18時	下弦の月

＜レポート２＞　国際宇宙ステーションでの飲料水の精製について

国際宇宙ステーション内の生活環境に関して調べたところ，2018年では，生活排水をタンクに一時的にため，蒸留や殺菌を行うことできれいな水にしていたことが紹介されていた。

蒸留により液体をきれいな水にすることに興味をもち，液体の混合物から水を分離するモデル実験を行った。図２のように，塩化ナトリウムを精製水（蒸留水）に溶かして５％の塩化ナトリウム水溶液を作り，実験装置で蒸留した。蒸留して出てきた液体が試験管に約１cmたまったところで蒸留を止めた。枝付きフラスコに残った水溶液Aと蒸留して出てきた液体Bをそれぞれ少量とり，蒸発させて観察し，結果を表１にまとめた。

図２

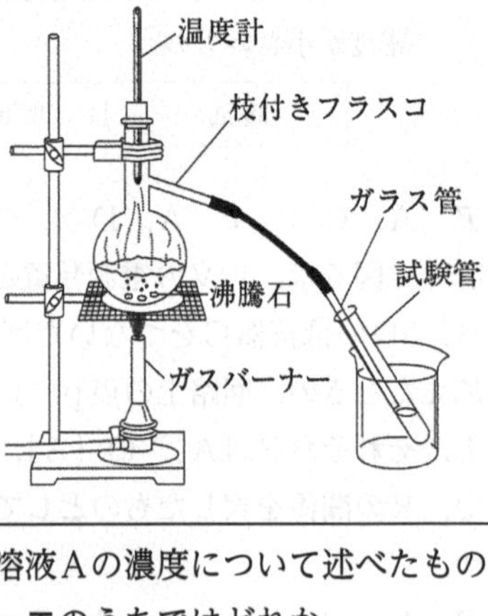

表１

蒸発させた液体	観察した結果
水溶液A	結晶が見られた。
液体B	結晶が見られなかった。

〔問２〕　＜レポート２＞から，結晶になった物質の分類と，水溶液Aの濃度について述べたものとを組み合わせたものとして適切なのは，次のページの表の**ア**～**エ**のうちではどれか。

	結晶になった物質の分類	水溶液Ａの濃度
ア	混合物	５％より高い。
イ	化合物	５％より高い。
ウ	混合物	５％より低い。
エ	化合物	５％より低い。

＜レポート３＞　国際宇宙ステーションでの植物の栽培について

国際宇宙ステーションでは，宇宙でも効率よく成長する植物を探すため，図３のような装置の中で植物を発芽させ，実験を行っていることが紹介されていた。植物が光に向かって成長することから，装置の上側に光源を設置してあることが分かった。

植物の成長に興味をもち，植物を真上から観察すると，上下にある葉が互いに重ならないようにつき，成長していくことが分かった。

図３

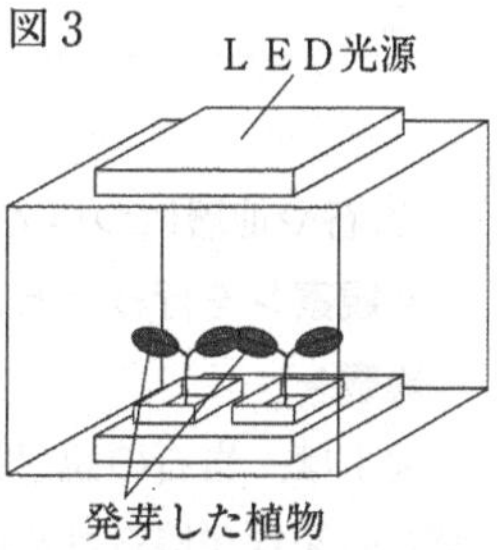

〔問３〕　＜レポート３＞から，上下にある葉が互いに重ならないようにつく利点と，葉で光合成でつくられた養分（栄養分）が通る管の名称とを組み合わせたものとして適切なのは，次の表のア～エのうちではどれか。

	上下にある葉が互いに重ならないようにつく利点	光合成でつくられた養分（栄養分）が通る管の名称
ア	光が当たる面積が小さくなる。	道管
イ	光が当たる面積が小さくなる。	師管
ウ	光が当たる面積が大きくなる。	道管
エ	光が当たる面積が大きくなる。	師管

＜レポート４＞　月面での質量と重さの関係について

国際宇宙ステーション内では，見かけ上，物体に重力が働かない状態になるため，てんびんや地球上で使っている体重計では質量を測定できない。そのため，宇宙飛行士は質量を測る際に特別な装置で行っていることが紹介されていた。

地球上でなくても質量が測定できることに興味をもち調べたところ，重力が変化しても物体そのものの量は，地球上と変わらないということが分かった。

また，重力の大きさは場所によって変わり，月面では同じ質量の物体に働く重力の大きさが地球上と比べて約６分の１であることも分かった。

図４のような測定を月面で行った場合，質量300ｇの物体Ａを上皿てんびんに載せたときにつり合う分銅の種類と，物体Ａをはかりに載せたときの目盛りの値について考えた。

図４

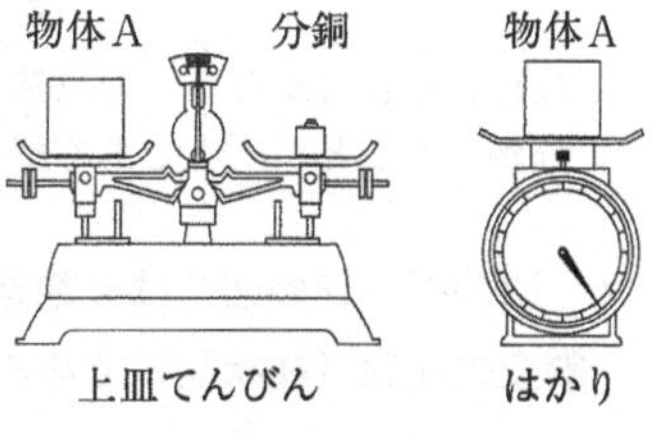

〔問４〕　＜レポート４＞から，図４のような測定を月面で行った場合，質量300ｇの物体Ａを上皿てんびんに載せたときにつり合う分銅の種類と，物体Ａをはかりに載せたときの目盛りの値とを組み合わせたものとして適切なのは，次の表の**ア**～**エ**のうちではどれか。

	上皿てんびんに載せたときにつり合う分銅の種類	はかりに載せたときの目盛りの値
ア	50gの分銅	約50g
イ	50gの分銅	約300g
ウ	300gの分銅	約50g
エ	300gの分銅	約300g

3　岩石や地層について，次の各問に答えよ。

＜**観察**＞を行ったところ，＜**結果**＞のようになった。

＜**観察**＞

図１は，岩石の観察を行った地域Ａと，ボーリング調査の記録が得られた地域Ｂとを示した地図である。

(1)　地域Ａでは，特徴的な岩石Ｐと岩石Ｑを採取後，ルーペで観察し，スケッチを行い特徴を記録した。

(2)　岩石Ｐと岩石Ｑの，それぞれの岩石の中に含まれているものを教科書や岩石に関する資料を用いて調べた。

(3)　地域ＢにあるＸ点とＹ点でのボーリング調査の記録と，この地域で起きた過去の堆積の様子についてインターネットで調べた。

なお，Ｘ点の標高は40.3m，Ｙ点の標高は36.8mである。

図１

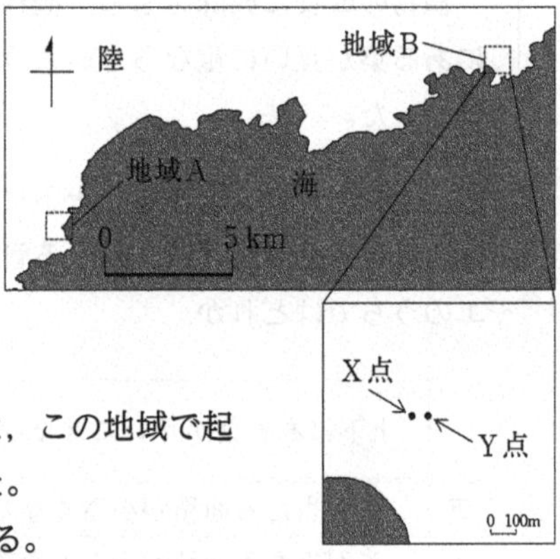

＜**結果**＞

(1)　＜**観察**＞の(1)と(2)を，表１のように，岩石Ｐと岩石Ｑについてまとめた。

表１	岩石Ｐ	岩石Ｑ
スケッチ		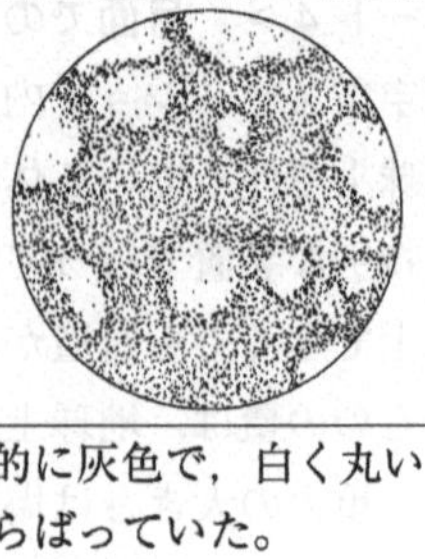
特徴	全体的に黒っぽい色で，小さな鉱物の間に，やや大きな鉱物が散らばっていた。	全体的に灰色で，白く丸いものが多数散らばっていた。
教科書や資料から分かったこと	無色鉱物である長石や，有色鉱物である輝石《きせき》が含まれていた。	丸いものはフズリナの化石であった。

(2)　次のページの図２は＜**観察**＞の(3)で調べた地域ＢにあるＸ点とＹ点のそれぞれのボーリング調査の記録（柱状図）である。凝灰岩《ぎょうかいがん》の層は同じ時期に堆積している。また，地域Ｂの地層で

は上下の入れ替わりは起きていないことが分かった。

図2

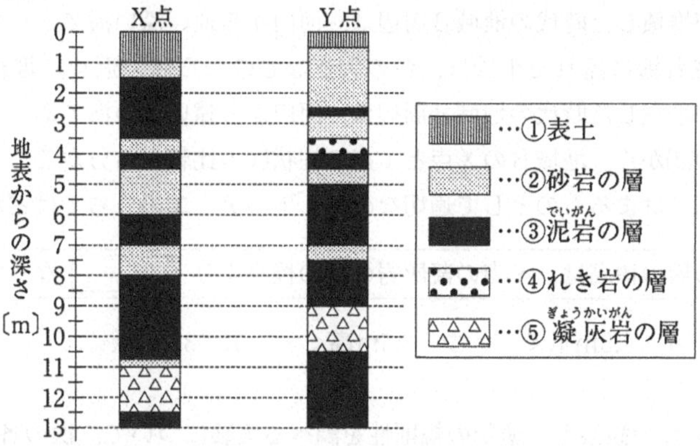

〔問1〕 ＜結果＞の(1)の岩石Ｐと＜結果＞の(2)の④の層に含まれるれき岩の，それぞれのでき方と，れき岩を構成する粒の特徴とを組み合わせたものとして適切なのは，次の表の**ア**～**エ**のうちではどれか。

	岩石Ｐとれき岩のそれぞれのでき方	れき岩を構成する粒の特徴
ア	岩石Ｐは土砂が押し固められてできたもので，れき岩はマグマが冷えてできたものである。	角が取れて丸みを帯びた粒が多い。
イ	岩石Ｐは土砂が押し固められてできたもので，れき岩はマグマが冷えてできたものである。	角ばった粒が多い。
ウ	岩石Ｐはマグマが冷えてできたもので，れき岩は土砂が押し固められてできたものである。	角が取れて丸みを帯びた粒が多い。
エ	岩石Ｐはマグマが冷えてできたもので，れき岩は土砂が押し固められてできたものである。	角ばった粒が多い。

〔問2〕 ＜結果＞の(1)で，岩石Ｑが堆積した地質年代に起きた出来事と，岩石Ｑが堆積した地質年代と同じ地質年代に生息していた生物とを組み合わせたものとして適切なのは，次の表の**ア**～**エ**のうちではどれか。

	岩石Ｑが堆積した地質年代に起きた出来事	同じ地質年代に生息していた生物
ア	魚類と両生類が出現した。	アンモナイト
イ	魚類と両生類が出現した。	三葉虫（サンヨウチュウ）
ウ	鳥類が出現した。	アンモナイト
エ	鳥類が出現した。	三葉虫（サンヨウチュウ）

〔問3〕 ＜結果＞の(2)にある泥岩《でいがん》の層が堆積した時代の地域Ｂ周辺の環境について述べたものとして適切なのは，次の**ア**～**エ**のうちではどれか。

ア　流水で運搬され海に流れた土砂は，粒の小さなものから陸の近くに堆積する。このことから，泥岩の層が堆積した時代の地域Ｂ周辺は，河口から近い浅い海であったと考えられる。

イ　流水で運搬され海に流れた土砂は，粒の大きなものから陸の近くに堆積する。このことから，泥岩の層が堆積した時代の地域Ｂ周辺は，河口から近い浅い海であったと考えられる。

ウ　流水で運搬され海に流れた土砂は，粒の小さなものから陸の近くに堆積する。このことから，泥岩の層が堆積した時代の地域Ｂ周辺は，河口から遠い深い海であったと考えられる。

エ　流水で運搬され海に流れた土砂は，粒の大きなものから陸の近くに堆積する。このことから，泥岩の層が堆積した時代の地域Ｂ周辺は，河口から遠い深い海であったと考えられる。

〔問４〕　**＜結果＞**の(2)から，地域ＢのＸ点とＹ点の柱状図の比較から分かることについて述べた次の文の □ に当てはまるものとして適切なのは，下の**ア**～**エ**のうちではどれか。

Ｘ点の凝灰岩の層の標高は，Ｙ点の凝灰岩の層の標高より □ なっている。

ア　1.5m高く　　**イ**　1.5m低く　　**ウ**　3.5m高く　　**エ**　3.5m低く

4　植物の花のつくりの観察と，遺伝の規則性を調べる実験について，次の各問に答えよ。

＜観察＞を行ったところ，**＜結果１＞**のようになった。

＜観察＞

(1)　メンデルの実験で用いられた品種と同じエンドウを校庭で育てた。

(2)　(1)から花を１個採取後，分解しセロハンテープに並べて貼り付けた。

(3)　(1)からさらに花をもう１個採取後，花の内側にある花弁が２枚合わさるように重なっている部分（図１の点線）をカッターナイフで切り，断面を観察して，スケッチした。

図１

＜結果１＞

(1)　**＜観察＞**の(2)から，図２のようにエンドウの花弁は５枚あり，その１枚１枚が離れていた。

(2)　**＜観察＞**の(3)から，図３のように，おしべとめしべは内側の２枚の花弁で包まれていた。また，子房の中には，胚珠《はいしゅ》が見られた。

図２

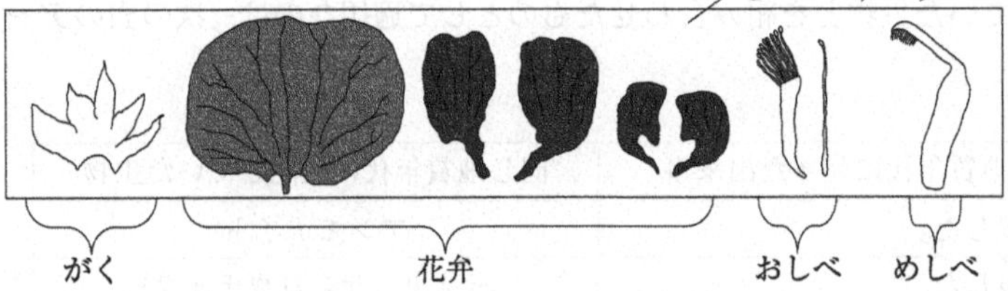

図３

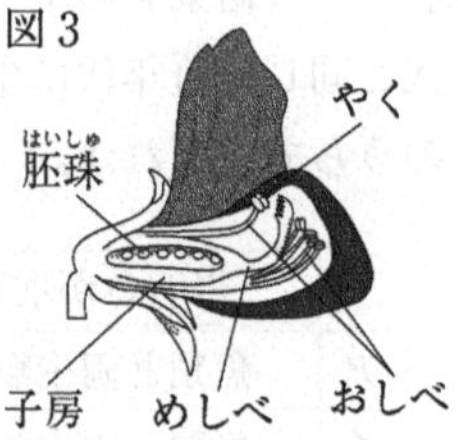

次に，**＜実験＞**を行ったところ，**＜結果２＞**のようになった。

＜実験＞

(1)　校庭で育てたエンドウには，草たけ（茎の長さ）の高い個体と低い個体がそれぞれあった。

(2)　草たけが高い個体を１本選び，エンドウが自家受粉し，受精後にできた種子を採取した。

(3)　草たけが低い個体を１本選び，エンドウが自家受粉し，受精後にできた種子を採取した。

(4)　(2)で採取した種子をまいて育て，成長したエンドウの草たけを調べた。

(5)　(3)で採取した種子をまいて育て，成長したエンドウの草たけを調べた。

(6)　(4)で調べたエンドウの花で，花粉がつくられる前に，やくを全て取り除いた。

(7)　(6)のエンドウの花の柱頭に，(5)で調べたエンドウの花のやくから採取した花粉を付け，受精した後にできた種子を採取した。

(8)　(7)で採取した種子をまいて育て，成長したエンドウの草たけを調べた。

図４　**＜実験＞**の模式図

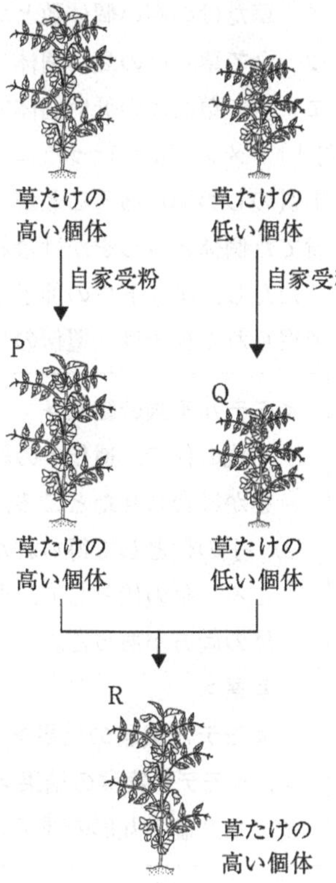

＜結果２＞

(1)　**＜実験＞**の(4)から，全て草たけの高い個体（図４のＰ）であった。

(2)　**＜実験＞**の(5)から，全て草たけの低い個体（図４のＱ）であった。

(3)　**＜実験＞**の(8)から，全て草たけの高い個体（図４のＲ）であった。

〔問１〕　**＜結果１＞**の(1)の花のつくりをもつ植物の子葉の枚数と，**＜結果１＞**の(2)のように胚珠が子房の中にある植物のなかまの名称とを組み合わせたものとして適切なのは，次の表の**ア**～**エ**のうちではどれか。

	子葉の枚数	胚珠が子房の中にある植物のなかまの名称
ア	１枚	被子植物
イ	１枚	裸子植物
ウ	２枚	被子植物
エ	２枚	裸子植物

〔問２〕　**＜実験＞**の(7)では，花粉から花粉管が伸長し，その中を移動する生殖細胞１個の染色体数は７本である。花粉管の中を移動する生殖細胞のうち１個と合体する細胞と，受精卵１個に含まれる染色体数とを組み合わせたものとして適切なのは，次の表の**ア**～**エ**のうちではどれか。

	花粉管の中を移動する生殖細胞のうち１個と合体する細胞	受精卵１個に含まれる染色体数
ア	卵	７本
イ	卵	14本
ウ	卵細胞	７本
エ	卵細胞	14本

〔問３〕　**＜結果２＞**の(3)の個体で，花粉がつくられる前にやくを全て取り除き，柱頭に**＜結果２＞**の(2)の個体のやくから採取した花粉を付け受精させ，種子を採取した。その種子をまいて育て，成長したエンドウの草たけを調べたときの結果として適切なのは，あとのうちではどれか。

ア　草たけの高い個体数と草たけの低い個体数のおよその比は１：１であった。

イ　草たけの高い個体数と草たけの低い個体数のおよその比は１：３であった。

ウ　全て草たけの高い個体であった。

エ　全て草たけの低い個体であった。

〔問４〕　メンデルが行ったエンドウの種子の形の遺伝に関する実験では，顕性形質の丸形と，潜性形質のしわ形があることが分かった。遺伝子の組み合わせが分からない丸形の種子を２個まき，育てた個体どうしをかけ合わせる**＜モデル実験の結果＞**から，**＜考察＞**をまとめた。

ただし，エンドウの種子が丸形になる遺伝子をＡ，しわ形になる遺伝子をａとし，子や孫の代で得られた種子は，遺伝の規則性のとおりに現れるものとする。

＜モデル実験の結果＞

(1)　親の代で，遺伝子の組み合わせが分からない丸形の種子を２個まき，育てた個体どうしをかけ合わせたところ，子の代では丸形の種子だけが得られた。

(2)　子の代として得られた丸形の種子を全てまき，育てた個体をそれぞれ自家受粉させたところ，孫の代として，丸形の種子だけが得られた個体と丸形・しわ形の種子が得られた個体の両方があった。

＜考察＞

＜モデル実験の結果＞の(1)で，子の代として得られた丸形の種子の遺伝子の組み合わせは，**＜モデル実験の結果＞**の(2)から，2種類あることが分かる。このことから，親の代としてまいた２個の丸形の種子の遺伝子の組み合わせを示すと［　　］であることが分かる。

＜考察＞の［　　］に当てはまるものとして適切なのは，下の**ア**～**ウ**のうちではどれか。

ア　ＡＡとＡＡ　　**イ**　ＡａとＡａ　　**ウ**　ＡＡとＡａ

5　イオンの性質を調べる実験について，次の各問に答えよ。

＜実験１＞を行ったところ，**＜結果１＞**のようになった。

＜実験１＞

(1)　図１のように，ビーカー①に硫酸亜鉛水溶液を入れ，亜鉛板Ｐを設置した。次に，ビーカー①に硫酸銅水溶液を入れたセロハンの袋を入れ，セロハンの袋の中に銅板Ｑを設置した。プロペラ付きモーターに亜鉛板Ｐと銅板Ｑを導線でつないだ後に金属板の表面の様子を観察した。

(2)　図２のように，簡易型電気分解装置に薄い水酸化ナトリウム水溶液を入れ，電極Ｒと電極Ｓを導線で電源装置につなぎ，電圧を加えて電流を流した後に電極の様子を観察した。

図１

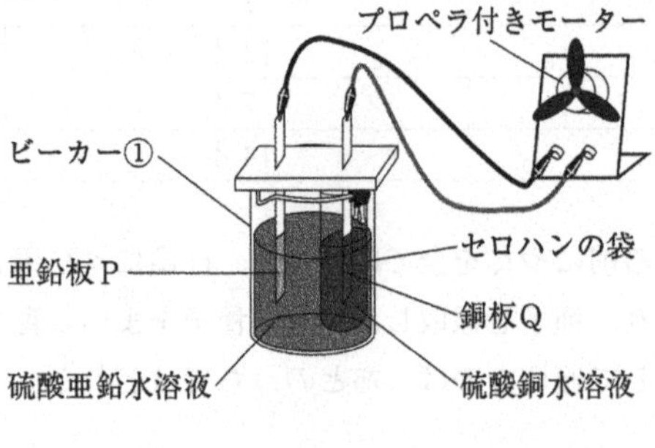

図２

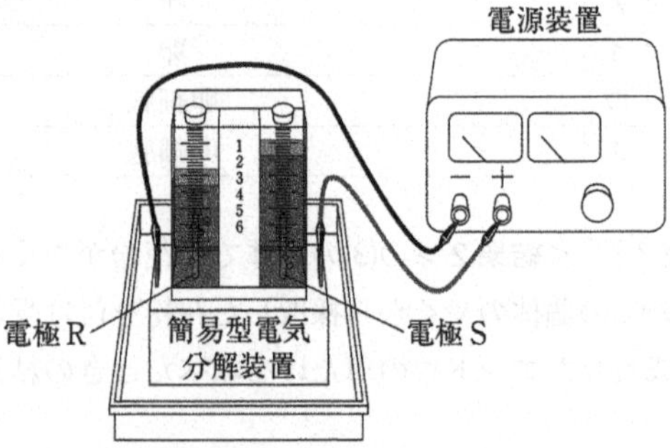

＜結果１＞

(1)　＜実験１＞の(1)でプロペラは回転した。亜鉛板Ｐは溶け，銅板Ｑには赤茶色の物質が付着した。

(2)　＜実験１＞の(2)で電極Ｒと電極Ｓからそれぞれ気体が発生した。

〔問１〕　＜結果１＞の(1)から，水溶液中の亜鉛板Ｐと銅板Ｑの表面で起こる化学変化について，亜鉛原子１個を●，亜鉛イオン１個を●$^{2+}$，銅原子１個を●，銅イオン１個を●$^{2+}$，電子１個を●というモデルで表したとき，亜鉛板Ｐの様子をＡ，Ｂから一つ，銅板Ｑの様子をＣ，Ｄから一つ，それぞれ選び，組み合わせたものとして適切なのは，下の**ア**～**エ**のうちではどれか。

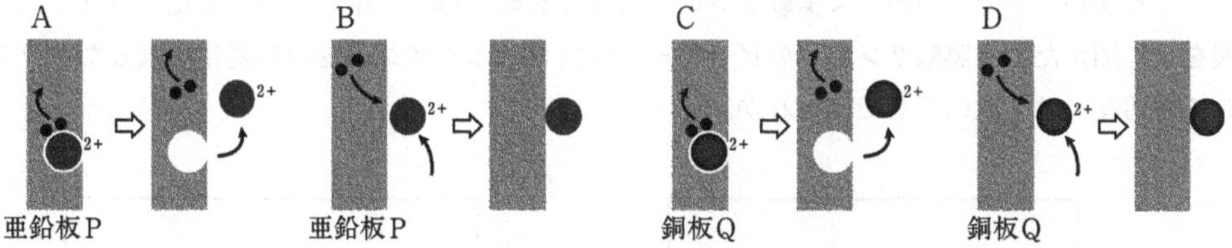

ア　Ａ，Ｃ　　**イ**　Ａ，Ｄ　　**ウ**　Ｂ，Ｃ　　**エ**　Ｂ，Ｄ

〔問２〕　＜結果１＞の(1)と(2)から，ビーカー①内の硫酸亜鉛水溶液と硫酸銅水溶液を合わせた水溶液中に含まれるZn^{2+}の数とCu^{2+}の数のそれぞれの増減と，電極Ｒと電極Ｓでそれぞれ発生する気体の性質とを組み合わせたものとして適切なのは，次の表の**ア**～**カ**のうちではどれか。

	合わせた水溶液に含まれるZn^{2+}の数	合わせた水溶液に含まれるCu^{2+}の数	電極Ｒで発生する気体の性質	電極Ｓで発生する気体の性質
ア	増える。	減る。	空気より軽い。	水に溶けにくい。
イ	増える。	増える。	空気より軽い。	水に溶けやすい。
ウ	増える。	減る。	空気より重い。	水に溶けにくい。
エ	減る。	増える。	空気より軽い。	水に溶けやすい。
オ	減る。	減る。	空気より重い。	水に溶けやすい。
カ	減る。	増える。	空気より重い。	水に溶けにくい。

次に，＜実験２＞を行ったところ，＜結果２＞のようになった。

＜実験２＞

(1)　ビーカー②に薄い塩酸を12cm^3入れ，BTB溶液を５滴加えてよく混ぜた。図３は，水溶液中の陽イオンを○，陰イオンを⊗というモデルで表したものである。

(2)　水酸化ナトリウム水溶液を10cm^3用意した。

(3)　(2)の水酸化ナトリウム水溶液をビーカー②に少しずつ加え，ガラス棒でかき混ぜ水溶液の様子を観察した。

(4)　(3)の操作を繰り返し，水酸化ナトリウム水溶液を合計６cm^3加えると，水溶液は緑色になった。

(5)　緑色になった水溶液をスライドガラスに１滴取り，水を蒸発させた後，観察した。

図３

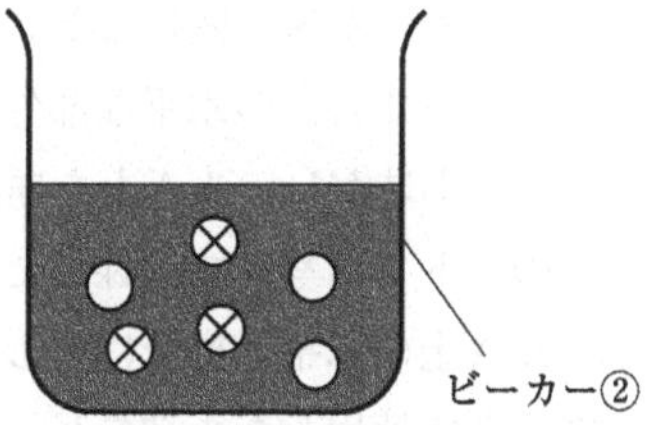

＜結果２＞

スライドガラスには，塩化ナトリウムの結晶が見られた。

〔問３〕　＜実験２＞の(4)のビーカー②の水溶液中で起きた化学変化を下の点線で囲まれた＜化学反応式＞で表すとき，下線部にそれぞれ当てはまる化学式を一つずつ書け。

ただし，＜化学反応式＞において酸の性質をもつ物質の化学式は（酸）の上の＿＿に，アルカリの性質をもつ物質の化学式は（アルカリ）の上の＿＿に，塩は（塩）の上の＿＿に書くこと。

＜化学反応式＞　＿＿＿＿（酸）　＋　＿＿＿＿（アルカリ）　→　＿＿＿＿（塩）　＋　＿＿＿＿

〔問４〕　＜実験２＞の(5)の後，＜実験２＞の(3)の操作を繰り返し，用意した水酸化ナトリウム水溶液を全て加えた。＜実験２＞の(1)のビーカー②に含まれるイオンの総数の変化を表したグラフとして適切なのは，次のうちではどれか。

ア

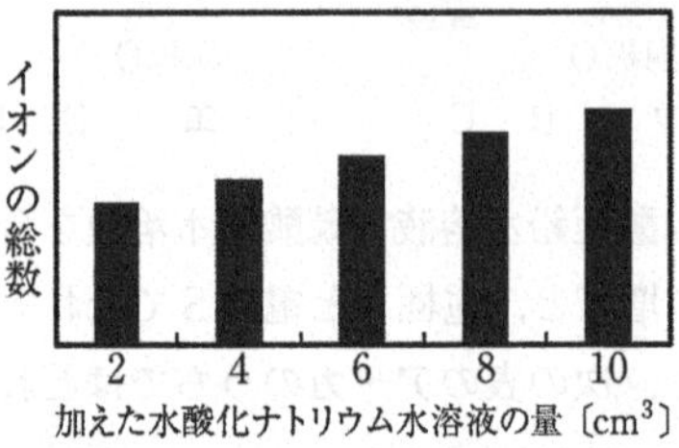

イ

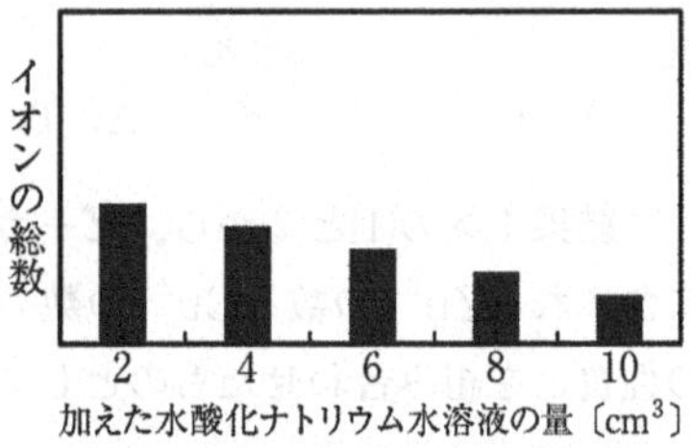

ウ

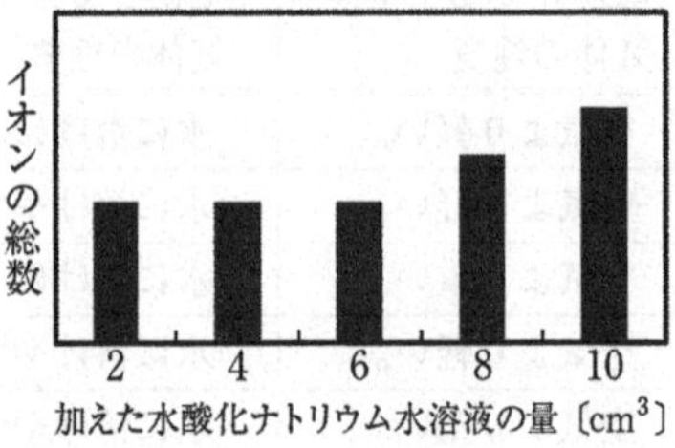

エ

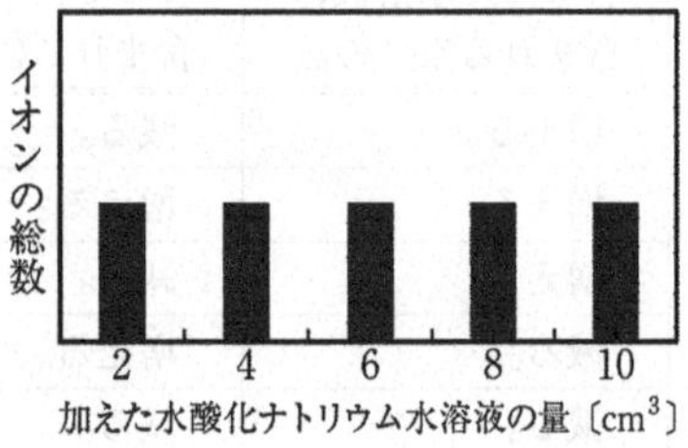

6　物体の運動に関する実験について，次の各問に答えよ。

＜実験＞を行ったところ，＜結果＞のようになった。

＜実験＞

(1)　形が異なるレールＡとレールＢを用意し，それぞれに目盛りを付け，次のページの図１のように水平な床に固定した。

(2)　レールＡ上の水平な部分から９㎝の高さの点ａに小球を静かに置き，手を放して小球を転がし，小球がレールＡ上を運動する様子を，小球が最初に一瞬静止するまで，発光時間間隔0.1秒のストロボ写真で記録した。レールＡ上の水平な部分からの高さが４㎝となる点を点ｂ，レールＡ上の水平な部分に達した点を点ｃとした。

(3)　(2)で使用した小球をレールＢ上の水平な部分から９㎝の高さの点ｄに静かに置き，(2)と同様の実験をレールＢ上で行った。レールＢ上の水平な部分からの高さが5.2㎝となる点を点ｅ，レールＢ上の水平な部分に達した点を点ｆとした。

(4)　ストロボ写真に記録された結果から，小球がレールＡ上の点ａから運動を始め，最初に一瞬静止するまでの0.1秒ごとの位置を模式的に表すと次のページの図２のようになった。さらに

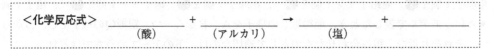

0.1秒ごとに①から⑪まで，順に区間番号を付けた。

(5)　レールBについて，(4)と同様に模式的に表し，0.1秒ごとに①から⑪まで，順に区間番号を付けた。

(6)　レールAとレールBにおいて，①から⑪までの各区間における小球の移動距離を測定した。

図1

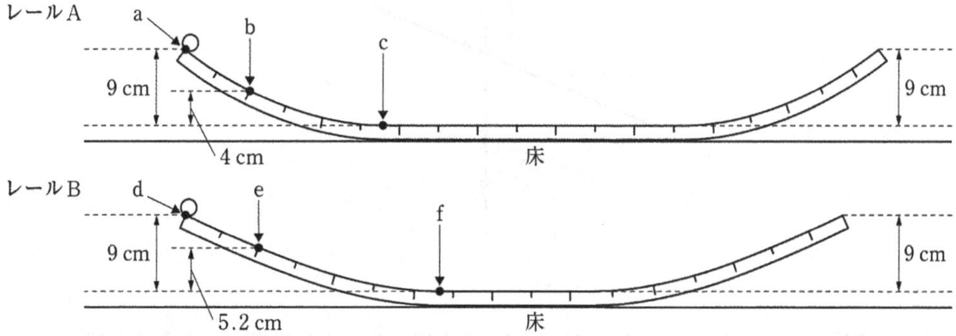

図2

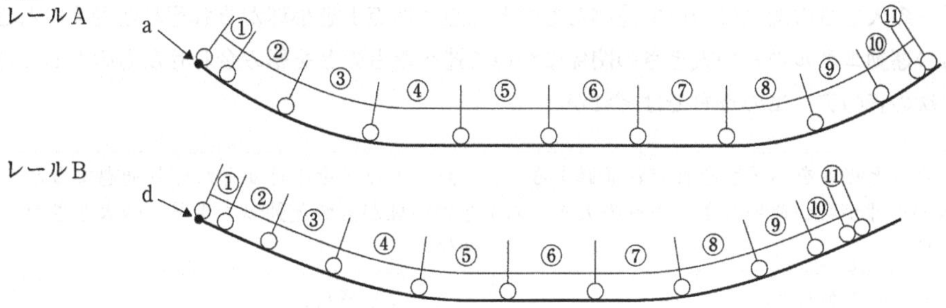

＜結果＞

区間番号	①	②	③	④	⑤	⑥	⑦	⑧	⑨	⑩	⑪
時間〔s〕	0~0.1	0.1~0.2	0.2~0.3	0.3~0.4	0.4~0.5	0.5~0.6	0.6~0.7	0.7~0.8	0.8~0.9	0.9~1.0	1.0~1.1
レールAにおける移動距離〔cm〕	3.6	7.9	10.4	10.9	10.9	10.9	10.8	10.6	9.0	5.6	1.7
レールBにおける移動距離〔cm〕	3.2	5.6	8.0	10.5	10.9	10.9	10.6	9.5	6.7	4.2	1.8

〔問1〕　**＜結果＞**から，レールA上の⑧から⑩までの小球の平均の速さとして適切なのは，次のうちではどれか。

ア　0.84m/s　　**イ**　0.95m/s　　**ウ**　1.01m/s　　**エ**　1.06m/s

〔問2〕　**＜結果＞**から，小球がレールB上の①から③まで運動しているとき，小球が運動する向きに働く力の大きさと小球の速さについて述べたものとして適切なのは，次のうちではどれか。

ア　力の大きさがほぼ一定であり，速さもほぼ一定である。

イ　力の大きさがほぼ一定であり，速さはほぼ一定の割合で増加する。

ウ　力の大きさがほぼ一定の割合で増加し，速さはほぼ一定である。

エ　力の大きさがほぼ一定の割合で増加し，速さもほぼ一定の割合で増加する。

〔問3〕　次のページの図3の矢印は，小球がレールB上の⑨から⑪までの斜面上にあるときの小球に働く重力を表したものである。小球が斜面上にあるとき，小球に働く重力の斜面に平行な分力と，斜面に垂直な分力を解答用紙の方眼を入れた図にそれぞれ矢印でかけ。

図3

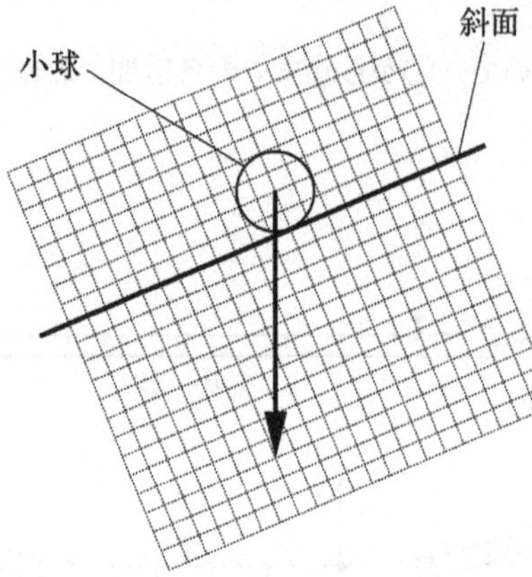

〔問4〕　＜実験＞の(2)，(3)において，点bと点eを小球がそれぞれ通過するときの小球がもつ運動エネルギーの大きさの関係について述べたものと，点cと点fを小球がそれぞれ通過するときの小球がもつ運動エネルギーの大きさの関係について述べたものとを組み合わせたものとして適切なのは，次の表のア～エのうちではどれか。

	点bと点eを小球がそれぞれ通過するときの小球がもつ運動エネルギーの大きさの関係	点cと点fを小球がそれぞれ通過するときの小球がもつ運動エネルギーの大きさの関係
ア	点bの方が大きい。	点fの方が大きい。
イ	点bの方が大きい。	ほぼ等しい。
ウ	ほぼ等しい。	点fの方が大きい。
エ	ほぼ等しい。	ほぼ等しい。

＜社会＞

時間　50分　満点　100点

1　次の各問に答えよ。

〔問１〕　次の資料は，ある地域の様子を地域調査の発表用としてまとめたものの一部である。次のページのア～エの地形図は，「国土地理院発行２万５千分の１地形図」の一部を拡大して作成した地形図上に●で示したＡ点から，Ｂ点を経て，Ｃ点まで移動した経路を太線（━━）で示したものである。資料で示された地域に当てはまるのは，次のページのア～エのうちではどれか。

漁師町の痕跡を巡る

調査日　令和３年10月２日（土）　天候　晴れ

複数の文献等に共通した地域の特徴

○**Ａ**点付近の様子

ベカ舟がつながれていた川，漁業を営む家，町役場

○**Ｂ**点付近の様子

にぎやかな商店街，細い路地

〔ベカ舟〕

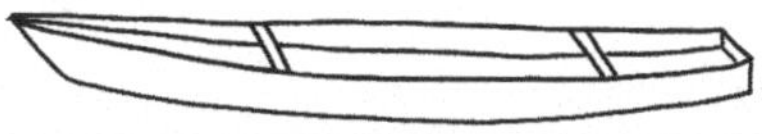

長さ約4.8m，幅約1.0m，高さ約0.6m

漁師町の痕跡を巡った様子

Ａ点で川に架かる橋から東を見ると，漁業に使うベカ舟がつながれていた川が曲がっている様子が見えた。その橋を渡ると，水準点がある場所に旧町役場の跡の碑があった。南へ約50m歩いて南東に曲がった道路の**Ｂ**点では，明治時代初期の商家の建物や細い路地がいくつか見られた。川に並行した道路を約450m歩き，北東に曲がって川に架かる橋を渡り，少し歩いて北西に曲がって川に並行した道路を約250m直進し，曲がりくねった道を進み，東へ曲がると，学校の前の**Ｃ**点に着いた。

Ａ点（漁業に使うベカ舟がつながれていた川）

Ｂ点（明治時代初期の商家の建物が見られる道路）

ア

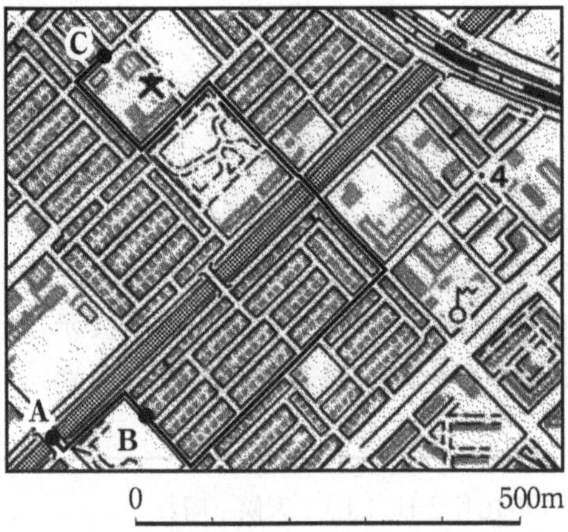

（2019年の「国土地理院発行2万5千分の1地形図（千葉西部）」の一部を拡大して作成）

イ

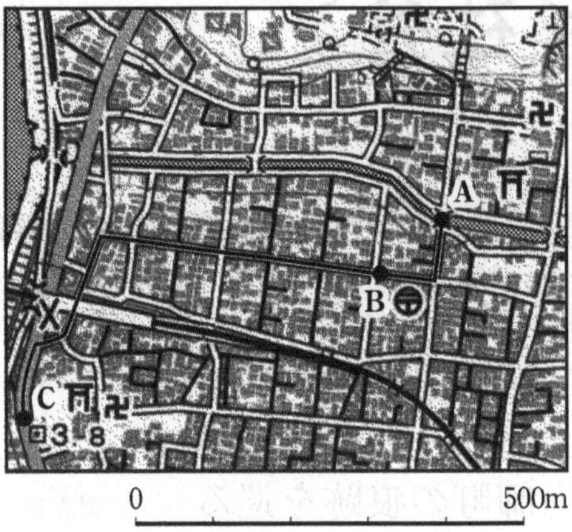

（2019年の「国土地理院発行2万5千分の1地形図（船橋《ふなばし》）」の一部を拡大して作成）

ウ

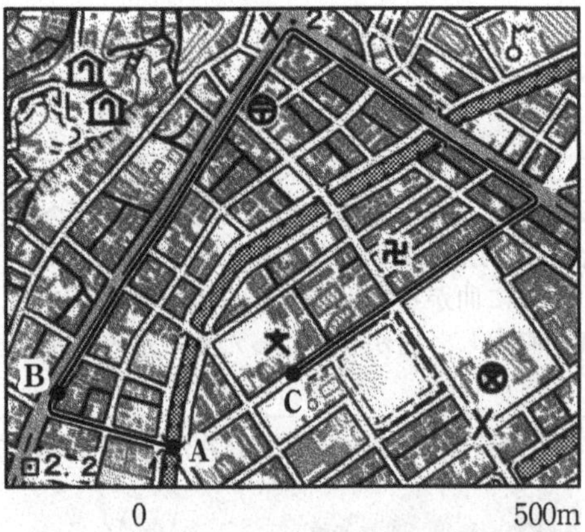

（2020年の「国土地理院発行2万5千分の1地形図（横浜西部）」の一部を拡大して作成）

エ

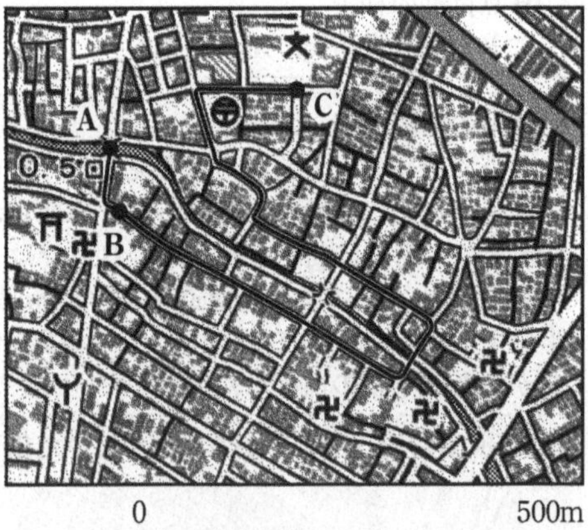

（2015年の「国土地理院発行2万5千分の1地形図（浦安《うらやす》）」の一部を拡大して作成）

〔問２〕　次のページのⅠの略地図中の**ア**～**エ**は，世界遺産に登録されている我が国の主な歴史的文化財の所在地を示したものである。Ⅱの文章で述べている歴史的文化財の所在地に当てはまるのは，略地図中の**ア**～**エ**のうちのどれか。

Ⅰ

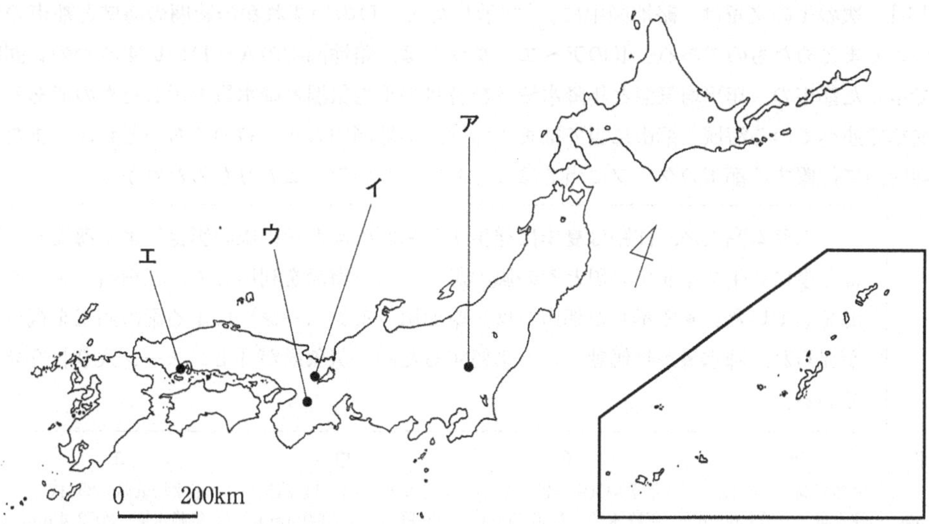

Ⅱ

> 鑑真《がんじん》によって伝えられた戒律を重んじる律宗《りっしゅう》の中心となる寺院は，中央に朱雀大路《すざくおおじ》が通り，碁盤《ごばん》の目状に整備された都に建立《こんりゅう》された。金堂《こんどう》や講堂などが立ち並び，鑑真和上《がんじんわじょう》坐像《ざぞう》が御影堂《みえいどう》に納められており，1998年に世界遺産に登録された。

〔問３〕　次の文章で述べている司法機関に当てはまるのは，下の**ア**～**エ**のうちのどれか。

> 都府県に各１か所，北海道に４か所の合計50か所に設置され，開かれる裁判は，原則，第一審となり，民事裁判，行政裁判，刑事裁判を扱う。重大な犯罪に関わる刑事事件の第一審では，国民から選ばれた裁判員による裁判が行われる。

ア　地方裁判所　　**イ**　家庭裁判所　　**ウ**　高等裁判所　　**エ**　簡易裁判所

2　次の略地図を見て，あとの各問に答えよ。

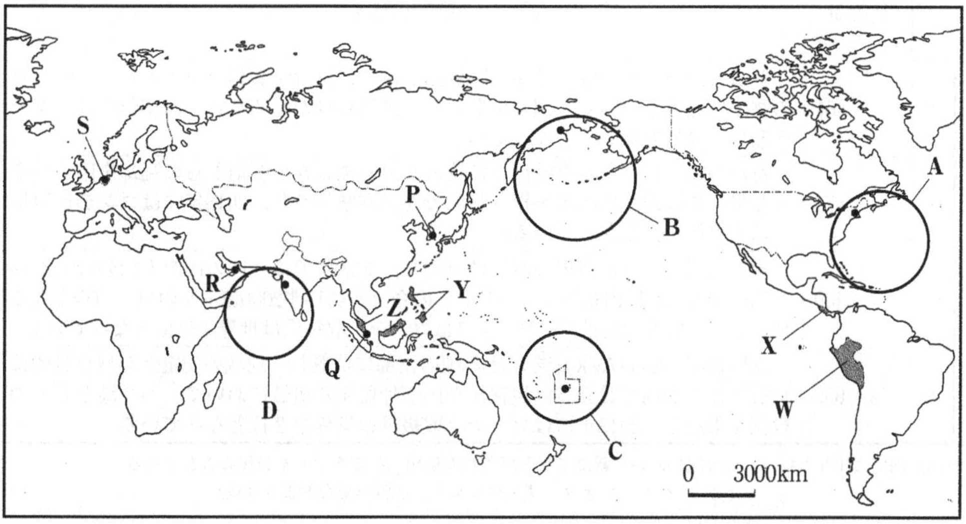

〔問１〕　次のⅠの文章は，略地図中に◯で示したＡ～Ｄの**いずれか**の範囲の海域と都市の様子についてまとめたものである。Ⅱの**ア**～**エ**のグラフは，略地図中のＡ～Ｄの**いずれか**の範囲内に●で示した都市の，年平均気温と年降水量及び各月の平均気温と降水量を示したものである。Ⅰの文章で述べている海域と都市に当てはまるのは，略地図中のＡ～Ｄのうちのどれか，また，その範囲内に位置する都市のグラフに当てはまるのは，Ⅱの**ア**～**エ**のうちのどれか。

Ⅰ

　イスラム商人が，往路は夏季に発生する南西の風とその風の影響による海流を，復路は冬季に発生する北東の風とその風の影響による海流を利用して，三角帆のダウ船で航海をしていた。●で示した都市では，季節風（モンスーン）による雨の到来を祝う文化が見られ，降水量が物価動向にも影響するため，気象局が「モンスーン入り」を発表している。

Ⅱ

	ア	イ	ウ	エ
年平均気温	−6.1℃	27.9℃	11.2℃	25.4℃
年降水量	372.6mm	2250.7mm	1099.1mm	2052.4mm

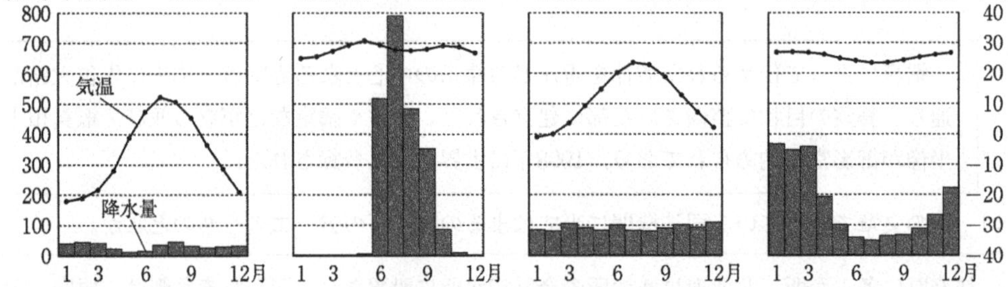

（気象庁のホームページより作成）

〔問２〕　次の表の**ア**～**エ**は，コンテナ埠頭《ふとう》が整備された港湾が位置する都市のうち，略地図中にＰ～Ｓで示した，釜山《プサン》，シンガポール，ドバイ，ロッテルダムの**いずれか**の都市に位置する港湾の，2018年における総取扱貨物量と様子についてまとめたものである。略地図中のＰ～Ｓのそれぞれの都市に位置する港湾に当てはまるのは，次の表の**ア**～**エ**のうちではどれか。

	総取扱貨物量（百万ｔ）	港湾の様子
ア	461	経済大国を最短距離で結ぶ大圏航路上付近に位置する利点を生かし，国際貨物の物流拠点となるべく，国家事業として港湾整備が進められ，2018年にはコンテナ取扱量は世界第６位となっている。
イ	174	石油の輸送路となる海峡付近に位置し，石油依存の経済からの脱却を図る一環として，この地域の物流を担《にな》う目的で港湾が整備され，2018年にはコンテナ取扱量は世界第10位となっている。
ウ	469	複数の国を流れる河川の河口に位置し，2020年では域内の国の人口の合計が約４億5000万人，国内総生産（ＧＤＰ）の合計が約15兆2000億ドルの単一市場となる地域の中心的な貿易港で，2018年にはコンテナ取扱量は世界第11位となっている。
エ	630	人口密度約8000人/km²を超える国の南部に位置し，地域の安定と発展を目的に1967年に５か国で設立され現在10か国が加盟する組織において，ハブ港としての役割を果たし，2018年にはコンテナ取扱量は世界第２位となっている。

（注）国内総生産とは，一つの国において新たに生み出された価値の総額を示した数値のことである。

（「データブック オブ・ザ・ワールド」2021年版などより作成）

〔問3〕 次のⅠとⅡの表の**ア**～**エ**は，略地図中に　　で示した**W**～**Z**の**いずれか**の国に当てはまる。Ⅰの表は，1999年と2019年における日本の輸入総額，日本の主な輸入品目と輸入額を示したものである。Ⅱの表は，1999年と2019年における輸出総額，輸出額が多い上位3位までの貿易相手国を示したものである。Ⅲの文章は，略地図中の**W**～**Z**の**いずれか**の国について述べたものである。Ⅲの文章で述べている国に当てはまるのは，略地図中の**W**～**Z**のうちのどれか，また，ⅠとⅡの表の**ア**～**エ**のうちのどれか。

Ⅰ

		日本の輸入総額（億円）	日本の主な輸入品目と輸入額（億円）					
ア	1999年	12414	電気機器	3708	一般機械	2242	液化天然ガス	1749
	2019年	19263	電気機器	5537	液化天然ガス	4920	一般機械	755
イ	1999年	331	金属鉱及びくず	112	非鉄金属	88	飼料	54
	2019年	2683	金属鉱及びくず	1590	液化天然ガス	365	揮発油	205
ウ	1999年	93	一般機械	51	コーヒー	14	植物性原材料	6
	2019年	459	精密機器類	300	電気機器	109	果実	15
エ	1999年	6034	一般機械	1837	電気機器	1779	果実	533
	2019年	11561	電気機器	4228	金属鉱及びくず	1217	一般機械	1105

（「データブック オブ・ザ・ワールド」2021年版などより作成）

Ⅱ

		輸出総額（億ドル）	輸出額が多い上位3位までの貿易相手国		
			1位	2位	3位
ア	1999年	845	アメリカ合衆国	シンガポール	日本
	2019年	2381	中華人民共和国	シンガポール	アメリカ合衆国
イ	1999年	59	アメリカ合衆国	スイス	イギリス
	2019年	461	中華人民共和国	アメリカ合衆国	カナダ
ウ	1999年	63	アメリカ合衆国	オランダ	イギリス
	2019年	115	アメリカ合衆国	オランダ	ベルギー
エ	1999年	350	アメリカ合衆国	日本	オランダ
	2019年	709	アメリカ合衆国	日本	中華人民共和国

（国際連合貿易統計データベースより作成）

Ⅲ

1946年に独立したこの国では，軽工業に加え電気機器関連の工業に力を注ぎ，外国企業によるバナナ栽培などの一次産品中心の経済から脱却を図ってきた。1989年にはアジア太平洋経済協力会議（APEC《エイペック》）に参加し，1999年と比較して2019年では，日本の輸入総額は2倍に届かないものの増加し，貿易相手国としての中華人民共和国の重要性が増している。1960年代から日本企業の進出が見られ，近年では，人口が1億人を超え，英語を公用語としていることからコールセンターなどのサービス産業も発展している。

3　次の略地図を見て，あとの各問に答えよ。

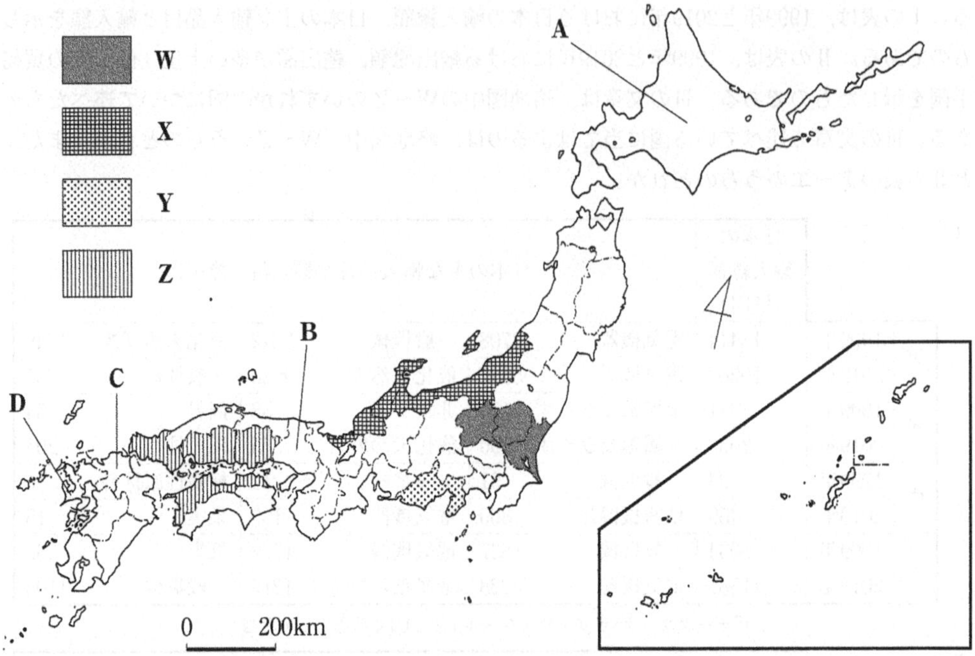

〔問１〕　次の表のア～エは，略地図中にＡ～Ｄで示したいずれかの道県の，2019年における鉄鋼業と造船業の製造品出荷額等，海岸線と臨海部の工業の様子についてまとめたものである。Ａ～Ｄのそれぞれの道県に当てはまるのは，次の表のア～エのうちではどれか。

	製造品出荷額等（億円）		海岸線と臨海部の工業の様子
	鉄鋼	造船	
ア	9769	193	○678kmの海岸線には，干潟や陸と島をつなぐ砂州が見られ，北東部にある東西20km，南北２kmの湾に，工業用地として埋め立て地が造成された。 ○国内炭と中国産の鉄鉱石を原料に鉄鋼を生産していた製鉄所では，現在は輸入原料を使用し，自動車用の鋼板を生産している。
イ	19603	2503	○855kmの海岸線には，北部に国立公園に指定されたリアス海岸が見られ，南部に工業用地や商業用地として埋め立て地が造成された。 ○南部の海岸には，高度経済成長期に輸入原料を使用する製鉄所が立地し，国際貿易港に隣接する岬には，造船所が立地している。
ウ	3954	310	○4445kmの海岸線には，砂嘴《さし》や砂州，陸繋島《りくけいとう》，プレート運動の力が複雑に加わり形成された半島などが見られる。 ○国内炭と周辺で産出される砂鉄を原料に鉄鋼を生産していた製鉄所では，現在は輸入原料を使用し，自動車の部品に使われる特殊鋼を生産している。
エ	336	2323	○4170kmの海岸線には，多くの島や半島，岬によって複雑に入り組んだリアス海岸が見られる。 ○人口が集中している都市の臨海部に，カーフェリーなどを建造する造船所が立地し，周辺にはボイラーの製造などの関連産業が集積している。

（「日本国勢図会」2020/21年版などより作成）

〔問2〕 次のIのア～エのグラフは，略地図中にW～Zで示した**いずれか**の地域の1971年と2019年における製造品出荷額等と産業別の製造品出荷額等の割合を示したものである。Ⅱの文章は，Iのア～エの**いずれか**の地域について述べたものである。Ⅱの文章で述べている地域に当てはまるのは，Iのア～エのうちのどれか，また，略地図中のW～Zのうちのどれか。

I

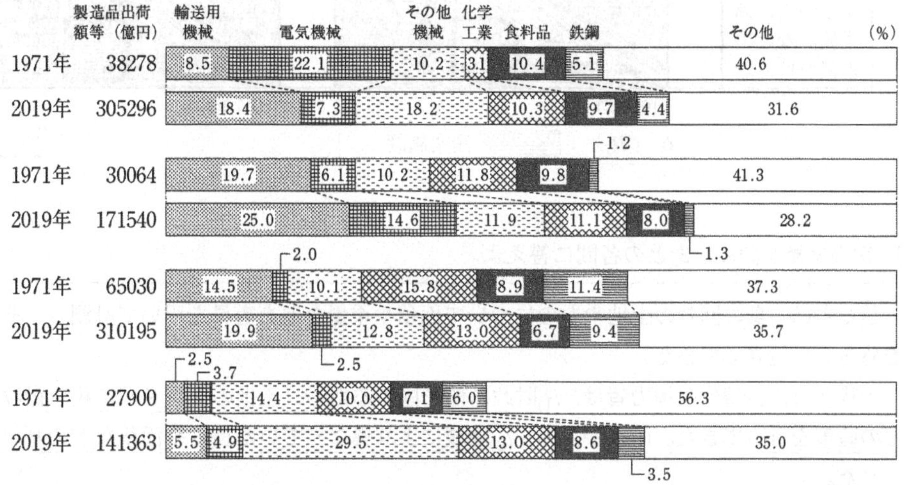

（注）四捨五入をしているため，産業別の製造品出荷額等の割合を合計したものは，100％にならない場合がある。
（2019年工業統計表などより作成）

Ⅱ

> 絹織物や航空機産業を基礎として，電気機械等の製造業が発展した。高速道路網の整備に伴い，1980年に西部が，1987年に中部が東京とつながり，2011年には1998年開港の港湾と結ばれた。西部の高速道路沿いには，未来技術遺産に登録された製品を生み出す高度な技術をもつ企業の工場が立地している。2019年には電気機械の出荷額等は約2兆円となる一方で，自動車関連の輸送用機械の出荷額等が増加し，5兆円を超えるようになった。

〔問3〕 次のI(1)と次のページのⅡ(1)の文は，1984年に示された福島市と1997年に示された岡山市の太線（━━）で囲まれた範囲を含む地域に関する地区計画の一部を分かりやすく書き改めたものである。I(2)は1984年・1985年のI(3)は2018年の「2万5千分の1地形図（福島北部・福島南部）」の一部を拡大して作成したものである。Ⅱ(2)は1988年の，Ⅱ(3)は2017年の「2万5千分の1地形図（岡山南部）」の一部を拡大して作成したものである。IとⅡの資料から読み取れる，太線で囲まれた範囲に共通した土地利用の変化について，簡単に述べよ。また，IとⅡの資料から読み取れる，その変化を可能にした要因について，それぞれの県内において乗降客数が多い駅の一つである福島駅と岡山駅に着目して，簡単に述べよ。

I

(1)	(2)	(3)
市の新しい玄関として，今までの住工混在型から商業業務型の土地利用に変更する。		
	(1984年・1985年)	(2018年)

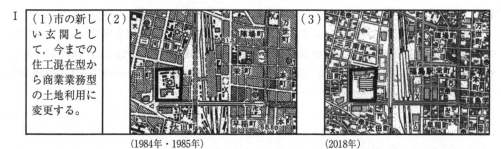

Ⅱ

(1)ターミナル隣接地という中枢的位置にあり，その地区特性を生かしつつ，商業施設などの集積を図る。

(2)

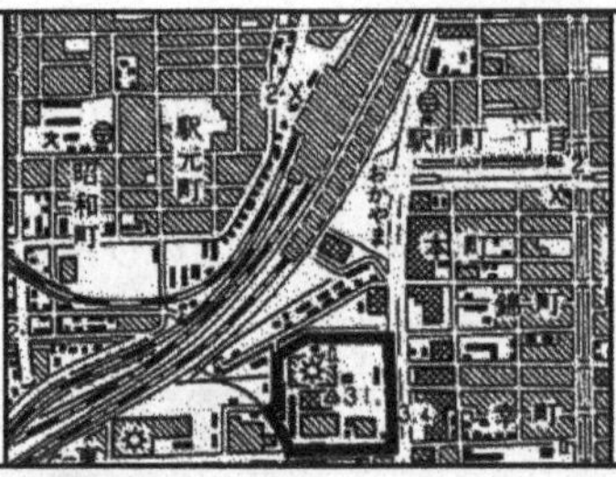

(1988年)

(3)

(2017年)

☼ 工場　　▤ 商業施設

0　200m

4 次の文章を読み，あとの各問に答えよ。

私たちは，身の回りの土地やものについて面積や重量などを道具を用いて計測し，その結果を暮らしに役立ててきた。

古代から，各時代の権力者は，(1)財政基盤を固めるため，土地の面積を基に税を徴収するなどの政策を行ってきた。時代が進み，(2)地域により異なっていた長さや面積などの基準が統一された。

(3)江戸時代に入ると，天文学や数学なども発展を遂げ，明治時代以降，我が国の科学技術の研究水準も向上し，独自の計測技術も開発されるようになった。

第二次世界大戦後になると，従来は計測することができなかった距離や大きさなどが，新たに開発された機器を通して計測することができるようになり，(4)環境問題などの解決のために生かされてきた。

〔問1〕 (1)財政基盤を固めるため，土地の面積を基に税を徴収するなどの政策を行ってきた。とあるが，次のア～エは，権力者が財政基盤を固めるために行った政策の様子について述べたものである。時期の古いものから順に記号を並べよ。

ア 朝廷は，人口増加に伴う土地不足に対応するため，墾田永年私財法《こんでんえいねんしざいほう》を制定し，新しく開墾した土地であれば，永久に私有地とすることを認めた。

イ 朝廷は，財政基盤を強化するため，摂関政治を主導した有力貴族や寺社に集中していた荘園《しょうえん》を整理するとともに，大きさの異なる枡《ます》の統一を図った。

ウ 朝廷は，元号を建武《けんむ》に改め，天皇中心の政治を推進するため，全国の田畑について調査させ，年貢《ねんぐ》などの一部を徴収し貢納させた。

エ 二度にわたる元軍の襲来を退けた幕府は，租税を全国に課すため，諸国の守護に対して，田地面積や領有関係などを記した文書の提出を命じた。

〔問2〕 (2)地域により異なっていた長さや面積などの基準が統一された。とあるが，次のページのⅠの略年表は，室町時代から江戸時代にかけての，政治に関する主な出来事についてまとめたものである。Ⅱの文章は，ある人物が示した検地における実施命令書の一部と計測基準の一部を分かりやすく書き改めたものである。Ⅱの文章が出された時期に当てはまるのは，Ⅰの略年表中のア～エの時期のうちではどれか。

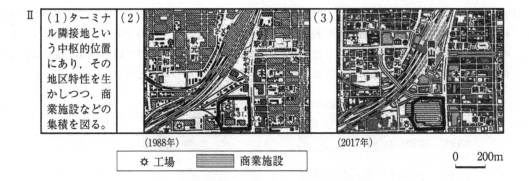

Ⅰ

西暦	政治に関する主な出来事	
1560	●駿河《するが》国（静岡県）・遠江《とおとうみ》国（静岡県）などを支配していた人物が，桶狭間《おけはざま》において倒された。	
		ア
1582	●全国統一を目指していた人物が，京都の本能寺《ほんのうじ》において倒された。	
		イ
1600	●関ヶ原《せきがはら》の戦いに勝利した人物が，全国支配の実権をにぎった。	
		ウ
1615	●全国の大名が守るべき事柄をまとめた武家《ぶけ》諸法度《しょはっと》が定められた。	
		エ
1635	●全国の大名が，国元《くにもと》と江戸とを１年交代で往復する制度が定められた。	

Ⅱ

【実施命令書の一部】

○日本全国に厳しく申し付けられている上は，おろそかに実施してはならない。

【計測基準の一部】

○田畑・屋敷地は長さ６尺《しゃく》３寸《すん》を１間《けん》とする竿《さお》を用い，５間かける60間の300歩《ぶ》を，１反《たん》として面積を調査すること。

○上田《じょうでん》の石盛《こくもり》は１石《こく》５斗《と》，中田《ちゅうでん》は１石３斗，下田《げでん》は１石１斗，下々田《げげでん》は状況で決定すること。

○升《ます》は京升《きょうます》に定める。必要な京升を準備し渡すようにすること。

〔問３〕 (3)江戸時代に入ると，天文学や数学なども発展を遂げ，明治時代以降，我が国の科学技術の研究水準も向上し，独自の計測技術も開発されるようになった。とあるが，次のア～エは，江戸時代から昭和時代にかけての我が国独自の計測技術について述べたものである。時期の古いものから順に記号を並べよ。

ア　後にレーダー技術に応用される超短波式アンテナが開発された頃，我が国最初の常設映画館が開館した浅草《あさくさ》と，上野《うえの》との間で地下鉄の運行が開始された。

イ　正確な暦を作るために浅草に天文台が設置された後，寛政の改革の一環として，幕府直轄の昌平坂学問所《しょうへいざかがくもんじょ》や薬の調合などを行う医官養成機関の医学館が設立された。

ウ　西洋時計と和時計の技術を生かして，時刻や曜日などを指し示す機能を有する万年自鳴鐘《まんねんじめいしょう》が開発された頃，黒船来航に備えて台場《だいば》に砲台を築造するため，水深の計測が実施された。

エ　中部地方で発生した地震の研究に基づいて大森《おおもり》式地震計が開発された頃，日英同盟の締結を契機に，イギリスの無線技術を基にした無線電信機が開発された。

〔問４〕 (4)環境問題などの解決のために生かされてきた。とあるが，次のページのⅠのグラフは，1965年から2013年までの，東京のある地点から富士山が見えた日数と，大気汚染の一因となる二《に》酸化硫黄《さんかいおう》の東京における濃度の変化を示したものである。Ⅱの文章は，Ⅰのグラフの**ア**～**エ**のいずれかの時期における国際情勢と，我が国や東京の環境対策などについてまとめたものである。Ⅱの文章で述べている時期に当てはまるのは，Ⅰのグラフの**ア**～**エ**の時期のうちではどれか。

Ⅰ

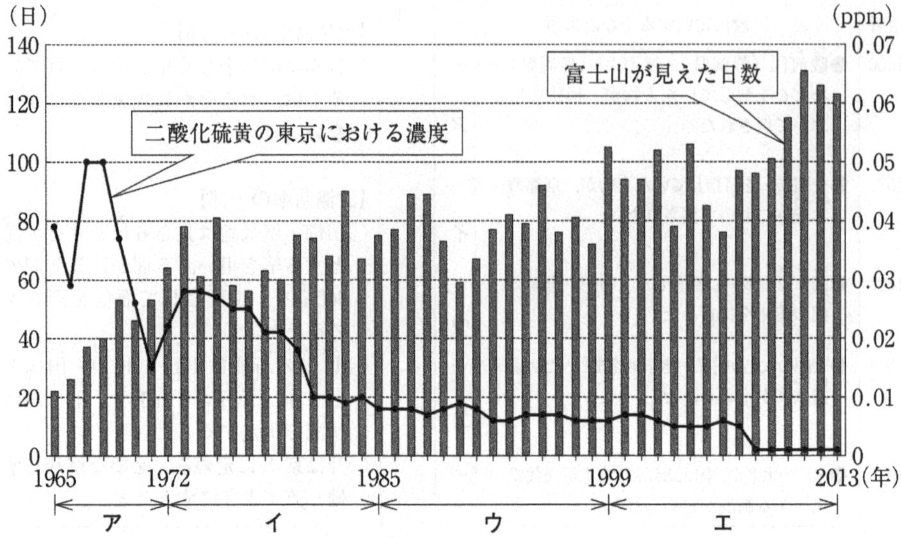

（東京都環境局資料などより作成）

Ⅱ

東ヨーロッパ諸国で民主化運動が高まり，東西ドイツが統一されるなど国際協調の動きが強まる中で，国際連合を中心に地球温暖化防止策が協議され，温室効果ガスの排出量の削減について数値目標を設定した京都議定書が採択された。長野県では，施設建設において極力既存の施設を活用し，自然環境の改変が必要な場合は大会後復元を図った，オリンピック・パラリンピック冬季競技大会が開催され，東京都においては，「地球環境保全東京アクションプラン」を策定し，大気汚染の状況は改善された。この時期には，Ⅰのグラフの観測地点から平均して週１回は富士山を見ることができた。

5　次の文章を読み，あとの各問に答えよ。

明治時代に作られた情報という言葉は，ある事柄の内容について文字などで伝達する知らせを表す意味として現在は用いられている。天気予報や経済成長率などの情報は，私たちの日々の暮らしに役立っている。

日本国憲法の中では，(1)自分の意見を形成し他者に伝える権利が，一定の決まり（ルール）の下で保障されている。

現代の社会は　(2)情報が大きな役割を担《にな》うようになり，情報化社会とも呼ばれるようになった。その後，インターネットの普及は，私たちと情報との関わり方を変えることとなった。

(3)情報が新たな価値を生み出す社会では，企業の中で，情報化を推進し，課題の解決策を示したり，ソフトウェアを開発したりする，デジタル技術を活用できる人材を確保していくことの重要性が増している。また，(4)情報の活用を進め，社会の様々な課題を解決していくためには，新たな決まり（ルール）を定める必要がある。

〔問１〕　(1)自分の意見を形成し他者に伝える権利が，一定の決まり（ルール）の下で保障されている。とあるが，精神（活動）の自由のうち，個人の心の中にある，意思，感情などを外部に明らかにすることを保障する日本国憲法の条文は，次のア～エのうちではどれか。

ア　何人《なんぴと》も，いかなる奴隷的拘束も受けない。又，犯罪に因《よ》る処罰の場合を除いては，その意に反する苦役に服させられない。

イ　思想及び良心の自由は，これを侵してはならない。

ウ　何人も，公共の福祉に反しない限り，居住，移転及び職業選択の自由を有する。

エ　集会，結社及び言論，出版その他一切の表現の自由は，これを保障する。

〔問２〕　(2)情報が大きな役割を担《にな》うようになり，情報化社会とも呼ばれるようになった。とあるが，次のⅠの略年表は，1938年から1998年までの，我が国の情報に関する主な出来事をまとめたものである。Ⅱの文章は，Ⅰの略年表中のア～エの**いずれか**の時期における社会の様子について，①は通信白書の，②は国民生活白書の一部をそれぞれ分かりやすく書き改めたものである。Ⅱの文章で述べている時期に当てはまるのは，Ⅰの略年表中のア～エの時期のうちではどれか。

Ⅰ

西暦	我が国の情報に関する主な出来事	
1938	●標準放送局型ラジオ受信機が発表された。	
1945	●人が意見を述べる参加型ラジオ番組の放送が開始された。	ア
1953	●白黒テレビ放送が開始された。	
1960	●カラーテレビ放送が開始された。	
1964	●東京オリンピック女子バレーボール決勝の平均視聴率が関東地区で66.8％を記録した。	イ
1972	●札幌オリンピック閉会式の平均視聴率が札幌で59.5％を記録した。	
1974	●テレビの深夜放送が一時的に休止された。	ウ
1985	●テレビで文字多重放送が開始された。	
1989	●衛星テレビ放送が開始された。	エ
1998	●ニュースなどを英語で発信するワールドテレビ放送が開始された。	

Ⅱ

①私たちの社会は，情報に対する依存を強めており，情報の流通は食料品や工業製品などの流通，つまり物流と同等あるいはそれ以上の重要性をもつようになった。

②社会的な出来事を同時に知ることができるようになり，テレビやラジオを通じて人々の消費生活も均質化している。また，節約の経験により，本当に必要でなければ買わないで今持っているものの使用期間を長くする傾向が，中東で起きた戦争の影響を受けた石油危機から３年後の現在も見られる。

〔問３〕　(3)情報が新たな価値を生み出す社会では，企業の中で，情報化を推進し，課題の解決策を示したり，ソフトウェアを開発したりする，デジタル技術を活用できる人材を確保していくことの重要性が増している。とあるが，次のページのⅠの文章は，2019年の情報通信白書の一部を分かりやすく書き改めたものである。次のページのⅡのグラフは，2015年の我が国とアメリカ合衆国における情報処理・通信に携わる人材の業種別割合を示したものである。Ⅱのグラフから読み取れる，Ⅰの文章が示された背景となる我が国の現状について，我が国より取り組みが進んでいるアメリカ合衆国と比較して，情報通信技術を提供する業種と利用する業種の構成比の違いに着目し，簡単に述べよ。

Ⅰ

○今後，情報通信技術により，企業は新しい製品やサービスを市場に提供することが可能となる。
○新たな製品やサービスを次々と迅速に開発・提供していくために，情報通信技術を利用する業種に十分な情報通信技術をもった人材が必要である。

Ⅱ

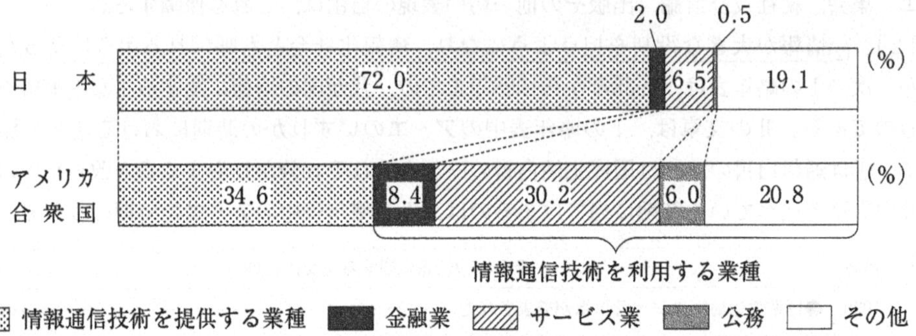

(注) 四捨五入をしているため，情報処理・通信に携わる人材の業種別割合を合計したものは，100%にならない場合がある。

(独立行政法人情報処理推進機構資料より作成)

〔問４〕 (4)<u>情報の活用を進め，社会の様々な課題を解決していくためには，新たな決まり（ルール）を定める必要がある。</u>とあるが，次のⅠのＡ～Ｅは，令和３年の第204回通常国会で，情報通信技術を用いて多様で大量の情報を適正かつ効果的に活用することであらゆる分野における創造的かつ活力ある発展が可能となる社会の形成について定めた「デジタル社会形成基本法」が成立し，その後，公布されるまでの経過について示したものである。Ⅱの文で述べていることが行われたのは，下のア～エのうちではどれか。

Ⅰ

Ａ　第204回通常国会が開会される。（１月18日）
Ｂ　法律案が内閣で閣議決定され，国会に提出される。（２月９日）
Ｃ　衆議院の本会議で法律案が可決される。（４月６日）
Ｄ　参議院の本会議で法律案が可決される。（５月12日）
Ｅ　内閣の助言と承認により，天皇が法律を公布する。（５月19日）

(衆議院，参議院のホームページより作成)

Ⅱ

衆議院の内閣委員会で法律案の説明と質疑があり，障害の有無などの心身の状態による情報の活用に関する機会の格差の是正を着実に図ることや，国や地方公共団体が公正な給付と負担の確保のための環境整備を中心とした施策を行うことを，原案に追加した修正案が可決される。

ア　ＡとＢの間　　イ　ＢとＣの間　　ウ　ＣとＤの間　　エ　ＤとＥの間

6　次の文章を読み，下の略地図を見て，あとの各問に答えよ。

都市には，小さな家屋から超高層建築まで多様な建物が見られ，(1)人々が快適な生活を送るために様々な社会資本が整備されてきた。また，(2)政治の中心としての役割を果たす首都には，新たに建設された都市や，既存の都市に政府機関を設置する例が見られる。

都市への人口集中は，経済を成長させ新たな文化を創造する一方で，(3)交通渋滞などの都市問題を深刻化させ，我が国は多くの国々の都市問題の解決に協力している。

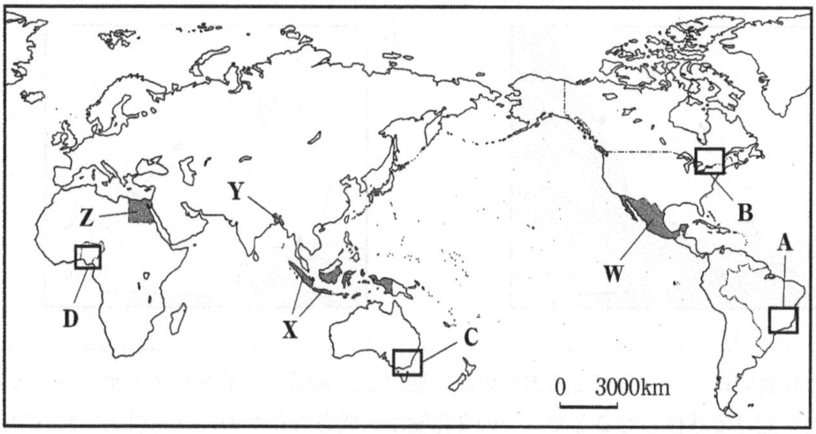

〔問1〕　(1)人々が快適な生活を送るために様々な社会資本が整備されてきた。とあるが，次の**ア**～**エ**の文は，それぞれの時代の都市の様子について述べたものである。時期の古いものから順に記号を並べよ。

ア　ドイツ帝国の首都ベルリンでは，ビスマルクの宰相《さいしょう》任期中に，工業の発展により人口の流入が起き，上下水道が整備され，世界で初めて路面電車の定期運行が開始された。

イ　イギリスの首都ロンドンでは，冷戦（冷たい戦争）と呼ばれる東西の対立が起き緊張が高まる中で，ジェット旅客機が就航し，翌年，空港に新滑走路が建設された。

ウ　アメリカ合衆国の都市ニューヨークでは，300mを超える超高層ビルが建設され，フランクリン・ルーズベルト大統領によるニューディール政策の一環で公園建設なども行われた。

エ　オーストリアの首都ウィーンでは，フランス同様に国王が強い政治権力をもつ専制政治（絶対王政）が行われ，マリア・テレジアが住んでいた郊外の宮殿の一角に動物園がつくられた。

〔問2〕　(2)政治の中心としての役割を果たす首都には，新たに建設された都市や，既存の都市に政府機関を設置する例が見られる。とあるが，次のページのⅠの**A**～**D**は，略地図中の**A**～**D**の□で示した部分を拡大し，主な都市の位置を**ア**～**ウ**で示したものである。次のページのⅡの文章は，略地図中の**A**～**D**の中に首都が位置する**いずれか**の国とその国の首都の様子について述べたものである。Ⅱの文章で述べているのは，Ⅰの**A**～**D**のうちのどれか，また，首都に当てはまるのは，選択したⅠの**A**～**D**の**ア**～**ウ**のうちのどれか。

I
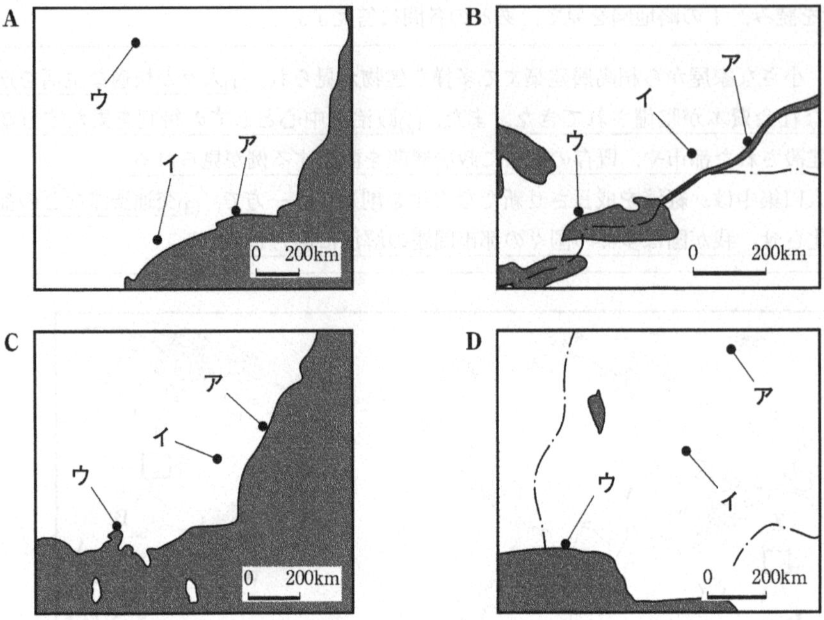

II

> 16世紀にフランスがこの国の東部に進出し，隣国からイギリス人がフランス人の定住地を避けて移住したことで二つの文化圏が形成されたため，立憲君主である国王により文化圏の境界に位置する都市が首都と定められた。首都から約350km離れイギリス系住民が多い都市は，自動車産業などで隣国との結び付きが見られ，首都から約160km離れフランス系住民が多い都市は，フランス語のみで示されている道路標識などが見られる。

［問 3］ (3)交通渋滞などの都市問題を深刻化させ．我が国は多くの国々の都市問題の解決に協力している。とあるが，次のIのW～Zのグラフは，略地図中に■で示したW～Zのそれぞれの国の，1950年から2015年までの第1位の都市圏と第2位の都市圏の人口の推移を示したものである。IIの文章で述べている国に当てはまるのは，略地図中のW～Zのうちのどれか。

I
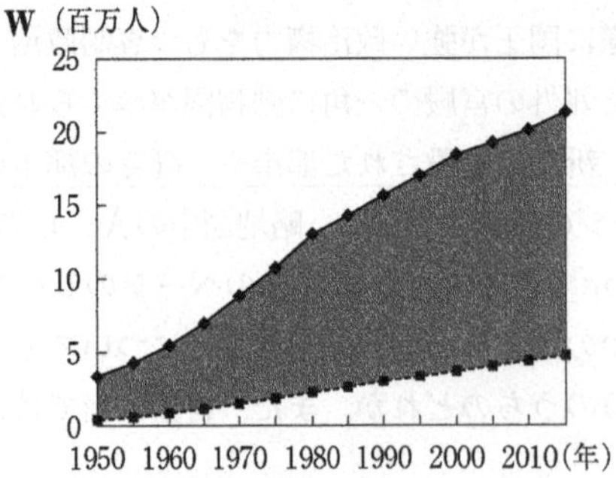

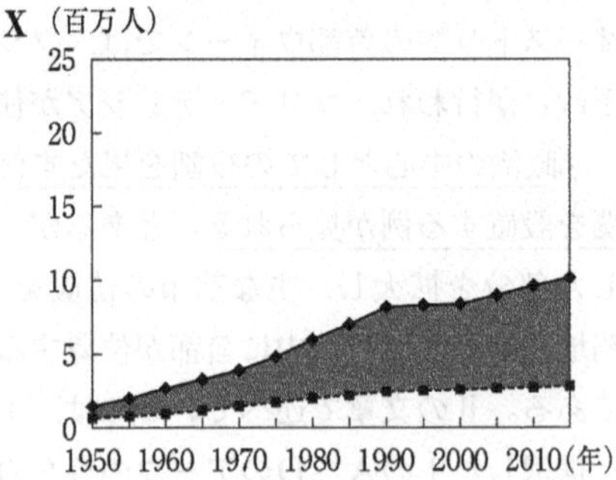

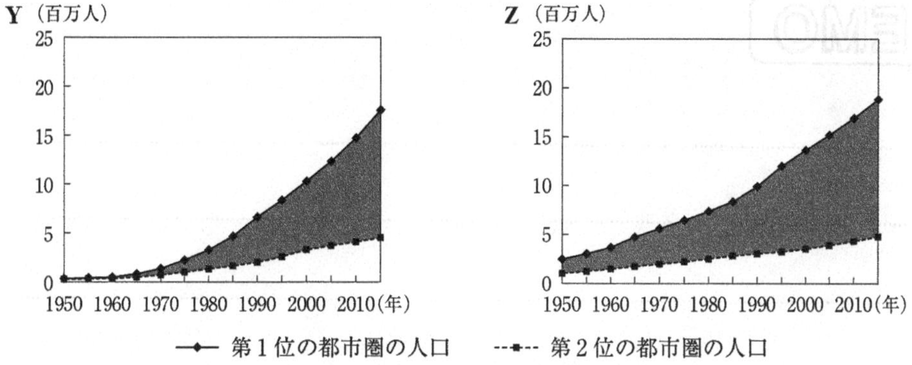

（国際連合資料より作成）

Ⅱ

○1949年にオランダから独立し，イスラム教徒が８割を超えるこの国では，第１位の都市圏と第２位の都市圏の人口差は，1950年に100万人を下回っていたが，1990年には人口差は約７倍と急激に拡大しており，その後緩やかな拡大傾向が続いた。

○深刻化した交通渋滞や大気汚染などの都市問題を解決するため，日本の技術や運営の支援を受け，都市の中心部と住宅地をつなぐ国内初の地下鉄が2019年に開通した。

MEMO

大切なことはメモしておこうネ！

2022年度

解　答　と　解　説

《2022年度の配点は解答用紙集に掲載してあります。》

＜理科解答＞

1 〔問1〕 イ　〔問2〕 ア　〔問3〕 エ　〔問4〕 ウ　〔問5〕 エ

2 〔問1〕 ア　〔問2〕 イ　〔問3〕 エ　〔問4〕 ウ

3 〔問1〕 ウ　〔問2〕 イ　〔問3〕 エ　〔問4〕 ア

4 〔問1〕 ウ　〔問2〕 エ　〔問3〕 ア　〔問4〕 ウ

5 〔問1〕 イ　〔問2〕 ア

〔問3〕 ＜化学反応式＞ HCl(酸)＋NaOH(アルカリ)→NaCl(塩)＋H_2O

〔問4〕 ウ

6 〔問1〕 ア　〔問2〕 イ　〔問3〕 右図

〔問4〕 イ

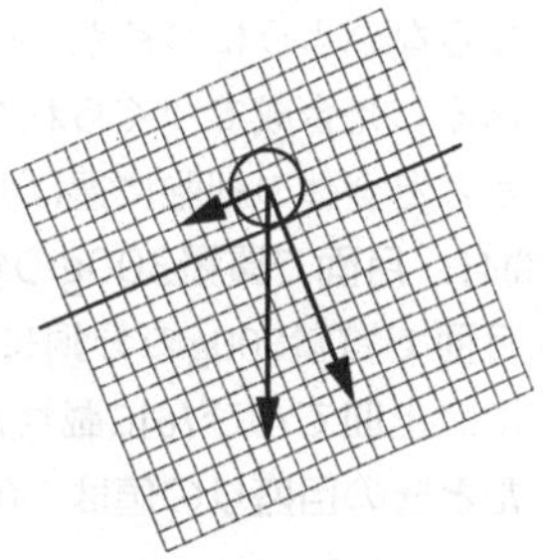

＜理科解説＞

1 **(小問集合―化学変化：燃焼，気体の発生とその性質，動物の体のつくりとはたらき：血液の循環，光と音：光の屈折，天気の変化：温暖前線，電流：電圧と電流と抵抗)**

〔問1〕 木には炭素原子や水素原子などがふくまれているので，木をじゅうぶんに燃焼させると，炭素や水素が酸化されて，**二酸化炭素や水(水蒸気)**などができる。二酸化炭素や水蒸気は空気中に出ていき，残るのは少量の灰なので質量が小さくなる。一方，スチールウールを燃焼させると，**酸素と化合して固体の酸化鉄になる**ので，結びついた酸素の分，質量が大きくなる。よって，石灰水が白くにごったのは，二酸化炭素が発生した集気びんPである。

〔問2〕 全身から戻った血液は大静脈Cを通って右心房に入り，右心室へ送られ，**静脈血は右心室から肺動脈Aへ送られ**，肺でガス交換が行われ動脈血となる。**動脈血は肺静脈Dを通って左心房に入り**，左心室へ送られる。動脈血は左心室から大動脈Bを通って全身に送り出される。よって，動脈は血管Aと血管Bであり，動脈血が流れる血管は血管Dと血管Bである。

〔問3〕 水中から空気中へ光が入射する場合，入射角より屈折角の方が大きい。容器の中の水の量を増やすと，**「A」の文字からの光が水面で屈折する点が上がるため，光はその点で屈折して目に入るようになる。**よって，屈折光の延長線上に実際より浮き上がった位置に見えるため，「A」の文字の形が全て見えるようになる。

〔問4〕 温暖前線は，**密度が小さい暖気が，密度が大きい寒気の上にはい上がり**，寒気をおしやりながら進んでいく。

〔問5〕 **P〔A〕＝Q〔A〕＋R〔A〕より，Q＜Pであり，R＜Pである。BとCは並列回路により，各抵抗にかかる電圧は等しい。よって抵抗が小さい方が大きい電流が流れるため，R＜Qである。よって，3点を流れる電流の大きさは，R＜Q＜P，である。**

2 **(自由研究―太陽系と恒星：月の見え方・日食，状態変化：蒸留，水溶液，物質の成り立ち，植物の体のつくりとはたらき，力と圧力：月面での重力)**

〔問1〕　観測地点Aは，地球と月と太陽を一直線に結んだ線上に位置している。このとき，太陽は真南の空に位置しているので，時刻は12時である。よって，**月が真南の空に位置する時刻は12時**である。北極星側から見ると，**月は地球のまわりを約1か月かけて反時計回りに公転している**。そのため，1週間後に真南の空に観察できる月の見え方は，**西側が光って見える上弦の月**である。

〔問2〕　蒸留して出てきた液体Bは水である。蒸留後，枝付きフラスコに残った水溶液Aは5%より濃度が高くなった塩化ナトリウム水溶液であるため，結晶は塩化ナトリウムであり，**塩化ナトリウムは，ナトリウム原子と塩素原子の2種類の原子でできている化合物**である。

〔問3〕　装置の上側に設置された光源に向かって成長していく植物では，上下にある葉が互いに重ならないようにつくが，その利点は，**光が当たる面積が大きくなり，光合成量が増加する**ことである。光合成でつくられた養分(栄養分)は，水にとけやすい物質に変化してから，**師管**を通ってからだ全体の細胞に運ばれ，それぞれの細胞で使われる。

〔問4〕　**月面で質量300gの物体A**に働く重力の大きさは，地球上と比べて約6分の1の0.5Nである。月面で質量300gの分銅に働く重力の大きさは，地球上と比べて約6分の1の0.5Nである。よって，**上皿てんびんに載せたときにつり合うのは質量300gの分銅**である。物体Aを**はかりに載せたときの目盛りの値は**，0.5Nの重力が物体Aに働くので，**約50g**である。

3 **(地層の重なりと過去の様子：柱状図・示準化石・堆積岩，動物の分類と生物の進化：セキツイ動物の出現，火山活動と火成岩，)**

〔問1〕　岩石Pは**石基と斑晶**が見られ，斑状組織であることから，岩石Pはマグマが冷えてできたもので，れき岩は土砂が押し固められてできたものである。れき岩を構成する粒の特徴は，流れる水のはたらきで，角が取れて**丸みを帯びた粒**が多い。

〔問2〕　岩石Qにはフズリナの化石が含まれていたので，岩石Qは古生代に堆積したもので，**古生代には魚類と両生類が出現**した。また，示準化石であるサンヨウチュウも生息していた。

〔問3〕　流水で運搬され海に流れ出た土砂は，粒の大きいものから陸の近くに堆積する。このことから，泥岩の層が堆積した時代の地域B周辺は，**河口から遠い深い海**であったと考えられる。

〔問4〕　**X地点の凝灰岩層の標高は，40.3m－11m＝29.3m，**であり，Y地点の凝灰岩層の標高は，36.8m－9m＝27.8m，である。よって，X地点の凝灰岩層の標高は，Y地点の凝灰岩層の標高より，29.3m－27.8m＝1.5m，高くなっている。

4 **(遺伝の規則性と遺伝子：メンデルの実験，生物の成長と生殖：減数分裂，植物の分類)**

〔問1〕　図2で，エンドウは花弁が1枚1枚離れていることから，**双子葉類の離弁花**であるため，子葉は2枚である。また，胚珠が子房の中にあることから，**被子植物**である。

〔問2〕　花粉の中では雄の生殖細胞の精細胞がつくられ，胚珠の中には雌の生殖細胞の卵細胞がつくられるが，**生殖細胞は減数分裂によりつくられるので，染色体数は体細胞の2分の1である。**よって，精細胞の核と卵細胞の核が合体してできた受精卵の核の染色体数は14本である。

〔問3〕　草たけが高い個体が**自家受粉**し，受精後にできた種子をまいて育てた結果は，＜結果2＞(1)のように，全て草たけの高い個体(図4のP)であった。これらのことから，エンドウの草たけを高くする遺伝子をA，対立形質である草たけを低くする遺伝子をaとすると，**エンドウPとその親の遺伝子はAA**で表せる。同様に，**エンドウQとその親の遺伝子はaa**で表せる。＜結果2＞の(3)の個体Rは，＜実験＞(7)で**PとQをかけ合わせ**てできた個体で，遺伝子は**全てAa**であり，草たけが高い形質が顕性形質であると，全て草たけが高い個体になる。遺伝子Aaの個体Rに，<結果2>の(2)，すなわち<実験>(5)の結果である図4の遺伝子がaaの個体Qをかけ合わせると，子の遺伝子は，Aa：aa＝草たけが高い個体の数：草たけが低い個体の数＝1：1，である。

〔問4〕　<モデル実験の結果から>子の代では丸形の種子だけが得られたが，丸形は顕性であることから，子の代の遺伝子はAAとAaの2種類が考えられる。子の代を自家受粉させると，孫の代では丸形の種子だけが得られた個体と丸形・しわ形の種子が得られた個体の両方あったことから，前者の子の代は丸形の純系で遺伝子はAAであり親の代の遺伝子もAAである。後者では丸形としわ形の種子が得られたことから，子の代の遺伝子はAaであったと考えられ，親の代の遺伝子もAaであると考えられる。よって，親の代としてまいた2個の丸形の種子の遺伝子の組み合わせは，AAとAaである。

5　(化学変化と電池，水溶液とイオン，物質の成り立ち：電気分解，気体の発生とその性質，酸・アルカリとイオン，中和と塩)

〔問1〕　図1は，ダニエル電池である。ダニエル電池の特徴は，セロハンで2種類の電解質の水溶液を仕切っているという点である。亜鉛板を硫酸亜鉛水溶液に，銅板を硫酸銅水溶液にひたし，導線でつないだつくりになっている。セロハンにはとても小さな穴が開いており，水溶液中の陽イオンと陰イオンはこの穴を通りぬけることができる。ダニエル電池では，イオン化傾向(イオンへのなりやすさ)の大きい亜鉛原子Znが水溶液中に亜鉛イオンZn^{2+}となってとけ出し，亜鉛板に残った電子は導線を通って銅板へ移動し電流が流れる。水溶液中の銅イオンCu^{2+}は銅板に達した電子を受けとって銅原子Cuになる。(－極)$Zn \rightarrow Zn^{2+} + 2e^-$，によりモデルで表した図はAであり，(＋極)$Cu^{2+} + 2e^- \rightarrow Cu$，によりモデルで表した図はDである。

〔問2〕　図1のダニエル電池については，－極の亜鉛が次々にイオンとなって溶け出すので，Zn^{2+}は増加し，＋極では水溶液中のCu^{2+}が，導線を通ってやってきた亜鉛が放出した電子を受けとって，銅の金属となって電極に付着するため，Cu^{2+}は減少する。図2は水の電気分解である。－極である電極Rには空気より軽い水素が発生し，＋極である電極Sには水に溶けにくい酸素が発生する。

〔問3〕　<実験2>は，酸にアルカリを加えるごとに酸の性質が打ち消され，塩と水ができる中和の実験である。よって，化学反応式は，$HCl + NaOH \rightarrow NaCl + H_2O$，である。

〔問4〕　図3のモデルで表した薄い塩酸に水酸化ナトリウム水溶液を加えるたびに起きる化学変化を，イオン式を用いて表し，ビーカー②に含まれるイオンの総数を考察する。$(3H^+ + 3Cl^-) + (Na^+ + OH^-) \rightarrow Na^+ + Cl^- + H_2O + 2H^+ + 2Cl^-$，であり，$H^+ + OH^- \rightarrow H_2O$，の中和反応によって$H^+$が1個減少するが，$Na^+ + Cl^-$は水に溶ける塩なので，$Na^+$が1個増加するため，化学変化の前後で水素イオンの総数は変わらない。さらに水酸化ナトリウム水溶液を加えても，同様の考察ができる。H^+とOH^-が同数の中性になるまで化学変化の前後でイオンの総数は変わらない。<実験2>の場合，薄い塩酸$12cm^3$に水酸化ナトリウム水溶液を$6cm^3$加えたとき，BTB溶液が緑色になったことから，中性である。中性を過ぎると，加えた水酸化ナトリウムは化学変化をしないのでNa^+とOH^-のどちらもイオンとして残り，イオンの総数は増加する。

6　(力と物体の運動：斜面を下る小球の運動，力の規則性：重力の分力，力学的エネルギー：力学的エネルギーの保存)

〔問1〕　小球の平均の速さ〔m/s〕＝{(10.6＋9.0＋5.6)÷100}〔m〕÷3÷0.1〔s〕＝0.84〔m/s〕である。

〔問2〕　レールBの斜面①から③の上の小球に働く重力は，小球に働く斜面下向きの斜面に平行な力と斜面に垂直な力に分解できる。小球に働く斜面下向きの力は小球が運動する向きに働く力である。**斜面①から③までは斜面の傾きはほぼ一定であるから，小球が運動する向きに働く力はほぼ一定である。小球が運動する向きに働く力がほぼ一定であり続けるとき，小球の速さはほぼ一定の割合で増加する。**よって，イが適切である。

〔問3〕　小球に働く重力が対角線となるような長方形をかく。小球に働く重力の斜面に平行な分力と斜面に垂直な分力の大きさを長方形の各辺の長さとして矢印をかく。

〔問4〕　点aと点dは9cmの同じ高さなので小球がもつ位置エネルギーは等しい。小球がもつ位置エネルギーは，斜面を下るにつれて運動エネルギーに変わるが，**位置エネルギーと運動エネルギーの和の力学的エネルギーは一定に保存されている。**点bと点eはそれぞれ4cmと5.2cmの高さなので，小球がもつ運動エネルギーは点bの方が大きい。点cと点fはそれぞれ水平な部分の上なので，小球がもつ位置エネルギーは，全て運動エネルギーに変っているため，運動エネルギーの大きさはほぼ等しい。

＜社会解答＞

1　〔問1〕　エ　〔問2〕　ウ　〔問3〕　ア

2　〔問1〕（略地図中のA～D）　D　（Ⅱのア～エ）　イ　〔問2〕　P　ア　Q　エ　R　イ　S　ウ　〔問3〕（略地図中のW～Z）　Y　（ⅠとⅡの表のア～エ）　エ

3　〔問1〕　A　ウ　B　イ　C　ア　D　エ　〔問2〕（Ⅰのア～エ）　ア　（略地図中のW～Z）　W　〔問3〕〔変化〕地区計画により，工場であった土地に，商業施設が建てられた。　〔要因〕多くの人が集まる駅に近いこと。

4　〔問1〕　ア→イ→エ→ウ　〔問2〕　イ　〔問3〕　イ→ウ→エ→ア　〔問4〕　ウ

5　〔問1〕　エ　〔問2〕　ウ　〔問3〕　情報処理・通信に携わる人材は，アメリカ合衆国では，情報通信技術を利用する業種に就いている割合が高いが，我が国では，情報通信技術を提供する業種に就いている割合が高い。　〔問4〕　イ

6　〔問1〕　エ→ア→ウ→イ　〔問2〕　ⅠのA～D　B　ⅠのA～Dのア～ウ　イ　〔問3〕　X

＜社会解説＞

1　**（地理的分野―日本地理―地形図の見方，歴史的分野―日本史時代別―古墳時代から平安時代，―日本史テーマ別―文化史，公民的分野―三権分立）**

〔問1〕　資料で示されたA地点からB地点に到達するまでに**水準点**「⊡」を通るのは，エの**地形図**のみである。歩いた距離や方角を正確に表しているのも，エの地形図のみである。

〔問2〕　8世紀半ばに**鑑真**によって開かれた**唐招提寺**は，大和国の**平城京**に建立された。平城京の位置は地図のウである。

〔問3〕　**裁判員裁判**は，重大な**刑事事件**の**第一審**で，**地方裁判所**で行われる。**家庭裁判所**は，公に公開される通常の訴訟手続きにはそぐわないと考えられている家庭内の紛争や，非行のある少年の事件を扱う裁判所である。**簡易裁判所**は，日常生活において発生する軽微な民事事件・刑事事件を迅速・簡易に処理するための裁判所である。**高等裁判所**は，地方裁判所および簡易裁判所の第一審判決に対する控訴を扱う裁判所である。

2　**（地理的分野―世界地理―都市・気候・産業・貿易）**

〔問1〕　Ⅰの文章は，イスラム商人の航海に関する記述から，Dの海域の説明であることがわかる。

また，その範囲内に位置する都市の**雨温図**は，**赤道**に近い都市であることから，一年間の気温差が少ないもの，**北半球**に属することから山型の気温変化があるもの，また**モンスーン**の季節以外は極めて雨が少なく，**雨季**と**乾季**があるものを選べばよい。これにあたるのが，イである。

〔問2〕 イは石油依存の経済との説明から，アラブ首長国連邦のドバイの説明であることがわかる。ウはEUの中心的な貿易港であるとの説明から，オランダのロッテルダムのことだとわかる。エはASEANの中のハブ港との記述から，シンガポールであるとわかる。残るアは，釜山だとわかる。

〔問3〕 初めに，略地図中のW～Zの国を確定する。Wはペルー，Xはニカラグア，Yはフィリピン，Zはマレーシアである。このうちⅢの文章にある「1946年に独立し」,「1989年にAPECに参加し」,「人口が1億人を超え」に該当するのはフィリピンである。また，Ⅲの文章を読み，Ⅰの表を見ると，日本の輸入総額が1999年から2019年の間で2倍弱増加し，果実の輸入量が上位3位から脱落していることから，エがフィリピンに該当するとわかる。また，Ⅱの表で上位3か国に中華人民共和国が新たに入ったことから，エがフィリピンに該当するとわかる。

3 **(地理的分野―日本地理―地形・工業・交通・地形図の見方)**

〔問1〕 初めに，AからDの道県を確定する。Aが北海道，Bが兵庫県，Cが福岡県，Dが長崎県である。都道府県中で最も海岸線が長いのは北海道であり，Aはウである。次に長いのは長崎県であり，Dがエである。都道府県中で最も鉄鋼の生産量が多いのは愛知県であり，兵庫県は第2位である。Bがイである。残るCがアである。

〔問2〕 Ⅱは**北関東工業地域**の説明である。北関東工業地域では，輸送用機械の出荷額の割合が増えている。輸送用機械を作るためには広い工場敷地面積が必要であり，北関東では，広い敷地を安く確保できるからである。また，1980年に**関越自動車道**が開通し，群馬から東京への輸送が容易になった。1987年には**東北自動車道**が開通し，栃木から東京への輸送が容易になった。さらに2011年の**北関東自動車道**の開通によって，内陸地の群馬県や栃木県から太平洋岸に輸送しやすくなったこと等が要因である。飛躍的に**輸送用機械**の出荷額が伸びているアのグラフが該当する。略地図中のW～Zのうち，Wが北関東工業地域である。

〔問3〕 〔変化〕 地区計画により，工場「☼」であった土地に，商業施設が建てられたことを簡潔に指摘すればよい。 〔要因〕 乗降客数が多い駅に近く，人が集まりやすいことを指摘すればよい。

4 **(歴史的分野―日本史時代別―古墳時代から平安時代・鎌倉時代から室町時代・安土桃山時代から江戸時代・明治時代から現代，―日本史テーマ別―政治史・社会史，―世界史―政治史)**

〔問1〕 アは8世紀の奈良時代の政策の様子である。イは11世紀の**後三条天皇**の時代の政策の様子である。ウは14世紀の**後醍醐天皇**の時代の政策の様子である。エは13世紀の鎌倉時代の政策の様子である。したがって，時代の古い順に並べると，ア→イ→エ→ウとなる。

〔問2〕 Ⅱは**太閤検地**の説明である。太閤検地は，**織田信長**の死後に**豊臣秀吉**によって行われた。略年表中のイの時期にあてはまる。

〔問3〕 ア　浅草から上野の間に**地下鉄**が開通したのは，1927年である。　イ　**寛政の改革**が行われたのは，1787年から1793年である。　ウ　**黒船**来航に備えて**台場**に砲台が設置されたのは，1853年からである。　エ　**日英同盟**が締結されたのは，1902年である。したがって，時代の古い順に並べると，イ→ウ→エ→アとなる。

〔問4〕 **東西ドイツの統一**は1990年，**京都議定書**の採択は1997年，長野オリンピックは1998年に開催された。いずれも略年表のウの時期にあてはまる。

5　**(公民的分野―基本的人権・経済一般・国の政治の仕組み)**

〔問1〕　日本国憲法第21条には「集会，結社及び言論，出版その他一切の**表現の自由**は，これを保障する。」との規定があり，個人の心の中にある，意思，感情などを外部に明らかにすることを保障している。

〔問2〕　**第4次中東戦争**が勃発し，OPEC諸国は原油の値上げを決定し，いわゆる**石油危機**が起こったのは，1973年のことであり，ウの時期がこれにあたる。

〔問3〕　情報処理・通信に携わる人材は，我が国では，日本のグラフに見られるように，**情報通信技術**を提供する業種に就いている割合が72%と高い。これに対し，アメリカ合衆国のグラフでは，金融業・サービス業など情報通信技術を利用する業種に就いている割合が65.4%と高くなっている。このような趣旨のことを簡潔に述べればよい。

〔問4〕　**内閣委員会**は，**常任委員会**の一つで，内閣府の所管に属する事項のうち，他の常任委員会の所管に属さないものなどを扱う。常任委員会は国会に提出された法律案を，本会議の審議前に審議するので，BとCの間になる。

6　**(歴史的分野―世界史―政治史，地理的分野―世界地理―都市・人口)**

〔問1〕　ア　**ビスマルク**の宰相在任中とは，19世紀後期である。　イ　**冷戦**と呼ばれた東西の対立が起き，緊張が高まったのは，20世紀後期である。　ウ　**ニューディール政策**は，20世紀前期にアメリカで行われた。　エ　**マリア・テレジア**がハプスブルク家の皇帝フランツ1世の皇后にして共同統治者の地位にあったのは，18世紀である。したがって，時代の古い順に並べると，エ→ア→ウ→イとなる。

〔問2〕　Ⅱの文章は，「イギリス系住民」「フランス系住民」の記述から，カナダの説明であることがわかる。A～Dのうち，五大湖の一部が描かれているBがカナダである。カナダの首都オタワの位置は，ア～ウのうち，イである。

〔問3〕　Ⅱの文章は，「オランダから独立」「イスラム教徒が8割を超える」との記述から，インドネシアを指していることがわかる。1950年に人口差が100万人を下回っており，1990年には約7倍，その後は緩やかな拡大傾向が続いているグラフは，Xである。

2022年度英語　リスニングテスト

〔放送台本〕

これから，リスニングテストを行います。リスニングテストは，全て放送による指示で行います。リスニングテストの問題には，問題Aと問題Bの二つがあります。問題Aと，問題Bの<Question 1>では，質問に対する答えを選んで，その記号を答えなさい。問題Bの<Question 2>では，質問に対する答えを英語で書きなさい。英文とそのあとに出題される質問が，それぞれ全体を通して二回ずつ読まれます。問題用紙の余白にメモをとってもかまいません。答えは全て解答用紙に書きなさい。

〔問題A〕

問題Aは，英語による対話文を聞いて，英語の質問に答えるものです。ここで話される対話文は全部で三つあり，それぞれ質問が一つずつ出題されます。質問に対する答えを選んで，その記号を答えなさい。では，<対話文1>を始めます。

Sakura: Hi, Tom, do you think it's going to rain this afternoon?
Tom: Hi, Sakura. I don't think so.
Sakura: Really? It was sunny this morning, but it's cloudy now. If it rains, we will have to change our plan to practice tennis this afternoon.
Tom: Don't worry. We won't have to do that. The weather news says it will rain tomorrow morning, but not today.
Sakura: I'm glad to hear that.
Tom: Let's talk about today's practice on the phone this evening.
Sakura: Sure.

Question : When will Sakura and Tom practice tennis?
＜対話文2＞を始めます。

Jane: Excuse me. I'm Jane. I'm a new student. Can you help me?
Bob: Hi, Jane. I'm Bob. What's the problem?
Jane: I want to see Ms. Brown. Can you tell me the way to the teacher's room?
Bob: Well, she is usually in the music room.
Jane: I see. So, where is the music room?
Bob: Can you see the library? Turn right at the library and you'll see the music room next to the art room. Also, she sometimes reads some books in the library.
Jane: Thanks. I will go to the library first.
Bob: I hope you find her.

Question : Where will Jane go first?
＜対話文3＞を始めます。

Girl: My school looks new, but it has a long history.
Boy: What do you mean?
Girl: The building is new, but my school will be one hundred years old next year.
Boy: Really?
Girl: Yes. My grandfather was a student of the same school sixty years ago.
Boy: Oh, how old is your grandfather?
Girl: He will be seventy-two years old this year.
Boy: Oh, is that right?
Girl: Yes. We sometimes sing our school song together.
Boy: Sounds nice!

Question : How old is the school now?

〔英文の訳〕

＜対話文1＞

サクラ：こんにちは，トム，今日の午後雨が降ると思う？

トム　：こんにちは，サクラ。そうは思わないよ。

サクラ：本当？　今朝は天気が良かったけど今は曇ってるね。もし雨が降ったら午後のテニスの練習予定を変えないといけないね。

トム　：心配ないよ。そうする必要はないよ。天気予報は今日じゃなくて明日の朝に降るって言ってるよ。

サクラ：それを聞いてよかったわ。

トム　：今晩電話で今日の練習について話そう。

サクラ：わかった。

質問：サクラとトムはいつテニスを練習しますか？

答え：ア　今日の午後。

＜対話文2＞

ジェーン：すみません。私はジェーンです。新しい生徒です。手伝ってもらえますか？

ボブ　　：こんにちは，ジェーン。僕はボブ。どうしましたか？

ジェーン：ブラウン先生に会いたいんです。教員室への行き方を教えてくれませんか。

ボブ　　：ああ，彼女はたいてい音楽室にいますよ。

ジェーン：そうですか。じゃあ音楽室はどこですか。

ボブ　　：図書館が見えますか？　図書館を右に曲がると美術室のとなりに音楽室が見えます。あと彼女は図書館でときどき本を読みます。

ジェーン：ありがとう。まず図書館に行きますね。

ボブ　　：彼女が見つかるといいですね。

質問：ジェーンは最初にどこへ行きますか？

答え：ウ　図書館へ。

＜対話文3＞

女の子：私の学校は新しく見えるけど長い歴史があるのよ。

男の子：どういう意味？

女の子：建物は新しいけど私の学校は来年で100年になるの。

男の子：本当に？

女の子：うん。祖父は60年前に同じ学校の生徒だったの。

男の子：ええ，おじいさんは何歳なの？

女の子：今年72歳になるよ。

男の子：ええ，そうなの？

女の子：うん。時々一緒に校歌を歌うよ。

男の子：いいね！

質問：今この学校は何周年になりますか？

答え：イ　99年。

〔放送台本〕
〔問題B〕

これから聞く英語は，カナダの中学生の Cathy が，日本の中学生とのオンライン交流で行ったスピーチです。内容に注意して聞きなさい。あとから，英語による質問が二つ出題されます。<Question 1>では，質問に対する答えを選んで，その記号を答えなさい。<Question 2>では，質問に対する答えを英語で書きなさい。なお，<Question 2>のあとに，15秒程度，答えを書く時間があります。
では，始めます。

Hello, everyone! My name is Cathy. I'm fifteen years old. I'm happy to meet you on the Internet today.

First, I will talk about my country. In summer, many people enjoy walking and bird watching in the mountains. I often go to a swimming pool during summer vacation. In winter, many people enjoy watching basketball games. They are very exciting, and I like to watch them, too. Also, people enjoy skiing. The mountains are beautiful with snow. I go skiing with my family every year. I like skiing the best of all sports. I have learned that there are a lot of places for skiing in Japan. Do you like winter sports?

Next, I will tell you about things I want to know about Japan. I'm very interested in Japanese movies. I think the stories are interesting. I want you to tell me about some popular Japanese movies. I'm looking for a new one to enjoy watching. Let's have fun on the Internet today.

<Question 1> What sport does Cathy like the best?
<Question 2> What does Cathy think about the stories in Japanese movies?

〔英文の訳〕
みなさん，こんにちは！　私の名前はキャシーです。15歳です。今日はインターネットでみなさんにお会いできて嬉しいです。

まず，私の国について話します。夏は多くの人たちが山で歩いたりバードウオッチングをしたりして楽しみます。私は夏休みの間よくプールに行きます。冬は多くの人たちがバスケットボールの試合を見て楽しみます。とてもワクワクするし私も見るのが好きです。またみんなスキーを楽しみます。山は雪をかぶって美しいです。私は毎年家族とスキーに行きます。全てのスポーツの中でスキーが一番好きです。日本にはたくさんのスキー場があると知りました。みなさんは冬のスポーツは好きですか？

次に，私が日本について知っていることについて話します。私は日本の映画にとても興味があります。ストーリーが面白いと思います。人気の日本映画についてみなさんに教えてもらいたいです。見て楽しめる映画を今探しています。今日はインターネットで楽しみましょう。

質問1：キャシーが一番好きなスポーツは何ですか？
答え　：エ　スキー。
質問2：日本映画のストーリーについてキャシーはどう思っていますか？
答え　：(例)それは面白い。

MEMO

大切なことはメモしておこうネ！

東京都公立高等学校

2021年度

★★★★★★★★★★★★★★★★★★★★★★★★

共通問題（理科・社会）

2021年度

●くわしい解説……29ページ

＜理科＞

時間　50分　　満点　100点

1　次の各問に答えよ。

〔問1〕 図1は，ヒトのからだの器官を模式的に表したものである。消化された養分を吸収する器官を図1のA，Bから一つ，アンモニアを尿素《にょうそ》に変える器官を図1のC，Dから一つ，それぞれ選び，組み合わせたものとして適切なのは，次のうちではどれか。

ア　A，C

イ　A，D

ウ　B，C

エ　B，D

図1

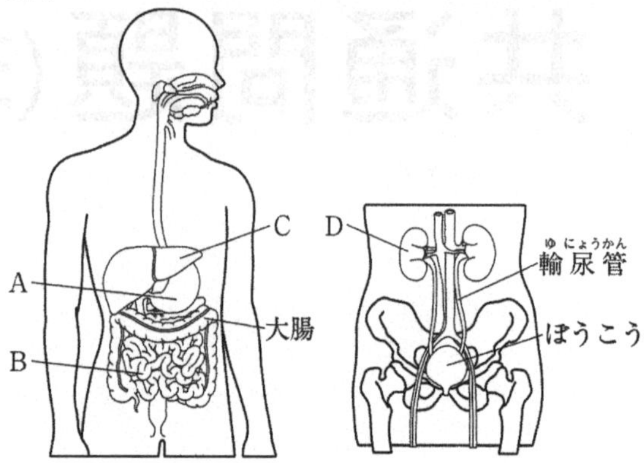

〔問2〕 音さXと音さYの二つの音さがある。音さXをたたいて出た音をオシロスコープで表した波形は，図2のようになった。図中のAは1回の振動にかかる時間を，Bは振幅を表している。音さYをたたいて出た音は，図2で表された音よりも高くて大きかった。この音をオシロスコープで表した波形を図2と比べたとき，波形の違いとして適切なのは，次のうちではどれか。

ア　Aは短く，Bは大きい。

イ　Aは短く，Bは小さい。

ウ　Aは長く，Bは大きい。

エ　Aは長く，Bは小さい。

図2

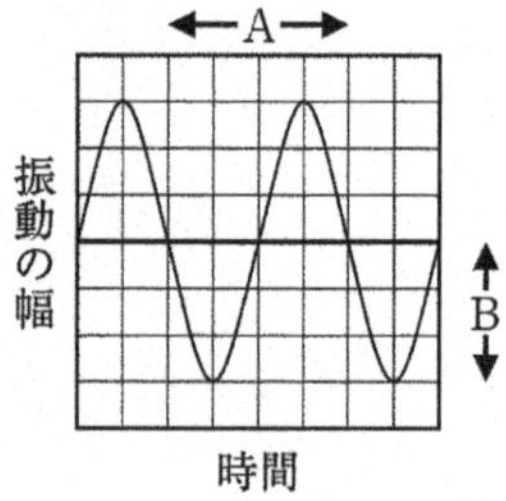

〔問3〕 表1は，ある場所で起きた震源が浅い地震の記録のうち，観測地点A～Cの記録をまとめたものである。この地震において，震源からの距離《きょり》が90kmの地点で初期微動の始まった時刻は10時10分27秒であった。震源からの距離が90kmの地点で主要動の始まった時刻として適切なのは，下のア～エのうちではどれか。

ただし，地震の揺《ゆ》れを伝える2種類の波は，それぞれ一定の速さで伝わるものとする。

表1

観測地点	震源からの距離	初期微動の始まった時刻	主要動の始まった時刻
A	36km	10時10分18秒	10時10分20秒
B	54km	10時10分21秒	10時10分24秒
C	108km	10時10分30秒	10時10分36秒

ア　10時10分28秒　　イ　10時10分30秒　　ウ　10時10分31秒　　エ　10時10分32秒

〔問４〕 スライドガラスの上に溶液Ａをしみ込ませたろ紙を置き，図３のように，中央に ✕ 印を付けた２枚の青色リトマス紙を重ね，両端をクリップで留めた。薄い塩酸と薄い水酸化ナトリウム水溶液を青色リトマス紙のそれぞれの ✕ 印に少量付けたところ，一方が赤色に変色した。両端のクリップを電源装置につないで電流を流したところ，赤色に変色した部分は陰極側に広がった。このとき溶液Ａとして適切なのは，下の ① のア～エのうちではどれか。また，青色リトマス紙を赤色に変色させたイオンとして適切なのは，下の ② のア～エのうちではどれか。

図３

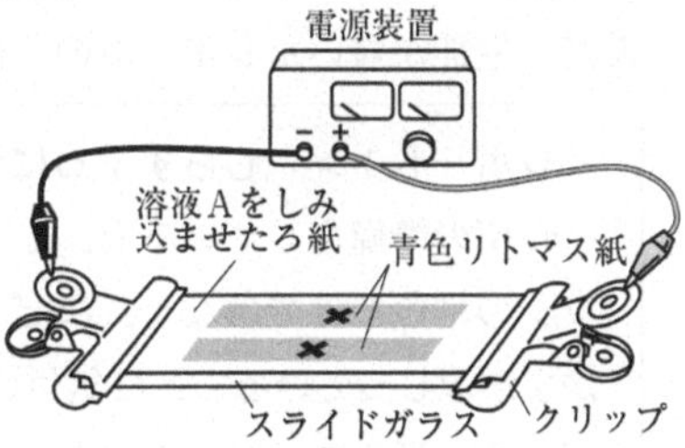

① **ア** エタノール水溶液　**イ** 砂糖水　**ウ** 食塩水　**エ** 精製水（蒸留水）

② **ア** H^+　**イ** Cl^-　**ウ** Na^+　**エ** OH^-

〔問５〕 エンドウの丸い種子の個体とエンドウのしわのある種子の個体とをかけ合わせたところ，得られた種子は丸い種子としわのある種子であった。かけ合わせた丸い種子の個体としわのある種子の個体のそれぞれの遺伝子の組み合わせとして適切なのは，下の**ア**～**エ**のうちではどれか。

ただし，種子の形の優性形質（丸）の遺伝子をＡ，劣性形質（しわ）の遺伝子をａとする。

ア ＡＡとＡａ
イ ＡＡとａａ
ウ ＡａとＡａ
エ Ａａとａａ

〔問６〕 図４のＡ～Ｃは，机の上に物体を置いたとき，机と物体に働く力を表している。力のつり合いの関係にある２力と作用・反作用の関係にある２力とを組み合わせたものとして適切なのは，下の表の**ア**～**エ**のうちではどれか。

ただし，図４ではＡ～Ｃの力は重ならないように少しずらして示している。

図４

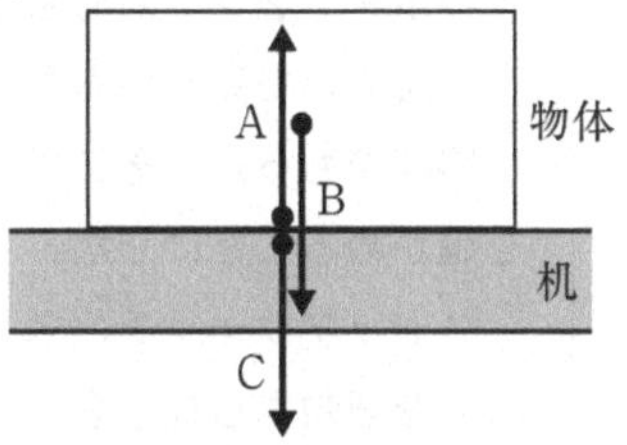

Ａ：机が物体を押す力
Ｂ：物体に働く重力
Ｃ：物体が机を押す力

	力のつり合いの関係にある２力	作用・反作用の関係にある２力
ア	ＡとＢ	ＡとＢ
イ	ＡとＢ	ＡとＣ
ウ	ＡとＣ	ＡとＢ
エ	ＡとＣ	ＡとＣ

2　生徒が，毎日の暮らしの中で気付いたことを，科学的に探究しようと考え，自由研究に取り組んだ。生徒が書いたレポートの一部を読み，次の各問に答えよ。

＜レポート１＞　しらす干しに混じる生物について

食事の準備をしていると，しらす干しの中にはイワシの稚魚だけではなく，エビのなかまやタコのなかまが混じっていることに気付いた。しらす干しは，製造する過程でイワシの稚魚以外の生物を除去していることが分かった。そこで，除去する前にどのような生物が混じっているのかを確かめることにした。

しらす漁の際に捕れた，しらす以外の生物が多く混じっているものを購入《こうにゅう》し，それぞれの生物の特徴を観察し，表１のように４グループに分類した。

表１

グループ	生物
A	イワシ・アジのなかま
B	エビ・カニのなかま
C	タコ・イカのなかま
D	二枚貝のなかま

〔問１〕　＜レポート１＞から，生物の分類について述べた次の文章の ① と ② にそれぞれ当てはまるものとして適切なのは，下のア～エのうちではどれか。

表１の４グループを，セキツイ動物とそれ以外の生物で二つに分類すると，セキツイ動物のグループは， ① である。また，軟体動物《なんたいどうぶつ》とそれ以外の生物で二つに分類すると，軟体動物のグループは， ② である。

①　ア　A　　イ　AとB　　ウ　AとC　　エ　AとBとD

②　ア　C　　イ　D　　ウ　CとD　　エ　BとCとD

＜レポート２＞　おもちゃの自動車の速さについて

ぜんまいで動くおもちゃの自動車で弟と遊んでいたときに，本物の自動車の速さとの違いに興味をもった。そこで，おもちゃの自動車が運動する様子をビデオカメラで撮影し，速さを確かめることにした。

ストップウォッチのスタートボタンを押すと同時におもちゃの自動車を走らせて，方眼紙の上を運動する様子を，ビデオカメラの位置を固定して撮影した。おもちゃの自動車が運動を始めてから0.4秒後，0.5秒後及び0.6秒後の画像は，図１のように記録されていた。

図１

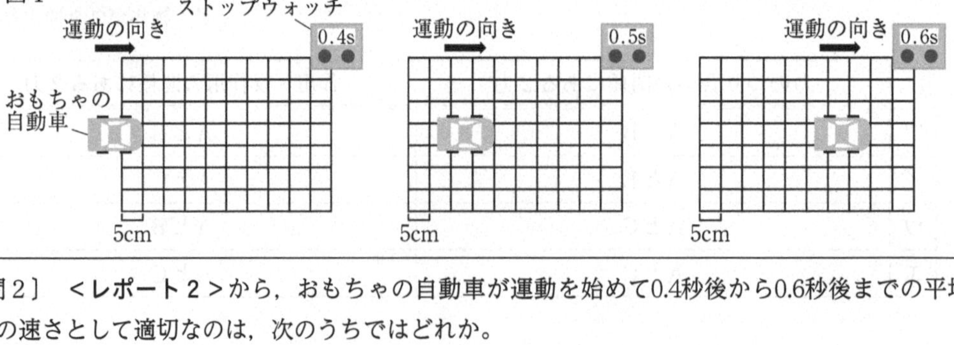

〔問２〕　＜レポート２＞から，おもちゃの自動車が運動を始めて0.4秒後から0.6秒後までの平均の速さとして適切なのは，次のうちではどれか。

ア　2.7km/h　　イ　5.4km/h　　ウ　6.3km/h　　エ　12.6km/h

＜レポート３＞　プラスチックごみの分別について

ペットボトルを資源ごみとして分別するため，ボトル，ラベル，キャップに分けて水を入れた洗いおけの中に入れた。すると，水で満たされたボトルとラベルは水に沈み，キャップは水に浮くことに気付いた。ボトルには，図２の表示があったのでプラスチックの種類はＰＥＴであることが分かったが，ラベルには，プラスチックの種類の表示がなかったため分からなかった。そこで，ラベルのプラスチックの種類を調べるため食塩水を作り，食塩水への浮き沈みを確かめることにした。

図２

水50cm^{3}に食塩15ｇを加え，体積を調べたところ55cm^{3}であった。この食塩水に小さく切ったラベルを，空気の泡が付かないように全て沈めてから静かに手を放した。すると，小さく切ったラベルは食塩水に浮いた。

また，ペットボトルに使われているプラスチックの種類を調べたところ，表２のうちの，いずれかであることが分かった。

表２

プラスチックの種類	密度〔g/cm^3〕
ポリエチレンテレフタラート	1.38～1.40
ポリスチレン	1.05～1.07
ポリエチレン	0.92～0.97
ポリプロピレン	0.90～0.92

〔問３〕　**＜レポート３＞**から，食塩水に浮いたラベルのプラスチックの種類として適切なのは，下の**ア**～**エ**のうちではどれか。

ただし，ラベルは１種類のプラスチックからできているものとする。

ア　ポリエチレンテレフタラート　　**イ**　ポリスチレン
ウ　ポリエチレン　　**エ**　ポリプロピレン

＜レポート４＞　夜空に見える星座について

毎日同じ時刻に戸じまりをしていると，空に見える星座の位置が少しずつ移動して見えることに気付いた。そこで，南の空に見られるオリオン座の位置を，同じ時刻に観察して確かめることにした。

方位磁針を使って東西南北を確認《かくにん》した後，午後10時に地上の景色と共にオリオン座の位置を記録した。11月15日から１か月ごとに記録した結果は，図３のようになり，１月15日のオリオン座は真南に見えた。

図３

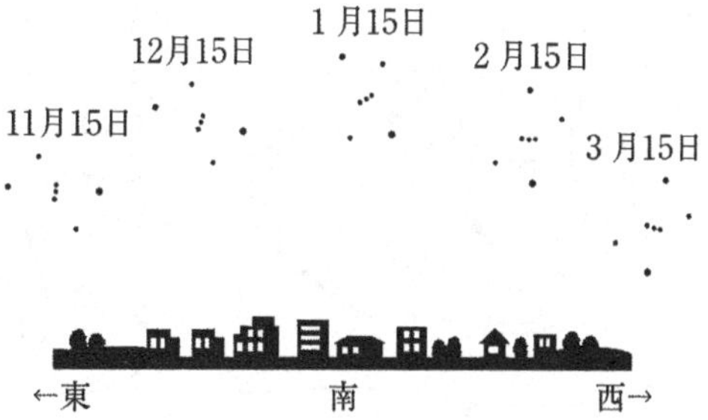

〔問４〕　**＜レポート４＞**から，２月15日にオリオン座が真南に見える時刻として適切なのは，次のうちではどれか。

ア　午前０時頃《ごろ》　　**イ**　午前２時頃　　**ウ**　午後６時頃　　**エ**　午後８時頃

3　天気の変化と気象観測について，次の各問に答えよ。

＜観測＞を行ったところ，＜結果＞のようになった。

＜観測＞

天気の変化について調べるために，ある年の3月31日から連続した3日間，観測地点Pにおいて，気象観測を行った。気温，湿度，気圧は自動記録計により測定し，天気，風向，風力，天気図はインターネットで調べた。図1は観測地点Pにおける1時間ごとの気温，湿度，気圧の気象データを基に作成したグラフと，3時間ごとの天気，風向，風力の気象データを基に作成した天気図記号を組み合わせたものである。図2，図3，図4はそれぞれ3月31日から4月2日までの12時における日本付近の天気図であり，前線X（▼▼）は観測を行った期間に観測地点Pを通過した。

＜結果＞

図1

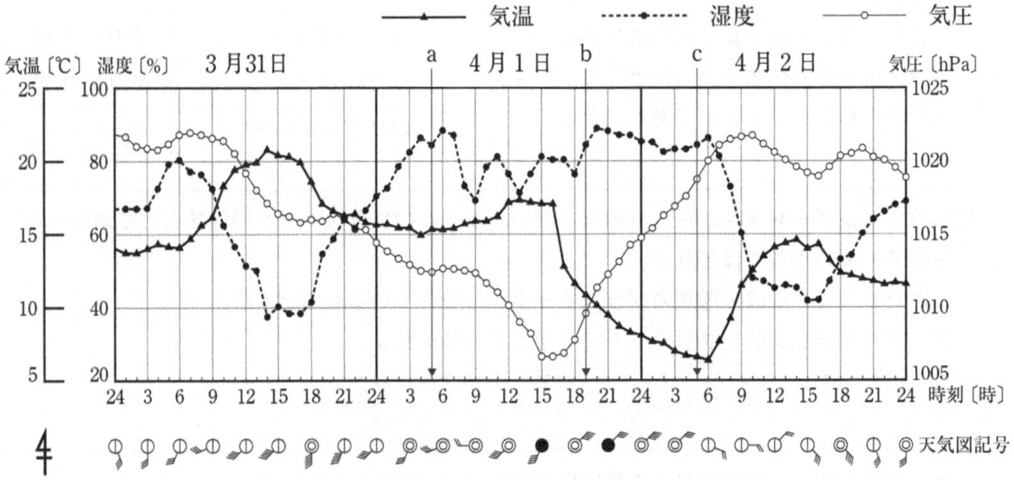

図2　3月31日12時の天気図

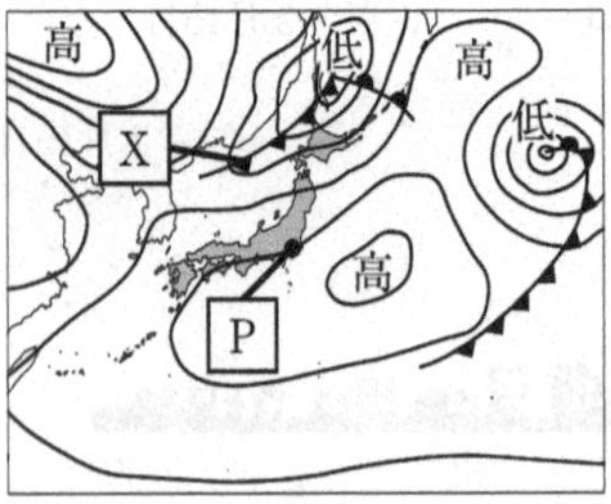

図3　4月1日12時の天気図

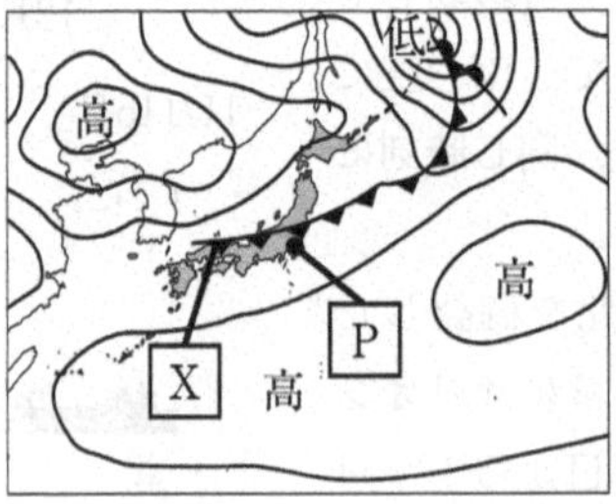

図4　4月2日12時の天気図

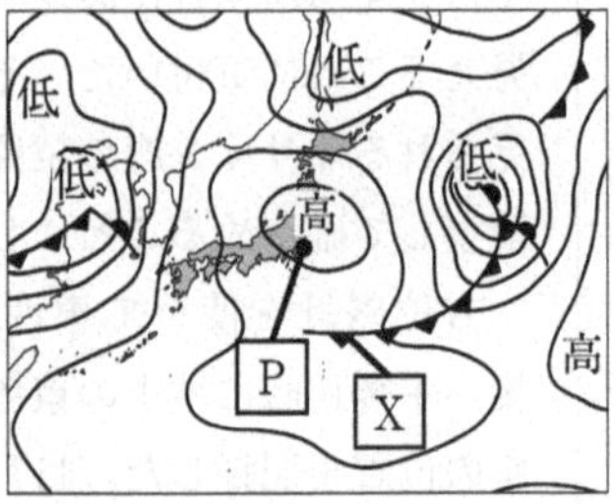

〔問1〕　＜結果＞の図1のa，b，cの時刻における湿度は全て84%であった。a，b，cの時刻における空気中の水蒸気の量をそれぞれA〔g/m^3〕，B〔g/m^3〕，C〔g/m^3〕としたとき，A，B，Cの関係を適切に表したものは，次のうちではどれか。

ア　A＝B＝C　　**イ**　A＜B＜C　　**ウ**　B＜A＜C　　**エ**　C＜B＜A

〔問2〕　＜結果＞の図1から分かる，3月31日の天気の概況について述べた次のページの文章の ① ～ ③ にそれぞれ当てはまるものとして適切なのは，あとの**ア**～**ウ**のうちではどれか。

> 日中の天気はおおむね ［①］ で，［②］ が吹く。［③］ は日が昇るとともに上がり始め，昼過ぎに最も高くなり，その後しだいに下がる。

①	ア　快晴	イ　晴れ	ウ　くもり
②	ア　東寄りの風	イ　北寄りの風	ウ　南寄りの風
③	ア　気温	イ　湿度	ウ　気圧

〔問3〕 **＜結果＞**から，4月1日の15時～18時の間に前線Xが観測地点Pを通過したと考えられる。前線Xが通過したときの観測地点Pの様子として適切なのは，下の ［①］ の**ア**～**エ**のうちではどれか。また，図4において，観測地点Pを覆《おお》う高気圧の中心付近での空気の流れについて述べたものとして適切なのは，下の ［②］ の**ア**～**エ**のうちではどれか。

［①］
ア　気温が上がり，風向は北寄りに変化した。
イ　気温が上がり，風向は南寄りに変化した。
ウ　気温が下がり，風向は北寄りに変化した。
エ　気温が下がり，風向は南寄りに変化した。

［②］
ア　地上から上空へ空気が流れ，地上では周辺から中心部へ向かって風が吹き込む。
イ　地上から上空へ空気が流れ，地上では中心部から周辺へ向かって風が吹き出す。
ウ　上空から地上へ空気が流れ，地上では周辺から中心部へ向かって風が吹き込む。
エ　上空から地上へ空気が流れ，地上では中心部から周辺へ向かって風が吹き出す。

〔問4〕 日本には，季節の変化があり，それぞれの時期において典型的な気圧配置が見られる。次の**ア**～**エ**は，つゆ（6月），夏（8月），秋（11月），冬（2月）のいずれかの典型的な気圧配置を表した天気図である。つゆ，夏，秋，冬の順に記号を並べよ。

ア

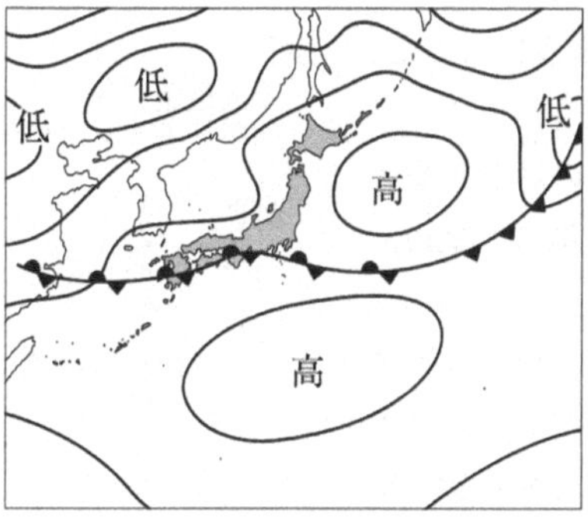

イ

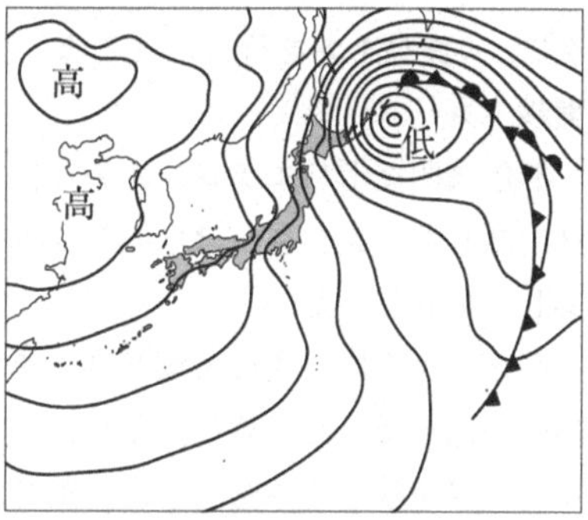

ウ

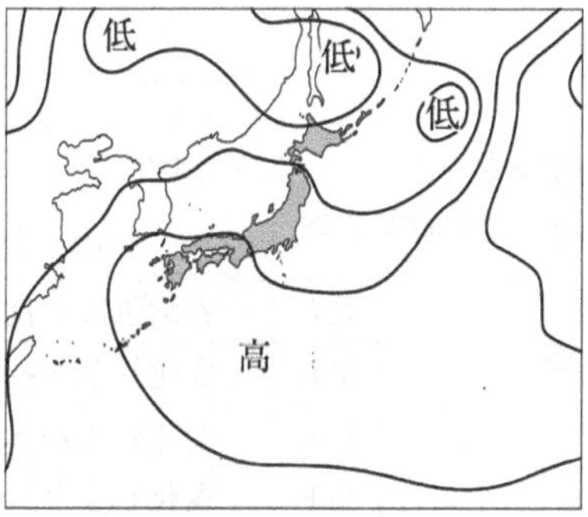

エ

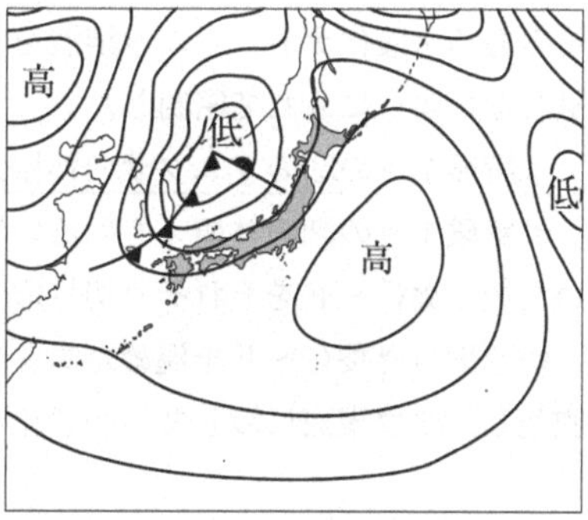

4　ツユクサを用いた観察，実験について，次の各問に答えよ。

＜観察＞を行ったところ，＜結果１＞のようになった。

＜観察＞

⑴　ツユクサの葉の裏側の表皮をはがし，スライドガラスの上に載せ，水を１滴《てき》落とし，プレパラートを作った。

⑵　⑴のプレパラートを顕微鏡《けんびきょう》で観察した。

⑶　⑴の表皮を温めたエタノールに入れ，脱色されたことを顕微鏡で確認《かくにん》した後，スライドガラスの上に載せ，ヨウ素液を１滴落とし，プレパラートを作った。

⑷　⑶のプレパラートを顕微鏡で観察した。

図１

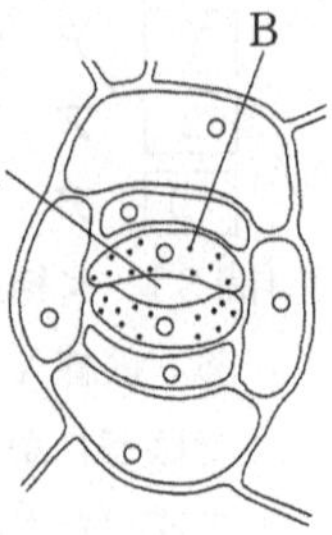

＜結果１＞

⑴　＜観察＞の⑵では，図１のＡのような２個の三日月形の細胞で囲まれた隙間《すきま》が観察された。三日月形の細胞にはＢのような緑色の粒《つぶ》が複数見られた。

⑵　＜観察＞の⑷では，＜結果１＞の⑴のＢが青紫色に変化した。

〔問１〕　＜結果１＞で観察されたＡについて述べたものと，Ｂについて述べたものとを組み合わせたものとして適切なのは，次の表の**ア**～**エ**のうちではどれか。

	Ａについて述べたもの	Ｂについて述べたもの
ア	酸素，二酸化炭素などの気体の出入り口である。	植物の細胞に見られ，酸素を作る。
イ	酸素，二酸化炭素などの気体の出入り口である。	植物の細胞の形を維持《いじ》する。
ウ	細胞の活動により生じた物質を蓄《たくわ》えている。	植物の細胞に見られ，酸素を作る。
エ	細胞の活動により生じた物質を蓄えている。	植物の細胞の形を維持する。

次に，＜実験１＞を行ったところ，＜結果２＞のようになった。

＜実験１＞

⑴　無色透明なポリエチレンの袋４枚と，ツユクサの鉢《はち》植《う》えを１鉢用意した。大きさがほぼ同じ４枚の葉を選び，葉Ｃ，葉Ｄ，葉Ｅ，葉Ｆとした。

⑵　図２のように，葉Ｄ・葉Ｆは，それぞれアルミニウムはくで葉の両面を覆《おお》った。葉Ｃ，葉Ｄは，それぞれ袋で覆い，紙ストローで息を吹き込み密封した。葉Ｅ，葉Ｆは，それぞれ袋で覆い，紙ストローで息を吹き込んだ後，二酸化炭素を吸収する性質のある水酸化ナトリウム水溶液をしみ込ませたろ紙を，葉に触れないように入れて密封した。

⑶　<u>＜実験１＞の⑵のツユクサの鉢植えを暗室に24時間置いた。</u>

⑷　＜実験１＞の⑶の鉢植えを明るい場所に３時間置いた後，葉Ｃ～Ｆをそれぞれ切り取った。

⑸　切り取った葉Ｃ～Ｆを温めたエタノールに入れて脱色し，ヨウ素液に浸して色の変化を調べた。

図２

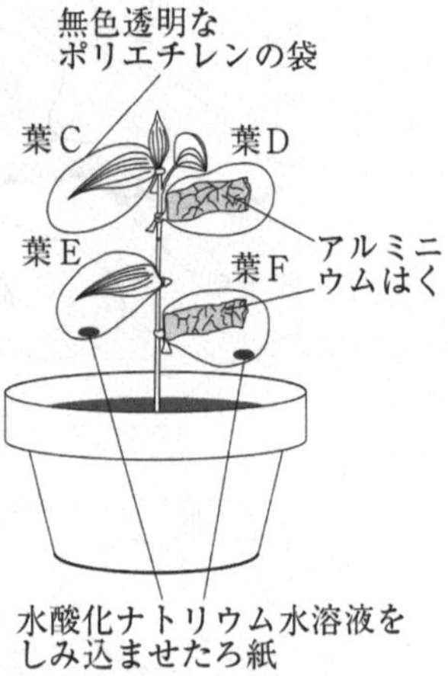

＜結果２＞

	色の変化
葉Ｃ	青紫色に変化した。
葉Ｄ	変化しなかった。
葉Ｅ	変化しなかった。
葉Ｆ	変化しなかった。

〔問2〕　＜実験1＞の⑶の下線部のように操作する理由として適切なのは，下の ① のア～ウのうちではどれか。また，＜結果2＞から，光合成には二酸化炭素が必要であることを確かめるための葉の組合せとして適切なのは，下の ② のア～ウのうちではどれか。

① **ア**　葉にある水を全て消費させるため。
イ　葉にある二酸化炭素を全て消費させるため。
ウ　葉にあるデンプンを全て消費させるため。

② **ア**　葉Cと葉D　　**イ**　葉Cと葉E　　**ウ**　葉Dと葉F

次に，＜実験2＞を行ったところ，＜結果3＞のようになった。

＜実験2＞

⑴　明るさの度合いを1，2の順に明るくすることができる照明器具を用意した。葉の枚数や大きさ，色が同程度のツユクサを入れた同じ大きさの無色透明なポリエチレンの袋を3袋用意し，袋G，袋H，袋Ｉとした。

⑵　袋G～Ｉのそれぞれの袋に，紙ストローで息を十分に吹き込み，二酸化炭素の割合を気体検知管で測定した後，密封した。

⑶　袋Gは，暗室に5時間置いた後，袋の中の二酸化炭素の割合を気体検知管で測定した。

⑷　袋Hは，図3のように，照明器具から1m離れたところに置き，明るさの度合いを1にして5時間光を当てた後，袋の中の二酸化炭素の割合を気体検知管で測定した。

⑸　袋Ｉは，図3のように，照明器具から1m離れたところに置き，明るさの度合いを2にして5時間光を当てた後，袋の中の二酸化炭素の割合を気体検知管で測定した。

図3

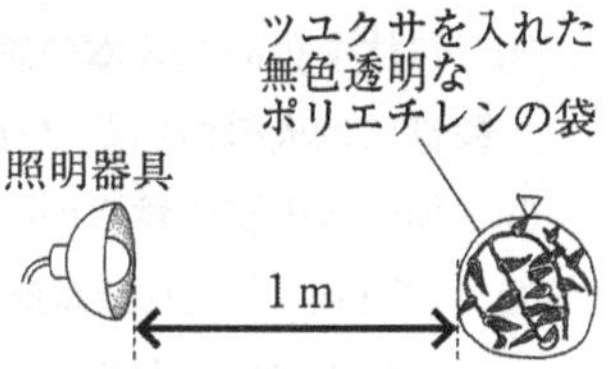

＜結果3＞

		暗い → 明るい		
		袋G 暗室	袋H 明るさの度合い1	袋Ｉ 明るさの度合い2
二酸化炭素の割合〔%〕	実験前	4.0	4.0	4.0
	実験後	7.6	5.6	1.5

〔問3〕　＜結果3＞から，袋Hと袋Ｉのそれぞれに含《ふく》まれる二酸化炭素の量の関係について述べたものとして適切なのは，下の ① のア～ウのうちではどれか。また，＜結果2＞と＜結果3＞から，袋Hと袋Ｉのそれぞれのツユクサでできるデンプンなどの養分の量の関係について述べたものとして適切なのは，次のページの ② のア～ウのうちではどれか。

① **ア**　呼吸によって出される二酸化炭素の量よりも，光合成によって使われた二酸化炭素の量の方が多いのは，袋Hである。
イ　呼吸によって出される二酸化炭素の量よりも，光合成によって使われた二酸化炭素の量の方が多いのは，袋Ｉである。
ウ　袋Hも袋Ｉも呼吸によって出される二酸化炭素の量と光合成によって使われた二酸化炭素の量は，同じである。

②　ア　デンプンなどの養分のできる量が多いのは，袋Hである。
　　イ　デンプンなどの養分のできる量が多いのは，袋Ｉである。
　　ウ　袋Hと袋Ｉでできるデンプンなどの養分の量は，同じである。

5　物質の変化やその量的な関係を調べる実験について，次の各問に答えよ。
＜**実験１**＞を行ったところ，＜**結果１**＞のようになった。

＜**実験１**＞

図１

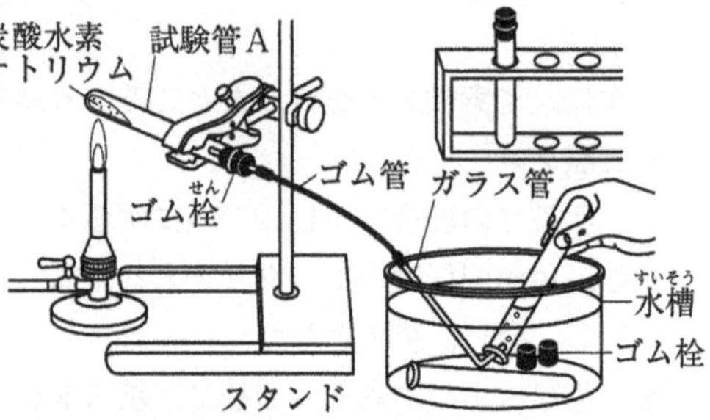

⑴　乾いた試験管Ａに炭酸水素ナトリウム2.00gを入れ，ガラス管をつなげたゴム栓《せん》をして，試験管Ａの口を少し下げ，スタンドに固定した。

⑵　図１のように，試験管Ａを加熱したところ，ガラス管の先から気体が出てきたことと，試験管Ａの内側に液体が付いたことが確認《かくにん》できた。出てきた気体を３本の試験管に集めた。

⑶　ガラス管を水槽《すいそう》の水の中から取り出した後，試験管Ａの加熱をやめ，試験管Ａが十分に冷めてから試験管Ａの内側に付いた液体に青色の塩化コバルト紙を付けた。

⑷　気体を集めた３本の試験管のうち，１本目の試験管には火のついた線香を入れ，２本目の試験管には火のついたマッチを近付け，３本目の試験管には石灰水《せっかいすい》を入れてよく振った。

⑸　加熱後の試験管Ａの中に残った物質の質量を測定した。

⑹　水5.0cm^3を入れた試験管を２木用意し，一方の試験管には炭酸水素ナトリウムを，もう一方の試験管には＜**実験１**＞の⑸の物質をそれぞれ1.00g入れ，水への溶け方を観察した。

＜**結果１**＞

塩化コバルト紙の色の変化	火のついた線香の変化	火のついたマッチの変化	石灰水の変化	加熱後の物質の質量	水への溶け方
青色から赤色（桃色《ももいろ》）に変化した。	線香の火が消えた。	変化しなかった。	白く濁った。	1.26g	炭酸水素ナトリウムは溶け残り，加熱後の物質は全て溶けた。

〔問１〕　＜**実験１**＞の⑶の下線部のように操作する理由として適切なのは，下の ① の**ア**～**エ**のうちではどれか。また，＜**実験１**＞の⑹の炭酸水素ナトリウム水溶液と加熱後の物質の水溶液のpHの値《あたい》について述べたものとして適切なのは，下の ② の**ア**～**ウ**のうちではどれか。

①　**ア**　試験管Ａ内の気圧が上がるので，試験管Ａのゴム栓が飛び出すことを防ぐため。
　　イ　試験管Ａ内の気圧が上がるので，水槽の水が試験管Ａに流れ込むことを防ぐため。
　　ウ　試験管Ａ内の気圧が下がるので，試験管Ａのゴム栓が飛び出すことを防ぐため。
　　エ　試験管Ａ内の気圧が下がるので，水槽の水が試験管Ａに流れ込むことを防ぐため。

②　**ア**　炭酸水素ナトリウム水溶液よりも加熱後の物質の水溶液の方がpHの値が小さい。
　　イ　炭酸水素ナトリウム水溶液よりも加熱後の物質の水溶液の方がpHの値が大きい。
　　ウ　炭酸水素ナトリウム水溶液と加熱後の物質の水溶液のpHの値は同じである。

〔問２〕　＜**実験１**＞の⑵で試験管Ａ内で起きている化学変化と同じ種類の化学変化として適切なのは，下の ① の**ア**～**エ**のうちではどれか。また，＜**実験１**＞の⑵で試験管Ａ内で起きている化学変化をモデルで表した図２のうち，ナトリウム原子１個を表したものとして適切なのは，下の ② の**ア**～**エ**のうちではどれか。

① 　**ア**　酸化銀を加熱したときに起こる化学変化
　　イ　マグネシウムを加熱したときに起こる化学変化
　　ウ　鉄と硫黄《いおう》の混合物を加熱したときに起こる化学変化
　　エ　鉄粉と活性炭の混合物に食塩水を数滴《すうてき》加えたときに起こる化学変化

図２

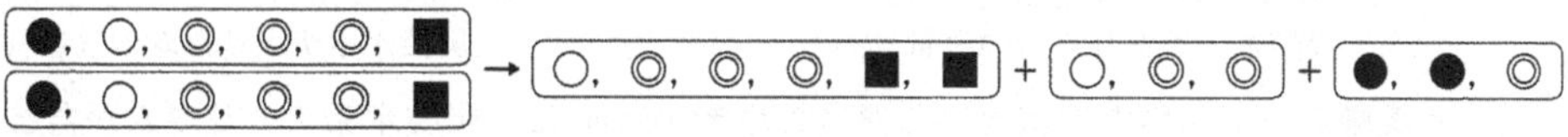

② 　**ア**　●　　**イ**　○　　**ウ**　◎　　**エ**　■

次に，＜**実験２**＞を行ったところ，＜**結果２**＞のようになった。

＜**実験２**＞

⑴　乾いたビーカーに薄い塩酸10.0㎤を入れ，図３のようにビーカーごと質量を測定し，反応前の質量とした。

⑵　炭酸水素ナトリウム0.50ｇを，＜**実験２**＞の⑴の薄い塩酸の入っているビーカーに少しずつ入れたところ，気体が発生した。気体の発生が止まった後，ビーカーごと質量を測定し，反応後の質量とした。

⑶　＜**実験２**＞の⑵で，ビーカーに入れる炭酸水素ナトリウムの質量を，1.00ｇ，1.50ｇ，2.00ｇ，2.50ｇ，3.00ｇに変え，それぞれについて＜**実験２**＞の⑴，⑵と同様の実験を行った。

図３

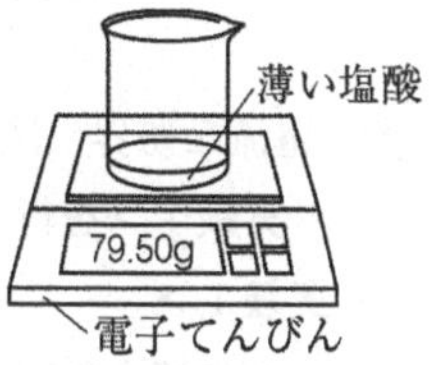

＜**結果２**＞

反応前の質量〔g〕	79.50	79.50	79.50	79.50	79.50	79.50
炭酸水素ナトリウムの質量〔g〕	0.50	1.00	1.50	2.00	2.50	3.00
反応後の質量〔g〕	79.74	79.98	80.22	80.46	80.83	81.33

〔問３〕　＜**結果２**＞から，炭酸水素ナトリウムの質量と発生した気体の質量との関係を表したグラフとして適切なのは，次のうちではどれか。

ア

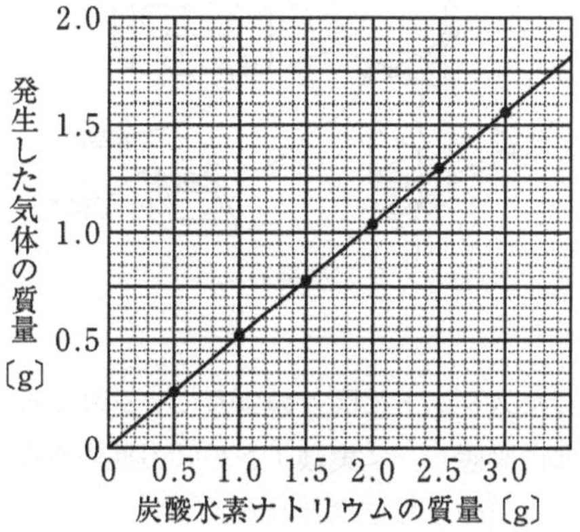

イ

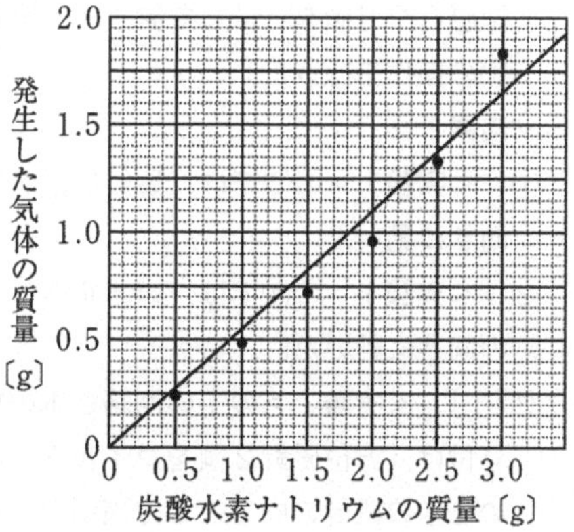

ウ

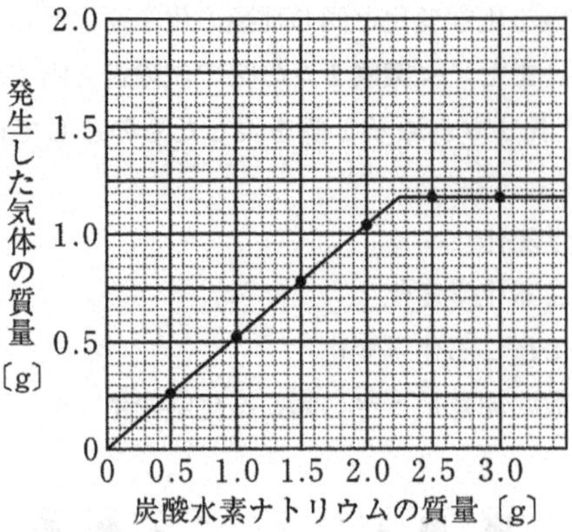

エ

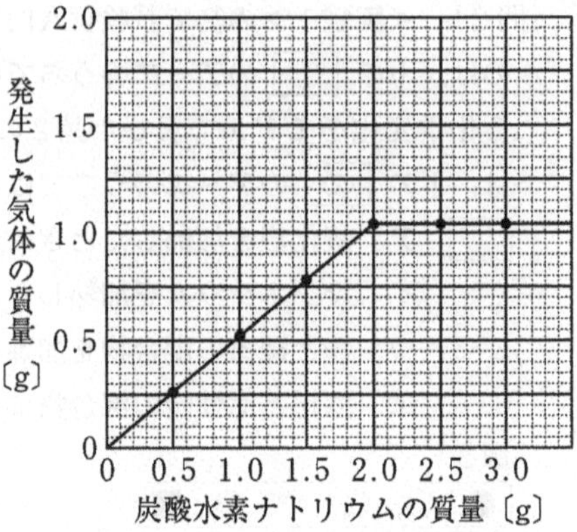

〔問４〕　<**実験２**>で用いた塩酸と同じ濃度《のうど》の塩酸10.0㎤に，炭酸水素ナトリウムが含《ふく》まれているベーキングパウダー4.00ｇを入れたところ，0.65ｇの気体が発生した。ベーキングパウダーに含まれている炭酸水素ナトリウムは何％か。答えは，小数第一位を四捨五入して整数で求めよ。

ただし，発生した気体はベーキングパウダーに含まれている炭酸水素ナトリウムのみが反応して発生したものとする。

6　電流と磁界に関する実験について，次の各問に答えよ。

<**実験１**>を行ったところ，<**結果１**>のようになった。

<**実験１**>

⑴　木の棒を固定したスタンドを水平な机の上に置き，図１のように電源装置，導線，スイッチ，20Ωの抵抗器《ていこうき》，電流計，コイルＡを用いて回路を作った。

⑵　コイルＡの下にＮ極が黒く塗《ぬ》られた方位磁針を置いた。

⑶　電源装置の電圧を５Ｖに設定し，回路のスイッチを入れた。

⑷　<**実験１**>の⑴の回路に図２のようにＵ字型磁石をＮ極を上にして置き，<**実験１**>の⑶の操作を行った。

<**結果１**>

⑴　<**実験１**>の⑶では，磁針は図３で示した向きに動いた。

⑵　<**実験１**>の⑷では，コイルＡは図２のＨの向きに動いた。

図１

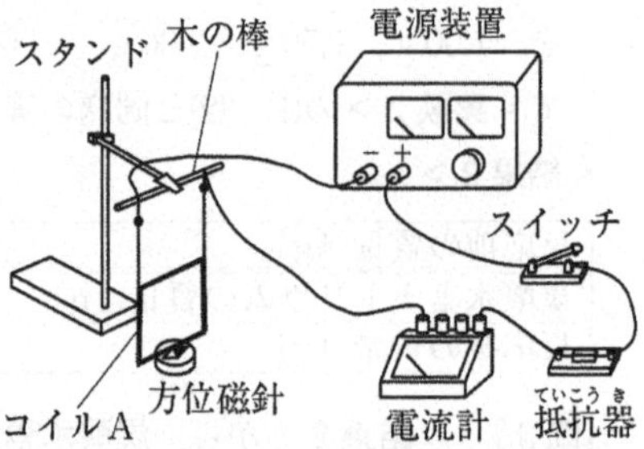

図２

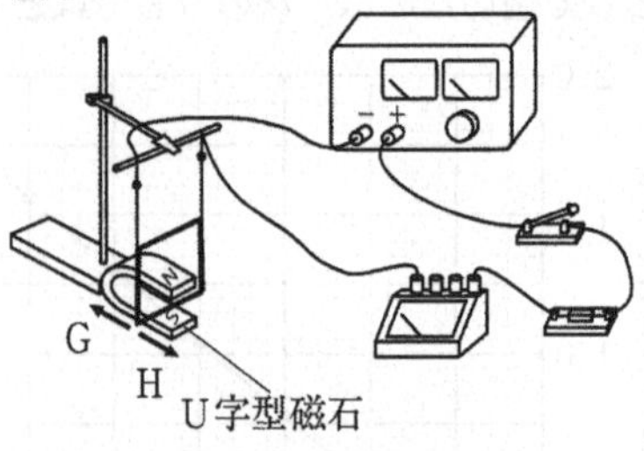

図３

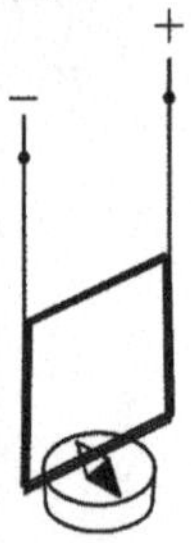

〔問１〕　<**実験１**>の⑴の回路と木の棒を固定したスタンドに図４のようにアクリル板２枚を取り付け，方位磁針２個をコイルＡの内部と上部に設置し，<**実験１**>の⑶の操作を行った。このときの磁針の向きとして適切なのは，次のページのうちではどれか。

図4

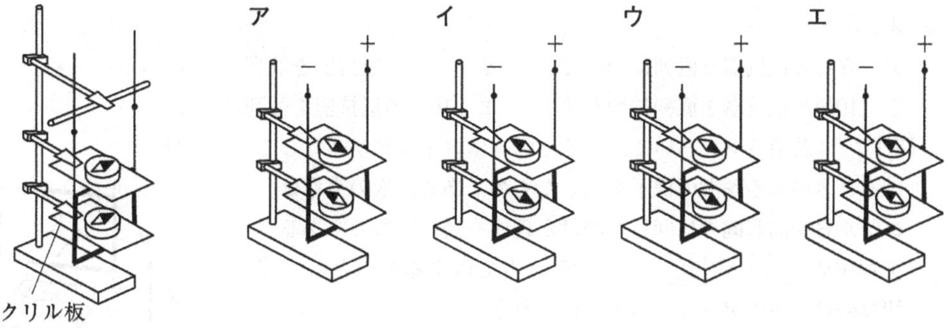

次に，＜**実験2**＞を行ったところ，＜**結果2**＞のようになった。

＜**実験2**＞

(1)　図5のようにコイルAに導線で検流計をつないだ。

(2)　コイルAを手でGとHの向きに交互に動かし，検流計の針の動きを観察した。

図5

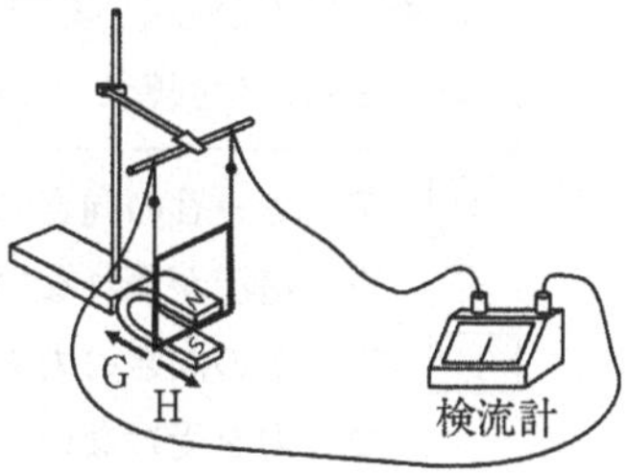

＜**結果2**＞

コイルAを動かすと，検流計の針は左右に振れた。

〔問2〕　＜**結果2**＞から，コイルAに電圧が生じていることが分かる。コイルAに電圧が生じる理由を簡単に書け。

次に，＜**実験3**＞を行ったところ，＜**結果3**＞のようになった。

＜**実験3**＞

(1)　図6において，電流をeからfに流すとき，a→b→c→dの向きに電流が流れるようエナメル線を巻き，左右に軸を出した。eの軸のエナメルを下半分，f側の軸のエナメルを全てはがしたコイルBを作った。
なお，図6のエナメル線の白い部分はエナメルをはがした部分を表している。

図6

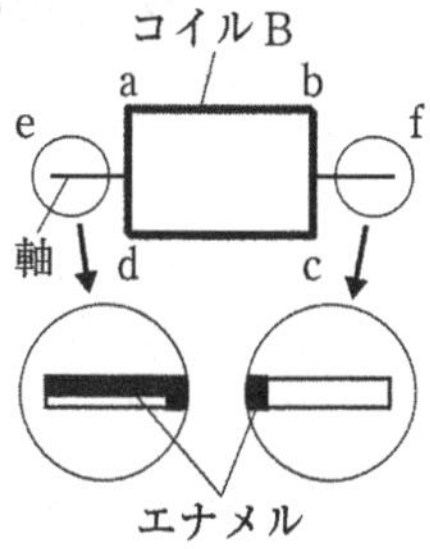

(2)　図7のように，磁石のS極を上にして置き，その上にコイルBをabの部分が上になるように金属製の軸受けに載せた。電源装置，導線，スイッチ，20Ωの抵抗器，電流計，軸受けを用いて回路を作り，＜**実験1**＞の(3)の操作を行った。

図7

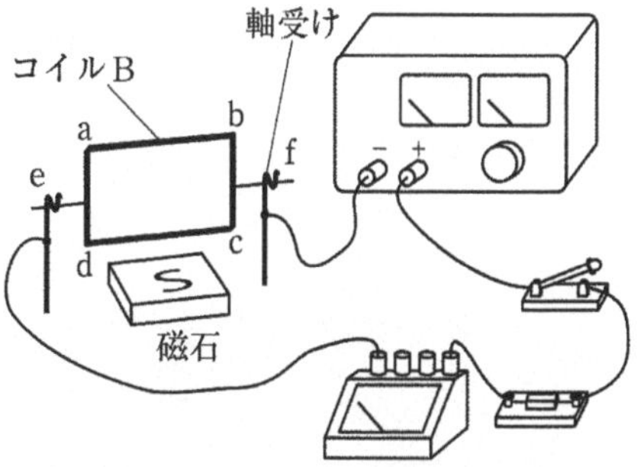

＜**結果3**＞

コイルBは，同じ向きに回転し続けた。

〔問3〕　＜**実験3**＞の(2)において，コイルBを流れる電流を大きくするとコイルの回転が速くなる。
次のページの**ア**～**エ**は，図7の回路の抵抗器にもう一つ抵抗器をつなぐ際の操作を示したものである。<**実験１**>の(3)の操作を行うとき，コイルＢが速く回転するつなぎ方の順に記号を並べよ。

ア　５Ωの抵抗器を直列につなぐ。　　**イ**　５Ωの抵抗器を並列《へいれつ》につなぐ。

ウ　10Ωの抵抗器を直列につなぐ。　　**エ**　10Ωの抵抗器を並列につなぐ。

〔問４〕　<**結果３**>において，図８と図９はコイルＢが回転しているときのある瞬間の様子を表したものである。次の文章は，コイルＢが同じ向きに回転し続けた理由を述べたものである。文章中の ① ～ ④ にそれぞれ当てはまるものとして適切なのは，下の**ア**～**ウ**のうちではどれか。

図８

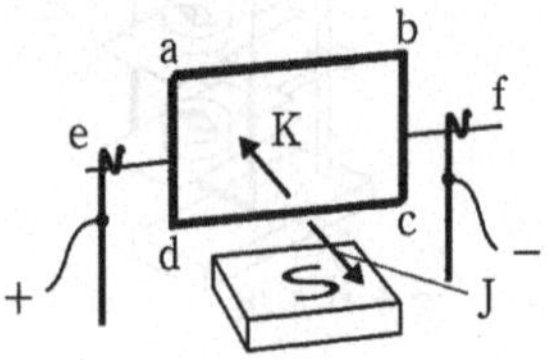

図９

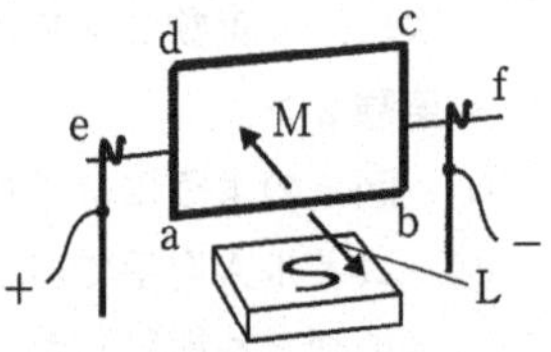

> 図８の状態になったときには，コイルＢのｃｄの部分には ① ため，磁界から ② 。半回転して図９の状態になったときには，コイルＢのａｂの部分には ③ ため，磁界から ④ 。そのため，同じ向きの回転を続け，さらに半回転して再び図８の状態になるから。

① **ア**　ｃ→ｄの向きに電流が流れる　　**イ**　ｄ→ｃの向きに電流が流れる
ウ　電流が流れない

② **ア**　Ｊの向きに力を受ける　　**イ**　Ｋの向きに力を受ける
ウ　力を受けない

③ **ア**　ａ→ｂの向きに電流が流れる　　**イ**　ｂ→ａの向きに電流が流れる
ウ　電流が流れない

④ **ア**　Ｌの向きに力を受ける　　**イ**　Ｍの向きに力を受ける
ウ　力を受けない

＜社会＞

時間　50分　　満点　100点

1　次の各問に答えよ。

I

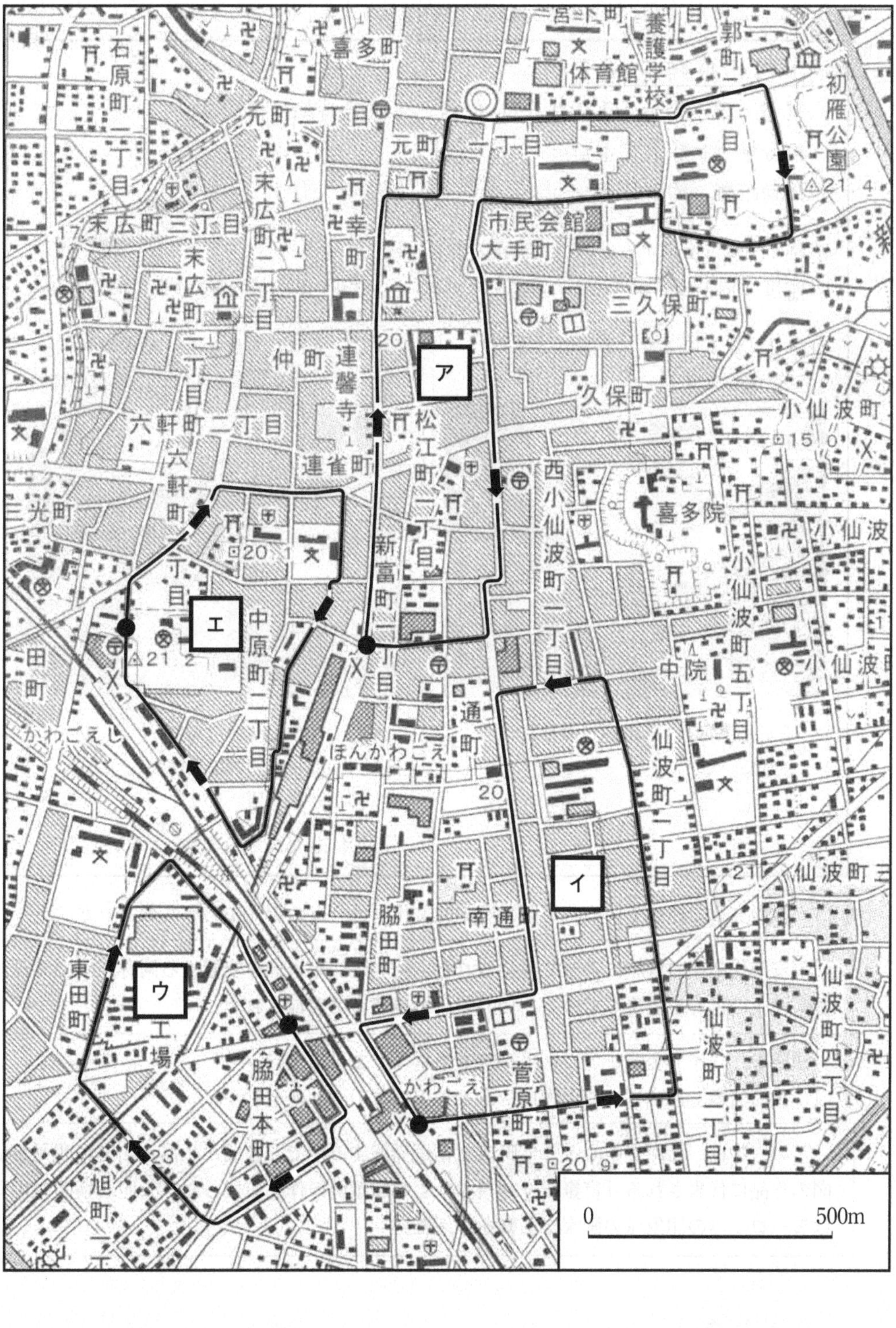

〔問1〕　前のページのⅠの地形図は，2006年と2008年の「国土地理院発行２万５千分の１地形図(川越《かわごえ》南部・川越北部)」の一部を拡大して作成したものである。下のⅡの図は，埼玉《さいたま》県川越市中心部の地域調査で確認《かくにん》できる城下町の痕跡を示したものである。Ⅰのア～エの経路は，地域調査で地形図上に●で示した地点を起点に矢印（➡）の方向に移動した様子を――で示したものである。Ⅱの図で示された痕跡を確認することができる経路に当てはまるのは，Ⅰのア～エのうちではどれか。(31ページの地図は編集の都合で90％に縮小してあります。)

Ⅱ

城下町の痕跡を探そう

調 査 日　令和２年10月３日（土）　　集合時刻　午前９時

集合場所　駅前交番前

移動距離《きょり》　約4.1km

痕跡１　城に由来するものが，現在の町名に残っている。

郭町《くるわまち》　城の周囲にめぐらした郭に由来する。　大手町《おおてまち》　川越城の西大手門に由来する。

痕跡２　城下に「時」を告げてきた鐘つき堂

地形図上では，「高塔」の地図記号で示されている。

痕跡３　見通しを悪くし，敵が城に侵入《しんにゅう》しづらくなるようにした鍵型《かぎがた》の道路

通行しやすくするために，鍵型の道路は直線的に結ばれている。

（↓は写真を撮った向きを示す。）

〔問2〕　次の文章で述べている我が国の歴史的文化財は，下のア～エのうちのどれか。

平安時代中期の貴族によって建立《こんりゅう》された，阿弥陀如来坐像《あみだにょらいざぞう》を安置する阿弥陀堂であり，極楽浄土《ごくらくじょうど》の世界を表現している。1994年に世界遺産に登録された。

ア　法隆寺《ほうりゅうじ》　　イ　金閣　　ウ　平等院鳳凰堂《びょうどういんほうおうどう》　　エ　東大寺

〔問3〕　次の文章で述べている人物は，あとのア～エのうちのどれか。

この人物は，江戸《えど》を中心として町人文化が発展する中で，波間から富士山を垣間見《かいまみ》る構図の作品に代表される「富嶽三十六景《ふがくさんじゅうろっけい》」などの風景画の作品を残した。大胆《だいたん》な構図や色彩《しきさい》はヨーロッパの印象派の画家に影響を与えた。

ア　雪舟　　イ　葛飾北斎《かつしかほくさい》　　ウ　菱川師宣《ひしかわもろのぶ》　　エ　狩野永徳《かのうえいとく》

〔問4〕　次の条文がある法律の名称《めいしょう》は，下のア～エのうちのどれか。

> ○労働条件は，労働者と使用者が，対等の立場において決定すべきものである。
> ○使用者は，労働者に，休憩《きゅうけい》時間を除き一週間について四十時間を超えて，労働させてはならない。

ア　男女共同参画社会基本法　　イ　労働組合法
ウ　男女雇用機会均等法《だんじょこようきかいきんとうほう》　　エ　労働基準法

2　次の略地図を見て，あとの各問に答えよ。

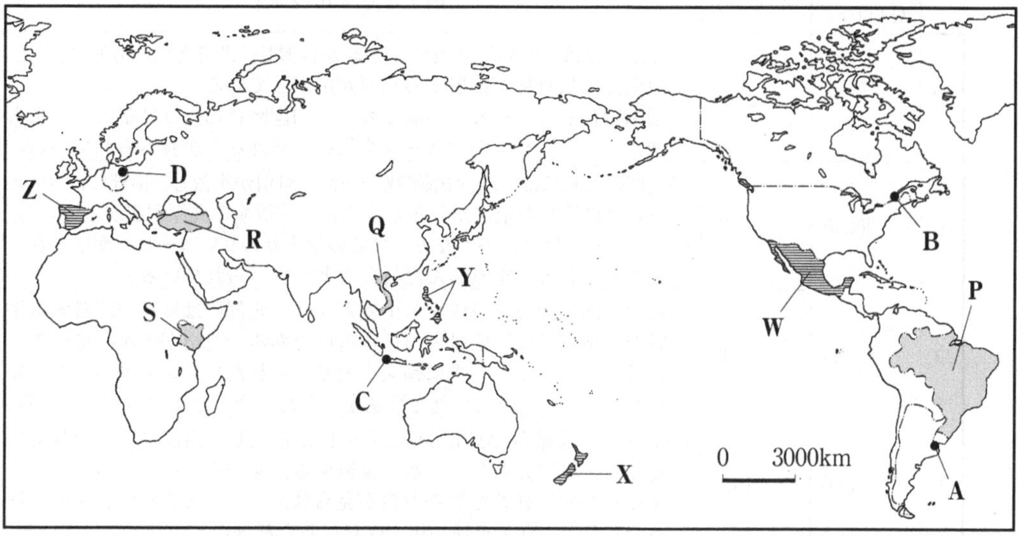

〔問1〕　次のⅠのア～エのグラフは，略地図中にA～Dで示した**いずれか**の都市の，年平均気温と年降水量及び各月の平均気温と降水量を示したものである。Ⅱの表のア～エは，略地図中にA～Dで示した**いずれか**の都市を含《ふく》む国の，2017年における米，小麦，とうもろこし，じゃがいもの生産量を示したものである。略地図中のDの都市のグラフに当てはまるのは，Ⅰのア～エのうちのどれか，また，その都市を含む国の，2017年における米，小麦，とうもろこし，じゃがいもの生産量に当てはまるのは，次のページのⅡの表のア～エのうちのどれか。

Ⅰ

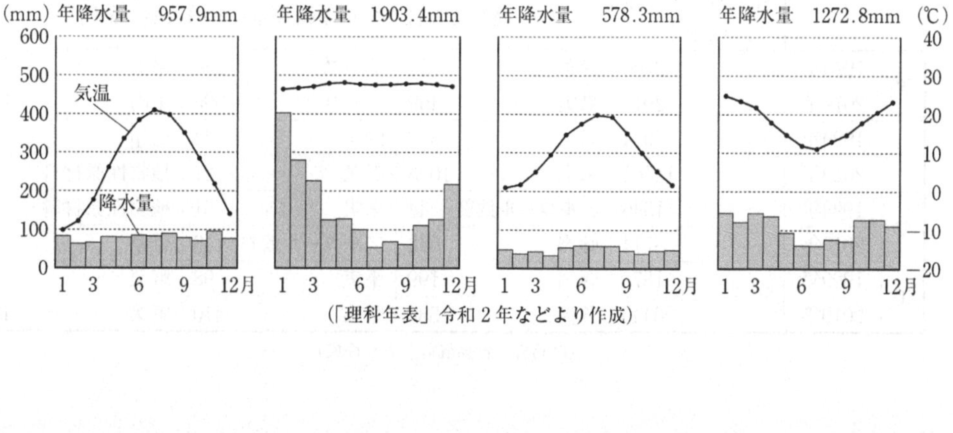

（「理科年表」令和2年などより作成）

Ⅱ

	米（万t）	小麦（万t）	とうもろこし(万t)	じゃがいも（万t）
ア	8138	−	2795	116
イ	133	1840	4948	245
ウ	−	2998	1410	441
エ	−	2448	455	1172

（注）−は，生産量が不明であることを示す。（「データブック　オブ・ザ・ワールド」2020年版などより作成）

〔問2〕 次の表のア～エは，略地図中に ▭ で示したP～Sのいずれかの国の，2017年におけるコーヒー豆と茶の生産量，国土と食文化の様子についてまとめたものである。略地図中のP～Sのそれぞれの国に当てはまるのは，次の表のア～エのうちではどれか。

	コーヒー豆(百t)	茶(百t)	国土と食文化の様子
ア	−	2340	○北西部には二つの州を隔《へだ》てる海峡《かいきょう》が位置し，北部と南部も海に面し，中央部には首都が位置する高原が広がっている。 ○帝国《ていこく》時代からコーヒーが飲まれ，共和国時代に入り紅茶の消費量も増え，トマトや羊肉のスープを用いた料理などが食べられている。
イ	26845	5	○北部の盆地《ぼんち》には流域面積約700万km^2の河川《かせん》が東流し，南部にはコーヒー栽培《さいばい》に適した土壌《どじょう》が分布し，首都が位置する高原が広がっている。 ○ヨーロッパ風に，小さなカップで砂糖入りの甘《あま》いコーヒーが飲まれ，豆と牛や豚《ぶた》の肉を煮込んだ料理などが食べられている。
ウ	15424	2600	○南北方向に国境を形成する山脈が走り，北部には首都が位置する平野が，南部には国内最大の稲作《いなさく》地域である三角州《さんかくす》が広がっている。 ○練乳入りコーヒーや主に輸入小麦で作られたフランス風のパンが見られ，スープに米粉の麺《めん》と野菜を入れた料理などが食べられている。
エ	386	4399	○中央部には標高5000mを超える火山が位置し，西部には茶の栽培に適した土壌が分布し，首都が位置する高原が広がっている。 ○イギリス風に紅茶を飲む習慣が見られ，とうもろこしの粉を湯で練った主食と，野菜を炒《いた》め塩で味付けした料理などが食べられている。

（注）−は，生産量が不明であることを示す。　（「データブック　オブ・ザ・ワールド」2020年版などより作成）

〔問3〕 次のⅠとⅡ（次のページ）の表のア～エは，略地図中に ▤ で示したW～Zのいずれかの国に当てはまる。Ⅰの表は，1999年と2019年における日本の輸入総額，農産物の日本の主な輸入品目と輸入額を示したものである。Ⅱの表は，1999年と2019年における輸出総額，輸出額が多い上位3位までの貿易相手国を示したものである。あとのⅢの文章は，ⅠとⅡの表におけるア～エのいずれかの国について述べたものである。Ⅲの文章で述べている国に当てはまるのは，ⅠとⅡの表のア～エのうちのどれか，また，略地図中のW～Zのうちのどれか。

Ⅰ

		日本の輸入総額（億円）	農産物の日本の主な輸入品目と輸入額（億円）					
ア	1999年	2160	野菜	154	チーズ	140	果実	122
	2019年	2918	果実	459	チーズ	306	牛肉	134
イ	1999年	6034	果実	533	野菜	34	麻類《あさるい》	6
	2019年	11561	果実	1033	野菜	21	植物性原材料	8
ウ	1999年	1546	アルコール飲料	44	果実	31	植物性原材料	11
	2019年	3714	豚肉	648	アルコール飲料	148	野菜	50
エ	1999年	1878	豚肉	199	果実	98	野菜	70
	2019年	6440	豚肉	536	果実	410	野菜	102

（財務省「貿易統計」より作成）

Ⅱ

		輸出総額（億ドル）	輸出額が多い上位3位までの貿易相手国		
			1位	2位	3位
ア	1999年	125	オーストラリア	アメリカ合衆国	日本
	2019年	395	中華《ちゅうか》人民《じんみん》共和《きょうわ》国《こく》	オーストラリア	アメリカ合衆国
イ	1999年	350	アメリカ合衆国	日本	オランダ
	2019年	709	アメリカ合衆国	日本	中華人民共和国
ウ	1999年	1115	フランス	ドイツ	ポルトガル
	2019年	3372	フランス	ドイツ	イタリア
エ	1999年	1363	アメリカ合衆国	カナダ	ドイツ
	2019年	4723	アメリカ合衆国	カナダ	ドイツ

（国際連合貿易統計データベースより作成）

Ⅲ

現在も活動を続ける造山帯に位置しており，南部には氷河に削られてできた複雑に入り組んだ海岸線が見られる。偏西風《へんせいふう》の影響を受け，湿潤《しつじゅん》な西部に対し，東部の降水量が少ない地域では，牧羊が行われている。一次産品が主要な輸出品となっており，1999年と比べて2019年では，日本の果実の輸入額は3倍以上に増加し，果実は外貨獲得《かくとく》のための貴重な資源となっている。貿易の自由化を進め，2018年には，日本を含む6か国による多角的な経済連携《けいざいれんけい》協定《きょうてい》が発効したことなどにより，貿易相手国の順位にも変化が見られる。

3 次の略地図を見て，あとの各問に答えよ。

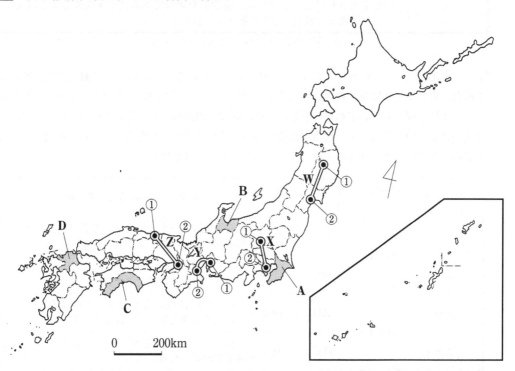

〔問1〕 次のページの表のア～エは，略地図中に ▒ で示した，A～Dのいずれかの県の，2019年における人口，県庁所在地（市）の人口，県内の自然環境と情報通信産業などの様子についてまとめたものである。A～Dのそれぞれの県に当てはまるのは，次の表のア～エのうちではどれか。

	人口(万人) 県庁所在地(市)の人口(万人)	県内の自然環境と情報通信産業などの様子
ア	70	○北部には山地が位置し，中央部には南流する複数の河川《かせん》により形成された平野が見られ，沖合《おきあい》を流れる暖流の影響で，気候が温暖である。
	33	○県庁が所在する平野部には，園芸農業を行う施設内の環境を自動制御《せいぎょ》するためのシステムを開発する企業《きぎょう》が立地している。
イ	510	○北西部に広がる平野の沖合には暖流が流れ，北東部には潮流が速い海峡《かいきょう》が見られ，南西部に広がる平野は干満差の大きい干潟《ひがた》のある海に面している。
	154	○県庁所在地の沿岸部には，住宅地開発を目的に埋め立てられた地域に，報道機関やソフトウェア設計の企業などが集積している。
ウ	104	○冬季に降水が多い南部の山々を源流とし，北流する複数の河川が形成する平野が中央部に見られ，東部には下流に扇状地を形成する河川が見られる。
	42	○県庁が所在する平野部には，豊富な水を利用した医薬品製造拠点があり，生産管理のための情報技術などを開発する企業が立地している。
エ	626	○平均標高は約40mで，北部にはローム層が堆積する台地があり，西部には大都市が立地し，南部には温暖な気候の丘陵《きゅうりょう》地帯が広がっている。
	97	○県庁所在地に近い台地には，安定した地盤《じばん》であることを生かして金融《きんゆう》関係などの情報を処理する電算センターが立地している。

（「日本国勢図会《にほんこくせいずえ》」2020／21年版などより作成）

〔問2〕 略地図中に①◎══◎②で示したW～Zは，それぞれの①の府県の府県庁所在地と②の府県の府県庁所在地が，鉄道と自動車で結び付く様子を模式的に示したものである。次の表のア～エは，W～Zの**いずれか**の府県庁所在地間の直線距離《きょり》，2017年における，府県相互間の鉄道輸送量，自動車輸送量，起点となる府県の産業の様子を示したものである。略地図中のW～Zのそれぞれに当てはまるのは，次の表の**ア**～**エ**のうちではどれか。

	起点	終点	直線距離(km)	鉄道(百t)	自動車(百t)	起点となる府県の産業の様子
ア	①	②	117.1	1078	32172	輸送用機械関連企業が南部の工業団地に立地し，都市部では食品加工業が見られる。
	②	①		10492	25968	沿岸部では鉄鋼業や石油化学コンビナートが，内陸部では電子機械工業が見られる。
イ	①	②	161.1	334	41609	中山間部には畜産《ちくさん》業《ぎょう》や林業，木材加工業が，南北に走る高速道路周辺には電子工業が見られる。
	②	①		3437	70931	平野部には稲作《いなさく》地帯が広がり，沿岸部では石油精製業が見られる。
ウ	①	②	147.9	209	11885	漁港周辺には水産加工業が，砂丘が広がる沿岸部には果樹栽培《さいばい》が見られる。
	②	①		33	9145	沿岸部には鉄鋼業が，都市中心部には中小工場が，内陸部には電気機械工業が見られる。

エ	①→②	61.8	1452	79201	世界を代表する輸送用機械関連企業が内陸部に位置し，沿岸部には鉄鋼業などが見られる。
	②→①		1777	95592	石油化学コンビナートや，岬《みさき》と入《い》り江《え》が入り組んだ地形を生かした養殖業《ようしょくぎょう》が見られる。

（国土交通省「貨物地域流動調査」などより作成）

［問３］ 次のⅠとⅡの地形図は，千葉県八千代《やちよ》市の1983年と2009年の「国土地理院発行２万５千分の１地形図（習志野《ならしの》）」の一部である。Ⅲの略年表は，1980年から1996年までの，八千代市（萱田《かやだ》）に関する主な出来事についてまとめたものである。ⅠとⅡの地形図を比較《ひかく》して読み取れる，◯で示した地域の変容について，宅地に着目して，簡単に述べよ。また，Ⅰ～Ⅲの資料から読み取れる，◯で示した地域の変容を支えた要因について，八千代中央駅と東京都（大《おお》手町《てまち》）までの所要時間に着目して，簡単に述べよ。

Ⅰ

（1983年）

Ⅱ

（2009年）

Ⅲ

西暦《せいれき》	八千代市（萱田）に関する主な出来事
1980	●萱田の土地区画整理事業が始まった。
1985	●東葉高速鉄道建設工事が始まった。
1996	●東葉高速鉄道が開通した。 ●八千代中央駅が開業した。 ●東京都（大手町）までの所要時間は60分から46分に，乗換回数は３回から０回になった。

（注）所要時間に乗換時間は含《ふく》まない。

（「八千代市統計書」などより作成）

4 次の文章を読み，あとの各問に答えよ。

> 政治や行政の在り方は，時代とともにそれぞれ変化してきた。
>
> 古代では，クニと呼ばれるまとまりが生まれ，政治の中心地が，やがて都となり，行政を行う役所が設けられるようになった。さらに，(1)都から各地に役人を派遣《はけん》し，土地や人々を治める役所を設け，中央集権体制を整えた。
>
> 中世になると，武家が行政の中心を担《にな》うようになり，(2)支配を確実なものにするために，独自の行政の仕組みを整え，新たな課題に対応してきた。
>
> 明治時代に入ると，近代化政策が推進され，欧米《おうべい》諸国を模範《もはん》として，(3)新たな役割を担う行政機関が設置され，地方自治の制度も整備された。そして，社会の変化に対応した政策を実現するため，(4)様々な法律が整備され，行政が重要な役割を果たすようになった。

［問１］ (1)都から各地に役人を派遣《はけん》し，土地や人々を治める役所を設け，中央集権体制を整えた。

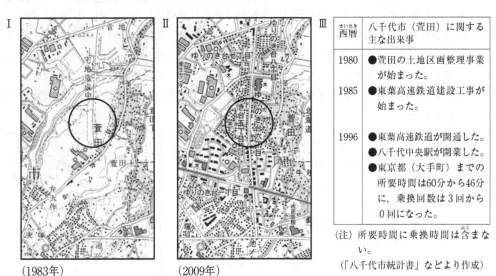

とあるが，次のア～エは，飛鳥《あすか》時代から室町《むろまち》時代にかけて，各地に設置された行政機関について述べたものである。時期の古いものから順に記号を並べよ。

ア　足利尊氏《あしかがたかうじ》は，関東への支配を確立する目的で，関東８か国と伊豆《いず》・甲斐《かい》の２か国を支配する機関として，鎌倉府《かまくらふ》を設置した。

イ　桓武《かんむ》天皇は，支配地域を拡大する目的で，東北地方に派遣した征夷大将軍《せいいたいしょうぐん》に胆沢城《いさわじょう》や志波《しわ》城《じょう》を設置させた。

ウ　中大兄皇子《なかのおおえのおうじ》は，白村江《はくすきのえ》《はくそんこう》の戦いに敗北した後，大陸からの防御《ぼうぎょ》を固めるため，水城《みずき》や山城《やまじろ》を築き，大宰府《だざいふ》を整備した。

エ　北条義時《ほうじょうよしとき》を中心とする幕府は，承久《じょうきゅう》の乱《らん》後の京都の治安維持《いじ》，西国で発生した訴訟《そしょう》の処理，朝廷《ちょうてい》の監視《かんし》等を行う機関として，六波羅探題《ろくはらたんだい》を設置した。

〔問２〕　(2)支配を確実なものにするために，独自の行政の仕組みを整え，新たな課題に対応してきた。とあるが，次のⅠの略年表は，室町時代から江戸《えど》時代にかけての，外国人に関する主な出来事をまとめたものである。Ⅱの略地図中のＡ～Ｄは，幕府が設置した奉行所《ぶぎょうしょ》の所在地を示したものである。Ⅲの文章は，幕府直轄地《ばくふちょっかつち》の奉行への命令の一部を分かりやすく書き改めたものである。Ⅲの文章が出されたのは，Ⅰの略年表中のア～エの時期のうちではどれか。また，Ⅲの文章の命令を主に実行する奉行所の所在地に当てはまるのは，Ⅱの略地図中のＡ～Ｄのうちのどれか。

Ⅰ

西暦《せいれき》	外国人に関する主な出来事	
1549	●フランシスコ·ザビエルが，キリスト教を伝えるため来航した。	
		ア
1600	●漂 着《ひょうちゃく》したイギリス人ウィリアム・アダムスが徳川家康《とくがわいえやす》と会見した。	
		イ
1641	●幕府は，オランダ商館長によるオランダ風説書の提出を義務付けた。	
		ウ
1709	●密入国したイタリア人宣教師シドッチを新井白《あらいはく》石《せき》が尋問《じんもん》した。	
		エ
1792	●ロシア使節のラクスマンが来航し，通商を求めた。	

Ⅱ

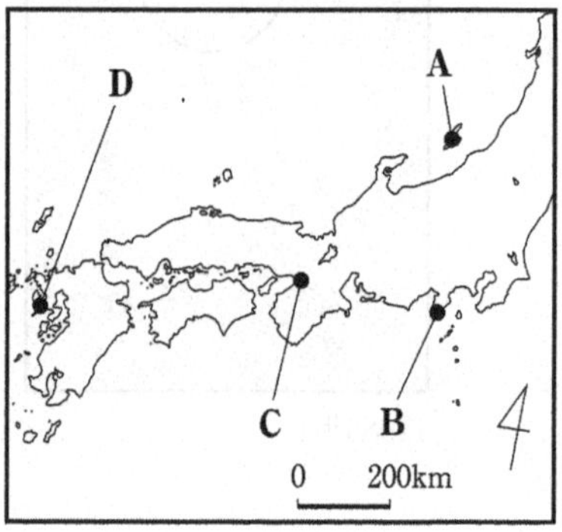

Ⅲ

○外国へ日本の船を行かせることを厳禁とする。
○日本人を外国へ渡航させてはならない。

〔問３〕　(3)新たな役割を担う行政機関が設置され，とあるが，次の文章は，帝都復興院総裁《ていとふっこういんそうさい》を務めることになる後藤新平《ごとうしんぺい》が，1923年９月６日に　閣議に文書を提出する際に記した決意の一部を分かりやすく書き改めたものである。この決意をした時期の東京の様子について述べているのは，あとのア～エのうちではどれか。

○大変災は突如《とつじょ》として帝都を震え上がらせた。
○火災に包まれる帝都を目撃し，自分の任務が極《きわ》めて重要であることを自覚すると同時に復興の計画を策定することが急務であることを痛感した。
○第一に救護，第二に復旧，第三に復興の方針を執《と》るべきである。

ア　新橋《しんばし》・横浜《よこはま》間に鉄道が開通するなど，欧米の文化が取り入れられ始め，現在の銀座《ぎんざ》通りに洋風れんが造りの２階建ての建物が建設された。

イ　我が国の国際的な地位を高めるために，イギリスと同盟を結び，我が国最初の国立図書館である帝国図書館が上野《うえの》公園内に建設された。

ウ　大日本帝国憲法が制定され，近代的な政治制度が整えられ，東京では，都市の整備が進み，我が国最初のエレベーターを備える凌雲閣《りょううんかく》が浅草《あさくさ》に建設された。

エ　東京駅が開業し，都市で働くサラリーマンや工場労働者の人口が大きく伸び，バスの車掌やタイピストなどの新しい職業に就《つ》く女性が増え，丸《まる》の内《うち》ビルヂング（丸ビル）が建設された。

〔問４〕 (4)様々な法律が整備され，行政が重要な役割を果たすようになった。とあるが，次の略年表は，大正時代から昭和時代にかけての，我が国の法律の整備に関する主な出来事についてまとめたものである。略年表中の**Ａ**～**Ｄ**のそれぞれの時期に当てはまるのは，下の**ア**～**エ**のうちではどれか。

西暦	我が国の法律の整備に関する主な出来事	
1921	●工業品規格の統一を図るため，度量衡法《どりょうこうほう》が改正され，メートル法への統一が行われた。	**A**
1931	●国家による電力の管理体制を確立するため，電気事業法が改正され，国家経済の基礎となる産業への優先的な電力供給が始まった。	**B**
1945	●我が国の民主化を進めるため，衆議院議員選挙法が改正され，女性に選挙権が与えられた。	
1950	●我が国の文化財の保護・活用のため，文化財保護法が公布され，新たに無形文化財や埋蔵文化財が保存の対象として取り入れられた。	**C**
1961	●所得格差の改善を図るため，農業基本法が公布され，農業の生産性向上及び農業総生産の増大などが国の施策として義務付けられた。	**D**
1973	●物価の急激な上昇と混乱に対処するため，国民生活安定緊急措置法《きんきゅうそちほう》が公布され，政府は国民生活に必要な物資の確保と価格の安定に努めることを示した。	

ア　普通選挙などを求める運動が広がり，連立内閣が成立し，全ての満25歳以上の男子に選挙権を認める普通選挙法が制定され，国民の意向が政治に反映される道が開かれた。

イ　急速な経済成長をとげる一方で，公害が深刻化し，国民の健康と生活環境を守るため，公害対策基本法が制定され，環境保全に関する施策が展開された。

ウ　農地改革などが行われ，日本国憲法の精神に基づく教育の基本を確立するため，教育基本法が制定され，教育の機会均等，男女共学などが定められた。

エ　日中戦争が長期化し，国家総動員法《こっかそうどういんほう》が制定され，政府の裁量により，経済，国民生活，労務，言論などへの広範《こうはん》な統制が可能となった。

5　次の文章を読み，あとの各問に答えよ。

> 地方自治は，民主政治を支える基盤《きばん》である。地方自治を担《にな》う地方公共団体は，住民が安心した生活を送ることができるように，地域の課題と向き合い，その課題を解決する重要な役割を担っている。(1)日本国憲法では，我が国における地方自治の基本原則や地方公共団体の仕組みなどについて規定している。
>
> 地方自治は，住民の身近な生活に直接関わることから，(2)住民の意思がより反映できるように，直接民主制の要素を取り入れた仕組みになっている。
>
> 国は，民主主義の仕組みを一層充実《じゅうじつ》させ，住民サービスを向上させるなどの目的で，(3)1999年に地方分権一括法《ちほうぶんけんいっかつほう》を成立させ，国と地方が，「対等・協力」の関係で仕事を分担できることを目指して，地方公共団体に多くの権限を移譲《いじょう》してきた。現在では，全国の地方公共団体が地域の課題に応じた新たな取り組みを推進できるように　国に対して地方分権改革に関する提案を行うことができる仕組みが整えられている。

〔問1〕　(1)日本国憲法では，我が国における地方自治の基本原則や地方公共団体の仕組みなどについて規定している。とあるが，日本国憲法が規定している地方公共団体の仕事について述べているのは，次のア～エのうちではどれか。

ア　条約を承認《しょうにん》する。

イ　憲法及び法律の規定を実施するために，政令を制定する。

ウ　条例を制定する。

エ　一切の法律，命令，規則又《また》は処分が憲法に適合するかしないかを決定する。

〔問2〕　(2)住民の意思がより反映できるように，直接民主制の要素を取り入れた仕組みになっている。とあるが，住民が地方公共団体に対して行使できる権利について述べているのは，次のア～エのうちではどれか。

ア　有権者の一定数以上の署名を集めることで，議会の解散や，首長及び議員の解職，事務の監査《かんさ》などを請求《せいきゅう》することができる。

イ　最高裁判所の裁判官を，任命後初めて行われる衆議院議員総選挙の際に，直接投票によって適任かどうかを審査《しんさ》することができる。

ウ　予算の決定などの事項《じこう》について，審議して議決を行ったり，首長に対して不信任決議を行ったりすることができる。

エ　国政に関する調査を行い，これに関して，証人の出頭及び証言，記録の提出を要求することができる。

〔問3〕　(3)1999年に地方分権一括法《ちほうぶんけんいっかつほう》を成立させ，国と地方が，「対等・協力」の関係で仕事を分担できることを目指して，地方公共団体に多くの権限を移譲《いじょう》してきた。とあるが，次のページのⅠのグラフは，1995年から2019年までの我が国の地方公共団体への事務・権限の移譲を目的とした法律改正数を示したものである。Ⅱの文章は，2014年に地方公共団体への事務・権限の移譲を目的とした法律改正が行われた後の，2014年6月24日に地方分権改革有識者会議が取りまとめた「個性を活《い》かし自立した地方をつくる～地方分権改革の総括と展望～」の一部を分かりやすく書き改めたものである。ⅠとⅡの資料を活用し，1995年から2014年までの期間と比較《ひかく》した，2015年から2019年までの期間の法律改正数の動きについて，地方分権改革の推進手法と，毎年の法律改正の有無及び毎年の法律改正数に着目して，簡単に述べよ。

I
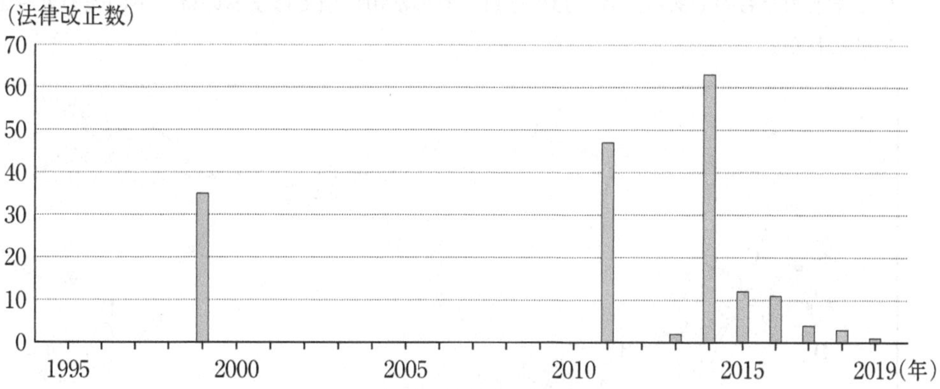

（内閣府資料より作成）

II

○これまでの地方分権改革の推進手法は，国が主導する短期集中型の方式であり，この取組を実施することで一定の成果を得ることができた。
○今後は，これまでの改革の理念を継承し，更《さら》に発展させていくことが重要である。
○今後の地方分権改革の推進手法については，地域における実情や課題を把握《はあく》している地方公共団体が考え提案する長期継続型の方式を導入する。

6　次の文章を読み，あとの各問に答えよ。

世界各国では，株式会社や国営企業《こくえいきぎょう》などが，(1)利潤《りじゅん》を追求するなどの目的で誕生してきた。人口が集中し，物資が集積する交通の要衝に設立された企業や，地域の自然環境や地下資源を生かしながら発展してきた企業など，(2)企業は立地条件に合わせ多様な発展を見せてきた。

(3)我が国の企業は，世界経済の中で，高度な技術を生み出して競争力を高め，我が国の経済成長を支えてきた。今後は，国際社会において，地球的規模で社会的責任を果たしていくことが，一層求められている。

〔問1〕　(1)利潤《りじゅん》を追求するなどの目的で誕生してきた。とあるが，次のア～エは，それぞれの時代に設立された企業について述べたものである。時期の古いものから順に記号を並べよ。

ア　綿織物を大量に生産するために産業革命が起こったイギリスでは，動力となる機械の改良が進み，世界最初の蒸気機関製造会社が設立された。

イ　南部と北部の対立が深まるアメリカ合衆国では，南北戦争が起こり，西部開拓《せいぶかいたく》を進めるために大陸を横断する鉄道路線を敷設《ふせつ》する会社が設立された。

ウ　第一次世界大戦の休戦条約が結ばれ，ベルサイユ条約が締結されるまでのドイツでは，旅《りょ》客《かく》輸送機の製造と販売《はんばい》を行う会社が新たに設立された。

エ　スペインの支配に対する反乱が起こり，ヨーロッパの貿易で経済力を高めたオランダでは，アジアへの進出を目的とした東インド会社が設立された。

〔問2〕　(2)企業は立地条件に合わせ多様な発展を見せてきた。とあるが，下の表のア～エの文章は，略地図中に示したA～Dの**いずれか**の都市の歴史と，この都市に立地する企業の様子についてまとめたものである。A～Dのそれぞれの都市に当てはまるのは，下の表のア～エのうちではどれか。

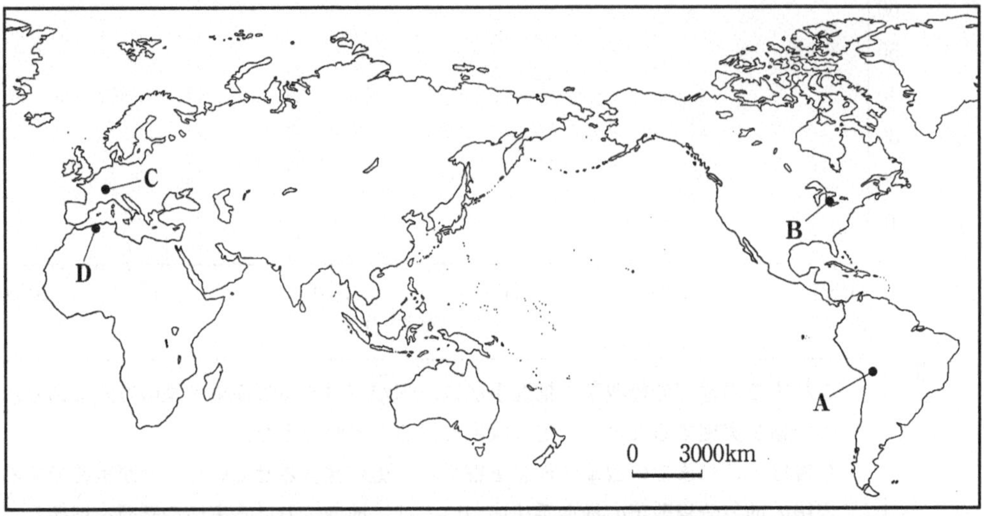

	都市の歴史と，この都市に立地する企業の様子
ア	○この都市は，標高3000mを超え，強風を遮《さえぎ》るすり鉢《ばち》状の地形に位置する首都で，1548年にスペイン人により建設され，金鉱もあったことから発展し，政治と経済の拠点となった。 ○国営企業が，銀，亜鉛《あえん》などの鉱山開発を行っており，近年では，新たに国営企業が設立され，塩湖でのリチウムイオン電池の原料の採取を複数の外国企業と共同で行っている。
イ	○この都市は，標高3000mを超える山脈の北側に位置する首都で，内陸部にはイスラム風の旧市街地が，沿岸部にはフランスの影響を受けた建物が見られる港湾都市となっている。 ○独立後に設立された，砂漠《さばく》地帯で採掘《さいくつ》される天然ガスや石油などを扱う国営企業は，近年，石油の増産と輸出の拡大に向けて外国企業との共同開発を一層進めている。
ウ	○この都市は，1701年にフランス人により砦《とりで》が築かれ，毛皮の交易が始まり，水運の拠点となり，1825年に東部との間に運河が整備され，20世紀に入り海洋とつながった。 ○19世紀後半には自動車の生産が始まり，20世紀に入ると大量生産方式の導入により，自動車工業の中心地へと成長し，現在でも巨大自動車会社が本社を置いている。
エ	○この都市は，20世紀に入り，湖の南西部に広がる市街地に国際連盟の本部が置かれ，第二次世界大戦後は200を超える国際機関が集まる都市となった。 ○16世紀後半に小型時計製造の技術が伝わったことにより精密機械関連企業が立地し，近年では生産の合理化や販売網の拡大などを行い，高価格帯腕時計の輸出量を伸ばしている。

〔問3〕　(3)我が国の企業は，世界経済の中で，高度な技術を生み出して競争力を高め，我が国の経済成長を支えてきた。とあるが，次のページのⅠのグラフは，1970年度から2018度までの我が国の経済成長率と法人企業の営業利益の推移を示したものである。Ⅱの文章は，Ⅰのグラフ

の**ア**～**エ**の**いずれか**の時期における我が国の経済成長率と法人企業の営業利益などについてまとめたものである。Ⅱの文章で述べている時期に当てはまるのは，Ⅰのグラフの**ア**～**エ**の時期のうちではどれか。

Ⅰ

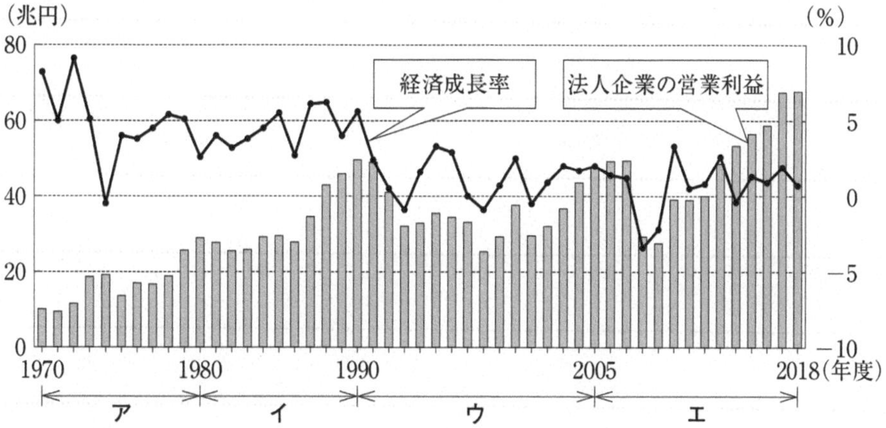

(財務省「法人企業統計調査」などより作成)

Ⅱ

○この時期の前半は，アメリカ合衆国の経済政策によって円安・ドル高が進行し，自動車などの輸送用機械や電気機械の輸出量が増えたことで，我が国の貿易収支は大幅な黒字となり，経済成長率は上昇傾向を示した。

○この時期の後半は，国際社会において貿易収支の不均衡《ふきんこう》を是正《ぜせい》するために為替相場《かわせそうば》を円高・ドル安へ誘導《ゆうどう》する合意がなされ，輸出量と輸出額が減少し，我が国の経済成長率は一時的に下降した。その後，日本銀行が貸付のための金利を下げたことなどで，自動車や住宅の購入《こうにゅう》，株式や土地への投資が増え，株価や地価が高騰《こうとう》する好景気となり，法人企業の営業利益は増加し続けた。

MEMO

大切なことはメモしておこうネ！

2021年度

解 答 と 解 説

《2021年度の配点は解答用紙集に掲載してあります。》

＜理科解答＞

1 〔問1〕 ウ　〔問2〕 ア　〔問3〕 エ　〔問4〕 ① ウ　② ア　〔問5〕 エ
〔問6〕 イ

2 〔問1〕 ① ア　② ウ　〔問2〕 ウ　〔問3〕 イ　〔問4〕 エ

3 〔問1〕 エ　〔問2〕 ① イ　② ウ　③ ア　〔問3〕 ① ウ　② エ
〔問4〕 ア→ウ→エ→イ

4 〔問1〕 ア　〔問2〕 ① ウ　② イ　〔問3〕 ① イ　② イ

5 〔問1〕 ① エ　② イ　〔問2〕 ① ア　② エ　〔問3〕 ウ　〔問4〕 31%

6 〔問1〕 ア　〔問2〕 (例)コイルAの中の磁界が変化するから。　〔問3〕 イ→エ→ア→ウ
〔問4〕 ① ア　② ア　③ ウ　④ ウ

＜理科解説＞

1 (小問集合－動物の体のつくりとはたらき：ヒトのからだの器官，光と音：音の大小と高低，地震と地球内部のはたらき：地震波，水溶液とイオン，酸・アルカリとイオン，遺伝の規則性と遺伝子：メンデルの実験，力の規則性：2力のつり合いと作用・反作用の法則)

〔問1〕 消化された養分は，Bの小腸の内側の壁にある，たくさんのひだの表面にある多数の柔毛から吸収される。細胞の活動にともなってできた**有害なアンモニアは，Cの肝臓で無害な尿素に変えられて**から排出される。

〔問2〕 振動数が多いほど音は高くなるので，Aは短い。振幅が大きいほど音は大きくなるので，Bは大きい。

〔問3〕 **初期微動継続時間は震源からの距離に比例して長くなる。**よって，震源からの距離が90kmの地点での初期微動継続時間をx〔s〕とすると，36〔km〕: 90〔km〕＝2〔s〕：x〔s〕，x〔s〕＝5〔s〕であり，初期微動継続時間は5秒である。したがって，震源からの距離が90kmの地点での主要動の始まった時刻は，10時10分27秒＋5秒＝10時10分32秒，である。

〔問4〕 ① この実験における溶液Aは電解質であり，水溶液は中性である必要があるため，ウの食塩水である。　② 塩酸が電離すると，$HCl \rightarrow H^{+} + Cl^{-}$，により，青色のリトマス紙を赤色に変える水素イオン「H^{+}」が生じ，塩酸は酸性であることを示す。

〔問5〕 エンドウの種子は「丸」が優性形質，「しわ」が劣性形質なので，**エンドウの丸い種子がもつ遺伝子は，AAまたはAa**であり，しわのある種子がもつ遺伝子は，aaである。AAとaaのかけ合わせで得られる種子の遺伝子はすべてAaであり，すべて丸い種子である。Aaとaaのかけ合わせで得られる種子の遺伝子は，Aa：aa＝1：1，であり，丸い種子：しわのある種子＝1：1，となる。よって，かけ合わせた丸い種子の個体としわのある種子の個体のそれぞれの遺伝子の組み合わせは，Aaとaaである。

〔問6〕 **力のつり合いの関係にある2力は，1つの物体にはたらく。**物体には，物体にはたらく重力

Bと机が物体を押す力(垂直抗力)Aの2力がはたらく。この2力は，一直線上にあり，大きさが等しく，向きが逆向きなので，力のつり合いの関係にある。**作用・反作用の関係にある2力は，2つの物体に別々にはたらく。**物体が机を押す力Cは机にはたらくのに対して，机が物体を押す力(垂直抗力)Aは物体にはたらく。この2力も，一直線上にあり，大きさが等しく，向きが逆向きであり，作用・反作用の関係にある2力である。

[2] (自由研究－動物の分類と生物の進化：セキツイ動物と軟体動物，力と物体の運動：速さ，身のまわりの物質とその性質：密度，天体の動きと地球の自転・公転：星の日周運動・星の年周運動)

〔問1〕 表1においては，セキツイ動物のグループは，魚類であるイワシ・アジのなかまである。軟体動物のグループは，**外とう膜で内臓がある部分が包まれていて，からだとあしには節がない**，タコ・イカのなかまと外とう膜をおおう貝殻がある二枚貝のなかまである。

〔問2〕 図1より，0.2秒間で7目盛りの35cm運動しているので，1時間に運動する距離をxkmとすると，0.2〔s〕：(60×60)〔s〕＝0.00035〔km〕：x〔km〕，x〔km〕＝6.3〔km〕，である。よって，平均の速さは，6.3km/hである。

〔問3〕 4℃の水の密度1g/cm^{3}を用いて計算すると，**食塩水の密度〔g/cm^3〕＝(15〔g〕＋50〔g〕)÷55〔cm^3〕**＝1.18〔g/cm^3〕，である。ラベルは，水に沈み，食塩水に浮いたため，**水の密度1g/cm^3＜ラベルの密度＜食塩水の密度1.18g/cm^3**，であり，ポリスチレンである。

〔問4〕 地球の太陽を中心とした西から東への公転による**年周運動**で，同時刻に見える星は1年に360°(1日に約1°)，東から西に動いて見える。また，地球の地軸を中心とした西から東への自転による**日周運動**で，星は1日に360°(1時間に15°)，東から西に動いて見える。よって，1月15日午後10時に真南に見えたオリオン座は，1か月後には年周運動により，30°西に見えるので，2月15日にオリオン座が真南に見える時刻は，自転により，30°÷15°＝2，であるため，2時間前の午後8時頃である。

[3] (天気の変化：空気中の水蒸気量・前線の通過，気象観測，日本の気象：日本の天気の特徴と天気図)

〔問1〕 湿度〔%〕＝空気1m^{3}にふくまれる水蒸気量〔g/m^3〕÷その温度での飽和水蒸気量〔g/m^3〕×100，であり，a，b，cの時刻における湿度は84％で等しい。よって，**空気1m^{3}にふくまれる水蒸気量〔g/m^3〕は，その温度での飽和水蒸気量〔g/m^3〕が大きい方が，**多い。図1から，**aの気温は約15.5℃であり，bの気温は約11℃，cの気温は約6.5℃であるため，**その温度での**飽和水蒸気量〔g/m^3〕は，a＞b＞c**である。よって，a，b，cの時刻における空気中の水蒸気の量は，C〔g/m^3〕＜B〔g/m^3〕＜A〔g/m^3〕，である。

〔問2〕 観測地点Pは，図1の天気図記号から，日中の天気はおおむね晴れで，南寄りの風が吹く。気温は日が昇るとともに上がり始め，昼過ぎに最も高くなり，その後しだいに下がる。

〔問3〕 図1の**4月1日15時から18時にかけて**，天気図記号の**風向が，南寄りから北寄りに変わったことから前線Xは寒冷前線であり，**通過したとき，気圧が大きく下がり，気温が急激に下がったことがグラフから読みとれる。図4の観測地点Pを覆う高気圧の中心付近では，上空から地上へ空気が流れ，地上では中心部から周辺へ向かって風が吹き出す。

〔問4〕 つゆ(6月)の天気図は，南のあたたかくしめった気団と北の冷たくしめった気団の間に梅雨前線ができている，アである。夏(8月)は，小笠原気団におおわれ，南高北低の気圧配置になっている，ウである。**秋(11月)は，偏西風の影響を受けて，日本付近を移動性高気圧と低気圧が交互に通過し天気が周期的に変化する，**エである。冬(2月)は，西高東低の気圧配置で，南北方向の等圧線がせまい間隔で並ぶ，イである。

4 （植物の体のつくりとはたらき：葉のつくり・光合成の実験・観察・対照実験・光の明るさの変化に伴う光合成量と呼吸量の関係）

〔問1〕 Aは気孔で，呼吸や光合成によって生じる酸素や二酸化炭素などの気体の出入り口である。Bは気孔を囲む**孔辺細胞にある葉緑体**であり，＜観察＞の操作から，植物の細胞に見られ，ヨウ素液に反応して青紫色に変色したことから光合成によりデンプンが作られたことがわかる。光合成では酸素も作られる。

〔問2〕 光を当てる前に，＜実験1＞の(3)のツユクサの鉢植えを暗室に24時間置いた理由は，葉にあるデンプンを全て消費させるためである。葉にあるデンプンは分解されて糖になり，師管を通して植物体の各部に送られるが，多くの植物では，糖の移動は夜間に行われる。光合成に二酸化炭素が必要であることを確かめるための**対照実験**に適する葉の組み合わせは，葉緑体があり，日光が当たり，二酸化炭素があり，水がある「葉C」と，葉Cの条件のうち，水酸化ナトリウム水溶液をしみ込ませたろ紙を入れて二酸化炭素が無い状態にした「葉E」である。結果2により，光合成が，葉Cでは行われたが，葉Eでは行われなかったことから，光合成には二酸化炭素が必要であることが確かめられる。

〔問3〕 暗室に置いた「袋G」の場合，実験後の呼吸によって出された二酸化炭素の割合＝7.6％－4.0％＝3.6％であり，光合成によって使われた二酸化炭素の割合＝0％，である。明るさの度合い1の「袋H」の場合，実験後の呼吸によって出された二酸化炭素の割合は3.6％であり，光合成によって使われた二酸化炭素の割合＝7.6％－5.6％＝2.0％である。**明るさの度合い2の「袋I」の場合，実験後の呼吸によって出された二酸化炭素の割合は3.6％であり，光合成によって使われた二酸化炭素の割合＝7.6％－1.5％＝6.1％である。**よって，呼吸によって出される二酸化炭素の量よりも，光合成によって使われた二酸化炭素の量の方が多いのは，「袋I」である。そこで，デンプンなどの養分のできる量が多いのは，最も光合成量が大きかった「袋I」である。

5 （化学変化と物質の質量：化学変化と質量の保存・質量変化の規則性，物質の成り立ち：熱分解・原子と分子・化学変化のモデル化，酸・アルカリとイオン：pH）

〔問1〕 (3)で，ガラス管を水槽の水の中から取り出した後，試験管Aの加熱をやめるのは，**試験管Aが冷えて内部の気圧が大気圧より下がる**ことにより，水槽の水が試験管Aに**逆流するのを防ぐため**である。また，(6)で，加熱後にできた白い物質は，炭酸ナトリウムで，炭酸水素ナトリウムより水に溶けやすく，その水溶液は**強いアルカリ性**であるため，弱いアルカリ性である炭酸水素ナトリウムより，**pHの値が大きい。**

〔問2〕 ＜実験1＞の(2)で起きている化学変化は化学反応式で表すと，$2NaHCO_3 \rightarrow Na_2CO_3 + CO_2 + H_2O$，であり，**熱分解**である。よって，同じ種類の化学変化は酸化銀を加熱したときにも起こり，化学反応式で表すと，$2Ag_2O \rightarrow 4Ag + O_2$，の熱分解である。炭酸水素ナトリウムの熱分解を表したモデルでナトリウム原子1個を表しているのは，エの■である。

〔問3〕 ＜実験2＞の＜結果2＞の表から，炭酸水素ナトリウムの質量が0.50gのときに発生した気体の質量は，79.50g＋0.50g－79.74g＝0.26g，である。同様に計算して，炭酸水素ナトリウムの質量〔g〕をx，発生した気体の質量〔g〕をyとして，測定値の座標(x，y)をもとめると，(0.50g，0.26g)，(1.00g，0.52g)，(1.50g，0.78g)，(2.0g，1.04g)，(2.50g，1.17g)，(3.0g，1.17g)である。y＝0.52xとy＝1.17の交点の座標は(2.25，1.17)である。よって，**炭酸水素ナトリウムの質量が2.25gまでは，原点から各点のもっとも近いところを通る比例の直線，y＝0.52xであり，**

炭酸水素ナトリウムの質量が2.25g以上になると，y＝1.17の直線になる。

〔問4〕〔問3〕より，0.65gの気体が発生したときの塩酸$10.0cm^3$に加えた炭酸水素ナトリウムの質量xgは，0.65g＝0.52xg，xg＝1.25g，である。ベーキングパウダー4.00gに含まれていた炭酸水素ナトリウムの質量は1.25gであるため，1.25〔g〕÷4.00〔g〕×100＝31.25〔%〕であり，約31〔%〕である。ウのグラフからも1.25gは読みとれる。

6 (電流と磁界：右ねじの法則・電磁誘導・フレミングの左手の法則・コイルの回転，電流：合成抵抗)

〔問1〕図3において，磁針のN極が指す向きがその点の磁界の向きであり，**右ねじの法則**により，電流は右ねじが進む向きに流れている。よって，電流は，コイルAの下側では＋方向(紙面向かって右)から－方向(紙面向かって左)へ流れている。図4において，コイルAの下側の導線がつくる磁界ではアクリル板上の磁針のN極の向きは図3の磁針のN極の向きとは反対になる。コイルAの上側は，コイルAの下側とは電流の向きが反対に変わるので，アの磁針の向きが適切である。

〔問2〕コイルAをGとHの向きに交互に動かし，コイルAの中の**磁界が変化すると，電磁誘導により，その変化に応じた電圧が生じて，コイルAに誘導電流が流れる。**

〔問3〕アの合成抵抗$R_{ア}$〔Ω〕＝20〔Ω〕＋5〔Ω〕＝25〔Ω〕である。ウの合成抵抗$R_{ウ}$〔Ω〕＝20〔Ω〕＋10〔Ω〕＝30〔Ω〕である。イの合成抵抗を$R_{イ}$〔Ω〕とすると，$\frac{1}{R_{イ}[\Omega]}=\frac{1}{20[\Omega]}+\frac{1}{5[\Omega]}=\frac{5}{20[\Omega]}$であるから，$R_{イ}$〔Ω〕＝4〔Ω〕である。エの合成抵抗を$R_{エ}$〔Ω〕とすると，$\frac{1}{R_{エ}[\Omega]}=\frac{1}{20[\Omega]}+\frac{1}{10[\Omega]}=\frac{3}{20[\Omega]}$であるから，$R_{エ}$〔Ω〕＝6.7〔Ω〕である。オームの法則より，合成抵抗の小さい順にコイルBを流れる電流は大きくなるため，コイルBが速く回転するつなぎ方の順は，イ→エ→ア→ウである。

〔問4〕図8のときには，コイルBのc→dの向きに電流が流れるため，**フレミングの左手の法則**により，磁界からJの向きに力を受ける。半回転して図9になると，**コイルBのabの部分には電流が流れないため，磁界から力を受けないが，勢いで同じ向きの回転を続け，**さらに半回転して再び図8にもどる。

＜社会解答＞

1 〔問1〕ア　〔問2〕ウ　〔問3〕イ　〔問4〕エ

2 〔問1〕(Ⅰのア～エ) ウ　(Ⅱの表のア～エ) エ　〔問2〕P イ　Q ウ　R ア　S エ　〔問3〕(ⅠとⅡの表のア～エ) ア　(略地図中のW～Z) X

3 〔問1〕A エ　B ウ　C ア　D イ　〔問2〕W イ　X ア　Y エ　Z ウ　〔問3〕〔地域の変容〕(例)畑や造成中だった土地に，住宅が造られた。〔要因〕(例)八千代中央駅が開業し，東京都(大手町)までの所要時間が短くなり，移動が便利になった。

4 〔問1〕ウ→イ→エ→ア　〔問2〕(Ⅰの略年表中のア～エ) イ　(Ⅱの略地図中のA～D) D　〔問3〕エ　〔問4〕A ア　B エ　C ウ　D イ

5 〔問1〕ウ　〔問2〕ア　〔問3〕(例)国が主導する短期集中型の方式から地方公共団体が考え提案する長期継続型の方式となり，毎年ではなく特定の年に多く見られていた法律改正数は，数は少なくなったものの毎年見られるようになった。

6 〔問1〕エ→ア→イ→ウ　〔問2〕A ア　B ウ　C エ　D イ　〔問3〕イ

＜社会解説＞

1 (地理的分野―日本地理－地形図の見方，歴史的分野―日本史時代別－古墳時代から平安時代・安土桃山時代から江戸時代，―日本史テーマ別－文化史，公民的分野―経済一般)

〔問1〕 経路途中に大手町，郭町の地名が見られるところ，元町に鐘つき堂を示す高塔の地図記号「口」が見られるところから，Ⅰの図の経路アである。

〔問2〕 平安時代中期は**末法思想**の流行から，**浄土信仰**が全盛を迎え，**摂関政治**の全盛期である11世紀半ばに，**関白藤原頼通**によって浄土信仰に基づいて建立されたのが，宇治の**平等院鳳凰堂**である。

〔問3〕 江戸時代後期の**浮世絵**師であり，**化政文化**を代表するのは**葛飾北斎**である。代表作に**『富嶽三十六景』**がある。中でも『神奈川沖浪裏』『凱風快晴(赤富士)』等が特に有名である。

〔問4〕 労働者のための統一的な保護法として，1947年に制定されたのが**労働基準法**である。労働条件の基準を定め，**1日8時間労働制**や，改定を重ねて現在では**1週40時間労働制**などを内容としている。

2 (地理的分野―世界地理－都市・気候・地形・産業・人々のくらし・貿易)

〔問1〕 Aの都市はブエノスアイレスであり，**南半球**に属することから，Ⅰのエである。Bの都市はオタワであり，年間を通じ降水量が100mm弱で冷涼な気候であることから，Ⅰのアである。Cの都市はジャカルタであり，**赤道直下**に位置するため年間を通じ気温が高く，**雨季**と**乾季**があることから，Ⅰのイである。Dの都市はベルリンであり，**西岸海洋性気候**にあたることから，降水量は**偏西風**の影響で一年中一定で少ない。Ⅰのウである。ベルリンを首都とするドイツでは，世界のベストテンに入るほどじゃがいも・小麦の生産量が多い。Ⅱの表のエである。

〔問2〕 Pはブラジルである。「流域面積700km^2の河川が東流し」との文と，「南部にはコーヒー栽培に適した土壌が分布し」との文から，ブラジルはイであることがわかる。河川は**世界最大の流域面積**を持つ**アマゾン川**である。Qはベトナムである。「南北方向に国境を形成する山脈が走り，北部には首都が位置する平野が，南部には…**三角州**が広がっている」との文から，ベトナムはウであることがわかる。国境を形成する山脈とは，**アンナン山脈**である。ベトナムの首都はハノイである。Rはトルコである。「帝国時代からコーヒーが飲まれ」の一文から，トルコはアであることがわかる。4国の中で**帝国**時代を持つのはトルコだけである。Sはケニアである。「中央部には標高5000mを超える火山が位置し，西部には茶の栽培に適した土壌が分布し」との文から，ケニアがエであるとわかる。火山とは，**キリマンジャロ**に次ぐアフリカ第2の高峰，**ケニア火山**である。ケニアは紅茶の産地として有名である。

〔問3〕 Ⅲの文章は，「**偏西風**の影響を受け，湿潤な西部に対し，東部の降水量が少ない地域では**牧羊**が行われている」との文から，ニュージーランドの説明であるとわかる。　ⅠとⅡの表のア～エ　ニュージーランドからの日本への輸入品は果実・チーズなどで，果実は1999年から2019年で3倍以上に増えている。また，ニュージーランドは，1999年の段階では輸出総額の1位は隣国オーストラリアであったが，2019年の段階では，近年この地域に経済的影響力を増している中華人民共和国が1位となっている。　略地図中のW～Z　Xがニュージーランドである。Wはメキシコ，Yはフィリピン，Zはスペインである。

3 (地理的分野―日本地理－都市・地形・気候・農林水産業・工業・地形図の見方・交通)

〔問1〕 Aは千葉県であり，「北部には**ローム層**が堆積する台地があり」との文から，エが千葉県だとわかる。Bは富山県であり，「冬季に降水が多い南部の山々を源流とし」との文から，ウが富山県だとわかる。Cは高知県であり，「沖合を流れる**暖流**の影響で，気候が温暖である」との文から，アが高知県だとわかる。この暖流は**日本海流**である。Dは福岡県であり，「南西部に広がる平野は干満差の大きい干潟のある海に面している」との文から，イが福岡県であるとわかる。この海は**有明海**である。

〔問2〕　W　①は岩手県盛岡市であり，②は宮城県仙台市である。盛岡市周辺の山間部では**畜産業・林業**などが発達しており，仙台市周辺の平野部では**稲作地帯**が広がっているため，Wは表中のイである。　X　①は群馬県前橋市であり，②は神奈川県横浜市である。群馬県南部の**工業団地**には**輸送用機械関連企業**が多く，横浜市周辺の京浜工業地帯では**石油化学コンビナート**が見られるため，Xは表中のアである。　Y　①は愛知県名古屋市であり，②は三重県津市である。愛知県には，世界的**自動車関連企業**があり，津市近辺には**石油化学コンビナート**があり，周辺では**リアス海岸**を生かした**養殖業**が行われているため，Yは表中のエである。　Z　①は鳥取県鳥取市であり，②は大阪府大阪市である。鳥取県では**砂丘**の広がる沿岸部で果樹栽培が行われており，また，大阪市では都市中心部に**中小工場**が数多く見られるため，Zは表中のウである。

〔問3〕〔地域の変容〕**地形図**によれば，1983年から2009年の間に，畑(「∨」)や造成中だった土地が整備され，ゆりのき台と呼ばれる**住宅地**が造られた。〔要因〕1996年に八千代中央駅が開業し，東京都(大手町)までの所要時間が60分から46分と短くなり，**通勤・通学**や**買い物**などの移動が便利になったことを指摘し解答する。

4　**(歴史的分野―日本史時代別－古墳時代から平安時代・鎌倉時代から室町時代・安土桃山時代から江戸時代・明治時代から現代，―日本史テーマ別－政治史・法律史・社会史)**

〔問1〕　ア　**足利尊氏**が**鎌倉府**を設置したのは，14世紀のことである。　イ　**桓武天皇**が**胆沢城**や**志波城**を設置させたのは，9世紀のことである。　ウ　**中大兄皇子**が**大宰府**を整備したのは，7世紀のことである。　エ　**北条義時**を中心とする幕府が**六波羅探題**を設置したのは，13世紀のことである。したがって，時代の古い順に並べると，ウ→イ→エ→アとなる。

〔問2〕　Ⅰの略年表中のア～エ　**日本人の海外渡航禁止・海外在住日本人の帰国禁止**の法令が出されたのは1635年のことであり，略年表中のイに該当する。　Ⅱの略地図中のA～D　こうした法令を主に実行するのは，**老中**直属の**遠国奉行**の一つで，**直轄領長崎**を支配した長崎の**奉行所**であった。略地図中のDが該当する。

〔問3〕　文章は，1923年の**関東大震災直後**に**後藤新平**が表明したものである。アの**新橋・横浜間**に**鉄道**が開通したのは，1872年のことである。イのイギリスと**日英同盟**を結んだのは，1902年のことである。ウの**大日本帝国憲法**が発布されたのは，1889年のことである。エの**東京駅**が開業したのは1914年，**丸ビル**が建設されたのは1923年である。したがって，文章と同時期の東京の様子を表しているのは，エである。

〔問4〕　アの**普通選挙法**が制定されたのは，1925年である。Aの時期にあてはまる。イの**公害対策基本法**が制定されたのは，1967年であり，Dの時期にあてはまる。ウの**教育基本法**が制定されたのは1947年であり，Cの時期にあてはまる。エの**国家総動員法**が制定されたのは，1938年であり，Bの時期にあてはまる。

5　**(公民的分野―地方自治・国の政治の仕組み)**

〔問1〕　日本国憲法第94条に「**地方公共団体**は，その財産を管理し，事務を処理し，及び行政を執行する権能を有し，法律の範囲内で**条例**を制定することができる。」とあり，地方公共団体は条例を議決・制定することができる。なお，アの**条約**を承認するのは**国会**の仕事である。イの**政令**

を制定するのは**内閣**の仕事である。エの法律等が**憲法**に適合するかどうか決定するのは，**最高裁判所**の仕事である。

〔問2〕 **地方自治法**において，**直接請求**の制度が定められ，有権者の一定数以上の署名を集めることで，**条例の改廃**や，**議会の解散**，**首長及び議員の解職**などを請求することができる。

〔問3〕 2014年の改正によって，**地方分権改革**の推進手法が，**国**が主導する短期集中型の方式から，**地方公共団体**が提案する長期継続型の方式となったことを指摘する。1995年から2014年の期間では，1999年・2011年・2014年など特定の年にのみ多く見られていた法律改正数が，2015年以降は，数は少なくなったが，毎年見られるようになったことを読み取り解答する。

6 (歴史的分野―世界史－経済史，地理的分野―都市，公民的分野―経済一般)

〔問1〕 ア イギリスで**産業革命**が起こり，世界最初の**蒸気機関**製造会社が設立されたのは，18世紀後期である。 イ アメリカで**南北戦争**が起こり，**大陸を横断**する鉄道路線を敷設する会社が設立されたのは，19世紀半ばである。 ウ **第一次世界大戦後**のドイツで，旅客輸送機の製造と販売を行う会社が設立されたのは，20世紀前期である。 エ オランダで**東インド会社**が設立されたのは，17世紀初頭である。時代の古い順に並べると，エ→ア→イ→ウとなる。

〔問2〕 Aの都市はボリビアの首都ラパスである。「標高3000mを超え，1548年にスペイン人により建設され，金鉱もあった。」との表現から，アが該当することがわかる。Bの都市はデトロイトである。「19世紀後半には自動車の生産が始まり，20世紀に入ると自動車工業の中心地へと成長し」との表現から，ウが該当するとわかる。Cの都市はジュネーブである。「**国際連盟**の本部が置かれ」との表現から，エが該当するとわかる。Dの都市はフランスを旧宗主国とするアルジェリアの首都アルジェである。「内陸部にはイスラム風の旧市街地が，沿岸部にはフランスの影響を受けた建物が見られる港湾都市となっている。」との表現から，イが該当するとわかる。

〔問3〕 グラフⅠに見られるように，1980年代の前半は**円安・ドル高**が進行し，日本の**貿易収支**は大幅な黒字となり，**経済成長率**は上昇傾向を見せた。その後1985年に**先進5か国蔵相・中央銀行総裁会議**がニューヨークのプラザホテルで行われ，ここで決定したプラザ合意により，円高・ドル安へと誘導され，日本の経済成長率は一時的に下降した。その後**日本銀行**が金利を下げたことなどで，株式や土地への投資が増え，株価や地価が高騰する**バブル景気**が到来し，法人企業の営業利益は増加し続けた。このバブル景気は1991年に終結を迎えた。Ⅱの文章で述べている時期に当てはまるのは，イの時期である。

2021年度英語　リスニングテスト

〔放送台本〕

これから，リスニングテストを行います。リスニングテストは，全て放送による指示で行います。リスニングテストの問題には，問題Aと問題Bの二つがあります。問題Aと，問題Bの<Question 1>では，質問に対する答えを選んで，その記号を答えなさい。問題Bの<Question 2>では，質問に対する答えを英語で書きなさい。英文とそのあとに出題される質問が，それぞれ全体を通して二回ずつ読まれます。問題用紙の余白にメモをとってもかまいません。答えは全て解答用紙に書きなさい。

〔問題A〕

問題Aは，英語による対話文を聞いて，英語の質問に答えるものです。ここで話される対話文は全部で三つあり，それぞれ質問が一つずつ出題されます。質問に対する答えを選んで，その記号を答えなさい。では，＜対話文1＞を始めます。

Yumi: David, we are on the highest floor of this building. The view from here is beautiful.
David: I can see some temples, Yumi.
Yumi: Look! We can see our school over there.
David: Where?
Yumi: Can you see that park? It's by the park.
David: Oh, I see it. This is a very nice view.
Yumi: I'm glad you like it. It's almost noon. Let's go down to the seventh floor. There are nice restaurants there.

Question: Where are Yumi and David talking?
＜対話文2＞を始めます。

Taro: Hi, Jane. Will you help me with my homework? It's difficult for me.
Jane: OK, Taro. But I have to go to the teachers' room now. I have to see Mr. Smith to give this dictionary back to him.
Taro: I see. Then, I'll go to the library. I have a book to return, and I'll borrow a new one for my homework.
Jane: I'll go there later and help you.
Taro: Thank you.

Question: Why will Jane go to the library?
＜対話文3＞を始めます。

Woman: Excuse me. I'd like to go to Minami Station. What time will the next train leave?
Man: Well, it's eleven o'clock. The next train will leave at eleven fifteen.
Woman: My mother hasn't come yet. I think she will get here at about eleven twenty.
Man: OK. Then you can take a train leaving at eleven thirty. You will arrive at Minami Station at eleven fifty-five.
Woman: Thank you. We'll take that train.

Question: When will the woman take a train?

〔英文の訳〕
＜対話文1＞
ユミ　　：ディビッド，私たちはこの建物の一番高い階にいるわね。ここからの景色は美しいわね。

ディビッド：お寺がいくつか見えるね，ユミ。
ユミ　　　：見て！　あそこに私たちの学校が見えるわよ。
ディビッド：どこ？
ユミ　　　：あの公園が見える？　その公園のそばよ。
ディビッド：ああ，見えるよ。これはとてもいい景色だね。
ユミ　　　：あなたが気に入ってくれて嬉しいわ。もうそろそろ正午ね。7階に行きましょう。いいレストランがあるわ。
質問：ユミとディビッドはどこで話をしていますか。
答え：ア　建物の一番高い階。

＜対話文2＞
タロウ　：こんにちは，ジェイン。僕の宿題手伝ってくれる？　僕には難しいよ。
ジェイン：オーケー，タロウ。でも今教員室に行かないといけないの。スミス先生にこの辞書を返しに行かなといけないの。
タロウ　：そうか。じゃあ僕は図書館に行くよ。返す本があるし，宿題のために新しい本を借りるんだ。
ジェイン：後でそこに行って，お手伝いするわ。
タロウ　：ありがとう。
質問：なぜジェインは図書館に行きますか。
答え：エ　タロウを手伝うため。

＜対話文3＞
女性：すみません。ミナミ駅へ行きたいんですが。次の電車は何時に出発しますか。
男性：ええと，今11時です。次の電車は11時15分に出発します。
女性：母がまだ来ていません。11時20分くらいにここに着くと思います。
男性：オーケー。じゃあ11時30分に出発する電車に乗れます。ミナミ駅に11時55分に着くでしょう。
女性：ありがとうございます。その電車に乗ります。
質問：いつ女性は電車に乗りますか。
答え：ウ　11時30分。

〔放送台本〕
〔問題B〕

これから聞く英語は，ある外国人の英語の先生が，新しく着任した中学校の生徒に対して行った自己紹介です。内容に注意して聞きなさい。あとから，英語による質問が二つ出題されます。＜Question 1＞では，質問に対する答えを選んで，その記号を答えなさい。＜Question 2＞では，質問に対する答えを英語で書きなさい。なお，＜Question 2＞のあとに，15秒程度，答えを書く時間があります。では，始めます。

Good morning, everyone. My name is Margaret Green. I'm from Australia. Australia is a very large country. Have you ever been there? Many Japanese people visit my country every year. Before coming to Japan, I taught English for five years in China. I had a good time there.

I have lived in Japan for six years. After coming to Japan, I enjoyed traveling around the country for one year. I visited many famous places. Then I went to school to study Japanese for two years. I have taught English now for three years. This school is my second school as an English teacher in Japan. Please tell me about your school. I want to know about it. I' m glad to become a teacher of this school. Thank you.

<Question 1> How long has Ms. Green taught English in Japan?
<Question 2> What does Ms. Green want the students to do?
以上で，リスニングテストを終わります。

〔英文の訳〕

みなさん，おはようございます。私の名前はマーガレット・グリーンです。オーストラリアから来ました。オーストラリアはとても大きな国です。今までそこへ行ったことがありますか。毎年多くの日本人が私の国を訪れています。日本に来る前，私は中国で5年間英語を教えていました。そこでとてもいい時間を過ごしました。

私は日本に6年間住んでいます。日本に来たあと，1年間この国を旅行して楽しみました。多くの有名な場所を訪れました。そして2年間日本語を勉強するために学校へ行きました。今3年間英語を教えています。この学校は日本での英語の先生として2校目の学校です。あなた達の学校について教えてください。そのことを知りたいです。この学校の先生になれて嬉しいです。ありがとうございます。

質問1：グリーン先生は日本でどれくらい英語を教えていますか。
答え ：イ 3年間。
質問2：グリーン先生は生徒たちに何をしてもらいたいですか。
答え ：(例)彼らの学校について彼女に伝える。

東京都公立高等学校

2020年度

★★★★★★★★★★★★★★★★★★★★★★★

共通問題（理科・社会）

2020年度

●くわしい解説……31ページ

＜理科＞

時間　50分　　満点　100点

1　次の各問に答えよ。

〔問1〕　有性生殖では，受精によって新しい一つの細胞ができる。受精後の様子について述べたものとして適切なのは，次のうちではどれか。

ア　受精により親の体細胞に含まれる染色体の数と同じ数の染色体をもつ胚《はい》ができ，成長して受精卵になる。

イ　受精により親の体細胞に含まれる染色体の数と同じ数の染色体をもつ受精卵ができ，細胞分裂によって胚になる。

ウ　受精により親の体細胞に含まれる染色体の数の２倍の数の染色体をもつ胚ができ，成長して受精卵になる。

エ　受精により親の体細胞に含まれる染色体の数の２倍の数の染色体をもつ受精卵ができ，細胞分裂によって胚になる。

〔問2〕　図１のように，電気分解装置に薄い塩酸を入れ，電流を流したところ，塩酸の電気分解が起こり，陰極からは気体Aが，陽極からは気体Bがそれぞれ発生し，集まった体積は気体Aの方が気体Bより多かった。気体Aの方が気体Bより集まった体積が多い理由と，気体Bの名称とを組み合わせたものとして適切なのは，次の表のア～エのうちではどれか。

図1

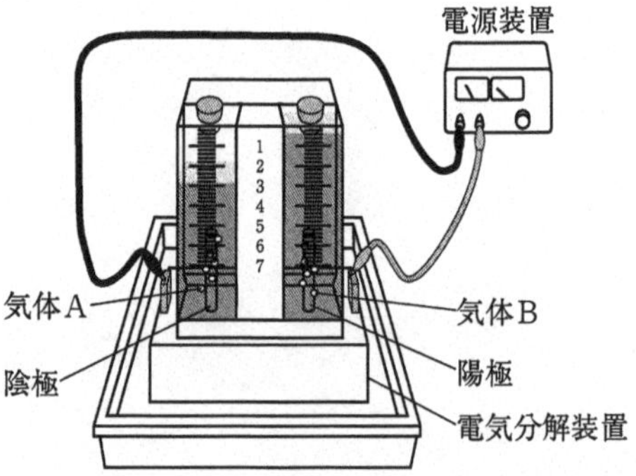

	気体Aの方が気体Bより集まった体積が多い理由	気体Bの名称
ア	発生する気体Aの体積の方が，発生する気体Bの体積より多いから。	塩素
イ	発生する気体Aの体積の方が，発生する気体Bの体積より多いから。	酸素
ウ	発生する気体Aと気体Bの体積は変わらないが，気体Aは水に溶けにくく，気体Bは水に溶けやすいから。	塩素
エ	発生する気体Aと気体Bの体積は変わらないが，気体Aは水に溶けにくく，気体Bは水に溶けやすいから。	酸素

〔問3〕150gの物体を一定の速さで1.6m持ち上げた。持ち上げるのにかかった時間は２秒だった。持ち上げた力がした仕事率を表したものとして適切なのは，下のア～エのうちではどれか。

ただし，100gの物体に働く重力の大きさは１Nとする。

ア　1.2W　　イ　2.4W　　ウ　120W　　エ　240W

〔問４〕 図２は，ある火成岩をルーペで観察したスケッチである。観察した火成岩は有色鉱物の割合が多く，黄緑色で不規則な形の有色鉱物Ａが見られた。観察した火成岩の種類の名称と，有色鉱物Ａの名称とを組み合わせたものとして適切なのは，次の表の**ア**～**エ**のうちではどれか。

図２

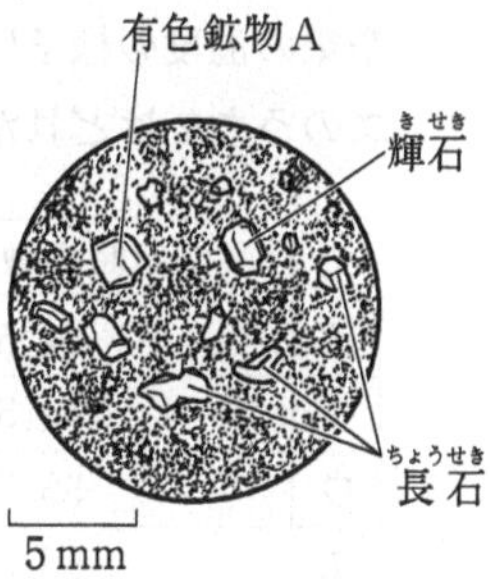

	観察した火成岩の種類の名称	有色鉱物Ａの名称
ア	はんれい岩	石英《せきえい》
イ	はんれい岩	カンラン石
ウ	玄武岩《げんぶがん》	石英《せきえい》
エ	玄武岩《げんぶがん》	カンラン石

〔問５〕 酸化銀を加熱すると，白色の物質が残った。酸化銀を加熱したときの反応を表したモデルとして適切なのは，下の**ア**～**エ**のうちではどれか。

ただし，●は銀原子１個を，○は酸素原子１個を表すものとする。

ア　○●○　○●○　→　●　●　＋　○○　○○
イ　●○●　●○●　→　●●●●　＋　○○
ウ　●○　→　●　＋　○
エ　●○●　→　●　●　＋　○

2　生徒が，水に関する事物・現象について，科学的に探究しようと考え，自由研究に取り組んだ。生徒が書いたレポートの一部を読み，次の各問に答えよ。

<レポート１>　空気中に含まれる水蒸気と気温について

雨がやみ，気温が下がった日の早朝に，霧が発生していた。同じ気温でも，霧が発生しない日もある。そこで，霧の発生は空気中に含まれている水蒸気の量と温度に関連があると考え，空気中の水蒸気の量と，水滴が発生するときの気温との関係について確かめることにした。

教室の温度と同じ24℃のくみ置きの水を金属製のコップＡに半分入れた。次に，図１のように氷を入れた試験管を出し入れしながら，コップＡの中の水をゆっくり冷やし，コップＡの表面に水滴がつき始めたときの温度を測ると，14℃であった。教室の温度は24℃で変化がなかった。

また，飽和水蒸気量〔g/m³〕は表１のように温度によって決まっていることが分かった。

図１

表１

温度〔℃〕	飽和水蒸気量〔g/m³〕
12	10.7
14	12.1
16	13.6
18	15.4
20	17.3
22	19.4
24	21.8

〔問１〕　<レポート１>から，測定時の教室の湿度と，温度の変化によって霧が発生するときの空気の温度の様子について述べたものとを組み合わせたものとして適切なのは，次の表のア～エのうちではどれか。

	測定時の教室の湿度	温度の変化によって霧が発生するときの空気の温度の様子
ア	44.5%	空気が冷やされて，空気の温度が露点より低くなる。
イ	44.5%	空気が暖められて，空気の温度が露点より高くなる。
ウ	55.5%	空気が冷やされて，空気の温度が露点より低くなる。
エ	55.5%	空気が暖められて，空気の温度が露点より高くなる。

<レポート２>　凍結防止剤と水溶液の状態変化について

雪が降る予報があり，川にかかった橋の歩道で凍結防止剤が散布されているのを見た。凍結防止剤の溶けた水溶液は固体に変化するときの温度が下がることから，凍結防止剤は，水が氷に変わるのを防止するとともに，雪をとかして水にするためにも使用される。そこで，溶かす凍結防止剤の質量と温度との関係を確かめることにした。

３本の試験管Ａ～Ｃにそれぞれ10cm^3の水を入れ，凍結防止剤の主成分である塩化カルシウムを試験管Ｂには１ｇ，試験管Ｃには２ｇ入れ，それぞれ全て溶かした。試験管Ａ～Ｃのそれぞれについて－15℃まで冷却し試験管の中の物質を固体にした後，試験管を加熱して試験管の中の物質が液体に変化するときの温度を測定した結果は，表２のようになった。

表２

試験管	A	B	C
塩化カルシウム〔g〕	0	1	2
試験管の中の物質が液体に変化するときの温度〔℃〕	0	－5	－10

〔問２〕　<レポート２>から，試験管Ａの中の物質が液体に変化するときの温度を測定した理由について述べたものとして適切なのは，次のうちではどれか。

ア　塩化カルシウムを入れたときの水溶液の沸点が下がることを確かめるには，水の沸点を測定する必要があるため。

イ　塩化カルシウムを入れたときの水溶液の融点が下がることを確かめるには，水の融点を測定する必要があるため。

ウ　水に入れる塩化カルシウムの質量を変化させても，水溶液の沸点が変わらないことを確かめるため。

エ　水に入れる塩化カルシウムの質量を変化させても，水溶液の融点が変わらないことを確かめるため。

<レポート３>　水面に映る像について

池の水面にサクラの木が逆さまに映って見えた。そこで，サクラの木が水面に逆さまに映って見える現象について確かめることにした。

鏡を用いた実験では，光は空気中で直進し，空気とガラスの境界面で反射することや，光が反射するときには入射角と反射角は等しいという光の反射の法則が成り立つことを学んだ。水面に映るサクラの木が逆さまの像となる現象も，光が直進することと光の反射の法則により説明できることが分かった。

〔問3〕 **＜レポート3＞**から，観測者が観測した位置を点Xとし，水面とサクラの木を模式的に表したとき，点Aと点Bからの光が水面で反射し点Xまで進む光の道筋と，点Xから水面を見たときの点Aと点Bの像が見える方向を表したものとして適切なのは，下の**ア**～**エ**のうちではどれか。ただし，点Aは地面からの高さが点Xの2倍の高さ，点Bは地面からの高さが点Xと同じ高さとする。

ア

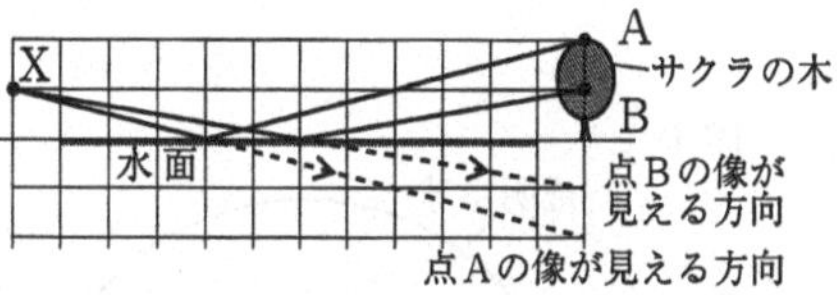

イ

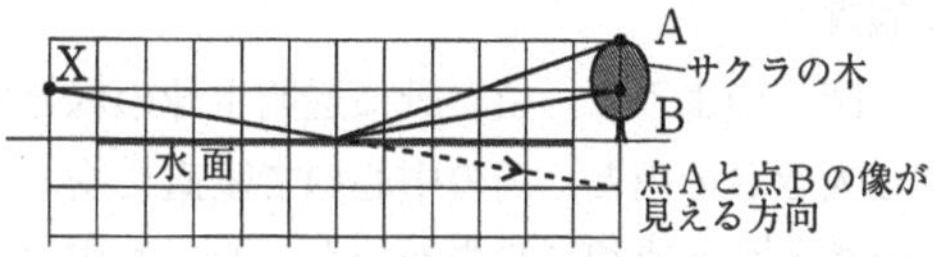

ウ

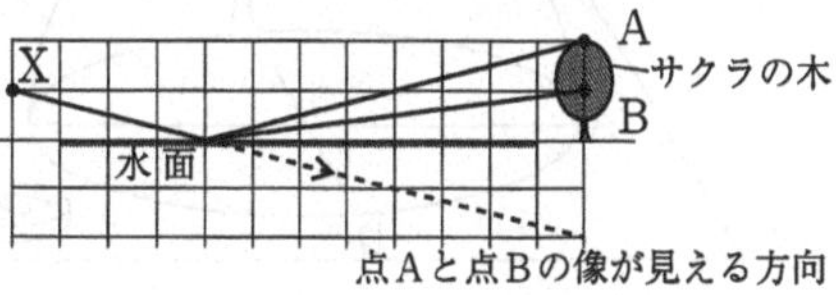

エ

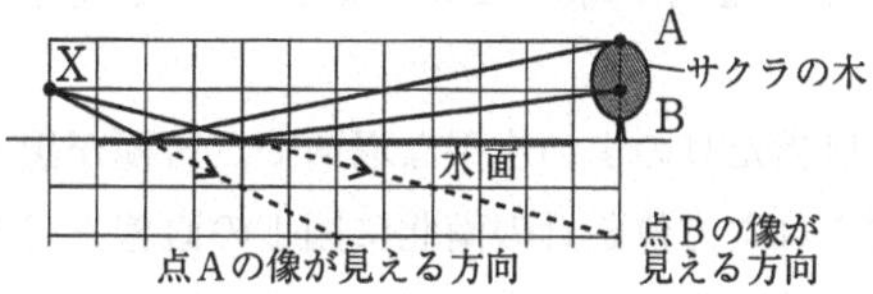

＜レポート4＞　水生生物による水質調査について

川にどのような生物がいるかを調査することによって，調査地点の水質を知ることができる。水生生物による水質調査では，表3のように，水質階級はⅠ～Ⅳに分かれていて，水質階級ごとに指標生物が決められている。調査地点で見つけた指標生物のうち，個体数が多い上位2種類を2点，それ以外の指標生物を1点として，水質階級ごとに点数を合計し，最も点数の高い階級をその地点の水質階級とすることを学んだ。そこで，学校の近くの川について確かめることにした。

表3

水質階級	指標生物
Ⅰ きれいな水	カワゲラ・ナガレトビケラ・ウズムシ・ヒラタカゲロウ・サワガニ
Ⅱ ややきれいな水	シマトビケラ・カワニナ・ゲンジボタル
Ⅲ 汚い水	タニシ・シマイシビル・ミズカマキリ
Ⅳ とても汚い水	アメリカザリガニ・サカマキガイ・エラミミズ・セスジユスリカ

学校の近くの川で調査を行った地点では，ゲンジボタルは見つからなかったが，ゲンジボタルの幼虫のエサとして知られているカワニナが見つかった。カワニナは内臓が外とう膜で覆われている動物のなかまである。カワニナのほかに，カワゲラ，ヒラタカゲロウ，シマトビケラ，シマイシビルが見つかり，その他の指標生物は見つからなかった。見つけた生物のうち，シマトビケラの個体数が最も多く，シマイシビルが次に多かった。

〔問4〕 **＜レポート4＞**から，学校の近くの川で調査を行った地点の水質階級と，内臓が外とう膜で覆われている動物のなかまの名称とを組み合わせたものとして適切なのは，次の表のア～エのうちではどれか。

	調査を行った地点の水質階級	内臓が外とう膜で覆われている動物のなかまの名称
ア	Ⅰ	節足動物
イ	Ⅰ	軟体動物
ウ	Ⅱ	節足動物
エ	Ⅱ	軟体動物

3　太陽の１日の動きを調べる観察について，次の各問に答えよ。

東京の地点Ｘ（北緯35.6°）で，ある年の夏至の日に，＜観察＞を行ったところ，＜結果１＞のようになった。

＜観察＞

(1)　図１のように，白い紙に透明半球の縁と同じ大きさの円と，円の中心Ｏで垂直に交わる直線ＡＣと直線ＢＤをかいた。かいた円に合わせて透明半球をセロハンテープで固定した。

(2)　日当たりのよい水平な場所で，Ｎ極が黒く塗られた方位磁針の南北に図１の直線ＡＣを合わせて固定した。

(3)　９時から15時までの間，１時間ごとに，油性ペンの先の影が円の中心Ｏと一致する透明半球上の位置に•印と観察した時刻を記入した。

(4)　図２のように，記録した•印を滑らかな線で結び，その線を透明半球の縁まで延ばして東側で円と交わる点をＦとし，西側で円と交わる点をＧとした。

(5)　透明半球にかいた滑らかな線に紙テープを合わせて，１時間ごとに記録した•印と時刻を写し取り，点Ｆから９時までの間，•印と•印の間，15時から点Ｇまでの間をものさしで測った。

図１

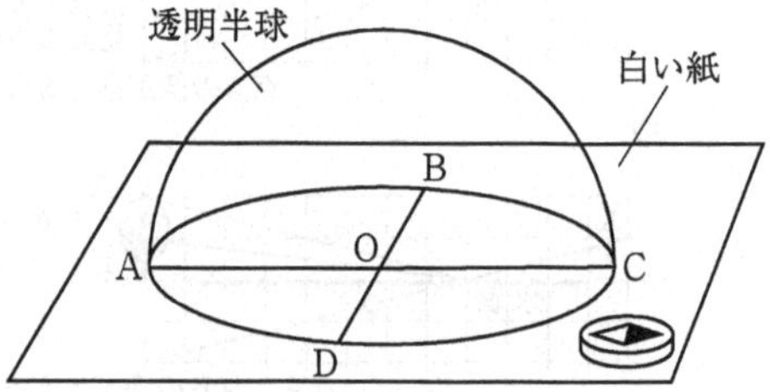

図２

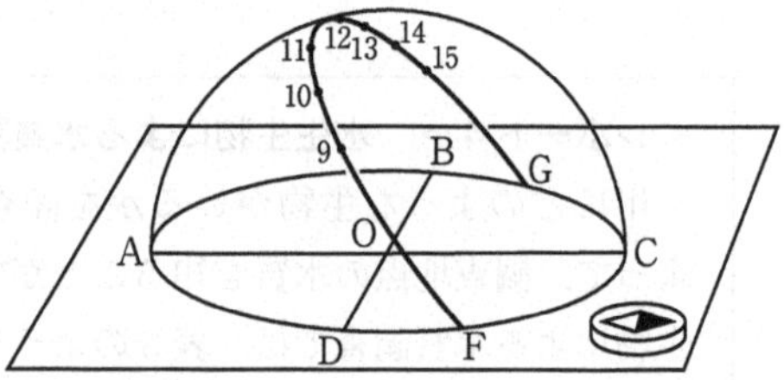

＜結果１＞

図３のようになった。

図３

〔問１〕　＜観察＞を行った日の日の入りの時刻を，＜結果１＞から求めたものとして適切なのは，次のうちではどれか。

ア　18時　　イ　18時35分　　ウ　19時　　エ　19時35分

〔問２〕　＜観察＞を行った日の南半球のある地点Ｙ（南緯35.6°）における，太陽の動きを表した模式図として適切なのは，次のうちではどれか。

ア

イ

ウ

エ

次に，＜**観察**＞を行った東京の地点Xで，秋分の日に＜**観察**＞の⑴から⑶までと同様に記録し，記録した●印を滑らかな線で結び，その線を透明半球の縁まで延ばしたところ，図4のようになった。

図4

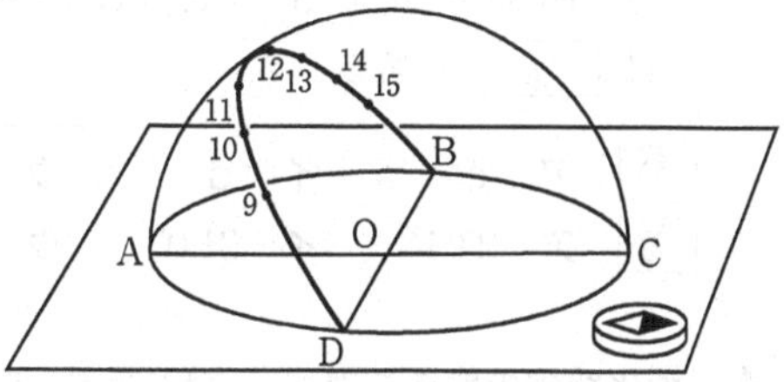

次に，秋分の日の翌日，東京の地点Xで，＜**実験**＞を行ったところ，＜**結果2**＞のようになった。

＜**実験**＞

⑴　黒く塗った試験管，ゴム栓，温度計，発泡ポリスチレンを二つずつ用意し，黒く塗った試験管に24℃のくみ置きの水をいっぱいに入れ，空気が入らないようにゴム栓と温度計を差し込み，図5のような装置を2組作り，装置H，装置Iとした。

図5

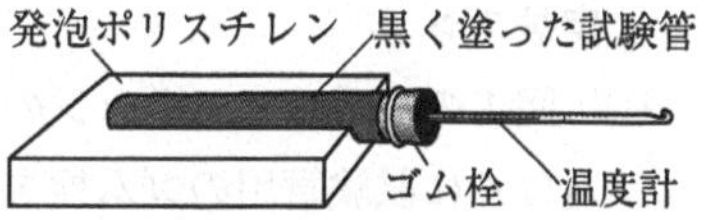

⑵　12時に，図6のように，日当たりのよい水平な場所に装置Hを置いた。また，図7のように，装置Iを装置と地面（水平面）でできる角を角a，発泡ポリスチレンの上端と影の先を結んでできる線と装置との角を角bとし，黒く塗った試験管を取り付けた面を太陽に向けて，太陽の光が垂直に当たるように角bを90°に調節して，12時に日当たりのよい水平な場所に置いた。

図6

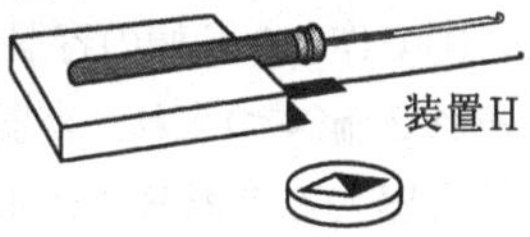

図7

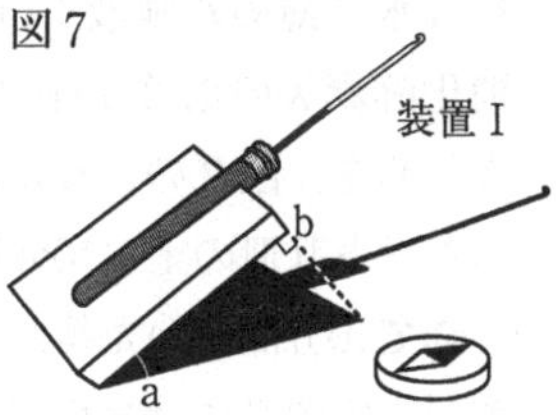

⑶　装置Hと装置Iを置いてから10分後の試験管内の水温を測定した。

＜**結果2**＞

	装置H	装置I
12時の水温〔℃〕	24.0	24.0
12時10分の水温〔℃〕	35.2	37.0

〔問3〕　南中高度が高いほど地表が温まりやすい理由を，＜**結果2**＞を踏まえて，同じ面積に受ける太陽の光の量（エネルギー）に着目して簡単に書け。

〔問4〕　次のページの図8は，＜**観察**＞を行った東京の地点X（北緯35.6°）での冬至の日の太陽の光の当たり方を模式的に表したものである。次のページの文は，冬至の日の南中時刻に，地点Xで図7の装置Iを用いて，黒く塗った試験管内の水温を測定したとき，10分後の水温が最も高くなる装置Iの角aについて述べている。

文中の ① と ② にそれぞれ当てはまるものとして適切なのは，次のページの**ア**～**エ**のうちではどれか。

ただし，地軸は地球の公転面に垂直な方向に対して23.4°傾いているものとする。

> 地点Xで冬至の日の南中時刻に，図7の装置Ⅰを用いて，黒く塗った試験管内の水温を測定したとき，10分後の水温が最も高くなる角aは，図8中の角 ① と等しく，角の大きさは ② である。

図8

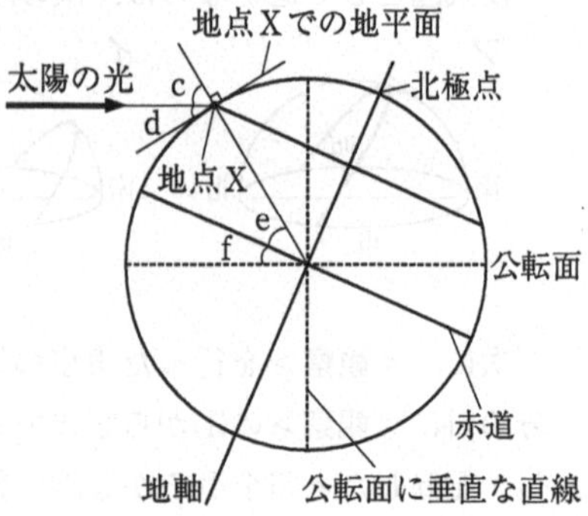

① ア c　イ d　ウ e　エ f

② ア 23.4°　イ 31.0°　ウ 59.0°　エ 66.6°

4 消化酵素の働きを調べる実験について，次の各問に答えよ。

＜実験1＞を行ったところ，＜結果1＞のようになった。

＜実験1＞

(1) 図1のように，スポンジの上に載せたアルミニウムはくに試験管用のゴム栓を押し付けて型を取り，アルミニウムはくの容器を6個作った。

(2) (1)で作った6個の容器に1％デンプン溶液をそれぞれ2 cm³ずつ入れ，容器A～Fとした。

(3) 容器Aと容器Bには水1 cm³を，容器Cと容器Dには水で薄めた唾液1 cm³を，容器Eと容器Fには消化酵素Xの溶液1 cm³を，それぞれ加えた。容器A～Fを，図2のように，40℃の水を入れてふたをしたペトリ皿の上に10分間置いた。

(4) (3)で10分間置いた後，図3のように，容器A，容器C，容器Eにはヨウ素液を加え，それぞれの溶液の色を観察した。また，図4のように，容器B，容器D，容器Fにはベネジクト液を加えてから弱火にしたガスバーナーで加熱し，それぞれの溶液の色を観察した。

図1

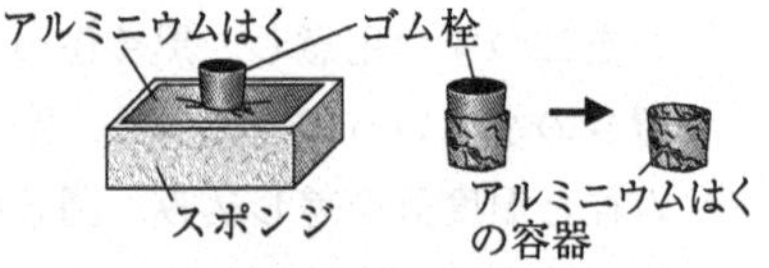

図2

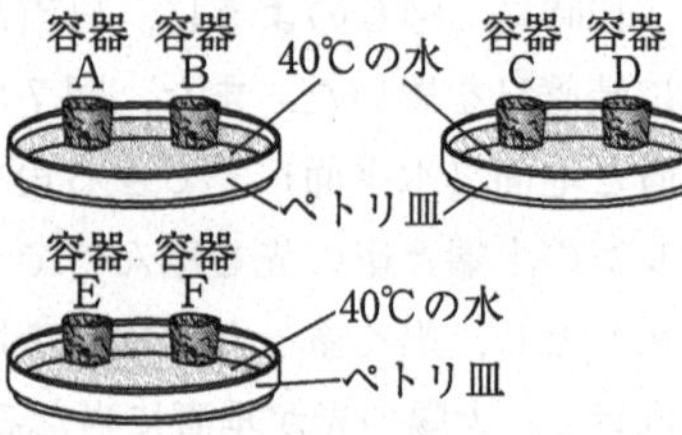

図3

図4

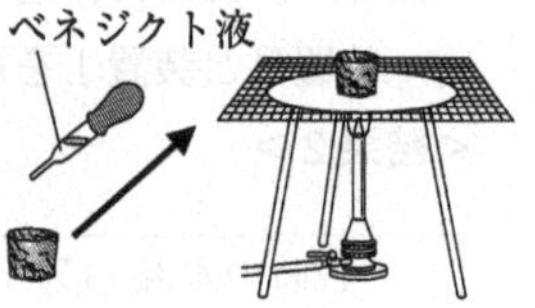

＜結果1＞

容器	1％デンプン溶液2 cm³に加えた液体	加えた試薬	観察された溶液の色
A	水1 cm³	ヨウ素液	青紫色
B		ベネジクト液	青色
C	水で薄めた唾液1 cm³	ヨウ素液	茶褐色
D		ベネジクト液	赤褐色
E	消化酵素Xの溶液1 cm³	ヨウ素液	青紫色
F		ベネジクト液	青色

次に，**＜実験１＞**と同じ消化酵素Ｘの溶液を用いて**＜実験２＞**を行ったところ，**＜結果２＞**のようになった。

＜実験２＞

(1)　ペトリ皿を２枚用意し，それぞれのペトリ皿に60℃のゼラチン水溶液を入れ，冷やしてゼリー状にして，ペトリ皿ＧとＨとした。ゼラチンの主成分はタンパク質であり，ゼリー状のゼラチンは分解されると溶けて液体になる性質がある。

(2)　図５のように，ペトリ皿Ｇには水をしみ込ませたろ紙を，ペトリ皿Ｈには消化酵素Ｘの溶液をしみ込ませたろ紙を，それぞれのゼラチンの上に載せ，24℃で15分間保った。

(3)　(2)で15分間保った後，ペトリ皿ＧとＨの変化の様子を観察した。

図５

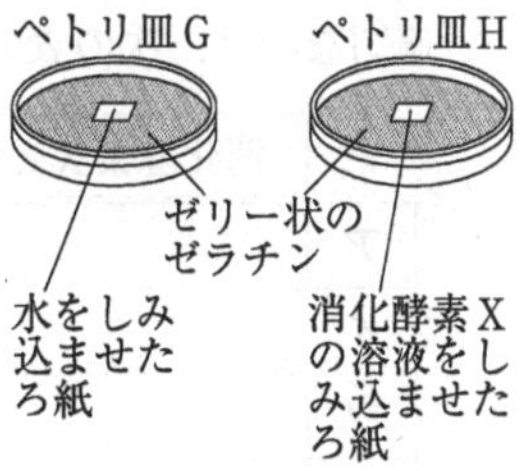

＜結果２＞

ペトリ皿	ろ紙にしみ込ませた液体	ろ紙を載せた部分の変化	ろ紙を載せた部分以外の変化
Ｇ	水	変化しなかった。	変化しなかった。
Ｈ	消化酵素Ｘの溶液	ゼラチンが溶けて液体になった。	変化しなかった。

次に，**＜実験１＞**と同じ消化酵素Ｘの溶液を用いて**＜実験３＞**を行ったところ，**＜結果３＞**のようになった。

＜実験３＞

(1)　ペトリ皿に60℃のゼラチン水溶液を入れ，冷やしてゼリー状にして，ペトリ皿Ｉとした。

(2)　図６のように，消化酵素Ｘの溶液を試験管に入れ80℃の水で10分間温めた後に24℃に戻し，加熱後の消化酵素Ｘの溶液とした。図７のように，ペトリ皿Ｉには加熱後の消化酵素Ｘの溶液をしみ込ませたろ紙を，ゼラチンの上に載せ，24℃で15分間保った後，ペトリ皿Ｉの変化の様子を観察した。

図６

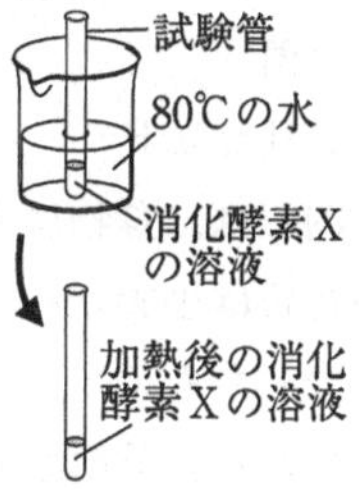

図７

＜結果３＞

ろ紙を載せた部分も，ろ紙を載せた部分以外も変化はなかった。

〔問１〕　**＜結果１＞**から分かる，消化酵素の働きについて述べた次の文の ① ～ ③ にそれぞれ当てはまるものとして適切なのは，下の**ア**～**エ**のうちではどれか。

> ① の比較から，デンプンは ② の働きにより別の物質になったことが分かる。さらに， ③ の比較から， ② の働きによりできた別の物質は糖であることが分かる。

① **ア**　容器Ａと容器Ｃ　　**イ**　容器Ａと容器Ｅ
　 ウ　容器Ｂと容器Ｄ　　**エ**　容器Ｂと容器Ｆ

② **ア**　水　　**イ**　ヨウ素液　　**ウ**　唾液　　**エ**　消化酵素Ｘ

③ ア 容器Aと容器C イ 容器Aと容器E
ウ 容器Bと容器D エ 容器Bと容器F

〔問２〕 **＜結果１＞**と**＜結果２＞**から分かる，消化酵素Xと同じ働きをするヒトの消化酵素の名称と，**＜結果３＞**から分かる，加熱後の消化酵素Xの働きの様子とを組み合わせたものとして適切なのは，次の表の**ア**～**エ**のうちではどれか。

	消化酵素Xと同じ働きをするヒトの消化酵素の名称	加熱後の消化酵素Xの働きの様子
ア	アミラーゼ	タンパク質を分解する。
イ	アミラーゼ	タンパク質を分解しない。
ウ	ペプシン	タンパク質を分解する。
エ	ペプシン	タンパク質を分解しない。

〔問３〕 ヒトの体内における，デンプンとタンパク質の分解について述べた次の文の ① ～ ④ にそれぞれ当てはまるものとして適切なのは，下の**ア**～**エ**のうちではどれか。

> デンプンは， ① から分泌される消化液に含まれる消化酵素などの働きで，最終的に ② に分解され，タンパク質は， ③ から分泌される消化液に含まれる消化酵素などの働きで，最終的に ④ に分解される。

① **ア** 唾液腺・胆のう **イ** 唾液腺・すい臓 **ウ** 胃・胆のう **エ** 胃・すい臓
② **ア** ブドウ糖 **イ** アミノ酸 **ウ** 脂肪酸
エ モノグリセリド
③ **ア** 唾液腺・胆のう **イ** 唾液腺・すい臓 **ウ** 胃・胆のう **エ** 胃・すい臓
④ **ア** ブドウ糖 **イ** アミノ酸 **ウ** 脂肪酸
エ モノグリセリド

〔問４〕 ヒトの体内では，食物は消化酵素などの働きにより分解された後，多くの物質は小腸から吸収される。図８は小腸の内壁の様子を模式的に表したもので，約１mmの長さの微小な突起で覆われていることが分かる。分解された物質を吸収する上での小腸の内壁の構造上の利点について，微小な突起の名称に触れて，簡単に書け。

図８

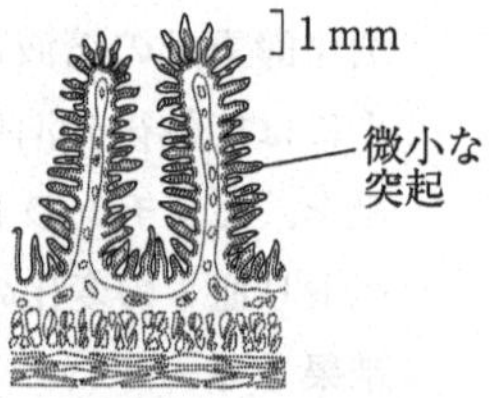

5 物質の性質を調べて区別する実験について，次の各問に答えよ。

４種類の白色の物質A～Dは，塩化ナトリウム，ショ糖（砂糖），炭酸水素ナトリウム，ミョウバンのいずれかである。

＜実験１＞を行ったところ，**＜結果１＞**のようになった。

＜実験１＞

(1) 物質A～Dをそれぞれ別の燃焼さじに少量載せ，図１のように加熱し，物質の変化の様子を調べた。

(2) **＜実験１＞**の(1)では，物質Bと物質Cは，燃えずに白色の物質が残り，区別がつかなかった。そのため，乾いた試験管を２本用意し，それ

図１

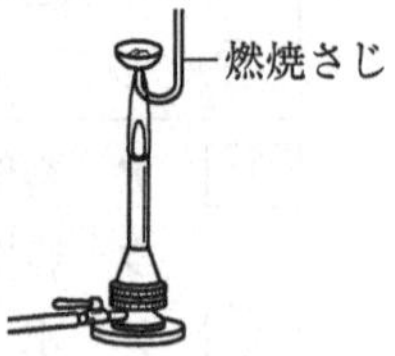

ぞれの試験管に物質B，物質Cを少量入れた。物質Bの入った試験管にガラス管がつながっているゴム栓をして，図2のように，試験管の口を少し下げ，スタンドに固定した。

(3)　試験管を加熱し，加熱中の物質の変化を調べた。気体が発生した場合，発生した気体を水上置換法で集めた。

(4)　**＜実験1＞**の(2)の物質Bの入った試験管を物質Cの入った試験管に替え，**＜実験1＞**の(2)，(3)と同様の実験を行った。

図2

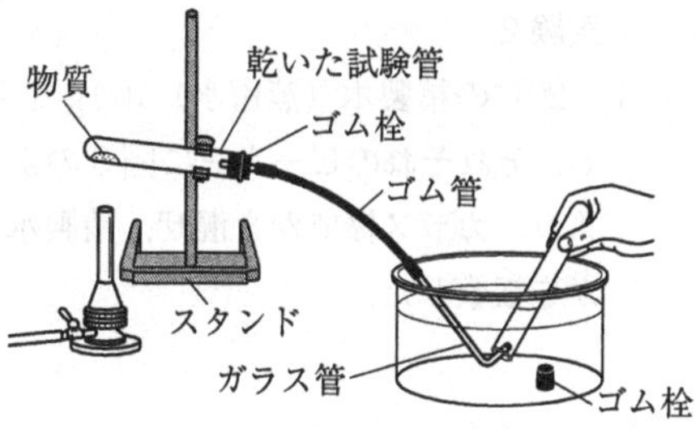

＜結果1＞

	物質A	物質B	物質C	物質D
＜実験1＞の(1)で加熱した物質の変化	溶けた。	白色の物質が残った。	白色の物質が残った。	焦げて黒色の物質が残った。
＜実験1＞の(3)，(4)で加熱中の物質の変化		気体が発生した。	変化しなかった。	

〔問1〕　**＜実験1＞**の(1)で，物質Dのように，加熱すると焦げて黒色に変化する物質について述べたものとして適切なのは，次のうちではどれか。

ア　ろうは無機物であり，炭素原子を含まない物質である。

イ　ろうは有機物であり，炭素原子を含む物質である。

ウ　活性炭は無機物であり，炭素原子を含まない物質である。

エ　活性炭は有機物であり，炭素原子を含む物質である。

〔問2〕　**＜実験1＞**の(3)で，物質Bを加熱したときに発生した気体について述べた次の文の［①］に当てはまるものとして適切なのは，下の**ア**～**エ**のうちではどれか。また，［②］に当てはまるものとして適切なのは，下の**ア**～**エ**のうちではどれか。

> 物質Bを加熱したときに発生した気体には［①］という性質があり，発生した気体と同じ気体を発生させるには，［②］という方法がある。

［①］　**ア**　物質を燃やす

イ　空気中で火をつけると音をたてて燃える

ウ　水に少し溶け，その水溶液は酸性を示す

エ　水に少し溶け，その水溶液はアルカリ性を示す

［②］　**ア**　石灰石に薄い塩酸を加える

イ　二酸化マンガンに薄い過酸化水素水を加える

ウ　亜鉛に薄い塩酸を加える

エ　塩化アンモニウムと水酸化カルシウムを混合して加熱する

次に，＜実験２＞を行ったところ，＜結果２＞のようになった。

＜実験２＞

⑴　20℃の精製水（蒸留水）100gを入れたビーカーを４個用意し，それぞれのビーカーに図３のように物質Ａ～Ｄを20gずつ入れ，ガラス棒でかき混ぜ，精製水（蒸留水）に溶けるかどうかを観察した。

図３

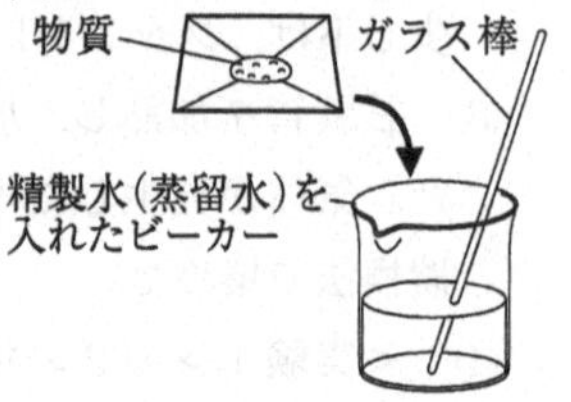

⑵　図４のように，ステンレス製の電極，電源装置，豆電球，電流計をつないで回路を作り，＜実験２＞の⑴のそれぞれのビーカーの中に，精製水（蒸留水）でよく洗った電極を入れ，電流が流れるかどうかを調べた。

⑶　塩化ナトリウム，ショ糖（砂糖），炭酸水素ナトリウム，ミョウバンの水100gに対する溶解度を，図書館で調べた。

図４

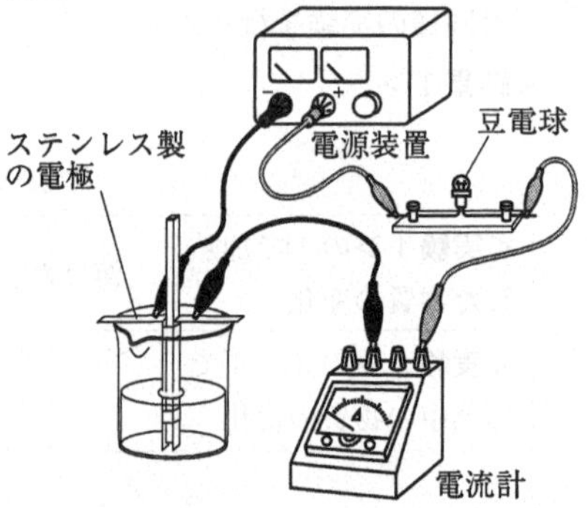

＜結果２＞

⑴　＜実験２＞の⑴，⑵で調べた結果は，次の表のようになった。

	物質Ａ	物質Ｂ	物質Ｃ	物質Ｄ
20℃の精製水（蒸留水）100gに溶けるかどうか	一部が溶けずに残った。	一部が溶けずに残った。	全て溶けた。	全て溶けた。
電流が流れるかどうか	流れた。	流れた。	流れた。	流れなかった。

⑵　＜実験２＞の⑶で調べた結果は，次の表のようになった。

水の温度〔℃〕	塩化ナトリウムの質量〔g〕	ショ糖（砂糖）の質量〔g〕	炭酸水素ナトリウムの質量〔g〕	ミョウバンの質量〔g〕
0	35.6	179.2	6.9	5.7
20	35.8	203.9	9.6	11.4
40	36.3	238.1	12.7	23.8
60	37.1	287.3	16.4	57.4

〔問３〕　物質Ｃを水に溶かしたときの電離の様子を，化学式とイオン式を使って書け。

〔問４〕　＜結果２＞で，物質の一部が溶けずに残った水溶液を40℃まで加熱したとき，一方は全て溶けた。全て溶けた方の水溶液を水溶液Ｐとするとき，水溶液Ｐの溶質の名称を書け。また，40℃まで加熱した水溶液Ｐ120gを20℃に冷やしたとき，取り出すことができる結晶の質量〔g〕を求めよ。

6　電熱線に流れる電流とエネルギーの移り変わりを調べる実験について，次の各問に答えよ。
<実験１>を行ったところ，**<結果１>**のようになった。

<実験１>

⑴　電流計，電圧計，電気抵抗の大きさが異なる電熱線Aと電熱線B，スイッチ，導線，電源装置を用意した。

⑵　電熱線Aをスタンドに固定し，図１のように，回路を作った。

⑶　電源装置の電圧を1.0Vに設定した。

⑷　回路上のスイッチを入れ，回路に流れる電流の大きさ，電熱線の両端に加わる電圧の大きさを測定した。

⑸　電源装置の電圧を2.0V，3.0V，4.0V，5.0Vに変え，**<実験１>**の⑷と同様の実験を行った。

⑹　電熱線Aを電熱線Bに変え，**<実験１>**の⑶，⑷，⑸と同様の実験を行った。

図１

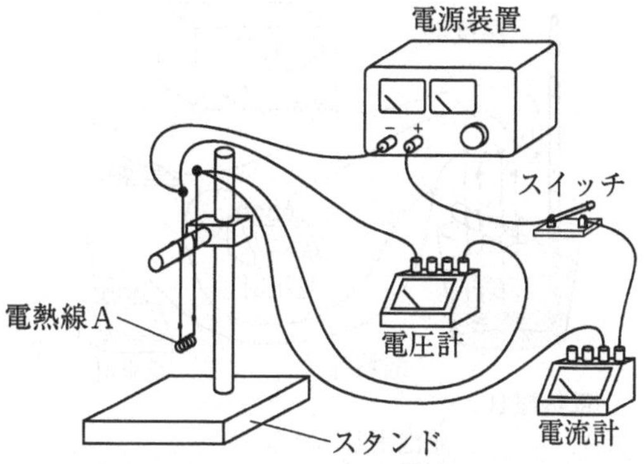

<結果１>

	電源装置の電圧〔V〕	1.0	2.0	3.0	4.0	5.0
電熱線A	回路に流れる電流の大きさ〔A〕	0.17	0.33	0.50	0.67	0.83
	電熱線Aの両端に加わる電圧の大きさ〔V〕	1.0	2.0	3.0	4.0	5.0
電熱線B	回路に流れる電流の大きさ〔A〕	0.25	0.50	0.75	1.00	1.25
	電熱線Bの両端に加わる電圧の大きさ〔V〕	1.0	2.0	3.0	4.0	5.0

〔問１〕　**<結果１>**から，電熱線Aについて，電熱線Aの両端に加わる電圧の大きさと回路に流れる電流の大きさの関係を，解答用紙の方眼を入れた図に●を用いて記入し，グラフをかけ。
また，電熱線Aの両端に加わる電圧の大きさが9.0Vのとき，回路に流れる電流の大きさは何Aか。

次に，**<実験２>**を行ったところ，**<結果２>**のようになった。

<実験２>

⑴　電流計，電圧計，**<実験１>**で使用した電熱線Aと電熱線B，200gの水が入った発泡ポリスチレンのコップ，温度計，ガラス棒，ストップウォッチ，スイッチ，導線，電源装置を用意した。

⑵　図２（次のページ）のように，電熱線Aと電熱線Bを直列に接続し，回路を作った。

⑶　電源装置の電圧を5.0Vに設定した。

⑷　回路上のスイッチを入れる前の水の温度を測定し，ストップウォッチのスタートボタンを押すと同時に回路上のスイッチを入れ，回路に流れる電流の大きさ，回路上の点aから点bまでの間に加わる電圧の大きさを測定した。

⑸ 1分ごとにガラス棒で水をゆっくりかきまぜ，回路上のスイッチを入れてから5分後の水の温度を測定した。

⑹ 図3のように，電熱線Aと電熱線Bを並列に接続し，回路を作り，**＜実験2＞**の⑶，⑷，⑸と同様の実験を行った。

図2

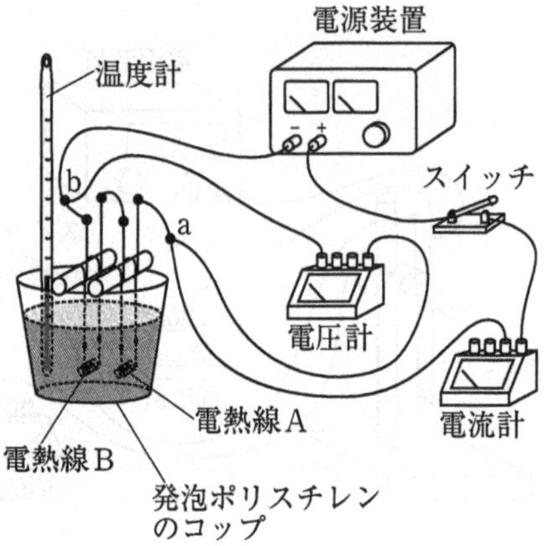

図3

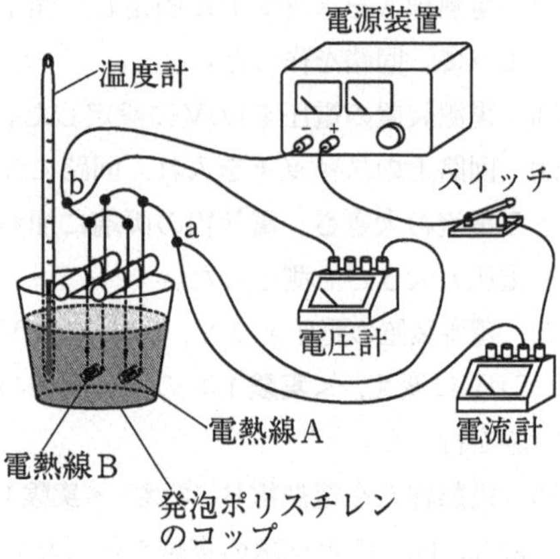

＜結果2＞

	電熱線Aと電熱線Bを直列に接続したとき	電熱線Aと電熱線Bを並列に接続したとき
電源装置の電圧〔V〕	5.0	5.0
スイッチを入れる前の水の温度〔℃〕	20.0	20.0
回路に流れる電流の大きさ〔A〕	0.5	2.1
回路上の点aから点bまでの間に加わる電圧の大きさ〔V〕	5.0	5.0
回路上のスイッチを入れてから5分後の水の温度〔℃〕	20.9	23.8

〔問2〕 **＜結果1＞**と**＜結果2＞**から，電熱線Aと電熱線Bを直列に接続したときと並列に接続したときの回路において，直列に接続したときの電熱線Bに流れる電流の大きさと並列に接続したときの電熱線Bに流れる電流の大きさを最も簡単な整数の比で表したものとして適切なのは，次のうちではどれか。

ア 1：5 **イ** 2：5

ウ 5：21 **エ** 10：21

〔問3〕 **＜結果2＞**から，電熱線Aと電熱線Bを並列に接続し，回路上のスイッチを入れてから5分間電流を流したとき，電熱線Aと電熱線Bの発熱量の和を**＜結果2＞**の電流の値を用いて求めたものとして適切なのは，次のうちではどれか。

ア 12.5 J **イ** 52.5 J

ウ 750 J **エ** 3150 J

〔問4〕 **＜結果1＞**と**＜結果2＞**から，電熱線の性質とエネルギーの移り変わりの様子について述べたものとして適切なのは，次のうちではどれか。

ア　電熱線には電気抵抗の大きさが大きくなると電流が流れにくくなる性質があり，電気エネルギーを熱エネルギーに変換している。

イ　電熱線には電気抵抗の大きさが大きくなると電流が流れにくくなる性質があり，電気エネルギーを化学エネルギーに変換している。

ウ　電熱線には電気抵抗の大きさが小さくなると電流が流れにくくなる性質があり，熱エネルギーを電気エネルギーに変換している。

エ　電熱線には電気抵抗の大きさが小さくなると電流が流れにくくなる性質があり，熱エネルギーを化学エネルギーに変換している。

＜社会＞

時間 50分 満点 100点

1 次の各問に答えよ。

〔問１〕 次の図は，神奈川県藤沢《ふじさわ》市の「江《え》の島《しま》」の様子を地域調査の発表用資料としてまとめたものである。この地域の景観を，●で示した地点から矢印⬋の向きに撮影した写真に当てはまるのは，下のア～エのうちではどれか。

発表用資料

江の島の地域調査　調査日 令和元年11月16日（土） 天候 晴れ

自然地理コース　トンボロ（陸繋島《りくけいとう》）→ ヨットハーバー → 海食台と海食崖

○ 片瀬江ノ島駅から海岸沿いを進み，●で示した地点から⬋の向きに写真を撮った。

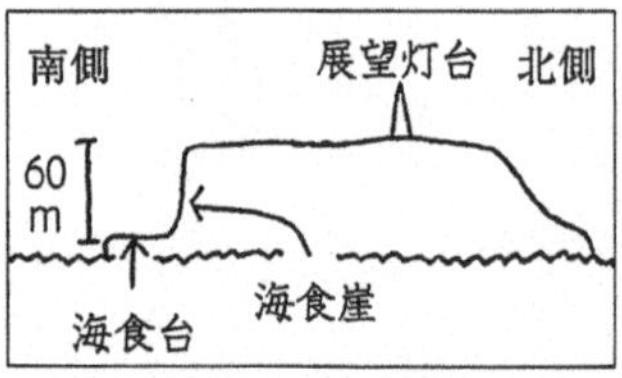

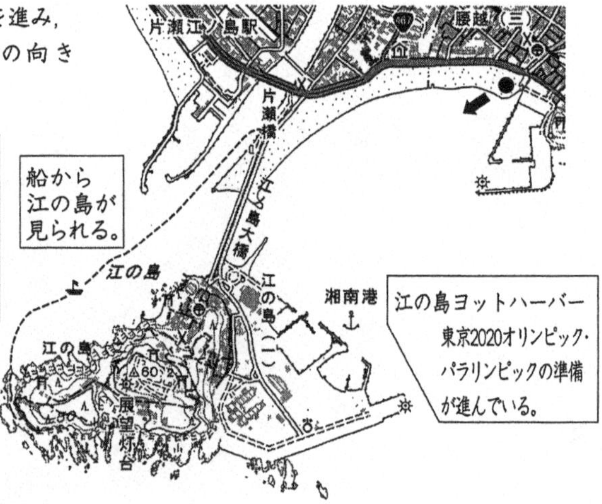

○ 江ノ島大橋を渡る時には，橋の下に，砂が堆積した部分が見えた。

○ 島の東側を南に進むと，切り立った崖が見えた。

○ 島の南側では，海が浸食した地形が観察できた。

ア

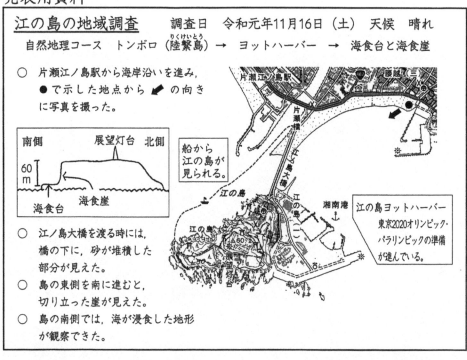

イ

ウ

エ

〔問２〕　次のⅠの略地図中の**ア**～**エ**は，世界遺産に登録されている我が国の主な歴史的文化財の所在地を示したものである。Ⅱの文で述べている歴史的文化財の所在地に当てはまるのは，略地図中の**ア**～**エ**のうちのどれか。

Ⅰ

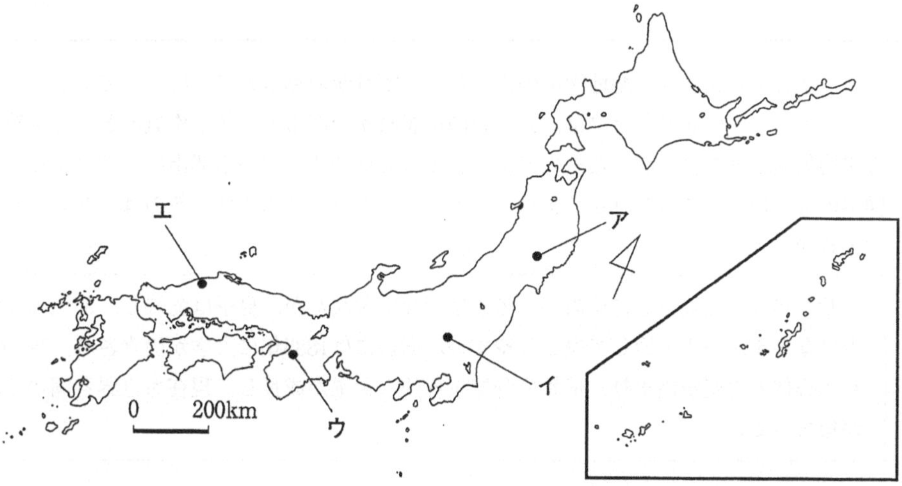

Ⅱ

> 5世紀中頃に造られた，大王《おおきみ》の墓と言われる日本最大の面積を誇る前方後円墳で，周囲には三重の堀が巡らされ，古墳の表面や頂上等からは，人や犬，馬などの形をした埴輪《はにわ》が発見されており，2019年に世界遺産に登録された。

〔問3〕 次の文で述べている国際連合の機関に当てはまるのは，下の**ア**～**エ**のうちのどれか。

> 国際紛争を調査し，解決方法を勧告する他，平和を脅《おびや》かすような事態の発生時には，経済封鎖や軍事的措置などの制裁を加えることができる主要機関である。

ア 国連難民高等弁務官事務所

イ 安全保障理事会

ウ 世界保健機関

エ 国際司法裁判所

2 次の略地図を見て，あとの各問に答えよ。

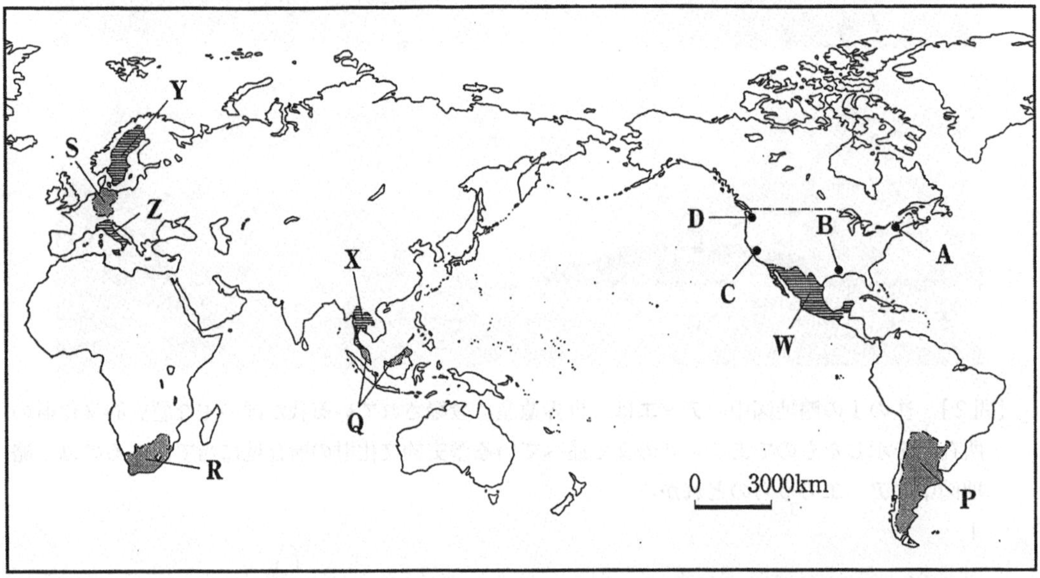

〔問1〕 次のⅠの文章は，略地図中のA～Dの**いずれか**の都市の様子についてまとめたものである。次のページのⅡのグラフは，A～Dの**いずれか**の都市の，年平均気温と年降水量及び各月の平均気温と降水量を示したものである。Ⅰの文章で述べている都市に当てはまるのは，略地図中のA～Dのうちのどれか，また，その都市のグラフに当てはまるのは，Ⅱの**ア**～**エ**のうちのどれか。

Ⅰ

> サンベルト北限付近に位置し，冬季は温暖で湿潤だが，夏季は乾燥し，寒流の影響で高温にならず，一年を通して過ごしやすい。周辺には1885年に大学が設立され，1950年代から半導体の生産が始まり，情報分野で世界的な企業が成長し，現在も世界各国から研究者が集まっている。

Ⅱ

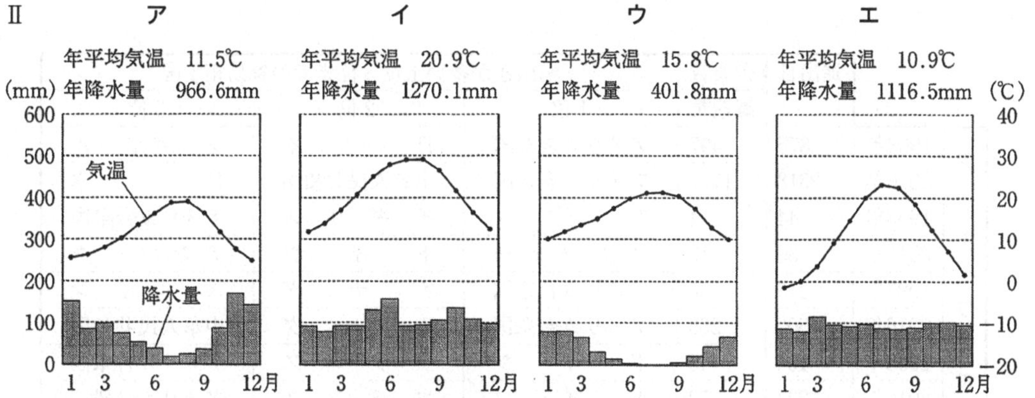

(気象庁のホームページなどより作成)

〔問2〕　次の表の**ア**～**エ**は，略地図中に　　　で示したＰ～Ｓの**いずれか**の国の，2017年における自動車の生産台数，販売台数，交通や自動車工業の様子についてまとめたものである。略地図中のＰ～Ｓのそれぞれの国に当てはまるのは，次の表の**ア**～**エ**のうちではどれか。

	自動車		交通や自動車工業の様子
	生産(千台)	販売(千台)	
ア	460	591	○年間数万隻の船舶が航行する海峡に面する港に高速道路が延び，首都では渋滞解消に向け鉄道が建設された。 ○1980年代には，日本企業と協力して熱帯地域に対応した国民車の生産が始まり，近年は政策としてハイブリッド車などの普及を進めている。
イ	472	900	○現在も地殻変動が続き，国土の西側に位置し，国境を形成する山脈を越えて，隣国まで続く高速道路が整備されている。 ○2017年は，隣国の需要の低下により乗用車の生産が減少し，パンパでの穀物生産や牧畜で使用されるトラックなどの商用車の生産が増加した。
ウ	5646	3811	○国土の北部は氷河に削られ，城郭都市の石畳の道や，1930年代から建設が始まった速度制限のない区間が見られる高速道路が整備されている。 ○酸性雨の被害を受けた経験から，自動車の生産では，エンジンから排出される有害物質の削減に力を入れ，ディーゼル車の割合が減少している。
エ	590	556	○豊富な地下資源を運ぶトラックから乗用車まで様々な種類の自動車が見られ，1970年代に高速道路の整備が始められた。 ○欧州との時差が少なく，アジアまで船で輸送する利便性が高いことを生かして，欧州企業が日本向け自動車の生産拠点を置いている。

(「世界国勢図会」2018/19年版などより作成)

〔問3〕　次のページのⅠとⅡの表の**ア**～**エ**は，略地図中に　　　で示したＷ～Ｚの**いずれか**の国に当てはまる。Ⅰの表は，1993年と2016年における進出日本企業数と製造業に関わる進出日本企業数，輸出額が多い上位3位までの貿易相手国，Ⅱの表は，1993年と2016年における日本との貿易総額，日本の輸入額の上位3位の品目と日本の輸入額に占める割合を示したものである。次のページのⅢの文章は，ⅠとⅡの表における**ア**～**エ**の**いずれか**の国について述べたものである。Ⅲの文章で述べている国に当てはまるのは，略地図中のＷ～Ｚのうちのどれか，また，ⅠとⅡの表の**ア**～**エ**のうちのどれか。

Ⅰ

		進出日本企業数		輸出額が多い上位３位までの貿易相手国		
			製造業	１位	２位	３位
ア	1993年	875	497	アメリカ合衆国	日本	シンガポール
	2016年	2318	1177	アメリカ合衆国	中華人民共和国	日本
イ	1993年	44	4	ドイツ	イギリス	アメリカ合衆国
	2016年	80	19	ノルウェー	ドイツ	デンマーク
ウ	1993年	113	56	アメリカ合衆国	カナダ	スペイン
	2016年	502	255	アメリカ合衆国	カナダ	中華人民共和国
エ	1993年	164	46	ドイツ	フランス	アメリカ合衆国
	2016年	237	72	ドイツ	フランス	アメリカ合衆国

（国際連合「貿易統計年鑑」2016などより作成）

Ⅱ

		貿易総額（億円）	日本の輸入額の上位３位の品目と日本の輸入額に占める割合（%）					
			１位		２位		３位	
ア	1993年	20885	魚介類	15.3	一般機械	11.3	電気機器	10.7
	2016年	51641	電気機器	21.1	一般機械	13.6	肉類・同調製品	8.0
イ	1993年	3155	電気機器	20.4	医薬品	16.7	自動車	15.3
	2016年	3970	医薬品	29.4	一般機械	11.9	製材	9.7
ウ	1993年	5608	原油・粗油	43.3	塩	8.1	果実及び野菜	7.8
	2016年	17833	原油	23.2	電気機器	17.0	自動車部品	7.9
エ	1993年	7874	一般機械	11.6	衣類	10.3	織物用糸・繊維製品	10.2
	2016年	14631	一般機械	12.1	バッグ類	10.9	医薬品	10.0

（国際連合「貿易統計年鑑」2016などより作成）

Ⅲ

雨季と乾季があり，国土の北部から南流し，首都を通り海に注ぐ河川の両側に広がる農地などで生産される穀物が，1980年代まで主要な輸出品であったが，1980年代からは工業化が進んだ。2016年には，製造業の進出日本企業数が1993年と比較し２倍以上に伸び，貿易相手国として中華人民共和国の重要性が高まった。また，この国と日本との貿易総額は1993年と比較し２倍以上に伸びており，電気機器の輸入額に占める割合も２割を上回るようになった。

3　次の略地図を見て，あとの各問に答えよ。

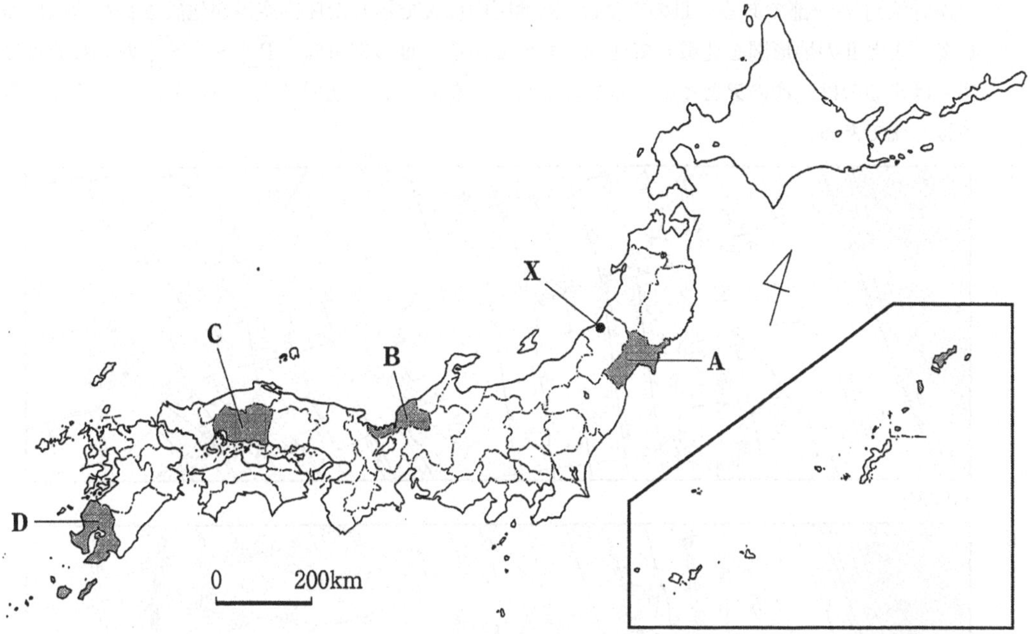

〔問１〕　次の表の**ア**～**エ**の文章は，略地図中に ▒▒ で示した，A～Dの**いずれか**の県の，2017年における鉄道の営業距離，県庁所在地（市）の人口，鉄道と県庁所在地の交通機関などの様子についてまとめたものである。略地図中のA～Dのそれぞれの県に当てはまるのは，次の表の**ア**～**エ**のうちではどれか。

	営業距離(km) 人口（万人）	鉄道と県庁所在地の交通機関などの様子
ア	710	○内陸部の山地では南北方向に，造船業や鉄鋼業が立地する沿岸部では東西方向に鉄道が走り，新幹線の路線には５駅が設置されている。
	119	○この都市では，中心部には路面電車が見られ，1994年に開業した鉄道が北西の丘陵地に形成された住宅地と三角州上に発達した都心部とを結んでいる。
イ	295	○リアス海岸が見られる地域や眼鏡産業が立地する平野を鉄道が走り，2022年には県庁所在地を通る新幹線の開業が予定されている。
	27	○この都市では，郊外の駅に駐車場が整備され，自動車から鉄道に乗り換え通勤できる環境が整えられ，城下町であった都心部の混雑が緩和されている。
ウ	642	○南北方向に走る鉄道と，西側に位置する山脈を越え隣県へつながる鉄道などがあり，1982年に開通した新幹線の路線には４駅が設置されている。
	109	○この都市では，中心となるターミナル駅に郊外から地下鉄やバスが乗り入れ，周辺の道路には町を象徴する街路樹が植えられている。
エ	423	○石油の備蓄基地が立地する西側の半島に鉄道が走り，2004年には北西から活動中の火山の対岸に位置する県庁所在地まで新幹線が開通した。
	61	○この都市では，路面電車の軌道を芝生化し，緑豊かな環境が整備され，シラス台地に開発された住宅地と都心部は，バス路線で結ばれている。

（「データで見る県勢」第27版などより作成）

〔問２〕 次のⅠとⅡの地形図は，1988年と1998年の「国土地理院発行２万５千分の１地形図（湯野浜《ゆのはま》）」の一部である。Ⅲの文章は，略地図中にＸで示した庄内空港《しょうないくうこう》が建設された地域について，ⅠとⅡの地形図を比較して述べたものである。Ⅲの文章の P ～ S のそれぞれに当てはまるのは，次のアとイのうちではどれか。なお，Ⅱの地形図上において，Ｙ－Ｚ間の長さは８㎝である。

Ⅰ

（1988年）

Ⅱ

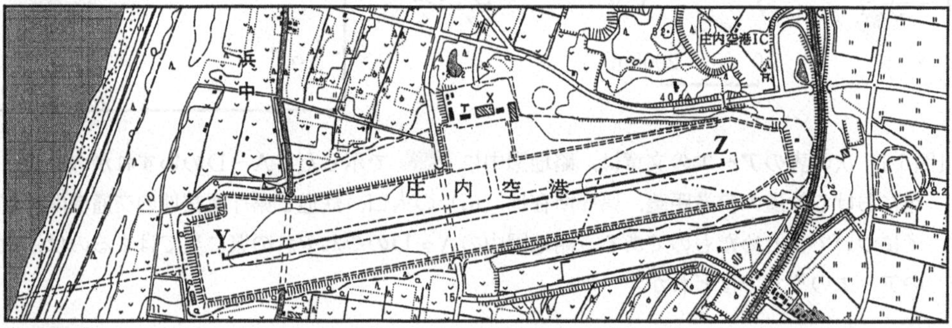

（1998年）

Ⅲ

この空港は，主に標高が約10ｍから約 P ｍにかけて広がる Q であった土地を造成して建設された。ジェット機の就航が可能となるよう約 R ｍの長さの滑走路が整備され，海岸沿いの針葉樹林は， S から吹く風によって運ばれる砂の被害を防ぐ役割を果たしている。

P　ア　40　　イ　80　　　Q　ア　果樹園・畑　　イ　水田

R　ア　1500　　イ　2000　　　S　ア　南東　　イ　北西

〔問３〕 次のⅠの文章は，2012年４月に示された「つなぐ・ひろがる　しずおかの道」の内容の一部をまとめたものである。Ⅱの略地図は，2018年における東名高速道路と新東名高速道路の一部を示したものである。Ⅲの表は，Ⅱの略地図中に示した御殿場《ごてんば》から三ヶ日《みっかび》までの，東名と新東名について，新東名の開通前（2011年４月17日から2012年４月13日までの期間）と，開通後（2014年４月13日から2015年４月10日までの期間）の，平均交通量と10㎞以上の渋滞回数を示したものである。自然災害に着目し，ⅠとⅡの資料から読み取れる，新東名が現在の位置に建設された理由と，平均交通量と10㎞以上の渋滞回数に着目し，新東名が建設された効果について，それぞれ簡単に述べよ。

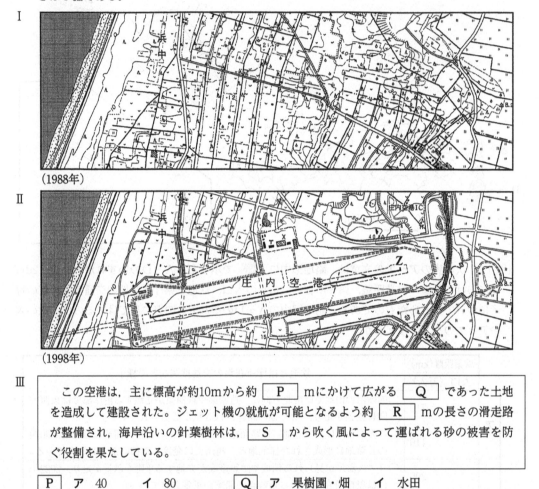

Ⅰ

○東名高速道路は，高波や津波などによる通行止めが発生し，経済に影響を与えている。
○東名高速道路は，全国の物流・経済を支えており，10㎞以上の渋滞回数は全国1位である。

Ⅱ

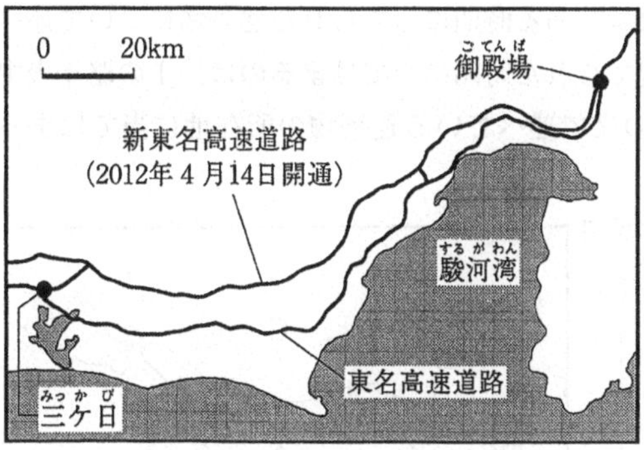

Ⅲ

		開通前	開通後
東名	平均交通量(千台／日)	73.2	42.9
	10km以上の渋滞回数(回)	227	4
新東名	平均交通量(千台／日)	−	39.5
	10km以上の渋滞回数(回)	−	9

(注)　−は，データが存在しないことを示す。
(中日本高速道路株式会社作成資料より作成)

4　次の文章を読み，あとの各問に答えよ。

紙は，様々な目的に使用され，私たちの生活に役立ってきた。

古代では，様々な手段で情報を伝え，支配者はクニと呼ばれるまとまりを治めてきた。我が国に紙が伝来すると，(1)支配者は，公的な記録の編纂《へんさん》や情報の伝達に紙を用い，政治を行ってきた。

中世に入ると，(2)屋内の装飾の材料にも紙が使われ始め，我が国独自の住宅様式の確立につながっていった。

江戸時代には，各藩のひっ迫した財政を立て直すために工芸作物の生産を奨励される中で，各地で紙が生産され始め，人々が紙を安価に入手できるようになった。(3)安価に入手できるようになった紙は，書物や浮世絵《うきよえ》などの出版にも利用され，文化を形成してきた。

明治時代以降，欧米の進んだ技術を取り入れたことにより，従来から用いられていた紙に加え，西洋風の紙が様々な場面で使われるようになった。さらに，(4)生産技術が向上すると，紙の大量生産も可能となり，新聞や雑誌などが広く人々に行き渡ることになった。

〔問1〕　(1)支配者は，公的な記録の編纂《へんさん》や情報の伝達に紙を用い，政治を行ってきた。とあるが，次のア～エは，飛鳥《あすか》時代から室町時代にかけて，紙が政治に用いられた様子について述べたものである。時期の古いものから順に記号を並べよ。

ア　大宝律令《たいほうりつりょう》が制定され，天皇の文書を作成したり図書の管理をしたりする役所の設置など，大陸の進んだ政治制度が取り入れられた。

イ　武家政権と公家政権の長所を政治に取り入れた建武式目が制定され，治安回復後の京都に幕府が開かれた。

ウ　全国に支配力を及ぼすため，紙に書いた文書により，国ごとの守護と荘園《しょうえん》や公領ごとの地頭を任命する政策が，鎌倉で樹立された武家政権で始められた。

エ　各地方に設置された国分寺と国分尼寺《こくぶんにじ》へ，僧を派遣したり経典の写本を納入したりするなど，様々な災いから仏教の力で国を守るための政策が始められた。

〔問２〕 (2)屋内の装飾の材料にも紙が使われ始め，我が国独自の住宅様式の確立につながっていった。とあるが，次のⅠの略年表は，鎌倉時代から江戸時代にかけての，我が国の屋内の装飾に関する主な出来事についてまとめたものである。Ⅱの略地図中のＡ～Ｄは，我が国の主な建築物の所在地を示したものである。Ⅲの文は，ある時期に建てられた建築物について述べたものである。Ⅲの文で述べている建築物が建てられた時期に当てはまるのは，Ⅰの略年表中のア～エの時期のうちではどれか。また，Ⅲの文で述べている建築物の所在地に当てはまるのは，Ⅱの略地図中のＡ～Ｄのうちのどれか。

Ⅰ

西暦	我が国の屋内の装飾に関する主な出来事	
1212	●鴨長明《かものちょうめい》が「方丈記《ほうじょうき》」の中で，障《しょう》子《じ》の存在を記した。	
		ア
1351	●藤原隆昌《ふじわらのたかまさ》と父が「慕帰絵《ぼきえ》」の中で，襖《ふすま》に絵を描く僧の様子を表した。	
		イ
1574	●織田信長《おだのぶなが》が上杉謙信《うえすぎけんしん》に「洛中洛《らくちゅうらく》外図屏風《がいずびょうぶ》」を贈った。	
		ウ
1626	●狩野探幽《かのうたんゆう》が二条城の障壁画《しょうへきが》を描いた。	
		エ
1688	●屏風の売買の様子を記した井原西鶴《いはらさいかく》の「日本永代蔵《にほんえいたいぐら》」が刊行された。	

Ⅱ

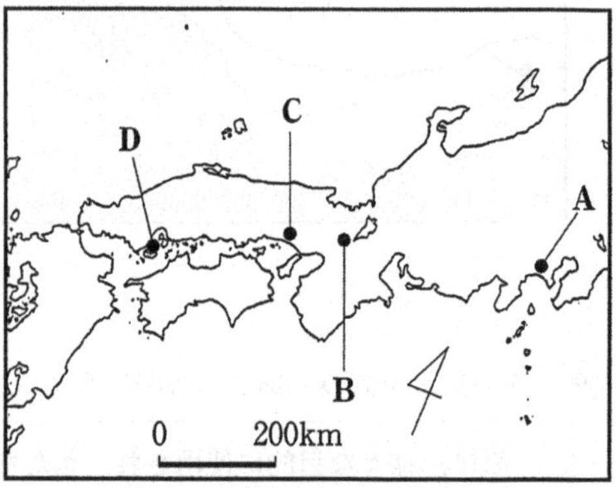

Ⅲ

慈照寺《じしょうじ》にある東求堂同仁斎《とうぐどうどうじんさい》には，障子や襖といった紙を用いた建具《たてぐ》が取り入れられ，我が国の和室の原点と言われる書院造《しょいんづくり》の部屋が造られた。

〔問３〕 (3)安価に入手できるようになった紙は，書物や浮世絵《うきよえ》などの出版にも利用され，文化を形成してきた。とあるが，次の文章は，江戸時代の医師が著した「後見草《のちみぐさ》」の一部を分かりやすく示したものである。下のア～エは，江戸時代に行われた政策について述べたものである。この書物に書かれた出来事の４年後から10年後にかけて主に行われた政策について当てはまるのは，下のア～エのうちではどれか。

○天明《てんめい》３年７月６日夜半，西北の方向に雷のような音と振動が感じられ，夜が明けても空はほの暗く，庭には細かい灰が舞い降りていた。７日は灰がしだいに大粒になり，８日は早朝から激しい振動が江戸を襲ったが，当初人々は浅間山《あさまやま》が噴火したとは思わず，日光か筑波山《つくばさん》で噴火があったのではないかと噂《うわさ》し合った。

○ここ３，４年，気候も不順で，五穀の実りも良くなかったのに，またこの大災害で，米価は非常に高騰し，人々の困窮は大変なものだった。

ア　物価の引き下げを狙って，公認した株仲間を解散させたり，外国との関係を良好に保つよう，外国船には燃料や水を与えるよう命じたりするなどの政策を行った。

イ　投書箱を設置し，民衆の意見を政治に取り入れたり，税収を安定させて財政再建を図ることを目的に，新田開発を行ったりするなどの政策を行った。

ウ　税収が安定するよう，株仲間を公認したり，長崎貿易の利益の増加を図るため，俵物《たわらもの》と呼ばれる海産物や銅の輸出を拡大したりするなどの政策を行った。

エ　幕府が旗本らの生活を救うため借金を帳消しにする命令を出したり，江戸に出稼ぎに来ていた農民を農村に返し就農を進め，飢饉《ききん》に備え各地に米を蓄えさせたりするなどの政策を行った。

〔問４〕 (4)生産技術が向上すると，紙の大量生産も可能となり，新聞や雑誌などが広く人々に行き渡ることになった。とあるが，次の略年表は，明治時代から昭和時代にかけての，我が国の紙の製造や印刷に関する主な出来事についてまとめたものである。略年表中のＡの時期に当てはまるのは，下の**ア**～**エ**のうちではどれか。

西暦	我が国の紙の製造や印刷に関する主な出来事	
1873	●渋沢栄一《しぶさわえいいち》により洋紙製造会社が設立された。	
1876	●日本初の純国産活版洋装本が完成した。	
1877	●国産第１号の洋式紙幣《しへい》である国立銀行紙幣が発行された。	
1881	●日本で初めての肖像画入り紙幣が発行された。	
1890	●東京の新聞社が，フランスから輪転印刷機を輸入し，大量高速印刷が実現した。	
1904	●初の国産新聞輪転印刷機が大阪の新聞社に設置された。	
1910	●北海道の苫小牧《とまこまい》で，新聞用紙国内自給化の道を拓《ひら》く製紙工場が操業を開始した。…………	↑
		A
1928	●日本初の原色グラビア印刷が開始された。	
1933	●３社が合併し，我が国の全洋紙生産量の85％の生産量を占める製紙会社が誕生した。…………	↓
1940	●我が国の紙・板紙の生産量が過去最大の154万トンになった。	

ア　国家総動員法が制定され国民への生活統制が強まる中で，東京市が隣組回覧板を10万枚配布し，毎月２回の会報の発行を開始した。

イ　官営の製鉄所が開業し我が国の重工業化か進む中で，義務教育の就学率が90％を超え，国定教科書用紙が和紙から洋紙に切り替えられた。

ウ　東京でラジオ放送が開始されるなど文化の大衆化が進む中で，週刊誌や月刊誌の発行部数が急速に伸び，東京の出版社が初めて１冊１円の文学全集を発行した。

エ　廃藩置県により，実業家や政治の実権を失った旧藩主による製紙会社の設立が東京において相次ぐ中で，政府が製紙会社に対して地券用紙を大量に発注した。

5　次の文章を読み，あとの各問に答えよ。

> (1)我が国の行政の役割は，国会で決めた法律や予算に基づいて，政策を実施することである。行政の各部門を指揮・監督する(2)内閣は，内閣総理大臣と国務大臣によって構成され，国会に対し，連帯して責任を負う議院内閣制をとっている。
>
> 　行政は，人々が安心して暮らせるよう，(3)社会を支える基本的な仕組みを整え，資源配分や経済の安定化などの機能を果たしている。その費用は，(4)主に国民から納められた税金により賄われ，年を追うごとに財政規模は拡大している。

〔問１〕 (1)我が国の行政の役割は，国会で決めた法律や予算に基づいて，政策を実施することである。とあるが，内閣の仕事を規定する日本国憲法の条文は，次のページの**ア**～**エ**のうちではどれか。

ア　条約を締結すること。但し，事前に，時宜《じぎ》によっては事後に，国会の承認を経ることを必要とする。

イ　両議院は，各々《おのおの》国政に関する調査を行ひ，これに関して，証人の出頭及び証言並びに記録の提出を要求することができる。

ウ　すべて国民は，個人として尊重される。生命，自由及び幸福追求に対する国民の権利については，公共の福祉に反しない限り，立法その他の国政の上で，最大の尊重を必要とする。

エ　地方公共団体の組織及び運営に関する事項は，地方自治の本旨に基いて，法律でこれを定める。

〔問２〕　(2)内閣は，内閣総理大臣と国務大臣によって構成され，国会に対し，連帯して責任を負う議院内閣制をとっている。とあるが，次の表は，我が国の内閣と，アメリカ合衆国の大統領の権限について，「議会に対して法律案を提出する権限」，「議会の解散権」があるかどうかを，権限がある場合は「○」，権限がない場合は「×」で示そうとしたものである。表のＡとＢに入る記号を正しく組み合わせているのは，下の**ア**～**エ**のうちのどれか。

	我が国の内閣	アメリカ合衆国の大統領
議会に対して法律案を提出する権限	○	**A**
議会の解散権	**B**	×

	ア	**イ**	**ウ**	**エ**
A	○	○	×	×
B	○	×	○	×

〔問３〕　(3)社会を支える基本的な仕組みを整え，資源配分や経済の安定化などの機能を果たしている。とあるが，次の文章は，行政が担《にな》う役割について述べたものである。この行政が担う役割に当てはまるのは，下の**ア**～**エ**のうちではどれか。

> 社会資本は，長期間にわたり，幅広く国民生活を支えるものである。そのため，時代の変化に応じて機能の変化を見通して，社会資本の整備に的確に反映させ，蓄積・高度化を図っていくことが求められる。

ア　収入が少ない人々に対して，国が生活費や教育費を支給し，最低限度の生活を保障し，自立を助ける。

イ　国民に加入を義務付け，毎月，保険料を徴収し，医療費や高齢者の介護費を支給し，国民の負担を軽減する。

ウ　保健所などによる感染症の予防や食品衛生の管理，ごみ処理などを通して，国民の健康維持・増進を図る。

エ　公園，道路や上下水道，図書館，学校などの公共的な施設や設備を整え，生活や産業を支える。

〔問４〕　(4)主に国民から納められた税金により賄われ，年を追うごとに財政規模は拡大している。とあるが，次のページのⅠのグラフは，1970年度から2010年度までの我が国の歳入と歳出の決算総額の推移を示したものである。次のページのⅡの文章は，ある時期の我が国の歳入と歳出の決算総額の変化と経済活動の様子について述べたものである。Ⅱの文章で述べている経済活動の時期に当てはまるのは，Ⅰのグラフの**ア**～**エ**の時期のうちではどれか。

Ⅰ

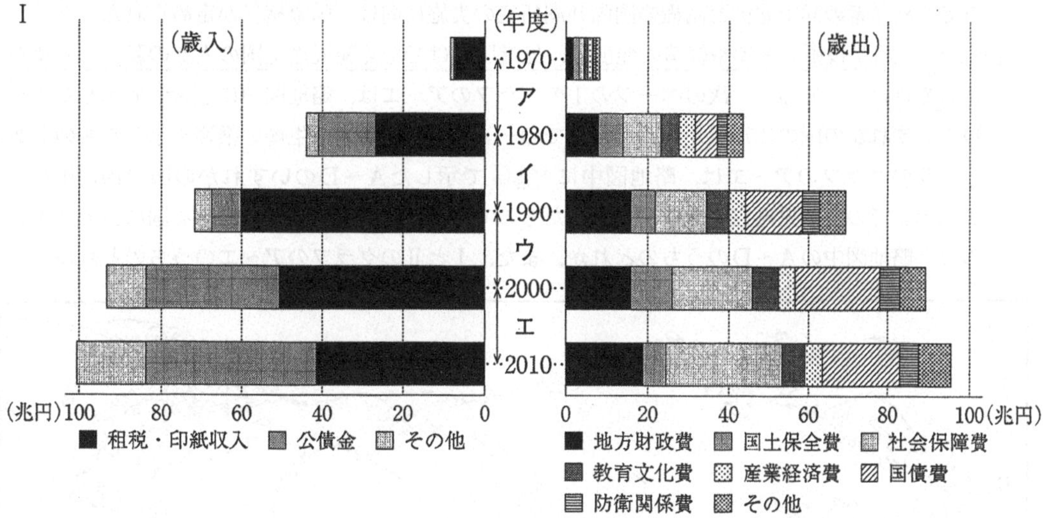

(財務省の資料より作成)

Ⅱ

○この10年間で，歳入総額に占める租税・印紙収入の割合の増加に伴い，公債金の割合が低下し，歳出総額は約1.5倍以上となり，国債費も約2倍以上に増加した。 ○この時期の後半には，6％台の高い経済成長率を示すなど景気が上向き，公営企業の民営化や税制改革が行われる中で，人々は金融機関から資金を借り入れ，値上がりを見込んで土地や株の購入を続けた。

6　次の文章を読み，あとの各問に答えよ。

世界の国々は，地球上の様々な地域で，人々が活動できる範囲を広げてきた。そして，(1)対立や多くの困難に直面する度に，課題を克服し解決してきた。また，(2)科学技術の進歩や経済の発展は，先進国だけでなく発展途上国の人々の暮らしも豊かにしてきた。 グローバル化が加速し，人口増加や環境の変化が急速に進む中で，持続可能な社会を実現するために，(3)我が国にも世界の国々と強調した国際貢献が求められている。

〔問1〕　(1)対立や多くの困難に直面する度に，課題を克服し解決してきた。とあるが，次の**ア**～**エ**は，それぞれの時代の課題を克服した様子について述べたものである。時期の古いものから順に記号で並べよ。

ア　特定の国による資源の独占が国家間の対立を生み出した反省から，資源の共有を目的とした共同体が設立され，その後つくられた共同体と統合し，ヨーロッパ共同体（ＥＣ）が発足した。

イ　アマゾン川流域に広がるセルバと呼ばれる熱帯林などの大規模な森林破壊の解決に向け，リオデジャネイロで国連環境開発会議（地球サミット）が開催された。

ウ　パリで講和会議が開かれ，戦争に参加した国々に大きな被害を及ぼした反省から，アメリカ合衆国大統領の提案を基にした，世界平和と国際協調を目的とする国際連盟が発足した。

エ　ドイツ，オーストリア，イタリアが三国同盟を結び，ヨーロッパで政治的な対立が深まる一方で，科学者の間で北極と南極の国際共同研究の実施に向け，国際極年が定められた。

〔問２〕　(2)科学技術の進歩や経済の発展は，先進国だけでなく発展途上国の人々の暮らしも豊かにしてきた。とあるが，次のページのⅠのグラフの**ア**～**エ**は，略地図中に　　　で示した**A**～**D**の**いずれか**の国の1970年から2015年までの一人当たりの国内総生産の推移を示したものである。Ⅱのグラフの**ア**～**エ**は，略地図中に　　　で示した**A**～**D**の**いずれか**の国の1970年から2015年までの乳幼児死亡率の推移を示したものである。Ⅲの文章で述べている国に当てはまるのは，略地図中の**A**～**D**のうちのどれか，また，ⅠとⅡのグラフの**ア**～**エ**のうちのどれか。

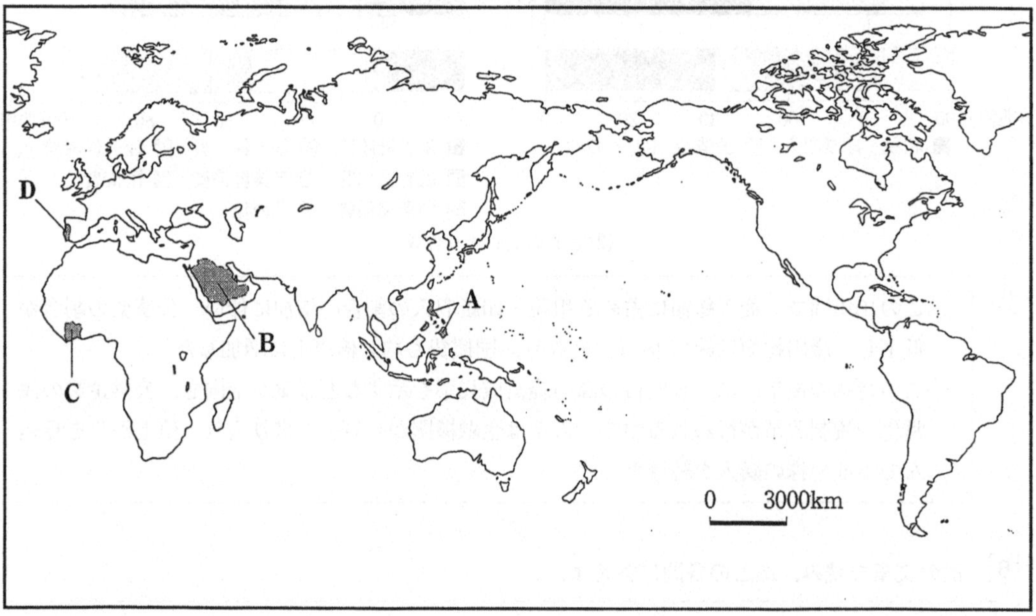

Ⅰ

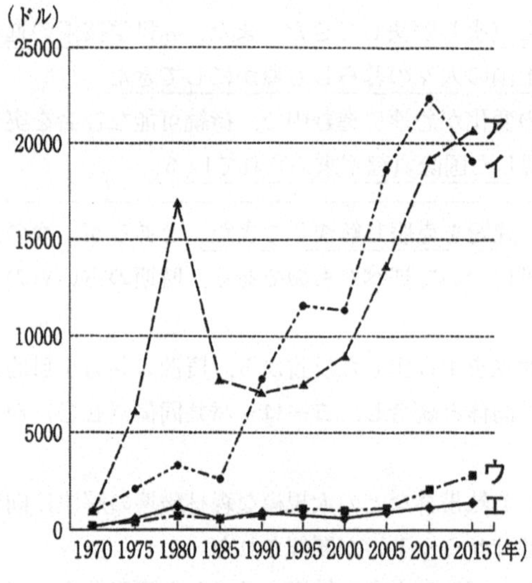

（注）国内総生産とは，一つの国において新たに生み出された価値の総額を示した数値のこと。

Ⅱ

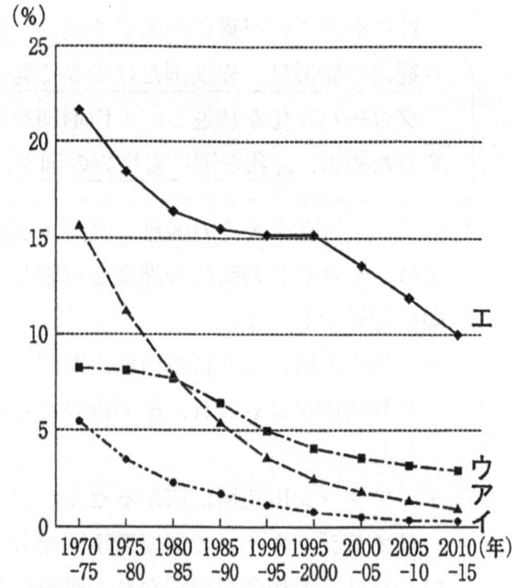

（国際連合のホームページより作成）

Ⅲ

> 文字と剣が緑色の下地に描かれた国旗をもつこの国は，石油輸出国機構（ＯＰＥＣ《オペック》）に加盟し，二度の石油危機を含む期間に一人当たりの国内総生産が大幅に増加したが，一時的に減少し，1990年以降は増加し続けた。また，この国では公的医療機関を原則無料で利用することができ，1970年から2015年までの間に乳幼児死亡率は約10分の１に減少し，現在も人口増加が続き，近年は最新の技術を導入し，高度な医療を提供する病院が開業している。

〔問３〕 (3)我が国にも世界の国々と協調した国際貢献が求められている。とあるが，次のⅠの文章は，2015年に閣議決定し，改定された開発協力大綱の一部を抜粋して分かりやすく書き改めたものである。Ⅱの表は，1997年度と2018年度における政府開発援助（ＯＤＡ）事業予算，政府開発援助（ＯＤＡ）事業予算のうち政府貸付と贈与について示したものである。Ⅲの表は，Ⅱの表の贈与のうち，1997年度と2018年度における二国間政府開発援助贈与，二国間政府開発援助贈与のうち無償資金協力と技術協力について示したものである。1997年度と比較した2018年度における政府開発援助（ＯＤＡ）の変化について，Ⅰ～Ⅲの資料を活用し，政府開発援助（ＯＤＡ）事業予算と二国間政府開発援助贈与の内訳に着目して，簡単に述べよ。

Ⅰ

> ○自助努力を後押しし，将来における自立的発展を目指すのが日本の開発協力の良き伝統である。
> ○引き続き，日本の経験と知見を活用しつつ，当該国の発展に向けた協力を行う。

Ⅱ

	政府開発援助（ＯＤＡ）事業予算（億円）		
		政府貸付	贈　与
1997年度	20147	9767（48.5％）	10380（51.5％）
2018年度	21650	13705（63.3％）	7945（36.7％）

Ⅲ

	二国間政府開発援助贈与（億円）		
		無償資金協力	技術協力
1997年度	6083	2202（36.2％）	3881（63.8％）
2018年度	4842	1605（33.1％）	3237（66.9％）

（外務省の資料より作成）

MEMO

大切なことはメモしておこうネ！

2020年度

解 答 と 解 説

《2020年度の配点は解答用紙集に掲載してあります。》

<理科解答>

1 〔問1〕 イ 〔問2〕 ウ 〔問3〕 ア 〔問4〕 エ 〔問5〕 イ

2 〔問1〕 ウ 〔問2〕 イ 〔問3〕 ア 〔問4〕 エ

3 〔問1〕 ウ 〔問2〕 エ 〔問3〕 太陽の光の当たる角度が地面に対して垂直に近いほど，同じ面積に受ける太陽の光の量が多いから。
〔問4〕 ① ア ② ウ

4 〔問1〕 ① ア ② ウ ③ ウ 〔問2〕 エ
〔問3〕 ① イ ② ア ③ エ ④ イ
〔問4〕 柔毛で覆われていることで小腸の内側の壁の表面積が大きくなり，効率よく物質を吸収することができる点。

5 〔問1〕 イ 〔問2〕 ① ウ ② ア
〔問3〕 $NaCl \rightarrow Na^{+} + Cl^{-}$
〔問4〕 溶質の名称 ミョウバン 結晶の質量 8.6g

6 〔問1〕 右図 電流の大きさ 1.5A 〔問2〕 イ
〔問3〕 エ 〔問4〕 ア

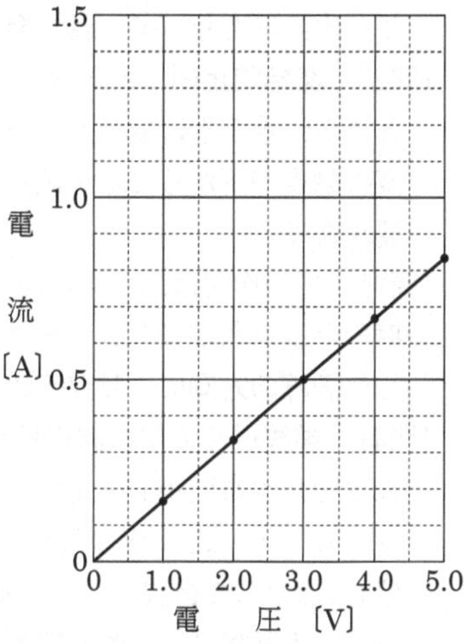

<理科解説>

1 **(小問集合－生物の成長と生殖，水溶液とイオン・電解質の電気分解，気体の発生とその性質，仕事とエネルギー：仕事率，火山活動と火成岩：火山岩，物質の成り立ち・化学変化：熱分解のモデル化)**

〔問1〕 動物では卵と精子，被子植物では卵細胞と精細胞の2種類の生殖細胞が結合し，それぞれの核が合体して1個の細胞となることを受精といい，受精卵の染色体数は親の体細胞の染色体と同数である。受精卵は体細胞分裂をして胚になる。

〔問2〕 塩酸の電離をイオン式で表すと，$HCl \rightarrow H^{+} + Cl^{-}$，であり，電圧がかかると陰極からは気体Aの水素が発生し，陽極からは気体Bの塩素が発生する。塩酸の電気分解を化学反応式で表すと，$2HCl \rightarrow H_2 + Cl_2$，であり，発生する気体の体積比は，水素：塩素＝1：1，であるが，実験で集まった体積は，水素の方が塩素より多かった。それは，水素は水に溶けにくく，塩素は水に溶けやすいためである。

〔問3〕 持ち上げた力がした仕事率〔W〕$= 1.5〔N〕\times \frac{1.6〔m〕}{2〔s〕} = \frac{2.4〔J〕}{2〔s〕} = 1.2〔W〕$である。

〔問4〕 観察した火成岩は，**有色鉱物の割合が多く，図2より斑状組織であることから，ねばりけが弱いマグマが，地表や地表付近で短い時間で冷えて固まった火山岩**である。よって，この火成岩の種類は玄武岩であり，黄緑色で不規則な形の有色鉱物Aはカンラン石である。

〔問5〕 酸化銀の熱分解の化学反応式は，$2Ag_2O \rightarrow 4Ag + O_2$，であり，銀原子1個を●，酸素原子1個を○で表してモデル化すると，●○● ●○● → ●●●● ＋ ○○，である。

2 **(自由研究－天気の変化：空気中の水蒸気量・霧の発生，光と音：光の反射と像の見え方，科学技術の発展：凍結防止剤，状態変化：融点，電流：電力・発熱量，自然環境の調査と環境保全：水質調査，動物の分類：無セキツイ動物)**

〔問1〕 **24℃の教室の$1m^3$中に含まれる水蒸気量は，図1の金属製のコップAの表面に水滴がつき始めた温度，すなわち露点の14℃における飽和水蒸気量である。**よって，

$$\text{教室の湿度〔\%〕}=\frac{1m^3\text{の空気に含まれる水蒸気の質量〔}g/m^3\text{〕}}{\text{その空気と同じ気温での飽和水蒸気量〔}g/m^3\text{〕}}\times100=\frac{12.1\text{〔}g/m^3\text{〕}}{21.8\text{〔}g/m^3\text{〕}}\times100\fallingdotseq55.5$$

〔%〕である。夜や明け方などに空気が冷やされ露点より低くなると，地表付近でも空気中の水蒸気が水滴に変わって，霧が発生する。

〔問2〕 **凍結防止剤**である塩化カルシウムが溶けた水溶液は固体に変化するときの温度が下がることから，水が氷に変わるのを防止する効果がある。そこで，塩化カルシウムを入れたときの水溶液の融点が下がることを確かめるには，氷が溶けて水になるときの温度である融点を測定する必要がある。

〔問3〕 アの作図は，さくらの木の点Aと点Bの各点からの光が水面に入射して反射するときの，入射角と反射角が等しい。また，この観察では，**水面が鏡のようになり，反射光線を反対側に延長した破線の方向に，サクラの木が水面に対して対称の位置に逆さまに映って見える。**

〔問4〕 学校近くの川の調査地点で見つかった，水質階級Ⅰの指標生物は，カワゲラとヒラタカゲロウで，水質階級Ⅱの指標生物は，シマトビケラとカワニナ，水質階級Ⅲの指標生物は，シマイシビルであった。個体数が最も多かったシマトビケラと次に多かったシマイシビルを2点とし，他を1点として計算すると，調査を行った付近の水質階級は，最も点数が多かった水質階級Ⅱである。**内蔵が外とう膜で覆われている動物の仲間の名称は，軟体動物である。**

3 **(太陽系と恒星：太陽の日周運動，太陽の南中高度と気温の変化)**

〔問1〕 図3より，1時間ごとの紙テープの長さは2.4cmであるため，15時から日の入りの点Gまでの紙テープの長さは9.6cmであることから，日の入りの時刻〔時〕＝15〔時〕＋9.6〔cm〕÷2.4〔cm/時〕＝19〔時〕である。

〔問2〕 地球の自転により，南半球では，太陽は天の南極を中心に回転して見える。<観測>を行ったのは東京が夏至の日であるため，南半球では冬至である。**南半球のある地点(南緯35.6°)では，冬至の北中高度(南半球では，南と天頂と北を結ぶ線(天の子午線)上を通過するとき，太陽は北中するという)は，最も低い**ため，エが正しい。

〔問3〕 図6と図7で，試験管と太陽の光がなす角度が装置Hより大きい装置Iは，結果2から水温の上昇が装置Hより大きかった。このモデル実験から，南中高度が高いほど，太陽の光の当たる角度が地面に対して垂直に近いため，同じ面積に受ける太陽の光の量(エネルギー)が多いから，地表が温まりやすいことがわかる。

〔問4〕 図7において，10分後の水温が最も高くなる角aは，太陽の光が装置Iの試験管に垂直に当たるように角bを90°にしたときである。このとき，**∠a＝90°－南中高度**，である。また，図8では，**90°－南中高度＝∠c**，である。よって，**∠a＝∠c**，である。したがって，図8で，同位角により，**∠c＝∠e(北緯)＋∠f(地軸の傾き)**＝35.6°＋23.4°＝59.0°＝∠a，である。

4 **(動物の体のつくりとはたらき：消化酵素のはたらきを調べる実験・ヒトの消化と吸収)**

〔問1〕　1%デンプン溶液に水を加えた容器Aと唾液を加えた容器Cを体温に近い40℃に保って比較すると，容器Cではヨウ素デンプン反応が起きないのでデンプンは**唾液のはたらき**により別の物質に変化したことが分かる。さらに，容器Bと容器Dの比較から，容器Dでは**ベネジクト液を加えて加熱した結果，赤褐色の沈殿ができたことから別の物質は糖であることが分かる。**

〔問2〕　消化酵素Xは，<実験1><結果1>では容器Aと容器Eの結果から，40℃においてデンプンを分解しないことが分かる。消化酵素Xは，<実験2><結果2>では容器Gと容器Hの結果から，24℃において主成分が**タンパク質であるゼラチンを別の物質に変化させた**ことがわかる。よって，消化酵素Xと同じはたらきをするヒトの消化酵素は**ペプシン**である。<実験3><結果3>から，80℃で加熱後の消化酵素Xは，タンパク質を分解しないことが分かる。

〔問3〕　デンプンは，唾液腺・すい臓から分泌される消化液に含まれる消化酵素などのはたらきで，最終的にブドウ糖に分解される。また，タンパク質は，胃・すい臓から分泌される消化液に含まれる消化酵素などのはたらきで，最終的にアミノ酸に分解される。

〔問4〕　小腸のかべにはたくさんのひだがあり，その表面はたくさんの柔毛で覆われていることで，小腸の内側のかべの**表面積は非常に大きくなっている**。このため，効率よく養分を吸収することができる。

5　**(身のまわりの物質とその性質：白い物質を区別する探究活動・有機物，物質の成り立ち：熱分解，気体の発生とその性質，水溶液とイオン，水溶液：溶解度・結晶)**

〔問1〕　物質Dは，加熱すると焦げて黒色に変化する炭素原子を含む物質で，4種類の白い物質のうちでは，有機物のショ糖である。ろうも強く熱すると，炎を出して燃え，二酸化炭素と水ができる炭素原子を含む物質で，**有機物**である。活性炭は，炭素原子を主成分とする多孔質の物質で，無機物である。

〔問2〕　4種類の白い物質のうち，燃焼さじで加熱すると白色の物質が残り，図2の装置で加熱すると水上置換で集められる気体が発生するのは，炭酸水素ナトリウムである。よって，物質Bは炭酸水素ナトリウムである。炭酸水素ナトリウムの熱分解の化学反応式は，$2NaHCO_3 \rightarrow Na_2CO_3+H_2O+CO_2$，であり，発生する二酸化炭素の性質は，水に少し溶け，その水溶液は酸性を示す。また，二酸化炭素は，石灰石に薄い塩酸を加えても発生させることができる。

〔問3〕　物質Aと物質Cについては，<実験2>の<結果2>において，(1)の表から**物質Aと物質Cはどちらも電解質であるが，**(1)と(2)の表から**20℃のときの溶解度は物質Cの方が物質Aより大きいので，全て溶けた物質Cが塩化ナトリウムであり，物質Aがミョウバンである。**塩化ナトリウムが電離したときの様子を化学式とイオン式で表すと，$NaCl \rightarrow Na^{+}+Cl^{-}$，である。

〔問4〕　(1)の表から，20℃のとき，一部が溶けずに残ったのは，物質Aのミョウバンと物質Bの炭酸水素ナトリウムである。(2)の表から，40℃のときの溶解度はミョウバンの方が大きいので，全部溶けた水溶液Pの溶質はミョウバンである。40℃のミョウバンの水溶液120gは，水100gにミョウバン20gが溶けている。これを20℃まで温度を下げると溶解度は11.4gなので，析出する結晶の質量は，20g－11.4g＝8.6g，である。

6　**(電流：電流と電圧と抵抗・発熱量，いろいろなエネルギー：エネルギーの変換)**

〔問1〕　電圧〔V〕をX軸に，電流〔A〕をY軸に表した方眼用紙に，<結果1>からの，(1.0，0.17)，(2.0，0.33)，(3.0，0.50)，(4.0，0.67)，(5.0，0.83)の点を・を用いて記入する。次に，原点を通り，上記の5個の点の最も近くを通る直線を引く。y＝0.17xの直線のグラフとなる。x＝9.0〔V〕を代入すると，y＝0.17×9.0〔V〕≒1.5〔A〕である。

〔問2〕　電熱線Aと電熱線Bを直列に接続したとき，電熱線Aと電熱線Bには回路に流れる電流の大きさに等しい電流が流れる。よって，＜結果2＞から，このとき電熱線Bに流れる電流の大きさは0.5Aである。＜結果1＞から，電熱線Bの抵抗〔Ω〕$=\frac{4.0〔V〕}{1.00〔A〕}=$4.0〔Ω〕である。よって，**電熱線Aと電熱線Bを並列に接続したとき，電熱線Bに流れる電流の大きさ〔A〕$=\frac{5.0〔V〕}{4.0〔Ω〕}=$1.25〔A〕である。**よって，0.5A：1.25A＝2：5である。

〔問3〕　電熱線Aと電熱線Bの発熱量の和〔J〕＝2.1〔A〕×5.0〔V〕×300〔s〕＝10.5〔W〕×300〔s〕＝3150〔J〕である。

〔問4〕　電熱線には電気抵抗の大きさが大きくなると電流が流れにくくなる性質があり，電気エネルギーを熱エネルギーに変換して熱を発生している。

＜社会解答＞

1　〔問1〕 エ　〔問2〕 ウ　〔問3〕 イ

2　〔問1〕 略地図中のA～D　C　Ⅱのア～エ　ウ　〔問2〕 P イ　Q ア　R エ　S ウ　〔問3〕 略地図中のW～Z　X　ⅠとⅡの表のア～エ　ア

3　〔問1〕 A ウ　B イ　C ア　D エ　〔問2〕 P ア　Q ア　R イ　S イ　〔問3〕 （建設された理由） 内陸に建設されたのは，高波や津波などの影響を受けにくいからである。　（建設された効果） 東名高速道路と新東名高速道路の交通量の合計は増加したが，分散が図られたことで渋滞回数が減少した。

4　〔問1〕 ア→エ→ウ→イ　〔問2〕 Ⅰの略年表中のア～エ　イ　Ⅱの略地図中のA～D　B　〔問3〕 エ　〔問4〕 ウ

5　〔問1〕 ア　〔問2〕 ウ　〔問3〕 エ　〔問4〕 イ

6　〔問1〕 エ→ウ→ア→イ　〔問2〕 略地図中のA～D　B　ⅠとⅡのグラフのア～エ　ア　〔問3〕 政府開発援助事業予算に占める，政府貸付の割合を増やすとともに，二国間政府開発援助贈与に占める，技術協力の割合を増やすことで，自助努力を後押しし，自立的発展を目指している。

＜社会解説＞

1　**（地理的分野―日本地理－地形図の見方，歴史的分野―日本史時代別－古墳時代から平安時代，―日本史テーマ別－文化史，公民的分野―国際社会との関わり）**

〔問1〕　●印から矢印の方向に写真を写せば，右手前に砂浜が見え，左奥に江の島が見えるはずなので，エが正しい。

〔問2〕　問題文で説明されているのは，2019年に**ユネスコ**によって**世界文化遺産**に登録された，**百舌鳥・古市古墳群**の**大山古墳**（仁徳天皇陵と伝えられる）であり，地図上の位置としては，大阪府堺市を示すウが正しい。

〔問3〕　国際の平和と安全の維持について，主要な責任を有するのが，国際連合の**安全保障理事会**である。具体的には，紛争当事者に対して，紛争を平和的手段によって解決するよう要請したり，平和に対する脅威の存在を決定し，平和と安全の維持と回復のために勧告を行うこと，**経済制裁**などの**非軍事的強制措置**及び**軍事的強制措置**を決定すること等を，その主な権限とする。しかし，5か国ある**常任理事国**が1か国でも反対すると，決議ができないことになっている。常任理事国は**拒否権**を持っていることになる。

2　(地理的分野―世界地理－都市・気候・産業・貿易)

〔問1〕　Ⅰの文章は，**サンフランシスコ**を指しており，略地図中のCである。1885年にサンフランシスコ大学が創立され，郊外のサノゼ地区は**シリコンバレー**と呼ばれ，**半導体産業**の一大拠点となっている。サンフランシスコは，冬季は温暖湿潤で，夏季は乾燥するが高温にはならない。**雨温図**はウである。

〔問2〕　Pの国は**アルゼンチン**，Qは**インドネシア**，Rは**南アフリカ共和国**，Sは**ドイツ**である。パンパは，アルゼンチン中部のラプラタ川流域に広がる草原地帯であり，Pはイである。年間数万隻の船舶が通行する海峡とは，**マラッカ海峡**であり，Qはアである。欧州との時差が少なく，アジアまで船で輸送する利便性が高いのは，南アフリカ共和国であり，Rはエである。**シュバルツバルト**(黒い森)が**酸性雨**の被害を受けたのは，ドイツであり，Sはウである。

〔問3〕　略地図中のW～ZのWはメキシコ，Xはタイ，Yはスウェーデン，Zはイタリアである。

国土の北部から南流し，首都を通り，海に注ぐ河川とは，**タイ**のチャオプラヤー川であり，Ⅲの文章はタイの説明である。**進出日本企業数**が2倍以上となっていて，中華人民共和国の重要性が高まっているのは，Ⅰ表のアである。日本との貿易総額が2倍以上に伸び，電気機器の輸入額に占める割合が2割を上回るようになったのは，Ⅱ表のアである。

3　(地理的分野―日本地理－都市・交通・地形図の見方・工業)

〔問1〕　Aは**宮城県**であり，「中心となるターミナル駅に郊外から地下鉄やバスが乗り入れ(以下略)」との記述から，ウが該当することがわかる。宮城県の**県庁所在地**の**仙台市**では，地下鉄・市バスが乗り入れている。Bは**福井県**であり，「リアス海岸が見られる地域や眼鏡産業が立地する平野(以下略)」との記述から，イが該当することがわかる。福井県は，若狭湾の**リアス海岸**が有名であり，また福井県**鯖江市**は，日本に流通している眼鏡の9割以上を生産する，一大**眼鏡産業地帯**である。Cは**広島県**であり，「造船業や鉄鋼業が立地する沿岸部(以下略)」「中心部には路面電車が見られ(以下略)」との記述から，アが該当することがわかる。広島県の沿岸部では，**造船業**や**鉄鋼業**が盛んである。また，県庁所在地の**広島市**には，**路面電車**が運行されている。Dは**鹿児島県**であり，「シラス台地に開発された住宅地(以下略)」との記述から，エが該当することがわかる。**シラス台地**は，**桜島**などの火山の噴出物からなる，九州南部に分布する台地である。

〔問2〕　地形図は2万5千分の1地形図であり，**等高線**は10mごとに引かれているので，標高は，約10mから約40mである。空港は，Ⅰの地図で果樹園「ó」や畑「∨」であった土地を造成してつくられた。地形図は2万5千分の1地形図なので，計算すれば8cm×25000＝200000cm＝2000mである。海岸沿いの針葉樹林は，冬の北西からの**季節風**によって運ばれる砂の害を防ぐ**防砂林**の役割を果たしている。

〔問3〕　東名高速道路が**高波**や**津波**などの影響を受けていたため，**新東名高速道路**は，沿岸部を避けて，高波や津波などの影響を受けにくい内陸に建設されたことを簡潔に指摘する。 建設された効果としては，東名高速道路と新東名高速道路の**交通量**の合計はやや増加したが，交通量の分散が実現したことで，**渋滞回数**が激減したことがあげられることを指摘する。

4　(歴史的分野―日本史時代別－古墳時代から平安時代・鎌倉時代から室町時代・安土桃山時代から江戸時代・明治時代から現代，―日本史テーマ別－政治史・社会史・文化史)

〔問1〕 ア **大宝律令**が制定されたのは，8世紀の初期である。 イ 十七か条の**建武式目**が制定されたのは，1336年である。 ウ **守護**や**地頭**を任命する政策が始められたのは，1185年のことである。 エ 各地方に**国分寺**や**国分尼寺**が建立されたのは，8世紀中期のことである。時期の古いものから順に並べると，ア→エ→ウ→イとなる。

〔問2〕 室町幕府の8代将軍の**足利義政**が，1480年代に東山に山荘を築き，これが後の**慈照寺**となった。Ⅰの略年表中のイの時期である。慈照寺は京都にあり，Ⅱの略地図上のBである。

〔問3〕 **浅間山**が**大噴火**を起こしたのは，1783年のことであり，その4年後から10年後にかけて行われたのは，**老中松平定信**の**寛政の改革**であり，**棄捐令・旧里帰農令・囲米の制**などの政策がとられた。

〔問4〕 **ラジオ放送**が開始され，新聞・週刊誌・月刊誌の発行部数が急速に伸び，1冊1円の**円本**が発行されたのは，大正期から昭和初期にかけてのことであり，ウが正しい。なお，アは昭和10年代，イは明治30年代，エは明治初期のことである。

5 **（公民的分野―国の政治の仕組み・財政）**

〔問1〕 日本国憲法第73条では，内閣の事務として，第3項に「**条約**を締結すること。但し，事前に，時宜によっては事後に，国会の承認を経ることを必要とする。」と定めている。

〔問2〕 **アメリカ合衆国の大統領**は，議会に対して法律案を提出する権限がないが，**大統領令**によって**行政権**を直接行使することができる。日本の**内閣**は，**衆議院**の**解散権**を持っている。

〔問3〕 **社会資本**とは，道路・港湾・上下水道・公園・公営住宅・病院・学校など，産業や生活の基盤となる公共施設のことを指し，その整備は行政の役割である。

〔問4〕 1980年から1990年の10年間で，**租税・印紙収入**は約2倍となり，歳入総額に占める割合が大幅に増加し，歳出総額も1.5倍以上となった。1980年代の後半には，**土地や株式**に対する投資が増大し，実際の価値以上に地価や株価が異常に高くなった。この時期の景気を，**バブル景気**という。その後は，バブル崩壊期を迎え，1991年から景気後退期となった。

6 **（歴史的分野―世界史－政治史，地理的分野―地理総合，公民的分野―国際社会との関わり）**

〔問1〕 ア **ヨーロッパ共同体(EC)**が発足したのは，1967年のことである。 イ **国連環境開発会議**がリオデジャネイロで開催されたのは，1992年のことである。 ウ **パリ**で**講和会議**が開かれ，**国際連盟**が発足したのは，1919年から1920年にかけてである。 エ ドイツ・オーストリア・イタリアの**三国同盟**が結ばれたのは，1882年のことである。年代の古い順に並べると，エ→ウ→ア→イとなる。

〔問2〕 略地図中のAはフィリピン，Bはサウジアラビア，Cはコートジボワール，Dはポルトガルである。**石油輸出国機構**の加盟国であるのは，サウジアラビアである。サウジアラビアで1973年と1979年の二度の**石油危機**を含む期間に，一人当りの**国内総生産**が大幅に増加し，1990年以降に国内総生産が増加し続けているのを示しているのは，Ⅰグラフのアである。また，乳幼児死亡率が約10分の1に減少しているのを示しているのは，Ⅱグラフのアである。

〔問3〕 まず，**政府開発援助**事業予算に占める，途上国に対して無償で提供される**贈与**を減らし，将来に途上国が返済することを前提とした**政府貸付**の割合を増やしたことを指摘する。また，**二国間政府開発援助贈与**に占める，返済義務を課さない**無償資金協力**の割合を減らし，日本の知識・技術・経験を活かし，同地域の経済社会開発の担い手となる人材の育成を行う**技術協力**の割合を増やしたことを指摘する。**開発途上国**の**自助努力**を後押しし，**自立的発展**を目指して援助を行う傾向が強まっていることを，全般的な傾向として指摘する。

2020年度英語　リスニングテスト

〔放送台本〕

これから，リスニングテストを行います。リスニングテストは，全て放送による指示で行います。リスニングテストの問題には，問題Aと問題Bの二つがあります。問題Aと，問題Bの＜Question 1＞では，質問に対する答えを選んで，その記号を答えなさい。問題Bの＜Question 2＞では，質問に対する答えを英語で書きなさい。

英文とそのあとに出題される質問が，それぞれ全体を通して二回ずつ読まれます。問題用紙の余白にメモをとってもかまいません。答えは全て解答用紙に書きなさい。

〔問題A〕

問題Aは，英語による対話文を聞いて，英語の質問に答えるものです。ここで話される対話文は全部で三つあり，それぞれ質問が一つずつ出題されます。質問に対する答えを選んで，その記号を答えなさい。では，＜対話文1＞を始めます。

Tom: I am going to buy a birthday present for my sister. Lisa, can you go with me?
Lisa: Sure, Tom.
Tom: Are you free tomorrow?
Lisa: Sorry. I can't go tomorrow. When is her birthday?
Tom: Next Monday. Then, how about next Saturday or Sunday?
Lisa: Saturday is fine with me.
Tom: Thank you.
Lisa: What time and where shall we meet?
Tom: How about at eleven at the station?
Lisa: OK. See you then.

Question : When are Tom and Lisa going to buy a birthday present for his sister?

＜対話文2＞を始めます。

（呼び出し音）
Bob's mother: Hello?
Ken: Hello. This is Ken. Can I speak to Bob, please?
Bob's mother: Hi, Ken. I'm sorry, he is out now. Do you want him to call you later?
Ken: Thank you, but I have to go out now. Can I leave a message?
Bob's mother: Sure.
Ken: Tomorrow we are going to do our homework at my house. Could you ask him to bring his math notebook? I have some questions to ask him.
Bob's mother: OK. I will.
Ken: Thank you.

Bob's mother: You're welcome.

Question : What does Ken want Bob to do?

＜対話文3＞を始めます。

Yumi: Hi, David. What kind of book are you reading?
David: Hi, Yumi. It's about *ukiyoe* pictures. I learned about them last week in an art class.
Yumi: I see. I learned about them, too. You can see *ukiyoe* in the city art museum now.
David: Really? I want to visit there. In my country, there are some museums that have *ukiyoe*, too.
Yumi: Oh, really? I am surprised to hear that.
David: I have been there to see *ukiyoe* once. I want to see them in Japan, too.
Yumi: I went to the city art museum last weekend. It was very interesting. You should go there.

Question : Why was Yumi surprised?

〔英文の訳〕

＜対話文1＞

トム：妹(姉)に誕生日プレゼントを買うつもりなんだ。リサ，一緒に行ってもらえるかい？
リサ：もちろんよ，トム。
トム：明日はひま？
リサ：ごめんね，明日は行けないの。彼女のお誕生日はいつなの？
トム：次の月曜日だよ。じゃあ次の土曜日か日曜日はどう？
リサ：土曜日が都合がいいわ。
トム：ありがとう。
リサ：何時にどこで会う？
トム：11時に駅はどう？
リサ：オーケー。じゃあね。
質問：トムとリサはいつ妹(姉)の誕生日プレゼントを買いに行くつもりですか。
答え：ウ　次の土曜日

＜対話文2＞

ボブの母：もしもし。
ケン　　：もしもし。ケンです。ボブはいらっしゃいますか。
ボブの母：こんにちは，ケン。ごめんなさいね，ボブは今外出中なのよ。後で電話させましょうか？
ケン　　：ありがとうございます。でも僕は今出かけないといけないんです。伝言をお願いできますか。
ボブの母：もちろんよ。

ケン　　：明日僕たちは僕の家で宿題をするつもりです。ボブに数学のノートを持ってくるように言ってもらえますか。いつくか聞きたいことがあるんです。

ボブの母：オーケー。伝えておくわ。

ケン　　：ありがとうございます。

ボブの母：どういたしまして。

質問：ケンはボブに何をしてもらいたいですか。

答え：エ　彼の数学のノートを持ってくる。

＜対話文3＞

ユミ　　　：こんにちは，ディビッド。何の本を読んでいるの？

ディビッド：こんにちは，ユミ。これは浮世絵についての本だよ。先週美術の時間にこのことについて習ったんだ。

ユミ　　　：なるほどね。私もそのことを習ったわ。今市の美術館で浮世絵を見られるわよ。

ディビッド：本当？　行きたいな。僕の国でも浮世絵がある美術館がいくつかあるよ。

ユミ　　　：あら，本当に？　それを聞いて驚いたわ。

ディビッド：一度そこに浮世絵を見に行ったことがあるんだ。日本でも見たいな。

ユミ　　　：先週末にその市の美術館に行ったのよ。とても興味深かったわよ。行った方がいいわよ。

質問：なぜユミは驚いたのですか。

答え：イ　ディビッドが彼の国の美術館に浮世絵があると言ったから。

〔放送台本〕

〔問題B〕

これから聞く英語は，カナダの高校に留学している日本の生徒たちに向けて，留学先の生徒が行った留学初日の行動についての説明及び連絡です。内容に注意して聞きなさい。あとから，英語による質問が二つ出題されます。＜Question 1＞では，質問に対する答えを選んで，その記号を答えなさい。＜Question 2＞では，質問に対する答えを英語で書きなさい。なお，＜Question 2＞のあとに，15秒程度，答えを書く時間があります。では，始めます。

Welcome to our school. I am Linda, a second-year student of this school. We are going to show you around our school today.

Our school was built in 2015, so it's still new. Now we are in the gym. We will start with the library, and I will show you how to use it. Then we will look at classrooms and the music room, and we will finish at the lunch room. There, you will meet other students and teachers.

After that, we are going to have a welcome party.

There is something more I want to tell you. We took a group picture in front of our school. If you want one, you should tell a teacher tomorrow. Do you have any questions? Now let's start. Please come with me.

＜Question 1＞ Where will the Japanese students meet other students and teachers?

＜Question 2＞ If the Japanese students want a picture, what should they do tomorrow?

以上で，リスニングテストを終わります。

〔英文の訳〕

私たちの学校へようこそ。私はこの学校の２年生のリンダです。今日は私たちが皆さんに学校を案内します。

私たちの学校は2015年に設立されたのでまだ新しいです。今私たちは体育館にいます。最初は図書館からスタートして使い方を説明します。そして教室と音楽室を見て，最後はランチルームになります。そこで他の生徒や先生達と会います。

その後，歓迎会を行うつもりです。

さらにお伝えしたいことがあります。学校の前でグループ写真を撮りました。もし1枚欲しいようでしたら明日先生に伝えてください。何か質問はありますか。では始めましょう。一緒に来てください。

質問1：日本の生徒たちはどこで他の生徒や先生達に会いますか。

答え　：ウ　ランチルームで。

質問2：もし日本の生徒たちが写真を欲しいときは，明日何をすべきですか。

答え　：先生に伝えるべきだ。

解答用紙集

○月×日　△曜日　天気（合格日和）

◆ご利用のみなさまへ

＊解答用紙の公表を行っていない学校につきましては、弊社の責任において、解答用紙を制作いたしました。

＊編集上の理由により一部縮小掲載した解答用紙がございます。

＊編集上の理由により一部実物と異なる形式の解答用紙がございます。

人間の最も偉大な力とは、その一番の弱点を克服したところから生まれてくるものである。 ――カール・ヒルティ――

東京学参株式会社

都立戸山高等学校　　2024年度　　　　◇数学◇

※ 141%に拡大していただくと，解答欄は実物大になります。

1

〔問１〕

〔問２〕

〔問３〕　$x=$　　　　，　$y=$

〔問４〕

〔問５〕

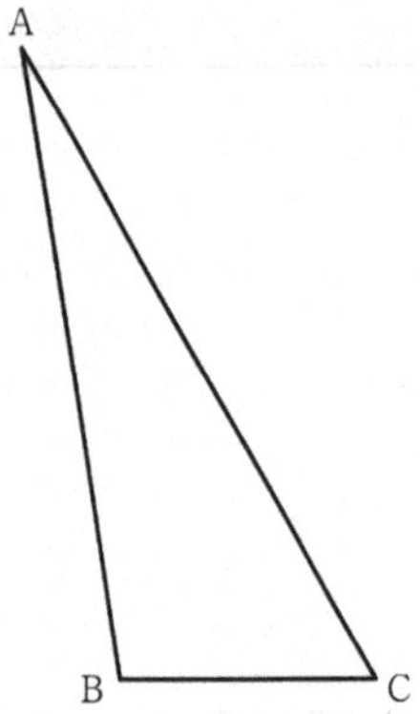

2

〔問１〕

〔問２〕　(1)　【 途中の式や計算など 】

（答え）　D (　　　　　　，　　　　　　)

〔問２〕　(2)　△OAB：△OCD =　　　　：

3

〔問1〕 cm^2

〔問2〕 (1) 【 証 明 】

〔問2〕 (2) cm

4

〔問1〕 cm

〔問2〕 cm^2

〔問3〕 【 途中の式や計算など 】

（答え）

◇英語◇

※ 185％に拡大していただくと，解答欄は実物大になります。

1	〔問題A〕	<対話文1>		<対話文2>		<対話文3>	
	〔問題B〕	<Question 1>					
		<Question 2>					

2	〔問1〕	(1)-a		(1)-b	
		(1)-c		(1)-d	
	〔問2〕		〔問3〕		
	〔問4〕		〔問5〕		
	〔問6〕				
	〔問7〕	a		b	
		c		d	

3	〔問1〕	(1)-a		(1)-b	
		(1)-c		(1)-d	
	〔問2〕		〔問3〕		
	〔問4〕				
	〔問5〕				

3	〔問6〕	40語 50語

◇国語◇

都立戸山高等学校　２０２４年度

※２００％に拡大していただくと、解答欄は実物大になります。

1

(1) 干（る）
(2) 崇高
(3) 短縮
(4) 更迭
(5) 率先垂範

2

(1) オガ（む）
(2) ソウギョウ
(3) タンボウ
(4) カタイジ
(5) タキボウヨウ

3

〔問1〕
〔問2〕
〔問3〕
〔問4〕 35 45
〔問5〕
〔問6〕

4

〔問1〕 80 100
〔問2〕
〔問3〕
〔問4〕
〔問5〕
〔問6〕

(6−戸)

4

〔問7〕 20 100 200

5

〔問1〕
〔問2〕
〔問3〕
〔問4〕
〔問5〕

都立戸山高等学校　　2023年度

◇数学◇

※ 139％に拡大していただくと，解答欄は実物大になります。

1

〔問 1〕

〔問 2〕

〔問 3〕　$x=$　　　　　，　$y=$

〔問 4〕

〔問 5〕

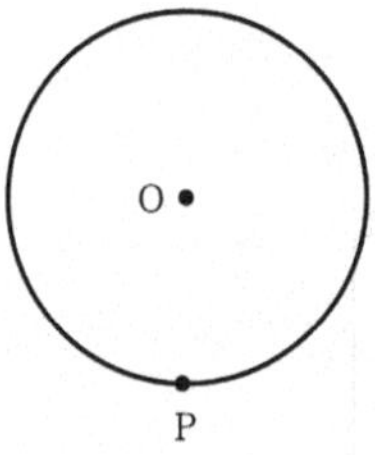

2

〔問 1〕

〔問 2〕 (1)　【 途中の式や計算など 】

（答え）

〔問 2〕 (2)

3	
〔問 1〕	cm
〔問 2〕	cm^2
〔問 3〕	【 証　明 】

4	
〔問 1〕	cm
〔問 2〕	【 途中の式や計算など 】 （答え） cm^2
〔問 3〕	cm^3

都立戸山高等学校　2023年度

◇英語◇

※ 189％に拡大していただくと，解答欄は実物大になります。

1	〔問題A〕	<対話文1>		<対話文2>		<対話文3>	
	〔問題B〕	<Question 1>					
		<Question 2>					

2	〔問1〕	(1)-a		(1)-b	
		(1)-c		(1)-d	
	〔問2〕		〔問3〕		
	〔問4〕		〔問5〕		
	〔問6〕				
	〔問7〕	a		b	
		c		d	

3	〔問1〕	(1)-a		(1)-b	
		(1)-c		(1)-d	
	〔問2〕		〔問3〕		
	〔問4〕				
	〔問5〕				

3	〔問6〕	40語 50語

◇国語◇

都立戸山高等学校　２０２３年度

※２００％に拡大していただくと、解答欄は実物大になります。

1

(1) 逆巻（く）　く
(2) 琴線
(3) 養蜂
(4) 逓減
(5) 夏炉冬扇

2

(1) タバ（ねる）　ねる
(2) レンメン
(3) サンセキ
(4) シキンセキ
(5) コウウンリュウスイ

3

〔問1〕
〔問2〕
〔問3〕
〔問4〕　50　60
〔問5〕
〔問6〕

4

〔問1〕
〔問2〕　50　35
〔問3〕
〔問4〕
〔問5〕
〔問6〕

4

〔問7〕　20　100　200

5

〔問1〕
〔問2〕
〔問3〕
〔問4〕
〔問5〕

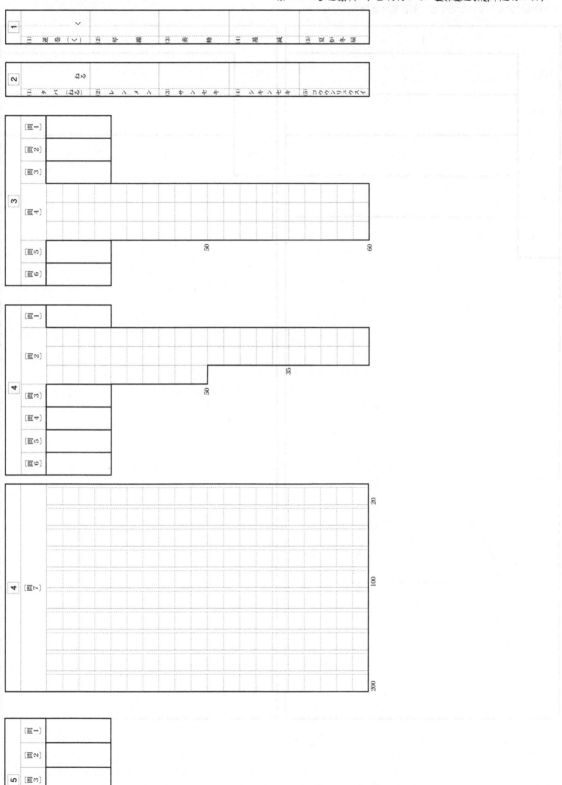

都立戸山高等学校　2022年度

◇数学◇

※ 139％に拡大していただくと，解答欄は実物大になります。

1	
〔問 1〕	
〔問 2〕	
〔問 3〕	$x=$ 　　　， $y=$
〔問 4〕	
〔問 5〕	

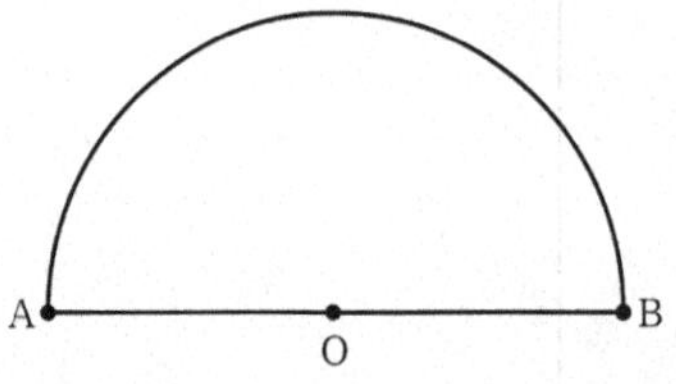

2	
〔問 1〕	
〔問 2〕	$a=$ 　　　， $b=$
〔問 3〕	【 途中の式や計算など 】

（答え）

3		
〔問 1〕		度
〔問 2〕	(1)	【 証　明 】
〔問 2〕	(2)	cm

4	
〔問 1〕	cm^3
〔問 2〕	【 途中の式や計算など 】 （答え）　cm^2
〔問 3〕	cm^3

都立戸山高等学校　2022年度

◇英語◇

※ 189%に拡大していただくと，解答欄は実物大になります。

1	〔問題A〕	<対話文1>		<対話文2>		<対話文3>	
	〔問題B〕	<Question 1>					
		<Question 2>					

2	〔問1〕	(1)-a		(1)-b	
		(1)-c		(1)-d	
	〔問2〕		〔問3〕		
	〔問4〕		〔問5〕		
	〔問6〕				
	〔問7〕	a		b	
		c		d	

3	〔問1〕		〔問2〕	
	〔問3〕			
	〔問4〕			
	〔問5〕			
	〔問6〕			

3	〔問7〕	40語 50語

◇国語◇

都立戸山高等学校　２０２２年度

※２００％に拡大していただくと、解答欄は実物大になります。

1

(1) 面映（ゆい）　ゆい
(2) 辣腕
(3) 雪渓
(4) 穏当
(5) 万古不易

2

(1) サイダン
(2) ヒョウカイ
(3) ユダ（ねる）　ねる
(4) ダイダンエン
(5) イッシドウジン

3

〔問1〕
〔問2〕
〔問3〕
〔問4〕
〔問5〕 25 35 から笑った。
〔問6〕

4

〔問1〕
〔問2〕
〔問3〕
〔問4〕 45 60
〔問5〕
〔問6〕

4

〔問7〕 20 100 200

5

〔問1〕 12
〔問2〕
〔問3〕
〔問4〕
〔問5〕

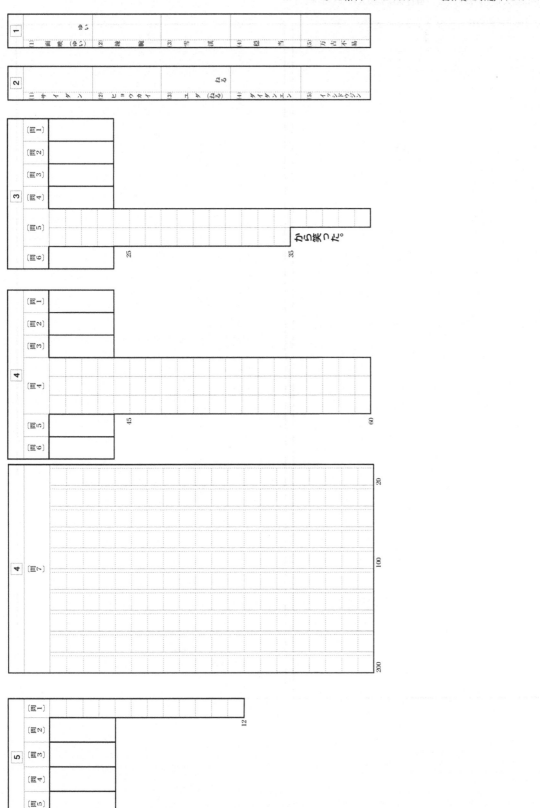

都立戸山高等学校　2021年度　　◇数学◇

※ 143％に拡大していただくと，解答欄は実物大になります。

1	
〔問1〕	
〔問2〕	
〔問3〕	$a=$　　　，$b=$
〔問4〕	
〔問5〕	

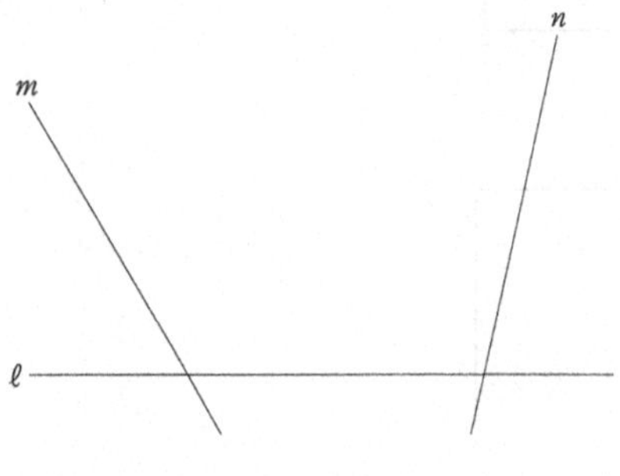

2		
〔問1〕	(1)	
	(2)	【途中の式や計算など】 （答え）$y=$
〔問2〕	点F （　　，　　）	点P （　　，　　）

3

〔問1〕	(1)	【 証　明 】
〔問1〕	(2)	AE：ED　=　　：
〔問2〕		S：T　=　　：

4

〔問1〕	K=　　　　, t=
〔問2〕	【途中の式や計算など】 （答え）
〔問3〕	秒後

都立戸山高等学校　　2021年度　　◇英語◇

※ 196％に拡大していただくと，解答欄は実物大になります。

1	〔問題A〕	<対話文1>		<対話文2>		<対話文3>	
	〔問題B〕	<Question1>					
		<Question2>					

2	〔問1〕	(1)-a		(1)-b	
		(1)-c		(1)-d	
	〔問2〕			〔問3〕	
	〔問4〕			〔問5〕	
	〔問6〕				
	〔問7〕	a		b	
		c		d	

3	〔問1〕			〔問2〕	
	〔問3〕	(3)-a		(3)-b	
		(3)-c		(3)-d	
	〔問4〕				
	〔問5〕				

3	〔問6〕	40語 50語

◇国語◇

都立戸山高等学校　２０２１年度

※２１３％に拡大していただくと、解答欄は実物大になります。

1

(1) 挑(む)　(2) 荒天　(3) 足袋　(4) 高楼　(5) 斉一

2

(1) ハイガ　(2) ソカク　(3) ジキ　(4) モ(る)　(5) チョクジョウケイコウ

3

〔問1〕

〔問2〕

〔問3〕

〔問4〕　から。（20／30）

〔問5〕

〔問6〕

4

〔問1〕

〔問2〕

〔問3〕

〔問4〕（45／60）

〔問5〕

〔問6〕

4

〔問7〕（20／100／200）

5

〔問1〕

〔問2〕

〔問3〕

〔問4〕

〔問5〕

都立戸山高等学校　2020年度

◇数学◇

※ 143％に拡大していただくと，解答欄は実物大になります。

1	
〔問１〕	
〔問２〕	
〔問３〕	$x=$　　　　，　$y=$
〔問４〕	
〔問５〕	•A •D

2	
〔問１〕	cm^2
〔問２〕	
〔問３〕	【 途中の式や計算など 】 （答え）　$m=$　　　　，　$a=$

※ 143％に拡大していただくと，解答欄は実物大になります。

3	
〔問 1〕	度
〔問 2〕	cm^2
〔問 3〕	【 証 明 】

4		
〔問 1〕	(1)	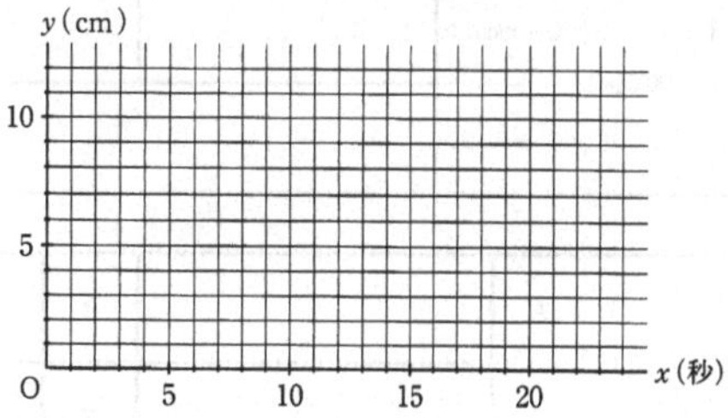
〔問 1〕	(2)	【 途中の式や計算など 】 (答え) 秒後
〔問 2〕		回， cm^2
〔問 3〕		cm^3

都立戸山高等学校　2020年度

◇英語◇

※ 175％に拡大していただくと，解答欄は実物大になります。

1	〔問題A〕	<対話文1>		<対話文2>		<対話文3>	
	〔問題B〕	<Question1>					
		<Question2>					

2	〔問1〕	A		B		C	
		D		E		F	
	〔問2〕	(2)-a		(2)-b			
		(2)-c		(2)-d			
	〔問3〕		〔問4〕				
	〔問5〕						
	〔問6〕						

3	〔問1〕		〔問2〕		〔問3〕	
	〔問4〕		〔問5〕			
	〔問6〕					

3	〔問7〕	40語 / 50語

◇国語◇

都立戸山高等学校　２０２０年度

※213％に拡大していただくと、解答欄は実物大になります。

1
(1) 僅少
(2) 木綿
(3) 遵守
(4) 透（かし）　かし
(5) 自縄自縛

2
(1) ハイスイ
(2) サッシン
(3) キソ（う）　う
(4) キキュウ
(5) イチイタイスイ

3
〔問1〕
〔問2〕 30 40
〔問3〕
〔問4〕
〔問5〕
〔問6〕

4
〔問1〕 45
〔問2〕
〔問3〕 30
〔問4〕
〔問5〕
〔問6〕

4
〔問7〕 20 100 200

5
〔問1〕
〔問2〕
〔問3〕
〔問4〕 7
〔問5〕

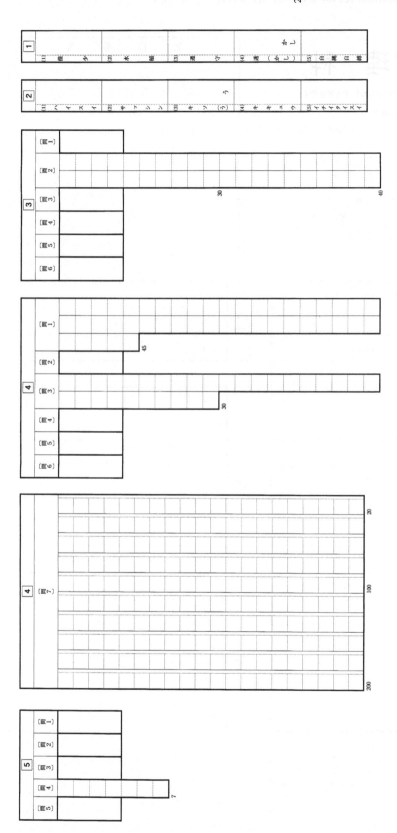

※ 143％に拡大していただくと，解答欄は実物大になります。

解答用紙　理科

□部分がマークシート方式により解答する問題です。

マーク上の注意事項

1　ＨＢ又はＢの鉛筆（シャープペンシルも可）を使って，◯の中を正確に塗りつぶすこと。

2　答えを直すときは，きれいに消して，消しくずを残さないこと。

3　決められた欄以外にマークしたり，記入したりしないこと。

良い例	悪い例
●	線　小さい　はみ出し 丸囲み　レ点　うすい

受	検	番	号			
⓪	⓪	⓪	⓪	⓪	⓪	⓪
①	①	①	①	①	①	①
②	②	②	②	②	②	②
③	③	③	③	③	③	③
④	④	④	④	④	④	④
⑤	⑤	⑤	⑤	⑤	⑤	⑤
⑥	⑥	⑥	⑥	⑥	⑥	⑥
⑦	⑦	⑦	⑦	⑦	⑦	⑦
⑧	⑧	⑧	⑧	⑧	⑧	⑧
⑨	⑨	⑨	⑨	⑨	⑨	⑨

1		
	〔問1〕	㋐　㋑　㋒　㋓
	〔問2〕	㋐　㋑　㋒　㋓
	〔問3〕	㋐　㋑　㋒　㋓
	〔問4〕	㋐　㋑　㋒　㋓
	〔問5〕	㋐　㋑　㋒　㋓
	〔問6〕	㋐　㋑　㋒　㋓

2		
	〔問1〕	㋐　㋑　㋒　㋓
	〔問2〕	㋐　㋑　㋒　㋓
	〔問3〕	㋐　㋑　㋒　㋓
	〔問4〕	㋐　㋑　㋒　㋓

3		
	〔問1〕	㋐　㋑　㋒　㋓
	〔問2〕	2時間ごとに記録した透明半球上の・印のそれぞれの間隔は，
	〔問3〕	㋐　㋑　㋒　㋓
	〔問4〕	㋐　㋑　㋒　㋓

4		
	〔問1〕	㋐　㋑　㋒　㋓
	〔問2〕	㋐　㋑　㋒　㋓
	〔問3〕	㋐　㋑　㋒　㋓

5		
	〔問1〕	㋐　㋑　㋒　㋓
	〔問2〕	㋐　㋑　㋒　㋓
	〔問3〕	＜資料＞から，
	〔問4〕	㋐　㋑　㋒　㋓

6			
	〔問1〕	㋐　㋑　㋒　㋓	
	〔問2〕	①	②
		㋐　㋑　㋒　㋓	㋐　㋑　㋒　㋓
	〔問3〕	㋐　㋑　㋒　㋓	
	〔問4〕	㋐　㋑　㋒　㋓	

※ 149％に拡大していただくと，解答欄は実物大になります。

解答用紙　社　会

□部分がマークシート方式により解答する問題です。

マーク上の注意事項

1　ＨＢ又はＢの鉛筆（シャープペンシルも可）を使って，◯の中を正確に塗りつぶすこと。

2　答えを直すときは，きれいに消して，消しくずを残さないこと。

3　決められた欄以外にマークしたり，記入したりしないこと。

良い例	悪い例		
●	線	小さい	はみ出し
	丸囲み	レ点	うすい

受検番号						
⓪	⓪	⓪	⓪	⓪	⓪	⓪
①	①	①	①	①	①	①
②	②	②	②	②	②	②
③	③	③	③	③	③	③
④	④	④	④	④	④	④
⑤	⑤	⑤	⑤	⑤	⑤	⑤
⑥	⑥	⑥	⑥	⑥	⑥	⑥
⑦	⑦	⑦	⑦	⑦	⑦	⑦
⑧	⑧	⑧	⑧	⑧	⑧	⑧
⑨	⑨	⑨	⑨	⑨	⑨	⑨

1

	B	C	D	E
〔問1〕	㋐ ㋑ ㋒ ㋓	㋐ ㋑ ㋒ ㋓	㋐ ㋑ ㋒ ㋓	㋐ ㋑ ㋒ ㋓
〔問2〕	㋐ ㋑ ㋒ ㋓			
〔問3〕	㋐ ㋑ ㋒ ㋓			

2

〔問1〕	略地図中のA～D		Ⅱのア～エ	
	Ⓐ Ⓑ Ⓒ Ⓓ		㋐ ㋑ ㋒ ㋓	
〔問2〕	P	Q	R	S
	㋐ ㋑ ㋒ ㋓	㋐ ㋑ ㋒ ㋓	㋐ ㋑ ㋒ ㋓	㋐ ㋑ ㋒ ㋓
〔問3〕	略地図中のW～Z		ⅠとⅡの表のア～エ	
	Ⓦ Ⓧ Ⓨ Ⓩ		㋐ ㋑ ㋒ ㋓	

3

〔問1〕	A	B	C	D
	㋐ ㋑ ㋒ ㋓	㋐ ㋑ ㋒ ㋓	㋐ ㋑ ㋒ ㋓	㋐ ㋑ ㋒ ㋓
〔問2〕	Ⅰのア～エ		略地図中のW～Z	
	㋐ ㋑ ㋒ ㋓		Ⓦ Ⓧ Ⓨ Ⓩ	
〔問3〕				

4

〔問1〕	㋐ ㋑ ㋒ ㋓ →	㋐ ㋑ ㋒ ㋓ →	㋐ ㋑ ㋒ ㋓ →	㋐ ㋑ ㋒ ㋓
〔問2〕				
〔問3〕	A	B	C	D
	㋐ ㋑ ㋒ ㋓	㋐ ㋑ ㋒ ㋓	㋐ ㋑ ㋒ ㋓	㋐ ㋑ ㋒ ㋓
〔問4〕	A	B	C	D
	㋐ ㋑ ㋒ ㋓	㋐ ㋑ ㋒ ㋓	㋐ ㋑ ㋒ ㋓	㋐ ㋑ ㋒ ㋓

5

〔問1〕	㋐ ㋑ ㋒ ㋓	
〔問2〕	ⅠのA～D	ア～エ
	Ⓐ Ⓑ Ⓒ Ⓓ	㋐ ㋑ ㋒ ㋓
〔問3〕	㋐ ㋑ ㋒ ㋓	
〔問4〕		

6

	A	B	C	D
〔問1〕	㋐ ㋑ ㋒ ㋓	㋐ ㋑ ㋒ ㋓	㋐ ㋑ ㋒ ㋓	㋐ ㋑ ㋒ ㋓
〔問2〕	㋐ ㋑ ㋒ ㋓			
〔問3〕	㋐ ㋑ ㋒ ㋓			

2024年度入試配点表(東京都)

理科	1	2	3	4	5	6	計
	各4点×6	各4点×4	各4点×4	各4点×3	各4点×4	各4点×4 (問2完答)	100点

社会	1	2	3	4	5	6	計
	各5点×3 (問1完答)	各5点×3 (問1～問3各完答)	各5点×3 (問1,問2各完答)	各5点×4 (問1,問3,問4 各完答)	各5点×4 (問2完答)	各5点×3 (問1完答)	100点

※ 143％に拡大していただくと，解答欄は実物大になります。

解答用紙　理　科

▭部分がマークシート方式により解答する問題です。

マーク上の注意事項

1　ＨＢ又はＢの鉛筆（シャープペンシルも可）を使って，〇の中を正確に塗りつぶすこと。

2　答えを直すときは，きれいに消して，消しくずを残さないこと。

3　決められた欄以外にマークしたり，記入したりしないこと。

良い例	悪い例
●	線　小さい　はみ出し　丸囲み　レ点　うすい

受検番号						
⓪	⓪	⓪	⓪	⓪	⓪	⓪
①	①	①	①	①	①	①
②	②	②	②	②	②	②
③	③	③	③	③	③	③
④	④	④	④	④	④	④
⑤	⑤	⑤	⑤	⑤	⑤	⑤
⑥	⑥	⑥	⑥	⑥	⑥	⑥
⑦	⑦	⑦	⑦	⑦	⑦	⑦
⑧	⑧	⑧	⑧	⑧	⑧	⑧
⑨	⑨	⑨	⑨	⑨	⑨	⑨

1		
	〔問 1〕	㋐　㋑　㋒　㋓
	〔問 2〕	㋐　㋑　㋒　㋓
	〔問 3〕	㋐　㋑　㋒　㋓
	〔問 4〕	㋐　㋑　㋒　㋓
	〔問 5〕	㋐　㋑　㋒　㋓
	〔問 6〕	㋐　㋑　㋒　㋓

2			
	〔問 1〕	㋐　㋑　㋒　㋓	
	〔問 2〕	①	②
		㋐　㋑	㋐　㋑
	〔問 3〕	㋐　㋑　㋒　㋓	
	〔問 4〕	㋐　㋑　㋒　㋓	

3					
	〔問 1〕				
	〔問 2〕	①		②	
		㋐　㋑		㋐　㋑	
	〔問 3〕	①	②	③	④
		㋐　㋑	㋐　㋑	㋐　㋑	㋐　㋑
	〔問 4〕	㋐　㋑　㋒　㋓			

4		
	〔問 1〕	㋐　㋑　㋒　㋓
	〔問 2〕	㋐　㋑　㋒　㋓
	〔問 3〕	㋐　㋑　㋒　㋓

5			
	〔問 1〕	㋐　㋑　㋒　㋓　㋔	
	〔問 2〕	㋐　㋑　㋒　㋓	
	〔問 3〕	㋐　㋑　㋒　㋓	
	〔問 4〕	①	②
		㋐　㋑　㋒	㋐　㋑　㋒

6		
	〔問 1〕	㋐　㋑　㋒　㋓
	〔問 2〕	㋐　㋑　㋒　㋓　㋔　㋕
	〔問 3〕	㋐　㋑　㋒　㋓　㋔
	〔問 4〕	㋐　㋑　㋒　㋓

※ 149％に拡大していただくと，解答欄は実物大になります。

解答用紙　社　会

▭部分がマークシート方式により解答する問題です。

マーク上の注意事項

1　ＨＢ又はＢの鉛筆（シャープペンシルも可）を使って，〇の中を正確に塗りつぶすこと。

2　答えを直すときは，きれいに消して，消しくずを残さないこと。

3　決められた欄以外にマークしたり，記入したりしないこと。

良い例	悪い例		
●	線	小さい	はみ出し
	丸囲み	レ点	うすい

受検番号						
⓪	⓪	⓪	⓪	⓪	⓪	⓪
①	①	①	①	①	①	①
②	②	②	②	②	②	②
③	③	③	③	③	③	③
④	④	④	④	④	④	④
⑤	⑤	⑤	⑤	⑤	⑤	⑤
⑥	⑥	⑥	⑥	⑥	⑥	⑥
⑦	⑦	⑦	⑦	⑦	⑦	⑦
⑧	⑧	⑧	⑧	⑧	⑧	⑧
⑨	⑨	⑨	⑨	⑨	⑨	⑨

1

〔問1〕	㋐ ㋑ ㋒ ㋓
〔問2〕	㋐ ㋑ ㋒ ㋓
〔問3〕	㋐ ㋑ ㋒ ㋓

2

〔問1〕	略地図中のA～D		Ⅱのア～エ	
	Ⓐ Ⓑ Ⓒ Ⓓ		㋐ ㋑ ㋒ ㋓	
〔問2〕	W	X	Y	Z
	㋐㋑㋒㋓	㋐㋑㋒㋓	㋐㋑㋒㋓	㋐㋑㋒㋓
〔問3〕	㋐ ㋑ ㋒ ㋓			

3

〔問1〕	A	B	C	D
	㋐㋑㋒㋓	㋐㋑㋒㋓	㋐㋑㋒㋓	㋐㋑㋒㋓
〔問2〕	㋐ ㋑ ㋒ ㋓			
〔問3〕	〔(1)目的〕			
	〔(2)敷設《ふせつ》状況及び設置状況〕			

4

〔問1〕	㋐㋑㋒㋓ → ㋐㋑㋒㋓ → ㋐㋑㋒㋓ → ㋐㋑㋒㋓			
〔問2〕	㋐ ㋑ ㋒ ㋓			
〔問3〕	時期			略地図
	㋐㋑㋒ → ㋐㋑㋒ → ㋐㋑㋒			㋐ ㋑ ㋒
〔問4〕	A	B	C	D
	㋐㋑㋒㋓	㋐㋑㋒㋓	㋐㋑㋒㋓	㋐㋑㋒㋓

5

〔問1〕	㋐ ㋑ ㋒ ㋓
〔問2〕	㋐ ㋑ ㋒ ㋓
〔問3〕	㋐ ㋑ ㋒ ㋓
〔問4〕	

6

〔問1〕	A	B	C	D
	㋐㋑㋒㋓	㋐㋑㋒㋓	㋐㋑㋒㋓	㋐㋑㋒㋓
〔問2〕	Ⅰの略年表中のA～D		略地図中のW～Z	
	Ⓐ Ⓑ Ⓒ Ⓓ		Ⓦ Ⓧ Ⓨ Ⓩ	
〔問3〕	㋐ ㋑ ㋒ ㋓			

2023年度入試配点表(東京都)

	1	2	3	4	5	6	計
理科	各4点×6	各4点×4 (問2完答)	各4点×4 (問2,問3各完答)	各4点×3	各4点×4 (問4完答)	各4点×4	100点

	1	2	3	4	5	6	計
社会	各5点×3	各5点×3 (問1,問2各完答)	各5点×3 (問1完答)	各5点×4 (問1,問3,問4 各完答)	各5点×4	各5点×3 (問1,問2各完答)	100点

※ 143％に拡大していただくと，解答欄は実物大になります。

解答用紙　理　科

▭部分がマークシート方式により解答する問題です。

マーク上の注意事項

1　ＨＢ又はＢの鉛筆（シャープペンシルも可）を使って，〇の中を正確に塗りつぶすこと。

2　答えを直すときは，きれいに消して，消しくずを残さないこと。

3　決められた欄以外にマークしたり，記入したりしないこと。

良い例	悪い例		
●	線	小さい	はみ出し
	丸囲み	レ点	うすい

受検番号						
⓪	⓪	⓪	⓪	⓪	⓪	⓪
①	①	①	①	①	①	①
②	②	②	②	②	②	②
③	③	③	③	③	③	③
④	④	④	④	④	④	④
⑤	⑤	⑤	⑤	⑤	⑤	⑤
⑥	⑥	⑥	⑥	⑥	⑥	⑥
⑦	⑦	⑦	⑦	⑦	⑦	⑦
⑧	⑧	⑧	⑧	⑧	⑧	⑧
⑨	⑨	⑨	⑨	⑨	⑨	⑨

1		
	〔問1〕	㋐　㋑　㋒　㋓
	〔問2〕	㋐　㋑　㋒　㋓
	〔問3〕	㋐　㋑　㋒　㋓
	〔問4〕	㋐　㋑　㋒　㋓
	〔問5〕	㋐　㋑　㋒　㋓

2		
	〔問1〕	㋐　㋑　㋒　㋓
	〔問2〕	㋐　㋑　㋒　㋓
	〔問3〕	㋐　㋑　㋒　㋓
	〔問4〕	㋐　㋑　㋒　㋓

3		
	〔問1〕	㋐　㋑　㋒　㋓
	〔問2〕	㋐　㋑　㋒　㋓
	〔問3〕	㋐　㋑　㋒　㋓
	〔問4〕	㋐　㋑　㋒　㋓

4		
	〔問1〕	㋐　㋑　㋒　㋓
	〔問2〕	㋐　㋑　㋒　㋓
	〔問3〕	㋐　㋑　㋒　㋓
	〔問4〕	㋐　㋑　㋒

5		
	〔問1〕	㋐　㋑　㋒　㋓
	〔問2〕	㋐　㋑　㋒　㋓　㋔　㋕
	〔問3〕	<化学反応式> ＿＿＿＿（酸）＋＿＿＿＿（アルカリ）→ ＿＿＿＿（塩）＋＿＿＿＿
	〔問4〕	㋐　㋑　㋒　㋓

6		
	〔問1〕	㋐　㋑　㋒　㋓
	〔問2〕	㋐　㋑　㋒　㋓
	〔問3〕	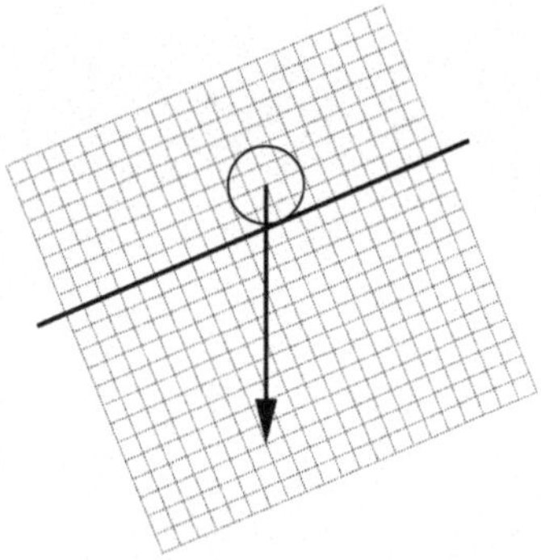
	〔問4〕	㋐　㋑　㋒　㋓

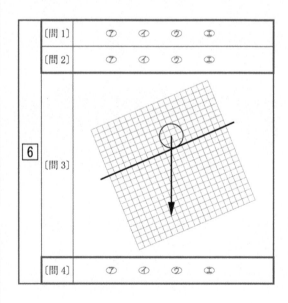

※ 149％に拡大していただくと，解答欄は実物大になります。

解 答 用 紙　社　会

□部分がマークシート方式により解答する問題です。

マーク上の注意事項

1　HB又はBの鉛筆（シャープペンシルも可）を使って，〇の中を正確に塗りつぶすこと。

2　答えを直すときは，きれいに消して，消しくずを残さないこと。

3　決められた欄以外にマークしたり，記入したりしないこと。

良い例	悪い例		
●	線	小さい	はみ出し
	丸囲み	レ点	うすい

受検番号						
⓪	⓪	⓪	⓪	⓪	⓪	⓪
①	①	①	①	①	①	①
②	②	②	②	②	②	②
③	③	③	③	③	③	③
④	④	④	④	④	④	④
⑤	⑤	⑤	⑤	⑤	⑤	⑤
⑥	⑥	⑥	⑥	⑥	⑥	⑥
⑦	⑦	⑦	⑦	⑦	⑦	⑦
⑧	⑧	⑧	⑧	⑧	⑧	⑧
⑨	⑨	⑨	⑨	⑨	⑨	⑨

1

〔問1〕	㋐　㋑　㋒　㋓
〔問2〕	㋐　㋑　㋒　㋓
〔問3〕	㋐　㋑　㋒　㋓

2

〔問1〕	略地図中のA～D		Ⅱのア～エ	
	Ⓐ Ⓑ Ⓒ Ⓓ		㋐ ㋑ ㋒ ㋓	
〔問2〕	P	Q	R	S
	㋐ ㋑ ㋒ ㋓	㋐ ㋑ ㋒ ㋓	㋐ ㋑ ㋒ ㋓	㋐ ㋑ ㋒ ㋓
〔問3〕	略地図中のW～Z		ⅠとⅡの表のア～エ	
	Ⓦ Ⓧ Ⓨ Ⓩ		㋐ ㋑ ㋒ ㋓	

3

〔問1〕	A	B	C	D
	㋐ ㋑ ㋒ ㋓	㋐ ㋑ ㋒ ㋓	㋐ ㋑ ㋒ ㋓	㋐ ㋑ ㋒ ㋓
〔問2〕	Ⅰのア～エ		略地図中のW～Z	
	㋐ ㋑ ㋒ ㋓		Ⓦ Ⓧ Ⓨ Ⓩ	
〔問3〕	〔変化〕			
	〔要因〕			

4

〔問1〕	㋐㋑㋒㋓ → ㋐㋑㋒㋓ → ㋐㋑㋒㋓ → ㋐㋑㋒㋓
〔問2〕	㋐　㋑　㋒　㋓
〔問3〕	㋐㋑㋒㋓ → ㋐㋑㋒㋓ → ㋐㋑㋒㋓ → ㋐㋑㋒㋓
〔問4〕	㋐　㋑　㋒　㋓

5

〔問1〕	㋐　㋑　㋒　㋓
〔問2〕	㋐　㋑　㋒　㋓
〔問3〕	
〔問4〕	㋐　㋑　㋒　㋓

6

〔問1〕	㋐㋑㋒㋓ → ㋐㋑㋒㋓ → ㋐㋑㋒㋓ → ㋐㋑㋒㋓	
〔問2〕	ⅠのA～D	ⅠのA～Dのア～ウ
	Ⓐ Ⓑ Ⓒ Ⓓ	㋐ ㋑ ㋒
〔問3〕	Ⓦ　Ⓧ　Ⓨ　Ⓩ	

2022年度入試配点表（東京都）

理科	1	2	3	4	5	6	計
	各4点×5	各4点×4	各4点×4	各4点×4	各4点×4 （問3完答）	各4点×4	100点

社会	1	2	3	4	5	6	計
	各5点×3	各5点×3 （問1・問2・問3 各完答）	各5点×3 （問1・問2 各完答）	各5点×4 （問1・問3 各完答）	各5点×4	各5点×3 （問1・問2 各完答）	100点

※ 148％に拡大していただくと，解答欄は実物大になります。

解答用紙　理　科

□部分がマークシート方式により解答する問題です。

マーク上の注意事項《ちゅういじこう》

1　ＨＢ又《また》はＢの鉛筆（シャープペンシルも可）を使って，〇の中を正確に塗《ぬ》りつぶすこと。

2　答えを直すときは，きれいに消して，消しくずを残さないこと。

3　決められた欄《らん》以外にマークしたり，記入したりしないこと。

良い例	悪い例
●	線　小さい　はみ出し　丸囲み　レ点　うすい

受検番号						
⓪	⓪	⓪	⓪	⓪	⓪	⓪
①	①	①	①	①	①	①
②	②	②	②	②	②	②
③	③	③	③	③	③	③
④	④	④	④	④	④	④
⑤	⑤	⑤	⑤	⑤	⑤	⑤
⑥	⑥	⑥	⑥	⑥	⑥	⑥
⑦	⑦	⑦	⑦	⑦	⑦	⑦
⑧	⑧	⑧	⑧	⑧	⑧	⑧
⑨	⑨	⑨	⑨	⑨	⑨	⑨

1

〔問1〕	㋐　㋑　㋒　㋓	
〔問2〕	㋐　㋑　㋒　㋓	
〔問3〕	㋐　㋑　㋒　㋓	
〔問4〕	①	②
	㋐ ㋑ ㋒ ㋓	㋐ ㋑ ㋒ ㋓
〔問5〕	㋐　㋑　㋒　㋓	
〔問6〕	㋐　㋑　㋒　㋓	

2

〔問1〕	①	②
	㋐ ㋑ ㋒ ㋓	㋐ ㋑ ㋒ ㋓
〔問2〕	㋐　㋑　㋒　㋓	
〔問3〕	㋐　㋑　㋒　㋓	
〔問4〕	㋐　㋑　㋒　㋓	

3

〔問1〕	㋐　㋑　㋒　㋓		
〔問2〕	①	②	③
	㋐ ㋑ ㋒	㋐ ㋑ ㋒	㋐ ㋑ ㋒
〔問3〕	①	②	
	㋐ ㋑ ㋒ ㋓	㋐ ㋑ ㋒ ㋓	
〔問4〕	㋐㋑㋒㋓ → ㋐㋑㋒㋓ → ㋐㋑㋒㋓ → ㋐㋑㋒㋓		

4

〔問1〕	㋐　㋑　㋒　㋓	
〔問2〕	①	②
	㋐ ㋑ ㋒	㋐ ㋑ ㋒
〔問3〕	①	②
	㋐ ㋑ ㋒	㋐ ㋑ ㋒

5

〔問1〕	①	②
	㋐ ㋑ ㋒ ㋓	㋐ ㋑ ㋒
〔問2〕	①	②
	㋐ ㋑ ㋒ ㋓	㋐ ㋑ ㋒ ㋓
〔問3〕	㋐　㋑　㋒　㋓	
〔問4〕	％	

6

〔問1〕	㋐　㋑　㋒　㋓			
〔問2〕				
〔問3〕	㋐㋑㋒㋓ → ㋐㋑㋒㋓ → ㋐㋑㋒㋓ → ㋐㋑㋒㋓			
〔問4〕	①	②	③	④
	㋐ ㋑ ㋒	㋐ ㋑ ㋒	㋐ ㋑ ㋒	㋐ ㋑ ㋒

※ 151％に拡大していただくと，解答欄は実物大になります。

解答用紙　社　会

▭部分がマークシート方式により解答する問題です。

マーク上の注意事項《ちゅういじこう》

1　ＨＢ又《また》はＢの鉛筆（シャープペンシルも可）を使って，〇の中を正確に塗《ぬ》りつぶすこと。

2　答えを直すときは，きれいに消して，消しくずを残さないこと。

3　決められた欄《らん》以外にマークしたり，記入したりしないこと。

良い例	悪い例	
●	線　小さい　はみ出し	
	丸囲み　レ点　うすい	

受	検	番	号			
⓪	⓪	⓪	⓪	⓪	⓪	⓪
①	①	①	①	①	①	①
②	②	②	②	②	②	②
③	③	③	③	③	③	③
④	④	④	④	④	④	④
⑤	⑤	⑤	⑤	⑤	⑤	⑤
⑥	⑥	⑥	⑥	⑥	⑥	⑥
⑦	⑦	⑦	⑦	⑦	⑦	⑦
⑧	⑧	⑧	⑧	⑧	⑧	⑧
⑨	⑨	⑨	⑨	⑨	⑨	⑨

1

〔問1〕	㋐ ㋑ ㋒ ㋓
〔問2〕	㋐ ㋑ ㋒ ㋓
〔問3〕	㋐ ㋑ ㋒ ㋓
〔問4〕	㋐ ㋑ ㋒ ㋓

2

〔問1〕	Ⅰの**ア～エ**		Ⅱの表の**ア～エ**	
	㋐ ㋑ ㋒ ㋓		㋐ ㋑ ㋒ ㋓	
〔問2〕	**P**	**Q**	**R**	**S**
	㋐ ㋑ ㋒ ㋓	㋐ ㋑ ㋒ ㋓	㋐ ㋑ ㋒ ㋓	㋐ ㋑ ㋒ ㋓
〔問3〕	ⅠとⅡの表の**ア～エ**		略地図中の**W～Z**	
	㋐ ㋑ ㋒ ㋓		Ⓦ Ⓧ Ⓨ Ⓩ	

3

〔問1〕	**A**	**B**	**C**	**D**
	㋐ ㋑ ㋒ ㋓	㋐ ㋑ ㋒ ㋓	㋐ ㋑ ㋒ ㋓	㋐ ㋑ ㋒ ㋓
〔問2〕	**W**	**X**	**Y**	**Z**
	㋐ ㋑ ㋒ ㋓	㋐ ㋑ ㋒ ㋓	㋐ ㋑ ㋒ ㋓	㋐ ㋑ ㋒ ㋓
〔問3〕	〔地域の変容〕			
	〔要因〕			

4

〔問1〕	㋐ ㋑ ㋒ ㋓ → ㋐ ㋑ ㋒ ㋓ → ㋐ ㋑ ㋒ ㋓ → ㋐ ㋑ ㋒ ㋓			
〔問2〕	Ⅰの略年表中の**ア～エ**		Ⅱの略地図中の**A～D**	
	㋐ ㋑ ㋒ ㋓		Ⓐ Ⓑ Ⓒ Ⓓ	
〔問3〕	㋐ ㋑ ㋒ ㋓			
〔問4〕	**A**	**B**	**C**	**D**
	㋐ ㋑ ㋒ ㋓	㋐ ㋑ ㋒ ㋓	㋐ ㋑ ㋒ ㋓	㋐ ㋑ ㋒ ㋓

5

〔問1〕	㋐ ㋑ ㋒ ㋓
〔問2〕	㋐ ㋑ ㋒ ㋓
〔問3〕	

6

〔問1〕	㋐ ㋑ ㋒ ㋓ → ㋐ ㋑ ㋒ ㋓ → ㋐ ㋑ ㋒ ㋓ → ㋐ ㋑ ㋒ ㋓			
〔問2〕	**A**	**B**	**C**	**D**
	㋐ ㋑ ㋒ ㋓	㋐ ㋑ ㋒ ㋓	㋐ ㋑ ㋒ ㋓	㋐ ㋑ ㋒ ㋓
〔問3〕	㋐ ㋑ ㋒ ㋓			

2021年度入試配点表(東京都)

理科	1	2	3	4	5	6	計
	各4点×6 (問4完答)	各4点×4 (問1完答)	各4点×4 (問2,問3,問4 各完答)	各4点×3 (問2,問3各完答)	各4点×4 (問1,問2各完答)	各4点×4 (問3,問4各完答)	100点

社会	1	2	3	4	5	6	計
	各5点×4	各5点×3 (問1,問2,問3 各完答)	各5点×3 (問1,問2各完答)	各5点×4 (問1,問2,問4 各完答)	各5点×3	各5点×3 (問1,問2各完答)	100点

※この解答用紙は147％に拡大していただきますと，実物大になります。

解答用紙　理　科

□部分がマークシート方式により解答する問題です。

マーク上の注意事項

1　ＨＢ又はＢの鉛筆（シャープペンシルも可）を使って，◯の中を正確に塗りつぶすこと。

2　答えを直すときは，きれいに消して，消しくずを残さないこと。

3　決められた欄以外にマークしたり，記入したりしないこと。

良い例	悪い例
●	⊘ 線　⊙ 小さい　はみ出し　O 丸囲み　✓ レ点　うすい

受	検	番	号			
⓪	⓪	⓪	⓪	⓪	⓪	⓪
①	①	①	①	①	①	①
②	②	②	②	②	②	②
③	③	③	③	③	③	③
④	④	④	④	④	④	④
⑤	⑤	⑤	⑤	⑤	⑤	⑤
⑥	⑥	⑥	⑥	⑥	⑥	⑥
⑦	⑦	⑦	⑦	⑦	⑦	⑦
⑧	⑧	⑧	⑧	⑧	⑧	⑧
⑨	⑨	⑨	⑨	⑨	⑨	⑨

1

〔問1〕	㋐　㋑　㋒　㋓
〔問2〕	㋐　㋑　㋒　㋓
〔問3〕	㋐　㋑　㋒　㋓
〔問4〕	㋐　㋑　㋒　㋓
〔問5〕	㋐　㋑　㋒　㋓

2

〔問1〕	㋐　㋑　㋒　㋓
〔問2〕	㋐　㋑　㋒　㋓
〔問3〕	㋐　㋑　㋒　㋓
〔問4〕	㋐　㋑　㋒　㋓

3

〔問1〕	㋐　㋑　㋒　㋓	
〔問2〕	㋐　㋑　㋒　㋓	
〔問3〕	＊ 解答欄は裏面にあります。	
〔問4〕	①	②
	㋐ ㋑ ㋒ ㋓	㋐ ㋑ ㋒ ㋓

4

〔問1〕	①	②	③	
	㋐ ㋑ ㋒ ㋓	㋐ ㋑ ㋒ ㋓	㋐ ㋑ ㋒ ㋓	
〔問2〕	㋐　㋑　㋒　㋓			
〔問3〕	①	②	③	④
	㋐ ㋑ ㋒ ㋓	㋐ ㋑ ㋒ ㋓	㋐ ㋑ ㋒ ㋓	㋐ ㋑ ㋒ ㋓
〔問4〕	＊ 解答欄は裏面にあります。			

5

〔問1〕	㋐　㋑　㋒　㋓	
〔問2〕	①	②
	㋐ ㋑ ㋒ ㋓	㋐ ㋑ ㋒ ㋓
〔問3〕		
〔問4〕	溶質の名称	
	結晶の質量	g

6

〔問1〕

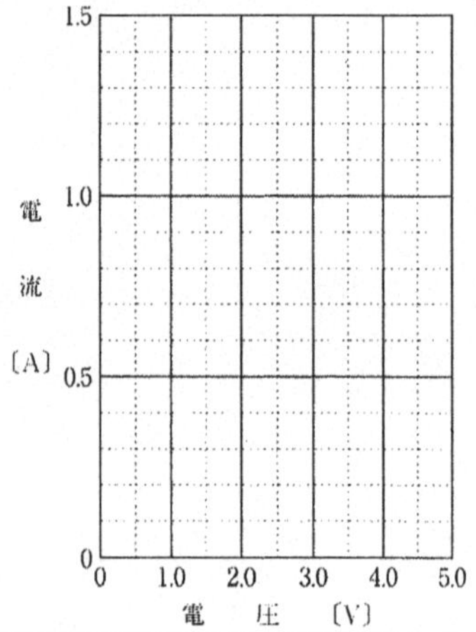

電流の大きさ	A
〔問2〕	㋐　㋑　㋒　㋓
〔問3〕	㋐　㋑　㋒　㋓
〔問4〕	㋐　㋑　㋒　㋓

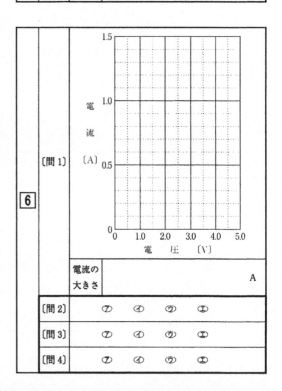

解答用紙　**理科**

受検番号						

3	〔問3〕	

4	〔問4〕	

※この解答用紙は145％に拡大していただきますと，実物大になります。

解答用紙　社　会

□部分がマークシート方式により解答する問題です。

マーク上の注意事項

1　ＨＢ又はＢの鉛筆（シャープペンシルも可）を使って，〇の中を正確に塗りつぶすこと。

2　答えを直すときは，きれいに消して，消しくずを残さないこと。

3　決められた欄以外にマークしたり，記入したりしないこと。

良い例	悪い例		
●	線	小さい	はみ出し
	丸囲み	レ点	うすい

受	検	番	号			
⓪	⓪	⓪	⓪	⓪	⓪	⓪
①	①	①	①	①	①	①
②	②	②	②	②	②	②
③	③	③	③	③	③	③
④	④	④	④	④	④	④
⑤	⑤	⑤	⑤	⑤	⑤	⑤
⑥	⑥	⑥	⑥	⑥	⑥	⑥
⑦	⑦	⑦	⑦	⑦	⑦	⑦
⑧	⑧	⑧	⑧	⑧	⑧	⑧
⑨	⑨	⑨	⑨	⑨	⑨	⑨

1

〔問1〕	㋐　㋑　㋒　㋓
〔問2〕	㋐　㋑　㋒　㋓
〔問3〕	㋐　㋑　㋒　㋓

2

〔問1〕	略地図中のＡ〜Ｄ		Ⅱのア〜エ	
	Ⓐ Ⓑ Ⓒ Ⓓ		㋐ ㋑ ㋒ ㋓	
〔問2〕	P	Q	R	S
	㋐ ㋑ ㋒ ㋓	㋐ ㋑ ㋒ ㋓	㋐ ㋑ ㋒ ㋓	㋐ ㋑ ㋒ ㋓
〔問3〕	略地図中のＷ〜Ｚ		ⅠとⅡの表のア〜エ	
	Ⓦ Ⓧ Ⓨ Ⓩ		㋐ ㋑ ㋒ ㋓	

3

〔問1〕	A	B	C	D
	㋐ ㋑ ㋒ ㋓	㋐ ㋑ ㋒ ㋓	㋐ ㋑ ㋒ ㋓	㋐ ㋑ ㋒ ㋓
〔問2〕	P	Q	R	S
	㋐ ㋑	㋐ ㋑	㋐ ㋑	㋐ ㋑
〔問3〕	〔建設された理由〕			
	〔建設された効果〕			

4

〔問1〕	㋐ ㋑ ㋒ ㋓ → ㋐ ㋑ ㋒ ㋓ → ㋐ ㋑ ㋒ ㋓ → ㋐ ㋑ ㋒ ㋓	
〔問2〕	Ⅰの略年表中のア〜エ	Ⅱの略地図中のＡ〜Ｄ
	㋐ ㋑ ㋒ ㋓	Ⓐ Ⓑ Ⓒ Ⓓ
〔問3〕	㋐　㋑　㋒　㋓	
〔問4〕	㋐　㋑　㋒　㋓	

5

〔問1〕	㋐　㋑　㋒　㋓
〔問2〕	㋐　㋑　㋒　㋓
〔問3〕	㋐　㋑　㋒　㋓
〔問4〕	㋐　㋑　㋒　㋓

6

〔問1〕	㋐ ㋑ ㋒ ㋓ → ㋐ ㋑ ㋒ ㋓ → ㋐ ㋑ ㋒ ㋓ → ㋐ ㋑ ㋒ ㋓	
〔問2〕	略地図中のＡ〜Ｄ	ⅠとⅡのグラフのア〜エ
	Ⓐ Ⓑ Ⓒ Ⓓ	㋐ ㋑ ㋒ ㋓
〔問3〕		

2020年度入試配点表(東京都)

理科	1	2	3	4	5	6	計
	各4点×5	各4点×4	各4点×4 (問4完答)	各4点×4 (問1,問3各完答)	問4　各2点×2 他　各4点×3 (問2完答)	問1　各2点×2 他　各4点×3	100点

社会	1	2	3	4	5	6	計
	各5点×3	各5点×3 (問1・問2・問3 各完答)	各5点×3 (問1・問2各完答)	各5点×4 (問1・問2各完答)	各5点×4	各5点×3 (問1・問2各完答)	100点

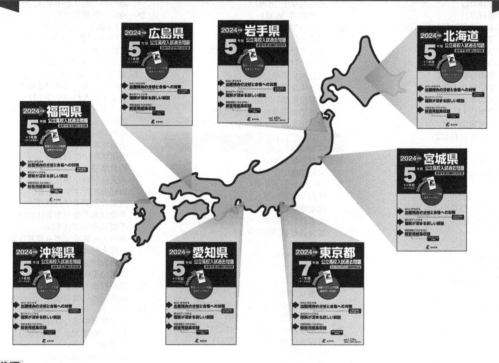

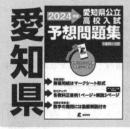

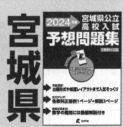

東京学参の

中学校別入試過去問題シリーズ

＊出版校は一部変更することがあります。一覧にない学校はお問い合わせください。

東京ラインナップ

あ　青山学院中等部(L04)
麻布中学(K01)
桜蔭中学(K02)
お茶の水女子大附属中学(K07)
か　海城中学(K09)
開成中学(M01)
学習院中等科(M03)
慶應義塾中等部(K04)
啓明学園中学(N29)
晃華学園中学(N13)
攻玉社中学(L11)
国学院大久我山中学
（一般・CC）(N22)
（ＳＴ）(N23)
駒場東邦中学(L01)
さ　芝中学(K16)
芝浦工業大附属中学(M06)
城北中学(M05)
女子学院中学(K03)
巣鴨中学(M02)
成蹊中学(N06)
成城中学(K28)
成城学園中学(L05)
青稜中学(K23)
創価中学(N14)★
た　玉川学園中学部(N17)
中央大附属中学(N08)
筑波大附属中学(K06)
筑波大附属駒場中学(L02)
帝京大中学(N16)
東海大菅生高中等部(N27)
東京学芸大附属竹早中学(K08)
東京都市大付属中学(L13)
桐朋中学(N03)
東洋英和女学院中学部(K15)
豊島岡女子学園中学(M12)
な　日本大第一中学(M14)
日本大第三中学(N19)
日本大第二中学(N10)
は　雙葉中学(K05)
法政大学中学(N11)
本郷中学(M08)
ま　武蔵中学(N01)
明治大付属中野中学(N05)
明治大付属八王子中学(N07)
明治大付属明治中学(K13)
ら　立教池袋中学(M04)
わ　和光中学(N21)
早稲田中学(K10)
早稲田実業学校中等部(K11)
早稲田大高等学院中学部(N12)

神奈川ラインナップ

あ　浅野中学(O04)
栄光学園中学(O06)
か　神奈川大附属中学(O08)
鎌倉女学院中学(O27)
関東学院六浦中学(O31)
慶應義塾湘南藤沢中等部(O07)
慶應義塾普通部(O01)
さ　相模女子大中学部(O32)
サレジオ学院中学(O17)
逗子開成中学(O22)
聖光学院中学(O11)
清泉女学院中学(O20)
洗足学園中学(O18)
捜真女学校中学部(O29)
た　桐蔭学園中等教育学校(O02)
東海大付属相模高中等部(O24)
桐光学園中学(O16)
な　日本大中学(O09)
は　フェリス女学院中学(O03)
法政大第二中学(O19)
や　山手学院中学(O15)
横浜隼人中学(O26)

千・埼・茨・他ラインナップ

あ　市川中学(P01)
浦和明の星女子中学(Q06)
か　海陽中等教育学校
（入試Ⅰ・Ⅱ）(T01)
（特別給費生選抜）(T02)
久留米大附設中学(Y04)
さ　栄東中学(東大・難関大)(Q09)
栄東中学(東大特待)(Q10)
狭山ヶ丘高校付属中学(Q01)
芝浦工業大柏中学(P14)
渋谷教育学園幕張中学(P09)
城北埼玉中学(Q07)
昭和学院秀英中学(P05)
清真学園中学(S01)
西南学院中学(Y02)
西武学園文理中学(Q03)
西武台新座中学(Q02)
専修大松戸中学(P13)
た　筑紫女学園中学(Y03)
千葉日本大第一中学(P07)
千葉明徳中学(P12)
東海大付属浦安高中等部(P06)
東邦大付属東邦中学(P08)
東洋大附属牛久中学(S02)
獨協埼玉中学(Q08)
な　長崎日本大中学(Y01)
成田高校付属中学(P15)
は　函館ラ・サール中学(X01)
日出学園中学(P03)
福岡大附属大濠中学(Y05)
北嶺中学(X03)
細田学園中学(Q04)
や　八千代松陰中学(P10)
ら　ラ・サール中学(Y07)
立命館慶祥中学(X02)
立教新座中学(Q05)
わ　早稲田佐賀中学(Y06)

公立中高一貫校ラインナップ

北海道　市立札幌開成中等教育学校(J22)
宮　城　宮城県仙台二華・古川黎明中学校(J17)
市立仙台青陵中等教育学校(J33)
山　形　県立東桜学館・致道館中学校(J27)
茨　城　茨城県立中学・中等教育学校(J09)
栃　木　県立宇都宮東・佐野・矢板東高校附属中学校(J11)
群　馬　県立中央・市立四ツ葉学園中等教育学校・
市立太田中学校(J10)
埼　玉　市立浦和中学校(J06)
県立伊奈学園中学校(J31)
さいたま市立大宮国際中等教育学校(J32)
川口市立高等学校附属中学校(J35)
千　葉　県立千葉・東葛飾中学校(J07)
市立稲毛国際中等教育学校(J25)
東　京　区立九段中等教育学校(J21)
都立大泉高等学校附属中学校(J28)
都立両国高等学校附属中学校(J01)
都立白鷗高等学校附属中学校(J02)
都立富士高等学校附属中学校(J03)
都立三鷹中等教育学校(J29)
都立南多摩中等教育学校(J30)
都立武蔵高等学校附属中学校(J04)
都立立川国際中等教育学校(J05)
都立小石川中等教育学校(J23)
都立桜修館中等教育学校(J24)
神奈川　川崎市立川崎高等学校附属中学校(J26)
県立平塚・相模原中等教育学校(J08)
横浜市立南高等学校附属中学校(J20)
横浜サイエンスフロンティア高校附属中学校(J34)
広　島　県立広島中学校(J16)
県立三次中学校(J37)
徳　島　県立城ノ内中等教育学校・富岡東・川島中学校(J18)
愛　媛　県立今治東・松山西中等教育学校(J19)
福　岡　福岡県立中学校・中等教育学校(J12)
佐　賀　県立香楠・致遠館・唐津東・武雄青陵中学校(J13)
宮　崎　県立五ヶ瀬中等教育学校・宮崎西・都城泉ヶ丘高校附属中学校(J15)
長　崎　県立長崎東・佐世保北・諫早高校附属中学校(J14)

公立中高一貫校「適性検査対策」問題集シリーズ

総合編　作文問題編　資料問題編　数と図形編　生活と科学編　実力確認テスト編

私立中・高スクールガイド

THE《ザ》私立

私立中学＆高校の学校生活がわかる！

東京学参の

高校別入試過去問題シリーズ

＊出版校は一部変更することがあります。一覧にない学校はお問い合わせください。

東京ラインナップ

あ 愛国高校(A59)
青山学院高等部(A16)★
桜美林高校(A37)
お茶の水女子大附属高校(A04)
か 開成高校(A05)★
共立女子第二高校(A40)★
慶應義塾女子高校(A13)
啓明学園高校(A68)★
国学院高校(A30)
国学院大久我山高校(A31)
国際基督教大高校(A06)
小平錦城高校(A61)★
駒澤大高校(A32)
さ 芝浦工業大附属高校(A35)
修徳高校(A52)
城北高校(A21)
専修大附属高校(A28)
創価高校(A66)★
た 拓殖大第一高校(A53)
立川女子高校(A41)
玉川学園高等部(A56)
中央大高校(A19)
中央大杉並高校(A18)★
中央大附属高校(A17)
筑波大附属高校(A01)
筑波大附属駒場高校(A02)
帝京大高校(A60)
東海大菅生高校(A42)
東京学芸大附属高校(A03)
東京農業大第一高校(A39)
桐朋高校(A15)
都立青山高校(A73)★
都立国立高校(A76)★
都立国際高校(A80)★
都立国分寺高校(A78)★
都立新宿高校(A77)★
都立墨田川高校(A81)★
都立立川高校(A75)★
都立戸山高校(A72)★
都立西高校(A71)★
都立八王子東高校(A74)★
都立日比谷高校(A70)★
な 日本大櫻丘高校(A25)
日本大第一高校(A50)
日本大第三高校(A48)
日本大第二高校(A27)
日本大鶴ヶ丘高校(A26)
日本大豊山高校(A23)
は 八王子学園八王子高校(A64)
法政大高校(A29)
ま 明治学院高校(A38)
明治学院東村山高校(A49)
明治大付属中野高校(A33)
明治大付属八王子高校(A67)
明治大付属明治高校(A34)★
明法高校(A63)
わ 早稲田実業学校高等部(A09)
早稲田大高等学院(A07)

神奈川ラインナップ

あ 麻布大附属高校(B04)
アレセイア湘南高校(B24)
か 慶應義塾高校(A11)
神奈川県公立高校特色検査(B00)
さ 相洋高校(B18)
た 立花学園高校(B23)
桐蔭学園高校(B01)
東海大付属相模高校(B03)★
桐光学園高校(B11)
な 日本大高校(B06)
日本大藤沢高校(B07)
は 平塚学園高校(B22)
藤沢翔陵高校(B08)
法政大国際高校(B17)
法政大第二高校(B02)★
や 山手学院高校(B09)
横須賀学院高校(B20)
横浜商科大高校(B05)
横浜市立横浜サイエンスフロンティア高校(B70)
横浜翠陵高校(B14)
横浜清風高校(B10)
横浜創英高校(B21)
横浜隼人高校(B16)
横浜富士見丘学園高校(B25)

千葉ラインナップ

あ 愛国学園大附属四街道高校(C26)
我孫子二階堂高校(C17)
市川高校(C01)★
か 敬愛学園高校(C15)
さ 芝浦工業大柏高校(C09)
渋谷教育学園幕張高校(C16)★
翔凜高校(C34)
昭和学院秀英高校(C23)
専修大松戸高校(C02)
た 千葉英和高校(C18)
千葉敬愛高校(C05)
千葉経済大附属高校(C27)
千葉日本大第一高校(C06)★
千葉明徳高校(C20)
千葉黎明高校(C24)
東海大付属浦安高校(C03)
東京学館高校(C14)
東京学館浦安高校(C31)
な 日本体育大柏高校(C30)
日本大習志野高校(C07)
は 日出学園高校(C08)
や 八千代松陰高校(C12)
ら 流通経済大付属柏高校(C19)★

埼玉ラインナップ

あ 浦和学院高校(D21)
大妻嵐山高校(D04)★
か 開智高校(D08)
開智未来高校(D13)★
春日部共栄高校(D07)
川越東高校(D12)
慶應義塾志木高校(A12)
さ 埼玉栄高校(D09)
栄東高校(D14)
狭山ヶ丘高校(D24)
昌平高校(D23)
西武学園文理高校(D10)
西武台高校(D06)

都道府県別 公立高校入試過去問 シリーズ

- 全国47都道府県別に出版
- 最近数年間の検査問題収録
- リスニングテスト音声対応

た 東京農業大第三高校(D18)
は 武南高校(D05)
本庄東高校(D20)
や 山村国際高校(D19)
ら 立教新座高校(A14)
わ 早稲田大本庄高等学院(A10)

北関東・甲信越ラインナップ

あ 愛国学園大附属龍ヶ崎高校(E07)
宇都宮短大附属高校(E24)
か 鹿島学園高校(E08)
霞ヶ浦高校(E03)
共愛学園高校(E31)
甲陵高校(E43)
国立高等専門学校(A00)
さ 作新学院高校
(トップ英進・英進部)(E21)
(情報科学・総合進学部)(E22)
常総学院高校(E04)
た 中越高校(R03)＊
土浦日本大高校(E01)
東洋大附属牛久高校(E02)
な 新潟青陵高校(R02)
新潟明訓高校(R04)
日本文理高校(R01)
は 白鷗大足利高校(E25)
ま 前橋育英高校(E32)
や 山梨学院高校(E41)

中京圏ラインナップ

あ 愛知高校(F02)
愛知啓成高校(F09)
愛知工業大名電高校(F06)
愛知みずほ大瑞穂高校(F25)
暁高校(３年制)(F50)
鶯谷高校(F60)
栄徳高校(F29)
桜花学園高校(F14)
岡崎城西高校(F34)
か 岐阜聖徳学園高校(F62)
岐阜東高校(F61)
享栄高校(F18)
さ 桜丘高校(F36)
至学館高校(F19)
椙山女学園高校(F10)
鈴鹿高校(F53)
星城高校(F27)★
誠信高校(F33)
清林館高校(F16)★
た 大成高校(F28)
大同大大同高校(F30)
高田高校(F51)
滝高校(F03)★
中京高校(F63)
中京大附属中京高校(F11)★

公立高校入試対策 問題集シリーズ

- 目標得点別・公立入試の数学(基礎編)
- 実戦問題演習・公立入試の数学(実力錬成編)
- 実戦問題演習・公立入試の英語(基礎編・実力錬成編)
- 形式別演習・公立入試の国語
- 実戦問題演習・公立入試の理科
- 実戦問題演習・公立入試の社会

中部大春日丘高校(F26)★
中部大第一高校(F32)
津田学園高校(F54)
東海高校(F04)★
東海学園高校(F20)
東邦高校(F12)
同朋高校(F22)
豊田大谷高校(F35)
な 名古屋高校(F13)
名古屋大谷高校(F23)
名古屋経済大市邨高校(F08)
名古屋経済大高蔵高校(F05)
名古屋女子大高校(F24)
名古屋たちばな高校(F21)
日本福祉大付属高校(F17)
人間環境大附属岡崎高校(F37)
は 光ヶ丘女子高校(F38)
誉高校(F31)
ま 三重高校(F52)
名城大附属高校(F15)

宮城ラインナップ

さ 尚絅学院高校(G02)
聖ウルスラ学院英智高校(G01)★
聖和学園高校(G05)
仙台育英学園高校(G04)
仙台城南高校(G06)
仙台白百合学園高校(G12)
た 東北学院高校(G03)★
東北学院榴ヶ岡高校(G08)
東北高校(G11)
東北生活文化大高校(G10)
常盤木学園高校(G07)
は 古川学園高校(G13)
ま 宮城学院高校(G09)★

北海道ラインナップ

さ 札幌光星高校(H06)
札幌静修高校(H09)
札幌第一高校(H01)
札幌北斗高校(H04)
札幌龍谷学園高校(H08)
は 北海高校(H03)
北海学園札幌高校(H07)
北海道科学大高校(H05)
ら 立命館慶祥高校(H02)

★はリスニング音声データのダウンロード付き。

高校入試特訓問題集 シリーズ

- 英語長文難関攻略33選(改訂版)
- 英語長文テーマ別難関攻略30選
- 英文法難関攻略20選
- 英語難関徹底攻略33選
- 古文完全攻略63選(改訂版)
- 国語融合問題完全攻略30選
- 国語長文難関徹底攻略30選
- 国語知識問題完全攻略13選
- 数学の図形と関数・グラフの融合問題完全攻略272選
- 数学難関徹底攻略700選
- 数学の難問80選
- 数学　思考力―規則性とデータの分析と活用―

〈ダウンロードコンテンツについて〉

本問題集のダウンロードコンテンツ、弊社ホームページで配信しております。現在ご利用いただけるのは「2025年度受験用」に対応したもので、**2025年3月末日**までダウンロード可能です。弊社ホームページにアクセスの上、ご利用ください。
※配信期間が終了いたしますと、ご利用いただけませんのでご了承ください。

高校別入試過去問題シリーズ
都立戸山高等学校　2025年度
ISBN978-4-8141-2951-5

[発行所] 東京学参株式会社
〒153-0043　東京都目黒区東山2-6-4

書籍の内容についてのお問い合わせは右のQRコードから　⇒

※書籍の内容についてのお電話でのお問い合わせ、本書の内容を超えたご質問には対応できませんのでご了承ください。

2024年7月4日　初版